KB188663

미래와 통하는 책

동양북스 외국어
베스트 도서
700만 독자의 선택!

새로운 도서,
다양한 자료
동양북스
홈페이지에서
만나보세요!

www.dongyangbooks.com
m.dongyangbooks.com

※ 학습자료 및 MP3 제공 여부는 도서마다 상이하므로 확인 후 이용 바랍니다.

홈페이지 도서 자료실에서 학습자료 및 MP3 무료 다운로드

PC

❶ 홈페이지 접속 후 도서 자료실 클릭
❷ 하단 검색 창에 검색어 입력
❸ MP3, 정답과 해설, 부가자료 등 첨부파일 다운로드
* 원하는 자료가 없는 경우 '요청하기' 클릭!

MOBILE

* 반드시 '인터넷, Safari, Chrome' App을 이용하여 홈페이지에 접속해주세요. (네이버, 다음 App 이용 시 첨부파일의 확장자명이 변경되어 저장되는 오류가 발생할 수 있습니다.)

❶ 홈페이지 접속 후 ☰ 터치

❷ 도서 자료실 터치

❸ 하단 검색창에 검색어 입력
❹ MP3, 정답과 해설, 부가자료 등 첨부파일 다운로드
* 압축 해제 방법은 '다운로드 Tip' 참고

일본어능력시험

일단 합격 JLPT N2 완벽 대비

기본서 ✦ 모의고사 ✦ 단어장

황운, 김상효 지음 | 오기노 신사쿠 감수

동양북스

일본어능력시험
일단 합격 JLPT
N2 완벽 대비
기본서 + 모의고사 + 단어장

개정 1쇄 | 2025년 4월 10일

지은이 | 황운, 김상효
감　수 | 오기노 신사쿠
발행인 | 김태웅
책임 편집 | 이서인
디자인 | 남은혜, 김지혜
마케팅 총괄 | 김철영
온라인 마케팅 | 신아연
제　작 | 현대순

발행처 | (주)동양북스
등　록 | 제 2014-000055호
주　소 | 서울시 마포구 동교로22길 14 (04030)
구입 문의 | 전화 (02)337-1737　팩스 (02)334-6624
내용 문의 | 전화 (02)337-1762　dymg98@naver.com

ISBN 979-11-7210-100-8　13730

© 2025. 황운, 김상효

▶ 본 책은 저작권법에 의해 보호를 받는 저작물이므로 무단 전재와 복제를 금합니다.
▶ 잘못된 책은 구입처에서 교환해드립니다.
▶ 도서출판 동양북스에서는 소중한 원고, 새로운 기획을 기다리고 있습니다.
　 http://www.dongyangbooks.com

"시험이 끝났습니다"

홀가분한 표정으로 필기구와 가방을 정리하는 수험생. 약간은 어둡고 복잡한 마음으로 창밖을 바라보는 수험생. 휴대 전화를 켜고 누군가와 시험에 대해서 대화하는 수험생 등, 매년 일본어 능력시험이 종료되면 수많은 수험생들이 우르르 학교를 빠져나가는 모습을 볼 수 있다. 2010년에 개정된 신(新) 일본어 능력시험에 매년 응시하면서, 시험을 보기 전에는 시험의 난이도를 걱정하고, 시험 문제를 풀 때는 수험생들이 함정 문제들을 잘 간파할 수 있기를 바라며, 시험이 끝나면 모든 수험생들이 밝은 얼굴로 귀가할 수 있기를 기원한다.

본서는 이러한 기원을 담아 일본어 능력시험 N2 수험에 필요한 내용을 한 권으로 망라하려는 뜻에서 제작되었다. 따라서 수험의 기본인 핵심 정리와 문제 풀이를 통한 실력 확인에 포인트를 두었으며, 일본어 능력시험의 각 영역마다 학습의 길잡이가 되도록 출제 경향을 분석하고 학습 요령을 제시하여, 객관적인 난이도와 최신 경향을 독자 스스로 분석하고 파악할 수 있도록 하였다.

'문자 · 어휘'는 기출 한자 및 어휘를 제시하고 앞으로 출제 가능성이 높은 단어를 추가로 제시하였다. '문법'은 어휘와 더불어 어학 학습의 기본이 되므로 문법적 기초가 부족한 수험생도 읽어 가는 사이에 자신감이 붙을 수 있도록 분류 · 구성하였다. 특히, 혼동되기 쉬운 내용들에 대해서는 명쾌한 해설을 붙여, 제시된 예문과 설명만으로 최강의 문법 학습이 가능하도록 집필하였다.

'독해'는 어휘력과 문법에 관한 지식이 있다면 본서에 제시된 문장들을 꾸준하게 학습하는 것만으로도 고득점이 가능하도록 N2 출제 기준에 들어맞는 내용들을 제시하였다. '청해'는 출제 유형이 명확한 형태로서 유형화되어 있으며, 유형별 대비가 가능하도록 응용 가능성이 높은 문제들을 엄선하였다. 또한 청해의 핵심을 놓치지 않고 간파할 수 있도록 핵심 어휘를 제시하였다. 또한 본서의 마지막 부분에는 실제 시험과 같은 난이도로 구성된 모의고사가 있어서 본인의 실력을 점검할 수 있다. 이는 시험 전 최종 실력 확인에 유용하리라 믿는다.

수험생들에게는 결과가 절대적이다. 과정 따위는 결과 앞에서 백지와도 같은 것이다. 하지만 점수를 높이기 위해서는 과정 또한 굉장히 중요하다. 문제에 적응을 하면, 시험에 대한 두려움도 사라질 수 있다. 일본어 능력시험은 수험자의 학습 성취도를 측정하는 시험이다. 매회 출제되는 문제들은 출제 기관이 제시하고 있는 출제 기준에 충실하며, 본서 또한 그러한 경향에 맞추어 구성되어 있으므로 여러분들을 합격으로 이끄는 데 큰 힘이 될 수 있으리라 확신한다.

본서를 충실히 학습한다면, 일본어 능력시험에 대한 철저한 대비는 물론, 여러분들의 일본어 실력 향상에도 도움이 되리라 확신하는 바이다.

저자 일동

이 책의 구성과 활용법

이 책은 2010년부터 시행된 JLPT N2에 대비할 수 있도록 구성된 종합 학습서입니다. 각 과목별로 문제 유형과 최신 출제 유형을 분석하였으며, 각각의 유형마다 학습 팁과 실전 팁을 제시하였습니다. 또한 그동안의 기출 어휘·문법 정리와 더불어 충분한 문제 풀이를 통해 실전에 철저히 대비할 수 있도록 구성하였습니다.

문제 유형 공략법

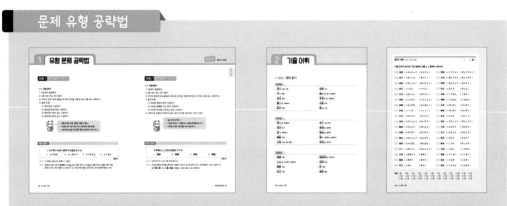

JLPT 각 영역마다 문제별로 유형을 분석하고 출제 경향을 정리하였습니다. 또한 예시 문제를 제시하여 처음 JLPT를 접하는 학습자도 시험 유형에 쉽게 적응할 수 있도록 구성하였으며, 평소 학습하는 데 도움이 될 수 있는 팁을 함께 정리하여 취약한 영역을 극복하고, JLPT에 철저히 대비할 수 있도록 하였습니다.

유형별 실전 문제

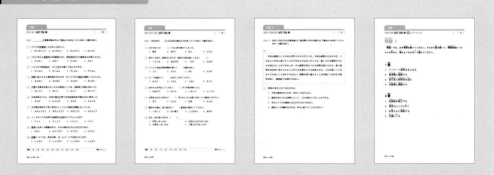

실제 JLPT N2와 동일한 형식의 문제를 풀어보며 실전 감각을 키울 수 있습니다. 앞에서 제시되었던 학습 팁과 문제 풀이 팁을 활용하며 문제를 풀이합니다. 문제 아래에 정답 번호가 제시되어 있어 정답을 확인하는 시간을 절약할 수 있으며, 보다 상세한 해설은 별책 해설서를 통해 확인할 수 있습니다.

문자 · 어휘

기출 한자 및 어휘를 제시하고, 앞으로 출제 가능성이 높은 단어를 추가로 제시하였습니다. 지금까지 출제된 문제의 해답과 보기를 '합격 어휘'와 '고득점 어휘'로 분류하여 효율적으로 학습할 수 있도록 하였습니다. 또한 각 어휘 학습을 마친 후에는 '확인 문제'를 통해 성취도를 확인할 수 있습니다.

문법

2010년부터 2024년까지의 기출 문법을 정리하고 출제 가능성이 높은 문법 항목을 상세히 설명하였습니다. [문자·어휘]와 마찬가지로 연도별로 '합격 문법'과 '고득점 문법'으로 분류하였으며, 오십음도 순서로 정리되어 있어 학습하고자 하는 문법을 쉽게 찾을 수 있고, '확인 문제'를 통해 성취도를 확인할 수 있습니다.

독해

각 문제별로 상세하게 유형을 분석하고 주로 출제되는 지문의 종류도 함께 정리하여 어렵게 느낄 수 있는 [독해]에 쉽게 적응할 수 있도록 하였습니다. 또한 각 유형마다 [독해] 문제 풀이 시간을 단축할 수 있는 팁과 고득점 팁을 제시하였으며 각 주제별로 주로 나오는 어휘들을 별도로 정리하여 문제 풀이에 도움이 될 수 있도록 하였습니다.

청해

각 문제별로 상세하게 유형을 분석하고 주로 출제되는 대화의 유형을 정리하였습니다. 시험에 자주 나오는 어휘와 축약·구어체 표현을 주제별로 정리하여 실전에 대비할 수 있도록 하였으며, 풀이 요령을 실제 문제 풀이에 적용하면서 자신만의 청해 학습 전략을 세워볼 수 있습니다.

실전 모의고사 (2회분)

실제 시험과 같은 형식의 모의고사를 2회분 수록하였습니다. 시간을 재면서 실제 시험과 같은 환경에서 풀어 봅니다. 본책에서 학습한 내용을 최종 확인하고, 해설서를 참고하여 틀린 문제를 스스로 점검하도록 합니다.

JLPT(일본어 능력시험)란?

❶ JLPT에 대해서

JLPT(Japanese-Language Proficiency Test)는 일본어를 모국어로 하지 않는 사람의 일본어 능력을 측정하고 인정하는 시험으로, 국제교류기금과 재단법인 일본국제교육지원협회가 주최하고 있습니다. 1984년부터 실시되고 있으며 다양화된 수험자와 수험 목적의 변화에 발맞춰 2010년부터 새로워진 일본어 능력시험이 연 2회(7월, 12월) 실시되고 있습니다.

❷ JLPT 레벨과 인정 기준

레벨	과목별 시간		인정 기준
	유형별	시간	
N1	언어지식(문자·어휘·문법) 독해	110분	폭넓은 상황에서 사용되는 일본어를 이해할 수 있다. [읽기] 폭넓은 화제에 대한 신문 논설, 평론 등 논리적으로 다소 복잡한 글이나 추상도가 높은 글 등을 읽고, 글의 구성이나 내용을 이해할 수 있다. 내용의 깊이가 있는 글을 읽고 이야기의 흐름이나 상세한 표현 의도를 이해할 수 있다.
	청해	55분	[듣기] 폭넓은 상황에 있어 자연스러운 속도의 회화나 뉴스, 강의를 듣고 이야기의 흐름이나 내용, 등장인물의 관계, 내용의 논리적 구성 등을 상세하게 이해하고 요지를 파악할 수 있다.
N2	언어지식(문자·어휘·문법) 독해	105분	일상적인 상황에서 사용되는 일본어의 이해와 더불어, 보다 폭넓은 상황에서 사용되는 일본어를 어느 정도 이해할 수 있다. [읽기] 신문이나 잡지 기사, 해설, 쉬운 평론 등 논지가 명확한 글을 읽고 글의 내용을 이해할 수 있다. 일반적인 화제의 글을 읽고 이야기의 흐름이나 표현 의도를 이해할 수 있다.
	청해	50분	[듣기] 일상적인 상황과 더불어, 다양한 상황에서 자연스러운 속도의 회화나 뉴스를 듣고 이야기의 흐름이나 내용, 등장인물의 관계를 이해하거나 요지를 파악할 수 있다.
N3	언어지식(문자·어휘)	30분	일상적인 상황에서 사용되는 일본어를 어느 정도 이해할 수 있다.
	언어지식(문법)·독해	70분	[읽기] 일상적인 화제에 대해 쓰인 구체적인 내용을 나타내는 글을 읽고 이해할 수 있다. 신문 기사 제목 등에서 정보의 개요를 파악할 수 있다. 일상적인 상황에서 난이도가 약간 높은 글은, 다른 말로 바꿔 제시되면 요지를 이해할 수 있다.
	청해	40분	[듣기] 일상적인 상황에서 자연스러움에 가까운 속도의 회화를 듣고 이야기의 구체적인 내용을 등장인물의 관계에 맞춰 거의 이해할 수 있다.
N4	언어지식(문자·어휘)	25분	기본적인 일본어를 이해할 수 있다.
	언어지식(문법)·독해	55분	[읽기] 기본적인 어휘나 한자를 이용해서 쓰여진 일상생활에서 흔히 접할 수 있는 화제의 글을 읽고 이해할 수 있다.
	청해	35분	[듣기] 일상적인 상황에서 다소 느리게 말하는 회화라면 내용을 거의 이해할 수 있다.
N5	언어지식(문자·어휘)	20분	기본적인 일본어를 어느 정도 이해할 수 있다.
	언어지식(문법)·독해	40분	[읽기] 히라가나, 가타카나, 일상생활에서 사용되는 기본적인 한자로 쓰인 정형적인 어구나 글을 읽고 이해할 수 있다.
	청해	30분	[듣기] 교실이나 주변 등 일상생활 속에서 자주 접하는 상황에서 천천히 말하는 짧은 회화라면 필요한 정보를 얻을 수 있다.

❸ 시험 결과의 표시

레벨	득점 구분		인정 기준
N1	언어지식(문자 · 어휘 · 문법)		0~60
	독해		0~60
	청해		0~60
	종합득점		0~180
N2	언어지식(문자 · 어휘 · 문법)		0~60
	독해		0~60
	청해		0~60
	종합득점		0~180
N3	언어지식(문자 · 어휘 · 문법)		0~60
	독해		0~60
	청해		0~60
	종합득점		0~180
N4	언어지식(문자 · 어휘 · 문법) · 독해		0~120
	청해		0~60
	종합득점		0~180
N5	언어지식(문자 · 어휘 · 문법) · 독해		0~120
	청해		0~60
	종합득점		0~180

❹ 시험 결과 통지의 예

다음 예와 같이 ① '득점구분별 득점'과 득점구분별 득점을 합계한 ② '종합득점', 앞으로의 일본어 학습을 위한 ③ '참고정보'를 통지합니다. ③ '참고정보'는 합격/불합격 판정 대상이 아닙니다.

*예 N3을 수험한 Y씨의 '합격/불합격 통지서'의 일부 성적 정보(실제 서식은 변경될 수 있습니다.)

① 득점 구분별 득점			② 종합 득점
언어지식 (문자 · 어휘 · 문법)	독해	청해	120/180
50/60	30/60	40/60	

③ 참고 정보	
문자 · 어휘	문법
A	C

A 매우 잘했음 (정답률 67% 이상)
B 잘했음 (정답률 34%이상 67% 미만)
C 그다지 잘하지 못했음 (정답률 34% 미만)

목 차

1교시

문자・어휘

1 유형 문제 공략법

問題 1 한자 읽기

● ● ● **유형 분석**

1 5문제가 출제된다.

2 2분 내로 푸는 것이 좋다.

3 주어진 문장 속에 밑줄로 표시된 단어를 어떻게 읽는지를 묻는 유형이다.

4 출제 유형

(1) 음독/훈독 구분하기

(2) 장단음/촉음/탁음 구분하기

(3) 예외적인 한자 읽기 구분하기

(4) 일반적인 한자 읽기 구분하기

✓ 음독과 훈독, 장음, 촉음을 구분하여 풀기!

✓ 소리를 내며 암기하는 것이 효과적인 학습 방법!

✓ 예외적으로 읽는 단어들은 별도로 정리하여 암기하기!

예시 문제

この仕事には高い語学力が<u>要求</u>される。

1　ようきゅ　　　2　よっきゅう　　　3　ようきゅう　　　4　よっきゅ

정답 3

해 석　이 일에는 높은 어학 능력이 요구된다.

해 설　음독으로 읽는 단어인 **要求**를 **ようきゅう**로 읽을 것인지 **ようきゅ**로 읽을 것인지 장음에 대한 이해를 묻고 있다. 이에 덧붙여, **よっきゅう, よっきゅ**처럼 촉음(っ)으로 읽는 것이 타당한지를 묻고 있다.

問題2 한자 표기

●● 유형 분석

1 5문제가 출제된다.

2 2분 내로 푸는 것이 좋다.

3 주어진 문장에 **ひらがな**로 제시된 단어를 어떻게 한자로 표기하는지를 묻는 유형이다.

4 출제 유형

　(1) 비슷한 발음의 한자 구분하기

　(2) 비슷한 형태를 지닌 한자 구분하기

　(3) 비슷한 의미를 나타내는 한자 구분하기

5 선택지에 실제로 존재하지 않는 한자 단어를 제시하는 경우가 많다.

✓ 읽고 쓰며 외우자!

✓ 비슷한 한자가 나왔을 때, 구성요소를 분해해 보기!

✓ 비슷한 모양의 한자들은 따로 정리하기!

예시 문제

今学期の<u>こうぎ</u>は来週までです。

　1　構義　　　　2　講議　　　　3　講義　　　　4　構議

정답 3

해 석　이번 학기의 강의는 다음 주까지입니다.

해 설　비슷한 형태의 한자를 선택지에 나열하고 바르게 표기된 한자가 어느 것인지를 묻고 있다. 형태가 비
　　　슷한 構와 講, 그리고 義와 儀를 구분할 수 있어야 풀 수 있는 문제이다.

● ● 유형 분석

1 3문제가 출제된다.

2 1~2분 내로 푸는 것이 좋다.

3 파생어나 복합어에 대한 지식을 묻는 문제로, 주어진 문장의 괄호 안에 들어갈 접두어나 접미어를 찾는 유형이다.

4 출제 유형

(1) 적절한 접두어나 접미어 찾기

(2) 적절한 복합어 찾기

(3) 비슷한 의미를 나타내는 한자 구분하기

✓ 단어 형성 파트는 비교적 학습 부담이 적은 유형!

✓ 학습을 진행하면서 등장하는 파생어와 복합어를 놓치지 말고 익혀 두자!

예시 문제

食器（　　）は、この箱に詰めてください。

1 型　　　　　　2 種　　　　　　3 属　　　　　　4 類

정답 4

해 석　식기류는 이 상자에 담아 주세요.

해 설　적절한 '접미어'가 무엇인지 묻고 있다. 접미어란, 어떤 단어 뒤에 붙어 새로운 단어가 되게 하는 말을 가리킨다. '비슷한 것들의 집합'이라는 의미를 지닌 접미어 類가 食器의 뒤에 붙어 '식기의 종류'라는 의미의 파생어 食器類가 된다.

問題 4 문맥 규정

●● 유형 분석

1 7문제가 출제된다.

2 4~5분 내로 푸는 것이 좋다.

3 문맥을 파악하여 괄호 안에 들어갈 알맞은 선택지를 고르는 유형이다.

4 출제 유형

   (1) 명사 간의 결합으로 이루어지는 단어 구분하기

   (2) 단어 간의 호응 관계를 묻는 문제

✓ 동사와 부사 학습이 필수적!

✓ 호응하는 단어를 찾자!

예시 문제

田中さんは長い間（　　　）窓の外を見ていた。

  1　ぼんやり　　　　2　ふんわり　　　　3　うっすら　　　　4　しっとり

정답 1

해석　다나카 씨는 오랫동안 **멍하니** 창밖을 보고 있었다.

해설　見る와 가장 잘 어울리는 단어를 찾는 문제이다. '보다'라는 뜻의 見る를 수식하는 데 가장 적절한 단어는 '멍하니'라는 뜻의 부사 **ぼんやり**이다.

● ● **유형 분석**

1 5문제가 출제된다.

2 2~3분 내로 푸는 것이 좋다.

3 주어진 문장의 밑줄 친 단어와 의미가 가장 가까운 것을 선택하는 유형이다.

4 출제 유형

　⑴ 대체 가능한 단어 고르기

　⑵ 제시된 단어와 같은 의미 찾기

5 한자 문제가 아니기 때문에 모든 품사에서 출제된다.

> ✓ 압도적으로 부사가 많이 출제된다!
> ✓ N3 수준의 부사도 정리해 두자!

예시 문제

> 田中さんはいつもほがらかです。
>
> 　1　おとなしい　　　2　まじめ　　　　3　りっぱ　　　　4　あかるい

정답 4

해 석　다나카 씨는 언제나 명랑합니다.

해 설　朗^{ほが}らかだ를 대체할 수 있는 단어를 선택하는 문제이다. 明^{あか}るい(밝다)가 '명랑하다'의 의미를 지니므로
　　　 4번이 답이 된다.

問題6 용법

● ● **유형 분석**

1 5문제가 출제된다.

2 4~5분 내로 푸는 것이 좋다.

3 주어진 단어의 올바른 용법을 묻는 문제로, 출제된 단어가 바르게 쓰인 선택지를 고르는 유형이다.

4 출제 유형

(1) 단어의 의미상 오류 구분하기

(2) 품사의 적절한 사용 구분하기

5 명사, 부사, 외래어 등 다방면의 단어가 출제된다.

✓ 부자연스러운 문장을 하나씩 지워 가며 풀자!

✓ 문법 예문과 연계한 어휘 학습이 고득점의 지름길!

예시 문제

範囲

1　この町は川によって二つの**範囲**に分かれている。

2　この会社は新しい**範囲**に進出した。

3　明日は広い**範囲**で強い雨が降るでしょう。

4　家から駅までの**範囲**は２キロぐらいだ。

정답 3

해 석　내일은 넓은 범위에서 강한 비가 내리겠지요.

해 설　'용법'의 대표적인 유형으로 의미상의 오류가 있는 문장을 제거하면서 풀면 된다. 예제에서는 広い와 範囲가 결합되어야 자연스러운 문장이 된다. 여러 가지 대안이 있을 수 있으나, 선택지 1은, 二つの地域(2개의 지역), 선택지 2는 新しい分野(새로운 분야), 선택지 4는 駅までの距離(역까지의 거리)로 바꾸는 것이 자연스럽다.

기출 어휘

● 問題 1 **한자 읽기**

2010년

- 相互 (そうご) 상호, 서로
- 規模 (きぼ) 규모
- 辛い (からい) 맵다
- 触れる (ふれる) 닿다, 언급하다
- 景色 (けしき) 경치
- 尊重する (そんちょうする) 존중하다
- 備える (そなえる) 대비하다
- 治療 (ちりょう) 치료
- 防災 (ぼうさい) 방재
- 隣 (となり) 옆, 이웃

2011년

- 敗れる (やぶれる) 패배하다
- 地元 (じもと) 고장, 현지
- 要求 (ようきゅう) 요구
- 密接な (みっせつな) 밀접한
- 祝う (いわう) 축하하다
- 豊富な (ほうふな) 풍부한
- 調節 (ちょうせつ) 조절
- 補う (おぎなう) 보완하다, 보충하다
- 至急 (しきゅう) 지급, 매우 급함
- 率直な (そっちょくな) 솔직한

2012년

- 装置 (そうち) 장치
- 抽象的な (ちゅうしょうてき) 추상적인
- 占める (しめる) 차지하다, 점유하다
- 返却 (へんきゃく) 반납
- 削除 (さくじょ) 삭제
- 針 (はり) 바늘
- 焦点 (しょうてん) 초점
- 撮影 (さつえい) 촬영

☐ 略^{りゃく}する 생략하다, 줄이다   ☐ 破片^{はへん} 파편

2013년

☐ 世^よの中^{なか} 세상   ☐ 清潔^{せいけつ}な 청결한

☐ 勧誘^{かんゆう} 권유   ☐ 隠^{かく}す 숨기다

☐ 改^{あらた}めて 다시   ☐ 姿勢^{しせい} 자세

☐ 拡充^{かくじゅう} 확충   ☐ 積^つむ 쌓다

☐ 模範^{もはん} 모범   ☐ 逃亡^{とうぼう} 도망

2014년

☐ 大幅^{おおはば}に 대폭적으로   ☐ 極端^{きょくたん}な 극단적인

☐ 悔^{くや}しい 억울하다   ☐ 戻^{もど}す 되돌리다

☐ 幼稚^{ようち}な 유치한   ☐ 継続^{けいぞく} 계속

☐ 圧勝^{あっしょう} 압승   ☐ 除^{のぞ}く 제외하다, 제거하다

☐ 傷^{いた}む 상하다, 손상되다   ☐ 貿易^{ぼうえき} 무역

2015년

☐ 省略^{しょうりゃく} 생략   ☐ 拒否^{きょひ} 거부

☐ 含^{ふく}める 포함시키다   ☐ 囲^{かこ}む 둘러싸다, 에워싸다

☐ 油断^{ゆだん} 방심   ☐ 損害^{そんがい} 손해

☐ 行事^{ぎょうじ} 행사   ☐ 現象^{げんしょう} 현상

☐ 詳^{くわ}しい 자세하다, 상세하다   ☐ 憎^{にく}い 밉다, 미워하다

2016년

☐ 治療^{ちりょう} 치료   ☐ 貴重^{きちょう}な 귀중한

☐ 競^{きそ}う 겨루다, 경쟁하다   ☐ 怪^{あや}しい 수상하다

□ **批評** ひ ひょう 비평　　　　　　　□ **容姿** よう し 용모, 외모

□ **納める** おさ 납입하다, 납부하다　　□ **伴う** ともな 따르다, 동반하다

□ **劣る** おと 뒤떨어지다, 열등하다　　□ **願望** がん ぼう 소망, 바람

2017년

□ **幼い** おさな 어리다　　　　　　　□ **握る** にぎ 쥐다

□ **密閉** みっ ぺい 밀폐　　　　　　　□ **絞る** しぼ 짜다, 범위를 좁히다

□ **垂直** すいちょく 수직　　　　　　　□ **乱れる** みだ 흐트러지다, 어지러워지다

□ **柔軟な** じゅうなん 유연한　　　　　□ **強火** つよ び 센 불

□ **抱える** かか 감싸 쥐다, 안다　　　□ **求人** きゅうじん 구인

2018년

□ **怖い** こわ 무섭다　　　　　　　　□ **冷蔵庫** れいぞう こ 냉장고

□ **総額** そうがく 총액　　　　　　　□ **湿る** しめ 습기 차다, 축축하다

□ **抽選** ちゅうせん 추첨　　　　　　　□ **離れる** はな 떨어지다, 거리가 멀어지다

□ **企画** き かく 기획　　　　　　　　□ **再度** さい ど 두 번, 재차

□ **和やかな** なご 부드럽다, 온화하다　□ **処理** しょ り 처리

2019년

□ **憎む** にく 미워하다　　　　　　　□ **偶然** ぐうぜん 우연히

□ **刺激** し げき 자극　　　　　　　　□ **恥** はじ 부끄러움, 창피

□ **圧倒的** あっとうてき 압도적　　　　□ **等しい** ひと 같다, 다름없다

□ **軽傷** けいしょう 경상, 가벼운 부상　□ **負担** ふ たん 부담

□ **映る** うつ 비치다, 영상으로 나타나다　□ **下旬** げ じゅん 하순

2020년

- [ ] 倒す 쓰러뜨리다
- [ ] 険しい 험하다
- [ ] 下降 하강
- [ ] 損害 손해
- [ ] 比較的 비교적

2021년

- [ ] 拡充 확충
- [ ] 声援 성원
- [ ] 破片 파편
- [ ] 乏しい 부족하다
- [ ] 焦る 초조해하다, 안달하다
- [ ] 著しい 현저하다, 두드러지다
- [ ] 傾く 기울다
- [ ] 情景 정경
- [ ] 介護 개호, 간병
- [ ] 賛否 찬부, 찬반

2022년

- [ ] 記憶 기억
- [ ] 途端に 갑자기
- [ ] 素材 소재
- [ ] 刺激 자극
- [ ] 世間 세간, 세상
- [ ] 偉い 훌륭하다
- [ ] 務める (임무를)맡다, 노력하다
- [ ] 警備 경비
- [ ] 外れる 빠지다, 빗나가다
- [ ] 勇ましい 용감하다, 활발하다

2023년

- [ ] 運賃 운임
- [ ] 模範 모범
- [ ] 握手 악수
- [ ] 善良な 선량한
- [ ] 削除 삭제
- [ ] 乱れる 흐트러지다, 어지러워지다
- [ ] 険しい 험하다
- [ ] 腕 팔
- [ ] 幼い 어리다
- [ ] 平等 평등

문자·어휘

2024년

- 詳細 상세
- 絡まる 얽히다
- 鮮やかな 선명한
- 迷う 헤매다, 망설이다
- 実践 실천

- 分析 분석
- 農薬 농약
- 優秀な 우수한
- 背骨 등뼈, 척추
- 衣装 의상

● 問題2 한자 표기

2010년

- 礼儀 예의
- 出世 출세
- 伝統 전통
- 焦る 안달하다, 초조해하다
- 暮らす 살다

- 開催 개최
- 頼り 연고, 의지가 되는 것
- 乱れる 흐트러지다
- 運賃 운임
- 撮影 촬영

2011년

- 象徴 상징
- 激しい 심하다
- 登録 등록
- 誘う 권유하다, 유도하다
- 変更 변경

- 与える 주다
- 管理 관리
- 福祉 복지
- 討論 토론
- 属する 속하다

2012년

- 導く 이끌다, 지도하다
- 扱う 다루다, 취급하다

- 訪れる 방문하다
- 収穫 수확

□ 積極的な ^{せっきょくてき} 적극적인	□ 勢い ^{いきお} 기세
□ 抵抗 ^{ていこう} 저항	□ 組織 ^{そ しき} 조직
□ 肩 ^{かた} 어깨	□ 至るところ ^{いた} 도처, 모든 장소

2013년

□ 削る ^{けず} 깎다, 삭감하다	□ 真剣な ^{しんけん} 진지한
□ 講義 ^{こう ぎ} 강의	□ 努める ^{つと} (임무를)맡다, 노력하다
□ 傾く ^{かたむ} 기울다	□ 寄付 ^{き ふ} 기부
□ 果たす ^は 완수하다	□ 即座に ^{そく ざ} 즉석에서, 그 자리에서
□ 招待 ^{しょうたい} 초대	□ 責める ^せ 책망하다, 나무라다

2014년

□ 湿っぽい ^{しめ} 눅눅하다, 습기 차다	□ 詳しい ^{くわ} 자세하다, 상세하다
□ 接続 ^{せつぞく} 접속	□ 援助 ^{えんじょ} 원조
□ 逆らう ^{さか} 거스르다, 거역하다	□ 破れる ^{やぶ} 찢어지다, 파손되다
□ 批判 ^{ひ はん} 비판	□ 面倒な ^{めん どう} 귀찮은, 성가신
□ 劣る ^{おと} 열등하다, 뒤떨어지다	□ 拾う ^{ひろ} 줍다

2015년

□ 距離 ^{きょ り} 거리	□ 混乱 ^{こんらん} 혼란
□ 驚く ^{おどろ} 놀라다	□ 順調な ^{じゅんちょう} 순조로운
□ 講師 ^{こう し} 강사	□ 争う ^{あらそ} 다투다
□ 腹 ^{はら} 배(신체의 일부)	□ 指摘 ^{し てき} 지적
□ 恵まれる ^{めぐ} 혜택 받다, 풍부하다	□ 鮮やかな ^{あざ} 선명한

2016년

□ 簡潔な ^{かんけつ} 간결한	□ 招く ^{まね} 부르다, 초대하다

□ **参照** <ruby>参照<rt>さんしょう</rt></ruby> 참조　　□ **保証** <ruby>保証<rt>ほしょう</rt></ruby> 보증

□ **焦げる** <ruby>焦<rt>こ</rt></ruby>げる 눈다, 타다　　□ **催し** <ruby>催<rt>もよお</rt></ruby>し 행사, 모임

□ **症状** <ruby>症状<rt>しょうじょう</rt></ruby> 증상　　□ **硬貨** <ruby>硬貨<rt>こうか</rt></ruby> 동전, 주화

□ **快く** <ruby>快<rt>こころよ</rt></ruby>く 흔쾌히　　□ **製造** <ruby>製造<rt>せいぞう</rt></ruby> 제조

2017년

□ **凍る** <ruby>凍<rt>こお</rt></ruby>る 얼다　　□ **討論** <ruby>討論<rt>とうろん</rt></ruby> 토론

□ **救う** <ruby>救<rt>すく</rt></ruby>う 구조하다　　□ **好調な** <ruby>好調<rt>こうちょう</rt></ruby>な 호조인, 순조로운

□ **永久** <ruby>永久<rt>えいきゅう</rt></ruby> 영구(영원)　　□ **在籍** <ruby>在籍<rt>ざいせき</rt></ruby> 재적

□ **従う** <ruby>従<rt>したが</rt></ruby>う 따르다, 복종하다　　□ **福祉** <ruby>福祉<rt>ふくし</rt></ruby> 복지

□ **領収書** <ruby>領収書<rt>りょうしゅうしょ</rt></ruby> 영수증　　□ **荒い** <ruby>荒<rt>あら</rt></ruby>い 거칠다

2018년

□ **豊かな** <ruby>豊<rt>ゆた</rt></ruby>かな 풍부한, 부유한　　□ **養う** <ruby>養<rt>やしな</rt></ruby>う 기르다, 부양하다

□ **破片** <ruby>破片<rt>はへん</rt></ruby> 파편　　□ **警備** <ruby>警備<rt>けいび</rt></ruby> 경비

□ **省く** <ruby>省<rt>はぶ</rt></ruby>く 생략하다　　□ **迎える** <ruby>迎<rt>むか</rt></ruby>える 맞이하다

□ **介護** <ruby>介護<rt>かいご</rt></ruby> 개호, 간병　　□ **系統** <ruby>系統<rt>けいとう</rt></ruby> 계통

□ **束ねる** <ruby>束<rt>たば</rt></ruby>ねる 묶다　　□ **精算** <ruby>精算<rt>せいさん</rt></ruby> 정산

2019년

□ **趣味** <ruby>趣味<rt>しゅみ</rt></ruby> 취미　　□ **濃い** <ruby>濃<rt>こ</rt></ruby>い 짙다, 진하다

□ **混じる** <ruby>混<rt>ま</rt></ruby>じる 섞이다　　□ **損** <ruby>損<rt>そん</rt></ruby> 손해

□ **演技** <ruby>演技<rt>えんぎ</rt></ruby> 연기　　□ **違反** <ruby>違反<rt>いはん</rt></ruby> 위반

□ **勇ましい** <ruby>勇<rt>いさ</rt></ruby>ましい 용감하다, 활발하다　　□ **陽気な** <ruby>陽気<rt>ようき</rt></ruby>な 밝고 쾌활한, 명랑한

□ **見逃す** <ruby>見逃<rt>みのが</rt></ruby>す 놓치다　　□ **拡張** <ruby>拡張<rt>かくちょう</rt></ruby> 확장

□ 鮮^{あざ}やかな 선명한

□ 帰省^{きせい} 귀성

□ 縮^{ちぢ}める 줄이다

□ 実践^{じっせん} 실천

□ 異色^{いしょく} 이색

2021년

□ 豊^{ゆた}かな 풍부한, 부유한

□ 返品^{へんぴん} 반품

□ 乱暴^{らんぼう} 난폭

□ 競^{きそ}う 겨루다, 경쟁하다

□ 弱点^{じゃくてん} 약점

□ 任^{まか}せる 맡기다

□ 勧誘^{かんゆう} 권유

□ 順調^{じゅんちょう} 순조로움

□ 積^つもる 쌓이다

□ 永久^{えいきゅう} 영구(영원)

2022년

□ 登^{のぼ}る 오르다

□ 垂直^{すいちょく} 수직

□ 住居^{じゅうきょ} 주거

□ 備^{そな}える 대비하다

□ 典型的^{てんけいてき}な 전형적인

□ 欲^{よく} 욕심

□ 俳優^{はいゆう} 배우

□ 離^{はな}れる 떨어지다, 거리가 멀어지다

□ 診断^{しんだん} 진단

□ 等^{ひと}しい 같다, 다름없다

2023년

□ 布^{ぬの} 천(직물)

□ 福祉^{ふくし} 복지

□ 捨^すてる 버리다

□ 機嫌^{きげん} 기분

□ 損失^{そんしつ} 손실

□ 管理^{かんり} 관리

□ 研修^{けんしゅう} 연수

□ 耐^たえる 견디다

□ 投票^{とうひょう} 투표

□ 抱^{かか}える 감싸 쥐다, 안다

☐ 志望 지망　　　☐ 短編 단편

☐ 散る 떨어지다, 흩어지다　　　☐ 柔らかい 부드럽다

☐ 疲労 피로　　　☐ 警備 경비

☐ 避難 피난　　　☐ 敬う 존경하다

☐ 受講 수강　　　☐ 厚かましい 뻔뻔하다

● 問題 3 단어 형성

☐ 諸問題 여러 문제　　　☐ 2対1 2 대 1

☐ 商店街 상점가, 상가　　　☐ 再放送 재방송

☐ 高収入 고수입　　　☐ 予約制 예약제

☐ 副社長 부사장　　　☐ 就職率 취직률

☐ 集中力 집중력　　　☐ 旧制度 구제도

☐ 医学界 의학계　　　☐ 文学賞 문학상

☐ 準優勝 준우승　　　☐ 悪条件 악조건

☐ 現段階 현 단계　　　☐ クリーム状 크림 상태

☐ 非公式 비공식　　　☐ 一日おき 하루 걸러

☐ 総売上 총매출　　　☐ 来シーズン 다음 시즌

☐ ビジネスマン風 비즈니스맨풍　　　☐ 真夜中 한밤중

☐ 仮採用 임시 채용　　　☐ 投票率 투표율

□ 国際色 こくさいしょく 국제색

□ アルファベット順 じゅん 알파벳순

□ 諸外国 しょがいこく 제 외국, 외국 여러 나라

□ 半透明 はんとうめい 반투명

□ 低価格 ていかかく 저가격

□ 日本流 にほんりゅう 일본류, 일본식

2013년

□ 準決勝 じゅんけっしょう 준결승

□ 再提出 さいていしゅつ 재제출, 다시 제출함

□ 親子連れ おやこづれ 부모 자식 동반, 가족 동반

□ 東京駅発 とうきょうえきはつ 도쿄역 출발

□ 薄暗い うすぐらい 어둑어둑하다, 침침하다

□ 音楽全般 おんがくぜんぱん 음악 전반

□ 風邪気味 かぜぎみ 감기 기운

□ 最有力 さいゆうりょく 최유력, 가장 유력

□ 食器類 しょっきるい 식기류

□ 夏休み明け なつやすみあけ 여름 방학 끝 무렵

2014년

□ 作品集 さくひんしゅう 작품집

□ 危険性 きけんせい 위험성

□ 線路沿い せんろぞい 선로가

□ 未経験 みけいけん 미경험

□ 諸問題 しょもんだい 여러 문제

□ 期限切れ きげんぎれ 기한 종료

□ 電車賃 でんしゃちん 전철 요금

□ 高性能 こうせいのう 고성능

□ 祭りムード一色 いっしょく 축제 분위기 일색

□ 一日おき いちにち 하루 걸러

2015년

□ 副社長 ふくしゃちょう 부사장

□ 応援団 おうえんだん 응원단

□ 無責任 むせきにん 무책임

□ 悪影響 あくえいきょう 악영향

□ 子供連れ こどもづれ 자녀 동반

□ 成功率 せいこうりつ 성공률

□ 招待状 しょうたいじょう 초대장

□ 現実離れ げんじつばなれ 현실을 벗어남

□ 真新しい まあたらしい 완전히 새롭다

□ ヨーロッパ風 ふう 유럽풍, 유럽 스타일

2016년

- [ ] 異文化 (いぶんか) 이문화
- [ ] 年代順 (ねんだいじゅん) 연대순
- [ ] 管理下 (かんりか) 관리하
- [ ] 再開発 (さいかいはつ) 재개발
- [ ] 主成分 (しゅせいぶん) 주성분
- [ ] 結婚観 (けっこんかん) 결혼관
- [ ] 高水準 (こうすいじゅん) 고수준
- [ ] 日本式 (にほんしき) 일본식
- [ ] 未使用 (みしよう) 미사용
- [ ] 勉強づけ (べんきょう) 공부 몰입

2017년

- [ ] 初年度 (しょねんど) 초년도
- [ ] 会員制 (かいいんせい) 회원제
- [ ] 真後ろ (まうしろ) 바로 뒤
- [ ] 不正確 (ふせいかく) 부정확
- [ ] 諸外国 (しょがいこく) 제 외국, 여러 외국
- [ ] 前社長 (ぜんしゃちょう) 전 사장
- [ ] 家族連れ (かぞくづれ) 가족 동반
- [ ] 住宅街 (じゅうたくがい) 주택가
- [ ] 低カロリー (てい) 저칼로리
- [ ] 会社員風 (かいしゃいんふう) 회사원풍, 회사원 스타일

2018년

- [ ] スキー場 (じょう) 스키장
- [ ] 進学率 (しんがくりつ) 진학률
- [ ] 学年別 (がくねんべつ) 학년별
- [ ] 送信元 (そうしんもと) 송신원
- [ ] 来学期 (らいがっき) 다음 학기
- [ ] 副大臣 (ふくだいじん) 부대신(차관)
- [ ] 無計画 (むけいかく) 무계획
- [ ] 働き手 (はたらきて) 일 손

2019년

- [ ] 悪影響 (あくえいきょう) 악영향
- [ ] 別れ際 (わかれぎわ) 헤어질 때
- [ ] 頼みづらい (たの) 부탁하기 어렵다
- [ ] アメリカ流 (りゅう) 아메리카류, 미국식
- [ ] 前町長 (ぜんちょうちょう) 전 읍장
- [ ] 政治色 (せいじしょく) 정치색

2020년

※ 7월 시험 미실시

- ☐ 再提出 (さいていしゅつ) 재제출
- ☐ 都会育ち (とかいそだ) 도시에서 자람
- ☐ 一仕事 (ひとしごと) 한 가지 일

2021년

- ☐ ボール状 (じょう) 볼형, 동그란 모양
- ☐ 別会場 (べつかいじょう) 다른 회장
- ☐ 現社長 (げんしゃちょう) 현재 사장
- ☐ 同意見 (どういけん) 같은 의견
- ☐ 食べ頃 (たごろ) 먹기에 적당한 때, 제철
- ☐ 仮登録 (かりとうろく) 가등록, 임시 등록

2022년

- ☐ 異分野 (いぶんや) 다른 분야
- ☐ 低価格 (ていかかく) 저가격
- ☐ 写真付き (しゃしんつ) 사진 첨부
- ☐ 現制度 (げんせいど) 현재 제도
- ☐ 用心深い (ようじんぶか) 조심성이 많다
- ☐ 貴財団 (きざいだん) 귀재단

2023년

- ☐ 無回答 (むかいとう) 무회답, 무응답
- ☐ 日本風 (にほんふう) 일본풍
- ☐ 壁際 (かべぎわ) 벽가, 벽 옆
- ☐ 対抗心 (たいこうしん) 대항심
- ☐ 諸手続き (しょてつづ) 여러 수속
- ☐ 二人連れ (ふたりづ) 두 사람 일행

2024년

- ☐ 主原料 (しゅげんりょう) 주원료
- ☐ 読書離れ (どくしょばな) 독서 기피
- ☐ 決定権 (けっていけん) 결정권
- ☐ 名選手 (めいせんしゅ) 명선수
- ☐ 最接近 (さいせっきん) 최접근
- ☐ 私宛て (わたしあ) 내 앞

● 問題 4 문맥 규정

- □ のんびり 한가로이
- □ マイペース 마이 페이스
- □ <ruby>評判<rt>ひょうばん</rt></ruby> 평판
- □ <ruby>尽<rt>つ</rt></ruby>きる 다하다, 소진되다
- □ <ruby>発揮<rt>はっき</rt></ruby> 발휘
- □ あいまいな 애매한
- □ <ruby>有効<rt>ゆうこう</rt></ruby> 유효

- □ <ruby>徐々<rt>じょじょ</rt></ruby>に 서서히
- □ <ruby>上昇<rt>じょうしょう</rt></ruby> 상승
- □ シーズン 시즌
- □ <ruby>温厚<rt>おんこう</rt></ruby>な 온후한, 다정다감한
- □ <ruby>相次<rt>あいつ</rt></ruby>ぐ 잇따르다, 이어지다
- □ <ruby>通<rt>つう</rt></ruby>じる 통하다
- □ <ruby>含<rt>ふく</rt></ruby>む 포함하다

- □ <ruby>分析<rt>ぶんせき</rt></ruby> 분석
- □ ぶらぶら 어슬렁어슬렁
- □ <ruby>活気<rt>かっき</rt></ruby> 활기
- □ <ruby>詰<rt>つ</rt></ruby>まる 가득 차다, 막히다
- □ <ruby>反映<rt>はんえい</rt></ruby> 반영
- □ ぼんやり 희미하게, 멍하게
- □ <ruby>強<rt>つよ</rt></ruby>み 강점

- □ <ruby>解消<rt>かいしょう</rt></ruby> 해소
- □ <ruby>改善<rt>かいぜん</rt></ruby> 개선
- □ <ruby>迫<rt>せま</rt></ruby>る 다가오다, 임박하다
- □ <ruby>割<rt>わり</rt></ruby>と 비교적
- □ <ruby>視野<rt>しや</rt></ruby> 시야
- □ さっぱり 전혀
- □ <ruby>機能<rt>きのう</rt></ruby> 기능

- □ <ruby>散<rt>ち</rt></ruby>らかる 흩어지다, 어질러지다
- □ <ruby>辞退<rt>じたい</rt></ruby> 사퇴
- □ <ruby>得<rt>え</rt></ruby>る 얻다
- □ <ruby>抱<rt>かか</rt></ruby>える 감싸 쥐다, 안다
- □ <ruby>改正<rt>かいせい</rt></ruby> 개정
- □ <ruby>夢中<rt>むちゅう</rt></ruby> 열중

- □ <ruby>偏<rt>かたよ</rt></ruby>る / <ruby>片寄<rt>かたよ</rt></ruby>る 치우치다, 편중되다
- □ <ruby>着々<rt>ちゃくちゃく</rt></ruby>と 착착, 순조롭게
- □ いらいらする 초조해하다
- □ ぐち 푸념, 넋두리
- □ <ruby>場面<rt>ばめん</rt></ruby> 장면
- □ <ruby>成長<rt>せいちょう</rt></ruby> 성장

□ ごろごろ 데굴데굴, 뒹굴뒹굴　　□ 適度な 적당한, 알맞은

2013년

□ 呼び止める 불러 세우다　　□ 中継 중계

□ 解散 해산　　□ ぜいたくな 사치스러운

□ スムーズに 부드럽게　　□ 見当がつく 짐작이 가다

□ つらい 괴롭다, 힘들다　　□ すっきり 산뜻하게, 후련하게

□ 意欲 의욕　　□ 比例 비례

□ 専念 전념　　□ つまずく 걸려 넘어지다, 좌절하다

□ 格好 모습, 모양　　□ あいにく 공교롭게도

2014년

□ 腹を立てる 화를 내다　　□ 思いきって 과감하게

□ 導入 도입　　□ 訂正 정정

□ やかましい 시끄럽다　　□ 目指す 지향하다, 목표로 하다

□ パンク 펑크　　□ 一気に 단숨에, 단번에

□ あらかじめ 미리　　□ 蓄える 저축하다, 비축하다

□ 体格 체격　　□ リラックスする 긴장을 풀다

□ 差し支える 지장이 있다　　□ うとうと 꾸벅꾸벅(조는 모양)

2015년

□ 特色 특색　　□ 予測 예측

□ びっしょり 흠뻑(완전히 젖은 모양)　　□ 濁る 흐려지다, 탁해지다

□ 輝かしい 빛나다, 눈부시다　　□ 完了 완료

□ 面する 면하다, 마주 대하다　　□ バランス 밸런스, 균형

□ 鋭い 날카롭다, 예리하다　　□ たっぷり 듬뿍

☐ デザイン 디자인	☐ 相違 <small>そう い</small> 다름, 틀림
☐ 柔軟な <small>じゅうなん</small> 유연한	☐ 時間を潰す <small>じ かん つぶ</small> 시간을 때우다, 시간을 보내다

2016년

☐ 安易な <small>あん い</small> 안이한	☐ 提供 <small>ていきょう</small> 제공
☐ 収穫 <small>しゅうかく</small> 수확	☐ ぐったり 매우 지친 모습
☐ のんびり 한가로이	☐ ショック 쇼크, 충격
☐ 普及 <small>ふ きゅう</small> 보급	☐ じゃま 방해
☐ 引き止める <small>ひ と</small> 만류하다, 제지하다	☐ なだらかな 완만한
☐ リーダー 리더, 지도자	☐ 活発な <small>かっ ぱつ</small> 활발한
☐ 頼もしい <small>たの</small> 믿음직하다	☐ 割り込む <small>わ こ</small> 끼어들다

2017년

☐ 豊富な <small>ほう ふ</small> 풍부한	☐ おだやかな 온화한
☐ 確保 <small>かく ほ</small> 확보	☐ アピール 어필, 호소
☐ 悔やむ <small>く</small> 분하게 여기다, 후회하다	☐ 契機 <small>けい き</small> 계기
☐ ひそひそ 소근소근	☐ バランス 밸런스, 균형
☐ 苦情 <small>く じょう</small> 불평, 클레임	☐ 名所 <small>めいしょ</small> 명소
☐ ぎりぎり 아슬아슬	☐ 有利な <small>ゆう り</small> 유리한
☐ 打ち消す <small>う け</small> 부정하다	☐ そそっかしい 경솔하다, 조심성이 없다

2018년

☐ 発揮 <small>はっ き</small> 발휘	☐ アレンジ 어레인지, 각색
☐ 独特 <small>どくとく</small> 독특	☐ 欠かす <small>か</small> 빠뜨리다
☐ でたらめに 아무렇게나	☐ 達する <small>たっ</small> 도달하다, 이르다
☐ 着々と <small>ちゃくちゃく</small> 착착, 순조롭게	☐ スペース 스페이스, 공간

□ **点検** 점검
てんけん

□ **にっこり** 생긋, 방긋

□ **続出** 속출
ぞくしゅつ

□ **飛び散る** 사방에 흩날리다
と　ち

□ **地元** 고장, 현지
じ　もと

□ **敏感** 민감
びんかん

2019년

□ **プレッシャー** 프레셔, 압력

□ **不安定** 불안정
ふ　あんてい

□ **あいまいな** 애매한

□ **おとろえる** 쇠퇴하다

□ **油断** 방심
ゆ　だん

□ **分担** 분담
ぶんたん

□ **ふさわしい** 어울리다

□ **面倒な** 귀찮은, 성가신
めんどう

□ **本物** 진짜, 실물
ほんもの

□ **あこがれ** 동경, 그리움

□ **転勤** 전근
てんきん

□ **栽培** 재배
さいばい

□ **うなずく** 수긍하다, (고개를)끄덕이다

□ **ごちゃごちゃ** 어수선하게, 너저분하게

2020년

※ 7월 시험 미실시

□ **評価** 평가
ひょう　か

□ **尊重** 존중
そんちょう

□ **ターゲット** 타깃, 핵심 고객층

□ **独特** 독특
どくとく

□ **争う** 다투다
あらそ

□ **気配** 기미, 분위기
け　はい

□ **いいかげんな** 무책임한

2021년

□ **上昇** 상승
じょうしょう

□ **タイミング** 타이밍, 적절한 순간

□ **気軽に** 부담없이
き　がる

□ **添付** 첨부
てん　ぷ

□ **じろじろ** 빤히, 뚫어지게

□ **限界** 한계
げんかい

□ **固める** 굳히다
かた

□ **ぎりぎり** 아슬아슬

□ **解約** 해약
かいやく

□ **ニーズ** 니즈, 요구

□ **開設** 개설
かいせつ

□ **格好** 모습, 볼품
かっこう

□ 雇う 고용하다　　　　　　　　□ 思いきる 결심하다

2022년

□ 交渉 교섭　　　　　　　　　　□ クリア 클리어, 해결

□ 劣る 뒤떨어지다, 열등하다　　　□ 劇的に 극적으로

□ 接続 접속　　　　　　　　　　□ 締め切る 마감하다

□ ぞろぞろ 졸졸　　　　　　　　□ 違反 위반

□ 設備 설비　　　　　　　　　　□ 進出 진출

□ まれな 드문, 희귀한　　　　　　□ 苦情 불평, 클레임

□ ぎっしり 가득　　　　　　　　□ いだく 품다

2023년

□ 誤解 오해　　　　　　　　　　□ 好調な 호조인, 순조로운

□ 頼もしい 믿음직하다　　　　　　□ 節約 절약

□ 飛びつく 달려들다　　　　　　□ 求人 구인

□ こそこそ 살금살금, 소곤소곤　　□ 話題 화제

□ 後悔 후회　　　　　　　　　　□ リハーサル 리허설, 예행연습

□ 特定 특정　　　　　　　　　　□ かさかさ 바삭바삭, 꺼칠꺼칠

□ まねる 흉내내다, 모방하다　　　□ 盛り上がる 고조되다

2024년

□ もてなす 대접하다　　　　　　□ 通過 통과

□ インパクト 임팩트, 충격　　　　□ 報道 보도

□ 多大な 매우 큰　　　　　　　　□ 溶け込む 녹아들다

□ そそっかしい 경솔하다, 조심성이 없다　□ 完了 완료

☐ 衰える 쇠퇴하다	☐ 省略 생략
☐ 思い込む 마음먹다, 믿다	☐ 口調 어조, 말투
☐ 役目 임무	☐ ずうずうしい 뻔뻔스럽다

● 問題5 유의어

2010년

☐ とりあえず 우선, 일단	≒	☐ 一応 우선, 일단
☐ 譲る 양도하다	≒	☐ 売る 팔다
☐ 雑談 잡담	≒	☐ おしゃべり 잡담, 수다
☐ 賢い 똑똑하다	≒	☐ 頭がいい 머리가 좋다
☐ 大げさ 과장	≒	☐ オーバー 오버
☐ 勝手な 제멋대로인	≒	☐ わがままな 제멋대로인
☐ たびたび 종종	≒	☐ 何度も 몇 번이고
☐ ぶかぶかだ 헐렁헐렁하다(옷, 신발이 큰 모양)	≒	☐ とても大きい 매우 크다
☐ 見解 견해	≒	☐ 考え方 생각, 사고방식
☐ レンタルする 대여하다	≒	☐ 借りる 빌리다

2011년

☐ ブーム 붐	≒	☐ 流行 유행
☐ 慎重に 신중하게	≒	☐ 注意して 주의하여
☐ 縮む 줄어들다, 축소되다	≒	☐ 小さくなる 작아지다
☐ ほぼ 거의	≒	☐ だいたい 대체로
☐ 回復する 회복하다	≒	☐ よくなる 좋아지다
☐ くたくたになる 기진맥진하다, 녹초가 되다	≒	☐ 疲れる 지치다, 피곤하다
☐ わずかな 얼마 안 되는	≒	☐ 少し 조금
☐ 優秀な 우수한	≒	☐ 頭がいい 머리가 좋다

문자·어휘

□ うつむく 고개를 숙이다	≒	□ 下を向く 아래를 보다	
□ いきなり 갑자기	≒	□ 突然 갑자기	

2012년

□ 直ちに 즉시	≒	□ すぐに 바로
□ 奇妙な 기묘한	≒	□ 変な 이상한
□ 仕上げる 마무리하다, 완성시키다	≒	□ 完成させる 완성시키다
□ 日中 대낮, 한낮	≒	□ 昼間 대낮, 한낮
□ 湿る 습기 차다	≒	□ 乾かない 마르지 않다
□ 追加する 추가하다	≒	□ 足す 더하다
□ 相当 상당히	≒	□ かなり 꽤, 상당히
□ じっとする 가만히 있다	≒	□ 動かない 움직이지 않는다
□ 誤る 틀리다, 실수하다	≒	□ 正しくない 옳지 않다, 맞지 않다
□ かさかさする 거칠거칠하다, 마르다	≒	□ 乾燥する 건조하다

2013년

□ 済ます 마치다, 끝내다	≒	□ 終える 마치다, 끝내다
□ あいまいな 애매한	≒	□ はっきりしない 확실하지 않다
□ 思いがけない 뜻밖이다	≒	□ 意外だ 의외다
□ 自ら 스스로	≒	□ 自分で 스스로, 자신이
□ そろう 갖추어지다, 모이다	≒	□ 集まる 모이다
□ だいたい 대체로	≒	□ およそ 대략
□ 計画 계획	≒	□ プラン 플랜
□ 相変わらず 여전히	≒	□ 依然として 여전히
□ 必死な 필사적인, 열심인	≒	□ 一生懸命な 열심인
□ 山の麓 산기슭	≒	□ 山の下のほう 산 아래쪽

2014년

□ サイズをそろえる 사이즈를 같게 하다	≒	□ サイズを同じにする 사이즈를 똑같게 하다
□ 買い占める 매점하다, 사 모으다	≒	□ 全部買う 모두 사다
□ 間際 직전	≒	□ 直前 직전
□ すぐに 바로	≒	□ たちまち 금세, 순식간에
□ 勘定する 지불하다	≒	□ お金を払う 돈을 지불하다
□ 異なる 다르다	≒	□ 違う 다르다
□ たまたま 우연히	≒	□ 偶然 우연히
□ 明らかな 분명한	≒	□ はっきりした 분명한, 확실한
□ 用心 조심	≒	□ 注意 주의
□ 騒々しい 시끄럽다, 소란스럽다	≒	□ うるさい 시끄럽다

2015년

□ 所有する 소유하다	≒	□ 持つ 들다, 소유하다
□ おそらく 아마	≒	□ 多分 아마
□ 収納する 수납하다	≒	□ しまう 치우다, 간수하다
□ 小柄だ 몸집이 작다	≒	□ 体が小さい 몸집이 작다
□ 無口だ 과묵하다	≒	□ あまり話さない 그다지 말하지 않는다
□ やや 다소, 조금	≒	□ 少し 조금
□ テンポ 템포, 속도	≒	□ 速さ 속도
□ 妙な 묘한	≒	□ 変な 이상한
□ ささやく 속삭이다	≒	□ 小声で話す 작은 목소리로 말하다
□ かつて 일찍이, 예전부터	≒	□ 以前 이전, 예전

2016년

□ たびたび 자주	≒	□ 何度も 몇 번이나

□ 注目する 주목하다	≒	□ 関心を持つ 관심을 갖다
□ じかに 직접	≒	□ 直接 직접
□ 衝突する 충돌하다	≒	□ ぶつかる 충돌하다
□ 卑怯な 비겁한	≒	□ ずるい 교활하다, 약다
□ 愉快だ 유쾌하다	≒	□ 面白い 재미있다
□ やむをえない 어쩔 수 없다, 부득이하다	≒	□ しかたない 어쩔 수 없다
□ 息抜きする 한숨 돌리다, 쉬다	≒	□ 休む 쉬다
□ ついている 운이 좋다	≒	□ 運がいい 운이 좋다
□ つねに 항상	≒	□ いつも 항상

2017년

□ 過剰だ 과잉이다	≒	□ 多すぎる 너무 많다
□ あやまり 실수	≒	□ 間違っているところ 잘못되어 있는 부분
□ 臆病だ 겁이 많다	≒	□ なんでも怖がる 무엇이든 무서워하다
□ とっくに 진작에	≒	□ ずっと前に 훨씬 전에
□ ゆずる 양보하다	≒	□ あげる 주다
□ 記憶する 기억하다	≒	□ 覚える 외우다
□ 不平 불평	≒	□ 文句 불평, 불만
□ むかつく 화가 나다, 역겹다	≒	□ 怒る 화가 나다
□ 勝手な 제멋대로인	≒	□ わがままな 제멋대로인, 이기적인
□ まれな 드문	≒	□ ほとんどない 거의 없다

2018년

□ 当てる 맞히다, 부딪다	≒	□ ぶつける 부딪다
□ あわれな 불쌍한	≒	□ かわいそうな 불쌍한
□ 当分 당분간, 잠시	≒	□ しばらく 당분간, 잠시

□ 一転する 완전히 바뀌다 ≒ □ すっかり変わった 완전히 바뀌다

□ じたばたする 허둥거리다 ≒ □ 慌てる 당황해하다, 허둥대다

□ テクニック 테크닉, 기술 ≒ □ 技術 기술

□ うつむく 고개를 숙이다 ≒ □ 下を向く 아래를 보다

□ 利口な 영리한 ≒ □ 頭がいい 머리가 좋다

□ 用心する 조심하다 ≒ □ 気をつける 조심하다

□ くどい 장황하다, 집요하다 ≒ □ しつこい 집요하다, 끈질기다

2019년

□ 物騒になる 위험해지다 ≒ □ 安全じゃなくなる 안전하지 않게 되다

□ 落ち込む 낙담하다, 악화되다 ≒ □ がっかりする 실망하다, 낙담하다

□ 精いっぱい 힘껏 ≒ □ 一生懸命 열심히

□ 同情する 동정하다 ≒ □ かわいそうだと思う 불쌍하게 생각하다

□ 定める 정하다, 결정하다 ≒ □ 決める 정하다, 결정하다

□ ハードな 엄격한, 고된 ≒ □ 大変な 힘든

□ 動揺する 동요하다 ≒ □ 不安になる 불안해지다

□ 引き返す 되돌아가다, 되돌아오다 ≒ □ 戻る 되돌아가다, 되돌아오다

□ 一層 한층 더, 더욱더 ≒ □ もっと 더, 더욱

□ かかりつけ 단골 ≒ □ いつも行く 늘 가다

2020년
※ 7월 시험 미실시

□ ガイド 가이드, 안내 ≒ □ 案内 안내

□ 真剣に 진지하게 ≒ □ まじめに 진지하게, 성실하게

□ まれな 드문 ≒ □ あまりいない 별로 없다

□ 終日 종일 ≒ □ 一日中 하루 종일

□ いじる 만지다 ≒ □ 触る 만지다

2021년

☐ 失望する 실망하다	≒	☐ がっかりする 실망하다, 낙담하다
☐ とりかかる 착수하다	≒	☐ 仕事を始める 일을 시작하다
☐ 人柄 인품	≒	☐ 性格 성격
☐ 案の定 아니나 다를까	≒	☐ やっぱり 역시
☐ くるむ 감싸다	≒	☐ 包む 싸다
☐ 最寄り 가장 가까움	≒	☐ 一番近い 가장 가깝다
☐ レンタル 렌탈, 대여	≒	☐ 借りる 빌리다
☐ 指図 지시	≒	☐ 命令 명령
☐ 欠かせない 빠뜨릴 수 없다	≒	☐ ないと困る 없으면 곤란하다
☐ 依然 여전히	≒	☐ まだ 아직

2022년

☐ 衝突する 충돌하다	≒	☐ ぶつかる 충돌하다
☐ 再三 여러 번	≒	☐ 何度も 몇 번이나
☐ でたらめ 엉터리	≒	☐ うそ 거짓말
☐ 勘定 지불, 계산	≒	☐ 会計 회계, 계산
☐ さわがしい 시끄럽다	≒	☐ うるさい 시끄럽다
☐ テクニック 테크닉, 기술	≒	☐ 技術 기술
☐ 書籍 서적	≒	☐ 本 책
☐ 一転する 완전히 바뀌다	≒	☐ すっかり変わる 완전히 바뀌다
☐ とがる 뾰족해지다	≒	☐ 細くなる 가늘어지다
☐ くだらない 시시하다	≒	☐ 価値がない 가치가 없다

2023년

☐ 惜しい 아깝다	≒	☐ もったいない 아깝다

☐ テンポ 템포, 속도	≒	☐ 速^{はや}さ 속도	

☐ テンポ 템포, 속도 ≒ ☐ 速さ 속도

☐ たちまち 금세, 순식간에 ≒ ☐ すぐに 바로

☐ 概要(がいよう) 개요 ≒ ☐ 大体の内容(だいたい ないよう) 대체적인 내용

☐ 油断(ゆだん)している 방심하고 있다 ≒ ☐ 気(き)を付(つ)けていない 조심하지 않는다

☐ 各自(かくじ) 각자 ≒ ☐ 一人一人(ひとり ひとり) 한사람 한사람

☐ 仕上(しあ)げる 마무리하다, 완성시키다 ≒ ☐ 完成(かんせい)させる 완성시키다

☐ 深刻(しんこく)な 심각한 ≒ ☐ 重大(じゅうだい)な 중대한

☐ 同僚(どうりょう) 동료 ≒ ☐ 同(おな)じ会社(かいしゃ)の人(ひと) 같은 회사 사람

☐ うつむく 고개를 숙이다 ≒ ☐ 下(した)を向(む)く 아래를 보다

2024년

☐ おおよそ 대략 ≒ ☐ 大体(だいたい) 대충

☐ マナー 매너, 예의 ≒ ☐ 行儀(ぎょうぎ) 예의, 예절

☐ いばる 뽐내다 ≒ ☐ 偉(えら)そうな 잘난 체하는

☐ 収納(しゅうのう) 수납 ≒ ☐ しまう (물건 등을) 넣다

☐ 不平(ふへい) 불평 ≒ ☐ 文句(もんく) 불평

☐ ガイド 가이드, 안내 ≒ ☐ 案内(あんない) 안내

☐ 修正(しゅうせい)する 수정하다 ≒ ☐ 直(なお)す 고치다

☐ 徐々(じょじょ)に 서서히 ≒ ☐ 次第(しだい)に 점차, 점점

☐ はげる 벗겨지다 ≒ ☐ 取(と)れる 떨어지다

☐ しぐさ 행위 ≒ ☐ 動作(どうさ) 동작

● 問題6 용법

2010년

☐ 取材(しゅざい) 취재 ☐ 外(はず)す 떼어 내다, 밖으로 빼내다

☐ きっかけ 계기 ☐ 普及(ふきゅう) 보급

□ 深刻な 심각한　　□ 注目 주목

□ 続出 속출　　□ ふさわしい 어울리다

□ 外見 외관, 겉보기　　□ 保つ 유지하다, 보존하다

2011년

□ 方針 방침　　□ 世間 세간, 세상

□ 範囲 범위　　□ 違反 위반

□ せめて 적어도, 하다못해　　□ 質素な 검소한

□ 利益 이익　　□ とっくに 진작에, 훨씬 전에

□ かなう (꿈, 희망 등이)이루어지다　　□ 受け入れる 받아들이다

2012년

□ 乏しい 부족하다　　□ 廃止 폐지

□ 矛盾 모순　　□ 心強い 든든하다

□ 問い合わせる 문의하다　　□ さっさと 빨리, 서둘러서

□ 交代 교대, 교체　　□ 塞ぐ 막다, 차단하다

□ 合同 합동　　□ 冷静な 냉정한

2013년

□ 掲示 게시　　□ 補足 보충, 보완

□ 快い 기분 좋다, 유쾌하다　　□ 慌ただしい 분주하다, 어수선하다

□ 分野 분야　　□ かすかな 희미한

□ 生き生き 생기가 넘치는 모양　　□ 催促 재촉

□ 隔てる 멀리하다, 사이에 두다　　□ ものたりない 조금 부족하다, 어딘가 아쉽다

2014년

□ 頑丈な 튼튼한

□ 会見 회견

□ 畳む 접다, 개다

□ 支持 지지

□ 合図 신호

□ 妥当な 타당한

□ こつこつと 꾸준하게

□ 言い訳 변명

□ 縮む 줄어들다, 축소되다

□ 手軽な 손쉬운, 간편한

2015년

□ 温暖な 온난한

□ 作成 작성

□ 振り向く 돌아보다

□ いったん 일단

□ 用途 용도

□ 思いつく 생각이 떠오르다

□ 甘やかす 응석을 받아 주다

□ 中断 중단

□ 行方 행방

□ たくましい 씩씩하다, 늠름하다

2016년

□ 発達 발달

□ 延長 연장

□ きっかけ 계기

□ さびる 녹슬다

□ 引退 은퇴

□ 目上 손윗사람, 연장자

□ 順調 순조로움

□ おおげさ 과장

□ 生じる 생기다

□ 反省 반성

2017년

□ 頂上 정상

□ 節約 절약

□ 分解 분해

□ 略す 줄이다

□ 覆う 덮다

□ 破る 찢다, 파기하다

□ **限定** 한정
　げんてい

□ **一斉に** 일제히
　いっせい

□ **散らかす** 어지르다, 흩뜨리다
　ち

□ **論争** 논쟁
　ろんそう

2018년

□ **役目** 임무
　やくめ

□ **最寄り** 가장 가까움
　も　よ

□ **解約** 해약
　かいやく

□ **演説** 연설
　えんぜつ

□ **きっぱり** 단호히

□ **保存** 보존
　ほ　ぞん

□ **鈍い** 둔하다
　にぶ

□ **日課** 일과
　にっ　か

□ **多彩** 다채
　た　さい

□ **乗り継ぐ** 다른 탈것으로 갈아타다
　の　つ

2019년

□ **廃止** 폐지
　はい　し

□ **初歩** 초보
　しょ　ほ

□ **だらしない** 단정하지 못하다

□ **即座に** 즉석에서, 그 자리에서
　そく　ざ

□ **尽きる** 다하다, 소진되다
　つ

□ **特殊** 특수
　とくしゅ

□ **素材** 소재
　そ　ざい

□ **しみる** 번지다, 스며들다

□ **充満** 충만
　じゅうまん

□ **めくる** 넘기다

2020년

※ 7월 시험 미실시

□ **初期** 초기
　しょ　き

□ **打ち明ける** 털어놓다, 고백하다
　う　あ

□ **欠陥** 결함
　けっかん

□ **引退** 은퇴
　いんたい

□ **ぎっしり** 가득

2021년

□ **引用** 인용
　いんよう

□ **ほっと** 긴장이 풀려 안심하는 모양

□ **展開** 전개
　てんかい

□ **妥当** 타당
　だ　とう

□ かばう 편들다, 두둔하다	□ 栽培 재배
□ 急激 급격	□ 漏れる 새다
□ 傾向 경향	□ さっさと 빨리, 서둘러서

2022년

□ 温厚 온후, 다정다감함	□ 濁る 흐려지다, 탁해지다
□ 世代 세대	□ 普及 보급
□ 生じる 생기다	□ 頑固 완고
□ 打ち合わせ 협의	□ 中断 중단
□ ベテラン 베테랑, 고수	□ 荒れる 거칠어지다, 황폐해지다

2023년

□ 早期 조기	□ 偉大 위대
□ 印 표시	□ 続出 속출
□ さまたげる 방해하다	□ 廃止 폐지
□ 腫れる 붓다	□ 上達 기능이 향상됨, 숙달
□ 暮れ 저물 때	□ 残高 잔액

2024년

□ 共有 공유	□ 鋭い 날카롭다, 예리하다
□ はきはき 확실한 모양	□ 鑑賞 감상
□ 着々 착착, 순조롭게	□ 薄める 희석하다, 묽게 하다
□ 充実 충실	□ 鮮明 선명
□ ふもと (산)기슭	□ 定年 정년

3 합격 어휘

명사

合図 (あいず)	신호
愛着 (あいちゃく)	애착
空き地 (あきち)	공터
汗 (あせ)	땀
圧勝 (あっしょう)	압승
言い訳 (いいわけ)	변명
勢い (いきおい)	기세
生き方 (いきかた)	삶, 생활 방식
息抜き (いきぬき)	휴식, 숨을 돌림
移行 (いこう)	이행, 다른 상태로 옮겨 감
至るところ (いたるところ)	도처, 모든 장소
一面 (いちめん)	일면
一例 (いちれい)	일례, 하나의 예
一種 (いっしゅ)	일종, 한 가지
意図 (いと)	의도
移植 (いしょく)	이식
委任 (いにん)	위임
違反 (いはん)	위반
異文化 (いぶんか)	이문화
意欲 (いよく)	의욕

印象 (いんしょう)	인상
引用 (いんよう)	인용
腕 (うで)	팔
裏 (うら)	뒤, 안, 내면
運 (うん)	운, 운수
運賃 (うんちん)	운임
営業 (えいぎょう)	영업
演劇 (えんげき)	연극
援助 (えんじょ)	원조
遠慮 (えんりょ)	사양, 조심스러움
応答 (おうとう)	응답
往来 (おうらい)	왕래
教え方 (おしえかた)	교수법, 지도 방법
おしゃべり	잡담, 수다
お腹 (おなか)	배(신체의 일부)
帯 (おび)	띠
重み (おもみ)	무게, 중요성
開演 (かいえん)	공연 개시
会見 (かいけん)	회견
外見 (がいけん)	외관, 겉보기
開講 (かいこう)	개강
開催 (かいさい)	개최

□ 解散 (かいさん)	해산	□ 画面 (がめん)	화면
□ 解消 (かいしょう)	해소	□ 側 (がわ)	측
□ 改正 (かいせい)	개정	□ 考え方 (かんがえかた)	사고방식
□ 快晴 (かいせい)	쾌청, 맑은 날씨	□ 勘定 (かんじょう)	지불, 계산
□ 改善 (かいぜん)	개선	□ 完成 (かんせい)	완성
□ 改造 (かいぞう)	개조	□ 乾燥 (かんそう)	건조
□ 改訂 (かいてい)	개정(서적의 내용을 수정함)	□ 看板 (かんばん)	간판
□ 回復 (かいふく)	회복	□ 願望 (がんぼう)	소원, 바람
□ 解放 (かいほう)	해방	□ 勧誘 (かんゆう)	권유
□ 開幕 (かいまく)	개막	□ 管理 (かんり)	관리
□ 概要 (がいよう)	개요	□ 完了 (かんりょう)	완료
□ 香り (かおり)	향기	□ 企業 (きぎょう)	기업
□ 家具 (かぐ)	가구	□ 器具 (きぐ)	기구
□ 拡充 (かくじゅう)	확충	□ 記者 (きしゃ)	기자
□ 獲得 (かくとく)	획득	□ 季節 (きせつ)	계절
□ 学歴 (がくれき)	학력	□ 北半球 (きたはんきゅう)	북반구
□ 歌詞 (かし)	가사	□ きっかけ	계기
□ 数 (かず)	수, 숫자	□ 機能 (きのう)	기능
□ 肩 (かた)	어깨	□ 寄付 (きふ)	기부
□ 活気 (かっき)	활기	□ 規模 (きぼ)	규모
□ 格好 (かっこう)	모습, 볼품	□ 休憩 (きゅうけい)	휴식
□ 活動 (かつどう)	활동	□ 休日 (きゅうじつ)	휴일
□ 活躍 (かつやく)	활약	□ 吸収 (きゅうしゅう)	흡수
□ 仮定 (かてい)	가정	□ 行事 (ぎょうじ)	행사
□ 我慢 (がまん)	참음	□ 強弱 (きょうじゃく)	강약
□ 雷 (かみなり)	천둥	□ 共通 (きょうつう)	공통

☐ 共同 <small>きょうどう</small>	공동	☐ 硬貨 <small>こうか</small>	동전, 주화
☐ 拒否 <small>きょひ</small>	거부	☐ 交換 <small>こうかん</small>	교환
☐ 距離 <small>きょり</small>	거리	☐ 講義 <small>こうぎ</small>	강의
☐ 緊張 <small>きんちょう</small>	긴장	☐ 講師 <small>こうし</small>	강사
☐ 具合 <small>ぐあい</small>	상태	☐ 交代 <small>こうたい</small>	교대, 교체
☐ 偶然 <small>ぐうぜん</small>	우연히	☐ 合同 <small>ごうどう</small>	합동
☐ 苦情 <small>くじょう</small>	민원, 고충, 불평	☐ 効用 <small>こうよう</small>	효용
☐ 苦戦 <small>くせん</small>	고전	☐ 効力 <small>こうりょく</small>	효력
☐ ぐち	푸념, 넋두리	☐ 国際 <small>こくさい</small>	국제
☐ 位 <small>くらい</small>	정도	☐ 腰 <small>こし</small>	허리
☐ 訓練 <small>くんれん</small>	훈련	☐ 根気 <small>こんき</small>	끈기
☐ 計画 <small>けいかく</small>	계획	☐ 混乱 <small>こんらん</small>	혼란
☐ 掲示 <small>けいじ</small>	게시	☐ 差 <small>さ</small>	차이
☐ 継続 <small>けいぞく</small>	계속	☐ 再開 <small>さいかい</small>	재개
☐ 景色 <small>けしき</small>	경치	☐ 催促 <small>さいそく</small>	재촉
☐ 決断 <small>けつだん</small>	결단	☐ 最大 <small>さいだい</small>	최대
☐ 見解 <small>けんかい</small>	견해	☐ 才能 <small>さいのう</small>	재능
☐ 健康 <small>けんこう</small>	건강	☐ 採用 <small>さいよう</small>	채용
☐ 検査 <small>けんさ</small>	검사	☐ 作業 <small>さぎょう</small>	작업
☐ 現象 <small>げんしょう</small>	현상	☐ 削除 <small>さくじょ</small>	삭제
☐ 現状 <small>げんじょう</small>	현재 상태	☐ 作成 <small>さくせい</small>	작성
☐ 幻想 <small>げんそう</small>	환상	☐ 撮影 <small>さつえい</small>	촬영
☐ 見当 <small>けんとう</small>	짐작	☐ 雑談 <small>ざつだん</small>	잡담
☐ 権利 <small>けんり</small>	권리	☐ 賛成 <small>さんせい</small>	찬성
☐ 減量 <small>げんりょう</small>	감량	☐ 山頂 <small>さんちょう</small>	산꼭대기
☐ 効果 <small>こうか</small>	효과	☐ 視界 <small>しかい</small>	시계, 시야

□ 資格 (しかく)	자격	□ 招待 (しょうたい)	초대
□ 至急 (しきゅう)	지급, 매우 급함	□ 状態 (じょうたい)	상태
□ 資源 (しげん)	자원	□ 上達 (じょうたつ)	숙달
□ 視察 (しさつ)	시찰	□ 象徴 (しょうちょう)	상징
□ 支持 (しじ)	지지	□ 焦点 (しょうてん)	초점
□ 姿勢 (しせい)	자세	□ 情報 (じょうほう)	정보
□ 視線 (しせん)	시선	□ 省略 (しょうりゃく)	생략
□ 辞退 (じたい)	사퇴	□ 食費 (しょくひ)	식비
□ 質 (しつ)	질	□ 食欲 (しょくよく)	식욕
□ 実現 (じつげん)	실현	□ 所有 (しょゆう)	소유
□ 実際 (じっさい)	실제	□ 書類 (しょるい)	서류
□ 実力 (じつりょく)	실력	□ 診察 (しんさつ)	진찰
□ 指摘 (してき)	지적	□ 進出 (しんしゅつ)	진출
□ 地元 (じもと)	고장, 현지	□ 診断 (しんだん)	진단
□ 視野 (しや)	시야	□ 信頼 (しんらい)	신뢰
□ 邪魔 (じゃま)	방해, 장애	□ 心理 (しんり)	심리
□ 収穫 (しゅうかく)	수확	□ 推測 (すいそく)	추측
□ 収納 (しゅうのう)	수납	□ 垂直 (すいちょく)	수직
□ 修理 (しゅうり)	수리	□ 睡眠 (すいみん)	수면
□ 取材 (しゅざい)	취재	□ 頭脳 (ずのう)	두뇌
□ 主張 (しゅちょう)	주장	□ 背 (せ)	등, 키
□ 出世 (しゅっせ)	출세	□ 性格 (せいかく)	성격
□ 需要 (じゅよう)	수요	□ 制限 (せいげん)	제한
□ 準備 (じゅんび)	준비	□ 成長 (せいちょう)	성장
□ 条件 (じょうけん)	조건	□ 整備 (せいび)	정비
□ 上昇 (じょうしょう)	상승	□ 製品 (せいひん)	제품

□ 政府 せい ふ	정부		□ 体格 たいかく	체격
□ 世間 せ けん	세간, 세상		□ 退出 たいしゅつ	퇴출
□ 接近 せっきん	접근		□ 退場 たいじょう	퇴장
□ 接続 せつぞく	접속		□ 大別 たいべつ	대별
□ 説明 せつめい	설명		□ 多数 た すう	다수
□ 選挙 せんきょ	선거		□ 達成 たっせい	달성
□ 洗剤 せんざい	세제		□ 建て替え た か	재건축
□ 前日 ぜんじつ	전날		□ 種 たね	씨앗
□ 専念 せんねん	전념		□ 頼り たよ	연고, 의지가 되는 것
□ 全般 ぜんぱん	전반		□ 注意 ちゅう い	주의
□ 全面 ぜんめん	전면		□ 中継 ちゅうけい	중계
□ 相違 そう い	차이		□ 中断 ちゅうだん	중단
□ 増加 ぞう か	증가		□ 注目 ちゅうもく	주목
□ 相互 そう ご	상호, 서로		□ 注文 ちゅうもん	주문
□ 増大 ぞうだい	증대		□ 調節 ちょうせつ	조절
□ 装置 そう ち	장치		□ 直後 ちょく ご	직후
□ 続出 ぞくしゅつ	속출		□ 直接 ちょくせつ	직접
□ 組織 そ しき	조직		□ 直前 ちょくぜん	직전
□ それぞれ	각각		□ 治療 ち りょう	치료
□ 損 そん	손해		□ 追加 つい か	추가
□ 損害 そんがい	손해		□ 追突 ついとつ	추돌
□ 尊重 そんちょう	존중		□ 通達 つうたつ	통달
□ ～対～ たい	～대～		□ 強み つよ	강점
□ 退院 たいいん	퇴원		□ 鶴 つる	학, 두루미
□ 対応 たいおう	대응		□ 提案 てい あん	제안
□ 大会 たいかい	대회		□ 提供 ていきょう	제공

抵抗 ていこう	저항	仲間 なかま	동료
停止 ていし	정지	鍋 なべ	냄비
訂正 ていせい	정정	波 なみ	파도
展開 てんかい	전개	難関 なんかん	난관
転換 てんかん	전환	何度 なんど	여러 번
点検 てんけん	점검	臭い におい	냄새
伝授 でんじゅ	전수	日中 にっちゅう	대낮, 한낮
伝承 でんしょう	전승	任期 にんき	임기
伝達 でんたつ	전달	認定 にんてい	인정
電池 でんち	전지	熱帯 ねったい	열대
伝統 でんとう	전통	寝不足 ねぶそく	수면 부족
天然 てんねん	천연	能率 のうりつ	능률
統一 とういつ	통일	喉 のど	목구멍
当日 とうじつ	당일	廃止 はいし	폐지
当然 とうぜん	당연	俳優 はいゆう	배우
導入 どうにゅう	도입	発揮 はっき	발휘
逃避 とうひ	도피	発行 はっこう	발행
逃亡 とうぼう	도망	発生 はっせい	발생
登録 とうろく	등록	発想 はっそう	발상
討論 とうろん	토론	発達 はったつ	발달
特色 とくしょく	특색	発明 はつめい	발명
特徴 とくちょう	특징	破片 はへん	파편
特定 とくてい	특정	場面 ばめん	장면
得点 とくてん	득점	腹 はら	배(신체의 일부)
隣 となり	옆, 이웃	針 はり	바늘
努力 どりょく	노력	範囲 はんい	범위

□ 反映 (はんえい)	반영	□ 返却 (へんきゃく)	반납, 반환
□ 反省 (はんせい)	반성	□ 変更 (へんこう)	변경
□ 判断 (はんだん)	판단	□ 放映 (ほうえい)	방영
□ 被害 (ひがい)	피해	□ 貿易 (ぼうえき)	무역
□ 比較 (ひかく)	비교	□ 報告 (ほうこく)	보고
□ 非難 (ひなん)	비난	□ 防災 (ぼうさい)	방재
□ 批判 (ひはん)	비판	□ 方針 (ほうしん)	방침
□ 秘密 (ひみつ)	비밀	□ 保証 (ほしょう)	보증
□ 評価 (ひょうか)	평가	□ 補足 (ほそく)	보충
□ 評判 (ひょうばん)	평판, 명성	□ 間際 (まぎわ)	직전
□ 昼間 (ひるま)	대낮, 한낮	□ 待ち合わせ (まちあわせ)	(만날) 약속
□ 比例 (ひれい)	비례	□ 満員 (まんいん)	만원
□ 深み (ふか)	깊이, 깊은 맛	□ 実 (み)	열매
□ 普及 (ふきゅう)	보급	□ 見た目 (みため)	겉보기, 외관
□ 福祉 (ふくし)	복지	□ 南半球 (みなみはんきゅう)	남반구
□ 副詞 (ふくし)	부사	□ 未満 (みまん)	미만
□ 複数 (ふくすう)	복수	□ 魅力 (みりょく)	매력
□ 服装 (ふくそう)	복장	□ 向き (むき)	방향
□ ふた	뚜껑	□ 虫歯 (むしば)	충치
□ 麓 (ふもと)	산기슭	□ 矛盾 (むじゅん)	모순
□ 文章 (ぶんしょう)	문장	□ 夢中 (むちゅう)	열중
□ 分析 (ぶんせき)	분석	□ 無理 (むり)	무리
□ 分配 (ぶんぱい)	분배	□ 明細 (めいさい)	명세
□ 分野 (ぶんや)	분야	□ 名所 (めいしょ)	명소
□ 平日 (へいじつ)	평일	□ 迷路 (めいろ)	미로
□ 変換 (へんかん)	변환	□ 目上 (めうえ)	손윗사람, 연장자

□ 目印 (めじるし)	표시	□ 流行 (りゅうこう)	유행
□ 面積 (めんせき)	면적	□ 履歴書 (りれきしょ)	이력서
□ 申し込み (もうしこみ)	신청	□ 礼儀 (れいぎ)	예의
□ 模範 (もはん)	모범	□ 録音 (ろくおん)	녹음
□ 夜間 (やかん)	야간	□ 録画 (ろくが)	녹화
□ 役割 (やくわり)	역할	□ 論文 (ろんぶん)	논문
□ 家賃 (やちん)	집세, 방세	□ 割引 (わりびき)	할인

동사

□ 行方 (ゆくえ)	행방
□ 油断 (ゆだん)	방심
□ 要求 (ようきゅう)	요구	□ 相次ぐ (あいつぐ)	잇따르다, 이어지다
□ 容姿 (ようし)	외모, 용모와 자태	□ 預かる (あずかる)	맡다
□ 用事 (ようじ)	볼일	□ 預ける (あずける)	맡기다
□ 要所 (ようしょ)	요소	□ 焦る (あせる)	초조해하다, 안달하다
□ 用心 (ようじん)	조심	□ 当たる (あたる)	맞다, 명중하다, 적중하다, 해당하다
□ 様子 (ようす)	모습	□ 扱う (あつかう)	다루다, 취급하다
□ 用途 (ようと)	용도	□ 暴れる (あばれる)	날뛰다
□ 予感 (よかん)	예감	□ 甘やかす (あまやかす)	응석을 받아 주다
□ 汚れ (よごれ)	더러움, 오염, 얼룩	□ 誤る (あやまる)	틀리다, 실수하다
□ 予習 (よしゅう)	예습	□ 争う (あらそう)	다투다, 경쟁하다
□ 予想 (よそう)	예상	□ 荒れる (あれる)	거칠어지다, 황폐해지다
□ 予測 (よそく)	예측	□ 合わせる (あわせる)	맞추다, 합치다
□ 世の中 (よのなか)	세상, 사회	□ 慌てる (あわてる)	당황해하다, 허둥대다
□ 予約 (よやく)	예약	□ 急ぐ (いそぐ)	서두르다
□ 利益 (りえき)	이익	□ 傷む (いたむ)	상하다, 손상되다
□ 利点 (りてん)	이점	□ 至る (いたる)	이르다, 도달하다
□ 理由 (りゆう)	이유	□ 祈る (いのる)	빌다, 기원하다

□ 祝う (いわう)	축하하다	□ 囲む (かこむ)	둘러싸다
□ 受け入れる (うけいれる)	받아들이다	□ 傾く (かたむく)	기울다
□ 動く (うごく)	움직이다	□ 固める (かためる)	굳히다, 단단하게 하다
□ 打ち明ける (うちあける)	털어놓다, 고백하다	□ 偏る/片寄る (かたよる/かたよる)	치우치다, 편중되다
□ うつむく	고개를 숙이다	□ かなう	(꿈, 희망 등이) 이루어지다
□ 埋まる (うまる)	묻히다	□ かばう	편들다, 두둔하다
□ 敬う (うやまう)	존경하다	□ 絡まる (からまる)	얽히다
□ 占う (うらなう)	점치다	□ 借りる (かりる)	빌리다
□ 得る (える)	얻다, 획득하다	□ 枯れる (かれる)	(식물이) 시들다, 마르다
□ 終える (おえる)	끝내다	□ 乾く (かわく)	마르다, 건조되다
□ 補う (おぎなう)	보완하다, 보충하다	□ 渇く (かわく)	목마르다, 갈증을 느끼다
□ 納める (おさめる)	납부하다	□ 聞き取る (ききとる)	듣다, 듣고 이해하다
□ 落ち込む (おちこむ)	낙담하다, 악화되다	□ 競う (きそう)	겨루다, 경쟁하다
□ 訪れる (おとずれる)	방문하다	□ 崩れる (くずれる)	무너지다, 붕괴되다
□ 劣る (おとる)	열등하다, 뒤떨어지다	□ くっつく	달라붙다, 밀착되다
□ 衰える (おとろえる)	쇠퇴하다	□ 暮らす (くらす)	살다, 생활하다
□ 驚く (おどろく)	놀라다	□ 削る (けずる)	깎다, 삭감하다
□ 覚える (おぼえる)	기억하다, 터득하다	□ 越える (こえる)	(주로 시간이나 장소를) 넘다, 지나다
□ 思いつく (おもいつく)	생각이 떠오르다	□ 異なる (ことなる)	다르다
□ 折れる (おれる)	부러지다, 꺾이다	□ 込める (こめる)	담다, 넣다
□ 買い占める (かいしめる)	매점하다, 사 모으다	□ 壊す (こわす)	부수다, 파괴하다
□ 抱える (かかえる)	감싸 쥐다, 안다	□ 探す (さがす)	찾다
□ 関わる (かかわる)	관련되다	□ 逆らう (さからう)	거스르다, 거역하다
□ 限る (かぎる)	국한되다, 한정되다	□ ささやく	속삭이다
□ 隠す (かくす)	숨기다	□ 差し支える (さしつかえる)	지장이 있다
□ 隠れる (かくれる)	숨다	□ 誘う (さそう)	권유하다, 유혹하다

□ 錆びる ^さ	녹슬다	□ 畳む ^{たた}	접다, 포개다
□ 仕上げる ^{し あ}	마무리하다	□ 保つ ^{たも}	유지하다, 보존하다
□ 沈む ^{しず}	가라앉다	□ 違う ^{ちが}	다르다, 틀리다
□ 従う ^{したが}	따르다, 복종하다	□ 縮む ^{ちぢ}	줄어들다, 축소되다
□ 絞る ^{しぼ}	짜다, 범위를 좁히다	□ 散る ^ち	떨어지다, 흩어지다
□ 湿る ^{しめ}	습기 차다, 축축하다	□ 通じる ^{つう}	통하다
□ 調べる ^{しら}	조사하다	□ つかむ	잡다, 쥐다, 손에 넣다
□ 空く ^す	한산하다, 허기지다	□ 疲れる ^{つか}	지치다, 피곤하다
□ 救う ^{すく}	구하다, 돕다	□ 尽きる ^つ	다하다, 소진되다
□ 捨てる ^す	버리다	□ つっこむ	돌진하다, 추궁하다
□ 済ます ^す	끝내다, 해결하다	□ 努める ^{つと}	노력하다
□ 迫る ^{せま}	다가오다, 임박하다	□ 潰す ^{つぶ}	찌부러뜨리다, 으깨다, 부수다
□ 責める ^せ	비난하다	□ 潰れる ^{つぶ}	찌그러지다, 망가지다
□ 添える ^そ	덧붙이다, 첨부하다	□ つまずく	걸려 넘어지다, 좌절하다
□ 属する ^{ぞく}	속하다	□ 詰まる ^つ	가득 차다, 막히다
□ 備える ^{そな}	대비하다, 갖추다	□ 積む ^つ	쌓다
□ そろう	갖추어지다, 모두 모이다	□ 詰め込む ^{つ こ}	가득 채우다, 밀어 넣다
□ そろえる	갖추다, 한곳에 모으다	□ 積もる ^つ	쌓이다
□ 耐える ^た	견디다	□ 問い合わせる ^{と あ}	문의하다
□ 倒れる ^{たお}	쓰러지다	□ 整える ^{ととの}	정돈하다
□ 抱きしめる ^だ	꽉 껴안다	□ 飛び越える ^{と こ}	뛰어넘다
□ 抱く ^だ	포옹하다	□ 伴う ^{ともな}	동반하다, 함께하다
□ 蓄える ^{たくわ}	저축하다, 비축하다	□ 捉える ^{とら}	붙잡다, 파악하다
□ 足す ^た	더하다, 채우다	□ 眺める ^{なが}	바라보다, 조망하다
□ 訪ねる ^{たず}	방문하다	□ 握る ^{にぎ}	쥐다, 잡다
□ 戦う ^{たたか}	싸우다	□ 濁る ^{にご}	흐려지다, 탁해지다

☐ 似る ^に	서로 닮다, 비슷하다	☐ 見分ける ^{み わ}	분별하다, 구분하다
☐ 煮る ^に	삶다, 조리다	☐ 見わたす ^み	멀리 바라보다, 둘러보다
☐ 抜ける ^ぬ	빠지다, 뽑히다	☐ 向く ^む	향하다
☐ 載せる ^の	싣다, 게재하다	☐ 恵まれる ^{めぐ}	혜택을 받다, 풍부하다
☐ 除く ^{のぞ}	제외하다, 제거하다	☐ 恵む ^{めぐ}	은혜를 베풀다
☐ 挟む ^{はさ}	끼우다, 사이에 두다	☐ 目指す ^{め ざ}	지향하다, 목표로 하다
☐ 外す ^{はず}	떼어 내다, 밖으로 빼내다	☐ 面する ^{めん}	면하다, 마주 대하다
☐ 果たす ^は	(임무를) 완수하다	☐ 潜る ^{もぐ}	잠수하다, 숨어들다
☐ 話す ^{はな}	말하다, 이야기하다	☐ 戻す ^{もど}	되돌리다
☐ 省く ^{はぶ}	생략하다	☐ 催す ^{もよお}	개최하다, 열다
☐ 払う ^{はら}	치르다, 지불하다	☐ 養う ^{やしな}	기르다, 부양하다
☐ 冷える ^ひ	식다	☐ 破れる ^{やぶ}	찢어지다, 파손되다
☐ 引っかかる ^ひ	걸리다	☐ 敗れる ^{やぶ}	패배하다
☐ 拾う ^{ひろ}	줍다	☐ 譲る ^{ゆず}	양보하다, 물려주다
☐ 深める ^{ふか}	깊게 하다, 심화시키다	☐ 汚れる ^{よご}	더러워지다
☐ 含む ^{ふく}	포함하다, 함유하다	☐ 呼び止める ^{よ と}	불러 세우다
☐ 含める ^{ふく}	포함시키다	☐ 寄る ^よ	들르다
☐ 塞ぐ ^{ふさ}	막다, 차단하다	☐ 略する ^{りゃく}	생략하다, 줄이다
☐ 振り向く ^{ふ む}	돌아보다	☐ 分ける ^わ	나누다
☐ 触れる ^ふ	닿다, 언급하다	☐ 渡す ^{わた}	건네다, 넘겨주다
☐ 隔てる ^{へだ}	가로막다, 사이를 두다	☐ 渡る ^{わた}	건너다
☐ まとめる	정리하다	☐ 割り込む ^{わ こ}	끼어들다, 새치기하다
☐ 招く ^{まね}	부르다, 초대하다		
☐ 乱れる ^{みだ}	흐트러지다, 어지러워지다	**い형용사**	
☐ 導く ^{みちび}	이끌다, 지도하다	☐ 浅い ^{あさ}	얕다
☐ 見張る ^{み は}	망보다, 눈을 크게 뜨다	☐ 危ない ^{あぶ}	위험하다

怪しい	수상하다	正しい	올바르다
荒い	거칠다	小さい	작다
慌ただしい	분주하다, 어수선하다	力強い	힘차다
痛ましい	가슴 아프다, 불쌍하다	つらい	괴롭다, 힘들다
うるさい	시끄럽다	乏しい	부족하다
恐ろしい	무섭다	情けない	한심하다
大人しい	얌전하다, 온순하다	懐かしい	그립다
思いがけない	뜻밖이다, 의외이다	憎い	밉다
重苦しい	답답하다, 숨 막히다	激しい	심하다, 격렬하다
輝かしい	빛나다, 눈부시다	ひどい	심하다
賢い	똑똑하다	分厚い	두껍다, 두툼하다
辛い	맵다	ふさわしい	어울리다
臭い	냄새나다	古い	낡다, 오래되다
悔しい	억울하다	貧しい	가난하다
詳しい	자세하다	珍しい	드물다, 희귀하다
険しい	험하다	ものたりない	조금 부족하다, 어딘가 아쉽다
心強い	마음 든든하다	やかましい	시끄럽다
快い	기분 좋다	緩い	느슨하다, 완만하다
怖い	무섭다	良い	좋다
しつこい	집요하다, 끈질기다		
渋い	떫다		
湿っぽい	축축하다, 눅눅하다		

な형용사

ずうずうしい	뻔뻔하다	あいまいな	애매한
鋭い	날카롭다, 뾰족하다	明らかな	명백한, 분명한
騒々しい	시끄럽다	鮮やかな	선명한
たくましい	씩씩하다, 늠름하다	意外な	의외의
		一時的な	일시적인

いっぽうてき □ 一方的な	일방적인	さまざま □ 様々な	다양한
いや □ 嫌な	싫은, 원하지 않는	しっ そ □ 質素な	검소한
えんまん □ 円満な	원만한	じゅうじつ □ 充実な	충실한
おお □ 大げさな	거창한	じゅうなん □ 柔軟な	유연한
おおはば □ 大幅な	대폭적인	じゅんちょう □ 順調な	순조로운
おだ □ 穏やかな	온화한, 평온한	しょうきょくてき □ 消極的な	소극적인
おんこう □ 温厚な	온후한, 다정다감한	しんけん □ 真剣な	진지한
おんだん □ 温暖な	온난한	しんこく □ 深刻な	심각한
かいてき □ 快適な	쾌적한	しんちょう □ 慎重な	신중한
□ かすかな	희미한	せいけつ □ 清潔な	청결한, 깨끗한
かって □ 勝手な	제멋대로인	□ ぜいたくな	사치스러운
かっぱつ □ 活発な	활발한	せっきょくてき □ 積極的な	적극적인
□ がらがらな	텅 빈, 한산한	そっちょく □ 率直な	솔직한
がんこ □ 頑固な	완고한	たいとう □ 対等な	대등한
がんじょう □ 頑丈な	튼튼한	たんじゅん □ 単純な	단순한
かんたん □ 簡単な	간단한	ちゅうしょうてき □ 抽象的な	추상적인
かんりゃく □ 簡略な	간략한	ていねい □ 丁寧な	정중한, 꼼꼼한
き ちょう □ 貴重な	귀중한	て がる □ 手軽な	손쉬운, 간편한
き みょう □ 奇妙な	기묘한	てき ど □ 適度な	적당한, 알맞은
き よう □ 器用な	재주가 있는, 요령이 좋은	なんじゃく □ 軟弱な	연약한
きょくたん □ 極端な	극단적인	にぎ □ 賑やかな	번화한, 떠들썩한
ぐ たいてき □ 具体的な	구체적인	ひっ し □ 必死な	필사적인, 열심인
ごういん □ 強引な	억지스러운, 강제적인	ふくざつ □ 複雑な	복잡한
こうちょう □ 好調な	순조로운	ふ し ぎ □ 不思議な	이상한, 신기한
こ がら □ 小柄な	몸집이 작은	へん □ 変な	이상한
□ ささやかな	사소한, 자그마한	ほう ふ □ 豊富な	풍부한

☐ 本格的な _{ほんかくてき}	본격적인	☐ いらいら	초조한 모습, 안절부절못하는 모습
☐ 密接な _{みっせつ}	밀접한	☐ うっかり	무심코, 깜빡
☐ 妙な _{みょう}	묘한, 이상한	☐ うっすら	어렴풋이, 희미하게
☐ 無口な _{むくち}	과묵한, 말수가 적은	☐ うとうと	꾸벅꾸벅(조는 모양)
☐ 面倒な _{めんどう}	귀찮은	☐ うろうろ	허둥지둥, 우왕좌왕
☐ ゆううつな	우울한	☐ 遅くとも _{おそ}	늦어도
☐ 優秀な _{ゆうしゅう}	우수한	☐ おそらく	아마
☐ 優良な _{ゆうりょう}	우량한, 우수한	☐ 思いきって _{おも}	과감하게
☐ 幼稚な _{ようち}	유치한, 어린	☐ およそ	대략
☐ 余計な _{よけい}	쓸데없는, 불필요한	☐ かさかさ	바삭바삭, 꺼칠꺼칠
☐ 乱暴な _{らんぼう}	난폭한	☐ 数々 _{かずかず}	수많은, 다양한
☐ 冷静な _{れいせい}	냉정한, 침착한	☐ かつて	일찍이, 예전부터
☐ わがままな	제멋대로인	☐ かなり	꽤, 상당히
☐ わずかな	매우 적은	☐ 軽々と _{かるがる}	가볍게, 거뜬히

부사/접속사

☐ 相変わらず _{あいか}	변함없이	☐ きちんと	깔끔하게, 정확히
☐ あいにく	공교롭게도	☐ ぎっしり	가득
☐ あらかじめ	미리	☐ きっぱり	단호하게
☐ 改めて _{あらた}	다시	☐ 急に _{きゅう}	갑자기
☐ いきなり	갑자기	☐ きらきら	반짝반짝
☐ 依然として _{いぜん}	여전히	☐ くたくた	기진맥진
☐ 一応 _{いちおう}	일단, 우선	☐ ぐっすり	푹(깊이 잠든 모습)
☐ 一気に _{いっき}	단숨에, 단번에	☐ ぐったり	축 늘어진 모습, 매우 지친 모습
☐ 一生懸命 _{いっしょうけんめい}	열심히	☐ ぐらぐら	흔들흔들
☐ 一斉に _{いっせい}	일제히	☐ ぐるぐる	빙글빙글
		☐ ぐんぐん	부쩍부쩍, 무럭무럭
		☐ こつこつ	꾸준하게

□ 細々と こまごま	세세하게, 자상하게	□ 相当 そうとう	상당히
□ ごろごろ	데굴데굴	□ 即座に そく ざ	즉석에서, 당장
□ さっき	아까, 조금 전	□ 大して たい	별로, 그다지
□ さっさと	빨리, 서둘러서	□ だいたい	대체로
□ さっぱり	청결하게, 산뜻하게, 전혀 〈뒤에 부정 표현 수반〉	□ たいてい	대개
□ さらさら	졸졸, 술술(막힘 없는 모습), 찰랑찰랑	□ 確か たし	분명히
□ 更に さら	더욱, 게다가	□ 直ちに ただ	즉시
□ じきに	곧	□ たちまち	금세, 순식간에
□ じっと	가만히, 잠자코	□ たっぷり	듬뿍
□ しっとり	촉촉히, 차분하게	□ たびたび	종종
□ しばらく	잠시	□ 多分 た ぶん	아마
□ 順々に じゅんじゅん	차례차례	□ たまたま	우연히
□ 徐々に じょじょ	서서히	□ たまに	어쩌다, 이따금
□ 知らず知らず し　　し	자기도 모르는 사이에	□ 着々と ちゃくちゃく	착착, 순조롭게
□ すいすい	술술, 거침없이(경쾌한 느낌)	□ 次々と つぎつぎ	차례차례, 잇따라
□ すぐに	바로	□ どうせ	어차피
□ 少し すこ	조금	□ どうりで	어쩐지, 그래서
□ すっかり	완전히	□ とっくに	진작에, 훨씬 전에
□ すっきり	산뜻하게, 후련하게	□ 突然 とつぜん	돌연, 갑자기
□ すらすら	술술, 거침없이 (진행이 순조로운 모습)	□ とりあえず	우선, 일단
□ せっかく	모처럼, 애써, 힘껏	□ のろのろ	느릿느릿
□ 絶対 ぜったい	절대로	□ のんびり	한가로이
□ せめて	적어도, 하다못해	□ はっきり	분명하게, 명확하게
□ 全部 ぜん ぶ	전부	□ ばらばら	뿔뿔이, 조각조각
		□ びっしょり	흠뻑(젖은 모습)
		□ ぴったり	딱, 꽉(빈틈없이 밀착한 모습)

□ ぶかぶか	헐렁헐렁(옷, 신발이 큰 모습)		薄〜／〜薄 조금, 약간, 옅은, 부족함, 모자람	
□ ぶらぶら	어슬렁어슬렁		□ 薄暗い	조금 어둡다, 어둑어둑하다
□ ふんわり	사뿐히, 푹신푹신		□ 薄汚い	조금 지저분하다
□ ほぼ	거의		□ 品薄	품귀
□ ぼんやり	희미하게, 멍하게		□ 望み薄	희망이 없음
□ 自ら	스스로, 몸소			
□ やや	다소, 조금		〜おき 간격으로, 걸러서	
□ ゆらゆら	흔들흔들		□ 2時間おきに	2시간 간격으로
□ わくわく	두근두근		□ 3メートルおきに	3미터 간격으로
□ わざわざ	일부러		□ 2日おきに	이틀 걸러
□ 割と	비교적		□ 3年おきに	3년 걸러

접두어/접미어

悪〜 악(나쁜)

			〜億 억(수량)	
□ 悪影響	악영향		□ 一億	1억
□ 悪循環	악순환		□ 二億	2억

〜明け 새해, 새달이 시작됨, 어느 기간이 끝남

			〜界 계(분야, 영역)	
□ 週明け	한 주의 시작		□ 医学界	의학계
□ 年明け	새해		□ 芸能界	연예계
□ 梅雨明け	장마가 끝난 시기			
□ 連休明け	연휴가 끝난 후		〜街 가(거리)	
			□ 住宅街	주택가
			□ 商店街	상점가

〜一色 일색

			〜学 학(학문)	
□ 歓迎ムード一色	환영 분위기 일색		□ 人類学	인류학
□ 祭りムード一色	축제 분위기 일색		□ 物理学	물리학

〜型 형(유형)

- [ ] 血液型
けつえきがた   혈액형
- [ ] 最新型
さいしんがた   최신형

仮〜 임시

- [ ] 仮契約
かりけいやく   임시 계약
- [ ] 仮免許
かりめんきょ   임시 면허

〜切れ 소진

- [ ] 期限切れ
きげんぎれ   기한 만료
- [ ] 電池切れ
でんちぎれ   전지 소진

近〜 근, 가까운

- [ ] 近距離
きんきょり   근거리
- [ ] 近未来
きんみらい   가까운 미래

軽〜 경(가벼운, 간단한)

- [ ] 軽工業
けいこうぎょう   경공업
- [ ] 軽自動車
けいじどうしゃ   경차

現〜 현(현재)

- [ ] 現時点
げんじてん   현시점
- [ ] 現段階
げんだんかい   현 단계

高〜 고(높은)

- [ ] 高収入
こうしゅうにゅう   고수입
- [ ] 高性能
こうせいのう   고성능

再〜 재(재차, 다시)

- [ ] 再発行
さいはっこう   재발행
- [ ] 再放送
さいほうそう   재방송

最〜 최(가장, 제일)

- [ ] 最大限
さいだいげん   최대한
- [ ] 最優先
さいゆうせん   최우선

〜式 식(행사, 방법, 종류)

- [ ] 結婚式
けっこんしき   결혼식
- [ ] 自動式
じどうしき   자동식
- [ ] 卒業式
そつぎょうしき   졸업식
- [ ] 日本式
にほんしき   일본식

〜順 순(순서)

- [ ] 成績順
せいせきじゅん   성적순
- [ ] ひらがな順
じゅん   히라가나순

準〜 준(비길 만한)

- [ ] 準会員
じゅんかいいん   준회원
- [ ] 準決勝
じゅんけっしょう   준결승

諸〜 여러

- [ ] 諸外国
しょがいこく   외국 여러 나라
- [ ] 諸問題
しょもんだい   여러 가지 문제

～賞 상

□ ノーベル賞　　　노벨상

□ 文学賞　　　문학상

～状 상태(성질, 형태), 장(문서)

□ クリーム状　　　크림 상태

□ 招待状　　　초대장

□ 年賀状　　　연하장

□ 粉状　　　분말 상태

～色 색

□ 国際色　　　국제색

□ 地方色　　　지방색

～性 성(성질)

□ 可能性　　　가능성

□ 危険性　　　위험성

～沿い ～변, ～와 나란함

□ 川沿い　　　강과 나란함

□ 線路沿い　　　선로와 나란함

総～ 총

□ 総売上　　　총매출

□ 総人口　　　총인구

～だらけ 투성이

□ 泥だらけ　　　진흙투성이

□ ほこりだらけ　　　먼지투성이

～団 단

□ 応援団　　　응원단

□ 代表団　　　대표단

～兆 조(수량)

□ 一兆　　　1조

□ 二兆　　　2조

～賃 임(요금, 비용)

□ 電車賃　　　전철비

□ 家賃　　　방세

～連れ 동반

□ 親子連れ　　　가족 동반

□ 子供連れ　　　자녀 동반

当～ 당

□ 当案件　　　당 안건

□ 当社　　　당사

～発 발(출발)

□ 9時発　　　9시 출발

□ 東京駅発　　　도쿄 역발

～離れ 멀리함

- [ ] 現実離れ　　　현실 도피
- [ ] 政治離れ　　　정치적 무관심

半～ 반(절반)

- [ ] 半製品　　　반제품
- [ ] 半透明　　　반투명

反～ 반(반대)

- [ ] 反体制　　　반체제
- [ ] 反比例　　　반비례

非～ 비(부정)

- [ ] 非公式　　　비공식
- [ ] 非常識　　　몰상식

～比 비(대비)

- [ ] 構成比　　　구성비
- [ ] 混合比　　　혼합비

～匹 마리

- [ ] 一匹　　　1마리
- [ ] 二匹　　　2마리

～風 풍, 방식(분위기, 느낌)

- [ ] 西洋風　　　서양식
- [ ] ヨーロッパ風　　　유럽풍

副～ 부(버금가는, 부차적인)

- [ ] 副社長　　　부사장
- [ ] 副都心　　　부도심

未～ 미(아직 아닌)

- [ ] 未完成　　　미완성
- [ ] 未経験　　　미경험

来～ 다음

- [ ] 来学期　　　다음 학기
- [ ] 来シーズン　　　다음 시즌

～率 률(비율)

- [ ] 進学率　　　진학률
- [ ] 成功率　　　성공률

～力 력(힘, 능력)

- [ ] 集中力　　　집중력
- [ ] 想像力　　　상상력

～類 류(종류)

- [ ] 食器類　　　식기류
- [ ] ビタミン類　　　비타민류

가타카나

□ アウト	아웃, 바깥
□ アプローチ	접근
□ インテリア	인테리어
□ エネルギー	에너지
□ エラー	에러, 오류
□ オーバー	오버, 초과
□ オープン	오픈
□ キャンセル	캔슬, 취소
□ クリア	클리어
□ グループ	그룹
□ シーズン	시즌
□ ショック	쇼크, 충격
□ シリーズ	시리즈
□ シンプル	심플, 단순함
□ ステップ	스텝
□ ストライキ	파업
□ スムーズ	매끄러움, 원만함
□ ソフト	소프트, 소프트웨어
□ タイム	타임, 시간
□ ダウン	다운
□ チェンジ	체인지, 교체
□ チャンス	찬스, 기회
□ ツアー	투어, 여행
□ テクニック	테크닉, 기술

□ デザイン	디자인
□ テンポ	템포, 속도
□ バランス	밸런스, 균형
□ パンク	펑크
□ ブーム	붐, 유행
□ プラン	플랜, 계획
□ フレッシュ	프레시, 신선함
□ マイペース	마이 페이스, 자신의 형편에 맞추어 일을 진행함
□ ミス	실수
□ ユーモア	유머
□ リーダー	리더, 지도자
□ リビング	거실
□ リラックス	릴랙스, 편안함
□ レンタル	렌털, 대여

다음 단어의 읽기로 가장 알맞은 것을 a, b 중에서 고르시오.

1 遠慮 （ a えんりょう　　b えんりょ ）

2 相手 （ a あいしゅ　　　b あいて ）

3 愛着 （ a あいじゃく　　b あいちゃく ）

4 委任 （ a いにん　　　　b いいん ）

5 往来 （ a ゆうらい　　　b おうらい ）

6 印象 （ a いんぞう　　　b いんしょう ）

7 演劇 （ a えんげき　　　b えんぎょく ）

8 移植 （ a いしき　　　　b いしょく ）

9 外見 （ a がいけん　　　b かいけん ）

10 改造 （ a かいじょう　　b かいぞう ）

11 概要 （ a かいよう　　　b がいよう ）

12 活躍 （ a がつやく　　　b かつやく ）

13 勘定 （ a かんじょう　　b かんぞう ）

14 看板 （ a かんばん　　　b がんばん ）

15 完了 （ a がんりょ　　　b かんりょう ）

16 企業 （ a きぎょう　　　b きぎょ ）

17 機能 （ a ぎのう　　　　b きのう ）

18 寄付 （ a きふ　　　　　b きぶ ）

19 強弱 （ a こうじゃく　　b きょうじゃく ）

20 共同 （ a ぎょうどう　　b きょうどう ）

21 緊張 （ a きんちょう　　b きんちょ ）

22 拒否 （ a きょひ　　　　b きょふ ）

23 苦戦 （ a くうせん　　　b くせん ）

24 訓練 （ a くんれん　　　b くんねん ）

25 計画 （ a げいかく　　　b けいかく ）

26 継続 （ a げいぞく　　　b けいぞく ）

27 検査 （ a けんさ　　　　b けんしゃ ）

28 現状 （ a げんじょう　　b げんしょう ）

29 幻想 （ a けんそう　　　b げんそう ）

30 見当 （ a けんとう　　　b げんとう ）

31 権利 （ a げんり　　　　b けんり ）

32 硬貨 （ a こうか　　　　b きょうか ）

33 交換 （ a こかん　　　　b こうかん ）

34 国際 （ a ごくさい　　　b こくさい ）

35 根気 （ a ごんき　　　　b こんき ）

36 混乱 （ a こんらん　　　b こんなん ）

정답 1 ⓑ　2 ⓑ　3 ⓑ　4 ⓐ　5 ⓑ　6 ⓑ　7 ⓐ　8 ⓑ　9 ⓐ　10 ⓑ　11 ⓑ　12 ⓑ
13 ⓐ　14 ⓐ　15 ⓑ　16 ⓐ　17 ⓑ　18 ⓐ　19 ⓑ　20 ⓑ　21 ⓐ　22 ⓐ　23 ⓑ　24 ⓐ
25 ⓑ　26 ⓑ　27 ⓐ　28 ⓐ　29 ⓑ　30 ⓐ　31 ⓑ　32 ⓐ　33 ⓑ　34 ⓑ　35 ⓑ　36 ⓐ

다음 단어의 읽기로 가장 알맞은 것을 a, b 중에서 고르시오.

1 催促 （ a せいそく 　　 b さいそく ）
2 削除 （ a さくじょ 　　 b さくじょう ）
3 賛成 （ a さんせい 　　 b ちゃんせい ）
4 至急 （ a ちきゅう 　　 b しきゅう ）
5 収穫 （ a しゅうがく 　 b しゅうかく ）
6 主張 （ a しゅちょう 　 b しゅうちょう ）
7 条件 （ a じょけん 　　 b じょうけん ）
8 書類 （ a しょるい 　　 b しょりゅう ）
9 推測 （ a すいそく 　　 b すいちょく ）
10 頭脳 （ a ずうの 　　　 b ずのう ）
11 垂直 （ a すいちょく 　 b すいしょく ）
12 睡眠 （ a すいみん 　　 b すいめん ）
13 性格 （ a せいがく 　　 b せいかく ）
14 整備 （ a せいび 　　　 b せつび ）
15 選挙 （ a せんきょう 　 b せんきょ ）
16 接近 （ a ぜっきん 　　 b せっきん ）
17 制限 （ a せいがん 　　 b せいげん ）
18 相互 （ a そごう 　　　 b そうご ）

19 装置 （ a そうち 　　　 b そち ）
20 続出 （ a ぞくしゅつ 　 b そくしゅつ ）
21 退場 （ a だいじょう 　 b たいじょう ）
22 多数 （ a たすう 　　　 b だすう ）
23 達成 （ a だっせい 　　 b たっせい ）
24 注意 （ a じゅうい 　　 b ちゅうい ）
25 中断 （ a ちゅうたん 　 b ちゅうだん ）
26 注文 （ a ちゅうもん 　 b ちゅもん ）
27 調節 （ a ちょうせつ 　 b じょうせつ ）
28 通達 （ a つうたつ 　　 b ついたつ ）
29 追突 （ a つうとつ 　　 b ついとつ ）
30 提供 （ a ていきょう 　 b ていきょ ）
31 展開 （ a でんかい 　　 b てんかい ）
32 伝達 （ a でんたつ 　　 b てんたつ ）
33 導入 （ a どうにゅう 　 b どにゅう ）
34 逃亡 （ a とうぼ 　　　 b とうぼう ）
35 討論 （ a とうろん 　　 b とろん ）
36 得点 （ a どくてん 　　 b とくてん ）

정답 1 ⓑ　2 ⓐ　3 ⓐ　4 ⓑ　5 ⓑ　6 ⓐ　7 ⓑ　8 ⓐ　9 ⓐ　10 ⓑ　11 ⓐ　12 ⓐ
13 ⓑ　14 ⓐ　15 ⓑ　16 ⓑ　17 ⓑ　18 ⓑ　19 ⓐ　20 ⓑ　21 ⓑ　22 ⓐ　23 ⓑ　24 ⓑ
25 ⓑ　26 ⓐ　27 ⓐ　28 ⓐ　29 ⓑ　30 ⓐ　31 ⓑ　32 ⓐ　33 ⓐ　34 ⓑ　35 ⓐ　36 ⓑ

다음 단어의 읽기로 가장 알맞은 것을 a, b 중에서 고르시오.

1	難関 （a らんかん　b なんかん）		**19**	方針 （a ほうしん　b ぼうしん）
2	認定 （a にんてい　b いんてい）		**20**	補足 （a ほそく　b ほうそく）
3	任期 （a にんぎ　b にんき）		**21**	間際 （a まきわ　b まぎわ）
4	熱帯 （a ねったい　b ねつだい）		**22**	未満 （a みばん　b みまん）
5	能率 （a のうりゅう　b のうりつ）		**23**	魅力 （a みりょく　b めいりょく）
6	廃止 （a へいし　b はいし）		**24**	虫歯 （a むしは　b むしば）
7	発生 （a はっせい　b はっしょう）		**25**	夢中 （a むちゅう　b むうちゅう）
8	反省 （a はんせい　b はんしょう）		**26**	迷路 （a みいろ　b めいろ）
9	秘密 （a ひみつ　b びみつ）		**27**	明細 （a めいさい　b めいせい）
10	評判 （a ひょうはん　b ひょうばん）		**28**	面積 （a めんしき　b めんせき）
11	比例 （a ひれつ　b ひれい）		**29**	模範 （a もはん　b もうはん）
12	普及 （a ふうきゅう　b ふきゅう）		**30**	役割 （a いきわり　b やくわり）
13	服装 （a ふくそう　b ふくしょう）		**31**	要所 （a ようしょ　b ようじょ）
14	分析 （a ぶんせき　b ふんせき）		**32**	様子 （a よすう　b ようす）
15	変換 （a へんかん　b へんこん）		**33**	用途 （a ようと　b よとう）
16	返却 （a へんぎゃく　b へんきゃく）		**34**	予測 （a よそく　b ようそく）
17	貿易 （a ぼういき　b ぼうえき）		**35**	利点 （a いてん　b りてん）
18	防災 （a ぼうさい　b ぼうざい）		**36**	流行 （a りゅうこう　b りゅこう）

정답 1 ⓑ　2 ⓐ　3 ⓑ　4 ⓐ　5 ⓑ　6 ⓑ　7 ⓐ　8 ⓐ　9 ⓐ　10 ⓑ　11 ⓑ　12 ⓑ
13 ⓐ　14 ⓐ　15 ⓐ　16 ⓑ　17 ⓑ　18 ⓐ　19 ⓐ　20 ⓐ　21 ⓑ　22 ⓑ　23 ⓐ　24 ⓑ
25 ⓐ　26 ⓑ　27 ⓐ　28 ⓑ　29 ⓐ　30 ⓑ　31 ⓐ　32 ⓑ　33 ⓐ　34 ⓐ　35 ⓑ　36 ⓐ

다음 단어의 읽기로 가장 알맞은 것을 a, b 중에서 고르시오.

1 争う	(a あらそう	b あつかう)	**19** 備える	(a とらえる	b そなえる)
2 相次ぐ	(a あいつぐ	b あいつづぐ)	**20** 湿る	(a しめる	b せめる)
3 驚く	(a かたむく	b おどろく)	**21** 沈む	(a はさむ	b しずむ)
4 得る	(a にる	b える)	**22** 添える	(a そえる	b ひえる)
5 焦る	(a あせる	b のせる)	**23** 抱く	(a だく	b すく)
6 痛む	(a まぐむ	b いたむ)	**24** 伴う	(a したがう	b ともなう)
7 祝う	(a いわう	b ひろう)	**25** 尽きる	(a いきる	b つきる)
8 占う	(a うらなう	b おぎなう)	**26** 倒れる	(a たおれる	b つかれる)
9 収める	(a ふかめる	b おさめる)	**27** 務める	(a つとめる	b ふくめる)
10 偏る	(a かたよる	b かかわる)	**28** 戦う	(a さからう	b たたかう)
11 崩れる	(a くずれる	b はずれる)	**29** 潰れる	(a つぶれる	b みだれる)
12 削る	(a けじる	b けずる)	**30** 抜ける	(a ばける	b ぬける)
13 渇く	(a のぞく	b かわく)	**31** 濁る	(a にぎる	b にごる)
14 込める	(a こめる	b はめる)	**32** 導く	(a みちびく	b ささやく)
15 錆びる	(a しびる	b さびる)	**33** 省く	(a はぶく	b まねく)
16 探す	(a さがす	b くらす)	**34** 隔てる	(a へだてる	b あわてる)
17 救う	(a はらう	b すくう)	**35** 塞ぐ	(a いそぐ	b ふさぐ)
18 誘う	(a さそう	b きそう)	**36** 渡る	(a あたる	b わたる)

정답   1 ⓐ   2 ⓐ   3 ⓑ   4 ⓑ   5 ⓐ   6 ⓑ   7 ⓐ   8 ⓐ   9 ⓑ   10 ⓐ   11 ⓐ   12 ⓑ
      13 ⓑ   14 ⓐ   15 ⓑ   16 ⓐ   17 ⓑ   18 ⓐ   19 ⓑ   20 ⓐ   21 ⓑ   22 ⓐ   23 ⓐ   24 ⓑ
      25 ⓑ   26 ⓐ   27 ⓑ   28 ⓐ   29 ⓐ   30 ⓑ   31 ⓑ   32 ⓐ   33 ⓐ   34 ⓐ   35 ⓑ   36 ⓑ

다음 단어의 읽기로 가장 알맞은 것을 a, b 중에서 고르시오.

1 危ない （ a あぶない   b あやない ）

2 恐ろしい（ a おそろしい   b こわろしい ）

3 快い   （ a こころづよいb こころよい ）

4 湿っぽい（ a しめっぽい   b しつっぽい ）

5 騒々しい（ a そうそうしいb そうぞうしい ）

6 情けない（ a なさけない   b まさけない ）

7 懐かしい（ a なつかしい   b なずかしい ）

8 分厚い   （ a ぶんあつい   b ぶあつい ）

9 慌ただしい（ a あらただしい b あわただしい ）

10 詳しい   （ a くわしい   b しょうしい ）

11 重苦しい（ a おもくわしいb おもくるしい ）

12 臭い   （ a ひどい   b くさい ）

13 力強い （ a ちからちよいb ちからづよい ）

14 鋭い   （ a するどい   b つらい ）

15 険しい （ a ただしい   b けわしい ）

16 乏しい （ a あやしい   b とぼしい ）

17 貧しい （ a まずしい   b くやしい ）

18 輝かしい（ a はずかしい   b かがやかしい ）

19 円満な（ a えんまんな   b えんばんな ）

20 温暖な（ a おんなんな   b おんだんな ）

21 頑丈な（ a がんじょうなb かんじょうな ）

22 極端な（ a ぎょくたんなb きょくたんな ）

23 柔軟な（ a にゅうなんなb じゅうなんな ）

24 優秀な（ a ゆうしゅな   b ゆうしゅうな ）

25 面倒な（ a わがままな   b めんどうな ）

26 賑やかな（ a にぎやかな b さわやかな ）

27 対等な（ a だいとうな   b たいとうな ）

28 清潔な（ a しょうけつなb せいけつな ）

29 深刻な（ a しんこくな   b しんごくな ）

30 活発な（ a がっぱつな   b かっぱつな ）

31 大げさな（ a だいげさなb おおげさな ）

32 妙な   （ a みょうな   b わずかな ）

33 率直な（ a そっじょくなb そっちょくな ）

34 冷静な（ a ねいせいな   b れいせいな ）

35 適度な（ a てきどな   b てきどうな ）

36 不思議な（ a ふしぎな   b ぶしきな ）

정답 1 ⓐ   2 ⓐ   3 ⓑ   4 ⓐ   5 ⓑ   6 ⓐ   7 ⓐ   8 ⓑ   9 ⓑ   10 ⓐ   11 ⓑ   12 ⓑ
      13 ⓑ   14 ⓐ   15 ⓑ   16 ⓑ   17 ⓐ   18 ⓑ   19 ⓐ   20 ⓑ   21 ⓐ   22 ⓑ   23 ⓑ   24 ⓑ
      25 ⓑ   26 ⓐ   27 ⓑ   28 ⓑ   29 ⓐ   30 ⓑ   31 ⓑ   32 ⓐ   33 ⓑ   34 ⓑ   35 ⓐ   36 ⓐ

다음 단어의 일본어 표현으로 가장 알맞은 것을 a, b 중에서 고르시오.

1 변함없이   (a 相変わらず   b とりあえず)

2 술술, 거침없이   (a ぶらぶら   b すらすら)

3 모처럼, 애써, 힘껏   (a せっかく   b せめて)

4 완전히   (a すっかり   b うっかり)

5 단호하게   (a さっぱり   b きっぱり)

6 딱, 꽉   (a ぴったり   b ぐったり)

7 가볍게, 거뜬히   (a 細々と   b 軽々と)

8 초조한 모습   (a さらさら   b いらいら)

9 일찍이, 예전부터   (a かつて   b どうりで)

10 바로   (a さらに   b すぐに)

11 바삭바삭, 꺼칠꺼칠   (a こつこつ   b かさかさ)

12 빨리, 서둘러서   (a さっさと   b きちんと)

13 잠시   (a おそらく   b しばらく)

14 부쩍부쩍, 무럭무럭   (a ぐんぐん   b ぐらぐら)

15 기진맥진   (a すいすい   b くたくた)

16 촉촉히, 차분하게   (a しっとり   b ぐっすり)

17 금세, 순식간에   (a うっすら   b たちまち)

18 사뿐히, 푹신푹신   (a のんびり   b ふんわり)

정답 1 ⓐ   2 ⓑ   3 ⓐ   4 ⓐ   5 ⓑ   6 ⓐ   7 ⓑ   8 ⓑ   9 ⓐ
       10 ⓑ   11 ⓑ   12 ⓐ   13 ⓑ   14 ⓐ   15 ⓑ   16 ⓐ   17 ⓑ   18 ⓑ

다음 단어의 접두어·접미어로 가장 알맞은 것을 a, b 중에서 고르시오.

1 가계약　　　　　　　　(a 仮　　　 b 卦) 契約

2 근거리　　　　　　　　(a 均　　　 b 近) 距離

3 재발행　　　　　　　　(a 再　　　 b 斉) 発行

4 준우승　　　　　　　　(a 副　　　 b 準) 決勝

5 여러 문제　　　　　　(a 諸　　　 b 多) 問題

6 반비례　　　　　　　　(a 半　　　 b 反) 比例

7 다음 학기　　　　　　(a 来　　　 b 明) 学期

8 비상식(몰상식)　　　　(a 比　　　 b 非) 常識

9 예능계　　　　　　　芸能 (a 会　　　 b 界)

10 주택가　　　　　　　住宅 (a 街　　　 b 佳)

11 졸업식　　　　　　　卒業 (a 色　　　 b 式)

12 초대장　　　　　　　招待 (a 状　　　 b 帖)

13 최신형　　　　　　　最新 (a 型　　　 b 形)

14 진학률　　　　　　　進学 (a 率　　　 b 津)

15 식기류　　　　　　　食器 (a 流　　　 b 類)

16 현실도피　　　　　　現実 (a 離れ　　 b 外れ)

17 자녀 동반　　　　　子供 (a 練れ　　 b 連れ)

18 기한 만료　　　　　期限 (a 切れ　　 b 着れ)

정답　1 ⓐ　　2 ⓑ　　3 ⓐ　　4 ⓑ　　5 ⓐ　　6 ⓑ　　7 ⓐ　　8 ⓑ　　9 ⓑ
　　　10 ⓐ　11 ⓑ　12 ⓐ　13 ⓐ　14 ⓐ　15 ⓑ　16 ⓐ　17 ⓑ　18 ⓐ

다음 단어의 가타카나 표기로 가장 알맞은 것을 a, b 중에서 고르시오.

1 접근   (a アプローチ   b アプーロチ)

2 에너지   (a エナジー   b エネルギー)

3 파업   (a ストライク   b ストライキ)

4 매끄러움, 원만함   (a スムーズ   b スマート)

5 타임, 시간   (a タイマ   b タイム)

6 테크닉, 기술   (a テクニック   b テクニーク)

7 템포, 속도   (a テンパ   b テンポ)

8 밸런스, 균형   (a バランス   b ベルランス)

9 플랜, 계획   (a プレン   b プラン)

10 캔슬, 취소   (a ケンスル   b キャンセル)

11 클리어, 해결   (a クリア   b クレア)

12 시리즈   (a シーリズ   b シリーズ)

13 유머   (a ユーモア   b ユーマア)

14 투어, 여행   (a ツアー   b ツアー)

15 체인지, 교체   (a チャレンジ   b チェンジ)

16 거실   (a リビング   b リビン)

17 렌털, 대여   (a ルンタル   b レンタル)

18 릴랙스, 편안함   (a リラックス   b デラックス)

정답 1 ⓐ   2 ⓑ   3 ⓑ   4 ⓐ   5 ⓑ   6 ⓐ   7 ⓑ   8 ⓐ   9 ⓑ
      10 ⓑ   11 ⓐ   12 ⓑ   13 ⓐ   14 ⓑ   15 ⓑ   16 ⓐ   17 ⓑ   18 ⓐ

4 고득점 어휘

명사

相手 (あいて)	상대
明かり (あ)	불빛
悪天候 (あくてんこう)	악천후, 나쁜 날씨
あくび	하품
足元 (あしもと)	발밑
汗 (あせ)	땀
辺り (あた)	근처, 주변
当たり前 (あ まえ)	당연
誤り (あやま)	잘못, 실수
暗記 (あんき)	암기
安定 (あんてい)	안정
安否 (あんぴ)	안부
胃 (い)	위(신체의 일부)
委員会 (いいんかい)	위원회
育児 (いくじ)	육아
維持 (いじ)	유지
意識 (いしき)	의식
異常 (いじょう)	이상, 비정상
泉 (いずみ)	샘, 샘물
位置 (いち)	위치

一般 (いっぱん)	일반, 보편
一方 (いっぽう)	한편, 일방
移転 (いてん)	이전
緯度 (いど)	위도
移動 (いどう)	이동
居眠り (いねむ)	앉아 졺
依頼 (いらい)	의뢰
医療 (いりょう)	의료
岩 (いわ)	바위
祝い (いわ)	축하
印刷 (いんさつ)	인쇄
飲酒 (いんしゅ)	음주
引退 (いんたい)	은퇴
植木 (うえき)	정원수, 분재
疑い (うたが)	혐의, 의심
宇宙 (うちゅう)	우주
羽毛 (うもう)	깃털
雨量 (うりょう)	강우량
うわさ	소문
永遠 (えいえん)	영원
永久 (えいきゅう)	영구
影響 (えいきょう)	영향

栄養分	영양분	覚悟	각오
液体	액체	拡大	확대
絵の具	물감	確認	확인
延期	연기(뒤로 미룸)	過剰	과잉
演説	연설	各国	각국
延長	연장	家庭	가정
応援	응원	壁	벽
応対	응대, 응접	神	신
横断	횡단	貨物	화물
欧米	구미(유럽과 미국)	殻	껍질
お菓子	과자	革靴	가죽 구두
奥	안쪽, 깊숙한 곳	感覚	감각
汚染	오염	環境	환경
踊り	춤	関係	관계
おのおの	각각, 각자	観察	관찰
お見合い	맞선	感謝	감사
お湯	뜨거운 물	感情	감정
お礼	사례, 감사의 인사	感心	감탄
温泉	온천	関心	관심
温暖化	온난화	感想	감상
解決	해결	観測	관측
解釈	해석	缶詰	통조림
会談	회담	感動	감동
開封	개봉	記憶	기억
係員	담당자	機械	기계
限り	한도, 한계	機会	기회

□ 飢饉	기근	□ 漁業	어업
□ 機嫌	기분	□ 曲線	곡선
□ 機構	기구(조직체)	□ 記録	기록
□ 気候	기후	□ 議論	논의
□ 岸	물가	□ 禁煙	금연
□ 記事	기사(보도 내용)	□ 金額	금액
□ 技術	기술	□ 禁止	금지
□ 規制	규제	□ 区域	구역
□ 貴重品	귀중품	□ 空港	공항
□ 喫茶店	찻집	□ くせ	버릇
□ 切符	표, 티켓	□ 管	관, 파이프
□ 記入	기입	□ 靴	구두, 신발
□ 希望	희망	□ 工夫	궁리
□ 疑問	의문	□ 暮らし	삶, 생활
□ 逆	역, 반대	□ 苦労	고생
□ 休暇	휴가	□ 経営	경영
□ 救助	구조	□ 景気	경기
□ 牛乳	우유	□ 契機	계기
□ 教育	교육	□ 警告	경고
□ 共感	공감	□ 経済	경제
□ 供給	공급	□ 警察	경찰
□ 教師	교사	□ 計算	계산
□ 競争	경쟁	□ 形式	형식
□ 恐怖	공포	□ 芸能	연예
□ 協力	협력	□ 警備	경비
□ 許可	허가	□ 血液	혈액

結果	けっか	결과	鉱物	こうぶつ	광물
結婚	けっこん	결혼	交流	こうりゅう	교류
欠点	けってん	결점	氷	こおり	얼음
結論	けつろん	결론	呼吸	こきゅう	호흡
煙	けむり	연기	故郷	こきょう	고향
原因	げんいん	원인	克服	こくふく	극복
限界	げんかい	한계	骨折	こっせつ	골절
研修	けんしゅう	연수	小包	こづつみ	소포
減少	げんしょう	감소	ごぶさた		무소식
建設	けんせつ	건설	小麦	こむぎ	밀
謙遜	けんそん	겸손	娯楽	ごらく	오락
建築家	けんちくか	건축가	際	さい	때, 즈음
限定	げんてい	한정	最高	さいこう	최고
憲法	けんぽう	헌법	最低	さいてい	최저
幸運	こううん	행운	裁判	さいばん	재판
講演	こうえん	강연	財布	さいふ	지갑
公害	こうがい	공해	再利用	さいりよう	재이용
郊外	こうがい	교외	坂	さか	비탈길, 고개
航空	こうくう	항공	作物	さくもつ	작물
貢献	こうけん	공헌	撮影	さつえい	촬영
交差点	こうさてん	교차로	雑誌	ざっし	잡지
鉱山	こうざん	광산	差別	さべつ	차별
高層	こうそう	고층	作法	さほう	예의범절, 법도
構造	こうぞう	구조	左右	さゆう	좌우
交通	こうつう	교통	参加	さんか	참가
行動	こうどう	행동	参考	さんこう	참고

□ 散歩	산책	□ 周辺	주변
□ 寺院	사원	□ 住民	주민
□ 時期	시기	□ 重量	중량
□ 事件	사건	□ 宿泊	숙박
□ 四捨五入	반올림	□ 手術	수술
□ 自信	자신(자신감)	□ 首相	수상, 총리
□ 地震	지진	□ 手段	수단
□ 実験	실험	□ 出席	출석
□ 実施	실시	□ 出版	출판
□ 湿度	습도	□ 首脳	수뇌
□ 失敗	실패	□ 寿命	수명
□ 失望	실망	□ 循環	순환
□ 指定	지정	□ 順番	순번, 차례
□ 指導	지도	□ 紹介	소개
□ 児童	아동	□ 蒸気	증기
□ 支配	지배	□ 状況	상황
□ 死亡	사망	□ 常識	상식
□ 姉妹	자매	□ 乗車券	승차권
□ 締め切り	마감	□ 承認	승인
□ 借金	빚, 차입금	□ 蒸発	증발
□ 周囲	주위	□ 消費	소비
□ 集会	집회	□ 消費者	소비자
□ 習慣	습관	□ 商品	상품
□ 就職	취직	□ 消防署	소방서
□ 住宅	주택	□ 正面	정면
□ 集中	집중	□ 消耗	소모

□ 将来 ^{しょうらい}	장래	□ 製造 ^{せいぞう}	제조
□ 職場 ^{しょくば}	직장	□ 晴天 ^{せいてん}	맑은 날씨
□ 植物 ^{しょくぶつ}	식물	□ 生徒 ^{せいと}	학생
□ 諸国 ^{しょこく}	여러 나라	□ 政党 ^{せいとう}	정당
□ 署名 ^{しょめい}	서명	□ 性能 ^{せいのう}	성능
□ 女優 ^{じょゆう}	여배우	□ 成分 ^{せいぶん}	성분
□ 処理 ^{しょり}	처리	□ 性別 ^{せいべつ}	성별
□ 資料 ^{しりょう}	자료	□ 責任 ^{せきにん}	책임
□ 進学 ^{しんがく}	진학	□ 設計 ^{せっけい}	설계
□ 心臓 ^{しんぞう}	심장	□ 接触 ^{せっしょく}	접촉
□ 進歩 ^{しんぽ}	진보	□ 設備 ^{せつび}	설비
□ 深夜 ^{しんや}	심야	□ 節約 ^{せつやく}	절약
□ 信用 ^{しんよう}	신용	□ 背中 ^{せなか}	등, 뒤쪽
□ 森林 ^{しんりん}	삼림, 숲	□ 全額 ^{ぜんがく}	전액
□ 人類 ^{じんるい}	인류	□ 選手 ^{せんしゅ}	선수
□ 水滴 ^{すいてき}	물방울	□ 戦争 ^{せんそう}	전쟁
□ 姿 ^{すがた}	모습, 자태	□ 全体 ^{ぜんたい}	전체
□ 隙 ^{すき}	틈	□ 選択 ^{せんたく}	선택
□ すき間 ^ま	빈틈, 틈새	□ 洗濯 ^{せんたく}	세탁
□ 隅 ^{すみ}	구석	□ 操作 ^{そうさ}	조작
□ 世紀 ^{せいき}	세기(100년)	□ 創作 ^{そうさく}	창작
□ 請求 ^{せいきゅう}	청구	□ 掃除 ^{そうじ}	청소
□ 税金 ^{ぜいきん}	세금	□ 想像 ^{そうぞう}	상상
□ 成功 ^{せいこう}	성공	□ 相談 ^{そうだん}	상담
□ 政治 ^{せいじ}	정치	□ 装置 ^{そうち}	장치
□ 成績 ^{せいせき}	성적	□ 存在 ^{そんざい}	존재

□ 損得 (そんとく)	이해득실	□ 頂点 (ちょうてん)	정점
□ 対策 (たいさく)	대책	□ 貯金 (ちょきん)	저금
□ 対象 (たいしょう)	대상	□ 著者 (ちょしゃ)	저자
□ 大臣 (だいじん)	장관	□ 貯蔵 (ちょぞう)	저장
□ 代表 (だいひょう)	대표	□ 通行 (つうこう)	통행
□ 太陽 (たいよう)	태양	□ 通信 (つうしん)	통신
□ 大陸 (たいりく)	대륙	□ 通用 (つうよう)	통용
□ 対立 (たいりつ)	대립	□ 使い道 (つかいみち)	용도
□ 互い (たがい)	서로	□ 都合 (つごう)	사정, 형편
□ 畳 (たたみ)	다다미(일본식 돗자리)	□ 粒 (つぶ)	낱알
□ 谷 (たに)	계곡	□ 停車 (ていしゃ)	정차
□ 他人 (たにん)	타인, 남	□ でこぼこ	울퉁불퉁
□ 束 (たば)	다발, 뭉치	□ 鉄橋 (てっきょう)	철교
□ 卵 (たまご)	알, 계란	□ 徹夜 (てつや)	철야
□ たんす	옷장	□ 手間 (てま)	수고
□ 団体 (だんたい)	단체	□ 手前 (てまえ)	바로 앞
□ 担当 (たんとう)	담당	□ 伝記 (でんき)	전기(기록)
□ 地域 (ちいき)	지역	□ 同時 (どうじ)	동시
□ 知恵 (ちえ)	지혜	□ 投書 (とうしょ)	투서, 투고
□ 地球 (ちきゅう)	지구	□ 到着 (とうちゃく)	도착
□ 遅刻 (ちこく)	지각	□ 盗難 (とうなん)	도난
□ 知識 (ちしき)	지식	□ 同僚 (どうりょう)	동료
□ 地帯 (ちたい)	지대	□ 道路 (どうろ)	도로
□ 注意 (ちゅうい)	주의	□ 独創性 (どくそうせい)	독창성
□ 超過 (ちょうか)	초과	□ 独立 (どくりつ)	독립
□ 庁舎 (ちょうしゃ)	청사(관공서 건물)	□ 土地 (とち)	토지

□ 途中 (とちゅう)	도중	□ 販売 (はんばい)	판매
□ 泥 (どろ)	진흙	□ 被害 (ひがい)	피해
□ 納得 (なっとく)	납득	□ 悲劇 (ひげき)	비극
□ 涙 (なみだ)	눈물	□ 額 (ひたい)	이마
□ 日常 (にちじょう)	일상	□ 筆跡 (ひっせき)	필적, 서체
□ 日課 (にっか)	일과	□ 皮膚 (ひふ)	피부
□ 荷物 (にもつ)	짐	□ 紐 (ひも)	끈
□ 値段 (ねだん)	값, 가격	□ 費用 (ひよう)	비용
□ 熱演 (ねつえん)	열연	□ 表現 (ひょうげん)	표현
□ 年中 (ねんじゅう)	연중, 일 년 내내	□ 標識 (ひょうしき)	표지(안내, 표시)
□ 年齢 (ねんれい)	연령	□ 平等 (びょうどう)	평등
□ 農業 (のうぎょう)	농업	□ 封筒 (ふうとう)	봉투
□ 農産物 (のうさんぶつ)	농산물	□ 夫婦 (ふうふ)	부부
□ 濃度 (のうど)	농도	□ 不況 (ふきょう)	불황
□ 灰色 (はいいろ)	회색	□ 付近 (ふきん)	부근, 근처
□ 配達 (はいたつ)	배달	□ 舞台 (ぶたい)	무대
□ 配布 (はいふ)	배포	□ 物価 (ぶっか)	물가
□ 拍手 (はくしゅ)	박수	□ 物質 (ぶっしつ)	물질
□ 爆発 (ばくはつ)	폭발	□ 部品 (ぶひん)	부품
□ 端 (はし)	끝, 가장자리	□ 部分 (ぶぶん)	부분
□ 発刊 (はっかん)	발간	□ 不満 (ふまん)	불만
□ 発射 (はっしゃ)	발사	□ 分解 (ぶんかい)	분해
□ 発展 (はってん)	발전	□ 平均 (へいきん)	평균
□ 発売 (はつばい)	발매	□ 平和 (へいわ)	평화
□ 犯罪 (はんざい)	범죄	□ 変化 (へんか)	변화
□ 反対 (はんたい)	반대	□ 編集 (へんしゅう)	편집

일본어	한국어	일본어	한국어
□ 報告書 (ほうこくしょ)	보고서	□ 面接 (めんせつ)	면접
□ 宝石 (ほうせき)	보석	□ 目的 (もくてき)	목적
□ 放送局 (ほうそうきょく)	방송국	□ 物語 (ものがたり)	이야기
□ 防犯 (ぼうはん)	방범	□ 問題 (もんだい)	문제
□ 方々 (ほうぼう)	여기저기	□ 約束 (やくそく)	약속
□ 訪問 (ほうもん)	방문	□ 役目 (やくめ)	역할
□ 法律 (ほうりつ)	법률	□ 火傷 (やけど)	화상
□ 募集 (ぼしゅう)	모집	□ 優勝 (ゆうしょう)	우승
□ 保存 (ほぞん)	보존	□ 浴衣 (ゆかた)	유카타(얇은 무명옷)
□ 摩擦 (まさつ)	마찰	□ 輸送 (ゆそう)	수송
□ 真っ先 (まさき)	맨 앞, 제일 먼저	□ 輸入 (ゆにゅう)	수입
□ 祭り (まつり)	축제	□ 溶岩 (ようがん)	용암
□ 万年筆 (まんねんひつ)	만년필	□ 要旨 (ようし)	요지
□ 見かけ (みかけ)	겉보기, 외관	□ 幼児 (ようじ)	유아
□ 味方 (みかた)	자기편, 아군	□ 容積 (ようせき)	용적
□ 見出し (みだし)	표제어	□ 予算 (よさん)	예산
□ 皆 (みな)	모두	□ 夜中 (よなか)	한밤중
□ 実り (みのり)	결실	□ 予報 (よほう)	예보
□ 見本 (みほん)	견본	□ 理解 (りかい)	이해
□ 未来 (みらい)	미래	□ 留学生 (りゅうがくせい)	유학생
□ 向かい (むかい)	건너편, 맞은편	□ 流行 (りゅうこう)	유행
□ 無数 (むすう)	무수	□ 両替 (りょうがえ)	환전
□ 無駄 (むだ)	헛수고, 낭비	□ 両国 (りょうこく)	양국
□ 無料 (むりょう)	무료	□ 領収書 (りょうしゅうしょ)	영수증
□ 群れ (むれ)	무리, 떼	□ 例外 (れいがい)	예외
□ 免許 (めんきょ)	면허	□ 零度 (れいど)	0도(온도)

□ 冷凍 れいとう	냉동	□ 薄める うす	희석하다, 묽게 하다
□ 歴史 れきし	역사	□ 疑う うたが	의심하다
□ 列島 れっとう	열도	□ 打ち消す う け	부정하다
□ 恋愛 れんあい	연애	□ 映る うつ	비치다, 영상으로 나타나다
□ 練習 れんしゅう	연습	□ 裏切る うら ぎ	배신하다
□ 連続 れんぞく	연속	□ 追い越す お こ	추월하다, 앞지르다
□ 連絡 れんらく	연락	□ 追う お	쫓다
□ 老人 ろうじん	노인	□ 贈る おく	선물하다, 수여하다
□ 労働 ろうどう	노동	□ 遅れる おく	늦다, 지각하다
□ 輪 わ	고리, 바퀴	□ 収める おさ	거두다, 수확하다
□ 割合 わりあい	비율	□ 恐れる おそ	두려워하다
□ 割引 わりびき	할인	□ 落ち着く お つ	안정되다, 차분해지다
		□ 重ねる かさ	거듭하다, 되풀이하다

동사

		□ 効く き	(약이) 듣다, 효과가 있다
□ 飽きる あ	싫증 나다	□ 築く きず	쌓아 올리다, 구축하다
□ 憧れる あこが	동경하다	□ 切れる き	끊어지다, 소진되다
□ 味わう あじ	맛보다	□ 砕く くだ	부수다
□ 与える あた	주다, 제공하다	□ くたびれる	지치다, 녹초가 되다
□ あふれる	넘치다	□ 組み立てる く た	조립하다
□ 余る あま	남다	□ 暮れる く	해가 저물다
□ 謝る あやま	사과하다	□ 加える くわ	더하다, 추가하다
□ 改める あらた	고치다, 개정하다	□ 焦げる こ	눌어붙다, 타다
□ いじめる	괴롭히다	□ 断る ことわ	거절하다
□ 抱く いだ	(의심, 생각 등을) 품다	□ さかのぼる	거슬러 올라가다, 소급하다
□ 伺う うかが	여쭙다, 찾아뵙다	□ 叫ぶ さけ	외치다, 부르짖다
□ 浮く う	뜨다	□ 支える ささ	지탱하다, 유지하다

□ 刺す	찌르다	□ 務める	(임무를) 맡다
□ 妨げる	방해하다	□ 照らす	비추다
□ 覚める	제정신이 들다, 깨다	□ 解く	(문제를) 풀다, (끈을) 풀다
□ 冷める	식다, 차가워지다	□ 閉じる	닫다
□ 去る	떠나다	□ 届く	배달되다, 전달되다
□ しびれる	저리다, 마비되다	□ 整う	갖추어지다, 정돈되다
□ 示す	나타내다, 제시하다	□ 泊まる	숙박하다
□ 占める	차지하다, 점유하다	□ 取り上げる	거론하다, 채택하다
□ しゃべる	말하다, 수다를 떨다	□ 流す	흘리다, 흐르게 하다
□ 優れる	우수하다	□ 流れる	흐르다
□ 接する	접하다, 접촉하다	□ 怠ける	게으름 피우다
□ 責める	비난하다	□ 悩む	고민하다
□ 沿う	(강, 도로 등과) 나란하다, 따르다	□ 倣う	모방하다, 따라 하다
□ 倒す	쓰러뜨리다	□ 慣れる	익숙해지다
□ 耕す	(논밭을) 갈다, 경작하다	□ 逃げる	도망치다
□ 炊く	밥을 짓다	□ にらむ	노려보다
□ 確かめる	확인하다	□ 抜く	뽑다, 빼내다
□ 達する	도달하다, 이르다	□ 盗む	훔치다
□ 頼む	부탁하다, 의지하다	□ 塗る	바르다, 칠하다
□ 黙る	침묵하다	□ 述べる	말하다, 서술하다
□ 試す	시험하다	□ 昇る	(해, 연기가) 올라가다, (지위가) 올라가다
□ 近づける	가까이하다, 가까이 다가가다		
□ 散らかる	흐트러지다, 어지러지다	□ 乗り越える	극복하다
□ 突き当たる	부딪치다	□ 乗り越す	(목적지를) 지나치다
□ 続く	이어지다, 지속되다	□ 生える	(풀, 수염 등이) 나다
□ 勤める	근무하다	□ 運ぶ	운반하다

□ 働く はたら	일하다	□ 役に立つ やく た	도움이 되다, 유용하다
□ 話しかける はな	말을 걸다	□ 焼ける や	타다, 구워지다
□ 流行る はや	유행하다	□ 雇う やと	고용하다
□ 張り切る は き	의욕이 넘치다	□ 破る やぶ	찢다, 깨다
□ 引き受ける ひ う	받아들이다, 인수하다	□ 辞める や	(직업을) 그만두다
□ 引き返す ひ かえ	되돌아가다, 되돌리다	□ 喜ぶ よろこ	기뻐하다
□ 引き出す ひ だ	인출하다, 꺼내다	□ 沸く わ	끓다
□ 引き止める ひ と	만류하다, 제지하다	□ 詫びる わ	사과하다
□ 広がる ひろ	확산되다		
□ 増える ふ	증가하다		

い형용사

□ 掘る ほ	(땅을) 파다	□ 温かい あたた	따뜻하다
□ 任せる まか	맡기다	□ 厚かましい あつ	뻔뻔하다
□ 巻く ま	말다, 감다	□ 危うい あや	위험하다
□ 増す ま	많아지다, 증가하다 〈자동사〉 늘리다, 증가시키다 〈타동사〉	□ 淡い あわ	진하지 않다
		□ 言い難い い がた	말하기 어렵다
□ 迷う まよ	헤매다, 망설이다	□ 忙しい いそが	바쁘다
□ 磨く みが	(문질러) 닦다, 연마하다	□ 痛い いた	아프다
□ 認める みと	인정하다	□ 薄い うす	얇다, 적다, 흐리다
□ 迎える むか	맞이하다	□ 美しい うつく	아름답다
□ 蒸す む	찌다	□ うらやましい	부럽다
□ 命じる めい	명하다	□ 偉い えら	훌륭하다
□ 召し上がる め あ	드시다	□ 幼い おさな	어리다
□ 燃える も	불타다	□ きつい	힘들다, 꼭 끼다
□ 用いる もち	이용하다	□ 清い きよ	맑다, 깨끗하다
□ 求める もと	요구하다	□ くどい	장황하다
□ 燃やす も	불태우다	□ 濃い こ	짙다, 진하다

☐ 細かい^{こま}	자세하다		

☐ 細_{こま}かい	자세하다
☐ さしつかえない	상관없다
☐ しかたがない	어쩔 수 없다
☐ 親_{した}しい	친하다
☐ 涼_{すず}しい	시원하다
☐ すばらしい	멋지다, 훌륭하다
☐ 狭_{せま}い	좁다
☐ そそっかしい	경솔하다, 조심성이 없다
☐ 頼_{たの}もしい	믿음직하다
☐ だらしない	단정하지 못하다
☐ つまらない	시시하다, 하찮다
☐ とんでもない	터무니없다
☐ 鈍_{にぶ}い	둔하다
☐ のろい	느리다
☐ 恥_はずかしい	부끄럽다
☐ はなはだしい	심하다
☐ 眩_{まぶ}しい	눈부시다
☐ みっともない	꼴사납다
☐ 申_{もう}し訳_{わけ}ない	미안하다, 죄송하다
☐ もったいない	아깝다
☐ 優_{やさ}しい	상냥하다
☐ やむをえない	부득이하다, 어쩔 수 없다
☐ 柔_{やわ}らかい	부드럽다

な형용사

☐ 安易_{あんい}な	안이한
☐ 偉大_{いだい}な	위대한
☐ おしゃべりな	수다스러운
☐ 主_{おも}な	주된
☐ 格別_{かくべつ}な	각별한, 매우 특별한
☐ 危険_{きけん}な	위험한
☐ 気_きの毒_{どく}な	딱한, 불쌍한
☐ 急速_{きゅうそく}な	급속한
☐ 強力_{きょうりょく}な	강력한
☐ 巨大_{きょだい}な	거대한
☐ けちな	인색한
☐ 厳重_{げんじゅう}な	엄중한
☐ 肯定的_{こうていてき}な	긍정적인
☐ 公平_{こうへい}な	공평한
☐ 個人的_{こじんてき}な	개인적인
☐ 幸_{さいわ}いな	다행스러운
☐ 残念_{ざんねん}な	안타까운
☐ 地味_{じみ}な	수수한
☐ 主要_{しゅよう}な	주요한
☐ 正直_{しょうじき}な	정직한
☐ 絶対的_{ぜったいてき}な	절대적인
☐ 全国的_{ぜんこくてき}な	전국적인
☐ そっくりな	꼭 같은
☐ 退屈_{たいくつ}な	지루한

□ 確かな	확실한, 분명한	
□ 妥当な	타당한	
□ 適切な	적절한	
□ 手ごろな	적합한, 적당한	
□ 透明な	투명한	
□ 特殊な	특수한	
□ なだらかな	완만한	
□ 苦手な	자신 없는	
□ 派手な	화려한	
□ 皮肉な	비꼬는, 얄궂은	
□ 微妙な	미묘한	
□ 不安な	불안한	
□ 不規則な	불규칙한	
□ 無事な	무사한	
□ 平凡な	평범한	
□ 朗らかな	명랑한	
□ 真面目な	성실한	
□ まれな	드문, 희귀한	
□ 見事な	멋진	
□ 明確な	명확한	
□ 有効な	유효한	
□ 愉快な	유쾌한	
□ 豊かな	풍부한	
□ 容易な	쉬운, 용이한	
□ 楽な	편한	

부사/접속사

□ あるいは	혹은, 또는
□ 案外	의외로
□ 生き生き	생기 있게, 활기차게
□ いちいち	일일이
□ いったん	일단
□ いつの間にか	어느새
□ いまに	머지않아, 이제 곧
□ いまにも	금세라도, 당장이라도
□ いよいよ	드디어, 마침내
□ 言わば	(비유해서) 말하자면
□ お互いに	서로
□ 主に	주로
□ がっかり	실망하거나 낙담하는 모습
□ 逆に	거꾸로
□ くれぐれも	아무쪼록
□ こっそり	몰래
□ 再三	여러 번
□ さっそく	즉시
□ さて	그건 그렇고, 그런데
□ しいて	굳이, 무리해서
□ しかも	게다가
□ 次第に	점차, 점점
□ したがって	따라서
□ 実に	실로, 참으로

☐ 実は	실은	☐ ところで	그런데
☐ しばしば	자주, 종종	☐ どっと	우르르, 한꺼번에
☐ しみじみ	절실히, 곰곰이	☐ なお	더욱
☐ すなわち	즉	☐ 仲良く	사이좋게
☐ せいぜい	겨우, 고작, 힘껏	☐ 何でも	뭐든지
☐ そう言えば	그러고 보니	☐ なんとなく	왠지, 어쩐지
☐ 続々	속속, 잇따라	☐ はきはき	(태도, 말투 등이) 시원시원
☐ そこで	그래서	☐ ばったり	딱(갑자기 마주치는 모습)
☐ そっと	살짝, 가만히	☐ 比較的	비교적
☐ その上	게다가, 그 위에	☐ ぴったり	딱(빈틈없이 들어맞는 모습)
☐ それとも	그렇지 않으면	☐ ほとんど	거의, 대부분
☐ それなのに	그런데도, 그럼에도 불구하고	☐ まあまあ	그럭저럭
☐ 絶えず	끊임없이	☐ まごまご	우물쭈물, 갈팡질팡
☐ だが	그렇지만	☐ まさか	설마
☐ ただ	다만, 그저	☐ ますます	점점, 더욱더
☐ ただし	단, 다만	☐ 間もなく	곧, 머지않아
☐ たとえ	비록	☐ 万一	만일
☐ 例えば	예를 들면	☐ もうすぐ	곧
☐ 多分	아마	☐ もっとも	가장, 제일
☐ ちゃんと	정확하게, 제대로	☐ 約	약, 대략
☐ 次々と	차례차례, 잇따라	☐ やたらに	함부로, 무턱대고
☐ 常に	항상	☐ 要するに	요컨대
☐ つまり	결국, 요컨대	☐ 割合に	비교적
☐ どうしても	어떻게 해서든, 무슨 일이 있어도		
☐ どうせ	어차피		
☐ ところが	그렇지만		

접두어/접미어

～案 안

- [ ] 企画案   기획안
- [ ] 予算案   예산안

異～ 이(다름)

- [ ] 異教徒   이교도
- [ ] 異文化   이문화

～位 위(순서)

- [ ] 上位   상위
- [ ] 第一位   제1위

～下 하(무언가의 아래를 나타내는 상태)

- [ ] 管理下   관리하
- [ ] 支配下   지배하

～外 외(범위를 벗어남)

- [ ] 時間外   시간외
- [ ] 予想外   예상외

各～ 각(하나하나)

- [ ] 各家庭   각 가정
- [ ] 各地域   각 지역

～観 관(관점)

- [ ] 結婚観   결혼관
- [ ] 人生観   인생관

～感 감

- [ ] 責任感   책임감
- [ ] 満足感   만족감

～気味 기색

- [ ] 焦り気味   초조한 기색
- [ ] 風邪気味   감기 기운

旧～ 구(오래된, 옛)

- [ ] 旧制度   구제도
- [ ] 旧都心   구도심

急～ 급(갑작스러운)

- [ ] 急傾斜   급경사
- [ ] 急停車   급정차

～権 권

- [ ] 経営権   경연권
- [ ] 著作権   저작권

現～ 현재

- □ 現社長   현재 사장
- □ 現段階   현재 단계

～ごと ～째, ～마다

- □ 皮ごと   껍질째
- □ ケースごと   상자째
- □ 年ごと   해마다
- □ 日ごと   날마다

～込み 포함

- □ 税込み   세금 포함
- □ 送料込み   송료 포함

～作 작(작품)

- □ 最新作   최신작
- □ 代表作   대표작

～師 사

- □ 看護師   간호사
- □ 宣教師   선교사

主～ 주(주가 됨)

- □ 主産物   주산물
- □ 主成分   주성분

～集 집(모음)

- □ 作品集   작품집
- □ 写真集   사진집

重～ 중

- □ 重過失   중과실
- □ 重金属   중금속

～順 순(순서)

- □ 先着順   선착순
- □ 年代順   연대순

～症 증

- □ 依存症   의존증
- □ 後遺症   후유증

～済み 완료

- □ 契約済み   계약 완료
- □ 使用済み   사용 완료

～制 제(규정)

- □ 当番制   당번제
- □ 予約制   예약제

全～ 전(모든, 최대의)

- □ 全世界（ぜんせかい） 전 세계
- □ 全速力（ぜんそくりょく） 전속력

～全般 전반(모든 것)

- □ 経済全般（けいざいぜんばん） 경제 전반
- □ 生活全般（せいかつぜんばん） 생활 전반

～育ち 자람

- □ 田舎育ち（いなかそだち） 시골에서 자람
- □ 都会育ち（とかいそだち） 도시에서 자람

短～ 단(짧은)

- □ 短期間（たんきかん） 단기간
- □ 短距離（たんきょり） 단거리

～通 통(편지)

- □ 一通（いっつう） 한 통
- □ 二通（につう） 두 통

～付き 달려 있음

- □ 条件付き（じょうけんつき） 조건부
- □ デザート付き（つき） 디저트 포함

～漬け 중독, 푹 빠진 상태, 절임

- □ 薬漬け（くすりづけ） 약 중독
- □ たくあん漬け（づけ） 단무지
- □ 白菜漬け（はくさいづけ） 배추절임
- □ 勉強漬け（べんきょうづけ） 공부에 몰입함

低～ 저(낮은)

- □ 低価格（ていかかく） 저가격
- □ 低気圧（ていきあつ） 저기압

～費 비

- □ 交通費（こうつうひ） 교통비
- □ 管理費（かんりひ） 관리비

不～ 불

- □ 不完全（ふかんぜん） 불완전
- □ 不公平（ふこうへい） 불공평

～部 부(서류의 단위)

- □ 一万部（いちまんぶ） 일만 부
- □ 三部（さんぶ） 세 부

～深い 깊이 ～하다

- □ 注意深い（ちゅういぶかい） 주의깊다
- □ 用心深い（ようじんぶかい） 신중하다, 조심성이 많다

真~ 참, 완전함

□ 真新しい　　　완전히 새롭다

□ 真心　　　진심

無~ 무

□ 無関心　　　무관심

□ 無責任　　　무책임

~向き 방향

□ 東向き　　　동향

□ 南向き　　　남향

~元 원(~한 곳)

□ 製造元　　　제조원, 제조한 곳

□ 送信元　　　송신원, 송신한 곳

~流 류(특유의 방식, 특성)

□ 自己流　　　자기만의 방식

□ 日本流　　　일본식

~料 료(요금, 대금)

□ 授業料　　　수업료

□ 保険料　　　보험료

가타카나

□ アイデア　　　아이디어

□ アクセサリー　　　액세서리

□ アナウンサー　　　아나운서

□ インタビュー　　　인터뷰

□ エンジン　　　엔진

□ オイル　　　오일

□ カバー　　　커버, 씌우개, 보충, 보완

□ カロリー　　　칼로리

□ キャプテン　　　캡틴, 주장

□ キャンパス　　　캠퍼스

□ コピー　　　복사

□ コミュニケーション　　　커뮤니케이션, 소통

□ コンクール　　　콩쿠르, 경연 대회

□ サービス　　　서비스

□ サイン　　　사인, 서명

□ サンプル　　　샘플

□ シャッター　　　셔터

□ スカーフ　　　스카프

□ スケジュール　　　스케줄, 일정

□ スタート　　　시작

□ スチュワーデス　　　스튜어디스

□ スピード　　　속도

□ チーム　　　팀

□ トップ　　　톱

□ ドライブ	드라이브
□ トラック	트럭
□ ドラマ	드라마
□ トレーニング	트레이닝, 훈련
□ ノック	노크
□ バケツ	양동이
□ ハンドル	핸들
□ プログラム	프로그램
□ ベテラン	베테랑, 고수
□ マスター	마스터, 습득
□ メニュー	메뉴
□ ラッシュアワー	러시아워, 출퇴근 시간
□ リズム	리듬
□ レクリエーション	레크리에이션
□ レジャー	레저, 여가 선용
□ レベル	레벨, 수준

감탄사/인사말

□ おかまいなく	저는 신경 쓰지 마세요
□ お気の毒に	딱하게도
□ かしこまりました	잘 알겠습니다
□ ご遠慮なく	사양 마시길
□ ご苦労さま	수고했어요
□ しめた	잘됐다 〈감탄사〉
□ すまない	미안하다

연체사

あらゆる 모든

□ あらゆる可能性	모든 가능성
□ あらゆる手段	모든 수단

いわゆる 이른바, 소위

□ いわゆる専門家	소위 전문가
□ いわゆる天才	이른바 천재

大した 대단한

□ 大した実力	대단한 실력
□ 大した人物	대단한 인물

単なる 단순한

□ 単なるうわさ	단순한 소문
□ 単なる勘違い	단순한 착각

ほんの 그저, 겨우

□ ほんの一部	아주 일부
□ ほんの少し	아주 조금

관용구

足^{あし}

☐ 足^{あし}が出^でる	적자가 나다
☐ 足^{あし}を洗^{あら}う	손을 씻다, 나쁜 일에서 손을 떼다
☐ 足^{あし}を運^{はこ}ぶ	발길을 옮기다

頭^{あたま}

☐ 頭^{あたま}が切^きれる	똑똑하다, 명석하다
☐ 頭^{あたま}が下^さがる	머리가 수그러지다, 존경스럽다
☐ 頭^{あたま}が低^{ひく}い	겸손하다
☐ 頭^{あたま}に来^くる	화가 나다

顔^{かお}

☐ 顔^{かお}が売^うれる	얼굴이 팔리다, 유명해지다
☐ 顔^{かお}が利^きく	(얼굴이) 잘 통하다
☐ 顔^{かお}が広^{ひろ}い	아는 사람이 많다
☐ 顔^{かお}を出^だす	참석하다

気^き

☐ 気^きがある	생각이 있다, 마음이 있다
☐ 気^きが多^{おお}い	변덕스럽다, 주의가 산만하다
☐ 気^きがきく	재치 있다, 눈치가 빠르다
☐ 気^きがすすむ	마음이 내키다

☐ 気^きがする	생각이 들다
☐ 気^きがつく	생각이 나다
☐ 気^きが長^{なが}い	느긋하다
☐ 気^きが早^{はや}い	성급하다
☐ 気^きが短^{みじか}い	성질이 급하다
☐ 気^きに入^いる	마음에 들다
☐ 気^きに障^{さわ}る	비위에 거슬리다
☐ 気^きになる	걱정되다
☐ 気^きを配^{くば}る	배려하다
☐ 気^きを使^{つか}う	신경 쓰다, 마음 쓰다
☐ 気^きを付^つける	주의하다

口^{くち}

☐ 口^{くち}が重^{おも}い	과묵하다, 말수가 적다
☐ 口^{くち}が堅^{かた}い	비밀을 잘 지키다
☐ 口^{くち}が滑^{すべ}る	말실수하다
☐ 口^{くち}に合^あう	입맛에 맞다
☐ 口^{くち}にする	언급하다, 입에 대다
☐ 口^{くち}を利^きく	말하다

首^{くび}

☐ 首^{くび}が回^{まわ}らない	빚에 쪼들리다
☐ 首^{くび}にする	해고하다
☐ 首^{くび}になる	해고당하다
☐ 首^{くび}を長^{なが}くする	애타게 기다리다

94 1교시 문자 · 어휘

手

□ 手が空く	틈이 나다, 시간이 생기다
□ 手を切る	관계를 끊다
□ 手を焼く	애먹다

鼻

□ 鼻が高い	콧대가 높다
□ 鼻にかける	내세우다, 뽐내다
□ 鼻を折る	콧대를 꺾다

腹

□ 腹が立つ	화가 나다

耳

□ 耳が痛い	듣기 거북하다
□ 耳が遠い	귀가 잘 안 들리다
□ 耳が早い	소문을 잘 듣다
□ 耳にする	듣다
□ 耳にたこができる	귀에 못이 박이다, 너무 들어서 지겹다
□ 耳に挟む	언뜻 듣다
□ 耳を疑う	귀를 의심하다
□ 耳を傾ける	귀를 기울이다

目

□ 目がきく	안목이 있다, 보는 눈이 있다
□ 目が高い	눈이 높다
□ 目がない	매우 좋아하다, 사족을 못 쓴다
□ 目と鼻の先	매우 가까운 곳, 엎어지면 코 닿을 데
□ 目にする	보다
□ 目をつぶる	못 본 체 눈감아 주다
□ 目を通す	대략적으로 살펴보다
□ 目を引く	눈을 끌다, 남의 이목을 끌다

기타

□ あごを出す	몹시 지치다, 기진맥진하다
□ あごが落ちる	음식이 몹시 맛있다
□ あごで使かう	거만한 태도로 사람을 부리다
□ 歯が立たない	자기 힘으로는 감당 못하다

고득점 어휘 확인 문제 ❶

다음 단어의 읽기로 가장 알맞은 것을 a, b 중에서 고르시오.

1 相手 （ a あいしゅ   b あいて ）

2 足元 （ a あしもと   b そくげん ）

3 安定 （ a あんじょう   b あんてい ）

4 移動 （ a いどう   b りとう ）

5 依頼 （ a いれい   b いらい ）

6 育児 （ a いくじ   b ゆくじ ）

7 安否 （ a あんぴ   b あんぷ ）

8 意識 （ a いしょく   b いしき ）

9 液体 （ a えきたい   b いきたい ）

10 羽毛 （ a うも   b うもう ）

11 飲酒 （ a いんしゅう   b いんしゅ ）

12 植木 （ a うえき   b うわき ）

13 疑い （ a うたがい   b うだがい ）

14 永久 （ a えいきゅう   b えいきゅ ）

15 延長 （ a えんちょ   b えんちょう ）

16 応援 （ a おえん   b おうえん ）

17 横断 （ a おうたん   b おうだん ）

18 拡大 （ a かくだい   b がくだい ）

19 過剰 （ a かじょう   b がじょう ）

20 観察 （ a がんさつ   b かんさつ ）

21 缶詰 （ a かんつめ   b かんづめ ）

22 技術 （ a ぎじゅつ   b きじゅつ ）

23 規制 （ a ぎせい   b きせい ）

24 救助 （ a きゅうじょ   b きゅうじょう ）

25 漁業 （ a ぎょぎょう   b ぎょうぎょう ）

26 議論 （ a きろん   b ぎろん ）

27 区域 （ a くいき   b くういき ）

28 苦労 （ a くうろ   b くろう ）

29 契機 （ a けいき   b けいぎ ）

30 警備 （ a けいひ   b けいび ）

31 限界 （ a げんかい   b げんけい ）

32 減少 （ a けんしょう   b げんしょう ）

33 謙遜 （ a げんそん   b けんそん ）

34 鉱山 （ a こうざん   b こうさん ）

35 構造 （ a こうぞう   b こうじょう ）

36 娯楽 （ a ごうらく   b ごらく ）

정답   1 ⓑ   2 ⓐ   3 ⓑ   4 ⓐ   5 ⓑ   6 ⓐ   7 ⓐ   8 ⓑ   9 ⓐ   10 ⓑ   11 ⓑ   12 ⓐ
      13 ⓐ   14 ⓐ   15 ⓑ   16 ⓑ   17 ⓑ   18 ⓐ   19 ⓐ   20 ⓑ   21 ⓑ   22 ⓐ   23 ⓑ   24 ⓐ
      25 ⓐ   26 ⓑ   27 ⓐ   28 ⓑ   29 ⓐ   30 ⓑ   31 ⓐ   32 ⓑ   33 ⓑ   34 ⓐ   35 ⓐ   36 ⓑ

다음 단어의 읽기로 가장 알맞은 것을 a, b 중에서 고르시오.

1 最低 （ a さいてい　　b さいせい ）

2 作物 （ a さくぶつ　　b さくもつ ）

3 差別 （ a さべつ　　b さいべつ ）

4 参考 （ a さんこう　　b さんこ ）

5 地震 （ a ちしん　　b じしん ）

6 湿度 （ a しつど　　b しつどう ）

7 失敗 （ a しつぼく　　b しっぱい ）

8 指導 （ a しど　　b しどう ）

9 周囲 （ a しゅうい　　b しゅい ）

10 重量 （ a じゅりょう　　b じゅうりょう ）

11 順番 （ a じゅんばん　　b しゅんばん ）

12 承認 （ a しょういん　　b しょうにん ）

13 蒸発 （ a じょうはつ　　b じょうばつ ）

14 請求 （ a せいきゅう　　b しょうきゅう ）

15 製造 （ a せいじょう　　b せいぞう ）

16 接触 （ a せっしょく　　b せつぞく ）

17 全額 （ a ぜんかく　　b ぜんがく ）

18 想像 （ a しょうぞう　　b そうぞう ）

19 相談 （ a そうだん　　b そうたん ）

20 損得 （ a そんどく　　b そんとく ）

21 対策 （ a たいさく　　b だいさく ）

22 大陸 （ a だいりく　　b たいりく ）

23 他人 （ a たにん　　b だにん ）

24 遅刻 （ a じこく　　b ちこく ）

25 超過 （ a ちょうが　　b ちょうか ）

26 頂点 （ a ちょうてん　　b ちょてん ）

27 通信 （ a ついしん　　b つうしん ）

28 都合 （ a つごう　　b つうご ）

29 停車 （ a ていしゃ　　b ていちゃ ）

30 徹夜 （ a でつや　　b てつや ）

31 手前 （ a てまえ　　b でまえ ）

32 投書 （ a とうしょう　　b とうしょ ）

33 盗難 （ a どうなん　　b とうなん ）

34 道路 （ a どろう　　b どうろ ）

35 途中 （ a とうちゅう　　b とちゅう ）

36 植物 （ a しょくぶつ　　b しょくもつ ）

정답　1 ⓐ　2 ⓑ　3 ⓐ　4 ⓐ　5 ⓑ　6 ⓐ　7 ⓑ　8 ⓑ　9 ⓐ　10 ⓑ　11 ⓐ　12 ⓑ
13 ⓐ　14 ⓐ　15 ⓑ　16 ⓐ　17 ⓑ　18 ⓑ　19 ⓐ　20 ⓑ　21 ⓐ　22 ⓑ　23 ⓐ　24 ⓑ
25 ⓑ　26 ⓐ　27 ⓑ　28 ⓐ　29 ⓐ　30 ⓑ　31 ⓐ　32 ⓑ　33 ⓑ　34 ⓑ　35 ⓑ　36 ⓐ

다음 단어의 읽기로 가장 알맞은 것을 a, b 중에서 고르시오.

1　納得　（ a なっとく　　b のうとく ）

2　荷物　（ a にもの　　b にもつ ）

3　熱演　（ a れつえん　　b ねつえん ）

4　年齢　（ a ねんれい　　b れんねい ）

5　濃度　（ a のうどう　　b のうど ）

6　灰色　（ a はいいろ　　b はいろ ）

7　配達　（ a はいだつ　　b はいたつ ）

8　爆発　（ a ばくはつ　　b はくはつ ）

9　被害　（ a ひかい　　b ひがい ）

10　皮膚　（ a ひふ　　b ひぶ ）

11　標識　（ a ぴょうしき　　b ひょうしき ）

12　物価　（ a ものね　　b ぶっか ）

13　付近　（ a ふきん　　b ぶきん ）

14　部品　（ a ぶしな　　b ぶひん ）

15　分解　（ a ぶんかい　　b ふんかい ）

16　平均　（ a ひらきん　　b へいきん ）

17　平和　（ a ひょうわ　　b へいわ ）

18　編集　（ a へんしゅう　　b へんしゅ ）

19　防犯　（ a ほうはん　　b ぼうはん ）

20　法律　（ a ほうりつ　　b ほうりゅう ）

21　保存　（ a ぼぞん　　b ほぞん ）

22　摩擦　（ a まさつ　　b ましつ ）

23　味方　（ a みがた　　b みかた ）

24　見本　（ a けんぽん　　b みほん ）

25　無駄　（ a むだ　　b ぶだ ）

26　免許　（ a めんきょう　　b めんきょ ）

27　火傷　（ a かしょう　　b やけど ）

28　輸送　（ a ゆそう　　b ゆうそう ）

29　幼児　（ a ようじ　　b ゆうじ ）

30　予算　（ a ようさん　　b よさん ）

31　両国　（ a りょこく　　b りょうこく ）

32　例外　（ a れいかい　　b れいがい ）

33　列島　（ a れっとう　　b ねっとう ）

34　連絡　（ a ねんらく　　b れんらく ）

35　労働　（ a ろうどう　　b ろどう ）

36　割合　（ a かりあい　　b わりあい ）

정답　1 ⓐ　　2 ⓑ　　3 ⓑ　　4 ⓐ　　5 ⓑ　　6 ⓐ　　7 ⓑ　　8 ⓐ　　9 ⓑ　　10 ⓐ　　11 ⓑ　　12 ⓑ
　　　13 ⓐ　　14 ⓑ　　15 ⓐ　　16 ⓑ　　17 ⓑ　　18 ⓐ　　19 ⓑ　　20 ⓐ　　21 ⓑ　　22 ⓐ　　23 ⓑ　　24 ⓑ
　　　25 ⓐ　　26 ⓑ　　27 ⓑ　　28 ⓐ　　29 ⓐ　　30 ⓑ　　31 ⓑ　　32 ⓑ　　33 ⓐ　　34 ⓑ　　35 ⓐ　　36 ⓑ

다음 단어의 읽기로 가장 알맞은 것을 a, b 중에서 고르시오.

1 疑う	(a したがう b うたがう)	**19** 炊く	(a たく b だく)
2 恐れる	(a おそれる b おくれる)	**20** 達する	(a だっする b たっする)
3 映る	(a おくる b うつる)	**21** 試す	(a ためす b だめす)
4 抱く	(a えがく b いだく)	**22** 務める	(a つとめる b きわめる)
5 追う	(a おう b よう)	**23** 解く	(a どく b とく)
6 浮く	(a ゆく b うく)	**24** 塗る	(a ぬる b ねる)
7 砕く	(a くだく b かわく)	**25** 昇る	(a のぼる b とまる)
8 焦げる	(a つげる b こげる)	**26** 逃げる	(a とげる b にげる)
9 築く	(a きずく b のぞく)	**27** 怠ける	(a とぼける b なまける)
10 暮れる	(a くれる b ぐれる)	**28** 倣う	(a ならう b はらう)
11 刺す	(a けす b さす)	**29** 抜く	(a むく b ぬく)
12 責める	(a せめる b しめる)	**30** 任せる	(a まかせる b しらせる)
13 沿う	(a とう b そう)	**31** 迷う	(a かよう b まよう)
14 接する	(a せっする b ぜっする)	**32** 認める	(a きわめる b みとめる)
15 優れる	(a はがれる b すぐれる)	**33** 燃える	(a はえる b もえる)
16 整う	(a ととのう b ただよう)	**34** 破る	(a やぶる b かぶる)
17 届く	(a どどく b とどく)	**35** 辞める	(a さめる b やめる)
18 倒す	(a たおす b たえす)	**36** 詫びる	(a あびる b わびる)

정답 1 ⓑ 2 ⓐ 3 ⓑ 4 ⓑ 5 ⓐ 6 ⓑ 7 ⓐ 8 ⓑ 9 ⓐ 10 ⓐ 11 ⓑ 12 ⓐ
13 ⓑ 14 ⓐ 15 ⓑ 16 ⓐ 17 ⓑ 18 ⓐ 19 ⓐ 20 ⓑ 21 ⓐ 22 ⓐ 23 ⓑ 24 ⓐ
25 ⓐ 26 ⓑ 27 ⓑ 28 ⓐ 29 ⓑ 30 ⓐ 31 ⓑ 32 ⓑ 33 ⓑ 34 ⓐ 35 ⓑ 36 ⓑ

다음 단어의 읽기로 가장 알맞은 것을 a, b 중에서 고르시오.

1 淡い （a あわい　　b あらい ）

2 偉い （a あわい　　b えらい ）

3 親しい （a したしい　　b あやしい ）

4 薄い （a よわい　　b うすい ）

5 頼もしい （a たのもしい　b たよもしい ）

6 幼い （a あぶない　　b おさない ）

7 厚かましい（a ふたかましい b あつかましい ）

8 鈍い （a おそい　　b にぶい ）

9 危うい （a あやうい　　b あぶうい ）

10 清い （a きよい　　b あおい ）

11 恥ずかしい（a むずかしい b はずかしい ）

12 柔らかい （a よわらかい　b やわらかい ）

13 濃い （a こい　　b ごい ）

14 親しい （a いたしい　　b したしい ）

15 細かい （a こまかい　　b ほそかい ）

16 優しい （a やさしい　　b うれしい ）

17 眩しい （a まずしい　　b まぶしい ）

18 狭い （a せまい　　b ほそい ）

19 厳重な （a けんじゅうな b げんじゅうな ）

20 愉快な （a ゆかいな　　b ゆうかいな ）

21 妥当な （a たとうな　　b だとうな ）

22 微妙な （a びみょうな　b みみょうな ）

23 残念な （a ざんねんな　b ざんれんな ）

24 急速な （a ぎゅうそくな b きゅうそくな ）

25 強力な （a きょりょくな b きょうりょくな ）

26 巨大な （a きょだいな　b きょうだいな ）

27 地味な （a じみな　　b ちみな ）

28 退屈な （a たいくつな　b たいぐつな ）

29 適切な （a できせつな　b てきせつな ）

30 透明な （a とめいな　　b とうめいな ）

31 特殊な （a とくしゅな　b とくしゅうな ）

32 有効な （a ゆうこうな　b ゆこうな ）

33 皮肉な （a びにくな　　b ひにくな ）

34 明確な （a めいかくな　b めいがくな ）

35 豊かな （a ゆうたかな　b ゆたかな ）

36 容易な （a よういな　　b ようえきな ）

정답　1 ⓐ　　2 ⓑ　　3 ⓐ　　4 ⓑ　　5 ⓐ　　6 ⓑ　　7 ⓑ　　8 ⓑ　　9 ⓐ　　10 ⓐ　　11 ⓑ　　12 ⓑ
13 ⓐ　　14 ⓑ　　15 ⓐ　　16 ⓐ　　17 ⓑ　　18 ⓐ　　19 ⓑ　　20 ⓐ　　21 ⓑ　　22 ⓐ　　23 ⓐ　　24 ⓑ
25 ⓑ　　26 ⓐ　　27 ⓐ　　28 ⓐ　　29 ⓑ　　30 ⓑ　　31 ⓐ　　32 ⓐ　　33 ⓑ　　34 ⓐ　　35 ⓑ　　36 ⓐ

다음 단어의 일본어 표현으로 가장 알맞은 것을 a, b 중에서 고르시오.

1 혹은, 또는 （a あるいは　　b たまには）

2 의외로 （a 案外　　b 大概）

3 (비유해서)말하자면 （a 例えば　　b 言わば）

4 실망하거나 낙담하는 모습 （a がっかり　　b うっかり）

5 따라서 （a したがって　　b うたがって）

6 즉 （a ところで　　b すなわち）

7 겨우, 고작, 힘껏 （a ますます　　b せいぜい）

8 끊임없이 （a 絶えず　　b しみじみ）

9 단, 다만 （a つまり　　b ただし）

10 항상 （a 実に　　b 常に）

11 그렇지만 （a ところが　　b それとも）

12 (태도, 말투 등이)시원시원 （a はきはき　　b まあまあ）

13 딱(갑자기 마주치는 모습) （a ゆったり　　b ばったり）

14 설마 （a たしか　　b まさか）

15 곧, 머지않아 （a 間もなく　　b いつの間にか）

16 가장, 제일 （a ちっとも　　b もっとも）

17 요컨대 （a やたらに　　b 要するに）

18 비교적 （a 割合に　　b 次第に）

정답 1 ⓐ　2 ⓐ　3 ⓑ　4 ⓐ　5 ⓐ　6 ⓑ　7 ⓑ　8 ⓐ　9 ⓑ
10 ⓑ　11 ⓐ　12 ⓐ　13 ⓑ　14 ⓑ　15 ⓐ　16 ⓑ　17 ⓑ　18 ⓐ

다음 단어의 접두어·접미어로 가장 알맞은 것을 a, b 중에서 고르시오.

1 이민족 　　　　（ a 異 　　　　b 移 ）民族

2 각지역 　　　　（ a 客 　　　　b 各 ）地域

3 급정차 　　　　（ a 急 　　　　b 激 ）停車

4 단거리 　　　　（ a 単 　　　　b 短 ）距離

5 저기압 　　　　（ a 低 　　　　b 抵 ）気圧

6 불공평 　　　　（ a 不 　　　　b 無 ）公平

7 무관심 　　　　（ a 非 　　　　b 無 ）関心

8 전속력 　　　　（ a 前 　　　　b 全 ）速力

9 수업료 　　　　授業（ a 料 　　　　b 材 ）

10 일본식 　　　　日本（ a 法 　　　　b 流 ）

11 기획안 　　　　企画（ a 安 　　　　b 案 ）

12 시간외 　　　　時間（ a 外 　　　　b 他 ）

13 사진집 　　　　写真（ a 修 　　　　b 集 ）

14 선착순 　　　　先着（ a 順 　　　　b 準 ）

15 회원제 　　　　会員（ a 製 　　　　b 制 ）

16 계약 완료 　　　　契約（ a 済み 　　　　b 向き ）

17 감기 기운 　　　　風邪（ a 気味 　　　　b ごと ）

18 조식 포함 　　　　朝食（ a 漬け 　　　　b 付き ）

정답　1 ⓐ　　2 ⓑ　　3 ⓐ　　4 ⓑ　　5 ⓐ　　6 ⓐ　　7 ⓑ　　8 ⓑ　　9 ⓐ
　　　10 ⓑ　　11 ⓑ　　12 ⓐ　　13 ⓑ　　14 ⓐ　　15 ⓑ　　16 ⓐ　　17 ⓐ　　18 ⓑ

다음 단어의 가타카나 표기로 가장 알맞은 것을 a, b 중에서 고르시오.

1 아이디어   (a アイデア   b アイドル)

2 액세서리   (a アクセサリー   b アクセル)

3 캠퍼스   (a コンパス   b キャンパス)

4 복사   (a コピー   b コヒー)

5 커뮤니케이션, 소통   (a バケーション   b コミュニケーション)

6 사인, 서명   (a サイン   b ライン)

7 샘플   (a サンプル   b エンプル)

8 스카프   (a スカプ   b スカーフ)

9 스케줄, 일정   (a スケジュール   b スケシュール)

10 시작   (a スタート   b スカート)

11 트럭   (a ドラック   b トラック)

12 양동이   (a バケット   b バケツ)

13 핸들   (a ハンドル   b バンドル)

14 프로그램   (a プロブレム   b プログラム)

15 마스터, 습득   (a ブスター   b マスター)

16 리듬   (a リドム   b リズム)

17 레저, 여가 선용   (a レジャー   b レイジャ)

18 레벨, 수준   (a レベル   b ラベル)

정답   1 ⓐ   2 ⓐ   3 ⓑ   4 ⓐ   5 ⓑ   6 ⓐ   7 ⓐ   8 ⓑ   9 ⓐ
         10 ⓐ   11 ⓑ   12 ⓑ   13 ⓐ   14 ⓑ   15 ⓑ   16 ⓑ   17 ⓐ   18 ⓐ

문자 · 어휘 완전 정복을 위한 꿀팁!

문제를 풀어 본 후에는 반드시 복습을 해야 합니다. 본서에 제시된 예문들을 충실하게 학습해 두면 어떤 문제든 풀 수 있을 겁니다.

● 問題 1 한자 읽기
음독과 훈독, 장음, 촉음을 구분하여 풉니다. 비슷한 형태의 한자는 같은 발음인 경우가 많습니다.

● 問題 2 한자 표기
음독인 경우, 비슷한 모양의 한자는 구성 요소를 분석 · 비교하여 함정에 빠지지 않도록 합시다.

● 問題 3 단어 형성
접두어와 접미어는 음독인 경우가 많으므로, 보기에 있는 한자를 음독으로 읽어서 단어를 구성해 봅니다.

● 問題 4 문맥 규정
다양한 품사가 출제되는데, 동사나 い형용사는 사전형을 떠올려 보고, 부사는 호응하는 단어를 찾아내면 확실하게 답을 구할 수 있습니다.

● 問題 5 유의어
사전적인 의미가 완전히 같지 않더라도 문장의 의미가 손상되지 않는 경우에는 답이 될 수 있다는 것을 명심하세요.

● 問題 6 용법
단어를 원래의 의미대로 사용한 것을 찾는 한편, 해당 단어가 원래의 품사대로 사용되고 있는지도 확인해 봅니다.

유형별 실전 문제

한자 읽기 실전 연습 ❶ [/ 10]

問題 1 ＿＿＿＿＿の言葉の読み方として最もよいものを、1・2・3・4から一つ選びなさい。

1 バナナは冷蔵庫に入れない方がいい。

1 れいぞうこう　　2 れいぞうこ　　　3 れいぞこっ　　4 れいぞこ

2 ２０２１年より総額表示が義務化され、税別表記だけの価格表示は禁止された。

1 そうかく　　　2 そがく　　　3 そうがく　　4 そかく

3 こちらの予約商品は、２月下旬のお渡し予定となります。

1 けじゅん　　　2 けしゅん　　　3 げしゅん　　4 げじゅん

4 保険に加入すると海外旅行中の万が一のトラブルの損害を補償してもらえる。

1 そんかい　　　2 そんがい　　　3 そんけい　　4 そんげい

5 介護や支援が必要となった主な原因としては、「認知症」が最も多かった。

1 かいごう　　　2 がいご　　　3 かいご　　4 がいごう

6 市民団体は２５日、市民の賛否を問う住民投票条例の制定を市に請求した。

1 さんび　　　2 ちゃんぴ　　　3 さんぴ　　4 ちゃんび

7 不平等は世界中で若い世代にとってより重要な問題となっている。

1 ふびょうどう　2 ぶびょうどう　3 ぶびょどう　4 ふびょどう

8 インドネシアの女性の伝統的な衣装はケバヤといいます。

1 いしょ　　　2 いしょう　　　3 いじょう　　4 いじょ

9 農薬には多くの種類があり、その分類の仕方もさまざまである。

1 のやく　　　2 のうぐすり　　　3 のぐすり　　4 のうやく

10 詳細については、決定次第、ホームページでお知らせします。

1 しょさい　　　2 しょうさい　　　3 しょうせい　　4 しょせい

정답　1② 2③ 3④ 4② 5③ 6③ 7① 8② 9④ 10②　　해석 별책 p.2

問題 1 ＿＿＿＿＿の言葉の読み方として最もよいものを、1・2・3・4から一つ選びなさい。

1 グラスを割ってしまった時には破片に気をつけてください。
 1 はぺん   2 はへん   3 ぱへん   4 ぱぺん

2 今回は「2024年秋ドラマで演技が光っていると思う主演俳優」のランキングを紹介します。
 1 えんき   2 いんき   3 えんぎ   4 いんぎ

3 社内研修は、社員のスキル向上が大きな目的のひとつです。
 1 けんしゅ 2 けんしゅう 3 げんしゅ 4 げんしゅう

4 田中さんは朝から機嫌が悪そうだ。
 1 きけん   2 ぎげん   3 ぎけん   4 きげん

5 オンライン講座は場所や時間を問わず便利に受講できる。
 1 じゅこう 2 じゅうこう 3 じゅこ   4 じゅうこ

6 本コンテストでは旅行をテーマにした短編小説を募集します。
 1 だんぺん 2 だんへん 3 たんぺん 4 たんへん

7 疲労を感じた時には無理をせずゆっくり休みましょう。
 1 ぴろ   2 ぴろう   3 ひろ   4 ひろう

8 今回の事故により莫大な損失が生じてしまった。
 1 そんじつ 2 そんしつ 3 ぞんしつ 4 ぞんじつ

9 今回の試合は韓国の圧勝になりそうですね。
 1 あっしょ 2 あっしょう 3 あつしょう 4 あつしょ

10 旅行すると世界の人々と交流できる。
 1 ごうりゅう 2 こうりゅ 3 ごうりゅ 4 こうりゅう

정답 1② 2③ 3② 4④ 5① 6③ 7④ 8② 9② 10④   해석 별책 p.2

問題 1 ＿＿＿＿＿の言葉の読み方として最もよいものを、1・2・3・4から一つ選びなさい。

1 何事も練習すればするほど上達するものです。
  1 じょうたつ　2 じょうだつ　3 じょたつ　4 じょだつ

2 集計したデータを元に分析を行っている。
  1 ぶんしょく　2 ぶんせき　3 ふんせき　4 ふんしょく

3 転職活動を行う上で履歴書の書き方はとても重要である。
  1 りれきしょ　2 りれきしょう　3 いれきしょ　4 いれきしょう

4 猫が雷を怖がる理由は聴覚が優れているためであるらしい。
  1 ひょう　2 ゆき　3 かみなり　4 あめ

5 この町には5年間で40件近い事故が起きた要注意交差点が3ヵ所もある。
  1 こうちゃてん　2 こうさてん　3 こちゃてん　4 こさてん

6 基本的な操作方法についてはこちらのマニュアルをご覧ください。
  1 そさく　2 ぞうさく　3 そうさ　4 ぞうさ

7 要旨とは、文章や話の中心となる内容を短くまとめたものである。
  1 ようし　2 よし　3 ようじ　4 よじ

8 用紙の端が折れないように注意してください。
  1 すみ　2 はし　3 よこ　4 あたり

9 胃腸機能が低下すると栄養分の吸収ができなくなる。
  1 えいよふん　2 えようぶん　3 えいようぶん　4 えようふん

10 壁に穴を開けずに絵を飾る方法を教えてください。
  1 すみ　2 かべ　3 おく　4 そこ

問題 1 _____の言葉の読み方として最もよいものを、1・2・3・4から一つ選びなさい。

1　鈴木選手はチームにうまく溶け込んでいるようだ。
　　1　とけごんで　　　2　どけこんで　　　3　どけごんで　　　4　とけこんで

2　体力は年齢を重ねるにつれて衰えていく。
　　1　おとろえて　　　2　きりかえて　　　3　ととのえて　　　4　のりこえて

3　任せたからには文句は言わない。
　　1　いかせた　　　　2　かかせた　　　　3　まかせた　　　　4　おかせた

4　富士山は夏にも雪が積もっているらしい。
　　1　たもって　　　　2　つもって　　　　3　くもって　　　　4　こもって

5　無駄を省くと業務の効率が上がる。
　　1　はぶく　　　　　2　きずく　　　　　3　くだく　　　　　4　いだく

6　髪の毛が細いと絡まりやすい傾向がある。
　　1　ちぢまり　　　　2　からまり　　　　3　つかまり　　　　4　ゆるまり

7　ペットボトルは潰してから捨てている。
　　1　おろして　　　　2　ふかして　　　　3　わかして　　　　4　つぶして

8　チェックイン前に荷物を預けられるホテルもある。
　　1　あずけられる　　2　ずぬけられる　　3　さずけられる　　4　かずけられる

9　彼は全国大会出場など輝かしい成績を収めた。
　　1　まとめた　　　　2　つとめた　　　　3　おさめた　　　　4　とどめた

10　途上国の経済発展を妨げている大きな要因の一つに過酷な労働環境が挙げられる。
　　1　つなげて　　　　2　さまたげて　　　3　またげて　　　　4　かきあげて

정답　1④　2①　3③　4②　5①　6②　7④　8①　9③　10②　　　　　**해석** 별책 p.2

問題 1 _____ の言葉の読み方として最もよいものを、1・2・3・4から一つ選びなさい。

1 初めて参加した交流会では、和やかな雰囲気の中で意見交換ができた。
　　1 かろやかな　　　2 さわやかな　　　3 なごやかな　　　4 あまやかな

2 この食器は色がとても鮮やかで、きれいです。
　　1 おだやかで　　　2 あざやかで　　　3 ゆるやかで　　　4 しなやかで

3 彼は豊かな人生を送っているように見える。
　　1 しずかな　　　2 たしかな　　　3 ゆたかな　　　4 かすかな

4 ラジオで陽気な音楽が流れている。
　　1 りょうきな　　　2 ようぎな　　　3 りょうぎな　　　4 ようきな

5 この街をきれいにするために多大な努力がなされている。
　　1 ただいな　　　2 おおいな　　　3 おおだいな　　　4 だだいな

6 鈴木さんはとても勇ましい人だと思う。
　　1 いさましい　　　2 なやましい　　　3 やかましい　　　4 たくましい

7 風邪にひくと頭の回転が鈍くなる。
　　1 おそく　　　2 かたく　　　3 ほそく　　　4 にぶく

8 昨日登った山はとても険しかった。
　　1 くるしかった　　2 けわしかった　　3 くやしかった　　4 きびしかった

9 私は淡い色の服が似合わない。
　　1 うすい　　　2 あらい　　　3 あわい　　　4 よわい

10 細かいことは気にしないほうがいい。
　　1 ほそかい　　　2 こまかい　　　3 ごまかい　　　4 ひそかい

정답　1③　2②　3③　4④　5①　6①　7④　8②　9③　10②　　　　해석 별책 p.3

한자 표기 실전 연습 ❶

問題 2 ＿＿＿＿＿の言葉を漢字で書くとき、最もよいものを1·2·3·4から一つ選びなさい。

1　彼は手先が<u>きよう</u>で、うらやましい。

　　1　機用　　　　　2　器用　　　　　3　期用　　　　　4　起用

2　会員<u>とうろく</u>手続の際には、所定の入力フォームに必要事項を正確に入力してください。

　　1　頭禄　　　　　2　登禄　　　　　3　頭録　　　　　4　登録

3　勉強の仕方がわかると<u>せいせき</u>も上がる。

　　1　成績　　　　　2　聖跡　　　　　3　正積　　　　　4　清石

4　駅から近いほど<u>やちん</u>は高くなる。

　　1　野賃　　　　　2　家珍　　　　　3　家賃　　　　　4　野珍

5　会議<u>しりょう</u>を作る時はまず全体的な構成を考えなければならない。

　　1　飼料　　　　　2　資料　　　　　3　思量　　　　　4　資量

6　ABC社は昨年の売り上げの一部を<u>きふ</u>した。

　　1　切符　　　　　2　寄符　　　　　3　切付　　　　　4　寄付

7　<u>じょうしき</u>がない人とは関わりたくない。

　　1　場式　　　　　2　常識　　　　　3　常式　　　　　4　場識

8　電気自動車の<u>ふきゅう</u>に向けて、世界各国は動き出している。

　　1　普給　　　　　2　布給　　　　　3　普及　　　　　4　布及

9　母の趣味はミュージカル<u>かんしょう</u>である。

　　1　鑑賞　　　　　2　勧奨　　　　　3　完勝　　　　　4　関渉

10　彼は韓国で有名な<u>はいゆう</u>である。

　　1　排憂　　　　　2　排優　　　　　3　俳憂　　　　　4　俳優

정답　1②　2④　3①　4③　5②　6④　7②　8③　9①　10④　　　　해석 별책 p.3

問題2 ＿＿＿＿＿＿の言葉を漢字で書くとき、最もよいものを1・2・3・4から一つ選びなさい。

1 彼はインターネット上で多くのひなんを浴びている。

1 比軟 2 非難 3 非軟 4 比難

2 水玉もようのブラウスを買おうと思っている。

1 模様 2 孟洋 3 孟様 4 模洋

3 電気のきょうきゅうに関するお知らせが届いた。

1 共級 2 共給 3 供給 4 供級

4 しゃっきんをする際はあらかじめ返済計画を立てなければならない。

1 釈金 2 借金 3 借均 4 釈均

5 公務員試験はきょうよう科目と専門科目の2つに分かれている。

1 教要 2 供用 3 協要 4 教養

6 強引なかんゆうに負け契約してしまった。

1 勧誘 2 観誘 3 観友 4 勧友

7 田中さんはぼうえき会社に勤めている。

1 貨役 2 負易 3 貿役 4 貿易

8 医療費の自己ふたんについて紹介します。

1 貨端 2 負担 3 貿端 4 貨担

9 鍵紛失の場合、べっと料金がかかります。

1 別途 2 別戸 3 別到 4 別度

10 書類はふうとうに入れて提出してください。

1 府答 2 府筒 3 封筒 4 封答

정답 1② 2① 3③ 4② 5④ 6① 7④ 8② 9① 10③ 　　　　해석 별책 p.3

問題 2 　_____の言葉を漢字で書くとき、最もよいものを1・2・3・4から一つ選びなさい。

[1] 病院に行ってしんだんしょを発行してもらった。
　1　信談書　　　　2　信断状　　　　3　診断書　　　　4　診談状

[2] 楽しみにしていた遠足が雨でえんきされた。
　1　庭記　　　　　2　延記　　　　　3　庭期　　　　　4　延期

[3] とうひょうは国民の義務である。
　1　投票　　　　　2　答標　　　　　3　投標　　　　　4　答票

[4] ピーマンは初心者でもさいばいしやすい。
　1　菜培　　　　　2　栽杯　　　　　3　菜杯　　　　　4　栽培

[5] あの時のことを考えると、むねが痛い。
　1　腹　　　　　　2　脚　　　　　　3　胸　　　　　　4　腕

[6] 山頂がきりに包まれて景色が見えなかった。
　1　雪　　　　　　2　霜　　　　　　3　霧　　　　　　4　雨

[7] 目先のよくに迷うと失敗するものだ。
　1　翌　　　　　　2　欲　　　　　　3　浴　　　　　　4　能

[8] 入力した内容にあやまりがないか、ご確認ください。
　1　誤り　　　　　2　残り　　　　　3　限り　　　　　4　余り

[9] ピサの斜塔は意図せずかたむいていることで有名です。
　1　斜いて　　　　2　逆いて　　　　3　垂いて　　　　4　傾いて

[10] 夏の梅雨にそなえなければならない。
　1　倒え　　　　　2　備え　　　　　3　借え　　　　　4　供え

問題 2 ＿＿＿＿＿の言葉を漢字で書くとき、最もよいものを1・2・3・4から一つ選びなさい。

1 詳細は後日あらためてご案内いたします。
　　1 籹めて　　　2 改めて　　　3 敢めて　　　4 廷めて

2 マスクの表面にはふれないようにしてください。
　　1 觔れない　　2 舐れない　　3 触れない　　4 斛れない

3 田中さんはこれまで会社員として企業にやとわれていた。
　　1 雇われて　　2 顧われて　　3 雀われて　　4 勧われて

4 選手たちは勝利への決意をかためた。
　　1 進めた　　　2 強めた　　　3 固めた　　　4 眺めた

5 家庭裁判所は家族に関わる問題をあつかう。
　　1 抶う　　　　2 択う　　　　3 荒う　　　　4 扱う

6 はっきりことわれない性格を直したい。
　　1 釿れない　　2 断れない　　3 漸れない　　4 斯れない

7 生活リズムのみだれは、心身の健康にさまざまな影響を及ぼす。
　　1 暴れ　　　　2 哀れ　　　　3 溢れ　　　　4 乱れ

8 時間がないので科目をしぼって勉強することにした。
　　1 絞って　　　2 縛って　　　3 結って　　　4 束って

9 急なお願いにも関わらずこころよく引き受けてくださり本当にありがとうございました。
　　1 喜く　　　　2 楽く　　　　3 快く　　　　4 愉く

10 うちの犬と猫はいつもなかよくしている。
　　1 中善く　　　2 仲善く　　　3 仲良く　　　4 中良く

정답 1② 2③ 3① 4③ 5④ 6② 7④ 8① 9③ 10③　　해석 별책 p.4

問題2 ＿＿＿＿＿＿の言葉を漢字で書くとき、最もよいものを1・2・3・4から一つ選びなさい。

1 私はこい色のデニムが好きだ。
　　1 薄い　　　　　2 濃い　　　　　3 淡い　　　　　4 青い

2 彼のあつかましい態度には腹が立った。
　　1 圧かましい　　2 庄かましい　　3 暑かましい　　4 厚かましい

3 韓国は資源がとぼしい国である。
　　1 乏しい　　　　2 貧しい　　　　3 苦しい　　　　4 難しい

4 田中さんは何でも相談できるたのもしい存在だ。
　　1 信もしい　　　2 敢もしい　　　3 頼もしい　　　4 勇もしい

5 お肉をやわらかくする方法を教えます。
　　1 季らかく　　　2 柔らかく　　　3 透らかく　　　4 輮らかく

6 両国はみっせつな協力を維持している。
　　1 蜜節な　　　　2 密節な　　　　3 密接な　　　　4 蜜接な

7 この件に関してはしんちょうに検討する必要がある。
　　1 慎重　　　　　2 真調　　　　　3 真重　　　　　4 慎調

8 がんこな性格は、決して短所ではありません。
　　1 元固な　　　　2 頑固な　　　　3 元箇な　　　　4 頑箇な

9 空港は常にげんじゅうな警備がなされている。
　　1 厳中な　　　　2 健中な　　　　3 健重な　　　　4 厳重な

10 それに対してふくざつな感情を抱いている。
　　1 複雑な　　　　2 復雑な　　　　3 副雑な　　　　4 福雑な

正答 1② 2④ 3① 4③ 5② 6③ 7① 8② 9④ 10① 　　　　해석 별책 p.4

단어 형성 실전 연습 ❶

[/ 10]

問題 3 (   )に入れるのに最もよいものを、1・2・3・4から一つ選びなさい。

1 子供に(   )関心な家庭は、子供が不登校になりやすい。

　　1　悪　　　　　　2　低　　　　　　3　非　　　　　　4　無

2 電車は事故防止のため(   )停車する場合がある。

　　1　速　　　　　　2　及　　　　　　3　急　　　　　　4　快

3 留学に行った友達から1(   )の手紙が届いた。

　　1　通　　　　　　2　本　　　　　　3　冊　　　　　　4　編

4 (   )性能なノートパソコンは、高い処理能力を持っている。

　　1　上　　　　　　2　良　　　　　　3　高　　　　　　4　優

5 政府は国際競争(   )を高める取組みを積極的に行っている。

　　1　能　　　　　　2　力　　　　　　3　努　　　　　　4　刃

6 世界大会に出場した選手(   )が13日、成田空港に帰国した。

　　1　衆　　　　　　2　集　　　　　　3　隊　　　　　　4　団

7 最近、韓国(   )のメイクが日本で流行っている。

　　1　型　　　　　　2　風　　　　　　3　通　　　　　　4　順

8 この部屋は1日・1週間・1ヶ月間といった(   )期間でも契約ができます。

　　1　小　　　　　　2　少　　　　　　3　短　　　　　　4　低

9 研修は指導医の監督(   )で行われた。

　　1　下　　　　　　2　元　　　　　　3　方　　　　　　4　底

10 このサイトでは最新(   )も視聴できる。

　　1　品　　　　　　2　作　　　　　　3　策　　　　　　4　索

정답　1④　2③　3①　4③　5②　6④　7②　8③　9①　10②　　　　해석 별책 p.4

問題 3 （　　　　）に入れるのに最もよいものを、1・2・3・4から一つ選びなさい。

1　難しい業務はないので、（　　　）経験でも安心して働けます。
　　1　未　　　　　　2　味　　　　　　3　不　　　　　　4　低

2　ごみ出しに使用できる袋は、透明または（　　　）透明のごみ袋のみに変わりました。
　　1　無　　　　　　2　非　　　　　　3　反　　　　　　4　半

3　明日、9時（　　　）の高速バスに乗っていく予定です。
　　1　初　　　　　　2　始　　　　　　3　発　　　　　　4　走

4　社長が不在の時は（　　　）社長が社長の代理として経営の判断を行う。
　　1　次　　　　　　2　副　　　　　　3　助　　　　　　4　準

5　通勤にかかる交通（　　　）はすべて支給される。
　　1　料　　　　　　2　金　　　　　　3　用　　　　　　4　費

6　冬から春にかけては火災発生の可能（　　　）が高まる。
　　1　生　　　　　　2　姓　　　　　　3　性　　　　　　4　感

7　内閣の支持（　　　）に回復傾向がみられている。
　　1　率　　　　　　2　津　　　　　　3　度　　　　　　4　合

8　過度な飲酒は健康に（　　　）影響を及ぼす恐れがある。
　　1　苦　　　　　　2　悪　　　　　　3　損　　　　　　4　害

9　賑やかな駅前から少し歩けば静かな住宅（　　　）が広がっている。
　　1　町　　　　　　2　域　　　　　　3　街　　　　　　4　地

10　カードを紛失したため（　　　）発行しなければならない。
　　1　更　　　　　　2　改　　　　　　3　又　　　　　　4　再

정답 1① 　2④ 　3③ 　4② 　5④ 　6③ 　7① 　8② 　9③ 　10④ 　　　　　　**해석** 별책 p.4

問題 3 (   )に入れるのに最もよいものを、1・2・3・4から一つ選びなさい。

1 田中さんは（   ）外国の経済政策に関する研究をしている。

　　1 多　　　　　　2 著　　　　　　3 大　　　　　　4 諸

2 姉は大学で看護（   ）を専攻している。

　　1 式　　　　　　2 部　　　　　　3 学　　　　　　4 科

3 ラグビーの日本代表は国際大会の（   ）決勝で勝利し、決勝戦に進出した。

　　1 準　　　　　　2 副　　　　　　3 次　　　　　　4 順

4 アメリカ（   ）のビジネスでは、はっきりとした結論を先に話す。

　　1 風　　　　　　2 流　　　　　　3 制　　　　　　4 製

5 当店はお客様の健康と安全を（   ）優先に考えております。

　　1 最　　　　　　2 極　　　　　　3 強　　　　　　4 特

6 従前の制度を「（   ）制度」、改正後の制度を「新制度」と記載している。

　　1 久　　　　　　2 元　　　　　　3 旧　　　　　　4 先

7 責任（   ）が強い人は周囲からの信頼が得られる。

　　1 性　　　　　　2 覚　　　　　　3 値　　　　　　4 感

8 その決議（   ）は反対多数で否決された。

　　1 安　　　　　　2 案　　　　　　3 図　　　　　　4 型

9 あのアイドルグループは（   ）世界が注目している。

　　1 総　　　　　　2 超　　　　　　3 全　　　　　　4 前

10 公開設定は自分のみにすることで（   ）公開にできる。

　　1 不　　　　　　2 弱　　　　　　3 低　　　　　　4 非

정답 1④ 2③ 3① 4② 5① 6③ 7④ 8② 9③ 10④　　　　　해석 별책 p.5

問題 3 （　　　　　）に入れるのに最もよいものを、1・2・3・4から一つ選びなさい。

1　韓国には日本（　　　）の住宅が多く残っている。
　　1　型　　　　　　2　元　　　　　　3　式　　　　　　4　味

2　受験勉強で同じ問題（　　　）を繰り返し解いている。
　　1　修　　　　　　2　集　　　　　　3　収　　　　　　4　冊

3　このイベントは利益を得ることを（　　　）目的としない文化行事である。
　　1　本　　　　　　2　中　　　　　　3　実　　　　　　4　主

4　社会的（　　　）平等の原因は、人種、階級、民族、宗教などが挙げられる。
　　1　不　　　　　　2　非　　　　　　3　未　　　　　　4　悪

5　２０２３年の日本の（　　　）人口は前年より６０万人近く減り、１３年連続で減少した。
　　1　真　　　　　　2　合　　　　　　3　総　　　　　　4　計

6　（　　　）契約は正式な契約の前に基本的な合意を行うものです。
　　1　半　　　　　　2　偽　　　　　　3　短　　　　　　4　仮

7　彼女は女優として映画（　　　）へ進出した。
　　1　界　　　　　　2　帯　　　　　　3　世　　　　　　4　会

8　他の店と比較すると（　　　）価格である方だと思います。
　　1　安　　　　　　2　少　　　　　　3　低　　　　　　4　短

9　それ以上は（　　　）段階ではお答えできません。
　　1　原　　　　　　2　基　　　　　　3　期　　　　　　4　現

10　旅行をしてから人生（　　　）が変わった。
　　1　念　　　　　　2　観　　　　　　3　規　　　　　　4　則

정답　1③　2②　3④　4①　5③　6④　7①　8③　9④　10②　　　　　　　**해석** 별책 p.5

問題 3 （　　　　）に入れるのに最もよいものを、1・2・3・4から一つ選びなさい。

1　加工食品に対して製造（　　　）の表記が義務化された。

　　1　所　　　　　　2　場　　　　　　3　処　　　　　　4　元

2　（　　　）夜中の電話で目が覚めた。

　　1　実　　　　　　2　真　　　　　　3　核　　　　　　4　正

3　創作物は、すべて著作（　　　）で保護されている。

　　1　編　　　　　　2　券　　　　　　3　権　　　　　　4　件

4　都会（　　　）の田中さんはなかなか田舎暮らしになじめないようである。

　　1　立ち　　　　　2　戻り　　　　　3　帰り　　　　　4　育ち

5　この商品は送料（　　　）の1,500円です。

　　1　込み　　　　　2　組み　　　　　3　合い　　　　　4　取り

6　家具（　　　）のアパートを探している。

　　1　貼り　　　　　2　付き　　　　　3　合い　　　　　4　出し

7　スマートキーが電池（　　　）した場合でも、ドアの開閉は可能です。

　　1　止め　　　　　2　辞め　　　　　3　切れ　　　　　4　断ち

8　日本人のビタミン摂取量は不足（　　　）といわれている。

　　1　傾向　　　　　2　気色　　　　　3　気配　　　　　4　気味

9　あのホテルは遊園地の隣に位置しており、子供（　　　）の観光客に人気がある。

　　1　加え　　　　　2　連れ　　　　　3　添え　　　　　4　付き

10　連休（　　　）には仕事に行きたくない気持ちが高まってしまう。

　　1　閉め　　　　　2　下げ　　　　　3　明け　　　　　4　上げ

정답　1④　2②　3③　4④　5①　6②　7③　8④　9②　10③　　　　　　　해석 별책 p.5

문맥 규정 실전 연습 ❶ [/ 10]

問題 4 ( )に入れるのに最もよいものを、1・2・3・4から一つ選びなさい。

1 彼の作品は人を魅了する( )の文章で人気がある。

　　1　独善　　　　　　　2　奇特　　　　　　　3　独特　　　　　　　4　独占

2 静かに寝ていた赤ちゃんが( )泣き出し、驚いた。

　　1　大体　　　　　　　2　突然　　　　　　　3　絶対　　　　　　　4　多分

3 すでに説明した部分は( )します。

　　1　計略　　　　　　　2　節約　　　　　　　3　省略　　　　　　　4　策略

4 責任感は( )として欠かせない要素である。

　　1　リーダー　　　　　2　プラン　　　　　　3　マイペース　　　　4　ストライキ

5 車が歩行者の進行を( )こととなる時は、一時停止しなければならない。

　　1　おしつける　　　　2　きりあげつ　　　　3　かたむける　　　　4　さまたげる

6 お金が困っていた彼はもうけ話を聞き、すぐ( )ことにした。

　　1　駆け込む　　　　　2　触れ合う　　　　　3　飛びつく　　　　　4　寄りかかる

7 お気に入りのスカートが( )なったので、ダイエットをすることにした。

　　1　きつく　　　　　　2　くさく　　　　　　3　しぶく　　　　　　4　あらく

8 学校のテストで分からない問題があり、( )答えを書いた。

　　1　おおはばな　　　　2　ささやかな　　　　3　ぜいたくな　　　　4　でたらめな

9 人が生きる時間は( )100年ぐらいである。

　　1　だいたい　　　　　2　せいぜい　　　　　3　さらに　　　　　　4　せめて

10 彼はレポート提出がいつも締め切り( )になってしまう。

　　1　ぎりぎり　　　　　2　じりじり　　　　　3　ばりばり　　　　　4　びりびり

問題 4 （　　　　　）に入れるのに最もよいものを、1・2・3・4から一つ選びなさい。

1 　週休３日を選べる制度の（　　　　）を検討している会社が増えている。

　　1　導入　　　　　　2　起用　　　　　　3　抽選　　　　　4　確保

2 　海の水は川の水より塩分の（　　　）が高い。

　　1　限度　　　　　　2　頻度　　　　　　3　濃度　　　　　4　角度

3 　知らない番号からの電話には（　　　）したほうがいい。

　　1　注意　　　　　　2　遠慮　　　　　　3　努力　　　　　4　警告

4 　彼女はアニメや映画などで衣装の（　　　）を担当している。

　　1　チェンジ　　　　2　デザイン　　　　3　インテリア　　4　プログラム

5 　人混みの中では子供を（　　　）やすいので、そばを離れないようにしてください。

　　1　見忘れ　　　　　2　見出し　　　　　3　見つけ　　　　4　見失い

6 　親は老後のために資金を（　　　）いる。

　　1　とびこえて　　　2　ととのえて　　　3　たくわえて　　4　つかまえて

7 　昨日の花火大会で警視庁は（　　　）警備を行った。

　　1　余計な　　　　　2　厳重な　　　　　3　乱暴な　　　　4　軟弱な

8 　田中さんは（　　　）人で他人に迷惑をかけても平気でいられる。

　　1　すがすがしい　　2　そうぞうしい　　3　なまなましい　　4　ずうずうしい

9 　肌の色が違うわけか外国に行くと（　　　）見られることが多い。

　　1　じろじろ　　　　2　うっかり　　　　3　たまたま　　　　4　さっさと

10 　赤ちゃんは寝ているときに（　　　）と笑っているように見える。

　　1　こっそり　　　　2　にっこり　　　　3　ばったり　　　　4　うっかり

정답　1①　2③　3①　4②　5④　6③　7②　8④　9①　10②　　　　해석 **별책** p.6

問題 4 （　　　）に入れるのに最もよいものを、1・2・3・4から一つ選びなさい。

1 こちらは今年（　　　）された新米です。

　　1　収集　　　　　　2　収穫　　　　　　3　収縮　　　　　　4　収拾

2 日本を訪れる外国人観光客の数は、年々（　　　）している。

　　1　増量　　　　　　2　追加　　　　　　3　増加　　　　　　4　膨大

3 彼は記者としてあらゆる事件や事故を（　　　）している。

　　1　採集　　　　　　2　取材　　　　　　3　取得　　　　　　4　製材

4 面接の際、協調性を（　　　）すると好評価が得られる。

　　1　ノック　　　　　2　オーバー　　　　3　ミス　　　　　　4　アピール

5 明日サッカーの世界一を（　　　）試合が行われる。

　　1　争う　　　　　　2　誘う　　　　　　3　襲う　　　　　　4　払う

6 このペンは絶対必要だと（　　　）いたが、実は要らなかった。

　　1　思い込んで　　　2　思いついて　　　3　思い切って　　　4　思いやって

7 （　　　）の薬は使わずに捨てたほうがいい。

　　1　期限辞め　　　　2　期限止め　　　　3　期限切れ　　　　4　期限折れ

8 最近、改まった場で（　　　）言葉遣いができないという若者が増えてきた。

　　1　なさけない　　　2　ものたりない　　3　だらしない　　　4　ふさわしい

9 団体の外国人がバスから降りてガイドの後ろを（　　　）歩いている。

　　1　ぎしぎし　　　　2　ぞろぞろ　　　　3　じめじめ　　　　4　ごくごく

10 一度でもご使用になられた商品は、返品・交換がお受けできないので（　　　）
ご了承ください。

　　1　さっき　　　　　2　あいにく　　　　3　せっかく　　　　4　あらかじめ

正答 1② 2③ 3② 4④ 5① 6① 7③ 8④ 9② 10④ 　　　　　해석 별책 p.6

問題 4 (   )に入れるのに最もよいものを、1・2・3・4から一つ選びなさい。

1 新宿駅までの(   )は３２０円です。
 1 労賃   2 運賃   3 家賃   4 駄賃

2 保険に加入すると海外旅行中の万が一のトラブルの(   )を補償してもらえる。
 1 疑問   2 原因   3 損害   4 責任

3 子どもの(   )は驚くほどに速い。
 1 成長   2 成績   3 結成   4 構成

4 英語さえ(   )できれば海外就職も可能になる。
 1 オープン   2 テクニック 3 アプローチ 4 クリア

5 彼は職場の人間関係に悩みを(   )いる。
 1 にぎって   2 いだいて   3 たもって   4 そなえて

6 店が忙しくなったのでアルバイトを(   )ことにした。
 1 つかむ   2 やとう   3 かせぐ   4 ふくむ

7 洞察力が高いと言われる人は観察力も(   )。
 1 あやしい   2 くやしい   3 まずしい   4 するどい

8 日本体表は決勝戦で(   )逆転優勝を遂げた。
 1 格別な   2 真剣な   3 劇的な   4 強大な

9 陰で他人の事を(   )話する人とは関わらないほうがいい。
 1 こそこそ   2 うろうろ   3 ぶかぶか   4 ますます

10 母から送られた小包には食べ物が(   )と詰め込まれていた。
 1 ぼんやり   2 ぎっしり   3 ふんわり   4 すっかり

정답 1② 2③ 3① 4④ 5② 6② 7④ 8③ 9① 10②   해석 별책 p.6

問題 4 （　　　　）に入れるのに最もよいものを、1・2・3・4から一つ選びなさい。

1 銀行に行って口座を（　　　）した。

　　1　建設　　　　　　2　設立　　　　　　3　設定　　　　　　4　開設

2 価格の（　　　）をする時は、希望価格の根拠となるデータを提示したほうがいい。

　　1　交渉　　　　　　2　支払い　　　　　3　計算　　　　　　4　会計

3 新型コロナウイルスの影響により（　　　）のオンライン活用授業が導入された。

　　1　非常勤　　　　　2　非公式　　　　　3　非対面　　　　　4　非合法

4 食事は健康の基本であり、栄養（　　　）が重要です。

　　1　スピード　　　　2　バランス　　　　3　サンプル　　　　4　フレッシュ

5 彼は田中さんの悪い行動を（　　　）。

　　1　逆らった　　　　2　尋ねた　　　　　3　責めた　　　　　4　狙った

6 生活必需品から飲み物まで（　　　）価格が上がった。

　　1　もりあがって　　2　あいかわらず　　3　とびちって　　　4　あいついで

7 （　　　）い部屋を明るくするために照明の数を増やした。

　　1　薄寒い　　　　　2　薄鈍い　　　　　3　薄暗い　　　　　4　薄汚い

8 現在勤めている職場には（　　　）先輩がいてとても心強い。

　　1　なつかしい　　　2　たのもしい　　　3　いそがしい　　　4　おそろしい

9 私は片付けが嫌いで、部屋の中がいつも（　　　）になっている。

　　1　きょろきょろ　　2　きらきら　　　　3　ぴったり　　　　4　ごちゃごちゃ

10 あの店のカレーライスはリーズナブルな価格でボリュームも（　　　）です。

　　1　たっぷり　　　　2　すっきり　　　　3　がっかり　　　　4　ぐったり

正答 1④　2①　3③　4②　5③　6④　7③　8②　9④　10①　　　　　　해석 별책 p.6

유의어 실전 연습 ❶   [/ 10]

問題 5 _____ の言葉に意味が最も近いものを、1・2・3・4から一つ選びなさい。

1 彼は子供が生まれたのを契機にたばこを辞めた。
1 言い訳　　　　2 弁明　　　　　3 きっかけ　　　4 糸口

2 返信が遅れたことをお詫びします。
1 謝罪　　　　2 質問　　　　　3 修正　　　　　4 感謝

3 乾燥機で服がちぢんでしまった。
1 少なくなって　2 長くなって　　3 汚くなって　　4 小さくなって

4 我が国は現在少子高齢化等の深刻な社会課題を抱えている。
1 そそっかしい　2 重大な　　　　3 くだらない　　4 そまつな

5 厚かましいお願いかとは思いますが、再度お時間をいただければと思います。
1 うやうやしい　2 そうぞうしい　3 ずうずうしい　4 ふてぶてしい

6 たびたびインターネットの接続トラブルが発生する。
1 たまに　　　　2 まれに　　　　3 たいてい　　　4 しばしば

7 まったく思いがけないところで彼と出会った。
1 予想どおりの　2 ふしぎな　　　3 意外な　　　　4 奇妙な

8 まもなく1番線に電車がまいります。
1 いつか　　　　2 もうすぐ　　　3 いま　　　　　4 たちまち

9 都市伝説は結局くだらない話であった。
1 有益な　　　　2 しかたない　　3 だらしない　　4 価値がない

10 成人式で着る振袖はレンタルすることにした。
1 借りる　　　　2 買う　　　　　3 返す　　　　　4 直す

정답　1③　2①　3④　4②　5③　6④　7③　8②　9④　10①　　　　　해석 별책 p.7

問題 5 ＿＿＿＿＿の言葉に意味が最も近いものを、1·2·3·4から一つ選びなさい。

1 東京の日中の最高気温は20度の予想となっています。
　　1　祝日　　　　　2　平日　　　　　3　日没　　　　　4　昼間

2 私は尖ったもの対して強い恐怖を感じる。
　　1　薄くなっている 2　細くなっている 3　長くなっている 4　太くなっている

3 ワードで文字のサイズがバラバラになっているのを揃えたい。
　　1　小さくしたい　2　計りたい　　　3　比べたい　　　4　同じにしたい

4 アイテムを活用すると物を収納しやすくなる。
　　1　出しやすく　　2　納得しやすく　3　しまいやすく　4　収集しやすく

5 彼は仕事上の会話はしても、雑談はあまりしない無口な人である。
　　1　あまり話さない 2　あまり飲まない 3　あまり食べない 4　あまり笑わない

6 今の時代に求められることは、自ら考えて行動できる力である。
　　1　一斉に　　　　2　自分で　　　　3　自然に　　　　4　仲良く

7 屋外にいる場合には、直ちに近くの建物の中に避難して下さい。
　　1　あとで　　　　2　とっくに　　　3　すぐに　　　　4　しばらく

8 学校の近くでは速度を落として慎重に運転しましょう。
　　1　注意して　　　2　中止して　　　3　変更して　　　4　下車して

9 出発間際になって慌てないようにあらかじめ計画をたてて準備してください。
　　1　直接　　　　　2　直角　　　　　3　直線　　　　　4　直前

10 今、韓国文学が日本で大ブームとなっている。
　　1　流行　　　　　2　緊張　　　　　3　能力　　　　　4　要求

問題 5 ＿＿＿＿＿の言葉に意味が最も近いものを、1・2・3・4から一つ選びなさい。

1　スマートフォンはいろいろな使い道がある。
　　1　効果　　　　　2　種類　　　　　3　用途　　　　　4　形式

2　油断していたせいで体重が３キロも増えた。
　　1　頑張っていた　　　　　　　　2　注意していた
　　3　用心していた　　　　　　　　4　気を付けていなかった

3　彼はとても疲れた顔をしていた。
　　1　しびれた　　　2　くたびれた　　3　くずれた　　　4　こわれた

4　先輩に告白したが、曖昧な返事が来て落ち込んでいる。
　　1　はっきりしない　2　すなおな　　　3　とても遅い　　4　丁寧な

5　同じ問題に対して、専門家たちは異なる意見を持っている。
　　1　近い　　　　　2　似ている　　　3　違う　　　　　4　同じ

6　コンサートを中止したのはやむをえないことだった。
　　1　とんでもない　　2　みっともない　3　もったいない　4　しかたがない

7　景気は依然として厳しい状況にある。
　　1　また　　　　　2　まだ　　　　　3　もっと　　　　4　もう

8　新しい事務所の工事がほぼ完成した。
　　1　少し　　　　　2　すべて　　　　3　だいたい　　　4　やや

9　案の定、彼女は来てくれなかった。
　　1　やっぱり　　　2　案外　　　　　3　さっぱり　　　4　まったく

10　子供と一緒に旅行する時は無理のないプランを立てたほうがいい。
　　1　特徴　　　　　2　方法　　　　　3　計画　　　　　4　原因

정답　1③　2④　3②　4①　5③　6④　7②　8③　9①　10③　　　　　해석 별책 p.7

문제 5 ＿＿＿＿＿の言葉に意味が最も近いものを、1・2・3・4から一つ選びなさい。

1 人柄が良い人は周囲の人から信頼される。

1　性格　　　　　2　能力　　　　　3　成績　　　　　4　体力

2 明日は終日雨が降る見込みです。

1　日中　　　　　2　昼間　　　　　3　一日中　　　　4　夕暮

3 修正した部分は下線で示している。

1　描いた　　　　2　書いた　　　　3　消した　　　　4　直した

4 彼のことばを聞いて怪しいと思った。

1　疑わしい　　　2　暗い　　　　　3　情けない　　　4　優しい

5 最寄りのコンビニまで徒歩10分である。

1　一番いい　　　2　一番近い　　　3　一番小さい　　4　一番大きい

6 会議で使う資料は各自で用意してください。

1　一緒で　　　　2　併せて　　　　3　一人一人　　　4　重ねて

7 弟は就職に失敗してしまいとても落ち込んでいる。

1　がっかりしている　　　　　　　2　しっかりしている
3　すっきりしている　　　　　　　4　あっさりしている

8 街はたちまち静かになった。

1　ゆっくり　　　2　すぐに　　　　3　だんだん　　　4　そろそろ

9 彼はかつて俳優だったらしい。

1　常に　　　　　2　全然　　　　　3　以前　　　　　4　すべて

10 契約内容に問題がなければ、こちらにサインをお願いいたします。

1　署名　　　　　2　注文　　　　　3　許可　　　　　4　承認

정답 1① 2③ 3④ 4① 5② 6③ 7① 8② 9③ 10①　　　　　　　　해석 별책 p.7

問題 5 ＿＿＿＿の言葉に意味が最も近いものを、1・2・3・4から一つ選びなさい。

1 彼は人に指図するのが苦手である。

    1 明示   2 説明   3 命令   4 告白

2 猫がかわいいと思う理由の　つはしぐさである。

    1 声   2 毛   3 動機   4 動作

3 昨日のことについて本当にすまないと思っている。

    1 もうしわけない 2 くやしくない   3 はずかしくない 4 かなしくない

4 彼は締め切りの前日までになんとか論文を仕上げることができた。

    1 修正させる   2 計画させる   3 発表させる   4 完成させる

5 最後まで勝利への執念を見せた見事な試合だった。

    1 めずらしい   2 ただしい   3 すばらしい   4 きびしい

6 あのレストランは騒々しくて友達とお話しできなかった。

    1 めずらしくて   2 うるさくて   3 悔しくて   4 薄暗くて

7 冬の寒さが一層厳しくなってきた。

    1 まだ   2 やや   3 わずか   4 もっと

8 風邪をひいたが、薬を飲んですっかり良くなった。

    1 完全に   2 少し   3 多少   4 ほぼ

9 彼女は徐々に回復している。

    1 急に   2 次第に   3 いきなり   4 一気に

10 この歌は、曲の途中でテンポの変化がある。

    1 長さ   2 高さ   3 速さ   4 厚さ

정답 1③ 2④ 3① 4④ 5③ 6② 7④ 8① 9② 10③   해석 별책 p.8

用법 실전 연습 ❶　　　　　　　　　　　　　　　　[　　/ 10　]

問題6　次の言葉の使い方として最もよいものを、1・2・3・4から一つ選びなさい。

1　廃止

1　予約開始時間までに廃止していただければ、料金は発生しません。
2　健康のためにお酒を廃止することにした。
3　労働力が不足していることから、定年制度の廃止が検討している。
4　未成年者にたばこを販売することは法律により廃止されている。

2　解約

1　銀行の口座を解約する際は、銀行の窓口での手続きが必要である。
2　台風で開催予定だった花火大会が解約となった。
3　人手不足を解約するためには若手の採用を強化する必要がある。
4　2015年に解約したバンドが10年ぶりに再結成することを発表した。

3　獲得

1　就活では資格の獲得が有利になると言われている。
2　日本は柔道で2つの金メダルを獲得した。
3　遺失物を獲得した際は、交番に届け出てください。
4　植物標本を作る際は、獲得した場所を記録しなければならない。

4　保存

1　当センターでは、さまざまな理由で傷ついた野生動物が保存されてきます。
2　落とし物の保存期間は、原則として3か月間です。
3　将来のために毎月いくら保存をするべきか悩んでいる。
4　気温や湿度が高い時期は、冷蔵庫での保存がおすすめです。

5　限定

1　数量限定のため、なくなり次第販売終了となります。
2　参加した選手たちは体力の限定に挑戦した。
3　エアコンは限定した温度に達するまでが一番電力を消費する。
4　提出限定に遅れるようであれば、事前に担当者に伝えてください。

6 日課

1 大学では自分で受けたい授業を選択し、日課を作成する必要がある。
2 労働基準法で「1週間の労働時間は、週40時間、1日5時間以内」と日課されている。
3 インフルエンザにかかってしまい、旅行の日課を変更した。
4 毎日30分間運動することを日課にしている。

7 乗り越す

1 通学電車の中で居眠りをして、駅を乗り越してしまった。
2 その船は岩に乗り越して難破した。
3 電車とバスを同日中に乗り越した場合は割引が適用される。
4 東京駅に行くなら、新宿駅で中央線に乗り越してください。

8 荒れる

1 せっかく買ったメロンが何日も経たないうちに荒れてしまった。
2 風邪をひいて薬を飲んだら、かえって具合が荒れてしまった。
3 海が荒れると、船は欠航となります。
4 息子は小学校の時は優秀だったのに、中学生になって成績が荒れてしまった。

9 差し支えない

1 注文した料理を残してしまうことは差し支えないと思う。
2 以下の件に関して差し支えない範囲でご記入ください。
3 試験の結果が気になって差し支えない。
4 差し支えないことをしてしまったことを後悔している。

10 やや

1 最近、仕事が忙しいと言ってたので、やや彼は来ないだろう。
2 公演の規模が縮小され残念に思ったが、舞台との距離が近くなりややよかった。
3 あの店は、他の店よりやや高いが、料理はとてもおいしい。
4 やや仕事が終わっていないので、食事に行けません。

問題 6　次の言葉の使い方として最もよいものを、1・2・3・4から一つ選びなさい。

1　続出

1　そのチームは準決勝に勝って決勝に続出した。
2　1日2回服用する薬は、1回内服すると12時間効果が続出するように工夫されている。
3　インフルエンザの大流行で、感染者が続出している。
4　健康を続出するためには、定期的に健康診断を受けることが大切です。

2　引用

1　ATMでの引用限度額は1日あたり50万円です。
2　子どもは親の行動や言葉を引用する傾向がある。
3　先生の引用を見ながら習字の練習をしている。
4　他人の著作物を使用する時は、どこから引用してきたのか明示しなければならない。

3　素材

1　パソコンの性能を決める最大の素材はCPUである。
2　ポリウレタンは伸縮性の高い素材として幅広く利用されている。
3　迷信など科学的素材がないものは信じられない。
4　ストレスはがんの重要な素材のひとつとされている。

4　転職

1　今の会社は残業時間が多すぎて転職したいと考えている。
2　行きつけのラーメン屋が転職してしまった。
3　父は長年勤めていた会社を転職し、地元で店を開くことにした。
4　引っ越しすることが決まったので、息子の学校に転職することを伝えた。

5　観測

1　まだ起こっていない未来を観測することはとても難しい。
2　上記の内容は、観測なく変更される場合があります。
3　人件費や物流費の上昇により、日用品の値上げが観測される。
4　宇宙の観測には天体望遠鏡が必要である。

6 リハーサル

1 彼女はどんなに忙しくても毎日３０分はピアノのリハーサルをしている。

2 学校では、学生が楽しめる様々なリハーサルが行われている。

3 会場では、本番に向けて万全の準備をするリハーサルが行われた。

4 健康やダイエットのためにリハーサルをしている女性が増えた。

7 思い込む

1 コロンブスが新大陸を発見する前、人類は地球が平面だと思い込んでいた。

2 悩みごとは一人で思い込むより人に話した方がいいと思う。

3 このお菓子を食べると、いつも子供の頃を思い込む。

4 彼は画期的な解決策を思い込んだ。

8 失う

1 どうやら家の鍵をどこかに失ってしまったようだ。

2 一度失った信頼を取り戻すには、長い時間がかかります。

3 差別を失うため、さまざまな取り組みが実施されている。

4 パスワードを失ったら、スマホを初期化しなければいけません。

9 浅い

1 サプリの摂取で抗がん剤の効果が浅くなる場合がある。

2 年をとるとお酒に浅くなるのは、代謝機能が低下したからである。

3 雨が降らない日がずっと続いたため、川の水深が浅くなっている。

4 最近仕事で忙しくなり、家族と過ごす時間が浅くなった。

10 または

1 迅速または丁寧なご対応、誠にありがとうございました。

2 資料の１枚目または２枚目に詳しい契約内容の説明が記載されています。

3 薬を飲んだら、または具合が悪くなることもある。

4 申込書は黒色または青色のボールペンで記入してください。

정답 1③ 2④ 3② 4① 5④ 6③ 7① 8② 9③ 10④ 　해석 별책 p.8

問題 6 次の言葉の使い方として最もよいものを、1・2・3・4から一つ選びなさい。

1 　分類

1 日本においてトマトは野菜に分類されている。

2 この折りたたみベッドは三つに分類できるので、昼間はコンパクトにまとめておける。

3 今年の夏は昨年と分類して気温が高く、湿度も高いことが予想されます。

4 これは改正前と改正後の規定を分類した表である。

2 　段階

1 下線が引かれた段階は、その内容が変更されたことを意味している。

2 言語学習の初期段階では、文法より語彙学習が重要であると思う。

3 以下の質問にお答えできる段階で構いませんので、ご記入をお願いします。

4 様々な段階で活躍している卒業生をご紹介します。

3 　方針

1 社長は役員会で新年の経営方針について発表した。

2 応募書類の提出方針を確認してください。

3 人から与えられた勉強法ではなく、自分に合った効果的な勉強方針を見つけましょう。

4 研究チームは新たな分析方針を開発した。

4 　延長

1 急な予定ができたので旅行を延長して解約した。

2 運動会は雨のため来週の金曜日に延長となった。

3 通常は20時閉店ですが、イベント中のみ営業時間を22時まで延長します。

4 祭りは強風の影響で明日以降に延長された。

5 　残高

1 親は定年退職後、残高だけで生活をしている。

2 今の会社に10年間勤めているのに残高は上がらない。

3 1円単位の残高を減らすために商品の価格を改定した。

4 最近は通帳やカードがなくても、スマートフォンで口座の残高が確認できる。

6 求人

1 今日から絵画コンクールの作品求人を開始します。

2 アルバイトの求人に応募する際には、履歴書に応募する理由を明確に書く。

3 応募した会社から求人通知を受けたので、入社の準備をしている。

4 求人の時に将来のビジョンについて聞かれた。

7 飛び散る

1 炭酸飲料は強く振ると、開封時に中身が飛び散ることがある。

2 当選の通知を受けた時は、飛び散るくらい嬉しかった。

3 こんな暑い日は、プールに飛び散りたくなる。

4 飛行機が空に向けて飛び散るのを見ると旅行に行きたくなる。

8 薄める

1 フォルダを圧縮することにより、容量を薄めることができる。

2 アルコール度数の高いお酒は、水などで薄めて飲んでいる。

3 窓のサイズを薄める工事は、2〜3日程度で完了するケースが多い。

4 睡眠不足や精神的ストレスは免疫力を薄める要因となる。

9 気軽

1 アメリカの友だちに送った小包が気軽に届いたようだ。

2 彼はとても気軽な人で、なんでも簡単にこなせている。

3 皆様の気軽なご意見をお待ちしております。

4 お近くにお越しの際は、お気軽にお立ち寄りください。

10 実に

1 靴は実に履いてみないとわからないので、通販で買いにくい。

2 ほうれん草はそれほど存在感が強くないけど、実に栄養素がたくさん含まれている。

3 昨日の展示会で観た油絵は、実に素晴らしい作品だった。

4 実に言いますと、現在の進め方には賛同できません。

問題 6　次の言葉の使い方として最もよいものを、1・2・3・4から一つ選びなさい。

1　評価

1　雨量計は一定の時間内で降った雨の量を評価します。
2　明日、娘が遠足に行くので天気評価を確認した。
3　この公園は星の評価スポットとして多くの人に愛されている。
4　彼女の歌は、人によって評価が大きく分かれている。

2　追加

1　手紙を書く時、本文のあとに書き加える追加は目上の方には使わないほうがいい。
2　注文完了後に商品の追加など注文内容を変更することはできません。
3　総務省によると、女性の労働力人口は前年に比べて28万人追加した。
4　請求書に誤りがあったので追加した。

3　配置

1　彼は希望と違う部署に配置されたことを聞き、がっかりした。
2　この薬品は、安全性が高いとされる成分が配置されている。
3　家具は動線と部屋の広さを意識して配置することが大切だ。
4　大雪や台風などの自然災害により新聞の配置が遅れる場合があります。

4　発明

1　ベルは電話を発明した人物として知られている。
2　コロンブスがアメリカ大陸を発明したのは1492年である。
3　ABC社はコロナウイルスの新たな治療薬を発明した。
4　種の無い果物は品種の発明によって作られたものである。

5　濃度

1　横断歩道に近づいた時は、車の濃度を落とす必要がある。
2　海の水は川の水より塩分の濃度が高い。
3　6時になると、時計の長針と短針の濃度が180度になる。
4　余震の発生濃度は時間の経過とともに低くなる。

6　ショック

1　スマートウォッチでスマートフォンのショックが受けられる。

2　事件発生のショックを受けた警察は直ちに現場に向かった。

3　山田さんは友達が亡くなったことを聞き、大きなショックを受けた。

4　彼女は人事考課で上司から高いショックを受けた。

7　めくる

1　私は本のページをめくる時の音が好きです。

2　濡らしたタオルはしっかりめくってください。

3　日本のドアは、手前にめくって開けるタイプが多い。

4　室内にいても日焼け止めはめくっておいたほうがいい。

8　漏れる

1　今もおじいちゃんの事を思い出すと涙が漏れそうになる。

2　パソコンのキーボードにコーヒーが漏れてしまった。

3　エアコンが涼しくならない場合、ガスが漏れている可能性がある。

4　皮膚から血が漏れている時は、清潔なタオルやガーゼなどを傷口にあて、手で圧迫します。

9　好調

1　周囲の人と好調な人間関係を築くためには、コミュニケーション能力がとても重要である。

2　例年以上の寒さにより、防寒衣料の販売が好調である。

3　田中先生は好調な性格で生徒からの信頼も厚いようだ。

4　作業効率を上げるためには好調な休憩をとることが大切である。

10　着々

1　私は英語を着々と話せるようになりたいので、がんばって勉強している。

2　難しいと思った問題が意外なほど着々と解けた。

3　風が吹くと、桜の花びらが着々と舞い落ちてきた。

4　彼女は留学に向けて着々と準備を進めている。

問題 6　次の言葉の使い方として最もよいものを、1・2・3・4から一つ選びなさい。

1　確保

1　確かに受け取って内容を確保しました。
2　必ず勝利できると100パーセント確保している。
3　航空券の支払いが完了するまで予約は確保されません。
4　運転者は乗客の安全を確保するため努力しなければならない。

2　後悔

1　彼女は微笑みながら学生時代の思い出を後悔した。
2　子どもの時の楽しい出来事をいまだに後悔している。
3　私は留学に行かなかったことを後悔している。
4　数学の公式を後悔するには、繰り返しが重要である。

3　場面

1　このスキルは仕事のさまざまな場面で活用できる。
2　建物の場面に防水塗料を塗布した。
3　解決が困難な問題に場面しても能動的に行動することが大切だ。
4　場面に限りがあるため、内容を省略する。

4　点検

1　食事は健康点検の10時間前までに済ませなければならない。
2　血液点検の結果は、項目により必要日数が異なる。
3　エレベータの点検中は稼働を停止しますので、ご注意ください。
4　仮説を点検するためにリサーチを行った。

5　誤解

1　外国語学習の過程で学習者は様々な誤解を犯してしまう。
2　文字だけで伝えると、その時の感情が伝わらないので、相手に誤解されることがある。
3　イベントは天候によっては中止の可能性もありますので、どうぞご誤解ください。
4　彼のピアノ演奏を聴き、深く誤解を受けた。

6 構成

1 この書類は婚姻の要件を構成していることを証明するものである。

2 私の部屋には最新設備が構成されていて、快適に過ごしている。

3 新たに学生団体を構成する時には、所定の申請書類を提出してください。

4 日本の国会は衆議院と参議院とで構成されている。

7 腫れる

1 キャンパスライフへの期待で胸が腫れている。

2 けがで足が腫れたら、氷や冷感シップなどで冷やしてください。

3 食べ過ぎるとお腹が腫れて苦しくなるので、食べ過ぎないように気を付けている。

4 オーブンの中に生地を入れたら、ふっくらと腫れたパンが出てきた。

8 濁る

1 空が暗く濁っており、今にも雨が降りそうな感じがする。

2 車をずっと洗わないままでいれば、どんどん濁る一方である。

3 水道管に含まれる亜鉛で水が白く濁ることがある。

4 寒い場所から急に暖かい場所に移動するとメガネが濁ってしまう。

9 妥当

1 利益を最大化するためには、妥当な価格設定が必要である。

2 急に雨が降り出したので、とりあえず妥当な店に入った。

3 妥当な運動や身体活動は、生活習慣病などの病気を予防する。

4 医師の妥当な処置のおかげで、父は一命を取り留めた。

10 ほっと

1 犬がほっとして動きたがらないのでとても心配だ。

2 母の乗った飛行機が無事に着陸したことを聞いてほっとした。

3 後ろに誰かがいるような気がして、ほっと振り向いた。

4 仕事から帰るとほっと自分の時間を過ごしたい。

정답 1④ 2③ 3① 4③ 5② 6④ 7② 8③ 9① 10②   해석 별책 p.9

Memo

1교시

문법

1 문제 유형 공략법

問題 7 문법 형식 판단

● ● 유형 분석

1 12문제가 출제된다.

2 6분 내로 푸는 것이 좋다.

3 가장 기본적인 출제 유형으로 문법 내용에 맞는 표현 형식을 묻는다.

4 조사 · 명사 · 형식 명사 · 접미어와 관련된 표현들, 그리고 조사와
동사가 결합된 다양한 표현들이 출제된다.

5 전 단계에 속하는 N3 수준의 핵심적인 문법 내용을 포함한다.

6 출제 유형
　(1) 문형 접속 이해하기
　(2) 문형 의미 이해하기

　✓ 평소에 문장을 소리 내어 정확히 읽는 연습하기!
　✓ 다양한 변형 및 응용 문제 출제! 단순 암기는 No!
　✓ 추측, 수동/사역, 수수표현, 부사 정리 필수!

예시 문제

> これまでの研究に（　　　）レポートをまとめた。
>
> 　1　つれて　　　　2　とって　　　　3　ともなって　　　4　もとづいて

정답 4

해 석　지금까지의 연구 결과에 근거하여 보고서를 정리했다.

해 설　～にもとづいて는 '～에 근거하여'라는 의미로 어떠한 일의 근거나 토대를 설명할 때 사용한다.

問題 8 | 문장 완성

● ● **유형 분석**

1 5문제가 출제된다.

2 3분 내로 푸는 것이 좋다.

3 선택지 1, 2, 3, 4의 표현들을 재구성하여 문장을 완성하는 유형이다.

4 문장 완성 후 ★ 부분에 해당되는 순서의 표현을 선택하여 답을 체크한다.

✓ 문제를 풀기 위한 핵심 포인트는 대부분 선택지에 있다!

✓ 평소 필수 문형의 의미와 문장을 함께 익혀 두기!

✓ N3나 N4 수준의 문법 내용도 잊지 말기!

✓ 부사에 대한 이해 정도를 확인하는 문제에 대비하자!

예시 문제

田中選手が今シーズン ＿＿＿＿ ＿★＿ ＿＿＿＿ ＿＿＿＿ のニュースを見て驚いた。

1 彼の怪我

2 活躍するのを

3 楽しみに待っていた

4 だけに

정답 3 (2-3-4-1)

해 석 다나카 선수가 이번 시즌에 활약할 것을 기대하며 기다려 온 만큼, 그의 부상 뉴스를 보고 놀랐다.

해 설 ～だけには '～하기 때문에 더욱 그러하다'는 정도를 강조하는 표현으로 어떠한 원인의 당연성, 당위성을 나타낸다.

問題 9 | 문맥 이해

● ● 유형 분석

1 4문제가 출제된다.

2 4~5분 내로 푸는 것이 좋다.

3 독해의 중문 형식에 해당하는 약 600자 정도의 글을 읽고,
문맥에 맞는 표현을 선택하여 전체 문장을 완성하는 유형이다.

4 단순한 포인트 암기 위주의 문법이 아니라 문장에 대한 이해도를
체크하는 측면을 강조한 유형이다.

5 전형적인 N2 수준의 문법 외에도 접속사, 기초 문법의 응용 표현들을
요구하는 경우도 있다.

6 출제 유형

(1) 적절한 문말 표현 넣기

(2) 적절한 접속사 넣기

(3) 적절한 지시어 넣기

✓ 문말 표현은 필수 출제! 놓치지 말자!

✓ 접속사 문제에서는 역접 표현이 자주 등장한다!

✓ 지시어 문제에서는 반드시 지시어의 앞쪽 문장에 주목하자!

예시 문제

> …(前略) 旗はどこにでも簡単に立てられるから、街のあちこちで　50　。
> 私はこの旗に強い関心を持った。
>
> 1　使われている　　2　使っていく　　　3　使おう　　　　4　使わせる

정답 1

해 석　깃발은 어디에든 간단히 세울 수 있기 때문에, 거리의 여기저기에서 사용되고 있다. 나는 이 깃발에 큰
관심을 가졌다.

해 설　문장의 흐름상, '깃발이 여기저기서 사용되고 있어서, 깃발에 관심을 지니게 되었다'는 의미로 이해하
는 것이 적절하기 때문에 使われている(사용되고 있다)를 선택해야 한다.

2 기출 문법

● 問題7 문법 형식 판단

□ 〜におうじて	〜에 맞추어, 〜에 대응하여	□ 〜はずだ	틀림없이 〜일 것이다
□ 〜途中で	〜하는 도중에	□ 〜ままで	〜대로, 〜인 채로
□ 〜にわたって	〜에 걸쳐서	□ 〜上で	〜한 후에
□ 何も〜	굳이〜	□ 〜でありながらも	〜이면서도
□ 〜一方だ	〜하기만 하다	□ 〜みたいだ	〜인 것 같다
□ 〜がたい	〜하기 어렵다	□ とても〜ない	정말이지 〜않다
□ 〜(さ)せていただく	〜하다 〈겸양〉	□ 必ずしも〜 わけではない	반드시 〜한 것은 아니다
□ 〜(さ)れる	본의 아니게 〜하게 되다 〈사역 수동〉	□ 〜ようがない	〜할 방도가 없다
□ 〜たところ	〜했더니	□ 申し上げる	말씀드리다 〈겸양〉
□ 〜にすぎないとはいえ	〜에 지나지 않는다고 는 해도	□ 〜ないでしょうか	〜아닐까요?, 〜아닐런지요
□ 〜(さ)せてくれる	〜하게 해 주다	□ 〜たばかりだ	막 〜한 참이다

□ ～てほしい	～해 주었으면 좋겠다	□ ～かどうか	～인지 어떤지

2011년

□ ～とか	～라든가, ～라는 식으로	□ ～もの	～나 되는
□ ～すえに	～한 끝에	□ ～すら	～조차
□ ～(さ)せられる	본의 아니게 ～하게 되다 〈사역 수동〉	□ ～くらい	～정도
□ ～まい	～하지 않겠다, ～하지 않을 것이다	□ どうも	아무래도, 어쩐지
□ まいる	오다, 가다 〈겸양〉	□ ～にこたえて	～에 부응하여
□ むしろ	오히려, 차라리	□ ～うちに	～하는 사이에
□ ～になっているだろう	～이 되어 있을 것이다	□ ～によらず	～에 관계없이
□ ～ても～なくても	～해도 ～하지 않아도	□ ～ないでもない	～않는 것도 아니다
□ ～すぎず	너무 ～하지 말고	□ ～とかなくちゃ	～해 두지 않으면 〈축약〉
□ ～でしかない	～밖에 되지 않다, ～에 불과하다	□ ～たら～たで	～하면 ～하는 대로
□ ～わけがない	～할 리가 없다	□ ～ざるをえない	～하지 않을 수 없다
□ ～くらいだ	～정도다	□ お～ですか	～하십니까? 〈존경〉

□ ～も～ないで	～도 ～하지 않고	□ ～からこそ	～이기에, ～하기에
□ ～をとわず	～을 불문하고	□ ～ばかり	～뿐, ～만
□ もっとも	다만, 단 〈접속사〉	□ かりに	만약
□ わかった	알았다 〈감탄〉	□ ～ないうちに	～하기 전에
□ ～たってかまわない	～해도 상관없다	□ ～ており	～하고 있어서
□ お越しくださる	와 주시다	□ ～にもかかわらず	～(임)에도 불구하고
□ ～ている	～했었다 〈완료〉	□ ～らしい	～답다 〈접미어〉
□ ～へと	～으로	□ ～によっては	～에 따라서는
□ ～おかげで	～덕분에	□ ～(さ)せる/～たがる	～하게 하다 〈사역〉 / ～하고 싶어하다
□ やる	하다 〈속어〉	□ どれだけ～か	얼마나 ～일까?
□ ～としたら	～라고 한다면	□ ご覧	보심 〈존경〉
□ ～(さ)せられる	～하게 되다 〈사역 수동〉	□ ～(ら)れる	～하게 되다
□ ～そうだ	～할 것 같다 〈양태〉	□ ～ようならば	～할 것 같으면

□ ～にのぼる	～에 달하다	□ ～さえ～ば	～만 ～하면
□ ～すえに	～한 끝에	□ ～において	～에 있어서, ～에서

□ ～にのぼる	～에 달하다	□ ～さえ～ば	～만 ～하면
□ ～すえに	～한 끝에	□ ～において	～에 있어서, ～에서
□ むしろ	오히려, 차라리	□ ～ものなら	～할 수만 있다면
□ ～てからでないと	～한 후가 아니면	□ ただし	다만, 단
□ ～次第	～하는 대로	□ ～勢いだ	～할 기세이다
□ うけたまわる	받다 〈겸양, 겸손〉	□ ご覧いただく	보시다 〈겸손〉
□ ～わけにはいかない	～할 수는 없다	□ ～にすぎない	～에 지나지 않는다
□ ～や何かで	～와 같은 것에서 〈예시〉	□ ～ならともかく	～이라면 몰라도
□ ～のに	～하는 데에, ～하는 때에	□ ～てもらう	～해 주다
□ ～たびに	～할 때마다	□ ～(さ)せる	～시키다, ～하게 하다 〈사역〉
□ ～ばかり	～뿐, ～만	□ いたす	하다 〈겸양, 겸손〉
□ ～かもしれない	～일지도 모른다	□ ～がち	자주 ～함, 일쑤임

2014년

□ ～とおりに	～대로	□ ～にわたって	～에 걸쳐서
□ ～にかけては	～에 관한 한	□ あるいは	혹은, 또는
□ ～(さ)せていただける	～해 주실 수 있다 〈겸손〉	□ ～だって	～도, ～라도 〈예시, 강조〉

☐ ～なりに	～나름대로	☐ ～だけに	～인 만큼
☐ ～(よ)うとする	～하려고 하다	☐ ～とのことだ	～라는 것이다
☐ ～てしょうがない	～해서 어쩔 수가 없다, 매우 ～하다	☐ ～しかない	～할 수밖에 없다
☐ 見える	오시다 〈존경〉	☐ お越しいただく	와 주시다 〈겸손〉
☐ ～ようであれば	～할 것 같으면	☐ ～というから	～라고 하니까
☐ ～うちに	～하는 사이에	☐ ～ように	～하도록
☐ ～(よ)うじゃないか	～하지 않겠는가?	☐ ～がる	～해하다
☐ 伝わる	전달되다	☐ ～なきゃいけない	～하지 않으면 안 된다 〈축약〉
☐ ～ままに	～한 채로	☐ ～つつある	～하는 중이다

2015년

☐ ～によって	～에 의해서	☐ ～おきに	～간격으로, 걸러서
☐ とても～ない	정말이지 ～않는다	☐ かえって	도리어, 오히려
☐ ～あまり	～한 나머지	☐ ～にかけては	～에 관한 한
☐ ～ほど	～정도, ～만큼	☐ ～きる	완전히 ～하다
☐ ～次第	～하는 대로	☐ ～一方だ	～하기만 하다
☐ ～ものの	～이지만	☐ ～ほかない	～할 수밖에 없다

□ ～ことはない	～할 필요는 없다	□ ～こと	～할 것 〈명령〉
□ ～ないことには	～하지 않고서는	□ ～なきゃって	～해야 한다고
□ ～だけ	～한 만큼, ～할 수 있는 한	□ ～くらい	～정도
□ ～てくれる	(나에게) ～해 주다	□ ～ばいい	～면 되다
□ ～ずに	～하지 않고	□ ～みたいだ	～인 것 같다
□ ～そうだ	～할 것 같다	□ ～てほしいだろうか	～해 주기를 바라는 것일까?

2016년

□ ～につぐ	～에 이어지는	□ お越しになる	오시다, 가시다 〈존경〉
□ ～にしては	～치고는	□ ～かけ	～하던 도중
□ ～すえに	～한 끝에	□ ～において	～에 있어서, ～에서
□ おいでになる	오시다, 가시다 〈존경〉	□ そのうち	머지않아, 가까운 시일 안에
□ ～ものだ	～로구나 〈감동〉	□ ～以上	～한 이상
□ ～かねる	～하기 어렵다	□ ～とする	～라고 하다 〈가정, 판단〉
□ ～っこない	～할 리가 없다	□ ～だけなら	～뿐이라면
□ ～に対して	～에 대해서	□ ～てからにする	～하고 나서 하다
□ ～としたら	～라고 한다면	□ ～することになる	～하게 되다

☐ ～ように	～하도록	☐ ～ないことがある	～하지 않는 경우가 있다
☐ お～する	～하다 〈겸손〉	☐ ～って	～라고 해 〈인용〉

2017년

☐ ～おきに	～간격으로, ～걸러서	☐ ～できるものなら	～할 수만 있다면
☐ たとえ～ても	설령 ～할지라도	☐ ～てならない	너무 ～하다
☐ ～おそれがある	～할 우려가 있다	☐ お～です	～하시다 〈존경〉
☐ ～ないかな	～하지 않으려나, ～하지 않을까?	☐ ～にでも	～에라도
☐ ～というように	～라는 식으로, ～라는 것처럼	☐ ～うちに	～하는 사이에
☐ ～じゃない？	～아닐까?	☐ ～はずがない	～할 리가 없다
☐ ～を通して	～을 통해	☐ ～なら	～라면(화제 제시)
☐ まさか	설마	☐ ～うちに	～하는 사이에
☐ ～てばかりだ	～하기만 한다	☐ ～つつある / ～ということだ	～하는 중이다 / 라는 것이다 〈전달, 전문〉
☐ ございます	있습니다 〈あります의 정중한 말〉	☐ どうやって～したか	어떻게 ～한 것인지
☐ ～(よ)うと＋しないで	～하려고 하지 말고	☐ もらってくれない	～받지 않을래? 〈부탁, 의뢰〉
☐ ～た＋ほうがよかった	～하는 편이 좋았다 〈아쉬움〉	☐ ～て＋くださる	～해 주시다

□ ~にしては	~치고는	□ いたす	하다 〈겸양, 겸손〉
□ ~向け	~대상, ~용	□ ~たところ	~했더니
□ ~たがる	~하고 싶어하다	□ ~わけにはいかない	~할 수는 없다
□ 申し上げる	말씀드리다 〈겸양〉	□ ~だけで	~만으로
□ ~ように	~하도록	□ ~ておきなさい	~해 두세요
□ ~そうだ	~라고 한다	□ ~かと思う	~할까 하고 생각하다
□ ~もしないで	~도 하지 않고	□ ~ついでに	~하는 김에
□ いったい	도대체	□ ~にしたがって	~에 따라
□ ~一方だ	~하기만 하다	□ ~ざるを得ない	~하지 않을 수 없다
□ お / ご ~です	~하시다 〈존경〉	□ ~しか~ない	~밖에 ~할 수 없다
□ ~よりも	~보다도	□ ~ままにせず	~한 채로 두지 말고
□ ~ようとする	~하려고 하다	□ ~させてもらう	~하다 〈사역수동〉

□ ~だらけ	~투성이	□ ~としても	~라고 할지라도
□ ~にあたって	~에 즈음하여, ~에 있어서	□ ~てたまらない	~해서 견딜 수 없다 (너무 ~하다)
□ そういう	그러한	□ ~きる	완전히 ~하다

☐ ～ように	～하도록	☐ ～としては	～의 입장에서는
☐ ～ば～ほど	～하면 ～할수록	☐ どうしても	무슨 일이 있어도, 꼭
☐ ～そうだ	～라고 한다	☐ ～だろうか	～일까?
☐ ～末(に)	～한 끝에	☐ ～たことにする	～한 것으로 치다
☐ ～だろう	～일 것이다	☐ ～に備えて	～에 대비하여
☐ ～もあれば	～정도만 있다면	☐ お / ご～くださる	～해 주시다 〈존경〉
☐ ～に決まっている	반드시 ～하게 되어 있다, 틀림없이 ～하다	☐ ～しか～ない	～밖에 ～할 수 없다
☐ ～ようにしておく	～하도록 해 두다	☐ ～に違いない	～에 틀림없다
☐ ～ように	～하도록	☐ ～てよかった	～해서 다행이다

☐ ～だらけ	～투성이	☐ ～としても	～라고 할지라도
☐ ～にあたって	～에 즈음하여 ～에 있어서	☐ ～てたまらない	～해서 견딜 수 없다 (너무 ～하다)
☐ そういう	그러한	☐ ～きる	완전히 ～하다
☐ ～ように	～하도록 〈희망〉	☐ ～としては	～의 입장에서는
☐ ～ば～ほど	～하면 ～할수록	☐ どうしても	무슨 일이 있어도, 꼭
☐ ～そうだ	～라고 한다	☐ ～だろうか	～일까?

□ 〜すら	〜조차, 〜마저	□ どうも	어쩐지
□ 〜を問わず	〜을 불문하고	□ 〜にかぎる	〜에 한해서(〜할 때만)
□ 〜せいか	〜탓인지	□ 〜ことに	〜하게도
□ 〜ないと	〜하지 않으면	□ 〜られなかったら	〜할 수 없다면
□ 〜ぬく	끝까지 〜하다	□ 伺う	듣다, 여쭈다 〈겸양〉
□ 〜させてもらう	〜하다 〈사역수동〉	□ 〜ばいい	〜하면 된다
□ 〜しかない	〜할 수 밖에 없다	□ 〜にあたって	〜에 즈음하여, 〜에 있어서
□ まさか	설마	□ 〜というより	〜라기보다
□ 〜て以来	〜한 이래	□ 〜ならともかく	〜이라면 몰라도
□ 〜にでもなって	〜나 되어서, 〜라도 되어서	□ 〜ように	〜하도록
□ 〜ようがない	〜할 수가 없다, 〜할 방도가 없다	□ ご覧いただく	보시다 〈겸손〉
□ 〜きる	완전히 〜하다	□ 〜たらよかった	〜했으면 좋았을텐데

□ 〜かけ	〜하던 도중	□ むしろ	오히려, 차라리
□ 〜に向けて	〜를 목표로	□ 〜なら	〜이라면
□ 〜ように	〜하도록	□ 〜からといって	〜라고 해서

☐ ～たびに	～할 때마다	☐ ～だっけ	～였더라?
☐ ～ずにいる	～하지 않고 있다	☐ 申し上げる	말씀드리다 〈겸양〉
☐ ～そうになる	～할 뻔 하다	☐ ～ほど	～정도
☐ ～もあれば	～정도만 있다면	☐ そのうち	머지않아, 가까운 시일 안에
☐ ～どころか	～는커녕	☐ ～だけは	～만은
☐ ～にともなって	～에 따라서	☐ ～うちに	～하는 사이에
☐ ～ことから	～로 인해, ～때문에	☐ いらっしゃる	계시다 〈존경〉
☐ ～がちだ	～한 경향이 있다, ～하기 일쑤다	☐ ～ことはない	～할 필요는 없다
☐ ～ことにする	～하기로 하다	☐ ～ないといけない	～하지 않으면 안 된다

2023년

☐ ～につれて	～함에 따라서	☐ 二度と～ない	두 번 다시 ～하지 않는다
☐ ～ものの	～했지만	☐ ～としてなら	～로서라면
☐ ～たばかりだ	막 ～한 참이다	☐ ～というように	～라는 식으로, ～라는 것처럼
☐ ～ことで	～로 인해	☐ ～以来	～이래
☐ ～にほかならない	바로 ～이다, 다름 아닌 ～이다	☐ ～とのことだ	～라는 것이다
☐ ～べきだ	～해야 한다	☐ ～おかげだ	～덕분이다

☐ ～に至って	～에 이르러	☐ ～にかかわらず	～에 관계없이
☐ いつのまに	어느 틈에	☐ ～反面	～반면
☐ ～でよければ	～로 괜찮다면	☐ ～としたら	～라고 한다면
☐ ～ないよう	～하지 않도록	☐ ～次第だ	～에 달렸다
☐ ～ことがある	발생하는 경우가 있다	☐ ～(さ)せてくれる	～하게 해 주다
☐ まいる	오다, 가다 〈겸양〉	☐ ～てもらう	～해 주다

2024년

☐ ～なんか	～같은 (것)	☐ どれほど	얼마나
☐ ～といった	～와 같은 〈예시, 열거〉	☐ ～きり	～한 채
☐ ～てみようか	～해 볼까?	☐ ～のであれば	～한 것이라면
☐ ～ずつ	～씩	☐ ～までになる	～할 정도가 되다
☐ 欠かせない	빠뜨릴 수 없다, 필요하다	☐ ～ばよかった	～했으면 좋았을텐데
☐ ～ということになる	～라는 것이 된다	☐ 伺う	듣다, 여쭈다 〈겸양〉
☐ ～さえ	～조차, ～마저	☐ まず	거의, 대체로 〈부정〉
☐ ～に対して	～에 대해서	☐ ～てからでないと	～한 후가 아니면, ～하지 않고서는
☐ ～たび	～할 때마다	☐ ～たがらないのなら	～하고 싶어하지 않는 것이라면

□ ～というような	～라고 하는 듯한	□ ～わけではない	반드시 ~한 것은 아니다
□ ～がたい	～하기 어렵다	□ ～ところだ	막 ~하는 참이다
□ ～ことがある	～하는 경우가 있다	□ ～でしかない	～밖에 되지 않다, ～에 불과하다

● 問題8 문장 완성

□ ～までで	～까지에서	□ ～じゃないかと思う	～이 아닐까라고 생각한다
□ ～といっても	～라고 해도	□ ～ないうちに	～하기 전에
□ ～によって	～에 따라서	□ ～ものだ	～한 법이다
□ ～ばかり	～뿐, ～만	□ ご存知だ	알고 계시다 〈존경〉
□ ～というような	～하는 것과 같은	□ ～からこそ	～이기에, ～하기에
□ ～からすると	～로 보아		

2011년

□ ～にしたら	～로서는, ～입장에서는	□ ～かのようだ	～인 듯하다
□ ～なんていう	～라고 하는	□ ～さえ～ば	～만 ～하면
□ ～てくれる	(나에게) ～해 주다	□ ～としても	～라고 할지라도

☐ ～てやる	(남에게) ～해 주다	☐ ～だって	～라고 해도
☐ ～て初めて	～해서야 비로소	☐ ～おかげだ	～덕분이다

2012년

☐ ～ほど	～정도	☐ ～から	～할 테니까
☐ ～ことになっている	～하기로 되어 있다	☐ いずれにしても	어느 쪽이든
☐ ～だけ	～한 만큼, ～할 수 있는 한	☐ ～とあるが	～라고 적혀 있는데
☐ ～ていただく	(상대에게) ～해 받다 (상대가) ～해 주다	☐ ～はずだ	틀림없이 ～일 것이다
☐ ～も	～이나 〈수량의 강조〉	☐ ～といった	～와 같은 〈예시, 열거〉

2013년

☐ ～といえば	～로 말하자면	☐ ～ぐらい	～정도
☐ ～きり	～한 채, ～한 것을 끝으로	☐ ～をはじめ	～을 비롯하여
☐ ～はもとより	～은 물론	☐ ～に限る	～이 최고다
☐ ～としても	～라고 할지라도	☐ ～すら	～조차
☐ ～上で	～하는 측면에서, ～하는 데 있어서	☐ ～ほど	～정도

2014년

□ ～ばいいのに	～하면 좋을 텐데	□ ～そうだ	～라고 한다
□ ～うえで	～하는 측면에서, ～하는 데 있어서	□ ～なんて	～라니
□ どんなに～ても	아무리 ～해도	□ ～につれて	～함에 따라서
□ ～きる	완전히 ～하다	□ つい	그만, 무심코
□ ～とは	～라니	□ どうしても	무슨 일이 있어도, 꼭
□ ～ことはない	～할 필요는 없다		

2015년

□ ～をこめて	～을 담아	□ ～ように	～하도록
□ ～として	～로서	□ ～うえに	～인 데다가
□ ～どおりに	～대로	□ ～せいか	～탓인지
□ ～のと～ないのでは	～하는 것과 하지 않는 것과는	□ ～といった	～와 같은 〈예시, 열거〉
□ ～くらい	～정도	□ ～と思われる	～라고 생각되다

2016년

□ ～(さ)せられる	본의 아니게 ～하게 되다 〈사역 수동〉	□ ～て以来	～한 이래
□ まず	거의, 대체로 〈부정〉	□ 二度と～ない	두 번 다시 ～않는다

□ 〜ついでに	〜하는 김에	□ 〜ながら	〜이지만 〈역접〉 〜하면서
□ 〜だけでなく	〜뿐 아니라	□ 今(いま)にも〜そうだ	당장에라도 〜할 것 같다
□ 〜ないで済(す)む	〜하지 않아도 된다	□ 〜かどうか	〜인지 어떤지
□ 〜上(うえ)で	〜하는 측면에서, 〜하는 데 있어서		

2017년

□ 〜であっても	〜라도, 〜일지라도	□ 〜きり	〜한 채
□ 〜にとって	〜에게 있어서	□ なかなか〜ない	좀처럼 〜하지 않다
□ ようやく	마침내	□ 〜だけの	〜뿐인
□ た＋末(すえ)に	〜한 끝에	□ 決(けっ)して〜ない	결코 〜않는다
□ 〜をはじめ(とする)	〜을 비롯한	□ わけではない	〜인 것은 아니다
□ たびに	〜할 때마다		

2018년

□ 〜に欠(か)かせない	〜에 빠뜨릴 수 없다, 〜에 필요하다	□ 〜なら	〜이라면
□ 〜ないといけない	〜하지 않으면 안 된다	□ 〜ほど	〜정도
□ 次第(しだい)に	점차	□ 〜として	〜로서

☐ ～につれて	～함에 따라서	☐ ～によって	～에 의해서
☐ ～ことから	～로 인해, ～때문에	☐ ～うちに	～하는 사이에

2019년

☐ ～次第で	～에 따라서는	☐ もう	벌써
☐ ～に限らず	～뿐 아니라	☐ ～は別にして	～는 별개로
☐ ～はずだ	틀림없이 ～일 것이다	☐ ～てからでないと	～한 후가 아니면, ～하지 않고서는
☐ ～つつ	～하면서	☐ ～ばいい / ～たらいい	～하면 된다
☐ ～らしい	～라는 것 같다	☐ ～どおり	～대로

2020년   ※ 7월 시험 미실시

☐ ～とおりに	～대로	☐ ～に対して	～에 대해서
☐ ～に比べると	～에 비해	☐ ～抜きには	～빼고는
☐ ～どころか	～는커녕		

2021년

☐ ～と思うと	～라고 생각하니	☐ ～とは	～라니
☐ ～うちに	～하는 사이에	☐ ～つもりでも	～한 줄 알았지만

□ ～そうだ	～라고 한다	□ ～以上は	～한 이상에는
□ ～ずにはいられない	～하지 않을 수 없다	□ ～まま	～한 채
□ ～ていただく	(상대에게) ～해 받다〈겸양〉	□ ～だろうと思う	～일 것이라고 생각하다

2022년

□ ～がきっかけだった	～이 계기였다	□ ～となる	～이 되다
□ ～と比べて	～에 비해	□ ～によって	～에 의해서
□ ～に先立って	～에 앞서	□ ～たびに	～할 때마다
□ ～せいで	～탓에	□ どうしても	무슨 일이 있어도, 꼭
□ ～上で	～한 후에	□ ～としても	～라고 할지라도

2023년

□ ～すら	～조차	□ ～ほど	～정도
□ ～ながらも	～하면서도	□ ～たらいいのか	～하면 좋을지
□ ～わりに	～에 비해서	□ それなりの	나름대로의
□ ～として	～로서	□ ～かねない	～할 수도 있다

□ ～といっても	～라고 해도	□ ～について	～에 대하여

2024년

□ ～ことから	～로 인해, ～때문에	□ ～ぐらい	～정도
□ ～によって	～에 의해서	□ ～てたまらない	～해서 견딜 수 없다 (너무 ～하다)
□ ～からすると	～로 보아	□ ～と	～하면, ～라면
□ ～だけ	～한 만큼, ～할 수 있는 한	□ ～にもなったような	～라도 된 것 같은
□ ～を込めて	～을 담아	□ ～あまり	～한 나머지

● 問題9 문맥 이해

2010년

□ ～もの	～것	□ この	이
□ ～わけだ	～인 것이다	□ このように	이처럼
□ ～に関して	～에 관해서	□ ～ましょう	～합시다
□ ～ならば	～이라면	□ ～が～だ	～이(가) ～이다
□ ～ないのではない	～할 수 없는 것은 아니다	□ ～たらどうですか	～하는 게 어떨까요?

2011년

□ どのように	어떻게, 어떤 식으로	□ このような	이러한
□ ほかに	그 밖에	□ 〜(ら)れる	〜하게 되다, 〜받다 〈수동〉
□ こう	이렇게	□ 〜(ら)れる	〜하게 되다, 〜받다 〈수동〉
□ 彼女たち	그녀들	□ つまり	즉
□ さまざまだ	다양하다	□ 〜なら	〜이라면

2012년

□ たとえば	예를 들면	□ 〜かもしれない	〜일지도 모른다
□ もちろん	물론	□ 実は	실은
□ 場合	경우	□ この	이
□ 〜というわけだ	〜인 것이다	□ 〜とされる	〜라고 되다, 〜라고 여겨지다
□ 〜のである	〜인 것이다	□ お〜いただけますか	〜하실 수 있겠습니까? 〈겸손〉

2013년

□ そうでもない	그렇지도 않다	□ 出会う	만나다
□ 〜とは思えない	〜라고는 생각되지 않는다	□ ある	어느

□ 理由(りゆう)	이유	□ ～と言(い)える	～라고 말할 수 있다
□ だが～	그렇지만~	□ ～とはいえ	～라고는 해도
□ ～(さ)せられる	본의 아니게 ～하게 되다 〈사역 수동〉	□ ～(よ)うと思(おも)う	～하려고 생각하다

기출

2014년

□ その	그	□ どのような	어떠한
□ ～とはいえ	～라고는 해도	□ ～もの	～것
□ ～(ら)れる	～하게 되다, ～받다 〈수동〉	□ ～ということだ = ～とのことだ	～라고 한다
□ ～といい	～하면 좋다	□ 要(よう)するに	요컨대
□ 使用(しよう)されている	사용되고 있다	□ ～かもしれない	～일지도 모른다
□ ～に違(ちが)いない	～에 틀림없다		

2015년

□ ～だろうか	～일까?	□ ～ではないか	～가 아닐까?
□ どの	어느	□ ～以上(いじょう)だ	～이상이다
□ ～(ら)れる	～하게 되다, ～받다 〈수동〉	□ こんな	이러한
□ ～たところ	～했더니	□ すると	그랬더니, 그러자 〈접속사〉

☐ ～ようだ	～인 것 같다	☐ ～だろう	～일 것이다

2016년

☐ ～ではないのか	～가 아닌 것일까?	☐ ご存じだろうか	알고 계시는 것일까?〈존경〉
☐ こういう	이러한	☐ しかし	그러나
☐ ～らしい	～라는 것 같다	☐ こうして	이렇게 해서
☐ 確かに	아마, 틀림없이	☐ ～かもしれない	～일지도 모른다
☐ ～のだろう	～인 것이겠지		

2017년

☐ 大会がある	대회가 있다	☐ ～というわけだ	～인 것이다
☐ さらに	게다가, 더욱이	☐ それには	그렇게 하기 위해서는
☐ 社会	사회	☐ 実は	실은
☐ どのくらいの長さが要るのでしょう	어느 정도의 길이가 필요한 것일까요?	☐ そんな大きな翼	그러한 커다란 날개
☐ こうして見てみると	이렇게 보면	☐ 難しそうです	어려울 것 같습니다

168 1교시 문법

□ 道路	도로	□ ご存じだろうか	알고 계실까?
□ また	또, 다시	□ ～工夫も見られる	～하는 고안(궁리)도 볼 수 있다
□ 支えてくれている わけだ	지탱해 주고 있는 것 이다	□ 挙げよう	들어 보자
□ そこで	그래서	□ 活用して	활용해서
□ ～というわけだ	～인 것이다	□ ～してみるのも悪く ない	～해 보는 것도 나쁘지 않다

□ 増えているそうです	늘고 있다고 합니다	□ ただ	다만
□ 下がるというわけです	내려간다고 하는 것입 니다	□ そのような理由が	그러한 이유가
□ 納得させられました	납득했습니다 〈사역수동〉	□ 学び始めた	배우기 시작했다
□ わかれば	알면	□ こうして	이렇게
□ 命じられたことである	명령을 받았던 것이다	□ 日本地図	일본 지도

※ 7월 시험 미실시

□ ご存じでしょうか	알고 계신가요?	□ そこで	그래서
□ 得られるのだそうです	얻을 수 있는 것이라 고 합니다	□ 貢献できるように なりたいです	공헌할 수 있게 되고 싶다

2021년

□ 気になるもの	신경 쓰이는 것	□ そこで	그래서
□ この取り組みは	이 대책은	□ 期待できるそうだ	기대할 수 있다고 한다
□ 思えなかったからだ	생각하지 못했기 때문이다	□ ところが	그런데, 그러나
□ 楽しむものだ	즐기는 것이다	□ どんな表現	어떤 표현

2022년

□ 増えてきました	늘어왔습니다, 늘어났습니다	□ ところが	그런데, 그러나
□ 同じ	같은	□ 試してみてはいかがでしょうか	시험해 보는 것은 어떨까요?
□ 問題である	문제이다	□ つくられているというだけではない	만들어진다는 것만이 아니다
□ このような駐輪場	이러한 자전거(를 세워) 두는 곳	□ ～するために	～하기 위해서

2023년

□ ～といっても	～라고 해도	□ ～されています	～로 여겨지고 있습니다
□ そのため	그 때문에	□ いいものだと思いました	좋다고 생각했습니다
□ 実は	실은	□ ～するようにしてください	～하도록 해 주세요
□ (負担を)かけることもあります	(부담을) 주는 경우도 있습니다	□ 疲れてしまっては	지쳐 버리면

□ そんな紅葉	그런 단풍	□ しかし	그러나
□ はじまらないのです	시작되지 않는 것입니다	□ 感じるようになりました	느끼게 되었습니다
□ 例えば	예를 들면	□ ～も	～도
□ 感動していた	감동했었다	□ やってみて	해 보고

3 합격 문법

□ 01 ～あげく ～한 끝에

여러가지로 노력을 했지만, 바람직하지 않은 결과가 나타났다는 의미를 나타내는 문형이다.

[접속] 동사 た형 ＋ あげく　　　　　명사 ＋ の ＋ あげく

● さんざん考えたあげく、退職することにした。 골똘히 생각한 끝에 퇴직하기로 했다.

□ 02 ～あまり ～한 나머지

어떠한 일의 상태나 감정이 지나치다는 의미를 나타낸다.

[접속] 동사 사전형 / た형 ＋ あまり　　　ナ형용사 명사 수식형 ＋ あまり
명사 ＋ の ＋ あまり

● 納期を急ぐあまり、制作を疎かにしてしまった。 납기를 서두른 나머지 제작을 소홀히 해 버렸다.

□ 03 ～一方だ ～할 뿐이다, ～하기만 한다

어떠한 상황이 한쪽 방향으로만 진행된다는 의미를 나타낸다. ない적인 방향으로 진행되는 상황에 주로 사용된다.

[접속] 동사 사전형 ＋ 一方だ　　　　　명사 ＋ の ＋ 一方だ

● 広告を出しているのに、売り上げは減る一方だ。 광고를 내고 있는데도 매출은 계속 줄고만 있다.

□ 04 ～上で ～한 후에

어떠한 일이 끝난 후에 다음 행동을 진행한다는 의미를 나타낸다. 앞에 나오는 문장은 뒤에 나오는 문장의 전제가 되는 경우에 사용된다.

[접속] 동사 た형 ＋ 上で　　　명사 ＋ の ＋ 上で

● その件に関しては検討の上で、決定します。 그 건에 관해서는 검토한 후에 결정하겠습니다.

□ 05 **～上<small>うえ</small>に** ~한 데다가

어떤 일이나 상태에 그 이상이 추가된다는 의미를 나타낸다. 동일한 문맥의 내용을 추가하는 것
이므로, 긍정적인 내용의 문장 뒤에는 긍정적인 내용이, 반대로 **ない**적인 내용의 문장 뒤에는
ない적인 내용이 따른다.

[접속] 동사 / イ형용사 / ナ형용사 / 명사 [명사 수식형] + 上<small>うえ</small>に

● 電気自動車<small>でんきじどうしゃ</small>は、静<small>しず</small>かな上<small>うえ</small>に環境<small>かんきょう</small>に優<small>やさ</small>しい。 전기차는 조용한데다 친환경적이다.

□ 06 **～うちに/～ないうちに** ~하는 사이에 / ~하기 전에

이 문형은 시간적 범위를 나타내는 표현이다. **～うちに**는 상황이나 상태가 변화하고 있는 동안 (~
하는 사이에 = **する間<small>あいだ</small>に**)을 의미하며, **～ないうちに**는 후에 변화가 있을 예정이므로 현재 상태가
변하기 전에(~하기 전에 = **する前<small>まえ</small>に**)라는 의미로 사용된다.

[접속] 동사 사전형 / ている형 + うちに   동사 ない형 + ないうちに
　　　 イ형용사 사전형 + うちに   ナ형용사 명사 수식형 + うちに
　　　 명사 + の + うちに

● 本<small>ほん</small>を読<small>よ</small>んでいるうちに寝<small>ね</small>てしまった。 책을 읽고 있는 사이에 잠이 들어 버렸다.
　雨<small>あめ</small>が降<small>ふ</small>らないうちに家<small>いえ</small>に帰<small>かえ</small>ろう。 비가 오기 전에 집에 가야겠다.

□ 07 **～うる/～えない** ~할 수 있다 / ~할 수 없다

어떠한 일에 대한 가능 여부를 나타내는 표현이다. 다만 능력에 관한 사안에는 사용할 수 없다. 또
한 긍정 표현으로 쓰일 때는 **～うる**, **～える** 모두 사용 가능하지만, **ない** 표현에서는 **～えない**만
사용할 수 있는 점에 유의하자.

[접속] 동사 ます형 + うる / える   동사 ます형 + えない (※うない는 사용할 수 없음)

● 十分<small>じゅうぶん</small>に注意<small>ちゅうい</small>していても、事故<small>じこ</small>は起<small>お</small>こり得<small>う</small>るものだ。
　충분히 주의를 해도 사고는 일어날 수 있는 법이다.
　それは本人<small>ほんにん</small>しか知<small>し</small>り得<small>え</small>ないことだ。 그것은 본인밖에는 알 수 없는 일이다.

□ 08 〜おかげで ~덕분에

어떤 일이 발생한 이유가 다른 사람이나 사물의 도움이었음을 나타내는 표현이며, 좋은 결과가 있었을 때 사용한다. 이와 반대로 **ない**적인 일이 발생한 원인을 나타낼 때는 **〜せいで**(30 참조)가 쓰인다.

> 접속 **동사** / **イ형용사** / **ナ형용사** / **명사** [명사 수식형] ＋ おかげで

● 早く薬を飲んだおかげで、すっかり元気になった。
빨리 약을 먹은 덕분에 완전히 건강해졌다.

□ 09 〜がたい ~하기 어렵다

어떠한 행동을 하는 것이 어려운 상황임을 나타낸다. 물리적인 이유보다는 심리적, 감정적인 어려움으로 할 수 없음을 나타내는 문형이다.

> 접속 **동사 ます형** ＋ がたい

● 詐欺は許しがたい行為である。 사기는 용서할 수 없는 행위이다.

□ 10 〜がち ~한 경향이 있다. ~하기 일쑤다

어떠한 행동이 자주 발생하거나 그러한 경향이 있다는 것을 의미하며, 원치않는 상황이나 상태 등일 경우 사용하는 문형이다.

> 접속 **동사 ます형** ＋ がち　**명사** ＋ がち

● 亜鉛は不足しがちな栄養素の一つである。 아연은 부족해지는 경향이 있는 영양소 중 하나이다.

□ 11 〜かねない ~할 수도 있다

불확실한 추측이나 좋지 않은 상태가 발생할 가능성에 대해 사용하는 문형이다. **〜かねる**(고득점 09 참조)의 부정형으로 생각하기 쉬우나 의미상 별개의 문법으로 이해하는 것이 좋다.

> 접속 **동사 ます형** ＋ かねない

● 誤解を招きかねない表現は使わないほうがいい。
오해를 초래할 수 있는 표현은 쓰지 않는 것이 좋다.

□ 12 　**～かのようだ** ～인 듯하다

실제로는 그렇지 않으나 마치 그렇게 보인다거나 느껴진다는 의미를 나타낼때 사용된다.

　접속　동사 / イ형용사 / ナ형용사 / 동사 [보통형] ＋ かのようだ

　　　ナ형용사 보통형 / 명사 ＋ である ＋ かのようだ

● もう 3 月なのに、まるで真冬に戻ったかのように寒い。
이제 3월인데 마치 한겨울로 돌아간 것처럼 춥다.

□ 13 　**～からこそ** ～이기에, ～하기에

어떠한 일이 일어난 원인이 다른 이유가 아니라, 바로 이 이유 때문이라는 표현으로 이유나 원인을 강조할 때 사용한다.

　접속　동사 / イ형용사 / ナ형용사 / 동사 [보통형] ＋ からこそ

● 忙しいからこそ、家族との時間を大切にしている。
바쁜 때야말로 가족과의 시간을 소중히 하고 있다.

□ 14 　**～からすると / ～からすれば** ～로 보아

어떠한 사안에 있어 ～입장에 따라 판단을 내리면 어떨지를 추측하는 의미로 사용되는 문형이다. 비슷한 표현으로는 ～から言うと/～から言えば(고득점 10 참조), ～から見ると/～から見れば(고득점 15 참조)가 있다.

　접속　명사 ＋ からすると / からすれば

● その習慣は外国人からすると、考えられないことであるかもしれない。
그 습관은 외국인 입장에서 보면 이해할 수 없는 일일지도 모른다.

このデータからすれば、売上が伸びているようだ。
이 데이터로 보면, 매출이 늘어난 것 같다.

□ 15 **～きり** ～채

어떠한 동작이 행해진 후에 더 이상은 반복되어 일어나지 않는 상태가 지속되고 있음을 나타낸다.

접속 동사 た형 + きり

● 彼とは別れたきり、一度も会っていない。 그와는 헤어진 채 한 번도 만나지 않았다.

□ 16 **～きる** 완전히 ～하다, 너무나도 ～한 상태이나

동작을 나타내는 동사와 접속하는 경우에는 '완전히 ～하다'라는 완료의 의미로 사용되며, 信じる, 疲れる와 같이 상태를 나타내는 동사와 접속하여 '너무나도 ～한 상태이다'라는 의미를 나타낸다.

접속 동사 ます형 + きる

● 3人前の料理を一人で食べきった。 3인분의 요리를 혼자서 다 먹었다.
見え透いた嘘を信じ切ってしまった。 뻔한 거짓말을 믿어 버리고 말았다.

□ 17 **～くらい / ～ぐらい** ～정도

대략적인 수량이나 정도를 나타내는 용법과 어떤 동작이나 상태의 정도를 구체적인 예 혹은 비유적 표현으로 설명하는 용법을 갖고 있다.

접속 동사 / イ형용사 [보통형] + くらい / ぐらい
ナ형용사 명사 수식형 + くらい / ぐらい
명사 + くらい / ぐらい

※ 탁음 유무에 관해서 명확한 룰이 존재하지는 않지만 체언 뒤에 탁음으로 접속하는 경우가 많다.

● もう歩けないくらい疲れた。 더 이상 걸을 수 없을 정도로 피곤하다.
彼とはもう3年ぐらい会っていない。 그와는 벌써 3년 정도 만나지 못했다.

□ 18 **～こと** ～할 것 〈명령〉

다른 사람에게 금지사항, 규칙, 명령 등을 전달할 때 사용하는 문형이다. 종조사이므로 반드시 문말에 사용해야 한다.

접속 동사 사전형 / ない형 + こと

● 遅刻する場合は、連絡すること。 지각하게 되는 경우에는 연락할 것.

176 1교시 문법

□ 19　～ことになっている ~하기로 되어 있다

규칙이나 관습, 예정 등으로 인해 이미 그렇게 결정되어 있다는 의미로 사용하는 문형이다.

접속 동사 사전형 ＋ ことになっている
동사 ない형 ＋ ない ＋ ことになっている
명사 ＋ という ＋ ことになっている

● 明日、出張に行くことになっている。 내일 출장을 가기로 되어 있다.

□ 20　～ことはない ~할 필요는 없다

다른 사람에게 조언이나 충고할 때 사용하는 표현으로 자기 자신의 일에는 사용하지 않는다.
「そんなに強く言うことは無いだろ。 그렇게 강하게 말할 필요는 없잖아.」와 같이 비난의 의미로
사용하는 경우도 있다.

접속 동사 사전형 ＋ ことはない

● あなたのせいじゃないから謝ることはないよ。 네 잘못이 아니니까 사과할 필요는 없다.

□ 21　～際 ~할 때

～際는 ~할 때를 기회로 무언가를 한다는 적극적인 느낌을 나타낸다. 그러므로 후속 문장에는,
자연 현상이나 우연적인 일이 아니라 적극적인 동작을 나타내는 표현 또는 「～ください」가 오
는 경우가 많다.

접속 동사 사전형 / た형 ＋ 際(に)　명사 ＋ の ＋ 際(に)

● お困りの際は、いつでもご相談ください。 도움이 필요할 때는 언제든지 상담해 주세요.

□ 22　～最中 한창 ~하는 중

동작의 계속을 나타낼때 사용하는 표현으로, 특히 그 동작이 가장 한창일 때의 시점을 가리킨
다. 후속 문장에는 진행을 중단하게 만든 예상외의 사건에 대한 서술이 오는 경우가 많다.

접속 동사 ている형 ＋ 最中(に)　명사 ＋ の ＋ 最中(に)

● ご飯を食べている最中に大きい地震が起きた。 한창 밥을 먹고 있는 중에 큰 지진이 일어났다.
会議の最中に電話が鳴った。 회의가 한창일 때 전화가 울렸다.

□ 23 **～さえ～ば** ~만 ~하면

앞에 나오는 조건이 갖추어 진다면 후속 문장은 충분히 성립한다는 의미를 나타낸다.

> 접속 명사 + で + さえ + あれば　　　동사 ます형 + さえ + すれば
>
> イ형용사 어간 + く + さえ + あれば　　　ナ형용사 어간 + で + さえ + あれば
>
> 명사 + さえ + 동사 가정형 / イ형용사 + ければ / ナ형용사 + なら / 명사 + なら

- 料理さえできれば、一人暮らしを始めたい。 요리만 할 수 있다면 혼자 살고 싶다.

□ 24 **～ざるをえない** ~하지 않을 수 없다

어떠한 일을 하고 싶지는 않지만 사정때문에 그렇게 할 수밖에 없다는 의미를 나타낸다. 비슷한 용법으로 ～しかない(25 참조), ～ほかない(74 참조) 등이 있다.

> 접속 동사 ない형 + ざるをえない
>
> ※「する」는 예외로「せざるをえない」가 된다.

- それは誤解だと言わざるをえない。 그것은 오해라고 하지 않을 수 없다.

   台風でコンサートを中止にせざるを得なかった。 태풍으로 콘서트를 중지할 수밖에 없었다.

□ 25 **～しかない** ~할 수밖에 없다

달리 방법이 없으므로 그렇게 할 수 밖에 없다는 체념의 기분으로 말할 때 사용하는 표현이다. 를 나타낸다. 출제 빈도가 매우 높은 문형이다.

> 접속 동사 사전형 + しかない

- 終電を逃してしまったから、タクシーで帰るしかない。
   막차를 놓쳐 버려 택시로 돌아갈 수밖에 없다.

□ 26 **～次第** ~하는 대로, ~하는 즉시

현재는 할 수 있는 상황이 아니지만 가능한 상태가 되었을 때 바로 뒤에 나오는 일이 일어날 것이라는 의미로 사용하는 문형이다.「A次第Bする」의 형태로 의지를 나타내거나「A次第Bしてください」의 형태로 의뢰 및 명령을 할 때 사용한다. 따라서 た의 일에는 사용할 수 없다.

> 접속 동사 ます형 + 次第

- 書類ができ次第、お送りいたします。 서류가 완성되는대로 보내드리겠습니다.

□ 27　**〜末に** ～한 끝에

어떤 일이 여러 과정을 거쳐 어떤 상태에 도달했음을 나타내는 용법으로 결과에 이르기까지 오랜 시간이 걸렸거나 여러 가지 어려움이 있었다는 의미를 내포하고 있다. 비슷한 용법으로 〜あげく(01 참조)가 있으나 〜あげく의 경우 유감스러운 기분을 표현하기 때문에, 주로 ない적인 내용이 뒤에 오는 반면, 〜末に는 ない적인 내용, 긍정적인 내용이 모두 올 수 있다.

접속 동사た형 + 末に　　　　　명사 + の + 末に

● さんざん検討した末に出した結論である。 골똘히 검토한 끝에 내놓은 결론이다.
　この商品は長年の研究の末に完成されたものである。 이 상품은 오랜 연구 끝에 완성된 것이다.

□ 28　**〜ずにはいられない / 〜ないではいられない**
〜하지 않을 수 없다

신체적으로 견딜 수 없는 경우나, 어떤 상황을 보고 하고 싶은 마음이 일어 그걸 참지 못해 그렇게 되어 버렸다는 의미로 사용한다.

접속 동사ない형 + ずにはいられない / ないではいられない
　　※「する」는「せずにはいられない / しないではいられない」로 접속한다.

● その映画はとても面白くて、笑わずにはいられなかった。
　그 영화는 너무 재미있어서 웃지 않을 수 없었다.
　彼女の歌を聞くと、泣かないではいられない。 그녀의 노래를 들으면 울지 않을 수 없다.

□ 29　**〜すら** ～조차

하나의 극단적인 사항을 예로 제시하여, '다른 것은 당연히 말할 필요도 없다'는 뉘앙스를 나타낸다. 뒤에는 〜ない와 같은 ない 표현을 동반하는 경우가 많다. 비슷한 용법으로 〜さえ(고득점 26 참조)가 있는데, 〜すら가 더 문어적인 표현이다.

접속 명사 (+ 조사) + すら

● この問題は難しくて、先生ですら解けなかった。 이 문제는 어려워서 선생님조차 풀 수 없었다.
　喉が痛くて、水すら飲めない状態だ。 목이 아파 물조차 마실 수 없는 상태다.

□ 30 ～せいで ~탓에

어떠한 일이 원인이 되어 좋지 않은 결과가 생겼다는 의미를 나타낸다. 이와 반대로 좋은 결과가 발생한 경우에는 ～おかげで(008 참조)가 쓰인다.

接続 동사 / イ형용사 / ナ형용사 / 명사 [명사 수식형] + せいで

● 雨が降ったせいで旅行が中止になった。 비가 온 탓에 여행이 중지되었다.

交通渋滞のせいで会社に遅刻してしまった。 교통 체증 탓에 회사에 지각하고 말았다.

□ 31 ～だけに / ～だけあって ~인 만큼

어떤 특정 결과나 상황에 대해 그에 걸맞는 이유나 요인이 있음을 강조하는 표현이다.

接続 동사 / イ형용사 / ナ형용사 / 명사 [명사 수식형] + だけに

● 母は初めての海外旅行なだけに、かなり緊張している。
엄마는 첫 해외여행인 만큼 많이 긴장하고 있다.

彼は１０年もアメリカに住んでいただけあって英語がペラペラだ。
그는 10년이나 미국에 살았던 만큼 영어가 유창하다.

□ 32 ～たところ ~했더니

일상적인 사건의 대한 설명이 아니라 놀라움이나 새로운 발견이 있었음을 강조할 때 사용하는 문형이다.

接続 동사 た형 + ところ

● 教室のドアを開けてみたところ、誰もいなかった。 교실 문을 열어 봤더니 아무도 없었다.

□ 33 ～たびに ~할 때마다

동작의 반복을 강조하는 표현으로 '어떤 일을 할 때는 항상 그렇게 한다'는 의미를 나타낸다. 일상적인 일이나 습관적인 일에는 사용하지 않으며, ～たびに의 뒤에 ない문과 형용사문은 올 수 없다.

接続 동사 사전형 + たびに   명사 + の + たびに

● この曲を聞くたびに彼のことを思い出す。 이 곡을 들을 때마다 그가 생각난다.

□ 34　〜つつある　〜하고 있다

동작이나 작용이 한 방향으로 변화하고 있음을 나타내는 문형이다.

접속 동사 ます형 + つつある

● 世界<small>せかい</small>の景気<small>けいき</small>は回復<small>かいふく</small>しつつある。　세계 경기는 회복하고 있다.

□ 35　〜てからでないと　〜한 후가 아니면, 〜하지 않고서는

앞에서 언급된 조건이 달성되지 않으면 뒤의 내용이 실현될 수 없다는 의미를 나타낸다. 뒤에는 ない적인 의미를 나타내는 표현이 오는 경우가 많으며, 〜てからでなければ로도 사용한다.

접속 동사 て형 + からでないと

● 上司<small>じょうし</small>に聞<small>き</small>いてからでないと、決<small>き</small>めることはできない。
상사에게 물어보고 나서가 아니면 결정할 수 없다.

　20歳<small>さい</small>になってからでなければ、お酒<small>さけ</small>は飲<small>の</small>めない。　20살이 되어서가 아니면 술을 마실 수 없다.

□ 36　〜てしょうがない　〜해서 어쩔 수가 없다, 〜해서 견딜 수가 없다

주로 감정 상태를 나타내는 단어 뒤에 붙어서, 그 감정의 크기가 너무 강하다는 것을 강조하는 표현이다. 〜しょうがない는 〜しようがない의 회화체 표현이며, 비슷한 용법으로는 〜てしかたがない, 〜てたまらない(고득점 39 참조)가 있다.

접속 동사 て형 + しょうがない
　　　イ형용사 어간 + くて + しょうがない
　　　ナ형용사 어간 + で + しょうがない

● テストの結果<small>けっか</small>が気<small>き</small>になってしかたがない。　시험 결과가 신경 쓰여 견딜 수가 없다.

□ 37　〜て初<small>はじ</small>めて　〜해서야 비로소

이전에는 경험한 적이 없는, 처음으로 겪은 그 일이 계기가 되어 어떠한 사실을 알게 되었다는 의미를 나타낸다. 뒤에 오는 문장의 계기가 된 사건 및 전제 조건을 앞에 서술한다.

접속 동사 て형 + 初<small>はじ</small>めて

● 一人暮<small>ひとりぐ</small>らしをしてはじめて、親<small>おや</small>のありがたさがわかった。
혼자 살기 시작하고 나서야 비로소 부모님의 고마움을 알 수 있었다.

□ 38　**～ということだ / ～とのことだ** ～라고 한다

들은 내용을 전달하는 전문(전달)의 용법이다. 같은 의미의 「～そうだ」나 「～と言っていました」보다 다소 딱딱한 표현이기 때문에 방송이나 신문 등에서 사용되는 경우가 많다.

接続　動詞 / イ形容詞 / ナ形容詞 / 名詞 [보통형] + ということだ / とのことだ

● 彼は来月結婚するということだ。
　그는 다음 달에 결혼한다고 한다.

　彼は来月で会社を辞めるとのことだ。
　그는 다음 달에 회사를 그만둘 것이라고 한다.

□ 39　**～というと / ～といえば** ～라고 하면, ～로 말하자면

어떤 화제에 관해 연상되는 것을 제시하고 싶을때 사용하는 문형이다. 앞에 제시된 화제에 관해 대표적이거나 유명한 것을 언급하는 것이 일반적이다.

接続　名詞 + というと / ～といえば

● 日本料理というと、刺身が思い浮かぶ。
　일본 요리라고 하면 생선회가 떠오른다.

　日本の夏といえば、やっぱり花火である。
　일본의 여름이라고 하면 역시 불꽃놀이다.

□ 40　**～といっても** ～라고 해도

앞에서 화제로 나온 말과 실제 내용이 대립되는 경우에 사용되는 문형이다. 상대방이 인식하고 있는 내용이 실제와는 어느 정도 거리가 있다는 것을 나타내는 표현이다.

接続　動詞 / イ形容詞 [보통형] + といっても
　　　ナ形容詞 어간 (+ だ) + といっても
　　　名詞 (+ だ) + といっても

● 英語ができるといっても挨拶程度である。
　영어를 할 줄 안다고 해도 인사 정도다.

□ 41 ～と思うと / ～と思ったら ～라고 생각했더니

어떤 일이 발생한 후에 바로 다른 일이 발생하는 경우를 나타낸다. 이때 뒤 문장에 앞 문장과는 다른 의외의 내용이 제시되어 말하는 사람의 놀람의 감정이 포함되어 있는 경우가 많다. 또한, 자신의 행동에는 사용할 수 없으며, 뒤 문장에 의지문, 명령문, **ない**문 등은 올 수 없다.

접속 동사 た형 ＋ と思うと / と思ったら

- やっと雨が降り止んだかと思うと、また降り出した。
  겨우 비가 그쳤나 싶더니 다시 내리기 시작했다.

  電車が動き出したかと思ったら、また止まった。 전철이 움직이나 싶었더니 다시 멈췄다.

□ 42 ～とおり / ～どおり ～대로

앞에 제시된 단어와 같은 내용이나 상태라는 의미를 나타낸다.

접속 동사 사전형 / た형 ＋ とおり
　　　명사 ＋ の ＋ とおり　　　명사 ＋ どおり

- 思った通り、彼女は来なかった。 생각했던 대로 그녀는 오지 않았다.

  仕事は予定どおりに終わらなかった。 일은 예정대로 끝나지 않았다.

□ 43 ～とか ～라던데, ～라던가

어딘가에서 들은 정보를 타인에게 전달하는 전문(전달)의 용법이다. 같은 용법의 「そうだ」, 「ということだ」보다 정보의 근거가 불확실한 경우에 사용되며, 말하는 이가 정보의 근거를 밝히기 싫은 경우에 사용하기도 한다.

접속 동사 / イ형용사 / ナ형용사 / 명사 [보통형] ＋ とか

- 来週からずっと雨だとか。 다음 주부터 계속 비라고 하던데.

□ 44 ～として ～로서

어떤 사람이나 사물이 특정한 역할, 자격, 입장 등에 있을 때 이를 강조하기 위해 사용하는 표현이다.

접속 명사 ＋ として

- 彼は日本代表として大会に出場した。 그는 일본 대표로 대회에 출전했다.

□ 45　〜としても　〜라고 할지라도

앞에서 제시된 조건이 성립한다 해도 뒤에 오는 문장의 조건에는 영향이 없음을 나타내는 표현이다. たとえ와 함께 쓰이는 경우가 많다.

<tt>접속</tt> 동사 / イ형용사 / ナ형용사 / 명사 [보통형] ＋ としても

● 大学を卒業するとしても、日本語の勉強は続けたい。
　대학을 졸업한다고 해도 일본어 공부는 계속 하고 싶다.

□ 46　〜とする　〜라고 하다 〈① 가정　② 판단〉

<tt>접속</tt> 동사 / イ형용사 [보통형] ＋ とする
　　　 ナ형용사 어간 (＋ だ) ＋ とする
　　　 명사 (＋ だ) ＋ とする

① 가정을 나타내는 의미로 사용되며, 〜とすると, 〜としたら, 〜とすれば 등으로 활용되기도 한다.

● 未知数をXとする。
　미지수를 X라고 하자. 〈가정〉

② 판단을 나타내는 경우에는 앞에 오는 내용의 객관성을 강조하기 위하여 〜とされる의 형태로 사용되는 경우도 있다.

● 検察は今回の被害を総額2億円とした。
　검찰은 이번 피해를 총액 2억 엔이라 판단했다. 〈판단〉

□ 47　〜としたら / 〜とすれば　〜라고 한다면(〜라고 가정하면)

만약 어떤 일이 실제로 일어난다고 가정한다면이라는 표현이다.

<tt>접속</tt> 동사 / イ형용사 / ナ형용사 / 명사 [보통형] ＋ としたら / とすれば

● 海に行くとしたら、夏がいいですね。
　바다에 간다면 여름이 좋겠네요.

　その話が本当だとしたら、彼が犯人ということになる。
　그 말이 사실이라고 하면 그가 범인이라는 말이 된다.

48

～とはいえ ~라고는 해도

어떤 예상이나 기대가 실제와 다를 경우 사용하는 문형이다. ～といっても와 비슷한 의미이지만, ～とはいえ가 좀 더 딱딱한 느낌을 준다.

> 접속 동사 / イ형용사 [보통형] + とはいえ
> ナ형용사 어간 (+ だ) + とはいえ
> 명사 (+ だ) + とはいえ

● プロジェクトは成功したとはいえ、まだ問題点が残っている。
  프로젝트는 성공했다고는 하지만 아직 문제점이 남아 있다.

～とばかり思っていた ~라고만 생각하고 있었다

줄곧 생각해 왔던 일이 사실과 다를때 사용하는 문형이다.

> 접속 동사 / イ형용사 / ナ형용사 / 명사 [보통형] + とばかり思っていた

● 今日は水曜日だとばかり思っていたが、木曜日だった。
  오늘은 수요일이라고만 생각하고 있었는데 목요일이었다.

～ないことには ~하지 않고서는

앞에 제시되는 내용이 성립하지 않으면 뒤에 나오는 문장도 성립되지 않음을 나타낸다. '꼭 그렇게 해야 한다'는 점을 강조하려는 표현 의도를 갖고 있으며 ～ないことには 뒤에는 부정문이 따른다.

> 접속 동사 ない형 + ないことには
> イ형용사 어간 + く + ないことには
> ナ형용사 어간 + で + ないことには
> 명사 + で + ないことには

● 食べてみないことには、美味しいかどうか分からない。
  먹어 보지 않고서는 맛이 있을지 없을지 모르겠다.

□ 51 〜ながら 〜하면서

서로 모순되는 두 개의 사항을 연결하는 역접 표현이다. 비슷한 의미로는 〜けれども, 〜にも
かかわらず(55 참조) 등이 있다.

접속 　동사 ます형 + ながら　　　　　동사 ない형 + ない + ながら
　　　　イ형용사 사전형 + ながら　　　　ナ형용사 어간 + ながら
　　　　명사 + ながら

● このパソコンは安いながら、高いものよりも性能がいい。
  이 컴퓨터는 저렴하면서 비싼 제품보다도 성능이 좋다.

□ 52 〜なんて / 〜なんか / 〜など 〜같은 것 〈① 예시 ② 경멸이나 겸손〉

제시된 단어를 가벼운 느낌이 들도록 나타내는 표현으로, 예시와 경멸, 겸손의 용법이 있다.

접속 　명사 + なんて / なんか / など

① 예시의 용법인 경우에는 어떠한 화제를 가볍게 제시할 때 쓴다.

● お酒なら、ワインなんかよく飲んでいる。 술이라면, 와인 같은 것을 자주 마시고 있다. 〈예시〉

② 경멸이나 겸손의 용법으로 쓰일 때는 남에게 사용하는 경우에는 경멸, 자신에게 사용하는 경
　우에는 겸손의 느낌을 갖는다.

● 彼の話なんて誰も信じない。 그의 말 따위는 아무도 믿지 않는다. 〈경멸〉
  私などにきちんとできるかわかりませんが、がんばります。
  저같은 사람이 제대로 할 수 있을지 모르겠지만 열심히 하겠습니다. 〈겸손〉

□ 53 〜において 〜에 있어서, 〜에서

문장체에서 주로 쓰이는 표현으로, 어떤 일이 이루어지는 장소, 상황, 분야 등을 나타낸다.

접속 　명사 + において

● グローバル社会において英語力はとても重要である。
  글로벌 사회에서 영어 실력은 매우 중요하다.

□ 54 ～に応じて（おう） ～에 상응하여, ～에 적합하게

앞에 제시된 단어에 변화가 생기면 뒤에 나오는 일도 그에 맞춰 변화한다는 것을 의미한다.

접속 명사 + に応じて（おう）

● ABCレストランは季節（きせつ）に応じて（おう）メニューが変わる（か）。
  ABC 레스토랑은 계절에 맞게 메뉴가 달라진다.

□ 55 ～にかかわらず ～에 관계없이

앞에서 제시하는 내용이 어떻든간에 뒤에 나오는 일은 영향을 받지 않고 성립된다는 의미를 나타낸다. 앞에서 제시되는 내용은 날씨, 경험, 시간 등의 정도를 나타내는 표현이나 좋든 싫든, 크든 작든 등과 같은 대립적인 표현이다.

접속 동사 사전형 + ない형 + ない + にかかわらず

　　명사 + にかかわらず

　　※ 형용사의 경우 「긍정형 + 부정형 + にかかわらず」, 「상반된 두 단어 + にかかわらず」의 형식으로 사용되며, 「각 품사의 사전형 + かどうか+にかかわらず」의 형태로 나타내기도 한다.

● この割引券（わりびきけん）は曜日（ようび）にかかわらず使用（しよう）できる。 이 할인권은 요일에 관계없이 사용할 수 있다.

□ 56 ～に限らず（かぎ） ～뿐 아니라

제시된 내용뿐 아니라 다른 것도 존재한다는 의미를 나타내며, 문장체에서 주로 사용한다. 회화체에서는 ～だけではなく의 형태가 많이 사용된다.

접속 명사 + に限らず（かぎ）

● このアニメは、子（こ）どもに限らず（かぎ）大人（おとな）にも人気（にんき）がある。
  이 애니메이션은 어린이뿐만 아니라 어른들에게도 인기가 있다.

□ 57 ～に限る（かぎ） ～이 최고다

제시된 내용이 가장 좋다는 의미를 나타낸다. 말하는 이가 주관적으로 최선이나 최고라고 생각하는 것을 주장할 때 사용한다.

접속 동사 사전형 + に限る（かぎ）　　　동사 ない형 + ない + に限る（かぎ）

　　명사 + に限る（かぎ）

● 映画（えいが）は家（いえ）より映画館（えいがかん）で見る（み）に限る（かぎ）。 영화는 집보다 영화관에서 보는 것이 제일이다.

☐ 58 **〜にかけては** ~에 있어서는, ~에 관한 한

어떤 분야에 있에 기술이나 지식이 다른 사람보다 뛰어나다는 것을 나타낸다. 〜にかけては의 뒤에는 평가를 나타내는 표현이 사용된다.

접속 명사 ＋ にかけては

● 計算<ruby>けいさん</ruby>にかけては誰<ruby>だれ</ruby>にも負<ruby>ま</ruby>けない自信<ruby>じしん</ruby>がある。
계산에 관한 한 누구에게도 지지 않을 자신이 있다.

☐ 59 **〜に関<ruby>かん</ruby>して** ~에 관해서

주제로 제시하고자 하는 내용을 나타내며, 같은 의미의 〜について보다는 딱딱한 느낌의 문어체 표현이다.

접속 명사 ＋ に関<ruby>かん</ruby>して

● 事故<ruby>じこ</ruby>の原因<ruby>げんいん</ruby>に関<ruby>かん</ruby>して調査<ruby>ちょうさ</ruby>が進<ruby>すす</ruby>められている。 사고의 원인에 관해서 조사가 진행되고 있다.

☐ 60 **〜にこたえて** ~에 부응하여

상대가 희망, 요구, 기대하는대로 부응한다는 의미를 나타낸다.

접속 명사 ＋ にこたえて

● 田中<ruby>た なか</ruby>さんは両親<ruby>りょうしん</ruby>の期待<ruby>き たい</ruby>にこたえて、医者<ruby>い しゃ</ruby>になった。
다나카 씨는 부모님의 기대에 부응해 의사가 됐다.

☐ 61 **〜にしたがって** ~에 따라서

한쪽이 변화함에 따라 다른 쪽도 함께 변화한다는 의미를 나타낸다.

접속 동사 사전형 ＋ にしたがって
명사 ＋ にした

● 暗<ruby>くら</ruby>くなるにしたがってだんだん寒<ruby>さむ</ruby>くなってきた。
날이 어두워짐에 따라 점점 추워지기 시작했다.

□ 62 　**～にしたら / ～にすれば** ~로서는, ~입장에서는

주로 사람을 나타내는 명사 뒤에 접속하여, 그 사람의 입장이나 관점을 나타낼 때 사용한다.

접속 　명사 ＋ にしたら / にすれば

● 寒がりの人にしたら、この部屋は寒すぎる。
추위를 많이 타는 사람 입장에서는 이 방은 너무 춥다.

日本人にすれば、簡単な漢字でも外国人にとってはとても難しい。
일본인 입장에서는 간단한 한자라도, 외국인에게는 매우 어렵다.

□ 63 　**～にすぎない** ~에 지나지 않는다, ~에 불과하다

질적 · 양적으로 정도의 낮음을 강조하는 표현으로 표현 대상이 별것이 아니라는 비하의 느낌을 주기도 한다.

접속 　동사 / イ형용사 [보통형] ＋ にすぎない
　　　　ナ형용사 어간 ＋ である ＋ にすぎない
　　　　명사 (＋ である) ＋ にすぎない

● これは素人の分析に過ぎない。 이것은 아마추어의 분석일 뿐이다.

□ 64 　**～に相違ない** ~임에 틀림없다

말하는 이의 확신을 나타내는 추량표현으로, 같은 의미의 **～に違いない**(65 참조)와 보다 딱딱한 느낌의 문장체 표현이다.

접속 　동사 / イ형용사 [보통형] ＋ に相違ない
　　　　ナ형용사 어간 ＋ に相違ない
　　　　명사 ＋ に相違ない

● メールが行き違いになったに相違ない。
메일이 엇갈려 버렸음이 틀림없다.

□ 65　〜に違^{ちが}いない _{〜임에 틀림없다}

말하는 이의 확신을 나타내는 추량표현으로, 확신을 강조하기 위해 사용하는 표현이다.

접속 동사 / イ형용사 [보통형] + に違^{ちが}いない

ナ형용사 어간 + に違^{ちが}いない

명사 + に違^{ちが}いない

- 彼女^{かのじょ}はいつも遅^{おく}れて来^くるので、今日^{きょう}も遅刻^{ちこく}するに違^{ちが}いない。
  그녀는 항상 늦게 오기 때문에 오늘도 지각할 것임이 틀림없다.

□ 66　〜につれて _{〜에 따라서}

한쪽이 변화함에 따라 다른 쪽도 함께 변화한다는 의미로 사용된다. 비슷한 표현으로 〜にした がって(61 참조), 〜にともなって(67 참조)가 있다.

접속 동사 사전형 + につれて

명사 + につれて

- 仕事^{しごと}が忙^{いそが}しくなるにつれて、友達^{ともだち}と会^あう時間^{じかん}も減^へってきた。
  일이 바빠짐에 따라 친구들과 만나는 시간도 줄어들었다.

□ 67　〜にともなって _{〜에 따라서, 〜와 동시에}

한쪽의 변화와 동시에 다른 쪽도 변화한다는 의미이며, 사회적인 일에 사용될 때가 많다. 〜に したがって(61 참조), 〜につれて(66 참조)와 유사한 표현이다.

접속 동사 사전형 + にともなって

명사 + にともなって

- 地球温暖化^{ちきゅうおんだんか}にともなって様々^{さまざま}な問題^{もんだい}が起^おきている。
  지구온난화에 따라서 여러 가지 문제가 일어나고 있다.

다만, 〜にともなって가 '〜와 동시에'의 의미로 쓰이는 경우는 〜にしたがって(61 참조), 〜に つれて(66 참조)로 바꿀 수 없다.

- 地震^{じしん}にともなって火災^{かさい}が発生^{はっせい}することがある。
  지진이 일어남과 동시에 화재가 발생하는 경우가 있다.

□ 68 **～にもかかわらず** ~에도 불구하고

문장 뒷부분에는 앞부분의 제시된 조건과는 반대되는 내용이 올 때 말하는 이의 놀람, 불만, 비난 등의 기분을 나타내는 표현이다. 조사 ~のに와 비슷한 의미이다.

접속 **동사** / **イ형용사** [보통형] + にもかかわらず
ナ형용사 어간 + にもかかわらず
명사 + にもかかわらず

● イベントは大雨_{おおあめ}にもかかわらず、多くの人_{おお ひと あつ}が集まった。
행사는 폭우에도 불구하고 많은 사람들이 모였다.

□ 69 **～によって** ~에 의해서 〈① 원인·근거, 수단·방법, 수동의 동작주〉, ~에 따라서 〈② 대응〉

접속 **명사** + によって

① '~에 의해서'라는 의미로 원인·근거, 수단·방법 등을 나타낸다. 또한 수동문에서의 동작주를 나타낼 때도 사용한다.

● 地震_{じしん}によって多くの人_{おお ひと な}が亡くなった。 지진으로 인해 많은 사람들이 죽었다. 〈원인〉

ごみの不法投棄_{ふ ほうとうき}は法律_{ほうりつ}によって禁止_{きんし}されている。
쓰레기의 불법 투기는 법률에 의해 금지되어 있다. 〈근거〉

人_{ひと}は失敗_{しっぱい}によって多くのことを学ぶ_{おお まな}。 사람은 실패를 통해 많은 것을 배운다. 〈수단·방법〉

アメリカ大陸_{たいりく}はコロンブスによって発見_{はっけん}された。
아메리카 대륙은 콜럼버스에 의해 발견되었다. 〈수동의 동작주〉

② '~에 따라서'로 해석되며 앞에서 제시된 내용이 달라지면 이에 대응하여 뒤에 나오는 내용도 달라진다는 의미로 사용된다.

● 給料日_{きゅうりょうび}は会社_{かいしゃ}によって異なる_{こと}。 월급날은 회사에 따라 다르다. 〈대응〉

□ 70 **～にわたって** ~에 걸쳐서

어떤 행위나 상태가 시간, 분야, 장소 등의 범위 전체에 걸쳐 이루어지는 모습을 나타내는 표현이다. ～にわたって는 기점을 제시하여 ～から～にわたって로 쓰이는 경우도 있다.

접속 **명사** + にわたって

● 日本全域_{にほんぜんいき}にわたって台風_{たいふう}の影響_{えいきょう}が出_でている。 일본 전역에 걸쳐 태풍의 영향이 나타나고 있다.

□ 71 〜はもちろん / 〜はもとより ~은 물론

앞에 제시된 내용은 말할 필요도 없이 당연하며 뒤에 나오는 내용 역시 그러하다는 의미를 나타낸다. 뒤에 제시되는 단어에는 조사「も」를 사용하는 경우가 많으며 〜はもとより는 〜はもちろん보다 딱딱한 느낌의 문어체 표현이다.

접속 명사 + はもちろん / はもとより

● 彼は顔はもちろん、性格もいい。 그는 얼굴은 물론 성격도 좋다.
　ラーメンは日本人はもとより、外国人にも人気がある。
　라멘은 일본인은 물론 외국인에게도 인기가 있다.

□ 72 〜べきだ / 〜べきではない ~해야 한다 / ~해서는 안 된다

상식적으로 그렇게 하는 것이 당연하다고 이야기할 때 사용하는 표현으로 상대의 행위에 대해 권유나 충고의 의미를 갖는 경우가 많다. 자기 자신이 해야 할 의무에 대해서는 〜べきだ를 사용하지 않으며 이때는 같은 용법을 갖고 있는 〜なければならない를 써야 한다.

접속 동사 사전형 + べきだ / べきではない
　　※「する」는「すべきだ」가 된다.

● 交通ルールはきちんと守るべきだ。 교통 규칙은 잘 지켜야 한다.
　見た目で人を判断す(る)べきではない。 겉모습으로 사람을 판단해서는 안 된다.

□ 73 〜へと ~으로

조사 〜へ와 마찬가지로 이동의 방향을 나타낸다. 어느 한 기준이 되는 장소로부터 다른 장소로 이동하는 것을 나타내는 向かう, 向ける, 出向く, 出かける, ずれる, ずらす, 傾く, 傾ける와 같은 동사와 함께 사용되며, 行く 등 기준이 되는 장소로부터의 이동이라 느껴지지 않는 동사는 사용하기 어렵다.

접속 명사 + へと

● 飛行機に乗るために空港へと向かった。 비행기를 타기 위해 공항으로 향했다.

□ 74 ～ほかない / ～ほかはない / ～よりほかはない
～할 수밖에 없다

다른 방법이 없기 때문에 그렇게 할 수 밖다'는 의미로, 체념이나 단념의 감정을 나타낼 때 사용한다. 같은 용법으로는 ～しかない(25 참조)가 있다.

접속　**동사 사전형** ＋ ほかない / ほかはない / よりほかはない

● 終電に乗り遅れたので、タクシーで帰るほかない。
막차를 놓쳤기 때문에 택시로 돌아갈 수밖에 없다.

進学に失敗したら、国に帰るほかはない。　진학에 실패하면 본국으로 돌아갈 수밖에 없다.

風邪を引いたので、会社を休むよりほかない。　감기에 걸렸으니 회사를 쉬는 수밖에 없다.

□ 75 ～ほど　～정도, ～만큼

동작이나 상태의 정도를 예를 사용해 나타내는 표현으로, ～くらい(17 참조)와 비슷한 의미이다.

접속　**동사 사전형** / **ない형** ＋ ほど
　　　イ형용사 사전형 / **ない형** ＋ ほど
　　　ナ형용사 명사 수식형 ＋ ほど
　　　명사 ＋ ほど

● 家の近くで工事をしていて、集中できないほどうるさい。
집 근처에서 공사를 하고 있어서 집중할 수 없을 정도로 시끄럽다.

□ 76 ～まい　～하지 않겠다〈① 부정의 의지〉, ～하지 않을 것이다〈② 부정의 추측〉

접속　**동사 사전형** ＋ まい
　　　※ 2그룹/3그룹 동사의 경우에는 ます형 ＋ まい의 형태로 사용하기도 한다.
　　　또한 3그룹 동사인「する」는「すまい」,「来る」는「来まい」의 형태를 갖기도 한다.

① '절대로 그렇게 하지 않겠다'는 강한 부정의 의지를 나타낸다. 때문에 1인칭 주어가 사용된다.

● あんなに汚い店、もう二度と行くまい。
저렇게 더러운 가게, 두 번 다시 가지 않을 것이다. 〈부정의 의지〉

② 주어가 제3자이거나 사물일 때, 혹은 상태나 가능을 나타내는 동사와 함께 사용될 때에는 부정의 추측의 의미를 갖는다.

● もう熱は下がったから、心配する必要はあるまい。
이제 열은 내렸으니 걱정할 필요는 없을 것이다. 〈부정의 추측〉

□ 77 **～ものだ** ～하는 법이다〈① 당연・충고〉, ～해 보고 싶다〈② 희망〉, ～하곤 했다〈③ 회상〉

① ～ものだ의 여러 용법 중에서 가장 기본적인 용법으로 당연한 일이나 상식이라고 생각되는 것을 말할 때 사용하는 표현이다. 상식적으로 당연히 그래야 한다는 의미를 갖고 있기 때문에 ～ことだ(111 참조)와 같이 상대방에게 충고를 하는 의미로 사용되기도 한다.

> 접속　　동사 / イ형용사 / ナ형용사 [명사 수식형] + ものだ
> ※ 부정문은 「～ものではない」 혹은 각 품사의 「부정형 + ものだ」의 형태를 취한다.

● プレゼンテーションの前は誰でも緊張するものだ。
프레젠테이션 전에는 누구나 긴장하는 법이다. 〈당연〉

お金の無駄遣いはするものじゃない。
돈 낭비는 하는 것이 아니다. 〈충고〉

② 지금의 순간적인 희망이 아니라, 오랫동안 원해왔던 일 혹은 실현하기 어려운 일에 대한 희망의 감정을 강조하기 위해 사용하는 표현이다. 일반적으로 ～たいものだ, ～ほしいものだ 등의 형태로 ～たい, ～ほしい보다 강한 희망을 나타낸다.

> 접속　　동사 ます형 + たい + ものだ
> 　　　　동사 て형 + ほしい + ものだ

● いつか宇宙旅行に行ってみたいものだ。
언젠가 우주여행을 가 보고 싶다. 〈희망〉

③ 과거를 회상하는 용법으로 단순한 과거의 일회적인 경험이 아니라, 습관적이고 반복적인 동작을 떠올릴 때 사용한다.

> 접속　동사 た형 + ものだ

● 子供の頃、よくこの公園で遊んだものだ。
어렸을 때 자주 이 공원에서 놀곤 했었다. 〈회상〉

□ 78 **～ものなら** ～한다면

실현이 어려운 일을 희망할 때 사용하는 표현이다. 가능을 나타내는 동사와 함께 사용되며 뒤에는 ～たい, ～ほしい와 같은 희망의 표현이 오는 경우가 많다.

> 접속　동사 가능형 + ものなら

● 人生をやり直せるものなら、今すぐやり直したい。
인생을 다시 시작할 수 있다면 지금 당장 다시 시작하고 싶다.

□ 79　〜ものの　～이기는 하지만

앞에서 제시된 내용에서 기대되는 결과가 후속절에서 일어나지 않음을 나타내는 역접 표현이다.

> 접속　동사 / イ형용사 / ナ형용사 / 명사 [명사 수식형] + ものの

● 免許を取ったものの、まだ一人で運転したことはない。
  면허를 땄지만 아직 혼자 운전해 본 적은 없다.

□ 80　〜ようがない　～할 수가 없다, ～할 방도가 없다

불가능한 일임을 강조하여 말할 때 사용하는 표현이다. 동작을 나타내는 타동사의 ます형에 〜よう가 붙으면 '～하는 방법'을 나타내므로, 동사의 ます형에 〜ようがない가 붙으면 '～할 방법이 없다'는 의미가 된다. 이는 한국어로 '～할 수가 없다'고 해석하면 자연스럽다.

> 접속　동사 ます형 + ようがない

● 彼の病気は、今の医療技術では治しようがないそうだ。
  그의 병은 지금의 의료기술로는 고칠 수가 없다고 한다.

□ 81　〜わけがない　～할 리가 없다, ～할 리는 없다

말하는 이가 어떠한 일에 대해 가능성이 없음을 확신을 가지고 말할 때 사용하는 표현이다. 비슷한 표현으로 〜はずがない가 있다.

> 접속　동사 / イ형용사 [보통형] + わけがない
>
> ナ형용사 / 명사 [명사 수식형] + わけがない

● こんな豪華な家、サラリーマンの私に買えるわけがない。
  이런 호화로운 집, 월급쟁이인 내가 살 수 있을 리가 없다.

□ 82　〜わけだ　～할 만도 하다, ～하는 것은 당연하다

어떤 사실이나 상황에 대해 당연히 그렇게 되는 이유를 설명할 때 사용하는 표현이다. 또한 상대방의 설명을 듣고 완전히 이해했음을 나타낼 때 사용하기도 한다.

> 접속　동사 / イ형용사 [보통형] + わけだ
>
> ナ형용사 / 명사 [명사 수식형] + わけだ

● 田中さんは３年間中国に住んでいたから、中国語が話せるわけだ。
  다나카 씨는 3년간 중국에 살았으니 당연히 중국어를 할 수 있는 것이다.

□ 83 〜わけではない 반드시 ~한 것은 아니다

'당연히 그렇다'라는 뜻을 가지는 〜わけだ의 부정형에 해당하지만, 의미는 〜というものではない(고득점 42 참조)와 같이 '반드시 그렇다고 단정할 수 없다'라는 부분 부정을 나타낸다. 또한 앞에서 나온 내용으로부터 예상되는 일을 완곡적으로 부정하는 경우에도 사용된다.

> 접속 동사 / イ형용사 [보통형] + わけではない
> ナ형용사 / 명사 [명사 수식형] + わけではない

● 金持ちだからといって幸せなわけではない。
부자라고 해서 반드시 행복한 것은 아니다.

□ 84 〜わけにはいかない ~할 수는 없다

어떤 일에 대해 하고 싶은 마음은 있지만 이유나 사정에 의해 '그렇게 할 수는 없다'는 의미를 나타낸다. 또한, 동사의 부정형과 함께 사용될 경우에는, '그렇게 할 수 밖에 없다'는 의미로 사용된다.

> 접속 동사 사전형 + わけにはいかない
> 동사 ない형 + ない + わけにはいかない

● 熱があるけど、今日は大事な会議があるから休むわけにはいかない。
열이 있지만, 오늘은 중요한 회의가 있어서 쉴 수는 없다.
来週、試験があるから、勉強しないわけにはいかない。
다음 주 시험이 있기 때문에 공부하지 않으면 안 된다.

□ 85 〜をこめて ~을 담아

愛, 気持ち, 心 등 감정을 나타내는 추상적인 명사와 함께 사용되며, 어떠한 행동을 하는데 있어 앞에 나오는 감정을 담아 행한다는 의미를 나타낸다.

> 접속 명사 + をこめて

● 母の日に感謝の気持ちを込めて、花束を贈った。
어머니의 날에 감사의 마음을 담아 꽃다발을 선물했다.

□ 86 ## 〜を通して / 〜を通じて _{〜을 통해}

〜を通して와 〜を通じて는 어떤 일을 하는데 수단이나 매개가 되는 것을 나타내는 표현이다.

[접속] [명사] + を通して / を通じて

● インターネットを通して世界の情報が手に入れるようになった。
인터넷을 통해 세계의 정보를 얻을 수 있게 되었다.

ボランティア活動を通じて多くのことを学んだ。
봉사활동을 통해 많은 것을 배웠다.

□ 87 ## 〜を問わず _{〜을 불문하고}

어떤 일을 하는데 있어 앞에 제시된 내용에 대해 문제를 삼거나 영향을 받거나 하지 않는다는
의미로 사용된다.

[접속] [명사] + を問わずて

● 田中さんは昼夜を問わず働いている。 다나카 씨는 밤낮을 가리지 않고 일하고 있다.

□ 88 ## 〜をはじめ _{〜을 비롯하여}

같은 그룹에 속해있는 것들 중에 대표적인 예를 거론할 때 사용하는 표현이다.

[접속] [명사] + をはじめ

● 会議には部長をはじめ、管理職の全員が出席した。
회의에는 부장님을 비롯하여 관리직 전원이 참석했다.

□ 89 ## 〜をめぐって _{〜을 둘러싸고}

주로 분쟁이나 논란의 대상과 같은 복잡한 문제를 제시할 때 사용한다.

[접속] [명사] + をめぐって

● 環境問題をめぐって、様々な意見が出ている。
환경 문제를 둘러 싸고 다양한 의견이 나오고 있다.

다음 문장의 괄호 안에 들어갈 가장 알맞은 말을 a, b 중에서 고르시오.

1 彼はいろいろと悩んだ (a うちに　b あげく)、進学をやめることにした。

2 英語の発音を気にする (a あまり　b あげく) 会話がたどたどしくなってしまった。

3 物価が上がり、生活は苦しくなる (a おかげだ　b 一方だ)。

4 保管場所の確保を確認した (a うちに　b 上で)、自動車を買うことにした。

5 桜の花が散らない (a うちに　b 上に) 花見に行くことにした。

6 真面目な彼女がそんなミスをするなんて (a ありうる　b ありえない) と思う。

7 家の近くにスーパーができた (a おかげで　b 上で) 買い物が便利になった。

8 彼はいつも嘘ばかりつくので、今回の話もなかなか (a 信じがちだ　b 信じがたい)。

9 最近、仕事が忙しくてメールの返信を (a 忘れがち　b 忘れうち) になり、上司からよく怒られている。

10 毎日ファストフードばっかり食べると、体調を (a 崩しかねない　b 崩しえない)。

11 桜の花びらが飛び散る光景は、まるで雪が (a 降るとのことだ　b 降っているかのようだ)。

12 上司を信頼できるから (a きり　b こそ)、安心して仕事ができるのだ。

13 あの態度から (a すると　b なると)、田中さんはあやまる気が全然なさそうだ。

14 20年前に習った (a こそ　b きり) のピアノを大人になって再開した。

15 彼女は人生初のマラソンで42.195kmを (a 走りきった　b 走ったせいだ)。

16 朝から仕事が忙しくて、食事をする時間もない (a くらい　b すら) だった。

정답 1 ⓑ　2 ⓐ　3 ⓑ　4 ⓑ　5 ⓐ　6 ⓑ　7 ⓐ　8 ⓑ
　　9 ⓐ　10 ⓐ　11 ⓑ　12 ⓑ　13 ⓐ　14 ⓑ　15 ⓐ　16 ⓐ

해석 별책 p.10

다음 문장의 괄호 안에 들어갈 가장 알맞은 말을 a, b 중에서 고르시오.

1 会議に必要な資料を明日までに用意する（ a こそ　 b こと ）。

2 お母さんの病気はずいぶんよくなったから、もう心配する（ a ことは　 b ものは ）ない。

3 商品を返品する（ a 上　 b 際 ）は、レシートが必要です。

4 授業の（ a 最中　 b 次第 ）に居眠りをしてしまった。

5 電話番号（ a さえ　 b きり ）わかればいいので、他は空欄にしてもかまいません。

6 みんなで決めた規則だから、（ a 従うわけにはいかない　 b 従わざるをえない ）。

7 電車に乗り遅れたので、次の電車を（ a 待つ　 b 待ち ）しかない。

8 新しい情報が入り（ a 最中　 b 次第 ）、速やかにご報告いたします。

9 今日の会議では長時間にわたる討論の（ a たびに　 b 末に ）、やっと合意に達した。

10 その店はとても汚くて文句を（ a 言わずにはいられない　 b 言わないことにしている ）。

11 田中さんは重い病気のため、一人では食事（ a だけに　 b すら ）できない状態だ。

12 さっき飲んだコーヒの（ a 末に　 b せいで ）、全然眠れない。

13 彼女は二十歳までアメリカにいた（ a だけあって　 b せいで ）、英語がとても上手だ。

14 昨日、急に喉が痛くなって病院にいった（ a ところ　 b あげく ）、インフルエンザと診断された。

15 田中さんは明るい性格で、会う（ a あまり　 b たびに ）楽しい話をしてくれる。

16 日本は少子高齢化が進み（ a つつある　 b 一方だ ）。

정답 1 ⓑ　 2 ⓐ　 3 ⓑ　 4 ⓐ　 5 ⓐ　 6 ⓑ　 7 ⓐ　 8 ⓑ
       9 ⓑ　 10 ⓐ　 11 ⓑ　 12 ⓑ　 13 ⓐ　 14 ⓐ　 15 ⓑ　 16 ⓐ

해석 별책 p.10

다음 문장의 괄호 안에 들어갈 가장 알맞은 말을 a, b 중에서 고르시오.

1 仕事を (a 終えてからすれば　b 終えてからでなければ)、家には帰れない。

2 運転中、眠くて (a しょうがない　b わけがない) ときは、大声で歌を歌っている。

3 ニュースによると、明日は雪が降る (a つつある　b ということだ)。

4 アニメ (a とはいえ　b といえば)、やっぱり日本ですね。

5 料理が (a できるといえば　b できるといっても)、簡単なものしか作れない。

6 急に暗くなったか (a と思うと　b としても)、突然雨が降ってきた。

7 先生が言った (a としたら　b とおりに) 勉強している。

8 さっき聞いたんだけど、田中さんは来月、会社を辞める (a とか　b まい)。

9 携帯電話は日常生活に欠かせない道具 (a として　b とすれば) 定着した。

10 少子高齢化は日本の一番の社会問題 (a よりほかはない　b とされている)。

11 彼が参加できない (a だけあって　b とすれば)、あなたはどうしますか。

12 家賃が下がった (a だけあって　b とはいえ)、まだ都心の家賃は高い。

13 あの店は高い (a とばかり思っていた　b に相違ない) けど、意外と安かった。

14 発表者の田中さんが (a 来ないといっても　b 来ないことには)、会議を始めることができない。

15 彼は悪いことだと (a 知っていながら　b 知ってからでないと)、平気で嘘をつく。

16 今後の日本の発展 (a にわたって　b において)、若い人材の育成が必要である。

정답 1 ⓑ　2 ⓐ　3 ⓑ　4 ⓑ　5 ⓑ　6 ⓐ　7 ⓑ　8 ⓐ
　　　9 ⓐ　10 ⓑ　11 ⓑ　12 ⓑ　13 ⓐ　14 ⓑ　15 ⓐ　16 ⓑ

해석 별책 p.10

다음 문장의 괄호 안에 들어갈 가장 알맞은 말을 a, b 중에서 고르시오.

1 当社はお客様のご希望 (a に応じて　b にしたら) 商品を生産しております。

2 イベントには、経験の有無 (a を通して　b にかかわらず) 誰でも応募できます。

3 少子高齢化問題は日本 (a にかぎらず　b に違いない)、全世界の課題となっている。

4 風呂上がりはやっぱり冷えたビールに (a かぎる　b わたる)。

5 ABC社は自動車のエンジン技術に (a つれて　b かけては) 世界トップクラスだと言われている。

6 使い方 (a に関しては　b にかけては) こちらの説明書をお読みください。

7 お客様の期待 (a にこたえて　b を問わず)、新しいサービスを開始いたします。

8 台風が近づく (a ものの　b にしたがって) 風が強くなってきた。

9 教師 (a にしたら　b をめぐって)、素直で真面目な学生を応援したくなるものだ。

10 今日お配りした資料は、ほんの一部 (a にすぎません　b に応じません)。

11 あの店のケーキは安くておいしいので、若者に人気があるに (a すぎない　b 違いない)。

12 毎年、クリスマスが近づく (a と思ったら　b につれて) ケーキを予約する人が増える。

13 時代の変化 (a にともなって　b というと)、人々の価値観も変わってきた。

14 彼は一生懸命勉強した (a にもかかわらず　b とはいえ)、大学の受験に失敗してしまった。

15 未成年者の飲酒は法律 (a をこめて　b によって) 固く禁止されている。

16 展示会は5日間 (a にわたって　b に関して) 行われました。

정답 1 ⓐ 　2 ⓑ 　3 ⓐ 　4 ⓐ 　5 ⓑ 　6 ⓐ 　7 ⓐ 　8 ⓑ
9 ⓐ 　10 ⓐ 　11 ⓑ 　12 ⓑ 　13 ⓐ 　14 ⓐ 　15 ⓑ 　16 ⓐ

해석 별책 p.11

다음 문장의 괄호 안에 들어갈 가장 알맞은 말을 a, b 중에서 고르시오.

1 あの店はお酒 (a といっても　b はもちろん)、料理もおいしくていつもお客さんが多い。

2 どんなに怒っても、人に悪口を言う (a べきではない　b ほかはない)。

3 煙は空中 (a すら　b へと) 舞い上がった。

4 終電に乗り遅れたから、タクシーで帰る (a ほかない　b ようがない)。

5 優勝が決まった瞬間、涙が出る (a べき　b ほど) 嬉しかった。

6 事態がこれ以上悪化することは (a あるまい　b すぎない)。

7 子供の成長は早い (a ものだ　b あまりだ)。

8 辞められる (a ながら　b ものなら)、今すぐこの会社を辞めたい。

9 頑張って勉強した (a だけあって　b ものの)、成績はあまりよくなかった。

10 彼と連絡を取りたいが、メールアドレスも電話番号も知らないので連絡 (a しようがない　b よりほかはない)。

11 締め切りが明日だから、いくら頑張っても間に合う (a べきではない　b わけがない)。

12 あのレストランはいつも込んでいるが、料理がおいしい (a わけではない　b つつある)。

13 この本は田中さんから借りたものだから、あなたにあげる (a ということだ　b わけにはいかない)。

14 当店のお菓子は、職人が心 (a を込めて　b を問わず) 手作業で作っています。

15 彼女が結婚する話は田中さんを (a めぐって　b 通じて) 聞いた。

16 環境問題 (a をめぐって　b にすぎない)、話し合いが進められている。

정답　1 ⓑ　2 ⓐ　3 ⓑ　4 ⓐ　5 ⓑ　6 ⓐ　7 ⓐ　8 ⓑ
　　　9 ⓑ　10 ⓐ　11 ⓑ　12 ⓐ　13 ⓑ　14 ⓐ　15 ⓑ　16 ⓐ

해석 별책 p.11

4 고득점 문법

□ 01 **～以上 / ～以上は** ～한 이상 / ～한 이상에는

앞에 제시되는 입장이나 사태로 인해 반드시 그렇게 해야한다는 판단이나 결심을 나타내는 문형이다. ～なければならない, ～たい와 같은 의무나 희망 등의 표현과 함께 사용된다.

> 접속 동사 보통형 以上 / 以上は
> 명사 + である + 以上 / 以上は

● 学生である以上、一生懸命勉強しなければならない。 학생인 이상 열심히 공부해야 한다.
　 社会人になった以上は、親に頼ってはいけない。 사회인이 된 이상에는 부모에게 의존해서는 안 된다.

□ 02 **～一方 / ～一方で** ～하는 한편 / ～하는 한편으로

어떤 일과 병행하여 다른 일이 별도로 이루어진다거나, 어떤 한가지 일에 대조적인 두가지 측면이 있다는 의미를 나타낸다.

> 접속 동사 / イ형용사 / ナ형용사 / 명사 [명사 수식형] + 一方 / 一方で

● 田中さんの会社は残業が多い一方、給料は高いという。
　 다나카 씨의 회사는 잔업이 많은 한편, 급료는 높다고 한다.
　 海外旅行は楽しいと感じる一方で、不安なこともある。
　 해외여행은 즐겁다고 느끼는 한편, 불안한 일도 있다.

□ 03 **～上は** ～한 이상에는

말하는 사람의 결의, 각오 등을 말하는 표현으로 앞부분에는 그렇게 결단한 이유나 원인이 제시된다. 딱딱한 느낌을 주는 문어체 표현이다.

> 접속 동사 사전형 / た형 + 上は
> 명사 + である + 上は

● 転職すると決めた上は、しっかりと準備を進めるべきである。
　 이직하기로 결정한 이상에는, 정신차려 준비를 진행해야 한다.

□ 04　～(う/よう)ではないか　~하자, ~하지 않겠는가?

자신의 의지를 전하며 상대에게 어떠한 제안을 하거나 호소할 때 사용한다. 특히, 연설이나 선거 등 여러 사람에게 말하는 경우에는 함께 행동할 것을 강하게 호소할 때 자주 사용되며, 회화체에서는 ～ではないか 대신에 ～じゃないか의 형태가 사용된다.

> [접속]　[동사 의지형] + ではないか

- みんなで力を合わせようではないか。 다 같이 힘을 모아야 하지 않겠는가.

□ 05　～おそれがある　~할 우려가 있다

바람직하지 않은 일이 발생할 가능성이 있음을 강조하는 표현이다.

> [접속]　[동사 사전형] + おそれがある　　　　[명사] + の + おそれがある

- 感電のおそれがあるので、絶対に触らないように注意して下さい。
  감전의 우려가 있으므로 절대로 만지지 않도록 주의해 주세요.

□ 06　～かぎり / ～ないかぎり　~하는 한 / ~하지 않는 한 〈① 한계 ② 조건〉

> [접속]　[동사 사전형] + かぎり
> 　　　　[명사] + の + である + かぎり

① 가능성이나 능력이 미치는 한계를 나타내는 표현이다.
- 明日は会議があるので、できる限り早めに来てください。
  내일은 회의가 있으니 가능한 한 빨리 와 주세요. 〈한계〉

② 앞에 제시된 조건이 성립되는 상황이라면, 후속절도 성립한다는 의미의 표현이며, 부정형에
　 ～ないかぎりが 접속된 형태가 자주 사용된다.
- 病気でないかぎり、学校を休まないことにしている。
  병이 아닌 한 학교를 쉬지 않기로 했다. 〈조건〉

□ 07　～かけ　~하던 도중

어떤 동작을 시작하여 아직 그것이 종료되지 않은 도중의 상태임을 나타낸다.

> [접속]　[동사 ます형] + かぎり

- テーブルの上には食べかけのケーキが残っていた。
  테이블 위에는 먹다 만 케이크가 남아 있었다.

□ 08　**～か～ないかのうちに** ～하자마자, ～함과 거의 동시에

하나의 일이 끝나기가 무섭게 다른 일이 바로 뒤이어 발생할 때 사용한다. ～たとたん(31 참조)이 순차적으로 동작이 이루어지는 경우를 나타내는 것과는 달리, 하나의 일이 끝났는지 어떤지 확실하지 않은 상태에서 다음 동작이 시작됨을 나타내는 표현이다.

접속 　동사 사전형 / た형 + か + 동사 ない형 + ないかのうちに

● 会社(かいしゃ)に着(つ)くか着(つ)かないかのうちに雨(あめ)が降(ふ)り出(だ)したので、走(はし)るしかなかった。
　회사에 도착하자마자 비가 내리기 시작했기 때문에 달릴 수밖에 없었다.

□ 09　**～かねる** ～하기 어렵다, ～할 수 없다

능력적으로 불가능하다는 의미가 아니라 상황이나 사정상 '그렇게 하기 곤란하다', '그렇게 할 수 없다'는 의미를 나타낸다. できない와 같은 단정적이고 직접적인 표현을 피해 정중하고 우회적으로 거절할 때 사용하는 표현이다.

접속 　동사 ます형 + かねる

● 彼(かれ)の提案(ていあん)には納得(なっとく)しかねる部分(ぶぶん)があった。
　그의 제안에는 납득하기 어려운 부분이 있었다.

□ 10　**～からいうと / ～からいえば / ～からいって**
　　　～(으)로 보아

～의 입장에서 본 판단, 평가, 견해 등을 나타낸다. 판단의 기준이나 관점을 나타내는 비슷한 표현으로, ～から見(み)ると/～から見(み)れば/～から見(み)て(15 참조), ～からすると / ～からすれば(합격 14 참조)가 있다.

접속 　명사 + からいうと / からいえば / からいって

● 客(きゃく)の立場(たちば)からいうとその店(みせ)は高(たか)すぎる。　손님 입장으로 보아 그 가게는 너무 비싸다.
　価格(かかく)からいえばこのパソコンが最適(さいてき)だと思(おも)う。　가격으로 보아 이 컴퓨터가 최적인 것 같다.
　彼(かれ)の体(からだ)の状態(じょうたい)からいって、試合(しあい)に出(で)るのは無理(むり)かもしれない。
　그의 몸 상태로 보아 시합에 나가는 것은 무리일지도 모른다.

□ 11 ～からして ~부터가

앞에서 하나의 예를 들어 그 예를 근거로 다른 것도 당연히 그러하다는 의미를 나타낸다.

접속 명사 + からして

● この料理は見た目からして辛そうだ。 이 요리는 외견으로 보아 매울 것 같다

□ 12 ～からといって ~라고 해서

앞에 제시된 요인 하나만으로는 뒷문장이 성립되지는 않는다는 의미를 나타내고자 할 때 사용하는 문형이다. 후속절에는 ～とは限らない(48 참조), ～わけではない(합격 83 참조), ～とはいえない 등이 오는 경우가 일반적이다.

접속 동사 / イ형용사 / ナ형용사 / 명사 [보통형] + からといって

● 有名大学を出たからといって、いい会社に就職できるとは限らない。
유명 대학을 나왔다고 해서 좋은 회사에 취직할 수 있는 것은 아니다.

□ 13 ～から～にかけて ~부터 ~에 걸쳐서

어떤 동작이 이루어지는 시간이나 장소의 범위를 나타낸다. ～から～まで가 확실한 시작점과 종착점을 표시하는 것에 비해 ～から～にかけて는 대략적인 범위를 나타낸다.

접속 명사① + から + 명사② + にかけて

● 台風は、夏から秋にかけて発生の数が増える。
태풍은 여름부터 가을에 걸쳐 발생 수가 늘어난다.

□ 14 ～からには ~하는 이상에는

앞에 제시된 내용이 이유나 원인이 되어 당연히 그렇게 행동하거나 판단해야 한다는 의미를 나타낸다. 후속절에는 말하는 이의 의지나 판단을 나타내는 표현이나, 상대에게 명령, 권유를 하는 내용이 이어진다. ～以上は(01 참조), ～上は(03 참조)와 비슷한 표현이다.

접속 동사 / イ형용사 [보통형] + からには
　　　ナ형용사 어간 + である + からには
　　　명사 + である + からには

● 試合に出るからには、優勝したい。 시합에 나가는 이상에는 우승하고 싶다.

□ 15 ～から見ると／～から見れば／～から見て ~으로 보아

인물에 접속한 경우, 그 인물의 판단을 나타내며, 상황이나 상태를 나타내는 내용에 접속하면 후속절의 판단 근거를 나타내게 된다. ～からいうと／～からいえば／～からいって(10 참조), ～からすると／～からすれば(합격 14 참조)와 같은 용법이나 '보다'라는 의미를 지닌 見る의 특성상, 시각적인 판단이 강조되는 경향이 있다.

접속 명사 ＋ から見ると／から見れば／から見て

- 歴史的な観点から見ると、この建物は非常に貴重な存在である。
  역사적인 관점으로 보아 이 건물은 매우 귀중한 존재이다.

  日本人から見れば、欧米人の表情はとても大げさに見える。
  일본인 입장에서 보아 서구인의 표정은 매우 과장되어 보인다.

  成績から見て彼は有名大学に進学する可能性が高い。
  성적으로 보아 그는 유명 대학에 진학할 가능성이 높다.

□ 16 ～かわりに ~대신에 〈① 대가·교환 조건 ② 대용 ③ 대리 ④ 역접〉

사람, 행동, 조건 등 앞에 제시된 대상을 대리하거나 대신할 때 사용되며, 반대 상황을 나타내는 역접의 용법도 있다.

접속 동사 ／ イ형용사 ／ ナ형용사 ／ 명사 [명사 수식형] ＋ かわりに

① ~을 대가로
- 弟は母の家事を手伝うかわりにお小遣いをもらっている。
  동생은 엄마의 집안일을 도와주는 대신 용돈을 받는다. 〈대가·교환 조건〉

② ~을 대체하여
- 最近は現金のかわりに、クレジットカードで支払う人が増えてきた。
  최근에는 현금 대신 신용카드로 결제하는 사람이 많아졌다. 〈대용〉

③ ~을 대리하여
- 今日は田中先生のかわりに、鈴木先生が授業をしてくれた。
  오늘은 다나카 선생님 대신 스즈키 선생님이 수업을 해 주셨다. 〈대리〉

④ ~하지만
- 今の会社は残業が多いかわりに、給料が高い。
  지금 회사는 잔업이 많은 대신 월급이 비싸다. 〈역접〉

□ 17 〜気味(ぎみ) 〜기분, 기색, 경향

말하는 이의 감각이나 감정을 통해 어떤 일이 조금씩 변화하고 있음을 느낀다는 의미를 나타낸다. 일반적으로 좋지 않은 일에 대해 사용한다.

접속 　동사 ます형 ＋ 気味(ぎみ)　　　　명사 ＋ 気味(ぎみ)

● 田中(たなか)さんはちょっと遅(おく)れ気味(ぎみ)なので、先(さき)に注文(ちゅうもん)しましょう。
다나카 씨는 조금 늦어질 것 같으니, 먼저 주문합시다.

□ 18 〜くせに / 〜くせして 〜주제에, 〜인데도

〜のに와 비슷한 의미지만 〜くせに / 〜くせして는 주어에 등장하는 인물을 비난하는 느낌을 주는 표현이다.

접속 　동사 / イ형용사 / ナ형용사 / 명사 [명사 수식형] ＋ くせに / くせして

● 彼(かれ)は料理(りょうり)ができないくせに、人(ひと)が作(つく)った料理(りょうり)にうるさい。
그는 요리를 못하는 주제에 다른 사람이 만든 요리에 까다롭다.

彼(かれ)は歌(うた)が下手(へた)なくせして、カラオケが大好(だいす)きだ。
그는 노래를 못하는데도 노래방을 매우 좋아한다.

□ 19 〜げ 〜한 듯함

〜そうだ와 같이 겉모습이나 분위기를 통해 모습이나 상태를 추측할 때 사용하는 표현이다. 대상이 윗사람일 경우에는 사용하지 않는 경향이 있으며, 주로 감정을 나타내는 형용사와 접속한다.

접속 　イ형용사 어간 / ナ형용사 어간 ＋ げ

● 昨日(きのう)の飲(の)み会(かい)で彼(かれ)は楽(たの)しげに話(はな)していた。 어제 술자리에서 그는 즐거운 듯 이야기하고 있었다.

□ 20 〜ことか 〜던가, 〜란 말인가

감탄이나 탄식과 같이 말하는 사람의 감정을 강조하여 나타내는 표현이다. どれだけ, どれほど, どんなに, なんと, なんて 등의 부사와 함께 쓰이는 경우가 많다.

접속 　동사 / イ형용사 [보통형] ＋ ことか
　　　ナ형용사 명사 수식형 ＋ ことか

● 子供(こども)が生(う)まれた時(とき)、どんなに嬉(うれ)しかったことか。 아이가 태어났을 때 얼마나 기뻤던가.

□ 21 **〜ことから** 〜로 인해, 〜때문에

후속절에서 서술하는 판단의 원인이나 근거를 앞에 설명할 때 사용한다.

접속 동사 / イ형용사 [보통형] + ことから
　　 ナ형용사 명사 수식형 + ことから
　　 ナ형용사 + である + ことから
　　 명사 + である + ことから

- メロンパンはメロンと形が似ていることからそう呼ばれている。
  메론빵은 메론과 모양이 비슷해서 그렇게 불린다.
  顔がとても似ていることから、あの二人は姉妹だと思った。
  얼굴이 너무 닮았기 때문에 저 둘은 자매라고 생각했다.

□ 22 **〜ことだ** 〜해야 한다, 〜하는 편이 좋다

말하는 사람이 자신의 판단에 근거하여 충고나 조언을 할 때 사용하는 표현이다.

접속 동사 사전형 / ない형 + ことだ

- 日本語が上手になりたかったら、毎日練習することだ。
  일본어를 잘하고 싶다면 매일 연습해야 한다.

□ 23 **〜ことだから** 〜이니까

주로 인물의 성격이나 특징을 근거로 하여 말하는 이의 판단을 나타내는 문형이다. 대상이 되는 인물은 화자가 평소 성격이나 습관, 행동을 잘 알고 있는 사람에 한한다.

접속 명사 + の + ことだから

- 一度も遅刻したことがない彼のことだからきっと間に合うと思う。
  한 번도 지각한 적이 없는 그 사람이니까 반드시 제 시간에 맞춰 올 거라고 생각한다.

□ 24 **〜ことなく** 〜하지 않고, 〜하지 말고

어떤 상황에 대해 예상되는 사태가 일어나지 않았음을 나타내는 문형으로 딱딱한 느낌의 문어체 표현이다.

접속 동사 사전형 + ことなく

- 彼は上司に相談することなく会社を辞めてしまった。
  그는 상사와 상의하지 않고 회사를 그만둬 버렸다.

□ 25 〜ことに 〜하게도

후속절에 오는 상황에 대한 말하는 사람의 감정을 앞에 제시하여 강조하는 문형이다. 때문에 후속절에는 현실적인 내용이나 이미 끝난 일만이 올 수 있으며 의지를 나타내는 문장은 사용할 수 없다.

접속 동사 た형 + ことに
イ형용사 사전형 + ことに
ナ형용사 명사 수식형 + ことに

● 悔しいことに、昨日の試合は1点差で負けてしまった。
안타깝게도 어제 경기는 1점 차로 지고 말았다.

□ 26 〜さえ 〜조차, 〜마저

극단적인 사항을 예로 제시해 '다른 것은 당연히 말할 필요도 없다'는 뉘앙스를 나타내며, 주로 부정적인 일에 사용된다. 조사 〜も보다 더 강한 표현이며, 비슷한 표현으로는 〜すら가 있다.

접속 명사 + さえ

● 今日寝坊したので、ご飯を食べる時間さえなかった。
오늘 늦잠을 자서 밥을 먹을 시간조차 없었다.

□ 27 〜次第だ / 〜次第で 〜에 달려 있다 / 〜에 따라서

〜에 의해 어떤 일이 결정된다는 의미이다. 문장에서의 위치에 따라 한국어 해석은 약간 달라지지만 두 문형 모두 〜次第의 앞에 오는 단어가 어떤 일을 결정짓는 가장 중요한 요소임을 강조하는 의미로 사용된다.

접속 명사 + 次第だ / 次第で

※ 〜次第가 동사 ます형과 접속하면 앞에 나오는 동사의 동작이 끝나는 대로 다음 일이 이어진다는 의미를 나타낸다.

● 明日のイベントが成功するかどうかは天気次第だ。
내일 행사의 성공 여부는 날씨에 달려 있다.

言葉の使い方次第では、誤解を招くこともある。
말투에 따라서는 오해를 부를 수도 있다.

□ 28 〜上 ~상

명사에 접속하여 '~라는 관점에서 보아', '~라는 점에서'라는 의미를 나타낸다. 즉, 뒤에 오는 내용이 어떠한 측면에서 묘사되고 있는지 배경을 나타내는 표현이다.

접속 명사 + 上

● サービス業という仕事上、週末には休めない。 서비스업이라는 직업상, 주말에는 쉴 수 없다.

□ 29 たとえ〜ても 설령 ~해도

아직 발생하지 않은 일을 전제로 가정하여, 만약 그러한 일이 실제로 일어나더라도 후속절에 오는 일에는 영향을 주지 않는다는 의미를 나타낸다.

접속 たとえ + 동사 て형 + も
　　 たとえ + イ형용사 어간 + くて + も
　　 たとえ + ナ형용사 어간 + で + も
　　 たとえ + 명사 + で / であって + も

● たとえ上司に頼まれても、その仕事は引き受けない。
설령 상사에게 부탁을 받더라도 그 일은 맡지 않을 것이다.

□ 30 〜たところで ~한들, ~해 보았자

앞에 오는 일이 아무리 ~할지라도 기대하는 결과를 얻을 수 없다는 의미를 나타내는 문형이다. 후속절에는 できない, むだだ, 無意味だ 등과 같은 부정의 표현이 온다.

접속 동사 た형 + ところで

● 怒ったところで問題が解決するわけではない。 화를 내 보았자 문제가 해결되는 것은 아니다.

□ 31 〜たとたん / 〜たとたんに ~하자마자

어떤 일이 이루어지자마자 다른 일이 갑작스럽게 발생했을 때 사용하는 문형이다. 갑작스러운 변화에 대한 놀라움을 표현하고자 하는 의도로 사용되는 경우가 많기 때문에, 처음부터 예측하고 있었던 일에는 사용하지 않는다.

접속 동사 た형 + たとたん / たとたんに

● 家から出たとたん、雨が降ってきた。 집을 나서자마자 비가 내렸다.
　 7月になったとたん、気温が30度を超えた。 7월이 되자마자 기온이 30도를 넘었다.

□ 32　**～だらけ** ～투성이

명사와 접속하여 그것이 매우 많다는 것을 강조하여 나타낸다. 일반적으로 부정적인 느낌이나 불만을 나타내는 경우가 많다.

[접속]　[명사] + だらけ

● 彼の作文は間違いだらけだった。
그의 작문은 틀린 것투성이였다.

□ 33　**～ついでに** ～하는 김에

어떤 일을 행하는 것을 기회로 부수적 행위를 함께 한다는 의미를 의미를 나타낸다.

[접속]　[동사 사전형] / [た형] + ついでに
　　　　[명사] + の + ついでに

● 部屋を掃除するついでに机の位置を変えてみた。
방을 청소하는 김에 책상의 위치를 바꿔 보았다.

□ 34　**～っけ** ～였지, ～던가

말하는 이가 자신의 기억에 대한 확신이 없을때 상대방에게 확인하기 위해 사용하는 용법이며, 자신의 기억을 떠올리며 혼잣말로 사용하기도 한다.

[접속]　[명사] / [イ형용사] / [ナ형용사] / [명사] [보통형] + っけ

● あの人、名前何だっけ。저 사람 이름이 뭐였지?

□ 35　**～っこない** ～할 리가 없다

말하는 이가 절대로 그럴 리가 없다고 믿으며 가능성을 강하게 부정할 때 사용하는 표현이다. 가까운 사이의 사람들과의 일상 회화에서 널리 사용된다.

[접속]　[동사 ます형] + っこない

● どんなに急いでも約束に間に合いっこない。
아무리 서둘러도 약속 시간에 맞게 도착할 리가 없다.

□ 36　**〜つつ / つつも**　〜하면서 〈① 동시진행〉, 〜하면서도 〈② 역접〉

接続　동사 ます형 + つつ

① 두 가지 동작이나 작용이 동시에 병행하여 이루어지는 것을 나타내는 용법이다.

- 母は私と話しつつ料理を作っている。　어머니는 나와 이야기하면서 요리를 만들고 있다.

② 두 가지 동작이나 작용이 모순되게 이루어지는 것을 나타낸다. **〜にもかかわらず**(합격 55 참조)
　와 비슷한 의미이며, **〜つつも**의 형태로 자주 사용된다.

- 悪いと知りつつも友達にうそをついてしまった。
　나쁘다는 것을 알면서도 친구에게 거짓말을 하고 말았다.

□ 37　**〜っぽい**　〜의 경향이 있다, 〜처럼 보인다, 〜하기 쉽다

말하는 사람의 느낌을 나타내는 표현으로, 부정적인 이미지를 갖고 있는 대상에 사용하는 경우
가 많다. 명사와 접속하여 '〜스럽다'는 의미를 나타내며, 동사와 접속하여 '〜하기 쉽다'는 용법
으로도 사용된다.

接続　동사 ます형 + っぽい
　　　イ형용사 어간 + っぽい
　　　명사 + っぽい

- あの白っぽいシャツを着ている人が田中さんです。
　저 하얀 빛을 띤 셔츠를 입고 있는 사람이 다나카 씨입니다.

　彼女はまだ中学生なのに、とても大人っぽい。
　그녀는 아직 중학생인데, 굉장히 어른스럽다.

　年のせいか、最近忘れっぽい。　나이탓인지 요즘 자주 잊어 버린다.

□ 38　**〜て以来_{いらい}**　〜한 이래

과거의 어느 시점부터 지금까지 계속 같은 상태가 유지되고 있다는 것을 나타낸다. 후속절에 미
래 시제의 문장은 올 수 없다.

接続　동사 て형 + 以来_{いらい}

- 田中さんは入社して以来、一度も会社を休んでいない。
　다나카 씨는 입사한 이후 한 번도 회사를 쉬지 않았다.

□ 39　**〜てたまらない** 〜해서 견딜 수 없다(너무 〜하다)

감각이나 감정을 나타내는 단어에 접속하여 그러한 느낌을 참을 수 없다는 의미를 나타내는 표현이다.

접속　동사 て형 ＋ たまらない
　　　　イ형용사 어간 ＋ くて ＋ たまらない
　　　　ナ형용사 어간 ＋ で ＋ たまらない

● さっき薬を飲んだせいか、眠くてたまらない。
　아까 약을 먹은 탓인지 졸려서 견딜 수가 없다.

□ 40　**〜てならない** 〜해서 견딜 수 없다(너무 〜하다)

감각이나 감정을 나타내는 단어에 접속하여 그러한 느낌을 참을 수 없다는 의미를 나타낸다는 점에서 〜てたまらない(39 참조)와 같은 용법으로 사용되나, 자발적인 감정을 나타내는 경우에는 반드시 〜てならない를 사용해야 한다.

접속　동사 て형 ＋ ならない
　　　　イ형용사 어간 ＋ くて ＋ ならない
　　　　ナ형용사 어간 ＋ で ＋ ならない

● 試験の結果が気になってならない。 시험 결과가 궁금해서 견딜 수가 없다.

□ 41　**〜というものだ** 〜라는 것이다

말하는 사람이 당연하다고 생각하는 내용을 강조하여 나타내는 표현이다. 일반적으로 널리 받아들여질 수 있는 상식적인 일을 나타내는 경우가 많다. 전문의 용법인 〜ということだ(합격 38 참조)와 구별해서 기억하도록 하자.

접속　동사 / イ형용사 [보통형] ＋ というものだ
　　　　ナ형용사 어간 ＋ というものだ
　　　　명사 ＋ というものだ

● この課題を今週中に終わらせるのは無理というものだ。
　이 과제를 이번 주 안에 끝내는 것은 무리한 일이다.

□ 42   **～というものではない／～というものでもない**

(반드시) ~한 것은 아니다

반드시 그렇다고 단정할 수는 없다는 의미를 나타낸다. **～わけではない**(합격 083 참조)와 같은 의미로 사용된다.

> 접속 동사 / イ형용사 [보통형] + というものではない / というものでもない
>
> ナ형용사 어간 + というものではない / というものでもない
>
> 명사 + というものではない / というものでもない

- 何^{なん}でも安^{やす}ければいいというものではない。 무엇이든 싸다고 좋은 것은 아니다.

  値段^{ねだん}を下^さげれば売^うれるというものでもない。 값을 낮춘다고 해서 팔리는 것도 아니다.

□ 43   **～というより** ~라기보다

앞의 내용과 뒤에 오는 내용을 비교하자면 뒤의 내용으로 표현하는 것이 더 적당하다는 의미를 나타낸다.

> 접속 동사 / イ형용사 [보통형] + というより
>
> ナ형용사 어간 + というより
>
> 명사 + というより

- 田中先生^{たなかせんせい}は、先生^{せんせい}というより親友^{しんゆう}のような存在^{そんざい}だ。
  다나카 선생님은 선생님이라기보다 친한 친구 같은 존재다.

□ 44   **～どころか** ~는커녕 〈① 정도의 강조 ② 정반대〉

> 접속 동사 / イ형용사 [보통형] + どころか
>
> ナ형용사 어간 / 명사 수식형 + どころか
>
> 명사 + どころか

① 뒤에 나오는 내용은 앞의 내용보다 정도가 더 심하다는 것을 나타낸다.

- 今朝^{けさ}は寝坊^{ねぼう}してしまい、食事^{しょくじ}をする時間^{じかん}どころか顔^{かお}を洗^{あら}う時間^{じかん}もなかった。
  오늘 아침은 늦잠을 자서 식사할 시간은 커녕 세수할 시간도 없었다. 〈정도의 강조〉

② 예상하거나 기대한 사실과 전혀 정반대인 상황을 강조하는 표현이다.

- 成績^{せいせき}は良^よくなるどころか、悪^{わる}くなる一方^{いっぽう}だ。
  성적은 좋아지기는 커녕 점점 더 나빠지기만 한다. 〈정반대〉

□ 45 **～どころではない** ～할 수 있는 상황이 아니다

어떤 이유가 있어서 무언가를 할 수 있는 상황이나 상태가 아님을 나타내는 표현이다.

접속 동사 사전형 + どころではない

명사 + どころではない

- 隣の部屋がうるさくて、寝るどころではない。
  옆방이 시끄러워서 잘 수 있는 상황이 아니다.

□ 46 **～ところに / ～ところへ / ～ところを**

～하는 때에 / ～하는 때에 / ～하는 것을

어떠한 일이 이루어지는 시간, 장소, 상태 등의 상황을 나타내는 표현이다. ～ところに와 ～ところへ는 '마침 그때에'라는 의미이고, ～ところを는 '～하는 상황을'이라는 의미로 사용된다.

접속 동사 사전형 / た형 / ている형 + ところに / ところへ / ところを

イ형용사 사전형 + ところに / ところへ / ところを

명사 + ところに / ところへ / ところを

- 宿題が終わったところに、友達が遊びに来た。
  숙제가 끝났을 때에 친구가 놀러왔다.
  会議が始まったところへ、田中さんが遅刻してきた。
  회의가 시작되었을 때에 다나카 씨가 늦게 들어왔다.
  彼女とデートしているところを友達に見られてしまった。
  여자친구와 데이트하고 있는 것을 친구가 봐 버렸다.

□ 47 **～とともに** ～에 따라

어느 한 가지의 변화에 따라 다른 변화가 발생한다는 의미를 나타낸다. 변화를 나타내는 ～にしたがって(합격 61 참조), ～につれて～(합격 66 참조), にともなって(합격 67 참조)와 비슷한 표현이다.

접속 동사 사전형 + とともに

명사 + とともに

- 春が近づくとともに暖かくなってきた。
  봄이 다가옴에 따라 날씨가 따뜻해졌다.

□ 48 ～とは限^{かぎ}らない ～라고는 할 수 없다

일반적인 내용으로서 받아들이면서도 예외가 있을 수도 있다는 의미를 나타낸다. いつも, 必^{かなら}ずしも, 全部^{ぜんぶ}, 誰^{だれ}でも 등의 부사와 함께 사용되는 경우가 많다.

接続 動詞 / イ形容詞 / ナ形容詞 / 名詞 [보통형] + とは限^{かぎ}らない

※ ナ形容詞와 名詞는「だ」가 생략되는 경우도 있다.

● 就職^{しゅうしょく}しても成功^{せいこう}するとは限^{かぎ}らない。
  취직한다고 해도 모두가 성공한다고는 할 수 없다.

고득점

□ 49 ～ないことはない / ～ないこともない

～하지 않는 것은 아니다 / ～하지 않는 것도 아니다

'반드시 그런 것은 아니다'라는 의미로, 단정을 피하고 우회적으로 표현하려는 의도로 사용하는 문형이다. 동사 가능형에 접속하여 '못 할 것은 없다 / 못 할 것도 없다'는 의미로도 사용된다.

接続 動詞 ない형 + ことはない / こともない

   イ形容詞 어간 + く + ことはない / こともない

   ナ形容詞 어간 + で + ことはない / こともない

   名詞 + で + ことはない / こともない

● アニメは見^みないことはないが、あまり好^すきではない。
  애니메이션은 보지 않는 것은 아니지만, 별로 좋아하지는 않는다.

● その値段^{ねだん}なら買^かえないこともない。
  그 가격이라면 못 살 것도 없다.

□ 50 ～にあたって / ～にあたり ～에 즈음하여, ～에 있어서

무언가를 해야 할 특별한 시기나 상황을 나타내는 표현으로, 앞에 문장의 일을 하는 데 있어 후속절의 동작을 행한다는 의미로 사용된다. 일상적인 일에는 사용하지 않는다.

接続 動詞 사전형 + にあたって / にあたり

   名詞 + にあたって / にあたり

● ビザを申請^{しんせい}するにあたって必要^{ひつよう}な書類^{しょるい}を用意^{ようい}した。
  비자를 신청하는데 있어서 필요한 서류를 준비했다.

  パソコン買^かい替^かえにあたり、各^{かく}メーカーの機種^{きしゅ}を比較^{ひかく}した。
  컴퓨터를 구입하는 데에 있어서 각 메이커의 기종을 비교했다.

☐ 51 　〜に限（かぎ）って / 〜に限（かぎ）り　～에 한해서, ~할 때만

앞에 언급된 대상에 대한 강한 믿음을 나타낼 때 사용하는 문형으로 후속에 부정문이 사용되어
'~만큼은 ~힐 리가 없다'라는 의미를 나타낸다. 또한, 다른 경우에는 발생하지 않는 상황이 중
요한 때에 발생한다는 의미로도 사용된다.

접속 명사 + に限（かぎ）って / に限（かぎ）り

● 彼女（かのじょ）に限（かぎ）ってこんな簡単（かんたん）なことでミスをするわけがない。
　그녀만은 이런 간단한 일에 실수를 할 리기 없다.

急（いそ）いでいる時（とき）に限（かぎ）り、いつも道路（どうろ）が渋滞（じゅうたい）する。
　서두르고 있을 때만 항상 도로가 막힌다.

☐ 52 　〜にかわって / 〜にかわり　～대신에

주로 인물을 나타내는 명사 뒤에 붙어 다른 사람을 대신하여 어떠한 일을 한다는 의미를 나타
낸다.

접속 명사 + にかわって / にかわり

● 部長（ぶちょう）に代（か）わって課長（かちょう）が会議（かいぎ）に出席（しゅっせき）した。
　부장님을 대신해 과장님이 회의에 출석했다.

今日（きょう）は風邪（かぜ）を引（ひ）いた母（はは）にかわり、父（ちち）が料理（りょうり）をした。
　오늘은 감기에 걸린 어머니 대신에 아버지가 요리를 했다.

☐ 53 　〜にきまっている　반드시 ~하게 되어 있다, 틀림없이 ~하다

말하는 이가 어떠한 일에 대해 확신을 갖고 말할 때 사용하는 표현이다.

접속 동사 / イ형용사 [보통형] + にきまっている
　　　イ형용사 어간 + にきまっている
　　　명사 + にきまっている

● そんなに無理（むり）したら、体（からだ）を壊（こわ）すに決（き）まっている。
　그렇게 무리하면 반드시 건강을 해치게 된다.

□ 54 ～に比べて / ～に比べ ~에 비해

두 가지 사항을 비교하여 그 정도의 차이를 나타내고 싶을 때 사용하는 표현이다.

접속 명사 + に比べて / に比べ

● 去年に比べて売り上げが20%も増えた。
작년에 비해 매출이 20%나 늘었다.

彼は以前に比べ、日本語が上手になった。
그는 이전에 비해 일본어가 능숙해졌다.

□ 55 ～に加えて / ～に加え ~에 더하여

기존의 것에 그와 유사한 새로운 사항이 추가되는 경우에 사용하는 표현이다.

접속 명사 + に加えて / に加え

● 昼頃からは雨に加えて風も強まる見込みだ。
낮부터는 비에 더하여 바람도 거세질 전망이다.

田中さんは専門的な知識に加えて経験も豊富なのでとても頼りになる。
다나카 씨는 전문적인 지식에 더하여 경험도 풍부하기 때문에 매우 의지가 된다.

□ 56 ～に際して / ～に際し ~에 즈음하여

시간과 관련된 표현으로 어떤 일이 이루어지는 시점을 강조한다. 일상적인 일보다는 특별한 무언가를 시작할 때 사용하는 표현으로 다소 딱딱한 느낌의 문형이다.

접속 동사 사전형 + に際して / に際し
　　　명사 + に際して / に際し

● ビザを更新するに際して、パスポートが必要だ。
비자를 갱신할 때 여권이 필요하다.

契約に際し、注意事項を確認した。
계약에 즈음하여 주의사항을 확인했다.

□ 57 ～に先立^{さき}って / ～に先立^{さき}ち ～에 앞서

앞에 제시된 어떠한 일에 대한 준비로서 뒤에 나오는 일을 한다는 의미로 사용된다. ～にあたって, ～に際^{さい}して, ～に先立^{さきだ}って는 유사한 표현이지만, ～に先立^{さきだ}って가 전후 관계를 가장 명확하게 나타내는 표현이라 할 수 있다.

> 접속 | 동사 사전형 + に先立^{さきだ}って/ に先立^{さきだ}ち
>
> 명사 + に先立^{さきだ}って/ に先立^{さきだ}ち

- 試合^{しあい}に先立^{さきだ}って両国^{りょうごく}の国歌^{こっか}が会場^{かいじょう}に流^{なが}された。
  경기에 앞서 양국의 국가가 행사장에 흘러나왔다.

  新薬^{しんやく}の輸入^{ゆにゅう}に先立^{さきだ}ち、慎重^{しんちょう}な調査^{ちょうさ}が行^{おこな}われている。
  신약의 수입에 앞서 신중한 조사가 이뤄지고 있다.

□ 58 ～にしては ～치고는

앞에 제시된 내용으로 보아 당연히 그럴 것이라고 예상한 결과가 실제와 다를 경우에 사용한다. 의외라는 의미를 강조하는 역접 표현으로 자기 자신의 일에는 거의 사용하지 않는다.

> 접속 | 동사 / イ형용사 [보통형] + にしては
>
> イ형용사 어간 + にしては
>
> 명사 + にしては

- 今日^{きょう}は10月^{がつ}にしては寒^{さむ}すぎる。 오늘은 10월치고는 너무 춥다.

□ 59 ～にしろ/～にせよ ～라고는 해도

상반되는 두가지 상황을 들어 '만일 ～라고는 해도 예외없이 ～해야 한다'는 의미를 나타낸다. しろ와 せよ는 동사 する의 명령형으로, ～にしろ보다 ～にせよ가 딱딱한 느낌을 준다.

> 접속 | 동사 / イ형용사 [보통형] + にしろ / にせよ
>
> イ형용사 어간 + にしろ / にせよ
>
> 명사 + にしろ / にせよ

- 冗談^{じょうだん}であるにしろ、人^{ひと}を傷^{きず}つけるようなことを言^いってはいけない。
  농담이라고는 해도 남에게 상처를 주는 말을 해서는 안 된다.

  手術^{しゅじゅつ}は無事^{ぶじ}終^おわったにせよ、あと2週間^{しゅうかん}は入院^{にゅういん}が必要^{ひつよう}だ。
  수술은 무사히 끝났다고 해도 앞으로 2주간은 입원이 필요하다.

□ 60 　**〜に沿って / 〜に沿い**　〜을 따라서

크게 '평행해서, 나란히'라는 의미와 '〜에 적합하도록'이라는 두 가지 의미가 있다. 조심해야 할 것은 조사 に를 사용한다는 점이다. '〜을 따라서'로 해석한다고 해서 **〜を沿って**라고 해서는 안 된다.

接続 名詞 ＋ に沿って / に沿い

● マニュアルに沿い、作業を進めている。　매뉴얼에 따라서 작업을 진행하고 있다.

　黄色の線に沿って並んでください。　노란색 선을 따라서 줄을 서 주세요.

□ 61 　**〜に対して / 〜に対し / 〜に対する**

〜에 대해서 / 〜에 대해 / 〜에 대한

동작의 대상을 나타내는 용법으로, 「〜に対する＋명사」의 형태를 취하기도 한다.

接続 名詞 ＋ に対して / に対し

● 田中さんは自分に対してとても厳しい。
　다나카 씨는 자신에 대해서 매우 엄격하다.

　お客様に対して失礼がないように注意している。
　손님에 대해 실례가 되지 않도록 주의하고 있다.

　今度の選挙に対する国民の考えを調査した。
　이번 선거에 대한 국민의 생각을 조사했다.

□ 62 　**〜について**　〜에 대하여

이야기하거나 생각하는 것의 주제를 나타낼 때 사용하는 문형이다. 명사를 수식하는 경우에는 「〜についての＋명사」의 형태로 사용된다.

接続 名詞 ＋ について

● 今日の授業では日本の経済について学んだ。
　오늘 수업에서는 일본의 경제에 대해 배웠다.

　若い時に心理学についての本をたくさん読んだ。
　젊었을 때 심리학에 대한 책을 많이 읽었다.

□ 63 ～につけ ～할 때마다

어떤 일을 할 때마다 자연스럽게 그러한 마음이 든다는 심리적인 느낌을 나타내는 표현이 뒤따른다.

접속 동사 사전형 + につけ

● 彼と話すにつけ、元気が出る。 그와 이야기할 때마다 힘이 난다.

□ 64 ～にとって ～에게 있어서

어떤 사람이나 조직의 입장에서 판단, 평가한다는 의미를 나타내는 문형으로, 앞에 사람이나 조직이 제시되고 후속절에는 그들의 입장에서 판단한 내용이 온다. 명사를 수식하는 경우에는 「～にとっての＋명사」의 형태를 취한다.

접속 명사 + にとって

● 外国人にとって日本人の名前はかなり覚えにくい。
외국인에게 있어서 일본인의 이름은 꽤 외우기 어렵다.

□ 65 ～に反して ～에 반해(～와는 달리)

기대, 예상, 희망, 명령 등의 단어와 접속하여, 제시된 내용과 반대의 결과가 되는 경우에 사용되는 표현이다. 명사를 수식하는 경우에는 「～に反する＋명사」의 형태가 쓰인다.

접속 명사 + に反して

● 予想に反して試験はとても難しかった。 예상과 달리 시험은 너무 어려웠다.
　実験の結果は研究室の期待に反することとなった。
실험 결과는 연구실의 기대와는 달랐다.

□ 66 ～にほかならない 바로 ～이다, 다름 아닌 ～이다

～にほかならない는 앞에 오는 내용을 단정적으로 강조하는 표현이다. '바로 그것이다', '그 이외의 그 무엇도 아니다'라는 의미를 나타낸다.

접속 동사 / イ형용사 [보통형] + にほかならない
　　　イ형용사 어간 + にほかならない
　　　명사 + にほかならない

● このパソコンが人気なのはデザインがいいからにほかならない。
이 컴퓨터가 인기가 있는 것은 다름이 아니라 디자인이 좋기 때문이다.

□ 67 ～に基づいて / ～に基づき _{～에 근거하여, ～에 따라}

조사 に에 '바탕을 두다'라는 뜻의 동사 基づく가 결합된 표현으로, 앞에 제시된 내용을 근거로
하여 후속절의 동작이나 상황이 이루짐을 나타낸다.

접속 명사 + に基づいて / に基基づき

● プロジェクトは計画書に基づいて順調に進められている。
프로젝트는 계획서에 따라 순조롭게 진행되고 있다.

試験結果に基づき、クラス分けをした。 시험 결과에 따라 반 배정을 했다.

□ 68 ～ぬきで / ～ぬきにして _{～빼고}

어떠한 내용을 제외하거나, 그것을 제외하고 무언가를 진행할 때에 사용하는 표현이다. 후속절
에 부정문이 올 경우 '～없이 ～할 수 없다' 즉 앞에 제시된 내용이 꼭 필요하다는 의미를 갖는다.
명사를 수식하는 경우에는「～ぬきの＋명사」의 형태가 사용된다.

접속 명사 + ぬきで / ぬきにして

● 私の人生は彼女抜きで語れない。 내 인생은 그녀를 빼고 말할 수 없다.

今日はそういう暗い話は抜きにしましょう。 오늘은 그런 어두운 이야기는 하지 않기로 합시다.

□ 69 ～ぬく _{끝까지 ～하다}

어떤 일을 끝까지 노력해서 완수한다는 의미로 사용된다.

접속 동사 ます형 + ぬく

● 彼は最後まで約束を守りぬいた。 그는 끝까지 약속을 지켰다.

□ 70 ～のみならず _{～뿐만 아니라}

일종의 첨가 표현으로, 주로 문장체에서 쓰인다. ～ばかりでなく, ～だけでなく로 바꾸어 쓸
수 있다.

접속 동사 / イ형용사 [보통형] + のみならず
　　 イ형용사 어간 + のみならず
　　 명사 + のみならず

● 彼は英語のみならず、スペイン語も話せる。 그는 영어뿐만 아니라 스페인어도 할 줄 안다.

□ 71 ～のもとで / ～のもとに ～하에서, ～아래에서

어떤 조건이나 상황의 영향을 받으며 무언가를 한다는 의미를 나타낸다.

접속 　명사 ＋ のもとで / のもとに

● 働_{はたら}くなら、いい環境_{かんきょう}のもとで働_{はたら}きたい。
　일한다면 좋은 환경하에서 일하고 싶다.

二人_{ふたり}は合意_{ごうい}のもとに書類_{しょるい}にサインをした。
　두 사람은 합의하에 서류에 사인을 했다.

□ 72 ～ばかりか / ～ばかりでなく ～뿐만 아니라

앞에 제시된 내용뿐 아니라 '다른 것도 ～하다'는 추가의 의미를 강조하는 문형이다. 후속절에는
～も, ～さえ, ～まで 등의 조사가 자주 사용되며, 의지나 명령, 권유의 문장은 오지 않는다.

접속 　동사 / イ형용사 [보통형] ＋ ばかりか / ばかりでなく
　　　ナ형용사 명사 수식형 ＋ ばかりか / ばかりでなく
　　　명사 ＋ ばかりか / ばかりでなく

● 彼女_{かのじょ}は英語_{えいご}ばかりか、中国語_{ちゅうごくご}もペラペラだ。
　그녀는 영어뿐만 아니라 중국어도 유창하다.

彼_{かれ}は運動_{うんどう}ばかりでなく、勉強_{べんきょう}も得意_{とくい}だ。
　그는 운동뿐만 아니라 공부도 잘한다.

□ 73 ～ばかりに ～한 탓에

앞에 제시된 일을 이유로 좋지 않은 결과가 되었을 때 사용하는 문형이며, 좋지 않은 결과에 대
해 말하는 이의 후회나 불만, 유감을 나타내는 표현이다.

접속 　동사 / イ형용사 [보통형] ＋ ばかりに
　　　ナ형용사 명사 수식형 ＋ である ＋ ばかりに
　　　명사 (＋ である) ＋ ばかりに

● 期待_{きたい}が大_{おお}きかったばかりに失望_{しつぼう}も大_{おお}きかった。　기대가 컸던 탓에 실망도 컸다.

□ 74　～はともかく / ～はともかくとして　～은 어쨌든, ~은 그렇다 치고

앞의 제시된 화제는 보류하거나 생각하지 않기로 하고, 뒤에 오는 내용에 중점을 두고자 할 때 사용하는 표현이다.

接続　명사 ＋ はともかく / はともかくとして

- 平日はともかく、休日まで仕事のことを考えたくない。
  평일은 고사하고 휴일까지 일을 생각하고 싶지 않다.

  このかばんはデザインはともかくとして物がたくさん入る。
  이 가방은 디자인이야 어떻든 물건이 많이 들어간다.

□ 75　～ば～ほど　～하면 ～할수록

어느 한쪽이 정도를 더하여 변화하면 다른 쪽도 비례적으로 정도가 더 강해진다는 의미를 강조하는 표현이다.

接続　동사 가정형 ＋ 동사 사전형 ＋ ほど
　　　 イ형용사 어간 ＋ ければ ＋ イ형용사 사전형 ＋ ほど
　　　 ナ형용사 어간 ＋ なら / であれば ＋ ナ형용사 명사 수식형 ＋ ほど
　　　 명사 ＋ なら / であれば ＋ 명사 ＋ である ＋ ほど

- ダイヤモンドは大きければ大きいほど高い。
  다이아몬드는 크면 클수록 비싸다.

□ 76　～反面　～반면

하나의 사안에 두가지 측면이 존재한다는 것을 나타낸다. 앞에 제시된 것도 사실이지만 그와 다른 측면도 있다는 내용이 뒤에 이어진다.

接続　동사 / イ형용사 / ナ형용사 [명사 수식형] ＋ 反面
　　　 명사 ＋ ある ＋ 反面

- この植物は、寒さに強い反面、暑さや湿気に弱い。
  이 식물은 추위에 강한 반면 더위와 습기에 약하다.

□ 77 **〜向け** ~대상, ~용

특정한 사람이나 집단을 대상에 적합하도록 의도하여 만들었다는 의미를 나타낸다. 주로 판매 대상이나 수요층을 나타낼 때 사용한다.

접속 명사 + 向け

● 彼は学生向けの安いアパートに住んでいる。
그는 학생들을 대상으로 하는 저렴한 아파트에 살고 있다.

□ 78 **〜もかまわず** ~도 개의치 않고

앞에 제시된 내용을 신경 쓰지 않고 태연하게 무언가를 할 때 사용하는 문형이다.

접속 명사 + もかまわず

● 父は服が汚れるのもかまわず、公園で犬と遊んでいる。
아버지는 옷이 더러워지는 것도 개의치 않고 공원에서 개와 놀고 있다.

□ 79 **〜ものか** ~하나 봐라, ~할까 보냐

말하는 이가 어떠한 사실을 강하게 부정하거나 거절할 때 사용하며, 자신의 행동에 대하여 사용할 때는 '절대로 그렇게 하지 않겠다'는 강한 결심이나 단정을 나타낸다.

접속 동사 / イ형용사 / ナ형용사 [명사 수식형] + ものか
　　　명사 + な + ものか

● あんな高くてまずい店、二度と行くものか。 저렇게 비싸고 맛없는 가게, 두 번 가나 봐라.

□ 80 **〜ものがある** ~한 데가 있다

말하는 이의 기분이나 감정을 나타내는 문형으로, '굉장히 ~하다고 느낀다', '왠지 ~하다고 느낀다'의 두가지 의미 모두를 나타낸다.

접속 동사 사전형 / ない형 + ものがある
　　　イ형용사 / ナ형용사 [명사 수식형] + ものがある
　　　명사 + な + ものがある

● 彼の話には、納得できないものがあった。 그의 말에는 납득할 수 없는 데가 있었다.

□ 81 **〜ものだから** 〜하기 때문에, 〜해서

정중하게 원인이나 이유를 나타내는 표현으로, '원래 의도한 바는 아니지만'이라는 느낌을 담아 변명을 할 때 주로 사용한다.

접속 동사 / イ형용사 / ナ형용사 [명사 수식형] + ものだから
명사 + な + ものだから

• 目覚まし時計が壊れたものだから、会社に遅刻してしまった。
자명종이 고장났기 때문에 회사에 지각하고 말았다.

□ 82 **〜も〜ば〜も** 〜도 〜하거니와 〜도

앞에 제시된 일에 추가적인 내용을 더할 때 사용하는 표현으로, 이때 가정형 **〜ば**는 '가정'의 의미가 아니라 '나열, 열거'의 뜻을 나타낸다. 내용을 추가하는 용법이므로 긍정적인 내용은 긍정적인 내용끼리, 부정적인 내용은 부정적인 내용끼리 쌍을 이루어 사용된다.

접속 명사 + も + 동사 가정형 + も
명사 + も + イ형용사 어간 + ければ + も
명사 + も + ナ형용사 어간 + なら + も

• 彼は性格もよければ、頭もいい。 그는 성격도 좋고 머리도 좋다.
彼はサッカーも上手なら、野球も上手だ。（上手ならは上手ならばの생략형)
그는 축구도 잘하고 야구도 잘한다.

□ 83 **〜やら〜やら** 〜하기도 하고 〜하기도 하고, 〜와 〜등

사물을 나열하거나 열거하는 표현으로, 여러가지 사항 중 대표적인 예를 한두개 들어 이야기 할 때 사용한다. 말하는 이가 싫어하는 일이나 귀찮아하는 일이라는 감정을 갖고 있을때 사용하는 경우가 많다.

접속 동사 사전형 / イ형용사 사전형 / 명사 + やら + 동사 사전형 / イ형용사 사전형 / 명사 + やら

• 最近、勉強やらバイトやらでとても忙しい。
요즘 공부나 아르바이트 등으로 많이 바쁘다.

□ 84　**～ように** ~하도록

어떤 동작의 목적이나 의도를 나타내는 표현으로, 그렇게 하도록 노력하겠다는 의미로 사용된다. に가 생략되어 ～よう의 형태로 쓰이는 경우도 있다.

[접속] 동사 사전형 / ない형 ＋ ように

● 日本の本が読めるように毎日漢字を勉強している。
일본 책을 읽을 수 있도록 매일 한자를 공부하고 있다.

□ 85　**～わりに / ～わりには** ~비해서, ~비해서는

어떠한 대상에 대해 예상과는 달라 의외라는 내용을 표현하고 싶을 때 사용하는 문형이다.

[접속] 명사 / イ형용사 / ナ형용사 / 명사 [명사 수식형] ＋ わりに / わりには

● あのかばんは高いわりによく売れている。 저 가방은 비싼 것에 비해 잘 팔리고 있다.

昨日見た映画は評判のわりにはあまり面白くなかった。
어제 본 영화는 평판에 비해서는 별로 재미가 없었다.

□ 86　**～をきっかけに / ～をきっかけにして**
~을 계기로 / ~을 계기로 하여

어떠한 일이 원인이나 동기가 되어 새로운 사건이나 행위가 발생한다는 의미를 나타낸다.

[접속] 명사 ＋ をきっかけに / をきっかけにして

● 沖縄旅行をきっかけにダイビングを始めた。 오키나와 여행을 계기로 다이빙을 시작했다.

プロジェクトをきっかけにして彼女と親しくなった。 프로젝트를 계기로 그녀와 친해졌다.

□ 87　**～を契機に** ~을 계기로

어떠한 일이 시작되는 원인이나 동기를 나타내는 문형으로, 의미상으로는 ～をきっかけに(96 참조)와 같지만, ～を契機に는 신문 등과 같이 문어체에서 자주 쓰이며, 비교적 중대한 사안을 다루는 느낌을 준다.

[접속] 명사 ＋ を契機に

● 就職を契機に一人暮らしを始めた。 취직을 계기로 혼자 살기 시작했다.

□ 88 **～を中心に / ～を中心として** ～을 중심으로 / ～을 중심으로 하여

가장 중요한 내용을 강조하는 표현으로, 앞에 제시된 사항이 어떠한 일을 하는데 가장 중요한 역할을 한다는 것을 나타낸다.

접속 명사 + を中心に / を中心として

● ABC社は、健康食品を中心にさまざまな生活用品を販売している。
ABC사는 건강식품을 중심으로 다양한 생활용품을 판매하고 있다.

当店では、野菜を中心として構成した様々なメニューをご用意しております。
저희 가게는 채소를 중심으로 구성한 다양한 메뉴를 준비하고 있습니다.

□ 89 **～を～として / ～を～とする** ～을 ～로서 / ～을 ～로 하는

「AをBとして」의 형태로 쓰이며 A를 B에 대한 '위치, 입장, 자격, 용도, 목적' 등으로 생각한다 는 의미를 나타낸다.

접속 명사① + を + 명사② + として / とする

● 彼は全国大会優勝を目標として頑張っている。 그는 전국대회 우승을 목표로 열심히 하고 있다.

社会福祉法人は社会福祉を目的とする事業を行っている。
사회복지법인은 사회복지를 목적으로 하는 사업을 하고 있다.

□ 90 **～をもとに / ～をもとにして** ～을 바탕으로 / ～을 바탕으로 하여

어떠한 일을 하는데 있어 앞에 제시된 단어를 '소재, 토대, 기준, 참고'로 했다는 의미를 나타낸다.

접속 명사 + をもとに / をもとにして

● 彼女の自分の経験をもとにアドバイスしてくれた。
그녀의 자신의 경험을 바탕으로 조언해 주었다.

分析データをもとにして新しいシステムを導入することにした。
분석 데이터를 바탕으로 새로운 시스템을 도입하기로 했다.

5 경어

경어란, 상대방에 대해 경의를 나타내는 표현으로, 크게 존경어, 겸양어, 그리고 정중어 세 가지로 나눈다. 존경어는 상대방에 대한 존경을 나타내는 표현이며, 겸양어는 자신을 낮추어 상대방에게 경의를 나타내는 표현이다.

1. 정중어 : 정중하고 조심스럽게 말함으로써 상대방에 대한 경의를 나타내는 말
2. 존경어 : 듣는 사람이나 대화 속에 등장하는 사람을 높이는 말
3. 겸양어 : 말하는 사람 자신의 동작이나 상태를 낮추는 말

1. 정중어

정중어는 상대방에게 경의를 나타내는 말로서, 일상 회화에서 자주 사용한다. です나 ます를 사용하거나 「お＋고유어」, 「ご＋한자어」의 형태로 명사에 お나 ご를 붙여 사용하는 경우를 말한다. 그리고 ござる는 ある를 정중하게 나타낸 말이다.

● お金 돈, お部屋 방, ご報告 보고, ご案内 안내

これは田中さんのペンです。 이것은 다나카 씨의 펜입니다.

毎日学校に行きます。 매일 학교에 갑니다.

郵便局は銀行の隣にございます。 우체국은 은행 옆에 있습니다.

※ 일반적으로 일본어 고유어에는 お, 한자어에는 ご를 붙인다. 단, お電話(전화), お料理(요리), お食事(식사), お会計(계산), お勉強(공부) 등 예외적인 단어가 존재하므로 이 점에 유의해야 한다.

2. 존경어

상대방의 행동이나 상태, 소유물 등을 높여 표현함으로써 상대방에 대한 경의를 나타낸다.

2-1. 일반적 존경어

⑴ ～れる / ～られる : ~하시다

～れる/～られる는 가능형이나 수동형과 동일한 형태를 취하고 있기 때문에 문맥에 따라 용법을 파악해야 할 필요가 있다.

● 何時に行かれますか。 몇 시에 가십니까?

明日の会議には出られますか。 내일 회의에는 나오십니까?

⑵ お＋동사의 ます형＋になる / ご＋동작성명사＋になる : ~하시다

● この報告書は田中社長がお書きになりました。 이 보고서는 다나카 사장님께서 쓰셨습니다.

先生は１時間前にご出発になりました。 선생님께서는 한 시간 전에 출발하셨습니다.

(3) お+동사의 ます형+なさる / ご+동작성명사+なさる : ~하시다

- 先生がお話なさったことは、覚えています。 선생님께서 말씀하신 것은 기억하고 있습니다.

  レジ袋をご利用なさいますか。 비닐봉투를 이용하시겠습니까?

(4) お+동사의 ます형+です / ご+동작성명사+です : ~하십니다

- お客様があちらでお待ちです。 손님께서 저쪽에서 기다리고 계십니다.

  何をお読みですか。 무엇을 읽고 계십니까?

(5) お+동사의 ます형+ください / ご+동작성명사+ください : ~해 주십시오

- 会議が始まりますので、お座りください。 회의가 시작되오니 앉아 주십시오.

  こちらに電話番号をご記入ください。 이쪽에 전화번호를 기입해 주십시오.

2-2. 특수한 존경어

한국어로 '먹다'를 '먹으시다'라고 하지 않고 '드시다'라고 말하는 것처럼 일본어에도 특수한 존경어 및 겸양어 표현이 존재한다. 〈p.238 참고〉

- 難しいようでしたら遠慮なくおっしゃってください。 어려울 것 같으면 사양말고 말씀해 주십시오.

  社長は会議室にいらっしゃいます。 사장님은 회의실에 계십니다.

  こちらの本をご覧ください。 이쪽의 책을 봐 주십시오.

  昼ごはんは召し上がりましたか。 점심은 드셨습니까?

3. 겸양어

겸양어란, 겸손하게 자신이나 자기 쪽(가족, 회사, 소속된 그룹 등)을 낮추어 상대방에 대한 경의를 나타내는 표현이다. 시험에서 중요한 것은 존경어와 겸양어의 구분인데 '상대에게는 존경어를 사용하고 나에게는 겸양어를 사용한다'는 점을 기억해 둔다.

3-1. 일반적 겸양어

(1) お+동사의 ます형+する(いたす) / ご+동작성명사+する(いたす) : ~하다, ~해 드리다

- 飲み物はいつお持ちしましょうか。 음료는 언제 가져다 드릴까요?

  駅までお送りいたします。 역까지 모셔다 드리겠습니다.

  後ほどメールでご連絡します。 나중에 메일로 연락드리겠습니다.

  日程については、改めてご案内いたします。 일정에 대해서는 다시 안내드리겠습니다.

(2) ～(さ)せて ＋ いただきます : ～하겠습니다('그렇게 하겠다'라는 화자의 의지를 겸손하게 나타냄)

● お先に帰らせていただきます。 먼저 돌아가겠습니다.

　担当者に確認させていただきます。 담당자에게 확인하겠습니다.

3-2. 특수한 겸양어

● お目にかかることができて光栄です。 뵙게 되어 영광입니다.

　皆様のご意見を伺いたいです。 여러분의 의견을 듣고 싶습니다.

　いつも楽しく拝見しています。 항상 즐겁게 보고 있습니다.

　初めまして。田中と申します。 처음뵙겠습니다. 다나카라고 합니다.

4. 특수한 경어 동사 정리

기본형	존경어	겸양어
いる 있다	いらっしゃる / おいでになる 계시다	おる 있다
行く 가다	いらっしゃる / おいでになる / お越しになる 가시다	伺う / 参る 가다
来る 오다	いらっしゃる / おいでになる / お越しになる / お見えになる 오시다	伺う / 参る 오다
言う 말하다	おっしゃる 말씀하시다	申す, 申し上げる 말씀드리다
する 하다	なさる 하시다	いたす 하다
食べる/飲む 먹다/마시다	召し上がる 드시다	いただく 먹다/마시다
見る 보다	ご覧になる 보시다	拝見する 보다
知る 알다	ご存じだ 아시다	存じる 알다
聞く 듣다, 묻다		伺う 듣다, 여쭈다
会う 만나다		お目にかかる 뵙다
思う 생각하다		存じる 생각하다
あげる (남에게) 주다		差し上げる 드리다
くれる (나에게) 주다	くださる 주시다	
もらう 받다		いただく 받다
寝る 자다	お休みになる 주무시다	
受ける 받다, 수용하다		承る 받다

다음 문장의 괄호 안에 들어갈 가장 알맞은 말을 a, b 중에서 고르시오.

1 自分でやると決めた (a 以上 b ことなく)、最後まで責任を持って行動しなければならない。

2 独身は自由である (a かぎり b 一方)、寂しさを感じることも多い。

3 社長が決定した (a ことに b 上は)、その方針に従うしかないだろう。

4 みんな集まったので、そろそろ会議を (a 始めよう b 始める) ではないか。

5 天気予報によると、台風が接近しているため、明日は激しい雨が降る (a 恐れ b かけ) があるそうだ。

6 体が動く (a かわりに b 限り)、仕事を続けたい。

7 個人的な質問には (a 答えるおそれがある b お答えしかねます) ので、ご了承ください。

8 部屋の広さ (a からいうと b というより)、さっき見た部屋の方がいいと思う。

9 この本は題名 (a からして b に限り) おもしろそうだ。

10 休みの日だ (a からには b からといって) 昼過ぎまで寝てしまうのはよくないと思う。

11 日本の桜の季節は、一般的に3月の終わりから5月に (a かけて b にしたがって) と言われている。

12 アルバイトとはいえ、働く (a からすると b からには) 責任を持って頑張るべきである。

13 彼女の表情 (a から b さえ) 見ると、今日の試験は難しかったに違いない。

14 彼はスポーツが得意な (a かわりに b ことに)、勉強ができない。

15 彼はお金もない (a あまり b くせに) いつも買い物ばかりしている。

16 この日が来るのをどんなに待った (a ことか b ものか)。

정답　1 ⓐ　　2 ⓑ　　3 ⓑ　　4 ⓐ　　5 ⓐ　　6 ⓑ　　7 ⓑ　　8 ⓐ
　　　9 ⓐ　　10 ⓑ　　11 ⓐ　　12 ⓑ　　13 ⓐ　　14 ⓐ　　15 ⓑ　　16 ⓐ

해석 별책 p.11

다음 문장의 괄호 안에 들어갈 가장 알맞은 말을 a, b 중에서 고르시오.

1 健康が心配なら、たばこを止める (a ことだ b はずだ)。

2 今月は仕事が多くて休む (a ものなら b ことなく) 働いている。

3 残念な (a ことに b ことか)、娘が楽しみにしていた運動会が雨で中止となった。

4 彼は1年も日本語を勉強したのに、ひらがな (a だらけ b さえ) 書けない。

5 手術するかどうかは血液検査の結果 (a 次第 b 一方) だ。

6 このアニメは子供の教育 (a 上 b すら) よくない。

7 たとえ親に (a 反対されたとたん b 反対されても)、アメリカに留学するつもりだ。

8 彼の歌を聞いた (a とたんに b ついでに)、涙があふれてきた。

9 友達とケンカでもしたのか、息子が傷 (a だらけ b がち) で帰ってきた。

10 久しぶりですね。最後に会ったのはいつでした (a ことか b っけ)。

11 こんな高いかばん、私には (a 買えるとする b 買えっこない)。

12 部長はプロジェクトの進捗状況を確認し (a つつ b あまり)、アドバイスをしてくれた。

13 祖父は (a 怒るところに b 怒りっぽいのに)、孫には一度も怒ったことがない。

14 田中さんとは学校を (a 卒業して b 卒業する) 以来、一度も会っていない。

15 7月に入り、昼も夜も暑くて (a たまらない b ほかない)。

16 一人暮らしを始めたころは、寂しくて (a できなかった b ならなかった)。

정답 1 ⓐ 2 ⓑ 3 ⓐ 4 ⓑ 5 ⓐ 6 ⓐ 7 ⓑ 8 ⓐ
    9 ⓐ 10 ⓑ 11 ⓑ 12 ⓐ 13 ⓑ 14 ⓐ 15 ⓐ 16 ⓑ

해석 별책 p.12

다음 문장의 괄호 안에 들어갈 가장 알맞은 말을 a, b 중에서 고르시오.

1 いくらカレーが好きでも毎日食べると飽きるという（ a ものか　b ものだ ）。

2 成績も重要だが、勉強だけできればいい（ a というものではない　b どころではない ）。

3 あのアニメは子供向け（ a とはいえ　b というより ）大人向けだ。

4 風邪を引いてしまい、旅行（ a どころではなかった　b にほかならなかった ）。

5 悪口をしている（ a わりに　b ところを ）本人に聞かれてしまった。

6 人々の考え方は時代の流れ（ a とともに　b にかぎって ）変わっていく。

7 会社の飲み会に（ a 行けない　b 行かない ）ことはないが、あまり行きたくない。

8 引っ越し（ a に比べて　b にあたって ）古い家具を処分した。

9 新しい服を着ている日に（ a 限り　b 加え ）、雨が降る。

10 最近メール（ a にわたって　b にかわって ）メッセージアプリを使う人が増えてきた。

11 彼は毎日頑張って勉強してきたんだから、合格するに（ a かぎっている　b きまっている ）。

12 今年は去年（ a に比べて　b に際して ）桜が咲くのが少し遅かった。

13 来学期から初級クラス（ a にこたえて　b にくわえて ）中級クラスでも授業をするように

なった。

14 就職に（ a 沿って　b 際して ）、スーツや靴を買いに行った。

15 面接に（ a 先立って　b 限って ）書類選考が行われた。

16 彼女は新入社員（ a にかわり　b にしては ）仕事がとても速い。

정답 1 ⓑ　2 ⓐ　3 ⓑ　4 ⓐ　5 ⓑ　6 ⓐ　7 ⓐ　8 ⓑ
　　　9 ⓐ　10 ⓑ　11 ⓑ　12 ⓐ　13 ⓑ　14 ⓑ　15 ⓐ　16 ⓑ

해석 별책 p.12

다음 문장의 괄호 안에 들어갈 가장 알맞은 말을 a, b 중에서 고르시오.

1 たとえ才能がある (a にせよ   b に対し)、努力しなければ成功できない。

2 会社の方針に (a 比べ   b 沿い)、仕事を進める。

3 部長は社員に (a 際して   b 対して) とても厳しい。

4 警察は事故の原因 (a について   b にしては) 調査している。

5 この写真を見る (a に加え   b につけ)、家族で旅行したことを思い出す。

6 日本社会 (a にとって   b につれて) 少子化は大きな問題だ。

7 法律に (a 反する   b 対する) ことはしてはいけない。

8 彼女が試験に合格したのは努力の結果 (a よりほかはない   b にほかならない)。

9 当社はお客様の要望 (a にかけては   b に基づいて) 新しい製品を開発しています。

10 寿司はワサビ (a ぬき   b むけ) で食べている。

11 (a 考えぬいた   b 考えかねた) 結果、日本へ留学することにした。

12 睡眠不足は体力や精神力 (a に基づいて   b のみならず)、判断力も鈍らせる。

13 彼は厳しい両親の (a もとで   b ぬきで) 育った。

14 この制度の (a もとに   b 末に) 経済は成長している。

15 このレストランでは料理がおいしい (a からこそ   b ばかりでなく)、雰囲気も

すばらしい。

16 風邪をひいた (a おかげで   b ばかりに) 学校に行けなかった。

정답   1 ⓐ   2 ⓑ   3 ⓑ   4 ⓐ   5 ⓑ   6 ⓐ   7 ⓐ   8 ⓑ
   9 ⓑ   10 ⓐ   11 ⓐ   12 ⓑ   13 ⓐ   14 ⓐ   15 ⓑ   16 ⓑ

해석 별책 p.12

다음 문장의 괄호 안에 들어갈 가장 알맞은 말을 a, b 중에서 고르시오.

1 何でも練習すればする (a ほか　b ほど) 上手になる。

2 子供 (a 向け　b がち) の絵本コーナーは、あちらにあります。

3 あの男は人目 (a にかぎらず　b もかまわず)、電車の中で弁当を食べている。

4 彼の話にまた騙されてしまった。二度と信じる (a ことか　b ものか)。

5 彼女の演奏は、聞く人を感動させる (a ものがある　b にすぎない)。

6 急な出張が入ってしまった (a ものなら　b ものだから)、今日の飲み会にはいけない。

7 どこかへ旅行に行きたいけど、時間も (a なければ　b ないうちに) お金もない。

8 何かアイデアを思いついたら、忘れない (a ことに　b ように) メモしている。

9 海外旅行 (a を中心として　b をきっかけにして) 英語を勉強し始めた。

10 コロナ禍を (a 契機に　b もとに) 本社を地方に移転した。

11 子供は親を手本 (a としても　b として) 育つものだ。

12 研究の結果を (a もとに　b すえに) レポートを書いた。

13 会議の内容については、私から (a おっしゃいます　b 申し上げます)。

14 先生は何時に (a 来られますか　b まいりますか)。

15 お客様に新商品をご紹介 (a いたしました　b になりました)。

16 私は昨日ずっと家に (a いらっしゃいました　b おりました)。

정답 1 ⓑ　2 ⓐ　3 ⓑ　4 ⓑ　5 ⓐ　6 ⓑ　7 ⓐ　8 ⓑ
9 ⓑ　10 ⓐ　11 ⓑ　12 ⓐ　13 ⓑ　14 ⓐ　15 ⓐ　16 ⓑ

해석 별책 p.13

문법 완전 정복을 위한 꿀팁!

N2 문법에서는 다양한 수준의 문법 실력을 테스트합니다. PART 2의 실전 연습에 나오는 표현들을 내 것으로 만든다면 시험에서 좋은 결과를 얻을 수 있을 것입니다.

● 問題 7 문법 형식 판단

단순 문법이 아닌 다양한 변형 문제가 출제됩니다. 선택지 하나하나의 뜻을 살펴본 뒤 답을 고르도록 합니다.

● 問題 8 문장 완성

문법을 아는 것뿐 아니라 문장을 제대로 구성하는 것이 중요합니다. 자칫 순서를 착각해서 답을 놓칠 수 있으므로 반드시 공란에 번호를 적어 가면서 풀도록 합니다.

● 問題 9 문맥 이해

전체 내용 이해가 중요합니다. 독해 파트를 풀 때처럼 단락을 나누면서 공란에 내용을 요약하면 지문을 읽는 시간을 절약할 수 있습니다.

유형별 실전 문제

문법 형식 판단 실전 연습 ❶　　　　　　　　　　　[　 / 8]

問題 7 次の文の（　　　　）に入れるのに最もよいものを、1・2・3・4から一つ選びなさい。

1 全力で走った（　　　　）、バスに乗り遅れてしまった。

1 最中　　　　　2 あげく　　　　3 以上　　　　4 とたん

2 長引く不況で、給料は上がらず、国民の生活は厳しくなる（　　　　）。

1 くらいだ　　　2 おかげだ　　　3 一方だ　　　4 ためだ

3 レトルト食品は賞味期限が長い（　　　　）価格も安い。

1 上に　　　　　2 さらに　　　　3 末に　　　　4 たびに

4 スープは温かい（　　　　）お召し上がりください。

1 わりに　　　　2 うちに　　　　3 くせに　　　　4 すぐに

5 田中さんが手伝ってくれた（　　　　）、早く作業が終わった。

1 おかげで　　　2 せいで　　　　3 しだいで　　　4 ところで

6 お酒を止めると決めた（　　　　）、周りからどんな誘いがあっても絶対に守りたい。

1 きり　　　　　2 とたん　　　　3 反面　　　　4 以上は

7 服用中の薬は、特に指示の（　　　　）通常通り服用してください。

1 くせして　　　2 ない限り　　　3 ことだから　　4 あまり

8 先生、私の書いた作文、（　　　　）。

1 拝見しましたか　　　　　　　2 お見えになりましたか
3 お書きしましたか　　　　　　4 ご覧になりましたか

정답　1② 　2③ 　3① 　4② 　5① 　6④ 　7② 　8④ 　　　　해석 별책 p.13

問題 7 次の文の（　　　）に入れるのに最もよいものを、1・2・3・4から一つ選びなさい。

1 一生懸命勉強した（　　　）、試験に合格できたのである。

1　からには　　　　2　から見て　　　　3　からすれば　　　4　からこそ

2 田中さんの表情（　　　）、今回の契約は成功したようだね。

1　として　　　　　2　からすると　　　3　に比べ　　　　　4　というと

3 娘は今朝出かけた（　　　）、夜になっても帰ってこないのでとても心配だ。

1　だけに　　　　　2　とたん　　　　　3　きり　　　　　　4　あげく

4 その映画は涙が止まらない（　　　　）悲しかった。

1　くらい　　　　　2　以上　　　　　　3　あまり　　　　　4　たび

5 この会社は毎朝9時から会議をする（　　　　）。

1　とは限らない　2　かのようだ　　3　おかげである　4　ことになっている

6 今週の休みにはずっと（　　　）かけになっていた本を読みきりたい。

1　読む　　　　　　2　読み　　　　　　3　読んで　　　　　4　読んだ

7 朝から風邪（　　　）ので、美容室の予約をキャンセルし、早く家に帰ってきた。

1　気味だった　　　　　　　　　　　2　に限る
3　というものではない　　　　　　　4　にすぎない

8 彼が描いた鳥は、今にも絵の中から（　　　　）。

1　飛んでいるようだ　　　　　　　　2　飛び出したがる
3　飛び出しそうだ　　　　　　　　　4　飛んでいるらしい

정답 1④　2②　3③　4①　5④　6②　7①　8③

해석 별책 p.13

問題 7　次の文の（　　　）に入れるのに最もよいものを、1・2・3・4から一つ選びなさい。

1 この製品のご使用の（　　　）、以下の留意事項をよくお読みください。

　　1　末は　　　　　2　際は　　　　　　3　一方は　　　　4　ほどは

2 その件については今調べている（　　　）ですので、もう少しお待ちください。

　　1　たび　　　　　2　きり　　　　　　3　つつ　　　　　4　最中

3 お金（　　　）幸せになれるとは思わない。

　　1　しかあれば　　2　からすれば　　3　さえあれば　　4　からいえば

4 エコノミークラスにしたかったが、空席がないので、ビジネスクラスを予約（　　　）。

　　1　するものがある　　　　　　　2　するわけがない
　　3　するどころではない　　　　　4　せざるを得ない

5 始めたからには最後までやる（　　　）。

　　1　しかない　　　2　ことはない　　3　にすぎない　　4　ようがない

6 彼は全部知っている（　　　）、何も教えてくれない。

　　1　うちに　　　　2　くせして　　　3　からこそ　　　4　せいで

7 いつも遅刻する田中さん（　　　）、今日も遅れて来るだろう。

　　1　のことだから　2　にかけては　　3　にすれば　　　4　はもとより

8 申し訳ありません、田中は出張で席を外して（　　　）。

　　1　いらっしゃいます　　　　　　2　行かれます
　　3　おられます　　　　　　　　　4　おります

정답　1② 　2④ 　3③ 　4④ 　5① 　6② 　7① 　8④　　　　　해석 별책 p.14

問題 7　次の文の（　　　）に入れるのに最もよいものを、1・2・3・4から一つ選びなさい。

1　彼は試行錯誤の（　　　）、やっと解決方法を見つけた。

　　1　うちに　　　　　2　わりに　　　　　3　くせに　　　　　4　すえに

2　私は分からない言葉があったら辞書で調べ（　　　）。

　　1　てしょうがない　　　　　　　　　2　かねない
　　3　ずにはいられない　　　　　　　　4　てはいけない

3　彼は嘘ばかりつくので、家族（　　　）彼の言葉を信じない。

　　1　すら　　　　　　2　だけ　　　　　3　くせして　　　　4　ほど

4　私は海外旅行の（　　　）、おなかを壊してしまう。

　　1　うえに　　　　　2　あげく　　　　3　あまり　　　　　4　たびに

5　明日の天気（　　　）コンサートが中止になる可能性もある。

　　1　のもとで　　　　2　次第で　　　　3　に反して　　　　4　気味で

6　出発まで後5分もないから、いまさら（　　　）間に合わない。

　　1　走ったからには　　　　　　　　　2　走ったあまり
　　3　走ったところで　　　　　　　　　4　走ったどころか

7　明日がテストだと（　　　）、友達に誘われてお酒を飲んでしまった。

　　1　知りつつも　　　2　知るべきで　　　3　知るはずで　　　4　知ったからには

8　昨日、傘を忘れて出勤したので、田中さんに（　　　）。

　　1　貸してあげた　　　　　　　　　　2　貸してくれた
　　3　貸してくださった　　　　　　　　4　貸してもらった

問題 7　次の文の（　　　）に入れるのに最もよいものを、1・2・3・4から一つ選びなさい。

1　大型の台風が日本に（　　　）つつある。
　　1　近づく　　　　　2　近づいている　　3　近づいた　　　4　近づき

2　一人暮らしを始めたばかりなので、毎日寂しくて（　　　）。
　　1　ほかはない　　　2　限らない　　　　3　しょうがない　　4　かかわらない

3　病気（　　　）初めて、健康の大切さを痛感した。
　　1　になった　　　　2　になる　　　　　3　になっている　　4　になって

4　レトロ（　　　）聞こえはいいが、ただの中古品である。
　　1　とはいえ　　　　2　というと　　　　3　とともに　　　　4　といっても

5　田中さんは会議が（　　　）、携帯のメッセージを確認した。
　　1　終わったとたん　　　　　　　　2　終わったきり
　　3　終わったものか　　　　　　　　4　終わったことか

6　この化粧品は、テレビ番組で紹介されて（　　　）とても売れている。
　　1　反面　　　　　　2　次第　　　　　　3　最中　　　　　　4　以来

7　日本に住めば、自然に日本語が話せるようになるという（　　　）。
　　1　ものではない　　2　ものがある　　　3　ところではない　4　べきではない

8　ご注文がお決まり（　　　）、そちらのボタンでお呼びください。
　　1　しましたら　　　　　　　　　2　いたしましたら
　　3　になりましたら　　　　　　　4　にうかがいましたら

問題 7　次の文の（　　　）に入れるのに最もよいものを、1・2・3・4から一つ選びなさい。

1 　赤ちゃんが泣き止んだ（　　　）、また大声で泣き始めた。

　　1　かのように　　　2　からすると　　　3　かと思ったら　　4　からには

2 　最近は女優（　　　）活躍する歌手も増えてきた。

　　1　として　　　　　2　からして　　　　3　からこそ　　　　4　だけに

3 　明日、地球が滅びる（　　　）。あなたは、今日、何をしますか。

　　1　かねません　　　2　とします　　　　3　にすぎません　　4　ようがありません

4 　もし明日が休み（　　　）、家でゆっくり休みたい。

　　1　として　　　　　2　どおり　　　　　3　だけに　　　　　4　だとしたら

5 　家を出ようとしていた（　　　）、電話がかかってきた。

　　1　どころか　　　　2　ことに　　　　　3　ところに　　　　4　ものか

6 　新しいモデルは、旧型（　　　）、すっきりとしたイメージが強くなった。

　　1　に比べ　　　　　2　に先立ち　　　　3　に対して　　　　4　にとって

7 　引っ越しに（　　　）、必要な手続きを確認し、自分なりの「やることリスト」を
　　まとめておいた。

　　1　関わらず　　　　2　際して　　　　　3　反して　　　　　4　限らず

8 　田中さんは最近仕事が多くなり、毎日遅くまで（　　　）いるそうだ。

　　1　残業させて　　　　　　　　　　　　2　残業してもらって
　　3　残業されて　　　　　　　　　　　　4　残業させられて

1 発表者の田中さんが（   ）、会議を始めることができない。
   1 来なくても   2 来たことに
   3 来ないことには   4 来たことだから

2 プレゼントならこちらのネックレス（   ）はどうですか。
   1 なんか   2 なんと   3 さえ   4 ほど

3 来月より公共の場（   ）飲酒が禁止される。
   1 にしたがって   2 において   3 どころか   4 について

4 アルバイトは働いた時間（   ）給与が決まる。
   1 に応じて   2 にかかわらず   3 に限らず   4 反して

5 海外旅行に（   ）海外旅行保険に加入する必要がある。
   1 比べて   2 囲んで   3 わたって   4 先立って

6 彼女はやさしい性格で、誰に（   ）とても親切だ。
   1 とっても   2 対しても   3 よっても   4 際しても

7 ウェブサイトには、その会社に（   ）説明が書いてあった。
   1 ついての   2 かぎっての   3 つれての   4 すぎての

8 ご多忙とは（   ）、何卒よろしくお願いいたします。
   1 いたしますが   2 おりますが   3 存じますが   4 ご存じですが

問題 7 次の文の（ ）に入れるのに最もよいものを、1・2・3・4から一つ選びなさい。

1 新たに開発されたあの技術は現在、工学（ ）あらゆる分野で広く利用されている。

1 ばかりに　　2 につけ　　3 にかぎらず　　4 もかまわず

2 パソコンが（ ）にしたがって仕事がやりやすくなった。

1 普及する　　2 普及している　　3 普及して　　4 普及した

3 彼女はアメリカに長年住んでいたから、英語が話せる（ ）。

1 わけがない　　2 ようがない　　3 どころではない　　4 に違いない

4 学習者の性格（ ）外国語の学習方法も変わってくる。

1 を込めて　　2 によって　　3 に比べて　　4 を契機に

5 現代人（ ）スマートフォンは欠かせないものになっている。

1 をもとに　　2 に際して　　3 にとって　　4 のくせして

6 私の希望（ ）海外支社への転勤を命じられてしまった。

1 通りに　　2 のように　　3 次第で　　4 に反して

7 あの映画は実際にあった事件に（ ）作られたそうだ。

1 先立って　　2 基づいて　　3 かわって　　4 つれて

8 この授業では毎週レポートを出して（ ）ので、自信のない学生は履修を変更してください。

1 もらうことにしている　　　　2 もらうことがある
3 あげることにしている　　　　4 もらうことがある

問題 7 **次の文の（   ）に入れるのに最もよいものを、1・2・3・4から一つ選びなさい。**

1 インターネットの普及に（   ）ネットで買い物をする人が増えてきた。
　　1　すれば　　　　　2　ともなって　　　3　にかけては　　4　沿って

2 今朝事故による渋滞が５キロに（   ）続いていたので、会社に遅れてしまった。
　　1　とっても　　　　2　よって　　　　　3　基づいて　　　　4　わたって

3 遅刻する場合は、早めに連絡（   ）。
　　1　すべきだ　　　　　　　　　　　2　する恐れがある
　　3　しかねる　　　　　　　　　　　4　しないこともない

4 この病気を治すには、手術する（   ）。
　　1　わけがない　　　　　　　　　　2　というものではない
　　3　よりほかはない　　　　　　　　4　わけにはいかない

5 目標を達成するためには、根気強く（   ）ことだ。
　　1　やりかねない　　　　　　　　　2　やりぬく
　　3　やってしょうがない　　　　　　4　やるまい

6 彼は有名なデザイナーの（   ）経験を積んだ。
　　1　うえで　　　　　2　かわりに　　　3　もとで　　　　4　くせに

7 コストの問題（   ）、まずはこの製品が売れるかどうかを検討すべきである。
　　1　はともかくとして　　　　　　　2　をきっかけにして
　　3　もかまわず　　　　　　　　　　4　からといって

8 大変（   ）にくいのですが、当社ではそのような対応はいたしかねます。
　　1　いただき　　　2　おっしゃい　　3　存じ　　　　4　申し上げ

정답　1②　2④　3①　4③　5②　6③　7①　8④　　　　　해석 별책 p.15

問題 7 次の文の（　　　）に入れるのに最もよいものを、1・2・3・4から一つ選びなさい。

1 子どもを一人で遠くに遊びに行かせる（　　　）。

1 わけではない 2 ものではない

3 よりほかはない 4 とばかり思っていた

2 田中さんは先週足に怪我をしたから、旅行に行ける（　　　）。

1 つつある 2 しかない 3 わけがない 4 とする

3 日本とイギリスの時差は8時間だから、日本が12時だったら、イギリスは4時な（　　　）。

1 わけだ 2 一方だ 3 次第だ 4 せいだ

4 日本の漫画を（　　　）日本文化を学ぶことができた。

1 ぬきで 2 にとって 3 にかわって 4 通して

5 駅から近ければ（　　　）家賃は高くなる。

1 近いがち 2 近いこそ 3 近いほど 4 近いべき

6 あのレストランは有名な（　　　）あまりおいしくなかった。

1 ようには 2 ものには 3 ばかりに 4 わりには

7 アメリカの株価指数は、世界経済の（　　　）重要な指標である。

1 中心とはいえ 2 中心として 3 中心としても 4 中心のものの

8 課長、明日、病院の予約があります。申し訳ありませんが、会社を（　　　）。

1 休ませていただけませんか 2 休んでいただけませんか

3 お休みになってくださいませんか 4 休んでくださいませんか

문장 완성 실전 연습 ❶　　　　　　　　　　　　　　　　[　　/ 8]

問題 8　次の文の　＿★＿　に入る最もよいものを、1・2・3・4から一つ選びなさい。

1　先日 3 年間付き合っていた ＿＿＿＿ ＿＿＿＿ 、＿＿＿＿ ＿★＿ しまった。

　　1　嬉しさの　　　　2　プロポーズされ 3　あまり泣いて　　4　彼から

2　申込みの際は、下記内容を ＿＿＿＿ ＿★＿ ＿＿＿＿ ＿＿＿＿ の上、お申し込みください。

　　1　ご記入　　　　　2　申込書に　　　　3　ご確認の　　　　4　上で

3　彼はまるでなんでも ＿＿＿＿ ＿★＿ ＿＿＿＿ 、＿＿＿＿ 想像にすぎない。

　　1　かのように　　　2　全て彼の　　　　3　知っている　　　4　話しているが

4　彼女の ＿★＿ ＿＿＿＿ 、＿＿＿＿ ＿＿＿＿ についてとても自信があるようだ。

　　1　すれば　　　　　2　話し方から　　　3　彼女は　　　　　4　この件

5　いつでもどこでも使えるスマートフォンはとても便利である。
　　＿＿＿＿ ＿★＿ ＿＿＿＿ ＿＿＿＿ となっている。

　　1　社会的な問題　　　　　　　　　2　その一方で
　　3　スマートフォンの　　　　　　　4　過剰使用や依存が

6　当施設内にて、他のお客様に ＿＿＿＿ ＿＿＿＿ 、＿★＿ ＿＿＿＿ 、固くお断りいたします。

　　1　妨げとなる行為は　　　　　　　2　当施設の運営の
　　3　おそれがある行為や　　　　　　4　ご迷惑となる

7　職場で行われた健康診断で ＿＿＿＿ ＿＿＿＿ ＿＿＿＿ ＿★＿ 長生きできないと言われた。

　　1　限り　　　　　　2　お酒の量を　　　3　タバコをやめて 4　減らさない

8　昨日、激しい雨の中を歩いた ＿＿＿＿ 、＿＿＿＿ ＿★＿ ＿＿＿＿ またひどくなってしまった。

　　1　風邪が　　　　　2　せいか　　　　　3　いた　　　　　　4　治りかけて

정답　1 ③　2 ④　3 ①　4 ②　5 ②　6 ②　7 ①　8 ③　　　　　　　해석 별책 p.15

問題 8 次の文の __★__ に入る最もよいものを、1・2・3・4から一つ選びなさい。

1 彼女は職場の _____ __★__ _____ 、 _____ 考えているそうだ。

 1 しまい 　　　 2 転職まで 　　 3 疲れきって 　 4 人間関係に

2 今は欲しいものは _____ _____ _____ 、 __★__ 行くことはない。

 1 買えるから 　　 2 わざわざ買いに 3 ネットで 　　 4 何でも

3 加入の申し出をする _____ 、 _____ _____ _____ 、用紙に記入してください。

 1 お読みに 　　 2 際は 　　　 3 注意事項を 　 4 なってから

4 お申込受付は先着順と _____ 、 _____ __★__ _____ いただきます。

 1 次第 　　　　 2 定員になり 　 3 締め切らせて 4 なりますので

5 当店は、海外にお住まいの __★__ _____ 、 _____ _____ 購入代行サービスを行っております。

 1 日本の商品を購入し 　　　 2 海外のご自宅まで
 3 安全にお届けする 　　　　 4 お客様のかわりに

6 子どもの頃は顔を水につける _____ __★__ 、 _____ _____ というぐらい水泳が好きになった。

 1 嫌がっていたが 　　　　　 2 今は夏になると
 3 ことさえ 　　　　　　　　 4 自分からプールに行こう

7 10年前に買ったパソコンが故障してしまった。
 パソコンを _____ _____ __★__ _____ と思っている。

 1 買いたい 　　 2 ついでに 　　 3 買い替える 　 4 プリンターも

8 政府は、労働者が __★__ _____ _____ _____ 取り組むべきである。

 1 できるよう 　　 2 制度改革に 　 3 働きつつ 　　 4 子育てや介護が

問題 8　次の文の　___★___　に入る最もよいものを、1・2・3・4から一つ選びなさい。

1　彼は交通事故で記憶を　_____　、_____ _____ ___★___　覚えていなかった。
　　1　どころか　　　　2　なくしてしまい 3　家族の顔すら　　4　わたし

2　今朝目覚まし時計が鳴らなかった　_____　、_____ ___★___　、_____　叱られた。
　　1　上司に　　　　　2　遅刻してしまい 3　せいで　　　　4　会社に

3　旅行中、知らない街で　_____ _____ ___★___ _____　、サービスが充実していた。
　　1　5つ星ホテルな 2　だけに　　　3　泊まった　　　　4　ABCホテルは

4　この薬は副作用の危険性が高いため、_____ ___★___ _____ _____　ことになっている。
　　1　でないと　　　2　買えない　　　3　聞いてから　　4　薬剤師の説明を

5　インターネットの普及と　___★___　、_____ _____ _____　ことができるようになった。
　　1　いつでもどこでも　　　　　　　2　手にいれる
　　3　必要な情報を　　　　　　　　　4　ともに

6　彼は大手企業への就職を目指して頑張っている。
　　しかし、_____ _____　、_____ ___★___　。
　　1　とは限らない　　　　　　　　　2　からと言って
　　3　大企業に入社できた　　　　　　4　幸せになれる

7　卒業研究の発表　___★___　、_____ _____　、_____　しておくことも必要だ。
　　1　発表の練習を　2　はもちろん　3　にあたり　　　　4　資料の準備

8　私が就職した会社は大手の　_____ ___★___ _____　、_____　新人でも大きな仕事を任せてもらえるので、日々成長を感じながら働ける。
　　1　やる気があれば　　　　　　　　2　決して
　　3　企業に比べて　　　　　　　　　4　規模は大きくないが

問題 8 次の文の ___★___ に入る最もよいものを、1・2・3・4から一つ選びなさい。

1 ネットで購入したハンガーラックが _____、_____ _____ ___★___ 組み立ててみた。

　　1　書いてある　　　2　とおりに　　　3　届いたので　　　4　早速説明書に

2 来週の野球大会においてドーム球場で _____ _____ ___★___ _____ 行われるそうだ。

　　1　としても　　　2　の試合は　　　3　通常通り　　　4　雨が降る

3 最近、深刻化している ___★___ 、_____ _____ _____ あると判断される。

　　1　政府はもっと　　　　　　　　2　考える必要が
　　3　真剣に対策を　　　　　　　　4　少子化問題に関して

4 当店は ___★___ _____ 、_____ _____ ことにいたしました。

　　1　こたえて　　　2　セール期間を　　3　お客様の声に　　4　1週間延長する

5 来月開催予定の製品の発表会において _____ ___★___ 、_____ _____ 発表も期待されている。

　　1　加えて　　　　　　　　　　2　ソフトウェアの
　　3　新しいハードウェアに　　　　4　バージョンアップに関する

6 昨日見た映画は _____ _____ _____ ___★___ あまりおもしろくなかった。

　　1　とったもの　　　2　にしては　　　3　監督が　　　4　有名な

7 制度改善についてのご意見、_____ ___★___ _____ 、_____ 関するご意見などをお聞かせください。

　　1　ご指摘　　　2　支出に対する　　3　不要だと思う　　4　ホームページに

8 勉強をやめたい時もあるが、_____ _____ ___★___ 、_____ 頑張らなければと思う。

　　1　電話で　　　2　もっと　　　3　家族の声を　　　4　聞くにつけ

정답　1②　2①　3④　4③　5①　6②　7②　8④　　　　　　　해석 별책 p.16

問題 8 次の文の ___★___ に入る最もよいものを、1・2・3・4から一つ選びなさい。

1 その問題は、あなたに ___★___ 、 _____ _____ 、 _____ とても大切なことです。
1　私にとっては　　　　　　　　2　すれば
3　かもしれないが　　　　　　　4　つまらないこと

2 先日オープンしたABCレストランは、_____ _____ ___★___ 、 _____ お客さんが
たくさん並んでいる。
1　いつも　　　　　2　おいしくない　　3　あまり　　　　4　にもかかわらず

3 お客様からのお問い合わせは、_____ _____ _____ ___★___ がございます。予め
ご了承ください。
1　お答えする場合　　　　　　　2　メールではなく
3　ご用件によって　　　　　　　4　電話やお手紙で

4 彼は優秀な成績で大学を _____ ___★___ 、 _____ _____ 、心配している。
1　就職先が　　　　　　　　　　2　まだ決まらなくて
3　ものの　　　　　　　　　　　4　卒業した

5 天気予報では午後から _____ ___★___ _____ 、 _____ 晴れている。
1　予報に反して　　2　言っていたが　　3　雨が降る　　　4　だろうと

6 批判は相手が成長するために必要不可欠なことである。
批判的な指摘を _____ 、 _____ ___★___ _____ ほかならない。
1　ことに　　　　2　機会を奪う　　3　相手が成長する　4　しないのは

7 現代のストレス社会を ___★___ _____ 、 _____ 、 _____ 確保することが大事だ。
1　生活リズムを整え　　　　　　2　十分な睡眠を
3　ためには　　　　　　　　　　4　生き抜く

8 作業工数の削減はどのような業種でも重要ですが、特に _____ _____ _____
___★___ 、多様な効果が期待できます。
1　のみならず　　2　製造業では　　3　単に　　　　4　経費を削減する

정답　1②　2④　3①　4③　5④　6②　7④　8①　　　　　　　　　해석 별책 p.16

問題 8　次の文の＿★＿に入る最もよいものを、1·2·3·4から一つ選びなさい。

1　日ごろお世話になっている ＿＿ ＿＿ ＿★＿ ＿＿ ことにした。
　　1　込めて　　　　　　　　　　2　プレゼントを贈る
　　3　感謝の気持ちを　　　　　　4　会社の同僚に

2　当店では５，５００円以上ご注文のお客様へは、＿＿ ＿★＿ ＿＿ ＿＿ いただきます。
　　1　無料とさせて　　2　注文商品を　　3　問わず　　　　4　送料を

3　彼女は読書が ＿＿ 、＿＿ 、＿＿ 、＿★＿ 問わずたくさんの本を読んでいる。
　　1　ジャンルを　　　　　　　　2　小説をはじめ
　　3　大好きで　　　　　　　　　4　詩集、エッセイなど

4　最近、この町では ＿＿ ＿＿ ＿★＿ 、＿＿ 建設会社が対立している。
　　1　近隣住民と　　2　めぐって　　3　建設を　　　　4　マンションの

5　成功できるかどうかは ＿★＿ 、＿＿ ＿＿ ＿＿ ことはするつもりだ。
　　1　後悔しない　　2　できるだけの　　3　ように　　　　4　ともかくとして

6　こちらのプランは季節や時間に ＿＿ 、＿＿ ＿★＿ プランです。
　　1　日中も多く電気を　　　　　2　お客さま向けの
　　3　かかわらず　　　　　　　　4　ご使用になる

7　小さい頃、母親の影響で外国に行った ＿＿ ＿★＿ ＿＿ ＿＿ 持つようになった。
　　1　興味を　　　　　2　ことを　　　3　きっかけに　　4　言語に

8　アンケートの調査結果を ＿★＿ ＿＿ ＿＿ 、＿＿ の分析を行っている。
　　1　改善や　　　　　　　　　　2　もとにして
　　3　購買理由　　　　　　　　　4　商品とサービスの

정답　1① 2③ 3① 4② 5④ 6② 7③ 8②　　　　해석 별책 p.17

問題 9　次の文章を読んで、文章全体の内容を考えて、1から4の中に入る最もよいものを
　　　　1・2・3・4から一つ選びなさい。

日本人は礼儀正しいことで知られているが、日本の価値観や文化が他国でそのまま通用する　1　。

例えば、日本では時間に正確であることが美徳とされており、電車やバスの遅延が数分でもあると、利用者から苦情が出ることも珍しくない。しかし、スペインや南米の国々では、時間は「目安」　2　が多く、バスが20分遅れても誰も気にしないというケースもある。こうした文化の違いは、時間に対する感覚そのものが異なるからかもしれない。

また、日本では会議や商談の場で静かに相手の話を聞くことがマナーとされているが、アメリカでは自分の意見を積極的に述べることが求められる。日本人にとって「　3　」が礼儀正しい態度であっても、アメリカ人からすると「意見がない」と誤解される場合もある。こうした違いを理解せずにその国を訪れると、思わぬ誤解を生むことがある。

また、日本人はルールを守る意識が高い　4　、他人と積極的にコミュニケーションを取ることには消極的な面もあり、これが「冷たい」と感じられることもあるようだ。

日本人が海外で誤解されないようにするためには、相手の価値観を学び、柔軟に対応する姿勢を心がけるべきであろう。日本でルールを守らない外国人を見ても、広い心で受け入れることが国際理解の第一歩になるのかもしれない。

1

1 ものがある 2 というものだ
3 どころではない 4 とは限らない

2

1 になりつつあること 2 になりがちなこと
3 にすぎないこと 4 にすべきこと

3

1 強く述べる 2 黙って聞くこと
3 しっかりとうなずく 4 相手の話を繰り返す

4

1 一方で 2 上に
3 上で 4 うちに

問題 9 次の文章を読んで、文章全体の内容を考えて、1 から 4 の中に入る最もよいものを
1・2・3・4から一つ選びなさい。

この世を生き抜く 1 知っておくべき言葉がある。

まず一つは、「人生は選択の連続だ」ということ。

毎日、私たちは大小さまざまな選択をして生きている。朝起きて何を食べるか、どの道を通るか、仕事でどの案件を優先するか。選択肢は無数にあり、 2 積み重なって現在の自分を形作っている。しかし、その選択が常に正解とは限らない。間違った選択をしてしまうこともあるが、それがまた人生を豊かにする要素となることを知っておくべきだ。

もう一つは、「選ばないことも選択の一つである」ということ。

選択を先延ばしにする、あるいは状況に身を任せることも時には必要だ。すべてのことに白黒つける必要はなく、曖昧さを受け入れることで 3 。例えば、新しい環境に飛び込むべきかどうか悩む時、立ち止まって状況を観察することで見えてくる景色があるかもしれない。選ばないことで自分の心が自然と答えを見つけていくこともあるのだ。

選択に迷う時、覚えておいてほしいのは、「完璧な選択は存在しない」ということだ。どんな選択にもリスクが伴い、必ずしもすべてが思い通りにいくわけではない。むしろ、その選択の中で得られる経験が、人生の深みを増すのだと考えるべきだ。

人生は、太陽と月のように光と影が交互に現れる。輝く瞬間もあれば、暗闇に包まれる時もある。自分が選んだ道を信じて歩むことで、どんな影も乗り越えられる。光と影がある 4 、人生は美しく豊かなものになるのだ。

□ 1

1　ものの　　　　　　　　　　　　2　一方で
3　上で　　　　　　　　　　　　　4　ものなら

□ 2

1　そちらに　　　　　　　　　　　2　それらが
3　これらに　　　　　　　　　　　4　こちらが

□ 3

1　得られるものもある　　　　　　2　得ることになっている
3　得るよりほかはない　　　　　　4　得るおそれがある

□ 4

1　あまり　　　　　　　　　　　　2　からこそ
3　かぎり　　　　　　　　　　　　4　あげく

問題 9　次の文章を読んで、文章全体の内容を考えて、[1]から[4]の中に入る最もよいものを
　　　　1・2・3・4から一つ選びなさい。

　　大きな船がゆっくりと港を離れていく。その姿を[1]、僕は将来、船長になりた
いと思うのだ。

　　なぜなら、海を自由に旅する船長の姿をテレビで見て、憧れたからだ。その船長
はこう言った。「好きなことを仕事にするのは、大きな喜びです」と。

　　しかし、好きな仕事に就くのは簡単なことではないと感じる。それは、僕の兄が
経験した話を聞いたからだ。兄は子どもの頃から絵を描くのが好きで、将来はデザ
イナーになるのが夢だったと言う。しかし、デザインの仕事に就くためには、たく
さんの知識とスキルが必要で、どんなに絵が好きでも、[2]プロにはなれなかった
そうだ。

　　兄は大学でデザインを学び、毎日遅くまで課題に取り組んでいた。コンピュータ
ーでデザインをする技術やクライアントの意見を取り入れる方法など、たくさんの
ことを学ばなければならなかった。また、いくつかの試験にも合格しなければなら
ず、中には、非常に難しい試験なども含まれており、[3]何度もあきらめそうにな
ったことがあったと言う。

　　[4]を聞いて、僕は「好き」と「仕事」をいっしょにするのはとても難しいこと
だと感じた。でも、兄が努力を続けたおかげで、今ではデザイナーとして活躍して
いる姿を見て、僕も夢をかなえるために頑張ろうと思うようになった。

　　僕は船長になるために、海についてもっと学び、困難があってもあきらめずに進
みたい。好きなことを仕事にするには努力が必要だけど、その先にある喜びを信じ
て、これからも夢に向かって走り続けたい。

[1]

1 　見る上に　　　　　　　　2 　見るたびに

3 　見がたい　　　　　　　　4 　見たせいで

[2]

1 　そのはかには　　　　　　2 　あれだけでは

3 　あのはかには　　　　　　4 　それだけでは

[3]

1 　がんばるしかなく　　　　2 　苦しい反面

3 　つらさのあまり　　　　　4 　迷うことなく

[4]

1 　ある話　　　　　　　　　2 　その話

3 　船長の話　　　　　　　　4 　将来の話

問題 9 次の文章を読んで、文章全体の内容を考えて、□1□から□4□の中に入る最もよいものを 1・2・3・4から一つ選びなさい。

近年、日本では外国人がアルバイトをする機会が増えており、日常生活で働く外国人を見かけるのは □1□ 珍しいことではありません。しかし、外国人が日本でアルバイトをする際には、いくつか注意すべき点があります。

まずは、労働条件についてです。アルバイトを始める前に、時給や労働時間、仕事内容をしっかり確認することが大切です。特に、日本では最低賃金が □2□ 異なるため、働く場所の最低賃金がいくらかを知っておく必要があります。アルバイト先によっては契約書を交わさない場合もありますが、後のトラブルを避けるために、必ず書面で契約内容を確認することをお勧めします。

次に、日本語のスキルについてです。多くのアルバイトでは、基本的な日本語力が求められます。日本語に自信がない場合は、工場や倉庫内での作業など、言語スキルが □3□ 重要でない仕事を選ぶのも一つの方法です。

最後に、ビザの確認です。外国人が日本でアルバイトをするには、適切なビザが必要です。□4□、留学ビザを持つ学生の場合、「資格外活動許可」を取得しなければなりません。この許可を得ることで、週28時間以内のアルバイトが可能になります。しかし、規定を超える労働をするとビザの取り消しや強制送還のリスクがあるため、ルールを守ることが重要です。

日本でアルバイトをすることは、収入を得るだけでなく、文化や習慣を学ぶ良い機会でもあります。しかし、労働条件や法律をしっかり理解し、自分に合った仕事を見つけることが成功の鍵となります。

1

1	多分	2	言わば
3	必ず	4	決して

2

1	地域によって	2	地域にくわえて
3	地域にともなって	4	地域にかかわらず

3

1	けっこう	2	だいぶ
3	それほど	4	かなり

4

1	案の定	2	実を言うと
3	案外	4	たとえば

問題 9 次の文章を読んで、文章全体の内容を考えて、[1]から[4]の中に入る最もよいものを
1・2・3・4から一つ選びなさい。

日本には四季があり、それぞれの季節に行われる祭りがあります。祭りは、地域の伝統や文化を感じることができる貴重なイベントです。また、[1]地域の人々が集まり、交流する大切な機会でもあります。

例えば、夏に行われる「花火大会」は、多くの人々[2]特別な祭りです。夜空に大きな花火が打ち上げられる光景はとても美しく、夏の風物詩として親しまれています。また、夏祭りでは屋台が並び、たこ焼きや焼きそば、かき氷などの食べ物を楽しむことができます。浴衣を着て参加する人も多く、普段とは違う雰囲気を味わうことができます。

秋になると「収穫祭」が行われます。収穫祭は、豊作に感謝するための祭りです。神社やお寺で行われるお祭りでは、おみこしが街を練り歩きます。このような伝統的な行事を見ると、日本の歴史や文化に触れることができます。

一方で、祭りの際には[3]もあります。例えば、ゴミを持ち帰ることや人が多い場所ではお互いに譲り合うことが大切です。また、祭りは地域の人々が長い時間をかけて準備しているため、地元のルールを守ることも必要です。

祭りは日本の文化を深く理解する良い機会です。旅行者にとっても、日本人にとっても、祭りを楽しむことで地域の魅力を再発見することができます。祭りに参加するとき、その地域の歴史や背景を知ることで、[4]楽しい思い出を作ることができるでしょう。

(注) おみこし：お祭りの時、神社にいらっしゃる神様を一時的にお乗せして外に連れ出すための乗り物

1

1 　祭りをめぐって 　　　　　　　2 　祭りを通して

3 　祭りを問わず 　　　　　　　　4 　祭りをはじめ

2

1 　にかけては 　　　　　　　　　2 　に応じて

3 　にとって 　　　　　　　　　　4 　にしたがって

3

1 　注意すべきこと 　　　　　　　2 　注意しかねること

3 　注意っぽいこと 　　　　　　　4 　注意ぬきのこと

4

1 　すぐに 　　　　　　　　　　　2 　あらかじめ

3 　さっき 　　　　　　　　　　　4 　さらに

N2

1교시

독해

유형 문제 공략법

問題 10 내용 이해 (단문)

● ● ● **유형 분석**

1 5지문, 5문제가 출제된다.

2 주로 생활, 학습, 일상적인 화제, 비즈니스 문서를 주제로 200~300자 정도의 짧은 글을 읽고
내용을 이해하고 있는지를 묻는 문제이다.

3 문제당 3분 내외로 푸는 것이 좋다.

4 출제 유형

(1) 필자의 생각이나 주장을 묻는 문제 – 평균 3문제 이상

필자의 생각이나 주장을 찾는 문제는 주로 마지막 부분에 결정적인 힌트가 주어지는
경우가 많다.

(2) 밑줄 친 부분의 의미 파악 문제 – 평균 1문제 이하

단문 독해에서 밑줄 친 부분에 대한 문제는 자주 출제되는 유형은 아니다.

설령, 출제가 되더라도 전체적인 문장의 흐름을 잘 파악해 두면 어렵지 않게 풀 수 있다.

(3) 내용 파악 문제 – 평균 1문제 이하

역시 단문 독해에서 자주 출제되는 유형은 아니지만 간혹 출제되기도 하니 파악은 해
두도록 하자.

✓ 문제를 먼저 읽고 지문을 읽자!

✓ 단문 독해는 마지막 2~3줄이 중요하다!

✓ 문장의 전체적인 흐름을 파악할 것!

예시 문제

次の文章を読んで、後の問いに対する答えとして最もよいものを、1・2・3・4
から一つ選びなさい。

芸術と生活は密接な関係がある。有名な作家や画家たちの生活空間は一般人の

それとはかけ離れた違いがある。家の構造や仕事部屋の構造、空間の配置など様々な面において芸術とかけ離れた人のそれとは違う。現実世界である生活の空間から芸術が生まれていることは否定できない事実と言えるが、生活の空間をどのように変えていくかにより、多様な芸術作品が誕生することになるわけである。生活の空間が与える力は無視できないのである。

1　この文章で筆者が一番言いたいことは何か。

　　1　日常生活の中で作られる芸術作品は驚くべきものだ。

　　2　現実空間で芸術が占める影響力は大きい。

　　3　生活の空間が芸術に及ぼす影響力は大きい。

　　4　家のあちこちを芸術作品で装飾しなければならない。

정답 3

해석　다음 글을 읽고, 다음 질문에 대한 답으로 가장 알맞은 것을 1·2·3·4에서 하나 고르시오.

　　예술과 생활은 밀접한 관계가 있다. 유명한 작가나 화가들의 생활 공간은 일반인의 그것과는 현격한 차이가 있다. 집의 구조나 작업실의 구조, 공간의 배치 등 다양한 면에서 예술과 동떨어진 사람의 그것과는 다르다. 현실 세계인 생활 공간으로부터 예술이 탄생하고 있는 것은 부정할 수 없는 사실이라고 말할 수 있지만, 생활의 공간을 어떻게 바꾸어 가는가에 의해, 다양한 예술 작품이 탄생하게 되는 것이다. 생활 공간이 주는 힘은 무시할 수 없는 것이다.

이 문장에서 필자가 가장 말하고 싶은 것은 무엇인가?

1　일상 생활 속에서 만들어지는 예술 작품은 놀랄 만한 것이다.
2　현실 공간에서 예술이 차지하는 영향력은 크다.
3　생활 공간이 예술에 미치는 영향력은 크다.
4　집의 여기저기를 예술 작품으로 장식해야 한다.

해설　생활 공간이 예술에 미치는 힘이 크다는 선택지 3번이 정답이다. 선택지 1, 2, 4번에 대한 언급은 없기 때문에 정답이 될 수 없다.

Tip　시험에 나오는 지문에서 필자의 의견에 관한 내용은 마지막에 나오는 경향이 있다.

● ● 유형 분석

1 4지문, 8문제가 출제된다.

2 주로 500~700자 정도의 비교적 쉬운 신문이나 잡지의 기사나 평론, 일상적인 화제에 관한 글을 읽고 내용을 이해했는지를 묻는 문제이다.

3 지문당 5분 30초 내외로 푸는 것이 좋다.

4 출제 유형

(1) 밑줄 친 부분의 의미 파악 문제 – 평균 3문제 이상

중문 독해에서 가장 자주 출제되는 유형이 바로 밑줄 친 부분에 대해 묻는 것이다.

많이 출제될 때는 한 지문에서 2문제 이상이 출제되기도 한다.

(2) 필자의 생각이나 주장을 묻는 문제 – 평균 3문제 이상

필자의 생각이나 주장, 문장의 결론을 찾는 문제는 주로 마지막 부분에 결정적인 힌트가 주어지는 경우가 많다.

(3) 내용 파악 문제 – 평균 2문제 이상

✓ 마지막 1~2줄에 결정적 힌트가 나오는 경우가 많다!

✓ 문제를 먼저 읽고, 본문을 2~3개의 단락으로 나누는 연습을 하자!

예시 문제

　　次の文章を読んで、後の問いに対する答えとして最もよいものを、1・2・3・4から一つ選びなさい。

　　ある調査機関の発表によると会社生活の中、最も大変なことは、与えられた業務ではなく人との関係であるという。取引先の人または職場の上司との対立によって会社をやめる場合が珍しくない。同様に家庭生活においても、大変なのは収入のことではなく、家族との対話であるという。人との関係を正しく維持するのが一番大変な時代になったと言えるだろう。

　　最近、よく言われる言葉の中で「意思疎通(い し そ つう)」というものがある。「疎通」とはふさがっていない、よく通じることを意味する。意思疎通がうま

くいかずに生じる問題は様々である。単純な誤解から喧嘩（けんか）、殺人、放火（ほうか）などの数多くの問題が発生している。近所との意思疎通、職場内での意思疎通、家族間での意思疎通など、悩みのない生活のためにはよく通じなければならないところが非常に多いということである。

意思疎通は、もう他人との関係において、なくてはならないものになってしまった。正しい意思疎通のための前提条件は相手の話をよく聞くことである。聞いていないと相手とは話にならず、結局は不通につながり、孤立した社会生活と人間関係になるに違いない。相手の話に関心を持ちながら、自分の利益のための関係ではなく、楽しい関係を作っていこう。

1 筆者は、「意思疎通」についてどう考えているか。

1 簡単な方法でよい効果を得ることができる。

2 しっかりと行われていないと多くの問題が生じてしまう。

3 近所同士の意思疎通は何より重要である。

4 社会問題の解決のために意思疎通の技を学ぶべきである。

2 筆者は正しい意思疎通についてどう述べているか。

1 相手の話に関心を持つことが重要である。

2 意思疎通ができなかった理由を見つけなければならない。

3 個人の意思疎通が社会のそれにつながる。

4 他人との正しい意思疎通を通じて自分の価値も高まる。

정답 2/1

해 석   다음 글을 읽고, 다음 질문에 대한 답으로 가장 알맞은 것을 1 · 2 · 3 · 4에서 하나 고르시오.

> 어느 조사기관의 발표에 의하면, 회사 생활 중에, 가장 힘든 것은 주어진 업무가 아니라, 사람과의 관계라고 한다. 거래처 사람 또는 직장 상사와의 대립으로 인해서 회사를 그만두는 경우가 드물지 않다. 마찬가지로 가정 생활에서도 힘든 것은 수입이 아니라, 가족과의 대화라고 한다. 사람과의 관계를 올바르게 유지하는 것이 가장 힘든 시대가 된 것이라고 말할 수 있는 것이다.
>
> 요즘 자주 듣는 말 중에서 '의사소통'이라고 하는 것이 있다. '소통'이라는 것은 막히지 않고 잘 통하는 것을 의미한다. 의사소통이 잘 되지 않아서 발생하는 문제들은 다양하다. 단순한 오해로부터 싸움, 살인, 방화 등 수 많은 문제가 발생하고 있다. 이웃과의 의사소통, 직장 내에서의 의사소통, 가족 간의 의사소통 등, 고민 없는 삶을 위해서는 잘 통해야 할 부분이 매우 많다는 것이다.
>
> 의사소통은 이제 다른 사람과의 관계에서, 없어서는 안 되는 것이 되어 버렸다. 올바른 의사소통을 위한 전제 조건은 상대방의 이야기를 잘 듣는 것이다. 듣지 않으면 상대방과는 이야기가 되지 않고, 결국은 불통으로 이어져서 고립된 사회 생활과 인간관계가 될 것임에 틀림없다. 상대방의 이야기에 관심을 가지면서 자신의 이익을 위한 관계가 아닌 즐거운 관계를 만들어 가자.

1   필자는 의사소통에 대해서 어떻게 생각하고 있는가?

   1 간단한 방법으로 좋은 효과를 얻을 수 있다.

   2 제대로 이루어지고 있지 않으면, 많은 문제가 발생된다.

   3 이웃 간의 소통은 무엇보다 중요하다.

   4 사회 문제의 해결을 위해서 의사소통의 기술을 배워야 한다.

2   필자는 올바른 소통에 대해서 어떻게 말하고 있는가?

   1 상대방의 이야기에 관심을 가지는 것이 중요하다.

   2 의사소통이 되지 않은 이유를 찾아야 한다.

   3 개인의 의사소통이 사회의 그것으로 이어진다.

   4 다른 사람과의 올바른 의사소통을 통해서 자신의 가치도 높아진다.

해 설   1 소통이 잘 되지 않으면 여러 가지 문제가 발생하게 된다는 내용으로, 선택지 2번이 정답이다. 이웃과의 의사소통만의 문제가 아니기 때문에 선택지 3번은 정답이 될 수 없고, 선택지 1, 4번에 대한 언급은 없었다.

   2 상대방의 이야기에 관심을 가지고 자신의 이익을 추구하지 않는 것이 바람직하다고 필자는 주장하고 있다. 따라서 정답은 선택지 1번이다.

● ● **유형 분석**

1　2문제가 출제된다.
2　한 가지 주제에 대한 두 지문을 읽고 그 내용을 이해했는지 묻는다.
　　보통 신문 사설이나 잡지, 비평 형태의 지문이며 600자 정도로 구성된다.
3　총 7분 내외로 푸는 것이 좋다.
4　출제 유형
　　⑴　필자의 입장을 묻는 문제 - 평균 1문제
　　⑵　공통된 의견 찾는 문제 - 평균 1문제

✓ 내용이 어려울 때는 찬성 VS 반대 또는
긍정 VS 부정의 관계로 정리해 보자!

예시 문제

　　次のAとBの文章を読んで、後の問いに対する答えとして最もよいものを、
1・2・3・4から一つ選びなさい。

A

　　朝ご飯を食べるのが健康に良いという研究結果からも分かるように、なるべく欠かさない方が良い。朝ご飯は脳活動に必要な栄養を提供して、夜の間に空腹になっている状態を解消させることができる良い活動である。空腹の時間が長くなると、暴食につながる確率も高くなり、健康を害する恐れがある。また、朝食を準備する行動により、余裕をもって一日を始められることになり、精神的にも良い効果があるという。ダイエットのために朝食を食べない人が多いが、これは間違ったことである。ある研究機関が発表した内容によると、朝食を摂取する人が、そうでない人より30％以上のダイエットの効果を得ることができるという。

B

朝食を欠かさないことが健康に良いと言われているが、すべての場合において必ずしもそうではない。眠りから覚めてすぐに食事をすることは、消化器官の障害とストレスや高血圧につながる可能性もあるという。体が十分に活動をしていない状態の食事は、むしろ健康を損なう可能性があるということである。

さて、病気ではない人が、慌ただしい朝の時間にまともな食事ができない場合は、果物やサラダなどといった軽い食事でもした方が良い。長い時間、栄養を吸収しないでいると、いろんな病気の原因になりやすいからである。朝余裕のある食事の時間がとれないのであれば、自分の生活環境に合う食習慣の改善が必要である。何も食べないのが、もっとも良くないことである。

1 　AとBの両方の文章にも触れられている内容は何か。

1　朝食が人体に及ぼす影響

2　朝食が与える副作用

3　朝食がダイエットに及ぼす効果

4　朝の食事と生活環境の関連性

2 　AとBは朝食について、何が大切だと述べているか。

1　AもBも、朝は軽い食事にすることが重要だと述べている。

2　AもBも、自分の状況に合った食事をすることが重要だと述べている。

3　Aは朝余裕のある食事が重要だと述べ、Bは簡単な食事でもとったほうがよいと述べている。

4　Aはダイエットのために朝ご飯を食べるべきだと述べ、Bは食事とダイエットは関係がないと述べている。

정답 1/3

다음 A와 B의 글을 읽고, 다음의 물음에 대한 답으로 가장 알맞은 것을 1·2·3·4에서 하나 고르시오.

A

아침밥을 먹는 것이 건강에 좋다는 연구 결과에서도 알 수 있듯이, 가능한 거르지 않는 것이 좋다. 아침밥은 뇌 활동에 필요한 영양분을 제공하고, 밤 사이에 공복이 되어 있는 상태를 해소 시킬 수 있는 좋은 활동이다. 공복 시간이 길어지면 폭식으로 이어질 확률도 높아져서, 건강을 해칠 우려가 있다. 또한, 아침 식사를 준비하는 행동으로 인해, 여유를 가지고 하루를 시작할 수 있게 되어, 정신적으로도 좋은 효과가 있다고 한다. 다이어트를 위해서 아침을 먹지 않는 사람이 많지만, 이것은 잘못된 일이다. 어느 연구 기관에서 발표한 내용에 의하면, 아침식사를 섭취하는 사람이 그렇지 않은 사람보다 30% 이상, 다이어트 효과를 얻을 수 있다고 한다.

B

아침식사를 거르지 않는 것이 건강에 좋다고 말해지고 있지만, 모든 경우에 있어서 반드시 그렇지는 않다. 잠에서 깨어 바로 식사를 하는 것은 소화기관의 장애와 스트레스나 고혈압으로 이어질 가능성도 있다고 한다. 몸이 제대로 활동을 하지 않는 상태의 식사는 오히려 건강을 해칠 가능성이 있다는 것이다.
그런데, 병에 걸리지 않은 사람이 분주한 아침 시간에 제대로 된 식사를 하지 못할 경우에는, 과일이나 샐러드 등의 가벼운 식사라도 하는 것이 좋다. 오랜 시간 동안, 영양분을 흡수하지 않고 있으면, 여러 질병의 원인이 되기 쉽기 때문이다. 아침에 여유 있는 식사 시간을 취할 시간이 없다면, 자신의 생활 환경에 맞는 식습관의 개선이 필요하다. 아무것도 먹지 않는 것이 가장 좋지 않은 것이다.

1 A와 B의 양쪽 문장에서 언급하고 있는 내용은 무엇인가?

   1 아침식사가 인체에 미치는 영향

   2 아침식사가 주는 부작용

   3 아침식사가 다이어트에 미치는 효과

   4 아침식사와 생활 환경의 연관성

2 A와 B는 아침식사에 대해서, 무엇이 중요하다고 말하고 있는가?

   1 A도 B도 아침은 가벼운 식사로 하는 것이 중요하다고 말하고 있다.

   2 A도 B도 자신의 상황에 맞는 식사를 하는 것이 중요하다고 말하고 있다.

   3 A는 아침에 여유로운 식사가 중요하다고 말하고, B는 간단한 식사라도 하는 편이 좋다고 말하고 있다.

   4 A는 다이어트를 위해서 아침밥을 먹어야 한다고 말하고, B는 식사와 다이어트는 관계가 없다고 말하고 있다.

해 설 1 아침식사가 인체에 미치는 영향에 대해서 알 수 있다. 따라서 정답은 선택지 1번이다. 선택지 2번과 4번은 B만, 선택지 3번은 A만 언급을 하고 있기 때문에 정답이 될 수 없다.

    2 A는 여유로운 아침식사를 권하고 있고, B는 반드시 밥을 먹지 않아도 좋다고 말하고 있기 때문에, 정답은 선택지 3번이다.

● ● **유형 분석**

1 1지문, 3문제가 출제된다.

2 1000자 정도의 논리적인 이해 전개가 비교적 명쾌한 지문이 제시된다. 주로, 신문이나 잡지의 기사나 평론 또는 일상적인 화제에 관한 글로, 필자의 주장이나 의견을 파악했는지를 묻는다.

3 3문제에 10분 내외로 푸는 것이 좋다.

4 출제 유형 : 기본적으로 내용 이해(중문) 독해와 유사하다.

　(1) 밑줄 친 부분의 의미 파악 문제

　(2) 필자의 생각이나 주장을 묻는 문제

　(3) 내용 파악 문제

✓ 문장 전체의 의미 파악이 중요하다!

✓ 지시사가 나오면 지시하는 대상을 반드시 파악해 두자!

예시 문제

　　次の文章を読んで、後の問いに対する答えとして最もよいものを、1・2・3・4から一つ選びなさい。

　　社会人にとって退社時間というのはどんな意味を持っているか。出勤時間に対する考えは大体似ているようである。ほとんどの人は、いつもばたばた出勤の準備をする時間という考えを持っている。それなら、退社時間に対する社会人の考えはどうだろうか。ある調査機関の①退社時間に関する認識調査の発表によると、退社時間を一日の終わりと考えている人もいれば、また別の業務時間として考える人も、幸せを感じる時間と考える人もいるという。すなわち、ある程度例外なく、決まった意見が出ている出勤時間とは異なり、退社時間に関する社会人たちの考えは様々だということである。

　　（中略）

個人的な私の意見は、退社時間に会社の仕事をするのはよくないと思う。退社時間は業務時間ではない。出勤時間、業務時間、退社時間という用語が厳然（げんぜん）として存在しているにもかかわらず、退社時間が業務時間になることは間違っていると思うからである。退社時間の後は、家族との時間、自分のための時間など、仕事ではなく他の何かをするための時間なのである。週末に会社の仕事をするのも同様である。週末には週末のための時間が存在する。業務時間以外の時間に仕事をすること、それ自体がおかしいことであるといくら強調しても言い過ぎではないと思う。業務時間に与えられたことが処理し切れなかったから残業をする、退社後も家にまで持ってきて仕事をする、週末までも続ける。業務時間に与えられた仕事ができないというのは、会社の方が過度（かど）な業務をさせたということ、あるいは本人の力不足ということになるのではないだろうか。いずれにしろ、良い現象ではなく、必ず解決されるべき課題として扱うべきである。

　今我々が生きている時代では②退社後の時間が重視されている。幸せを感じる時間はほとんど仕事をしていない時間であるから。家族との時間、友達との時間、恋人との時間など、我々は、その時間にやるべきことがいくらでもあるのである。自分に幸福を与える時間を諦める人生ほど悲惨なものはない。退社時間を退社時間と言えない条件のもとで仕事をしているのであれば、幸せの時間のために会社を辞めるべきだと言ってあげたい。

1　①退社時間に関する認識調査の発表からわかることは何か。

1　退社時間に対する人の考えは否定的だということ

2　普遍的な定義を下すのは難しいこと

3　幸せを与える時間として考える人が多いこと

4　出勤時間の反対概念として考えていること

2 筆者は、退社後の時間についてどう考えているか。

1 退社時間後は家族との時間として過ごさなければならない。

2 個人的な時間で、他の影響を受けてはならない。

3 退社後の時間は業務時間とは違う時間であるべきだ。

4 やむを得ない事情がない限り、自分のための時間として使うべきである。

3 筆者は、なぜ②退社後の時間が重視されていると述べているか。

1 自分に幸せを与えることができる時間だから

2 幸福のために他の人と交流する唯一の時間だから

3 個人的な時間を無視する行為は望ましくないから

4 退社後の時間に仕事をするのは悲惨な人生だから

정답 2/3/1

해석　다음 글을 읽고, 다음 질문에 대한 답으로 가장 알맞은 것을 1·2·3·4에서 하나 고르시오.

　회사원에게 있어서 퇴근 시간이라는 것은 어떤 의미를 가지고 있을까? 출근 시간에 대한 생각은 대체로 비슷한 것 같다. 대부분의 사람은 항상 분주하게 출근 준비를 하는 시간이라는 생각을 가지고 있다. 그렇다면 퇴근 시간에 대한 직장인의 생각은 어떨까? 어떤 조사 기관의 ①퇴근 시간에 관한 인식 조사의 발표에 의하면, 퇴근 시간을 하루의 끝이라고 생각하는 사람도 있고, 또 다른 업무 시간으로 생각하는 사람도, 행복을 느끼는 시간으로 생각하는 사람도 있다고 한다. 즉, 어느 정도 예외 없이 일정한 의견이 나오는 출근 시간과는 달리, 퇴근 시간에 대한 직장인들의 생각은 다양하다는 것이다.

(중략)

　개인적인 나의 의견은 퇴근 시간에 회사 일을 하는 것은 좋지 않다고 생각한다. 퇴근 시간은 업무 시간이 아니다. 출근 시간, 업무 시간, 퇴근 시간이라는 용어가 엄연하게 존재하고 있는 데도 불구하고, 퇴근 시간이 업무 시간이 되는 것은 잘못 되었다고 생각하기 때문이다. 퇴근 시간 이후에는 가족과의 시간, 자신을 위한 시간 등, 일이 아니라 다른 무언가를 하기 위한 시간인 것이다. 주말에 회사 일을 하는 것도 마찬가지다. 주말에는 주말을 위한 시간이 존재한다. 업무 시간 이외의 시간에 일을 하는 것, 그 자체가 이상한 것이라고 아무리 강조해도 지나치지 않다고 생각한다. 업무 시간에 주어진 일을 다 처리할 수 없었기 때문에 야근을 하고, 퇴근 후에도 집까지 가지고 와서 일을 하고, 주말까지도 계속한다. 업무 시간에 주어진 일을 할 수 없다는 것은 회사가 과도한 업무를 시키는 것, 그렇지 않으면 본인의 능력 부족이라는 것이 되는 것이 아닐까? 어느 쪽이라 할지라도 좋은 현상은 아닌, 반드시 해결되어야 할 과제로 다루어야 한다.
　지금 우리가 살고 있는 시대에서는 ②퇴근 이후의 시간이 중요시되고 있다. 행복을 느끼는 시간은 대부분 일을 하고 있지 않는 시간이기 때문이다. 가족과의 시간, 친구와의 시간, 연인과의 시간 등, 우리는 그 시간에 해야 할 일이 얼마든지 있다는 것이다. 자신에게 행복을 주는 시간을 포기하는 인생만큼 비참한 것은 없다. 퇴근 시간을 퇴근 시간이라고 말할 수 없는 조건에서 일을 하고 있는 것이라면, 행복한 시간을 위해서 회사를 그만두어야 한다고 말해 주고 싶다.

<u>1</u> ①퇴근 시간에 관한 인식 조사 발표에서 알 수 있는 것은 무엇인가?

　　1　퇴근 시간에 대한 사람들의 생각은 부정적이라는 것

　　2　보편적인 정의를 내리는 것은 어렵다는 것

　　3　행복을 주는 시간으로 생각하는 사람이 많다는 것

　　4　출근 시간의 반대 개념으로 생각하고 있는 것

<u>2</u> 필자는 퇴근 후의 시간에 대해서 어떻게 생각하고 있는가?

　　1　퇴근 시간 이후는 가족과의 시간으로 보내야만 한다.

　　2　개인적인 시간이고, 다른 것의 영향을 받아서는 안 된다.

　　3　퇴근 후의 시간은 업무 시간과는 다른 시간이 되어야 한다.

　　4　어쩔 수 없는 사정이 없는 한, 자신을 위한 시간으로 사용해야 한다.

<u>3</u> 필자는 왜 ②퇴근 이후의 시간이 중요시되고 있다고 말하고 있는가?

　　1　자신에게 행복을 줄 수 있는 시간이기 때문에

　　2　행복을 위해서 다른 사람과 교류하는 유일한 시간이기 때문에

　　3　개인적인 시간을 무시하는 행위는 바람직하지 않기 때문에

　　4　퇴근 후의 시간에 일을 하는 것은 비참한 인생이기 때문에

해 설　<u>1</u>　퇴근 시간에 대해서 직장인들의 생각은 다양하다는 내용은 보편적인 정의를 내리기 어렵다는 것과 같은 맥락이다. 따라서 정답은 선택지 2번이다.

　　　　<u>2</u>　필자는 퇴근 후의 시간이 업무 시간이 되는 것은 잘못된 것이라는 주장을 하고 있다. 따라서 정답은 선택지 3번이다. 가족과의 시간만이 중요한 것은 아니기 때문에 선택지 1번은 정답이 될 수 없다. 또한, 반드시 자신만의 개인적인 시간을 가져야 하는 것은 아니기 때문에 선택지 2번, 4번은 정답이 될 수 없다.

　　　　<u>3</u>　필자는 주로 업무 시간 외에 행복을 느낀다고 말하고 있기 때문에 정답은 선택지 1번이다. 다른 사람과의 교류를 통해서만 행복을 느끼는 것은 아니기 때문에 선택지 2번은 정답이 될 수 없다. 개인적인 시간만이 행복을 주는 것은 아니므로, 선택지 3번도 정답이 될 수 없다. 선택지 4번의 경우, 필자의 주장이라고 해석하기에는 무리가 있다.

● ● 유형 분석

1 1지문, 2문제가 출제된다.

2 600~700자 정도로 구성된다. 주로 일상 생활과 관련된 정보성 글(전단지, 홍보지, 팸플릿)이나 신청 안내에 관한 글에서 필요한 정보를 찾을 수 있는지를 묻는다.

3 2문제에 7분 내외로 푸는 것이 좋다.

4 출제 유형

   (1) 내용 파악 문제

   (2) 정보 검색 문제

예시 문제

右ページは、桜原区の人材育成事業の受講生募集の案内である。下の問いに対する答えとして、最もよいものを、1・2・3・4から一つ選びなさい。

1 桜原区在住で、２０歳の山田さんは、平日の午前中は大学に行き、週末はアルバイトをしている。山田さんが応募可能な講座はいくつか。

   1　1つ

   2　2つ

   3　3つ

   4　4つ

2 募集の内容に合っているものはどれか。

   1　桜原区に住んでいる人なら、誰でも応募できる。

   2　講座を受講すれば、修了証書がもらえる。

   3　講座の受講ができる人は限られている。

   4　応募は、区役所のホームページを利用する。

桜原区　人材育成事業　受講生募集

　桜原区では、町内会の地域コミュニティの活性化を図るため、そのメンバーとなって活動できる人材を育成することを目的に、「桜原区の人材育成事業」を開催いたします。

- ⊙ **対象者**　　　　桜原区の町内会に加入している人及び、桜原区に住んでいる人（18歳以上から60歳まで）
- ⊙ **申し込み**
  - ・申し込み方法　申込書に必要事項を記入し、FAXまたは郵便で桜原区役所地域総務課へ送ってください。
  - ・申し込み期限　２月26日（金）午後５時00分まで
- ⊙ **定員**　　　　　50名
- ⊙ **料金**　　　　　無料（各講座テキスト代500円別途）
- ⊙ **場所**　　　　　桜原区役所５階大会議室
- ⊙ **講座案内**

コース	講座内容	日時
第1回	安全な町づくり　セミナー	４月６日（水） 10:00〜13:00
第2回	住民協力　セミナー	４月10日（日） 10:00〜13:00
第3回	町内会運営紹介（会計実務の習得）	４月18日（月） 13:00〜16:00
第4回	町内会の会員の活動紹介、保育園の支援業務 町内会の来年の活動計画	４月23日（土） 13:00〜16:00

※ 講座の日時・内容等は、変更になる場合があります。

- ◆　４回すべて受講された方には、桜原区長から修了証書を差し上げます。
- ◆　問い合せは桜原区役所のホームページをご覧ください。

정답 1/3

해 석　오른쪽 페이지는 사쿠라바라구의 인재 육성 사업 수강생 모집 안내이다. 아래 질문에 대한 대답으로 가장 알맞은 것을 1·2·3·4에서 하나 고르시오.

1　사쿠라바라구에 거주하는 20세의 야마다 씨는 평일 오전 중에는 대학에 가고, 주말에는 아르바이트를 하고 있다. 야마다 씨가 응모 가능한 강좌는 몇 개인가?

　1　1개　　　　　　　　　　2　2개
　3　3개　　　　　　　　　　4　4개

2 모집 내용과 맞는 것은 어느 것인가?

1 사쿠라바라구에 살고 있는 사람이라면 누구라도 응모할 수 있다.

2 강좌를 수강하면 수료증서를 받을 수 있다.

3 강좌 수강을 할 수 있는 사람은 한정되어 있다.

4 응모는 구청 홈페이지를 이용한다.

사쿠라바라구 인재 육성 사업 수강생 모집

사쿠라바라구에서는 주민 자치 모임의 지역 커뮤니티의 활성화를 도모하기 위해서, 그 멤버가 되어 활동할 수 있는 인재를 육성하는 것을 목적으로, '사쿠라바라구 인재 육성 사업'을 개최합니다.

◉ 대상자 　　　사쿠라바라구 주민 자치모임에 가입한 사람 또는, 사쿠라바라구에 살고 있는 사람
　　　　　　　　(18세 이상에서 60세까지)

◉ 신청
　• 신청 방법 　신청서에 필요 사항을 기입하고 FAX 또는 우편으로 사쿠라바라 구청 지역총무과로 보내 주세요.
　• 신청 기한 　2월 26일(금) 오후 5시 00분까지

◉ 정원 　　　　50명

◉ 요금 　　　　무료 (각 강좌 교재비 500엔 별도)

◉ 장소 　　　　사쿠라바라 구청 5층 대 회의실

◉ 강좌 안내

코스	강좌 내용	일시
제1회	안전한 마을 만들기 세미나	4월 6일(수) 10:00~13:00
제2회	주민 협력 세미나	4월 10일(일) 10:00~13:00
제3회	주민 자치 모임 운영 소개 (회계 실무 습득)	4월 18일(월) 13:00~16:00
제4회	주민 자치 모임 회원의 활동 소개, 보육원 지원 업무 주민 자치 모임의 내년 활동 계획	4월 23일(토) 13:00~16:00

※ 강좌의 일시·내용 등은 변경이 되는 경우가 있습니다.

◆ 4회 모두 수강 하신 분에게는 사쿠라바라 구청장이 수료 증서를 드립니다.

◆ 문의는 사쿠라바라 구청 홈페이지를 이용해 주세요.

해 설　**1** 제2회, 제4회 코스는 주말 아르바이트로 인해 수강이 불가능하고, 제1회 코스는 학교에 가기 때문에 수강이 불가능하다. 수강 가능한 강좌는 제3회 코스 1개뿐이다. 따라서 정답은 선택지 1번이다.

　　　　2 나이 제한이 있기 때문에 구내에 살고 있는 누구나 응모 가능한 것은 아니다. 따라서 선택지 1번은 정답이 될 수 없다. 4회 모두 수강한 사람에게만 수료증을 주기 때문에 선택지 2번도 정답이 아니다. 정원은 50명으로 제한되어 있다. 따라서 정답은 선택지 3번이다. 신청은 Fax 또는 우편으로 해야 하기 때문에 선택지 4번은 정답이 될 수 없다.

Tip　정보 검색 문제를 풀 때 해당 조건에 표시를 해 두면 정답을 찾는 데 도움이 된다.

2 주제별 독해 필수 어휘

정치

☐ ~あげく	~한 끝에
☐ 与える	주다
☐ 改めて	새삼스럽게, 다시
☐ あらゆる	모든
☐ あるいは	또는, 혹은
☐ 一切	일절, 일체
☐ 奪う	빼앗다
☐ 確認	확인
☐ 賢い	현명하다
☐ 完璧	완벽
☐ 機関	기관
☐ 危険	위험
☐ 規則	규칙
☐ 記入	기입
☐ 機能	기능
☐ 基盤	기반
☐ 教育	교육
☐ 協力	협력
☐ 禁止	금지
☐ 区役所	구청
☐ 原因	원인

☐ 現実	현실
☐ 肯定的	긍정적
☐ 交流	교류
☐ 定める	정하다
☐ ~次第で	~에 따라서
☐ 実施	실시
☐ 実践	실천
☐ 条件	조건
☐ 承認	승인
☐ 処理	처리
☐ 深刻	심각
☐ 申請	신청
☐ すでに	이미, 벌써
☐ すなわち	즉
☐ 責任	책임
☐ 専門家	전문가
☐ 対応	대응
☐ 対処	대처
☐ ~だけに	~인 만큼
☐ 団体	단체
☐ ~である	~이다

□ 提示	ていじ	제시
□ 提出	ていしゅつ	제출
□ 導入	どうにゅう	도입
□ ~通り	とお	~대로
□ 特定	とくてい	특정
□ ~として		~로서
□ 整える	ととの	정돈하다, 조정하다
□ ~とともに		~와 함께
□ ~ない限り	かぎ	~하지 않는 한
□ なお		더군다나, 또한
□ ~ならではの		~만의, ~가 아니고는 안 되는
□ ~において		~에 있어서, ~에서
□ ~にかかわらず		~에 관계없이, ~에 상관없이
□ ~による		~에 의한, ~에 따른
□ 望ましい	のぞ	바람직하다
□ 望む	のぞ	바라다
□ 述べる	の	기술하다, 말하다
□ 把握	はあく	파악
□ 莫大	ばくだい	막대
□ 犯罪	はんざい	범죄
□ 判断	はんだん	판단
□ ひいては		더 나아가서는
□ 否定	ひてい	부정
□ 評価	ひょうか	평가
□ 再び	ふたた	다시, 재차
□ 防止	ぼうし	방지

□ 法律	ほうりつ	법률
□ 迎える	むか	맞이하다, 마중하다
□ 目指す	めざ	목표로 하다, 노리다
□ 目立つ	めだ	눈에 띄다
□ 求める	もと	요구하다, 바라다
□ 要求	ようきゅう	요구
□ 詫びる	わ	사죄하다, 사과하다
□ ~をもとに		~를 토대로

경제

□ 維持	いじ	유지
□ 打ち切る	うき	중지하다, 중단하다
□ 補う	おぎな	채우다, 보충하다
□ ~恐れがある	おそ	~할 우려가 있다
□ 劣る	おと	뒤떨어지다
□ 活性化	かっせいか	활성화
□ 活発	かっぱつ	활발
□ 仮に	かり	가령, 설령
□ 肝心な	かんじん	중요한, 요긴한
□ 気軽な	きがる	소탈한, 부담 없는
□ 気楽な	きらく	마음 편한
□ 崩れる	くず	무너지다
□ 警戒	けいかい	경계
□ 喧嘩	けんか	싸움, 다툼
□ 口座	こうざ	계좌

□ 購入 <ruby>こうにゅう</ruby>	구입	□ 達成 <ruby>たっせい</ruby>	달성
□ 効率 <ruby>こうりつ</ruby>	효율	□ ～度に <ruby>たび</ruby>	～할 때마다
□ 細かい <ruby>こま</ruby>	자세하다	□ 蓄積 <ruby>ちくせき</ruby>	축적
□ 頃 <ruby>ころ</ruby>	무렵, 쯤	□ 努める <ruby>つと</ruby>	노력하다
□ 幸いな <ruby>さいわ</ruby>	다행인	□ つまり	즉
□ 避ける <ruby>さ</ruby>	피하다	□ 手ごろな <ruby>て</ruby>	적당한
□ 参加 <ruby>さんか</ruby>	참가	□ 手数料 <ruby>てすうりょう</ruby>	수수료
□ 支援 <ruby>しえん</ruby>	지원	□ 問い合わせ <ruby>と あ</ruby>	문의, 조회
□ 持参 <ruby>じさん</ruby>	지참	□ ところが	그러나, 그런데
□ したがって	따라서	□ ところで	그러나, 그런데
□ 支払う <ruby>しはら</ruby>	지불하다	□ 取り消す <ruby>と け</ruby>	취소하다
□ 占める <ruby>し</ruby>	차지하다, 점하다	□ 取引先 <ruby>とりひきさき</ruby>	거래처
□ 若干 <ruby>じゃっかん</ruby>	약간	□ 悩む <ruby>なや</ruby>	괴로워하다, 고민하다
□ 状況 <ruby>じょうきょう</ruby>	상황	□ ～に関して <ruby>かん</ruby>	～에 관해서
□ 詳細 <ruby>しょうさい</ruby>	상세	□ ～に関する <ruby>かん</ruby>	～에 관한
□ 消費 <ruby>しょうひ</ruby>	소비	□ ～に比べて <ruby>くら</ruby>	～에 비해서
□ 職業 <ruby>しょくぎょう</ruby>	직업	□ ～に先立って <ruby>さきだ</ruby>	～에 앞서서
□ 職種 <ruby>しょくしゅ</ruby>	직종	□ ～に対して <ruby>たい</ruby>	～에 대해서
□ 所有 <ruby>しょゆう</ruby>	소유	□ ～に対する <ruby>たい</ruby>	～에 대한
□ ～ずに	～하지 않고 (＝ ～ないで)	□ ～に基づいて <ruby>もと</ruby>	～에 기초해서
□ ～すら	～조차	□ 図る <ruby>はか</ruby>	도모하다
□ 生産 <ruby>せいさん</ruby>	생산	□ 激しい <ruby>はげ</ruby>	심하다, 격렬하다
□ ～せいで	～때문에, ～탓으로	□ 福祉 <ruby>ふくし</ruby>	복지
□ 備える <ruby>そな</ruby>	준비하다, 갖추다	□ 振込 <ruby>ふりこみ</ruby>	납입
□ 対象 <ruby>たいしょう</ruby>	대상	□ 変化 <ruby>へんか</ruby>	변화
□ ただし	단, 다만	□ 変更 <ruby>へんこう</ruby>	변경

□ 報告 ほうこく	보고	□ 貴社 きしゃ	귀사(상대방의 회사를 높여 부르는 말)
□ 貧しい まず	가난하다	□ 喫煙 きつえん	흡연
□ むしろ	오히려	□ 希望 きぼう	희망
□ 持ち込み も こ	가지고 들어옴, 지참	□ ～決まっている き	～임에 틀림없다, 반드시 ～이다
□ 煩わしい わずら	번거롭다, 성가시다	□ 客観的 きゃっかんてき	객관적
□ 我々 われわれ	우리들	□ 業務 ぎょう む	업무
□ ～を通じて つう	～를 통해	□ 経験 けいけん	경험
□ ～を通して とお	～를 통해	□ 傾向 けいこう	경향
		□ 現象 げんしょう	현상
		□ 効果 こう か	효과

사회

□ 育児 いく じ	육아	□ 構造 こうぞう	구조
□ 受付 うけつけ	접수(처)	□ 考慮 こうりょ	고려
□ 訴える うった	호소하다, 소송하다	□ 高齢化 こうれい か	고령화
□ 運営 うんえい	운영	□ 顧客 こ きゃく	고객
□ 応じる おう	응하다	□ 心強い こころづよ	든든하다
□ 大げさな おお	과장된, 야단스러운	□ 心細い こころぼそ	불안하다
□ 行う おこな	행하다, 실시하다	□ 個人 こ じん	개인
□ 押し付ける お つ	강요하다	□ 断る ことわ	거절하다
□ 及び およ	및	□ 残業 ざんぎょう	잔업, 야근
□ 開催 かいさい	개최	□ 指示 し じ	지시
□ 解消 かいしょう	해소	□ 施設 し せつ	시설
□ 改善 かいぜん	개선	□ 習慣 しゅうかん	습관
□ 学歴 がくれき	학력	□ 集中 しゅうちゅう	집중
□ 株式会社 かぶしきがいしゃ	주식회사	□ 奨学金 しょうがくきん	장학금
□ 辛うじて かろ	겨우, 간신히	□ 信じる しん	믿다

迅速	신속	満たす	채우다
態度	태도	空しい	허무하다
代表	대표	面接	면접
互いに	서로	申し訳ない	미안하다, 죄송하다
担当者	담당자	もしくは	혹은, 또는
長所	장점	最も	가장
治療	치료	辞める	그만두다
就く	종사하다	郵送	우송(우편 발송)
勤める	근무하다, 종사하다	予防	예방
～てほしい	～해 주길 바라다	履歴書	이력서
特別	특별		
納得	납득		
～に違いない	～임에 틀림없다		
担う	담당하다		

年末年始	연말연시		

문화

～のみならず	～뿐만 아니라	扱う	다루다, 취급하다
～はずがない	～일 리가 없다	意識	의식
必着	필착, 꼭 도착해야 함	印象	인상
敏感	민감	応募	응모
含める	포함시키다	幼い	어리다
弊社	폐사(자신이 속한 회사를 낮추어서 부르는 말)	惜しい	아깝다
		概念	개념
～べきだ	～해야 한다	返す	돌려주다
経る	지나다, 거치다	確率	확률
保険	보험	過言	과언
間違う	잘못되다, 틀리다	勝手な	제멋대로인
		勘違い	착각
		観覧	관람

□ 企画 きかく	기획	□ そそっかしい	경솔하다
□ 気づく き	깨닫다, 알아차리다	□ 退屈な たいくつ	지루한
□ きっぱり	단호하게, 딱 잘라	□ 立入禁止 たちいりきんし	출입금지
□ 恐怖 きょうふ	공포	□ 例えば たと	예를 들면
□ 悔しい くや	분하다	□ 頼る たよ	기대다, 의지하다
□ 繰り返す く かえ	반복하다, 되풀이하다	□ 挑戦 ちょうせん	도전
□ 行為 こうい	행위	□ 伝達 でんたつ	전달
□ 混合 こんごう	혼합	□ 伴う ともな	동반하다, 수반하다
□ 困難 こんなん	곤란	□ 鈍感 どんかん	둔감
□ 際 さい	때, 즈음	□ 眺める なが	바라보다
□ 才能 さいのう	재능	□ 慰める なぐさ	위로하다
□ 幸せ しあわ	행복	□ 情けない なさ	한심하다
□ 従う したが	따르다	□ 懐かしい なつ	그립다
□ じっくり	곰곰이, 차분히	□ 鈍い にぶ	둔하다
□ 地味な じみ	수수한	□ ～によると	～에 의하면, ～에 따르면
□ 祝日 しゅくじつ	국경일	□ 能力 のうりょく	능력
□ 生じる しょう	발생하다, 생기다	□ 配慮 はいりょ	배려
□ 情報 じょうほう	정보	□ 比較 ひかく	비교
□ 勧める すす	권하다	□ 筆者 ひっしゃ	필자
□ すると	그러자, 그러면	□ 批判 ひはん	비판
□ 精神 せいしん	정신	□ 表現 ひょうげん	표현
□ 設置 せっち	설치	□ 普段 ふだん	평소
□ 切ない せつ	애절하다, 절실하다	□ 紛失 ふんしつ	분실
□ 選択 せんたく	선택	□ 返事 へんじ	대답, 답장
□ 想像 そうぞう	상상	□ 募集 ぼしゅう	모집
□ そこで	그래서, 그런데	□ 魅力 みりょく	매력

□ 申し込む	신청하다	□ 回復	회복
□ 最も	가장	□ かえって	오히려, 도리어
□ 翌日	다음 날	□ 学習	학습
□ 欲望	욕망	□ かつて	일찍이, 이전에
□ 了承	양해	□ 環境	환경
□ 歴史	역사	□ 傷つける	상처를 입히다
□ ～わけがない	～할 리가 없다	□ 拒否感	거부감
□ ～わけではない	～한 것은 아니다	□ 距離	거리
□ 話題	화제	□ ～きらいがある	～하는 경향이 있다
□ ～を問わず	～를 불문하고	□ ～切れない	다 ～할 수가 없다
		□ 研究	연구

환경

□ 厚かましい	뻔뻔하다	□ 検査	검사
□ 怪しい	수상하다	□ 濃い	진하다
□ 現れる	나타나다	□ 異なる	다르다
□ いきなり	갑자기	□ 災害	재해
□ 著しい	두드러지다, 현저하다	□ 細菌	세균
□ 命	목숨, 생명	□ 爽やかな	상쾌한
□ いわゆる	소위, 이른바	□ しかも	게다가, 더욱더
□ 影響	영향	□ 刺激	자극
□ 汚染	오염	□ 資源	자원
□ 恐ろしい	두렵다, 무섭다	□ 姿勢	자세
□ 訪れる	방문하다, 찾아오다	□ 執着	집착
□ 及ぼす	미치게 하다	□ 障害	장해
□ 温暖化	온난화	□ 症状	증상
		□ ずうずうしい	뻔뻔하다
		□ 優れる	뛰어나다, 우수하다

□ 鋭い <ruby>鋭<rt>するど</rt></ruby>い	예리하다, 날카롭다	□ 招く <ruby>招<rt>まね</rt></ruby>く	초래하다
□ 性質 <ruby>性質<rt>せいしつ</rt></ruby>	성질	□ 守る <ruby>守<rt>まも</rt></ruby>る	지키다
□ 成長 <ruby>成長<rt>せいちょう</rt></ruby>	성장	□ 目覚しい <ruby>目覚<rt>めざま</rt></ruby>しい	눈부시다
□ 性別 <ruby>性別<rt>せいべつ</rt></ruby>	성별	□ 豊かな <ruby>豊<rt>ゆた</rt></ruby>かな	풍부한, 풍족한
□ そして	그리고	□ わざと	고의로
□ 措置 <ruby>措置<rt>そち</rt></ruby>	조치	□ 災い <ruby>災<rt>わざわ</rt></ruby>い	재앙, 재난
□ そのうえ	게다가, 더구나	□ わざわざ	일부러
□ それとも	그렇지 않으면, 혹은	□ ～をはじめ	～를 비롯해
□ 存在 <ruby>存在<rt>そんざい</rt></ruby>	존재		
□ 損傷 <ruby>損傷<rt>そんしょう</rt></ruby>	손상		
□ ～ために	～를 위해서, ～때문에		
□ 調節 <ruby>調節<rt>ちょうせつ</rt></ruby>	조절		
□ 繋がる <ruby>繋<rt>つな</rt></ruby>がる	이어지다, 연결되다		
□ とりわけ	특히		
□ ～直す <ruby>直<rt>なお</rt></ruby>す	다시 ～하다		
□ ～に過ぎない <ruby>過<rt>す</rt></ruby>ぎない	～에 지나지 않는다		
□ ～にわたる	～에 걸친		
□ 認識 <ruby>認識<rt>にんしき</rt></ruby>	인식		
□ 脳 <ruby>脳<rt>のう</rt></ruby>	뇌		
□ 果たして <ruby>果<rt>は</rt></ruby>たして	과연		
□ 華やかな <ruby>華<rt>はな</rt></ruby>やかな	화려한		
□ 離れる <ruby>離<rt>はな</rt></ruby>れる	떨어지다, 멀어지다		
□ 被害 <ruby>被害<rt>ひがい</rt></ruby>	피해		
□ ふさわしい	어울리다		
□ ふと	문득		
□ 保護 <ruby>保護<rt>ほご</rt></ruby>	보호		

다음 단어의 일본어 표현으로 가장 알맞은 것을 a, b 중에서 고르시오.

1 협력 (a 協力 b 吸収)

2 평가 (a 評価 b 平等)

3 처리 (a 処理 b 勝利)

4 책임 (a 索引 b 責任)

5 제출 (a 出張 b 提出)

6 신청 (a 心理 b 申請)

7 법률 (a 法律 b 方法)

8 범죄 (a 犯罪 b 最悪)

9 금지 (a 禁止 b 緊張)

10 교육 (a 教育 b 育成)

11 빼앗다 (a 働く b 奪う)

12 주다 (a もらう b 与える)

13 눈에 띄다 (a 目立つ b 望む)

14 현명하다 (a 貧乏だ b 賢い)

15 바람직하다 (a のんきだ b のぞましい)

16 즉 (a すなわち b しかし)

17 ~와 함께 (a ~とおり b ~とともに)

18 ~에 따라서 (a ~しだいで b ~にかかわらず)

정답 1 ⓐ 2 ⓐ 3 ⓐ 4 ⓑ 5 ⓑ 6 ⓑ 7 ⓐ 8 ⓐ 9 ⓐ
10 ⓐ 11 ⓑ 12 ⓑ 13 ⓐ 14 ⓑ 15 ⓑ 16 ⓐ 17 ⓑ 18 ⓐ

다음 단어의 일본어 표현으로 가장 알맞은 것을 a, b 중에서 고르시오.

1 효율   (a 効率   b 効果)

2 거래처   (a 取引先   b 連絡先)

3 직업   (a 就職   b 職業)

4 지원   (a 支援   b 知恵)

5 수수료   (a 手数料   b 領収書)

6 소비   (a 組織   b 消費)

7 상황   (a 増加   b 状況)

8 복지   (a 福祉   b 服装)

9 계좌   (a 口座   b 通帳)

10 갖추다   (a 崩れる   b 備える)

11 지불하다   (a 支払う   b 補う)

12 노력하다   (a 図る   b 努める)

13 자세하다   (a 肝心だ   b 細かい)

14 가난하다   (a 貧しい   b 親しい)

15 그러나, 그런데   (a ところが   b つまり)

16 오히려   (a ただし   b むしろ)

17 ~에 비해서   (a ～に比べて   b ～に対して)

18 ~할 때마다   (a ～たびに   b ～ついでに)

정답 1 ⓐ   2 ⓐ   3 ⓑ   4 ⓐ   5 ⓐ   6 ⓑ   7 ⓑ   8 ⓐ   9 ⓐ
      10 ⓑ   11 ⓐ   12 ⓑ   13 ⓑ   14 ⓐ   15 ⓐ   16 ⓑ   17 ⓐ   18 ⓐ

다음 단어의 일본어 표현으로 가장 알맞은 것을 a, b 중에서 고르시오.

1 희망 (a 希望 b 希薄)

2 현상 (a 現在 b 現象)

3 학력 (a 学校 b 学歴)

4 잔업 (a 解消 b 残業)

5 육아 (a 育成 b 育児)

6 접수(처) (a 施設 b 受付)

7 면접 (a 保険 b 面接)

8 담당자 (a 担当者 b 販売者)

9 개인 (a 個性 b 個人)

10 실시하다 (a 含める b 行う)

11 믿다 (a 訴える b 信じる)

12 그만두다 (a 断る b 辞める)

13 잘못되다 (a 間違う b 担う)

14 불안하다 (a 心細い b おおげさだ)

15 죄송하다 (a 空しい b 申し訳ない)

16 혹은 (a および b もしくは)

17 ~해 주길 바라다 (a ~てほしい b ~に違いない)

18 ~할 리가 없다 (a ~べきだ b ~はずがない)

정답 1 ⓐ 2 ⓑ 3 ⓑ 4 ⓑ 5 ⓑ 6 ⓑ 7 ⓑ 8 ⓐ 9 ⓑ
10 ⓑ 11 ⓑ 12 ⓑ 13 ⓐ 14 ⓐ 15 ⓑ 16 ⓑ 17 ⓐ 18 ⓑ

다음 단어의 일본어 표현으로 가장 알맞은 것을 a, b 중에서 고르시오.

1 행위　　　　（ a 行為<ruby>こうい</ruby>　　　b 行動<ruby>こうどう</ruby>）

2 표현　　　　（ a 価値<ruby>かち</ruby>　　　b 表現<ruby>ひょうげん</ruby>）

3 정보　　　　（ a 精神<ruby>せいしん</ruby>　　　b 情報<ruby>じょうほう</ruby>）

4 의식　　　　（ a 意識<ruby>いしき</ruby>　　　b 医者<ruby>いしゃ</ruby>）

5 욕망　　　　（ a 応募<ruby>おうぼ</ruby>　　　b 欲望<ruby>よくぼう</ruby>）

6 상상　　　　（ a 選択<ruby>せんたく</ruby>　　　b 想像<ruby>そうぞう</ruby>）

7 매력　　　　（ a 魅力<ruby>みりょく</ruby>　　　b 努力<ruby>どりょく</ruby>）

8 역사　　　　（ a 未来<ruby>みらい</ruby>　　　b 歴史<ruby>れきし</ruby>）

9 따르다　　　（ a 眺<ruby>なが</ruby>める　　　b 従<ruby>したが</ruby>う）

10 반복하다　　（ a 繰<ruby>く</ruby>り返<ruby>かえ</ruby>す　　b 生<ruby>しょう</ruby>じる）

11 신청하다　　（ a 申<ruby>もう</ruby>し込<ruby>こ</ruby>む　　b 返<ruby>かえ</ruby>す）

12 취급하다　　（ a 扱<ruby>あつか</ruby>う　　　b 伴<ruby>ともな</ruby>う）

13 어리다　　　（ a 少<ruby>すく</ruby>さい　　　b 幼<ruby>おさな</ruby>い）

14 분하다　　　（ a 悔<ruby>くや</ruby>しい　　　b 惜<ruby>お</ruby>しい）

15 지루한　　　（ a 退屈<ruby>たいくつ</ruby>な　　b 親切<ruby>しんせつ</ruby>な）

16 그러자　　　（ a すると　　　b たとえば）

17 ~를 불문하고　（ a ~をもとに　　b ~を問<ruby>と</ruby>わず）

18 ~를 통해서　　（ a ~をとおして　b ~をきっかけに）

정답 1 ⓐ　2 ⓑ　3 ⓑ　4 ⓐ　5 ⓑ　6 ⓑ　7 ⓐ　8 ⓑ　9 ⓑ
　　　10 ⓐ　11 ⓐ　12 ⓐ　13 ⓑ　14 ⓐ　15 ⓐ　16 ⓐ　17 ⓑ　18 ⓐ

다음 단어의 일본어 표현으로 가장 알맞은 것을 a, b 중에서 고르시오.

1　환경　　　　　　(a 環境^{かんきょう}　　　b 感情^{かんじょう})

2　증상　　　　　　(a 症状^{しょうじょう}　　　b 調節^{ちょうせつ})

3　재해　　　　　　(a 被害^{ひがい}　　　b 災害^{さいがい})

4　자원　　　　　　(a 資源^{しげん}　　　b 認識^{にんしき})

5　온난화　　　　　(a 自動化^{じどうか}　　　b 温暖化^{おんだんか})

6　오염　　　　　　(a 影響^{えいきょう}　　　b 汚染^{おせん})

7　연구　　　　　　(a 研究^{けんきゅう}　　　b 研修^{けんしゅう})

8　보호　　　　　　(a 保母^{ほぼ}　　　b 保護^{ほご})

9　다르다　　　　　(a 優^{すぐ}れる　　　b 異^{こと}なる)

10　지키다　　　　　(a 守^{まも}る　　　b 参^{まい}る)

11　방문하다　　　　(a 訪^{おとず}れる　　　b 離^{はな}れる)

12　두렵다　　　　　(a 濃^こい　　　b 恐^{おそ}ろしい)

13　날카롭다　　　　(a 鋭^{するど}い　　　b 鈍^{にぶ}い)

14　풍부한　　　　　(a 貧乏^{びんぼう}な　　　b 豊^{ゆた}かな)

15　게다가　　　　　(a いきなり　　　b しかも)

16　일부러　　　　　(a わざわざ　　　b ふと)

17　~에 지나지 않는다　(a ~にわたる　　　b ~に過^すぎない)

18　다시 ~하다　　　(a ~直^{なお}す　　　b ~切^きる)

정답 1 ⓐ　2 ⓐ　3 ⓑ　4 ⓐ　5 ⓑ　6 ⓑ　7 ⓐ　8 ⓑ　9 ⓑ
　　　 10 ⓐ　11 ⓐ　12 ⓑ　13 ⓐ　14 ⓑ　15 ⓑ　16 ⓐ　17 ⓑ　18 ⓐ

독해 완전 정복을 위한 꿀팁!

문단을 잘 요약하는 것이 점수를 높이는 비결입니다. 내용 이해(단문)는 1문단, 내용 이해(중문)는 2문단, 종합 이해는 2문단, 주장 이해(장문)는 3문단으로 나누어 문제를 풀어 보세요.

● **問題10 내용 이해(단문)**

주제를 찾는 것이 가장 중요합니다. 대부분 필자의 생각이나 주장에 관한 문제이기 때문에 마지막 2~3줄을 완벽하게 해석하며 풀도록 합니다.

● **問題11 내용 이해(중문)**

문제를 먼저 본 후에 본문을 2~3단락으로 나누어 풉니다. 밑줄 친 문제는 앞뒤 문장을 필자의 생각이나 주장에 관한 문제는 마지막 2~3줄을 파악하는 것이 중요합니다.

● **問題12 종합 이해**

가장 중요한 것은 A와 B의 공통점과 차이점을 찾는 것입니다. (ex. 찬성 VS 반대 or 긍정 VS 부정) 선택지를 보면서 A와 B, 누구의 의견인지 파악하는 것이 중요합니다.

● **問題13 주장 이해(장문)**

문제를 먼저 보고 본문을 3단락 정도로 나누어 봅니다. 장문 독해는 난이도 높은 문제도 출제됩니다. 시간 배분을 위해 한 번에 풀지 못한 문제는 거기에 해당하는 단락과 함께 체크해 두었다가 나중에 푸는 것도 요령입니다.

● **問題14 정보 검색**

문제의 조건부터 눈에 잘 띄게 표시를 해 둡시다. 주로 앞부분에서 1문제, 뒷부분에서 1문제가 출제됩니다. 문제와 본문을 왔다 갔다 하면서 문제를 푼다고 생각해도 좋습니다.

유형별 실전 문제

問題 10　次の(1)から(5)の文章を読んで、後の問いに対する答えとして最もよいものを、1・2・3・4
　　　　から一つ選びなさい。

(1)

　　不快な感情というのはなぜ作られたのだろうか。不快な感情さえなければ、人
　生をより幸せに過ごすことができるのではないだろうか。感じられる感情そのも
　のを変えることはできないが、その感情を受け入れる姿勢は変えられる。悪い感
　情を肯定的に受け入れることが人生を豊かにする要素となる。人生は悪いことば
　かりでも良いことばかりでもない。困難を乗り越えることは幸福につながる可能
　性が高く、感情面でも例外ではない。

[1]　筆者の考えに合うのはどれか。

　　1　不快な感情がなければ、幸せにつながらない。

　　2　感情を受け入れる姿勢によって、人生を豊かにすることができる。

　　3　幸せというのは感情に左右されるものではない。

　　4　感情という困難がなければ、幸せに暮らすことはできない。

(2)

> 人の内面にある可能性、それを我々は潜在能力と呼ぶ。多くの人々が、これを開発させるために努力を惜しまない。失敗を恐れずに成功に向かって進むべきだと言われているが、はたしてそうだろうか。努力に努力を重ねても成功できないなら、あきらめたほうがよいのではないだろうか。きっと、違う潜在能力があるはずだから、本人がやりたいものを探すのではなく、少しでも上手なことについて考え、探してみるのはどうだろう。

2　この文章で筆者が一番言いたいことは何か。

1　潜在的な可能性のために常に努力するべきだ。

2　うまくできることに対して自分との会話をするべきだ。

3　失敗を恐れず、前向きに考えながら進むべきだ。

4　自分が本当に好きなことについて考えるべきだ。

(3)

　　先日、突然本が読みたくなって本屋に行った。1年に1冊の本も読んでいなかったのが何年も続いたので、本屋は完全に異なる空間になってしまったような気がした。読みたい本は特になかったが、いろいろな本をめくりながら買う本を決めようと思っていた。本の推薦コーナーをぼんやり眺めていると、大学生のカップルが1位に輝いている本を取り上げた。今は、たくさん売れる本がいい本になってしまったのか…。久しぶりに本屋に来たのに、思わず本屋を出てしまった。

3　筆者は、なぜ本屋を出てしまったと言っているか。

　　1　希望していた本を見つけることができなかったため

　　2　人気コーナーの本が全部売切れになってしまったため

　　3　久しぶりに行った本屋が昔のイメージと違っていたため

　　4　どの本を選べばいいかわからなかったため

(4)

　自らに「なぜ？」「どうして？」と投げかける質問が人生を成長させます。質問というのは、何かに対する疑いがある時や確信が持てないときにするものです。自分に質問をしない人は、自分を客観的に振り返らない人です。今向かっている方向が本当に正しい道なのか、正しい方法で進んでいるのかについての考察が必要です。現在の自分に対する不安と不満は、将来の自分をより良い人に変える原動力となります。自分への絶え間ない質問こそ、人生を変える力です。

4　筆者は、質問についてどう考えているか。

　1　人生の成功のためには、質問に対する答えを探すことが重要だ。

　2　自分に質問することで未来の自分をより良い人に変えることができる。

　3　人生の不安と不満を解消するためには、頻繁に質問する習慣が必要だ。

　4　人生を変えられる質問に対して考え続けることが大切だ。

(5)

以下は、ある店でもらったチラシである。

緑スーパー

期間限定・春の感謝セールのお知らせ

　このたび、4月1日から20日までの期間限定で、全国の緑スーパー全店で感謝セールを開催いたします。感謝セールでは、期間限定の飲料に限り3割引きで、3,000円以上のお買い上げで「春の記念品」をプレゼントいたします。今回の記念品は、4種類1万人限定となっております。なお、5月1日からはお肉のセールも行いますので、ぜひこの機会にご来店ください。

5　「春の記念品」をもらいたい場合、どうすればいいか。

1　4月20日から5月1日までの間に緑スーパーで3,000円以上買う。

2　4月20日に緑スーパーで春の記念品を3,000円以上買う。

3　4月1日に緑スーパーで30%安くなった牛乳を3,000円以上買う。

4　4月1日に緑スーパーで3割引きになった春の新商品を3,000円以上買う。

問題 10　次の(1)から(5)の文章を読んで、後の問いに対する答えとして最もよいものを、1・2・3・4
　　　　　から一つ選びなさい。

(1)

　　人間の心理には固定観念というものがある。固定観念は、生まれつき持ってい
るものではなく、学習による結果であると言えるだろう。この学習は人が他人と
異なる振る舞いをすることに対する罪悪感を作り上げている。この罪悪感は犯罪
を防ぐことにもなっているが、人間が発達していく上での拘束にもつながってし
まった。一方、固定観念を振り払い、他の人とは違う考え方をすることで、新し
い発明と発見がなされ、より便利で進化された世界と社会を作り上げたことも事
実である。

[1]　筆者は固定観念についてどのように述べているか。

　　1　固定観念は悪い結果をもたらす。

　　2　固定観念は、犯罪を増やす結果につながる。

　　3　固定観念への反発から社会と文明が進歩する。

　　4　固定観念は他人と自分を区別する考えである。

(2)

　人に対する第一印象は、片方だけに傾くわけではない。これは主観的な判断の介入のあった結果として見ることができる。つまり、人に対する判断や評価というのは、客観性が非常に欠如しているのである。自分が持っている価値観、嗜好や好み、性格、人生の背景などによって人物に対する判断は正確に行うことができない。歴史的な人物に対する好き嫌いや魅力的に感じられる対象に対する認識の違いなどがまさにその理由である。基本的に人間というのは、自分の考えが正しいと信じる存在だと言える。しかし、ある人物に対する自分の判断が絶対に正確であると思うほど危険なことはないと言いたい。

2　筆者の考えに合うのはどれか。

　1　人の第一印象を正しく判断することは容易ではない。

　2　人に対する評価を正確にすることは重要である。

　3　人に対する評価ほど不正確なものもない。

　4　自分と価値観や性格が異なる人を判断してはならない。

(3)

　今週は３回も昼食にラーメンを食べたら、社内食堂で会った仲間から、「栄養のバランスを考えた方がいい」と言われてしまった。人によって顔や性格や、手足の大きさも違うのだから、一日に必要な栄養も個人によって違うのではないだろうか。一種類のメニューを食べ続けるのはよくないと思うが、それでもラーメンが食べたくなるのは、私の体がラーメンに入っている栄養成分を望んでいるからなのだと思う。

3　この文章で筆者が一番言いたいことは何か。

　1　一日に必要な栄養を正確に調査するのは不可能だ。

　2　人間が必要とする栄養は一般的に決められている。

　3　体の大きさや性格によって必要な栄養は異なる。

　4　体の合図によって必要な栄養が分かる。

(4)

> 　失敗の理由を自分以外のことから探ろうとする人は決して成功できない。それは失敗に対する恥や不安感などによる責任回避行動に過ぎないからである。何かに対する考察と改善は、常に内部で行われなければならない。失敗の原因や改善の方向性を外部から探そうとすれば、自分の能力と発展可能性は永遠に手中に収めることは出来ない。失敗した自分に向き合う勇気からより良い人生の方向性を見出すこともできるだろう。

4　本文の内容に合うものはどれか。

　　1　自分を発展させることができるのは、ひたすら自分だけだ。

　　2　失敗の理由を内部から探すのは、責任回避行動に過ぎない。

　　3　自分の発展可能性を信じられない人は成功できない。

　　4　失敗した人生に向き合うには大きな勇気が必要だ。

(5)

以下は、ある会社が出したメールの内容である。

お客様各位
<ruby>各位<rt>かくい</rt></ruby>

七村株式会社

技術部長　小田南

メールサービス障害のお知らせ

　平素より弊社のメールサービスをご利用頂きましてありがとうございます。

　現在一部のメールサービスにおきまして、本日の午後3時から障害が発生しております。弊社の顧客センターへのお問い合わせのページをご利用の際、確認のボタンが見えなくなることが確認されました。お客様には、大変ご迷惑お掛けしておりますことお詫び申し上げます。尚、本障害に関する原因の詳細については弊社のホームページからご確認できます。

http://www.nanamurajp.com

　ページの復旧完了までしばらくお待ちくださいますようお願いいたします。

---

5 ご確認とあるが、何についての確認なのか。

　1　ホームページの問い合わせのページに対する案内の確認

　2　ホームページの異常に対する顧客の問い合わせの確認

　3　顧客センターのページの利用障害についての原因の確認

　4　顧客センターのページにアクセスする方法の確認

問題 10　次の(1)から(5)の文章を読んで、後の問いに対する答えとして最もよいものを、1・2・3・4
　　　　から一つ選びなさい。

(1)

　誰もが失敗を恐れている。失敗した人を教訓にして、自分はそのようなミスを
しないように念を押す。一方、エジソンのように数々の失敗をもとにして、驚く
べき成功をした人々のエピソードを誰もが知っている。誰もが成功するわけでは
ないから、失敗は必ず経験するべきだとは言いたくない。ただし、あることにもし
しも失敗したならば、挫折ばかりせずに、その失敗から得られることについて考
えてみる必要があるだろう。

(注) 念を押す：重ねて注意する

1　筆者は失敗をどうとらえているか。

　　1　失敗しないためには成功を学ばなければならない。

　　2　失敗に対する恐怖よりも成功に向けての確信を持つべきだ。

　　3　少しも失敗のことを考えてはいけない。

　　4　失敗から発見できる成功の要素を逃してはならない。

(2)

　私は文章を書くのを職業としている。文章を書いている際には、私の思い通り
に表現できることに自由を感じながら、常に締め切りという拘束の枠に閉じ込め
られている。共存できないこの二つが相互に入れ替わって現れる場合もある。締
切の日が終わると自由が訪れ、再び文章を書く行為を始めると拘束も始まるわけ
である。ある程度の時間が過ぎた後この相反する二つが、本という形で現れる。
本は全く違う概念の対照の結果とも言うことができるのである。

2　全く違う概念の対照とはどのようなものか。

　　1　文章と生活が全く異なっていること

　　2　拘束に縛られながら自由に書けないこと

　　3　自由と拘束は同時に存在できないこと

　　4　本というのは、現実とは反した内容のものであること

(3)

　人生を生きていく上で、辛い記憶や苦しい時期は避けることができない。誰にでも必ず訪れるもので、これを避けることができる人間は存在するまい。楽しくて幸せなことと悲境^(注)はつながっているものである。安泰な時期が過ぎれば、暴風が吹きあれる時期が訪れ、暴風の時期を耐えれば、明るい日差しが見られるようになる。自分の過ちで不幸が訪れるわけでもなく、自力で幸せが掴み取れるとも限らない。苦しみと喜びは、最も自然なサイクルを持っている。苦しみで自分のすべてを諦めてしまうのは、その後に訪れる幸せさえも諦めてしまうことである。

(注) 悲境：悲しい境遇。不幸な身の上。

3　筆者の考えに合うのはどれか。

　　1　辛い時期を耐えられる人は、幸せも早く見つけることができる。

　　2　人生の喜びを知っている人は、苦しみを避ける方法も知っている。

　　3　自分の失敗が原因で辛い思いをするとは言えない。

　　4　幸せの権利を諦める人には、自然にと辛いことが訪れる。

(4)

　　人生における問題解決とは、絶えず向き合わなければならない業のようなものだ。問題解決の方法は一つに割り切ることはできない。それぞれのやり方で人生の問題を切り抜けていくものである。問題には、必ず答えというものが存在するはずだ。難問であるほど、解き明かした時の満足感と達成感は言い表せないだろう。正解はいつも存在する。ただし、その閲覧がすべての人に許されているわけではない。

（注）業：仏語。意志による身心の活動、行為。

4　筆者の考えに合うものはどれか。

1　難しい問題を解決した時こそ、人生の正解を見つけることができる。

2　すべての問題には必ず答えが存在することを実感しなければならない。

3　人生での満足感は、正解の閲覧から得られるものである。

4　人生の正解を見つけることは、誰にでも与えられているものではない。

(5)

以下は、ある会社の社内メールの内容である。

担当者各位

納品前の点検方法について

　お疲れ様です。品質管理部、担当の木村です。

　先日、品川営業所において商品番号の取り違えによる納品ミスが発生いたしました。原因は単純な数字の読み違いですが、このミスによる損害は決して小さくありません。また取引先にもご迷惑をおかけしてしまいました。

　今後は以下の通り、手順を守っていただくことをお願い致します。

　※納品の二日前には、検査を行った者とは別の者が、必ず改めて注文書と商品の内容、個数の確認を行うこと。

　以上よろしくお願いします。

品質管理部　木村　七背
内線　　　　124

5　この文章が最も伝えたいことは何か。

　1　納品ミスにより、会社が損失を受けたこと

　2　製品番号を誤らないように、十分注意すること

　3　納品ミスを防ぐため、新しい業務ルールを守ること

　4　取引先の担当者のミスにより、被害を受けたこと

내용 이해(중문) 실전 연습 ❶ [/ 6]

問題 11 次の(1)から(3)の文章を読んで、後の問いに対する答えとして最もよいものを、1・2・3・4から一つ選びなさい。

(1)

　紙や印刷物の製作に使われる化学物質が環境破壊を起こしているとの批判があるにもかかわらず、印刷物はいまだにいろいろと重要な役割を担っている。医学をはじめとする人類に役立つ各種の専門知識、伝統的な印刷物の製作方法が持つ芸術的な価値や一般の人々に有用な情報を提供するなど、印刷物の使用価値は十分だと思う。なお、環境にやさしい紙や再生紙の使用により環境被害を軽減する方法などの研究も続いている。

　インターネットのようなデジタルメディアにおいて、情報の発信者を制限することは不可能に近い。誤った情報や偏向的な意見を制裁できる方法がないということである。これに比べ、印刷物は出版社というフィルターを通じてある程度の基準を設けることができる。あまりにも一方に偏った情報や意見などを排除できるということである。情報発信側は、情報の波及効果についても考慮しなければならない。それに対する配慮のない印刷物は、有限な資源の浪費にすぎない。

1 筆者によると、印刷物の価値が十分だと思う理由は何か。

1 環境にやさしい紙の生産で自然環境を保護できるため

2 無分別な知識をまとめることで情報の信頼性を得たため

3 伝統的な印刷方法の効率性が資源の確保につながっているため

4 人々に役立つ情報を発信することができるため

2 筆者によると、情報発信する側が考えるべきことは何だと言っているか。

1 有用でない情報を一般市民に発信してはならない。

2 印刷物は、資源の無駄になり得るという事実を考慮すべきだ。

3 情報を受信する側の影響について考えなければならない。

4 情報は、出版社等のフィルターを経て発信されなければならない。

(2)

　月の引力によって海水の潮の差が生じることは誰でも知っていることだが、月が人体に及ぼす影響について知っている人は多くはない。我々の体は70％以上、水で構成されている。従って、人体もまた、月の影響を受けているというわけである。ある調査によると、満月の日、眠りにつきにくい人が多いという。これは人の睡眠に影響を与えるメラトニンというホルモンの分泌が、月に影響されるからである。

　月の引力は人体の血液にも影響を及ぼす。外国のある国で、三日月の日に手術した患者と満月の日に手術した患者との生存率の差についての研究が行われた。その結果、生存率の差は実に21％に達したという報告もある。科学的に証明されていないものの、満月と発作との相互関係に関する様々な例も提示されている。このように、月が人体に与える影響を完全に無視することはできないのである。

　月がなくなったらどうなるのだろうか。地球が太陽を回る軌道が少し変わり、太陽系の構成も少し変わるだろうと専門家たちは言っている。この少しの差が数十万年を経て、今とは全く異なる太陽系を構成することになり、その影響を受ける地球も、今からは想像できないほど、全く異なる姿を見せるのであろう。

3 <u>ある調査</u>というのは何に関する調査なのか。

1　満月が出る時期の自然の変化に関する調査

2　月が海に及ぼす影響に関する調査

3　月が人体のホルモンに与える影響に関する調査

4　月と人格との相関関係に関する調査

4 筆者は、将来月がなくなったらどのようなことになると言っているか。

1　多少の影響があるかもしれないが、大きな変化はない。

2　太陽系の構成が多少変化して、宇宙に対する認識が変わるかもしれない。

3　今の生活環境とは著しい変化を見せているに違いない。

4　地球が太陽を回る軌道が変わることによって地球の温度が上がる。

(3)

　私は、本がかなり好きな方だ。一日も欠かさず手に本を持っているほどだから、自信持って本が好きだと言っていいと思う。だからといって、教養と気品あふれる孤高な学者のような姿とは全く違う。本を精読するわけでもなく、何かを究めるために本をめくっているわけでもない。ただ、ちょっと手が空いている時に暇つぶしに読んでいるだけだ。まるで昼休みに会社員たちが携帯電話で関心のある分野を検索したり、自分の好みに合う分野のショート動画を見たりするのと同じだ。

　　（中略）

　その日の気分や感情に導かれるまま、家にある本一冊を選んで出社する。その本をもう完全に読んだわけでもないのに、面白そうな部分だけを拾い読む。読書を指導する先生なら、驚愕を禁じ得ないかもしれない。私の考えでも生徒たちに推薦できる読み方ではないと思う。でも私にとって本を読むということはそういうものだ。もしかすると、「本を読んでいる」というよりは「本を見ている」に近いかもしれない。本が面白い遊びの対象になっているのだ。私にとって本は、決して不便な存在ではない。このような観点から日本社会で問題視されている活字離れに対する解決策を見つけることができるかもしれない。

（注）驚愕：非常に驚くこと

5　筆者によると、筆者が本を読む姿に最も近いものはどれか。

1　毎日本を持ち歩きながら、時間があるたびに取り出して読む。

2　必要な部分だけを抜粋して、好きな場所で精読する。

3　働きながら時間があるたびに携帯電話で本を読む。

4　昼休みに携帯電話を利用して、必要な部分を探して読む。

6　本について、筆者の考えに合うものはどれか。

1　面白い本を中心に読みながら、本に関する拒否感をなくすべきだ。

2　本の面白さを知る方法が一律的に決まっているわけではない。

3　活字離れを克服するための方法は、読書にあるのを気付いてほしい。

4　推薦図書を通じて、生徒たちに読書の楽しさを育むことができる。

問題 11　次の(1)から(3)の文章を読んで、後の問いに対する答えとして最もよいものを、1・2・3・4
　　　　から一つ選びなさい。

(1)

　　良い人材の確保は、会社の存続を左右するほどの重要なことである。そして、
会社に必要な優れた社員を採用することは、決して容易なことではないというこ
とに異見はあるまい。求人公告を出して、応募者の履歴書を検討後、面接という
行為に繋がる。最終的に雇用契約書を作成し、その社員が会社に上手く溶け込ん
でいるか見守る。１年程度の時間が経った後、採用された社員が会社に必要な人
材だったのかに関する判断が下される。どうやら会社側との<u>利害関係の良い社員</u>
という評価もあるだろうが、そうでない社員もいるだろう。

　　このような採用ミスマッチによる会社のリスクは無視できない。早期離職によ
る採用コスト、教育コストが無駄になり、企業イメージの低下はもとより、生産
性の低下にまで現れかねない。良い人材が自ら訪ねてくることを願うのは、いわ
ば「大吉」を狙うギャンブルに過ぎないようなことである。急を要するのは常に
会社の方である。今こそ、採用の姿が変わるべき時なのである。優れた人材の訪
<ruby>訪<rt>とぶら</rt></ruby>いを待つのではなく、自ら探しに出なければならない。

1 利害関係の良い社員とあるが、ここではどのような社員か。

    1 会社の必要により採用された社員

    2 会社との関係で優位に立った社員

    3 会社の面接で良い結果が期待される社員

    4 会社のイメージ革新に役立つ社員

2 「採用」について、筆者はどのように考えているか。

    1 企業のイメージを代弁する重要なこと

    2 費用面での支出を考慮すべきこと

    3 ギャンブルのような姿を期待してはならないこと

    4 優れた人材の訪問に備えるべきこと

(2)

　我々は幸せに生きていくことを望んでいる。幸せを感じるところは目や手、足などの感覚器官ではなく、脳から送られるシグナルを感じて心の感情として現われる。幸せに生きるのは簡単なことではないが、苦労することなく幸せに暮らせる条件を満たせる方法がある。幸せホルモンと呼ばれるセロトニンという物質の分泌を促進させることで幸せだという満足感を得ることができる。

　セロトニンというのはアドレナリン、ドーパミンとともに３代神経伝達物質の一つとして、特に精神的な安定に役に立つと知られている。セロトニンの分泌による精神的な安定が、生活の満足感という形へとつながるわけである。このホルモンを増加させる食べ物は牛乳、豆腐、豆であり、適当な量の日光を浴びるだけでも人体がセロトニンを形成することに役立つ。また、深呼吸をしたり首の周りを軽く動かすストレッチをすることでも、この物質の分泌を促進させることができる。

　精神的な安定と楽しい気分は幸福につながるものである。つまり、ちょっとした行動で我々の暮らしをより幸せにすることができるのである。幸せを求める日常の行動を通じて、心も体も健康に過ごすことができるということを忘れないでほしい。

[3] 次のうち、セロトニンに対する説明で適切ではないのはどれか。

1 精神的な安定に役立つと知られている。

2 特定の食べ物だけでは、ホルモンの促進が難しいこともある。

3 軽く体を動かすこともホルモンの促進に影響を与えることができる。

4 幸福ホルモンと呼ばれて、３代ホルモンの中の一つである。

[4] この文章で筆者が一番言いたいことは何か。

1 ちょっとした行動が人の感情の多くの部分を左右する。

2 幸福は精神的な安定と特定のホルモンの分泌によって得られる。

3 身の周りから幸せを見つけることができるように努力するべきである。

4 簡単な行動を維持することも幸せに影響を与えることができる。

　私はあまり風邪を引かない。風邪を引いたのがいつなのか思い出せないほどだ。よく運動するほうでもなく、体に良い物を食べるほうでもない。風邪を引く原因は寒さではない。人々は気温が低い冬に、よく風邪を引くと勘違いをしているようだが、気温の差が激しい春や秋のほうがもっと風邪を引きやすい。つまり、温度の差が激しい状況により生じる体の免疫力の低下によって風邪を引いてしまうわけだ。

　風邪を予防する最も簡単な方法は、手をよく洗うことだ。主に手を通じてウイルスが浸透するから、手を清潔に維持することこそ、最も簡単な風邪の予防方法だといえる。私は手をよく洗っている。決してきれい好きだからというわけではない。おそらく、ある一つの行動をしてから手を洗う行為で、次の行動に対する準備をしているのかもしれない。

　　（中略）

　私たちは温度の変化に対する忍耐力が不足しているのかもしれない。暑くなるとすぐエアコンを付け、寒くなるとすぐヒーターを付ける。もともと人の体は温度の変化に適応できるようになっているのに、その能力はだんだん弱まる一方だ。内的な能力による適応ではなく、外的な要因による強制的な適応は<u>良くない</u>と思う。

5　筆者は、風邪を引く理由は何だと述べているか。

　1　体の免疫が弱まっているから

　2　風邪予防のための物を食べていないから

　3　気温が低くなることによって体温が上がってしまうから

　4　気温の変化によりウイルス活動が活発になるから

6　筆者は、何に対して良くないと考えているか。

　1　忍耐の不足によって変化に対処できていないこと

　2　冷房や暖房施設に頼りすぎていること

　3　風邪を引かないように体を強制的にきたえること

　4　体の変化に気づくのが遅すぎること

問題 11　次の(1)から(3)の文章を読んで、後の問いに対する答えとして最もよいものを、1・2・3・4から一つ選びなさい。

(1)

　集中というのは放棄することである。何か一つのことにはまってそれ以外のものは全くできなくなるからである。我々はすべてのことを完璧にやりこなそうとしている。ある程度の水準にまで上がって行くことは出来るとしても、最高になることはできない。

　現代社会は選択と集中の時代である。多くの会社もこのような選択と集中を行っている。社会的に知名度が低い中小企業は、ひとつの製品にすべてを賭けるしかないが、その製品の成功を収めてこそ、ようやく会社の運営が可能になる。大手企業も勿論、この方法をベースに会社の成長を図っている。その製品の成功のために、残りの全ての製品は徹底的に放棄されている。

　ある講演会でのことだが、眼鏡を外したら新聞の記事が全く読めない男性に、穴が空いた小さなカードを与えた。すると、その男性は穴を通して新聞のすべての文字を読みきることができた。これが集中というものである。穴を通して全力を尽くしながら字を読もうと努力し、結局すべての字を読み終えることができたのである。余計なことにはまって自分の力を無駄に消費していないか。成功したいなら、価値のあることに集中するべきである。勿論それ以前に正しい選択が先に行われるべきである。

1 筆者が現代社会は選択と集中の時代だと述べている理由は何か。

1 良い会社を選択しなければならないから

2 マーケティングが重要であるから

3 成功のために他のことを放棄しなければならないから
   （ほうき）

4 大手企業の方法に従わなければならないから

2 筆者が一番言いたいことは何か。

1 新聞の内容を集中して読まなければならない。

2 もっと集中をするために努力しなければならない。

3 集中をするための正しい選択が必要である。

4 良い選択をするために集中が必要である。

(2)

　　ある日、町内を散歩して、公園のベンチに座って暇な時間を過ごしていた。10分ほど後にある小学生の男の子が同じベンチに座った。誰かを待っていたのか、しばらく同じベンチに座っていることになったのだ。時々目が合ったりもしたので、ぎこちない雰囲気を良くしようと、名前とかどんな小学校に通っているのかなど何でもない話をしていた。だんだん言うことがなくなってきて、「君の夢は何？」とありふれた質問をしたら、これに対する小学生の答えは意外だった。「僕の夢は子犬を育てることです。」という答えを聞くとは思わなかったからだ。思わず、子供の夢は職業の一つだろうと思っていたのかもしれない。

　　幼い子供の夢は、無限に近いようだ。恐竜になりたいとか宇宙人になりたい子供もいる。家で強大な力を持った母親になりたいという息子、父親と結婚するのが夢だというかわいい娘もいる。子供の夢というのは、少なくとも私たち大人の想像を遥かに超えるほどではあるようだ。富と名誉を得て成功した大人の姿を夢見る子供が何人いるだろうか。無数の選択肢を持っていた子供の夢がもしかしたら大人たちの期待と失望で一つずつ消されていっているのかもしれない。子供の夢を問う私たち大人は、その夢の意外性に驚いたり、失望したりしてはいけないようだ。

3 筆者が、子供と会話中に意外だと感じた理由は何か。

1 子供が望む職業が一つではなかっから

2 たまに目が合う子に意外な面があったから

3 偶然出会った子供の夢が予想とは違ったから

4 子供の夢見る職業が平凡ではなかったから

4 筆者が、一番言いたいことは何か。

1 子供に夢について聞く時は慎重でなければならない。

2 多くの選択肢を与えてから夢について聞いたほうがいい。

3 子供の夢に関して反応をしてはいけない。

4 大人の基準で子供の夢を判断してはいけない。

(3)

　17歳になった僕の息子は特別だ。実はまれにみる特別な能力を持っているのだ。サヴァン症候群の息子は、一度聞いた歌を全部覚え、一日の間に見た自動車200台のナンバープレートを覚えることができてしまう。努力の結果ではなく、生まれながら持っている能力だ。

　結婚してから10年ぶりに生まれた子に問題があるという医師の言葉に、僕は空が崩れるような気持ちだった。子供の左側の脳の一部が損傷していたからだった。僕に笑いかけてくれた子に①罪の意識にとらわれて耐えられない日々を送っていた。中学生になっても、一人でシャツのボタンをとめることもできなくて、卒業をするまで友達も一人もいなかった。

　（中略）

　しかし、私たち夫婦は②息子についてもう心配しなくなった。たくさんの話が出来なくても、息子が持っている温かい心を感じることができ、多くの行動を見せなくても他人を配慮する気持ちを持っていることが分かったからだ。僕の息子は、人より劣っている障害者ではなく、人と少し違っているだけだ。

（注）サヴァン症候群：知的障害や自閉性障害のある者のうち、ごく特定の分野に限って、常人には及びもつかない能力を発揮する者の症状を指す。

5 　①罪の意識にとらわれて耐えられない日々を送っていたとあるが、その理由は何か。

　　1　子供が笑ってくれても感謝の気持ちを表せなかったから

　　2　子供の障害について恥ずかしく思っていたから

　　3　障害を持って生まれてしまった子供に申し訳ない気持ちになったから

　　4　子供が普通の生活を送れないので、妻に申し訳ない気持ちになったから

6 　②息子についてもう心配しなくなったとあるが、その理由は何か。

　　1　他の子供に比べて優れた知識を持っているから

　　2　少しずつ普通の生活が可能になっているから

　　3　子供が他人を配慮する温かい心を持っているから

　　4　子供の才能が生かせる方法を見つけたから

종합 이해 실전 연습 ❶　　　　　　　　　　　　　　　　　　　[　　/ 4]

問題 12　次のAとBの文章を読んで、後の問いに対する答えとして最もよいものを、1・2・3・4から
　　　　　一つ選びなさい。

(1)

A

　緊張してはいけないとよく言われるが、人間が生存するために緊張というのは不可欠なものである。命を落とすこともあり得る状況や不安な状況に直面すると、我々の体は危険な状況に対処するために緊張状態になる。体が緊張した状態では、心拍数が上がり呼吸が速くなり、筋肉もまた緊張するようになる。すなわち、体の性能を最大限に引き出して危険を回避したり、克服できるようにするのである。緊張を克服しようとするよりは、適切に利用できるようにすることが重要である。そもそも緊張しない人間なんてありえない、それがないことが必ずしも良いとは限らないからである。

B

　緊張状態が続くと、体はストレスを受けるようになり、ストレスホルモンと呼ばれるコルチゾールが分泌され始める。コルチゾールとは、人間の生命維持にも密接に関係している重要なホルモンのことである。血圧を維持し、エネルギーの貯蔵や使用だけでなく、免疫機能の維持にも役立つ。一方、コルチゾールの過剰分泌は、成人病の発生リスクを高め、免疫機能の低下と共にうつ病まで引き起こす可能性がある。過度な緊張状態における会話は攻撃的だったり、皮肉になりやすいため、家族や職場での人間関係でも問題が生じ得る。適度な緊張状態は、業務の効率性と生産性の向上にもつながるが、心身のエネルギーを持続的に消耗するものと考えた方が良い。

[1] 緊張することについて、AとBが共通して述べていることは何か。

1 緊張すれば、体と心に影響を与えるホルモンが分泌される。

2 緊張することが、必ずしも悪いところばかりあるわけではない。

3 緊張した後、早くほぐすことが最も重要だ。

4 緊張を克服したり、維持する方法を学ばなければならない。

[2] AとBは、緊張状態についてどのように述べているか。

1 AもBも、緊張状態をうまく保つことが大切だと述べている。

2 AもBも、過度な緊張状態は体に病を引き起こす可能性があると述べている。

3 Aは危険回避に役立つと述べ、Bは心身に危険を与える可能性があると述べている。

4 Aは身体能力の向上について述べ、Bは精神的なストレスについて述べている。

次のAとBの文章を読んで、後の問いに対する答えとして最もよいものを、1・2・3・4から一つ選びなさい。

(2)

A

> 　他人に少しでも過ちを犯した場合、できるだけ早く謝りの気持ちを伝えることが大切だ。下手をすると謝るタイミングを逃してしまい、ますます相手を傷つけることも頻繁にあるからだ。心からの謝罪の一言で解決できるのに、時間は常に和解する機会を奪ってしまう。謝罪の時間が他のものに置き換えられてしまうのは、謝罪の行為よりも他のものを優先した結果として受け止められかねない。やるべきことを先延した結果というのは、必ずと言っていいほど良くない形で向き合ってしまうものだ。謝罪する分野においても例外はなさそうだ。

B

> 　自分の失敗により相手との気詰まりが嫌で謝る部類の人がいる。本人の機嫌が良くないためにその原因を解決しようとする自分中心の謝罪だということだ。とにかく自分は謝罪をしたことで過ちに対する責任を果たしたと考える場合も少なくない。しかも、自分の謝罪に対する相手の返事が自分の予想と違えば、むしろ怒る人もいる。謝罪というのは、自分がミスをした対象に許しを請うための行為であることを覚えてほしい。謝ることはあまりにも当たり前なことで、謝られて許すことが当然ではないということを知らない人があまりにも多い。

1 相手に謝ることについて、AとBはどのように述べているか。

1 AもBも、なるべく早いうちに謝った方がいいと述べている。

2 AもBも、相手の立場から謝罪の形を考えた方がいいと述べている。

3 Aは謝りの適切なタイミングについて述べ、Bは許される立場について述べている。

4 Aは早く謝ることが重要だと述べ、Bは本人中心の謝罪に対して批判的に述べている。

2 謝罪について、AとBが共通して述べていることは何か。

1 他人に過ちを犯した場合は謝らなければならない。

2 謝る機会と時期を逃してはならない。

3 自分自身のための謝罪は避けなければならない。

4 謝罪の結果は、予想とは異なるかもしれない

問題 12 次のAとBの文章を読んで、後の問いに対する答えとして最もよいものを、1・2・3・4から一つ選びなさい。

(1)

A

現在、人類が持っている技術というのは、発生した災害に対する情報を人々に早く伝えることのみにとどまっている。このような点からすると、自然災害を防ぐのは不可能に近いことだと言える。したがって、自然災害による被害から発生する火災などの２次災害を防止するために、迅速な伝達網を構築することが非常に重要になるのだと思う。予測できない自然災害を過度に心配しながら暮らすのは精神的に良くないが、安全に対して鈍感なことも良いとは言えない。一番安全な場所は家だと思っている人が増えているようだが、自然災害からまぬがれる安全な場所などは地球上に存在していないということである。自然災害の発生を心配することより、被害を最小化するための体系的な対策がもっと重要である。

B

自然災害に対する備えは徹底的に行われるべきである。自然災害による被害は莫大な金銭的損失ばかりでなく、数多くのかけがえのない命をも奪ってしまう。どんなことにも代えられない人々の命はどうしても救われなければならない。人の命を救う技術は最も価値があるものだと思う。安全に対して敏感に反応しすぎるのは精神的には良くないかもしれないが、その心配に度が過ぎることはないのではないだろうか。ただ災害を恐れてばかりいて、仕方なく考える時代はとっくに過ぎているのである。普段から災害に対する予測をもとにした備えが重要である。完璧に自然を予測することは不可能であると思いながらも、準備することなく迎える災害ほど恐ろしいものはないからである。

1 AとBの意見が一致しているのはどれか。

1 自然災害に対する完璧な予測は不可能なことだ。

2 災害を防ぐことよりは二次被害を最小化しなければならない。

3 人間は自然を予測し、対応できる技術力を有している。

4 安全について心配しすぎるのはよくない。

2 AとBは自然災害について、どのように述べているか。

1 AもBも自然災害の予測とともに被害を最小化することが重要だと述べている。

2 AもBも自然災害の被害を減らすための技術や方法が重要だと述べている。

3 Aは自然災害を防ぐことが重要だと述べ、Bは自然災害の予測技術が重要だと述べている。

4 Aは安全についてあまり心配する必要はないと述べ、Bは災害の予測よりは災害後の体系的な対策が重要だと述べている。

次のAとBの文章を読んで、後の問いに対する答えとして最もよいものを、1・2・3・4から一つ選びなさい。

(2)

A

　幼い子供に英語を習わせる家庭が多くなりました。グローバル時代における競争力の強化において英語を自在に駆使することに勝るものはないでしょう。しかし、英語の早期教育にも欠点があることを見逃してはなりません。英語と日本語は基本的な言語のメカニズム自体が大きく異なります。文法、抑揚、発音などほとんどの面において日本語と類似した言語ではないということです。これらの言語の習得は、子供に不快なストレスを与えたり、言語的混乱を引き起こしたりする可能性があります。また、英語教育の時間増加に伴い、様々な言語に触れる機会さえ得られない子供たちも多いです。英語だけにこだわる親のせいで、他の才能が発揮できない子も存在するようになるということです。

B

　幼い子供は大人に比べて自然に言語を習得できる能力が優れています。それに言語のルールを覚える努力もせずにゲームや歌、絵などの方法を活用して言語を楽しみながら学ぶことができます。これらの学習方法は、英語以外の言語を学ぶときにも十分に役立ちます。新しい言語の習得は、子供の自信の向上にもつながり、勉強の概念自体を新しい視点で眺めることができるようにします。次第に加速する時代の変化が、これからの未来をどのような形にするかは誰にも予測できません。子供の夢の舞台が国内ではなくなるかもしれません。また英語や他の言語の習得により子供の夢をより広げてくれることもあります。子供に多様な夢と未来のための機会を与えなければなりません。

3　外国語の学習について、AとBが共通して述べていることは何か。

　1　外国で夢を叶えるのに役立つ。

　2　苦労して勉強するのは子供によくない。

　3　子供の役に立つことは否めない。

　4　英語の習得だけにこだわる必要はない。

4　幼い子供に英語を習わせることについて、どのように述べているか。

　1　AもBも、幼い頃に言語を習うことに問題点があると述べている。

　2　AもBも、小さな子供の言語学習の効率性について述べている。

　3　Aは早期英語教育の必要性について述べ、Bは多様な言語習得の重要性について述べている。

　4　Aは早期英語教育の問題点について述べ、Bは子供の言語習得のメリットについて述べている。

問題 12　次のAとBの文章を読んで、後の問いに対する答えとして最もよいものを、1·2·3·4から一つ選びなさい。

(1)

A

　朝早く起きる人は、勤勉で良いイメージに映ることが多い。早朝に起きて新聞に目を通し、家族と一緒に笑いに満ちた余裕のある食事時間も過ごすことができる。時間に追われて慌ただしく出勤する姿より家を出る前に身なりまで確認する、そういう姿から人生の余裕さえ感じられる。このように朝早く起きるということは、人生をより豊かにする力がある。しかし、ここで見逃してはならない事実が一つある。朝早く起きる前の段階で行われるべきことは、夜早く寝なければならないということだ。十分な睡眠時間を確保しない早起きは毒になり得る。夜遅い時間まで起きていてこそ享受できる日常の余裕や、その他の生産的な活動による利益はあきらめなければならないということだ。

B

　適切な睡眠時間とは、人生をより豊かで健康にする非常に重要な時間だ。しかし、この睡眠時間には個人差があり得る。7時間の睡眠時間が最適だという人もいれば、8時間以上寝てこそ絶好調になる人もいる。自分に合った睡眠時間を確保するだけでも健康な身体と精神を維持するのに大きく役立つ。したがって、朝早く起きることが必ずしも良いわけではなく、夜遅く寝ることも絶対に悪いとは限らない。個人の職業や生活パターン、身体リズムなどによっても睡眠の開始時間と終了時間が異なることがあるためだ。全く同じ人は存在できないように起床時間の違いも受け入れなければならない。早朝に起きていない人が必ずしも怠け者ではない。

1 朝早く起きることについて、 AとBの認識で共通していることは何か。

1　睡眠の質の向上のためには奨励されている。

2　朝早く起きてはいけない人もいる。

3　場合によっては、体に良くない影響を与えることもある。

4　人生をより豊かにするためには、なるべく朝早く起きた方が良い。

2 適切な睡眠時間について、AとBはどのように述べているか。

1　AもBも、寝始める時間が重要なわけではないと述べている。

2　AもBも、普遍的な睡眠時間の重要性について述べている。

3　Aは早朝の睡眠の良さについて述べ、Bは睡眠時間より重要なことがあると述べている。

4　Aは睡眠時間の質を向上させる方法について述べ、Bは個人に合った睡眠時間が重要だと言っている。

次のAとBの文章を読んで、後の問いに対する答えとして最もよいものを、1・2・3・4から
一つ選びなさい。

(2)

A

　　ミニマルライフというのは、簡単に言えば、自分の生活に必要な品物を最小限に
することを言う。ミニマルライフを行っている人々は、生活している家に余裕のあ
る空間をつくることによって、心の安定を得ている。もっと進んだミニマルライフ
は、食生活の簡素化や、シンプルな衣食住を実践することである。また、高いブラ
ンドよりは性能を重視する効率的な消費パターンもミニマルライフの長所だと言う
ことができる。芸術の分野においてもミニマリズムが目立っている。本人が表現し
たいことだけに対して、集中的に簡潔に描写をすることである。人間の欲求は決し
て物の所有で満たすことができない。大切なものを得るためには捨てることも重要
である。

B

　　人は、他人が所有している物を持っていない時にストレスを感じる。それから
抜け出すために、またたくさんの物が所有できない状況を合理化させるため、現
れる現象の一つがミニマルライフだと思う。これは激しい競争社会から生じる一
時的な現象であり、劣等感（れっとうかん）の結果でもある。この現象が人間関係の簡素化にまで
至っている。自分に少しでも得になる人との関係だけを望み、役に立たないと思
うと交流を絶ってしまうのである。人間は社会的な動物であり、人との関係から
離れ、一人で生きていくことは不可能である。また、幸福というのは、物質の所
有に限ったことではない。豊かな人間関係を通じても幸せな人生を享受（きょうじゅ）できるこ
とを分かってほしい。

3 AとB二つの文章から共通して述べていることは何か。

1 物を多く所有することが、必ずしも幸せにつながるわけではない。

2 単純な生活パターンであるほど、病気の予防ができる。

3 人との交流が多すぎることも問題になりかねない。

4 ミニマルライフは、所有に対する反発による一時的な現象に過ぎない。

4 AとBはミニマルライフについて、どう考えているか。

1 AもBも所有に対する執着_{しゅうちゃく}が悪いことばかりではないと考えている。

2 AもBも賢明な生活パターンが重要だと考えている。

3 Aは物の所有の抑制による人生の豊かさが重要だと考え、Bは人間関係の抑制による人生の幸せが大切だと考えている。

4 Aは生活の簡素化が重要だと考え、Bは物質的な豊かさには限界があると考えている。

問題 13   次の文章を読んで、後の問いに対する答えとして最もよいものを、1・2・3・4から一つ選び
なさい。

　人間と機械は、相互補完及び共存が可能なのか。人工知能(AI)機械が人間の社会
を支配する暗鬱な時代を描写する映画やドラマは数え切れないほど多い。このよう
に多くの人が関心を示している分野がまさに人工知能分野である。

　人間だけに与えられた唯一のものの一つに①想像力というものについて言及する
人が多い。すなわち、無から有を生み出す想像力のない機械にできることは、せい
ぜいデータを収集してそれをもとに予測することだけだということである。私は、
機械に想像力がないと割り切る自信がない。データの収集と整理を完璧にこなす
ことができるようになれば、その後はどんなことに力を注ぐのであろうか。機械
の収集と統計をもとにした予測というのは、想像力の領域まで入り込む力を持ち
かねない。

　機械の進化は、人間が考える速度をはるかに超えている。中でもスマートフォン
という機械の進化は、もう果てしないほどである。生活のために必要なほぼすべて
のことを単独で処理できると言っても過言ではない。スマートフォンがなかった時
代への回帰は恐れさえ感じられ、人類の退歩だと言うべきであろう。

　人工知能は、愛などを含む感情を理解したり、共有できない。これもまた人間と
機械の決定的な違いだと論じる人もいる。しかし、人間だからといって自分や他
人の感情を全て把握し、共有できるわけではない。自分の感情を抑えられなかった
り、認知できなかったりするために悩みもして後悔もしながら生きていくのが人間
というものである。心理学や脳科学などの様々な分野では、今も感情についての研
究を続けている。このような観点から見ると、人も機械と同様に②感情という分野
では未熟であると考えられる。

（中略）

　現代社会は、人間性の喪失と呼ばれる時代である。人間としてやってはいけない行為、あってはならない残酷な事件に毎日接する時代だからである。人間性を失った人と感情の分からない機械との違いは何なのか分からない。人間性の回復なしに人と機械の相互補完や共存を論じる立場ではないと思う。

1 　筆者が思う①想像力に一番近いものはどれか。

　　1　無から有が創造できる人間だけのもの

　　2　数多くの情報に基づいた予測可能なもの

　　3　人間と機械の違いが明確に説明できるもの

　　4　データの予測によっていつかは到達する可能性のあるもの

2 　筆者はなぜ、②感情という分野では未熟であると述べているか。

　　1　感情を十分に理解して分析する資料が不足しているため

　　2　自分の考えとは違う感情の違いを受け入れることができないため

　　3　人間の共通感情という分野が研究されていないため

　　4　心理学と脳科学のつながりを見つけることができなかったため

3 　筆者が言いたいことは何か。

　　1　人間性の回復を当面の課題と認識しなければならない。

　　2　感情のない機械は恐ろしい存在になり得る。

　　3　人間と機械の共存は、感情の共有になってからの話だ。

　　4　人間と機械の共存に先立ち、機械の進化の速度を予測すべきだ。

問題 13 次の文章を読んで、後の問いに対する答えとして最もよいものを、1・2・3・4から一つ選びなさい。

依然として服装に関する規定というのが存在する会社が多いです。真夏でもスーツ姿にネクタイを締めて汗をかくのがサラリーマンの定番だと言いたいわけではありません。でも、職業によってある程度は服装に対する規制があることを強調したいのです。たとえば、建設現場でスーツを着て働くのは、体を動かす動作が多い作業の特性上、非常に不便で危険です。安全ヘルメットや安全靴などの保護具を着用してポケットの多い服を着ることが実用的です。建設現場のように不完全な状況では、安全性と実用性の確保が最も重要だからです。

金融業界の会社員やホテルの職員なら、お客様に良い印象と安心感を与えられるスーツを着ることが少しでも業務に役立つと思います。IT業界のように自由な思考が重要視される会社では、社員の自由な服装を制するところはほとんどありません。また、創造力と想像力に価値を置く芸術系の会社では、派手な服装や変わった身なりの社員もよく見かけます。これらの会社では、社員の服装を規制することが会社のためにならないと思うからです。

最近の若い人たちは、会社で不便なスーツを着ることに不満を持ったり、自由な服装を会社側に求めたりする場合もあるそうです。服装の変化で得になり得る職種なら、直ちに受け入れられる経営の柔軟性も必要だと思います。しかし、社員のそのような要求が会社の損につながったり、効果が微々たるものになりそうな業種だったりする場合は、発言に慎重でなければなりません。会社の存在理由は、利潤の追求であることを心掛けるべきです。利潤追求とは異なる目的で作られた会社でなければ、会社側の服装規定に対してある程度は受け入れるべきです。

　（中略）

社則というのは、会社の利益と効率性のために作られました。服装に関する基準を持っているのもその基準の理由と目的があるはずです。数十年前に作られた社則をそのまま強要する会社や職業の特性を全く考慮していない服装規定を持っている会社は、持続的な発展可能性が欠如しているとも言えます。そのような会社に勤めているなら、会社と自分の将来について真剣に考える必要があるかもしれません。

1　職業による服装について、筆者はどう述べているか。

　　1　建設現場に携わる人は、安全な服装が最も重要だ。

　　2　職業の特性を考慮する服装には、規制が伴うこともある。

　　3　顧客に良いイメージを提供する服装は、会社の利益につながる。

　　4　服装を規制することは、会社の利益に全く役立たない。

2　筆者によると、社内での服装の変化とはどういうものか。

　　1　若者を中心に会社の問題点を批判する行動

　　2　会社の利益のために絶対に改善すべき問題点

　　3　服装規定への反発による一時的な現象

　　4　業種の特性と経営の柔軟性が必要な部分

3　この文章で筆者が言いたいことは何か。

　　1　社則の存在にはそれなりの理由がある。

　　2　社則を強要する会社は発展の見込みがない。

　　3　社内の古い服装規定に関する改善が必要だ。

　　4　会社の未来のための規則を作らなければならない。

問題 13 次の文章を読んで、後の問いに対する答えとして最もよいものを、1・2・3・4から一つ選び
なさい。

　今日は寝坊をしてしまったので、急いで地下鉄に乗るために駆け足で階段を降り
た。その時、反対側から一人のおじいさんがゆっくりと杖^(え)をつきながら階段を上が
ってきた。しかし、よりによって、下る方向から上がってきていたのだ。素早く
身を躱^{(み)(かわ)}しておじいさんとぶつかることなく、無事に地下鉄に乗ることができた。安堵^{(あん)(ど)}
(注1)
の胸をなでおろしたが、そのおじいさんのことを思い出したら①腹が立った。混雑
時に階段を利用する場合、下る方向と上る方向を間違えると、事故になりかねない
のだ。

　まもなく席に座ることができ、気分も落ち着いてきたら、周囲の人々が目に入り
始めた。会社とメールを交わしている人、報告書のような書類を見ている人、資格
試験のための本を見ている人など、私も彼らとあまり変わりはない。

　その時、一人のおばあさんが地下鉄に乗ってきた。ゆっくりと乗るその姿は、出
勤時間の忙しさとは全く違う感じがした。②おばあさんの前に座っている大学生と
みられる人が、すぐ頭を下げて何かに没頭するふりをした。よく見られる光景だ
が、あまりいい光景ではない。もちろん、老弱の人だけが座れる場所ではないか
ら、当然なこととして譲る義務はないが、譲ってあげてほしいという気持ちになる
のは私だけではないと思う。そのとき、地下鉄に乗った時の私の姿が浮かび上がっ
てきた。

　国は全ての人の安全のために規則を定め、国民はそれに従わなければならない。
場合によっては、守らなくても処罰されない場合があるとしても。階段を駆け足
で降りながら規則を守らなかった私と、進行方向を守らなかったおじいさん。両方
とも誤りはあるが、何かもっと他のところに、過失の原因があるのではないだろう
か。一日中、これが気にかかったが、明快な答えが得られなかった。家に帰ってじ

っくり考えてみたら、人の行動を、規則ですべて決めることはできないのではないかという気がした。被害を最小化するために規則が存在する。私の行動はそのおじいさんに大きな被害を与えたかもしれなかったが、おじいさんの行動は私に大きな被害を与えたわけではなかった。そして、自分の姿を反省する時間になった。

(注1) 身を躱す：ぶつからないように身を翻して避ける。
(注2) 安堵：気がかりなことが除かれ、安心すること

1　筆者は、なぜ①腹が立ったと述べているか。

　　1　忙しい時間にゆっくり行動したため

　　2　おじいさんを避けるために怪我をしたため

　　3　おじいさんが秩序を守らなかったため

　　4　自分が危険な行動をしたため

2　筆者は、②おばあさんの前に座っている大学生をどう思っていたか。

　　1　自分の行動を振り返る時間になったと思っていた。

　　2　自分も同じ行動をしたことについて申し訳ないと思っていた。

　　3　よく見かける光景なので仕方ないことだと思っていた。

　　4　できれば、譲歩してほしいと思っていた。

3　規則について筆者が一番言いたいことは何か。

　　1　仕方なく守ることができない場合もある。

　　2　規則を守らないと、必ず処罰を受けなければいけない。

　　3　規則を守らないとしても他人に怒ることはない。

　　4　規則を守る場合も状況による配慮が必要である。

정답　1 ③　2 ④　3 ④

해석 및 해설 별책 p.67

問題 14　右のページは、あるサッカースクールの入会案内である。下の問いに対する答えとして、最も良いものを、1・2・3・4から一つ選びなさい。

1 　小学４年生の山田君は、来月からサッカースクールに入会しようと思っている。小学６年生の兄が既にこのサッカースクールに通っているが、入会時に支払わなければならないものは何か。

　　1　入会費、２０％引きの年会費、ユニフォームセット代、保険料、１ヶ月分の月会費

　　2　入会費、年会費、ユニフォームセット代、保険料、10%引きの２ヶ月分の月会費

　　3　10%引きの年会費、ユニフォームセット代、保険料、２ヶ月分の月会費

　　4　年会費、ユニフォームセット代、保険料、10%引きの１ヶ月の月会費

2 　佐藤さんの娘が現在このサッカースクールに通っているが、６月の引っ越しでサッカースクールを辞めることになった。佐藤さんはどうしなければならないか。今日は３月19日である。

　　1　４月10日までに、休会届を作成してホームページに提出しなければならない。

　　2　４月20日までに、退会届を作成してホームページに提出しなければならない。

　　3　５月20日までに、休会届を作成して事務所に提出しなければならない。

　　4　５月10日までに、退会届を作成して事務所に提出しなければならない。

桜サッカースクール入会案内

【コース区分】

コース名	対象	曜日	時間	月会費
キッズクラス	5・6歳	水曜日	16：10から	6000円
ジュニア Aクラス	小1 / 小2	金曜日	16：10から	6500円
ジュニア Bクラス	小3 / 小4	水曜日	17：20から	7000円
ジュニア Cクラス	小5 / 小6	金曜日	17：20から	7500円

※ キッズクラスは60分、ジュニアAクラスは75分、ジュニアBとCクラスは90分

※ 各コースの定員は15名で、定員超過の場合は抽選いたします。

【入会時の支払について】

入会費	5500円	年会費	9500円
ユニフォームセット代	32000円	保険料	800円 / 年

※ ご入会の際に、入会金と年会費、ユニフォームセット代、保険料とともに1カ月分の月会費をお支払いください。翌月からは入会申込書と一緒に提出された口座からの引き落としになります。

※ ユニフォームセットの代には、ジャージ上下、ユニフォーム上下、靴下、レガースの費用が含まれます。

※ サクラサッカースクールに兄弟・姉妹が在籍している場合は、入会金は無料、月会費を1割引いたします。

【退会・休会・クラス変更手続きについて】

※ 退会・休会・クラス変更を希望されるお子様の保護者の方は、毎月変更締切日までに手続きを行ってください。

(退会申請は前月の10日、休会及びクラス変更申請は前月の20日まで)

※ お子様の保護者の方は、決められた期日までに申込書をご記入の上、事務室までご提出ください。

(電話、またはホームページによる手続きは行っておりません。ご了承ください。)

郵便番号:123-4567　桜市桜町10-11

TEL：077-123-4567（お問い合わせ時間:10時-20時）

ホームページ：http://www.sakurasoccer.co.jp

問題 14　右のページは、桜大学の留学生奨学金に関する案内である。下の問いに対する答えとして、最もよいものを、1・2・3・4から一つ選びなさい。

1　この大学の奨学金に応募できるのは、次のうちだれか。

1　タイから来たクーンさんは桜大学院2年生。体の具合が悪くなり、学費が払えなくなったため、生活補助金の奨学金を申請予定。

2　田中さんは、母国語の日本語を専攻中の学部4年生。月5万円の奨学金を申請予定。

3　フランスから来たレオさんは、経済学を専攻している大学院生。外国人留学生奨学金を申請予定。

4　中国から来た王さんは、日本語教育を専攻中の学部3年生。4月に外国人留学生奨学金を申請予定。

2　この奨学金に関する説明として正しいものはどれか。

1　提出期間内に留学生支援センターのホームページから申し込みをしなければならない。

2　奨学金申込書と成績証明書だけを留学生支援センターに提出すればいい。

3　奨学金申し込みのためには、成績証明書が必ず必要である。

4　受給期間中に病気などの理由で学業成績が悪くなった場合でも奨学金は支給される。

桜大学　留学生奨学金　ご案内

　本学では、留学生支援制度を設置し、留学生の生活支援・学習支援を行っています。また、経済的に困難な外国人留学生の経済的負担を軽減する為、奨学金制度を整えております。奨学金の詳細は以下の通りです。

桜大学　グローバル人材　奨学金	
申請条件	本学に在籍している外国人留学生(大学院生)で他の奨学金を受けていない人
奨学金	75,000円（月額）
支給期間	1年間
募集期間	4月中旬〜5月下旬

桜大学　外国人留学生　奨学金	
申請条件	本学に在籍している外国人留学生(学部生)
奨学金	50,000円（月額）
支給期間	9ヶ月間
募集期間	10月中旬〜10月下旬

桜大学　外国人留学生　生活補助金	
申請条件	本学に在籍している外国人留学生(大学院生、学部生)のうち、経済上の理由により学費の負担が困難と認められる者
奨学金	30万円（一括）
支給期間	1回
募集期間	3月中旬〜3月下旬

▶ **応募方法**
　次の書類を学生課留学生支援センター（S棟3階①番窓口）へ提出し、受付名簿に必要事項を記入してください。　※提出期限厳守

▶ **提出書類**
（1）各奨学金申込書（学生課留学生センター窓口で配布しています）
（2）在留カードの両面のコピー（「留学」の在留資格及び期間が確認できるもの）
（3）最近1年間の成績証明書
（4）本学が定めている預金口座振込依頼書（通帳のコピーを含む）

※ 注意事項
　1) 受給者の提出書類の記載事項に虚偽が発見された場合は、受給決定が取り消される。
　2) 受給期間中に、受給決定の際に通知した事項を遵守しなかったり、学業成績が不良であったりする場合は、途中で奨学金の支給を打ち切ることがある。

問題 14 　右のページは、ある大学のボランティア募集に関する文章である。下の問いに対する答え として最も良いものを、1・2・3・4から一つ選びなさい。

1 桜大学の大学院に在学中のモモさんは、子供たちの宿題のサポートのボランティ アをすることになった。モモさんが注意しなければならない点は何か。

1 持ち物を持参して毎週水曜日ごとに必ず決められた場所に行かなければならな い。

2 事前教育を通じて指定された食堂まで個人で移動しなければならない。

3 幼児教育科を専攻していない人は、子供たちの宿題サポートができない。

4 ボランティア中の写真撮影が嫌なら、あらかじめスタッフに知らせなければなら ない。

2 桜大学で子ども心理学を専攻している学部生のマリアさんは、このボランティア 募集に申し込もうと思っている。他の団体で子どものためのボランティア経験も あるマリアさんは、 何をしなければならないか。

1 大学のホームページから申請書をダウンロードし、学生支援センターに書類を提 出しなければならない。

2 エプロンと調理用マスクなどを準備し、事前教育を受けなければならない。

3 大学のホームページの申請フォームに合わせて申請し、数日後の結果を待たなけ ればならない。

4 大学のホームページから申請書をダウンロードし、申込締切日までにメールで応 募しなければならない。

桜大学ボランティア募集

　子供たちが安心して過ごせるこども食堂でボランティアを募集します。子供が好きで、子供の福祉に興味がある方のご参加をお待ちしています。

【ボランティアの内容】

内容	宿題のサポート	食事の手伝い	子供の世話
	学校の宿題を手伝う 30分程度	夕食の準備 30分〜1時間	簡単な遊びなど 30分〜40分
活動日程	毎週水曜日　15：30〜18：30		
活動場所	桜市内十カ所のこども食堂（学習や遊び場あり）		
募集対象	子供に関することが好きだったり、幼児教育科専攻の方 子供の諸問題に関心があったり、助けたい方 子供関連のボランティア経験のある方 初心者でも参加可能(事前教育実施-場所指定)		
募集人数	20名		
参加費	なし		

※ こども食堂の位置詳細は、ホームページで確認できます。

※ 食事サポートへの参加をご希望の方は、エプロン、調理用マスクをご用意ください。

※ ボランティア参加者やスタッフにも食事を提供しています。ご自由にお召し上がりください。

【申し込み方法】

① 申請資格：桜大学の学部生及び大学院生

② 大学ホームページの申し込みフォームから様式に合わせて申込書を作成してください。

③ 電話やメールなどでの申し込みは受け付けておりません。必ずホームページからお申し込みください。

【申し込み締切】

　9月13日12時（結果通知は三日後、入力いただいたメールに送信させていただきます）

【注意事項】

・一回限りのお申し込みも可能ですが、子供への定期的なボランティアのために1ヶ月に1回以上活動可能な方のお申し込みをお待ちしております。

・交通費のお支払いは特に行っておりませんので、ご了承ください。事前に指定された食堂にお越しください。

・ボランティアを始める前に必ず事前教育を受けなければなりません。
（他所の経験がある方も参加必須です）

・広報のために活動風景の写真を撮ります。あらかじめご了承ください。

▶ お問い合わせ先：桜大学 学生支援センター　2階 ボランティアセンター

▶ ホームページ：sakura.jp/volunteer/news

2교시

청해

유형 문제 공략법

1

問題 1 과제 이해

● ● **유형 분석**

1 5문항이 출제된다.

2 다음에 어떤 행동을 할 것인지에 대해 묻는 문제. 어떤 일에 대해 수정을
요구하거나 부탁을 하는 내용이 자주 출제되고 있다.

3 출제 유형

  ⑴ 가장 먼저 해야 할 일 고르기

  ⑵ 앞으로 할 행동 고르기

4 대화 장소별 출제 유형

  ⑴ 회사에서 이루어지는 대화

  이미 실시한 업무를 수정하는 문제 또는 업무에 관련된 사항을 부탁하는
  내용의 문제가 다수 출제된다.

  ⑵ 학교에서 이루어지는 대화

  선생님과 학생의 대화에서는 제출한 과제를 수정하는 문제가, 친구 사이의
  대화에서는 이후 가장 먼저 해야 할 행동에 대한 문제가 자주 출제된다.

  ⑶ 기타 장소에서 이루어지는 대화

  회사와 학교 이외의 생활 장소에서 이루어지는 남녀의 대화로,
  앞으로 어떤 행동을 할 것인지를 묻는 문제가 자주 출제되고 있다.

✓ 시간 단축을 위해 문제 시작 전에 선택지를 미리 읽어 두자!

✓ 평소 선택지를 빠르고 정확하게 읽는 훈련을 해 두자!

예시 문제 🎧 01-01.mp3

問題 1

問題1では、まず質問を聞いてください。それから話を聞いて、問題用紙の1から4の中から、最もよいものを一つ選んでください。

例

1 会議の資料を整理する
2 新しい名刺を注文する
3 会議で使う資料をコピーする
4 会議の出席人数を確認する

정답 4

스크립트와 해석

会社で女の人と男の人が話しています。女の人は、このあとまず何をしなければなりませんか。

회사에서 남자와 여자가 이야기하고 있습니다. 여자는 이후에 먼저 무엇을 해야 합니까?

F 先輩、来週大阪営業所へ出張するんですが、特に注意することはありませんか。出張は初めてなので。

M あっちで会議があるんだったよね。会議の資料は全部用意してある?

F はい、何度も確認しました。

M そう? あと、名刺は余分に持ってったほうがいいよ。むこうで思ったよりたくさんの人に会うかもしれないから。

F 선배님, 다음 주 오사카 영업소에 출장 건 말인데요, 특별히 주의 할 것은 없나요? 출장은 처음이라서.

M 그쪽에서 회의가 있는 거였지. 회의 자료는 다 준비했어?

F 네, 몇 번이고 확인했어요.

M 그래? 그리고 명함은 여분으로 가지고 있는 편이 좋아. 그쪽에서 생각보다 많은 사람들을 만날지도 모르니까.

F はい。名刺は追加で注文しておいたので、問題ないと思います。

M 初めてのところだから緊張するかもしれないけど、いつもよくやっているから大丈夫だよ。そうそう、会議に何人出席するか把握してある？

F まだです。早速部長に確認します。

M 資料は２部ほど余分にコピーしておいたほうがいいよ。何が起こるかわからないから。

F そうですね。いろいろありがとうございました。

M 頑張ってね。

女の人は、このあとまず何をしなければなりませんか。

1 会議の資料を整理する
2 新しい名刺を注文する
3 会議で使う資料をコピーする
4 会議の出席人数を確認する

F 네. 명함은 추가로 주문해 두어서 문제없을 것 같아요.

M 처음이라서 긴장할 수도 있지만 항상 잘하고 있으니까 괜찮을 거야. 맞다, 회의에 몇 명 출석하는지 파악했어?

F 아직 안 했어요. 당장 부장님께 확인할게요.

M 자료는 나중에 2부 정도 여유 있게 복사해 두는 게 좋아. 뭐가 일어날지 모르니까.

F 그렇군요. 여러 가지로 감사합니다.

M 힘내.

여자는 이후에 먼저 무엇을 해야 합니까?

1 회의 자료를 정리한다
2 새로운 명함을 주문한다
3 회의에서 사용할 자료를 복사한다
4 회의 출석자 수를 확인한다

해설 명함은 추가로 주문을 했기 때문에 선택지 2번은 정답이 아니다. 회의에 출석하는 인원수를 바로 확인한다고 했기 때문에 여자가 가장 먼저 해야 할 일은 선택지 4번이 된다. 회의 자료 복사는 나중에 해도 되기 때문에 선택지 3번은 정답이 될 수 없다. 선택지 1번에 대한 언급은 없었다.

● ● 유형 분석

1 6문항이 출제된다.

2 남녀의 대화 또는 혼자서 말하는 내용을 들려 주고, 어떤 행동을 한 이유나
원인에 대해서 묻는 문제가 많다.

3 대화에서 강조하는 포인트를 잘 캐치하는 것이 관건이다.

4 출제 유형

(1) 가장 적절한 이유 찾기

　4개의 선택지 중에서 질문의 내용에 맞는 가장 적절한 이유를 찾는 문제이다.
　행동의 주체가 남자인지 여자인지 잘 들어 두어야 한다.

(2) 가장 큰 이유 찾기

　대화에서 언급되는 이유 중에서 가장 큰 이유를 찾는 문제이다.
　4개의 선택지 내용이 모두 대화에서 언급되므로, 얼핏 까다롭게 느껴질 수 있다.
　제시되는 이유 중 강조를 하고 있는 선택지를 찾는 것이 포인트이다.

(3) 이유 찾기 이외의 문제

　이유를 묻는 문제가 아닌 다른 형태의 문제이다. '~라고 생각합니까?',
　'~라고 말하고 있습니까?', '~ 합니까?' 등 일반적인 내용의 문제가 출제된다.

(4) 일방적 주장을 듣고 답하는 문제

　한 사람의 일방적인 주장 또는 설명을 듣고 질문에 답하는 문제이다.
　대화문에 비해 말하는 속도가 빠르게 느껴지겠지만 그다지 긴 내용이 아니기 때문에
　연습을 통해 속도에 적응을 하면 충분히 맞힐 수 있는 유형이다.

✓ 문제 시작 전에 선택지를 미리 읽어 두자!

✓ 질문을 잘 듣는 것이 중요하다!

もんだい
問題 2

　問題2では、まず質問を聞いてください。そのあと、問題用紙のせんたくしを読んでください。読む時間があります。それから話を聞いて、問題用紙の1から4の中から、最もよいものを一つ選んでください。

れい
例

1　最近仕事が多くて疲れているから
2　夫がお酒を飲むのを反対するから
3　妊娠中だから
4　妊娠する準備をしているから

정답 4

스크립트와 해석

会社の飲み会で、男の人と女の人が話しています。女の人は、どうしてお酒を飲まないのですか。	회사 회식에서 남자와 여자가 이야기하고 있습니다. 여자는 왜 술을 마시지 않습니까?
M　裕子さん、今日は全然お酒飲まないね。	M　유코 씨, 오늘은 전혀 술 안 마시네.
F　うん、お酒飲まないことにしたの。	F　응, 술 안 마시기로 했어.
M　え？　お酒好きの裕子さんが一滴も飲まないなんて、変だよ。最近、仕事で疲れてるのは分かるけど、こんなときこそ飲んだ方がいいんじゃない？	M　뭐? 술을 좋아하는 유코 씨가 한 방울도 안 마시다니, 이상하네. 요새 일 때문에 피곤하다는 것은 알지만, 이럴 때일수록 마시는 편이 좋지 않을까?
F　それはそうなんだけど。結婚したし、ちょっと控えようかなって思って。	F　그건 그렇지만. 결혼했고, 좀 삼가려고 해서.
M　そうか。旦那さんがお酒飲むのを嫌がってるんだ。	M　그래? 남편이 술 마시는 걸 싫어하는구나.
F　ううん。結婚してからも、家で時々一緒にビール飲んでたよ。実は、子どものためにって思って。	F　아니. 결혼하고 나서도 집에서 가끔 함께 맥주 마시고 있어. 사실은 아이를 위해서라는 생각에.

M じゃあ、おめでたなんだ。よかったね！

F いや、そうじゃなくて、妊娠する前からお酒を飲まない方が、子どものためにいいかなって思って。

女の人は、どうしてお酒を飲まないのですか。

1 最近仕事が多くて疲れているから
2 夫がお酒を飲むのを反対するから
3 妊娠中だから
4 妊娠する準備をしているから

M 그럼 축하할 일이네. 잘됐다!

F 아니 그게 아니고, 임신하기 전부터 술을 마시지 않는 편이 아이를 위해서 좋을 것 같다는 생각에.

여자는 왜 술을 마시지 않습니까?

1 요즘 일이 많아서 피곤하기 때문에
2 남편이 술을 마시는 것을 반대하기 때문에
3 임신 중이기 때문에
4 임신할 준비를 하고 있기 때문에

해설 여자가 술을 피하는 이유는 결혼을 해서라고 언급하고 있다. 남편과 맥주를 마시고 있다고 말하고 있기 때문에 선택지 2번은 정답이 아니다. 아직 임신을 한 것은 아니라는 것에서 선택지 3번도 정답이 아니라는 것을 알 수 있다. 임신을 준비하기 위해 술을 자제하는 것이므로 선택지 4번이 정답이 된다.

● ● **유형 분석**

1 5문항이 출제된다.

2 선택지가 문제지에 인쇄되어 있지 않다.

3 질문이 미리 나오지 않기 때문에 내용 파악에 초점을 맞춰야 한다.

4 독백(3문항 이상)과 남녀의 대화문(2문항 이하)이 출제된다.

5 출제 유형

　(1) 이야기의 주제 찾기

　　　주로 회사, 여행사, 도서관과 관련된 상황에서의 일정 변경이나 부탁,

　　　또는 안내와 관련된 내용이 나온다.

　(2) 화자의 주장이나 생각 찾기

　　　전체적인 이야기의 주제나 화자의 주장을 묻는 문제로, 일상생활에서

　　　일어나는 주제에 관한 내용을 다루기 때문에 비교적 쉽게 맞힐 수 있다.

✓ 독백 유형은 말하기 속도가 대화문에 비해 빠르지만 내용은 쉬운 편!

✓ 전체적인 이야기 흐름 생각하면서 요약해 두기!

もんだい
問題 3

問題 3 では、問題用紙に何もいんさつされていません。この問題は、全体としてどんな内容かを聞く問題です。話の前に質問はありません。まず話を聞いてください。それから、質問とせんたくしを聞いて、1 から 4 の中から、最もよいものを一つ選んでください。

－ メモ －

정답 3

스크립트와 해석

テレビでアナウンサーが話しています。	TV에서 아나운서가 이야기하고 있습니다.
F　今日は、映画俳優の児玉泰道さんがおいで下さいました。児玉さんは、演技派俳優として有名ですが、実はシンプルライフの実践家でもあります。今日は、家の中を整理する方法について、伺いたいと思います。いくら片付けても、少し時間が経つと家の中が散らかってしまったり、ベランダががらくたで山積みになってしまったりするような方にとっては、有益なお話が伺えると思います。	F　오늘은 영화배우 고다마 야스미치 씨가 나와 주셨습니다. 고다마 씨는 연기파 배우로서 유명하지만, 사실은 심플 라이프의 실천가이기도 합니다. 오늘은 집 안을 정리하는 방법에 대해서 여쭈어 보려고 합니다. 아무리 정리를 해도 잠시 시간이 지나면 집 안이 어질러져 있거나 베란다가 잡동사니로 산더미처럼 쌓여 버리는 분들에게 있어서는 유익한 이야기를 들을 수 있을 것 같습니다.
この番組のテーマは何ですか。	이 방송의 테마는 무엇입니까?

1　映画を作る方法	1　영화를 만드는 방법
2　撮影をする方法	2　촬영을 하는 방법
3　家を整理する方法	3　집을 정리하는 방법
4　ベランダを整理する方法	4　베란다를 정리하는 방법

해 설　집을 정리하는 방법에 대한 소개가 테마라고 말하고 있기 때문에 선택지 3번이 정답이다. 베란다의 정리 방법만 언급한 것이 아니므로 정답이라고 볼 수 없다. 선택지 1번과 2번에 대한 언급은 없다.

● ● **유형 분석**

1 11문항이 출제된다.

2 선택지가 문제지에 인쇄되어 있지 않다.

3 상대방의 짧은 질문이나 말에 대해서 가장 적절한 응답을 찾는 문제이다.

4 선택지는 3개이며, 정답을 고르는 데 시간적인 여유가 충분하지는 않으니 정답을 고를 때 너무 고민하지 않도록 한다.

✓ 다음 문제를 푸는 데 지장이 없도록 순발력 있게 풀기!

✓ 각 선택지의 내용을 간단히 메모하면서 듣기!

예시 문제 🎧 01-04.mp3

もんだい
問題 4

　問題 4 では、問題用紙に何もいんさつされていません。まず文を聞いてください。それから、それに対する返事を聞いて、1 から 3 の中から、最もよいものを一つ選んでください。

― メモ ―

정답 1

스크립트와 해석

M 山根さん、何か探してるの？	M 야마네 씨, 뭔가 찾고 있어?
F 1 うん、ここに置いたはずなんだけど。	F 1 응, 이 근처에 놔 두었을 텐데.
2 うん、今探しているんだけど。	2 응, 지금 찾고 있는데.
3 うん、何かさがしているんだけど。	3 응, 뭔가 찾고 있는데.

해 설　무언가를 찾고 있느냐는 남자의 질문에 대해서 가장 올바른 대답은 선택지 1번이다.

●● 유형 분석

1　3문항이 출제된다.

2　다소 긴 대화를 듣고 여러 가지 정보를 비교하면서 풀어 나가는 유형이다.

3　긴 내용으로 인해 실제 시험에서는 유일하게 연습 문제가 없다.

4　출제 유형

　(1)　세 사람의 대화 문제

　　　세 사람의 대화문으로, 가족의 대화도 가끔 출제되고 있다.

　(2)　설명문과 대화문이 함께 나오는 문제

　　　세 사람으로 대화문으로, 선택지를 문제 시작 전에 미리 읽어 둔다. 책, 영화, 여행지,
　　　선거의 후보자 등 다양한 주제가 나온다. 대화에서 선택지의 내용을 직접적으로
　　　언급하지 않으므로 메모해 둔 특징이나 성질을 통해 정답을 유추해야 한다.

✓ 메모를 못 하면 문제를 풀기 힘들다! 메모 필수!

✓ 평소 연습을 통해서 충분히 숙달해 두자!

問題 5

問題5では、長めの話を聞きます。この問題には練習はありません。

メモをとってもかまいません。

1番

問題用紙に何もいんさつされていません。まず話を聞いてください。それから、質問とせんたくしを聞いて、1から4の中から、最もよいものを一つ選んでください。

－ メモ －

정답 1

스크립트와 해석

3人の学生が旅行で泊まる所を相談しています。	3명의 학생이 여행에서 머물 곳을 의논하고 있습니다.
F1 あとは泊まるとこさえ決まれば終わりだね。	F1 다음은 숙박할 장소만 정해지면 끝이네.
M そうだね。ねえ、ⓐこのホテルなんかどう？ ちょっと高いけど、きれいだし、部屋も広いし、朝食も出るって書いてあるよ。	M 그러네. 있잖아, ⓐ이 호텔은 어때? 조금 비싸지만, 깨끗하고 방도 넓고 조식도 나온다고 써 있어.
F2 本当だ。ただ、今回の旅行は見に行くとこが多いから、ホテルにいる時間はあんまり長くないと思うんだけど。	F2 정말이네. 근데, 이번 여행은 보러 갈 곳이 많아서 호텔에 있는 시간은 그다지 길 것 같지 않은데.
F1 そっか。じゃあ、ここなんかどう？ ⓑ旅館だけど、露天風呂も楽しめるんだって。観光案内の本にもよく取り上げられる有名なとこよ。	F1 그런가? 그럼, 여기는 어때? ⓑ여관인데, 노천탕도 즐길 수 있대. 관광 안내 책에도 자주 거론되는 유명한 곳이야.
M ああ、いいね。あちこち歩き回って疲れるだろうから、温泉に入って、ゆっくり休めそうだね。	M 아, 좋네. 여기저기 돌아다녀서 피곤할 것 같으니 온천에 들어가서 푹 쉴 수 있을 것 같네.
F2 ただ、ここも予算よりちょっと高いね。	F2 근데, 여기도 예산보다 조금 비싸네.
F1 う～ん。じゃあ、ⓒここのビジネスホテルはどうかな。わりと安いし、部屋はちょっと狭いみたいだけど、評判も良さそうだし。	F1 음. 그럼, ⓒ여기 비즈니스 호텔은 어떨까? 비교적 싸고, 방은 조금 좁은 것 같지만 평판도 좋은 것 같고.

M うーん、そこは観光地からけっこう離れてるから、移動の交通費がかかって、かえって高くつくと思うけど。

F2 そうだね。じゃあ、ゲストハウスなんてどう？観光地の周辺に、わりと安いゲストハウスが何か所かあるけど。

F1 ⓐゲストハウスは、手頃な値段ではあるけど、ちょっと心配だな。物が盗まれることが、よくあるらしいよ。

M そうなんだ。おっ、ここ、今わかったけど、ⓔ今月はキャンペーン中で、3割引なんだって。だったら高くないよ。朝食付きだから、予算オーバーにもならないし。

F2 あ、本当だ。

F1 いいね。部屋も広いし、ふわふわのベッドで眠れるしね。じゃあ、ここにしようか。

M うん、そうしよう。

3人は、どこに泊まることにしましたか。

1 ホテル
2 旅館
3 ビジネスホテル
4 ゲストハウス

M 음, 거긴 관광지에서 꽤 떨어져 있어서 이동하는 교통비가 드니까 오히려 비싸게 먹힐 것 같은데.

F2 그러네. 그럼, 게스트 하우스는 어떨까? 관광지 주변에 비교적 싼 게스트 하우스가 몇 군데 있는데.

F1 ⓐ게스트 하우스는 적당한 가격이긴 하지만 조금 걱정이야. 물건을 도둑맞는 일이 자주 있는 것 같아.

M 그렇구나. 앗, 여기, 지금 알았는데, ⓔ이번 달은 캠페인 중이라서 30% 할인이래. 그러면 비싸지 않아. 조식이 나오니까 예산 오버도 되지 않고.

F2 아, 정말이네.

F1 잘됐다. 방도 넓고 푹신푹신한 침대에서 잠들 수 있고. 그럼, 여기로 할까?

M 응, 그러자.

3명은 어디서 묵기로 했습니까?

1 호텔
2 여관
3 비즈니스 호텔
4 게스트 하우스

해 설 ⓐ, ⓑ, ⓒ, ⓓ처럼 선택지를 하나씩 설명하는 내용이 나온다. 이 내용을 어느 정도 메모할 수 있다면 충분히 풀 수 있는 문제들이 출제된다. ⓔ 조식이 나온다고 언급하고 있고, ⓐ 조식이 나오는 곳은 호텔이라는 것을 알 수 있기 때문에 정답은 선택지 1번이다.

2 주제별 청해 필수 어휘

회사

☐ 挨拶 _{あいさつ}	인사	☐ 採用 _{さいよう}	채용
☐ 諦める _{あきら}	포기하다	☐ 差し上げる _{さ あ}	드리다
☐ 打ち合わせ _{う あ}	협의, 미팅	☐ 支店 _{してん}	지점
☐ お世話になる _{せ わ}	신세를 지다	☐ 締め切り _{し き}	마감
☐ お互いに _{たが}	서로	☐ 修正 _{しゅうせい}	수정
☐ 会場 _{かいじょう}	회장, 모임의 장소	☐ 条件 _{じょうけん}	조건
☐ 片付ける _{かた づ}	정리하다	☐ 資料 _{しりょう}	자료
☐ 合併 _{がっぺい}	합병	☐ 人事異動 _{じん じ い どう}	인사이동
☐ 企画書 _{き かくしょ}	기획서	☐ 慎重 _{しんちょう}	신중
☐ 給料 _{きゅうりょう}	급료, 월급	☐ すでに	이미, 벌써
☐ 恐縮ですが _{きょうしゅく}	송구스럽지만(대단히 죄송하지만)	☐ 席を外す _{せき はず}	자리를 비우다
☐ 業務 _{ぎょう む}	업무	☐ 先日 _{せんじつ}	일전, 요전
☐ 苦労 _{く ろう}	수고, 고생	☐ 先方 _{せんぽう}	상대방
☐ 計画 _{けいかく}	계획	☐ 創立 _{そうりつ}	창립
☐ 契約書 _{けいやくしょ}	계약서	☐ 只今 _{ただいま}	지금, 현재
☐ 件 _{けん}	건	☐ 担当者 _{たんとうしゃ}	담당자
☐ 検討 _{けんとう}	검토	☐ 調整 _{ちょうせい}	조정
☐ 顧客 _{こ きゃく}	고객	☐ 提案 _{ていあん}	제안
☐ ご無沙汰 _{ぶ さ た}	오랫동안 격조함(만나지 못함)	☐ 定期的 _{てい き てき}	정기적
		☐ 手伝う _{て つだ}	돕다

□ 転勤	전근	□ 掲示板	게시판
□ 特別	특별	□ 研究室	연구실
□ 取引先	거래처	□ 謙譲語	겸양어
□ ～直す	다시 ～하다	□ 現場	현장
□ 長引く	오래 끌다, 지연되다	□ 構成	구성
□ 日程	일정	□ 語学	어학
□ 変更	변경	□ 参考文献	참고 문헌
□ 報告書	보고서	□ 資格	자격
□ 参る	가다 〈겸양〉	□ 事情	사정
□ 前もって	미리	□ 就活	취활('취직 활동'의 준말)
□ 間違う	틀리다, 잘못되다	□ 就職	취직
□ 申し上げる	말씀드리다	□ 就職説明会	취직 설명회
□ 譲る	양보하다	□ 主張	주장
□ 用件	용건	□ 状況	상황
□ 要約	요약	□ 初日	첫날
		□ 事例	사례
		□ 申請	신청

학교

□ 行う	행하다, 실시하다	□ 精一杯	최대한
□ 甲斐	보람	□ 卒業論文	졸업 논문
□ 課題	과제	□ 尊敬語	존경어
□ 企業	기업	□ 対象	대상
□ 競争率	경쟁률	□ 注意事項	주의 사항
□ 距離	거리	□ 調節	조절
□ 気を使う	신경을 쓰다	□ 通知	통지, 알림
□ 気を付ける	조심하다	□ 提出	제출
□ 具体的	구체적	□ ～にもかかわらず	～(임)에도 불구하고

□ ～にわたって	～에 걸쳐서
□ 反省 (はんせい)	반성
□ 評判 (ひょうばん)	평판
□ 開く (ひら)	열리다
□ フォーラム	포럼

□ 服装 (ふくそう)	복장
□ 普段 (ふだん)	보통, 평소
□ ～べき	～해야 할
□ 申し込み (もうこ)	신청
□ 例 (れい)	예

축약형

원형	축약형	뜻	예문
□ ～ていない	～てない	～하고 있지 않다	まだ食 (た) べてない 아직 먹고 있지 않다
□ ～でいない	～でない	～하고 있지 않다	まだ飲 (の) んでない 아직 마시고 있지 않다
□ ～ている	～てる	～하고 있다	ご飯 (はん) を食 (た) べてる 밥을 먹고 있다
□ ～でいる	～でる	～하고 있다	お酒 (さけ) を飲 (の) んでる 술을 마시고 있다
□ ～ておく	～とく	～해 두다, ～해 놓다	準備 (じゅんび) しとく 준비해 두다
□ ～でおく	～どく	～해 두다, ～해 놓다	読 (よ) んどく 읽어 두다
□ ～てしまう	～ちゃう	～해 버리다	全部 (ぜんぶ) 食 (た) べちゃう 전부 먹어 버리다
□ ～でしまう	～じゃう	～해 버리다	全部 (ぜんぶ) 飲 (の) んじゃう 전부 마셔 버리다
□ ～ては	～ちゃ	～해서는	食 (た) べちゃいけない 먹어서는 안 된다
□ ～では	～じゃ	～해서는	飲 (の) んじゃいけない 마셔서는 안 된다
□ ～なくては	～なくちゃ	～하지 않으면	準備 (じゅんび) しなくちゃいけない 준비해 두지 않으면 안 된다
□ ～なければ	～なきゃ	～하지 않으면	準備 (じゅんび) しなきゃならない 준비해 두지 않으면 안 된다

구어체 표현

원형	축약형	뜻	예문
□ ～という	～って	～라고 한다	帰ったって 돌아갔대
□ ～だそうだ	～だって	～라고 한다	静かだって 조용하대
□ ～ても	～たって	～해도, ～라도	勉強したって 공부해도
□ ～でも	～だって	～해도, ～라도	いくら読んだって 아무리 읽어도
□ ～ない	～ん	～하지 않는다	絶対行かん 절대 안 간다
□ ～のだ	～んだ	～인 것이다	行くんだ 가는 것이다 〈강한 단정〉
□ ～らない	～んない	～하지 않는다	分かんない 몰라
□ ～れない	～んない	～할 수 없다	信じらんない 믿을 수 없어

다음 문제를 듣고 알맞은 답을 고르시오.

1 まず質問を聞いてください。それから話を聞いて、問題用紙の1から4の中から、最もよいものを一つ選んでください。

1 みんなに連絡する
2 先生のところに行く
3 図書館で資料を探す
4 日程を決定する

2 まず質問を聞いてください。そのあと、問題用紙のせんたくしを読んでください。読む時間があります。それから話を聞いて、問題用紙の1から4の中から、最もよいものを一つ選んでください。

1 ダイエットができること
2 自分の身をまもれること
3 よく眠れて疲れないこと
4 汗がでて気持ちいいこと

3 問題用紙に何もいんさつされていません。この問題は全体としてどんな内容かを聞く問題です。話の前に質問はありません。まず話を聞いてください。それから質問とせんたくしを聞いて、1から4の中から、最もよいものを一つ選んでください。

4 問題用紙に何もいんさつされていません。まず文を聞いてください。それから、それに対する返事を聞いて、1から3の中から、最もよいものを一つ選んでください。

5 まず話を聞いてください。それから、二つの質問を聞いて、それぞれ問題用紙の1から4の中から、最もよいものを一つ選んでください。

質問1

1 木で作ったブロック
2 合体ロボット
3 童謡集のCD
4 キャラクター文房具

質問2

1 木で作ったブロック
2 合体ロボット
3 童謡集のCD
4 キャラクター文房具

정답 1 ② 2 ④ 3 ④ 4 ① 5 ④ / ①
해석 및 해설 별책 p.80

청해 완전 정복을 위한 꿀팁!

일본어 능력시험의 청해 실력을 올리기 위해서는 다음 2가지 방법으로도 충분하다.
– 선택지가 인쇄되어 있는 문제는 선택지를 미리 보고 압축하기
– 선택지가 인쇄되어 있지 않은 문제는 최대한 내용을 메모하기

● 問題 1 과제 이해

반드시 선택지를 미리 읽고 문제를 풀어야 한다. 내용을 다 듣고 나서 선택지를 읽기 시작하면, 시간에 쫓겨 문제를 제대로 풀지 못하는 경우가 많다.

● 問題 2 포인트 이해

실제 시험에서 약 20초간 선택지를 읽을 시간이 주어지지만 問題 1 과제 이해보다 선택지가 길기 때문에 시간상 여유가 있다고 하기는 어렵다. 선택지를 빠르게 읽어 내는 것은 물론이고, 긴 선택지를 요약하는 연습도 필요하다.

● 問題 3 개요 이해

내용과 문제를 들은 후 선택지를 들을 때, 정답 여부를 바로 표시해 두자. ○, ×, △ 정도로 표시해 두는 것만으로도 실수를 막을 수 있다.

● 問題 4 즉시 응답

어쩔 수 없이 정답을 찍어야 할 경우, 이왕이면 잘 들리는 단어가 나오지 않은 선택지로 골라 보자. 비교적 학습자들에게 익숙한 단어를 문제 내용과 상관없는 상황으로 연결시키면서 함정을 파는 경우가 많기 때문이다.

● 問題 5 종합 이해

긴 대화문이 나오지만, 소거법과 메모를 이용하면 충분히 대처할 수 있다. 메모는 간략하고 빠르게 하는 것을 목표로 꾸준히 훈련하면 반드시 좋아진다. 대화가 길더라도 선택지 1번에 관한 내용부터 순서대로 설명하는 방식이라는 것을 명심하자.

유형별 실전 문제

<ruby>問題<rt>もんだい</rt></ruby> 1

　<ruby>問題<rt>もんだい</rt></ruby>1では、まず<ruby>質問<rt>しつもん</rt></ruby>を<ruby>聞<rt>き</rt></ruby>いてください。それから<ruby>話<rt>はなし</rt></ruby>を<ruby>聞<rt>き</rt></ruby>いて、<ruby>問題用紙<rt>もんだいようし</rt></ruby>の1から4の<ruby>中<rt>なか</rt></ruby>から、<ruby>最<rt>もっと</rt></ruby>もよいものを<ruby>一<rt>ひと</rt></ruby>つ<ruby>選<rt>えら</rt></ruby>んでください。

1<ruby>番<rt>ばん</rt></ruby>

1　アンケート<ruby>資料<rt>しりょう</rt></ruby>をまとめる
2　<ruby>秘書課<rt>ひしょか</rt></ruby>に<ruby>連絡<rt>れんらく</rt></ruby>する
3　<ruby>取引先<rt>とりひきさき</rt></ruby>に<ruby>招待状<rt>しょうたいじょう</rt></ruby>を<ruby>送<rt>おく</rt></ruby>る
4　<ruby>企画部<rt>きかくぶ</rt></ruby>に<ruby>連絡<rt>れんらく</rt></ruby>する

2<ruby>番<rt>ばん</rt></ruby>

1　<ruby>企画書<rt>きかくしょ</rt></ruby>を<ruby>修正<rt>しゅうせい</rt></ruby>する
2　<ruby>部長<rt>ぶちょう</rt></ruby>のところに<ruby>行<rt>い</rt></ruby>く
3　お<ruby>客<rt>きゃく</rt></ruby>さんに<ruby>電話<rt>でんわ</rt></ruby>する
4　<ruby>会議<rt>かいぎ</rt></ruby>に<ruby>入<rt>はい</rt></ruby>る

3番

1 変更リストをコーチに知らせる

2 コーチとの相談結果を伝える

3 来週の天気予報を確認する

4 大会の持ち物について知らせる

4番

1 事前に学生課に知らせる

2 掲示板の知らせに書き込む

3 課題を提出してから休む

4 事前に先生に通知する

5番

1 最初の窓口で案内を待つ

2 新しく番号札を取って待つ

3 住所と電話番号を訂正する

4 別の申し込み用紙に書き直す

<ruby>問題<rt>もんだい</rt></ruby> **1**

　<ruby>問題<rt>もんだい</rt></ruby>1では、まず<ruby>質問<rt>しつもん</rt></ruby>を<ruby>聞<rt>き</rt></ruby>いてください。それから<ruby>話<rt>はなし</rt></ruby>を<ruby>聞<rt>き</rt></ruby>いて、<ruby>問題用紙<rt>もんだいようし</rt></ruby>の１か

ら４の<ruby>中<rt>なか</rt></ruby>から、<ruby>最<rt>もっと</rt></ruby>もよいものを<ruby>一<rt>ひと</rt></ruby>つ<ruby>選<rt>えら</rt></ruby>んでください。

1<ruby>番<rt>ばん</rt></ruby>

1　アンケートのターゲットを<ruby>変<rt>か</rt></ruby>える

2　<ruby>販売<rt>はんばい</rt></ruby><ruby>価格<rt>かかく</rt></ruby>を<ruby>除<rt>のぞ</rt></ruby>く

3　<ruby>材料<rt>ざいりょう</rt></ruby>の<ruby>説明<rt>せつめい</rt></ruby>を<ruby>消<rt>け</rt></ruby>す

4　<ruby>試食会<rt>ししょくかい</rt></ruby>の<ruby>案内<rt>あんない</rt></ruby>を<ruby>加<rt>くわ</rt></ruby>える

2<ruby>番<rt>ばん</rt></ruby>

1　<ruby>飲<rt>の</rt></ruby>み<ruby>会<rt>かい</rt></ruby>する<ruby>店<rt>みせ</rt></ruby>を<ruby>予約<rt>よやく</rt></ruby>する

2　<ruby>同僚<rt>どうりょう</rt></ruby>たちに<ruby>挨拶<rt>あいさつ</rt></ruby>に<ruby>行<rt>い</rt></ruby>く

3　<ruby>作成中<rt>さくせいちゅう</rt></ruby>の<ruby>書類<rt>しょるい</rt></ruby>を<ruby>仕上<rt>しあ</rt></ruby>げる

4　<ruby>転勤<rt>てんきん</rt></ruby>に<ruby>必要<rt>ひつよう</rt></ruby>な<ruby>書類<rt>しょるい</rt></ruby>を<ruby>作成<rt>さくせい</rt></ruby>する

3番

1 他の学校へ行く

2 資料をコピーする

3 メールを確認する

4 お見舞いに行く

4番

1 導入部分の内容を修正する

2 全体的な構成を変える

3 経験についての話を削除する

4 最後のまとめ部分を補完する

5番

1 担当した区域を掃除する

2 図書館のイベントを手伝う

3 子供たちに安全教育を行う

4 30分後に図書館の正門に集まる

もんだい
問題 2

　問題 2 では、まず質問を聞いてください。そのあと、問題用紙のせんたくしを読んでください。読む時間があります。それから話を聞いて、問題用紙の 1 から 4 の中から、最もよいものを一つ選んでください。

1番

1　希望する勤務日ではないから
2　勤務先が遠すぎるから
3　希望する勤務時間ではないから
4　面接時間に他の用事があるから

2番

1　生まれた国にいきたいから
2　英語力を落としたくないから
3　カナダのビザをとったから
4　就職に英語が必要だから

3番

1 日本語教室でボランティアを申し込む
2 地域のボランティアに参加する
3 周りの日本人に分からないことを聞く
4 文法と漢字の勉強をする

4番

1 学校
2 居酒屋
3 カラオケ
4 バー

5番

1 午前中は雨だが、午後から止む
2 午前中は曇りだが、午後から雨が降る
3 午前中は晴れて、午後から曇ってくる
4 午前中は曇りだが、午後から晴れる

もんだい
問題 2

問題2では、まず質問を聞いてください。そのあと、問題用紙のせんたくしを読んでください。読む時間があります。それから話を聞いて、問題用紙の1から4の中から、最もよいものを一つ選んでください。

1番

1　剣道具と剣道着がかっこいいから
2　体も頭も上手く使わないといけないから
3　性別や体格差が関係ないから
4　礼儀を身につけることができるから

2番

1　企画書の修正をするため
2　取引先の会議で使う資料を作るため
3　取引先の担当者の連絡を待つため
4　メールで資料を受け取るため

3番

1 静かできれいなこと

2 人通りが多くて安全なこと

3 交通が便利なこと

4 生活用品や食べ物が安いこと

4番

1 セットメニューの値段を下げる

2 飲み物の種類を増やす

3 お持ち帰りを始める

4 ホームページを修正する

5番

1 ストレスを感じない人はあり得る

2 ストレスがないのはいいことではない

3 ストレスをなくすことは不可能だ

4 ストレスを受けないようにするための努力をするべきだ

もんだい
問題 3

　問題 3 では、問題用紙に何もいんさつされていません。この問題は、全体としてどんな内容かを聞く問題です。話の前に質問はありません。まず話を聞いてください。それから、質問とせんたくしを聞いて、1 から 4 の中から、最もよいものを一つ選んでください。

– メモ –

問題 3

　問題3では、問題用紙に何もいんさつされていません。この問題は、全体としてどんな内容かを聞く問題です。話の前に質問はありません。まず話を聞いてください。それから、質問とせんたくしを聞いて、1から4の中から、最もよいものを一つ選んでください。

– メモ –

즉시 응답 **실전 연습 ❶** 🎧 02-31~36.mp3　　　　　　　　　　　[　　/ 6]

問題 4

問題4では、問題用紙に何もいんさつされていません。まず文を聞いてください。それから、それに対する返事を聞いて、1から3の中から、最もよいものを一つ選んでください。

– メモ –

問題 4

　問題 4 では、問題用紙に何もいんさつされていません。まず文を聞いてください。それから、それに対する返事を聞いて、1 から 3 の中から、最もよいものを一つ選んでください。

– メモ –

정답　1 ①　2 ②　3 ③　4 ①　5 ①　6 ②　　　　　　스크립트 및 해설 **별책** p.118

종합 이해 실전 연습 ❶ 🎧 02-43~45.mp3　　　　　　　　　　　　[　 / 4]

問題 5

問題5では、長めの話を聞きます。この問題には練習はありません。

メモをとってもかまいません。

1番

問題用紙に何もいんさつされていません。まず話を聞いてください。それから、質問とせんたくしを聞いて、1から4の中から、最もよいものを一つ選んでください。

– メモ –

2番

問題用紙に何もいんさつされていません。まず話を聞いてください。それから、質問とせんたくしを聞いて、1から4の中から、最もよいものを一つ選んでください。

– メモ –

3番
<ruby>番<rt>ばん</rt></ruby>

まず<ruby>話<rt>はなし</rt></ruby>を<ruby>聞<rt>き</rt></ruby>いてください。それから、<ruby>二<rt>ふた</rt></ruby>つの<ruby>質問<rt>しつもん</rt></ruby>を<ruby>聞<rt>き</rt></ruby>いて、それぞれ<ruby>問題用紙<rt>もんだいようし</rt></ruby>の
1から4の<ruby>中<rt>なか</rt></ruby>から、<ruby>最<rt>もっと</rt></ruby>もよいものを<ruby>一<rt>ひと</rt></ruby>つ<ruby>選<rt>えら</rt></ruby>んでください。

質問1
<ruby>質問<rt>しつもん</rt></ruby>1

1 「<ruby>五月<rt>ごがつ</rt></ruby>」
2 「<ruby>七月<rt>しちがつ</rt></ruby>」
3 「<ruby>八月<rt>はちがつ</rt></ruby>」
4 「<ruby>十月<rt>じゅうがつ</rt></ruby>」

質問2
<ruby>質問<rt>しつもん</rt></ruby>2

1 「<ruby>五月<rt>ごがつ</rt></ruby>」
2 「<ruby>七月<rt>しちがつ</rt></ruby>」
3 「<ruby>八月<rt>はちがつ</rt></ruby>」
4 「<ruby>十月<rt>じゅうがつ</rt></ruby>」

정답 1① 2③ 3①/④   스크립트 및 해설 별책 p.121

もんだい
問題 5

問題5では、長めの話を聞きます。この問題には練習はありません。

メモをとってもかまいません。

1 番

問題用紙に何もいんさつされていません。まず話を聞いてください。それから、質問とせんたくしを聞いて、1から4の中から、最もよいものを一つ選んでください。

– メモ –

2 番

問題用紙に何もいんさつされていません。まず話を聞いてください。それから、質問とせんたくしを聞いて、1から4の中から、最もよいものを一つ選んでください。

– メモ –

3番

　まず話を聞いてください。それから、二つの質問を聞いて、それぞれ問題用紙の1から4の中から、最もよいものを一つ選んでください。

質問1

1　「私の家族」

2　「幸せな一日」

3　「時間の流れ」

4　「ギョーちゃん」

質問2

1　「私の家族」

2　「幸せな一日」

3　「時間の流れ」

4　「ギョーちゃん」

실전 모의고사
1회

N2

N2

言語知識（文字・語彙・文法）・読解

（105分）

注 意
Notes

1. 試験が始まるまで、この問題用紙を開けないでください。
   Do not open this question booklet until the test begins.

2. この問題用紙を持って帰ることはできません。
   Do not take this question booklet with you after the test.

3. 受験番号と名前を下の欄に、受験票と同じように書いて
   ください。
   Write your examinee registration number and name clearly in each box below as written on your test voucher.

4. この問題用紙は、全部で31ページあります。
   This question booklet has 31 pages.

5. 問題には解答番号の 1 、 2 、 3 、… が付いています。
   解答は、解答用紙にある同じ番号のところにマークして
   ください。
   One of the row numbers 1 , 2 , 3 … is given for each question. Mark your answer in the same row of the answer sheet.

受験番号 Examinee Registration Number	

名前 Name	

問題 1 ＿＿＿＿＿の言葉の読み方として最もよいものを、1・2・3・4から一つ選び
なさい。

1 当時のことは今でもはっきりと記憶している。

　　1　ぎおく　　　　2　きおく　　　　3　きよく　　　　4　ぎよく

2 このボタンを押すと、音のボリュームを調整できます。

　　1　じょうせい　　2　ちょせい　　　3　じょせい　　　4　ちょうせい

3 ABC社は新素材の開発に力を入れている。

　　1　しんしょさい　2　しんしょざい　3　しんそざい　　4　しんそうざい

4 彼女は優秀な成績で大学を卒業した。

　　1　ゆうしゅうな　2　ゆしゅうな　　3　ゆうしゅな　　4　ゆしゅな

5 強い風で桜の花が散ってしまった。

　　1　しって　　　　2　じって　　　　3　ちって　　　　4　さって

問題2 ＿＿＿＿の言葉を漢字で書くとき、最もよいものを1・2・3・4から一つ選びなさい。

6 まだ時間があるからそんなにあせる必要はないと思う。

1 集る　　　　2 隼る　　　　3 焦る　　　　4 隹る

7 留学の準備はじゅんちょうに進んでいる。

1 準週　　　　2 順調　　　　3 順週　　　　4 準調

8 彼はじゅうなんな発想力を持っていると思う。

1 幼稚な　　　　2 丁寧な　　　　3 純粋な　　　　4 柔軟な

9 日本最大のみずうみは滋賀県に位置している。

1 湖　　　　2 池　　　　3 泉　　　　4 沢

10 施設内でのさつえいと録音は禁止されております。

1 擦英　　　　2 撮英　　　　3 撮影　　　　4 擦影

問題3（　　　）に入れるのに最もよいものを、1・2・3・4から一つ選びなさい。

11 紙容器と古紙（　　　）はそれぞれ違う収集車で回収しています。

   1　属   2　種   3　類   4　性

12 副作用については注意（　　　）注視していく必要がある。

   1　深く   2　強く   3　厚く   4　長く

13 デトックス効果が高い食品で（　　　）金属を排出することができる。

   1　強   2　悪   3　重   4　害

問題4 （　　　）に入れるのに最もよいものを、1・2・3・4から一つ選びなさい。

14 このケータイには新しい（　　　）が追加された。

1　機能　　　　　2　機械　　　　　3　機会　　　　　4　技能

15 その事件は全国新聞にも記事が（　　　）された。

1　搭載　　　　　2　積載　　　　　3　掲載　　　　　4　掲揚

16 災害発生後の安否確認メールはできるだけ早い（　　　）で送信したほうが
いい。

1　トップ　　　　2　タイミング　　3　リズム　　　　4　テンポ

17 彼女は一人で悩んでいた問題を会社の先輩に（　　　）。

1　打ち出した　　2　打ち解けた　　3　打ち切った　　4　打ち明けた

18 最近古いエアコンの室外機の騒音が（　　　）、なかなか眠れない。

1　なやましい　　2　いさましい　　3　やかましくて　4　たくましい

19 田中さんは（　　　）人で約束や決まりを全然守らない。

1　いいかげんな　2　はげしい　　　3　ただしい　　　4　しっそな

20 冬になるとハンドクリームを塗ってもすぐに乾燥して手が（　　　）になって
しまう。

1　べたべた　　　2　かさかさ　　　3　どろどろ　　　4　こそこそ

問題5 _____の言葉に意味が最も近いものを、1・2・3・4から一つ選びなさい。

21 論文の<u>概要</u>を添付したので、ご確認ください。

1 目次　　　　　2 全体　　　　　3 大体の内容　　　4 詳細の内容

22 彼女は恥ずかしくなって<u>うつむいた</u>。

1 下を向いた　　2 頭を下げた　　3 あおむいた　　4 見下ろした

23 <u>真剣に</u>取り組む姿勢がやがて成果につながる。

1 静かに　　　　2 やたらに　　　3 適当に　　　　4 真面目に

24 この商品の満足度は<u>相当</u>高い。

1 どうせ　　　　2 かなり　　　　3 よけいに　　　4 たぶん

25 また<u>チャンス</u>があれば挑戦してみたい。

1 提案　　　　　2 約束　　　　　3 機会　　　　　4 伝言

問題6　次の言葉の使い方として最もよいものを、1・2・3・4から一つ選びなさい。

[26]　違反

　1　違法建築は建築基準法に<u>違反</u>している物件である。

　2　思春期に突入すると親に<u>違反</u>するようになる。

　3　日本チームは3点差でリードされており、<u>違反</u>の機会をうかがっている。

　4　ご返済の確認ができ次第、ご利用可能額に<u>違反</u>します。

[27]　シーズン

　1　出勤<u>シーズン</u>における交通渋滞は，代表的な交通問題である。

　2　この映画<u>シーズン</u>は3部作で製作される予定です。

　3　彼はとても忙しくて、一か月先まで<u>シーズン</u>が埋まっているそうだ。

　4　プロ野球の<u>シーズン</u>は3月下旬から始まる。

[28]　取り返す

　1　仕事で同じようなミスを<u>取り返す</u>人は、仕事の手順を理解していないかもしれない。

　2　出勤途中に体調が悪くなって<u>取り返して</u>しまった。

　3　前半に先制点を取られ、その後<u>取り返す</u>ことが出来なかった。

　4　いつも支えてくれた家族のおかげで元気を<u>取り返した</u>。

[29]　くどい

　1　時間が限られているので、<u>くどい</u>内容は別添の資料をご参照ください。

　2　同じ段落の中で同じ内容の文章を繰り返すと<u>くどい</u>印象を与える。

　3　田中さんは他人の欠点やミスを許容できない<u>くどい</u>人である。

　4　彼女は風邪をひいて、<u>くどい</u>咳に苦しんでいる。

[30]　共に

　1　別々に注文した商品を<u>共に</u>発送してもらった。

　2　契約の件について話し合った結果、田中さんの意見と、私の意見が<u>共に</u>なった。

　3　ノートパソコンや本などの荷物を一つのカバンに<u>共に</u>入れておいた。

　4　今まで<u>共に</u>頑張ってきた田中さんが転勤することになった。

問題7　次の文の（　　　）に入れるのに最もよいものを、1・2・3・4から一つ選び
　　　なさい。

31　歴史的な円安の影響により、日本に来る外国人旅行者の数は増える（　　　）。

　　1　ことはない　　　　2　一方だ　　　　　3　つつある　　　4　に限る

32　大切なことなので（　　　）メモしておいた。

　　1　忘れないうちに　　　　　　　　　　2　忘れないものなら

　　3　忘れないとはいえ　　　　　　　　　4　忘れないからには

33　仕事で忙しいのはわかるけど、メール（　　　）してください。

　　1　すら　　　　　　2　しか　　　　　　3　ほど　　　　　4　ぐらい

34　薬を（　　　）、病気がすぐに治るというものではない。

　　1　飲むことだから　　　　　　　　　　2　飲みさえすれば

　　3　飲んで以来　　　　　　　　　　　　4　飲んだきり

35　留学に行きたくて親に（　　　）、快く承諾してくれた。

　　1　相談に先立って　　　　　　　　　　2　相談ぬきにして

　　3　相談したところ　　　　　　　　　　4　相談したものの

36　田中さんは会う（　　　）面白い話を聞かせてくれる。

　　1　あげく　　　　　　2　とたんに　　　　3　あまり　　　　4　たびに

37 私はまだ新人なので、上司の承認を（　　　　）仕事にとりかかれない。

1　得てはじめて　　　　　　　　　2　得てからでないと

3　得ただけあって　　　　　　　　4　得たとすれば

38 ご来店時には、（　　　　）マスクの着用をお願いします。

1　依然として　　　2　遅くとも　　　3　要するに　　　4　できる限り

39 日傘を活用する人が多くなってきた（　　　　）傘は梅雨時期だけに限らず、

通年通して多い忘れ物になっている。

1　おかげで　　　2　からすると　　　3　ことから　　　4　ものなら

40 彼は毎日勉強をしているのに、成績は良くなる（　　　　）、悪くなる一方だ。

1　とおり　　　2　どころか　　　3　といっても　　　4　ところに

41 （保険会社のカスタマーセンターで）

客：保険を解約したいのですが…。

担当者：差し支えなければ、ご解約される理由を（　　　　）よろしいでしょうか。

1　お伺いしても　　　　　　　　2　お目にかかっても

3　おいでになっても　　　　　　4　お越しになっても

42 小学生の息子が、水泳を習いたがってるので、まずは無料体験に（　　　　）か
と思っている。

1　参加させてみてよかった　　　　2　参加してみよう

3　参加させてみよう　　　　　　　4　参加してみてよかった

問題8 次の文の＿＿＿★＿＿＿に入る最もよいものを、1・2・3・4から一つ選びなさい。

（問題例）

あそこで ＿＿＿＿ ＿＿＿＿ ＿★＿ ＿＿＿＿ は山田さんです。

1　テレビ　　　　2　見ている　　　　3　を　　　　4　人

（解答のしかた）

1　正しい文はこうです。

あそこで ＿＿＿＿ ＿＿＿＿ ＿★＿ ＿＿＿＿ は山田さんです。

　　　　1 テレビ　　3 を　　2 見ている　　4 人

2　＿★＿ に入る番号を解答用紙にマークします。

（解答用紙）　| **（例）** | ① ● ③ ④ |

---

43 卒業論文の作成に向けて、＿＿＿★＿＿ ＿＿＿＿ ＿＿＿＿、＿＿＿＿ 足りないと思う。

1　それでもまだ　　　　　　2　集めうるだけの

3　集めたが　　　　　　　　4　資料を

44 地元の人によく知られている　　　大学は、＿＿＿＿ ＿＿＿＿ ＿★＿、＿＿＿＿ 受け継がれた伝統があるそうだ。

1　を持っている　　　　　　2　長い歴史

3　昔から脈々と　　　　　　4　だけあって

45 高校生の息子は ＿＿＿＿＿ ＿＿＿＿＿ ＿＿★＿＿、＿＿＿＿＿ していて、とても心配だ。

1　大学受験のために　　　　　　　2　いつもゲームばかり

3　と言いながら　　　　　　　　　4　勉強しなければならない

46 商品の返品・交換は、不良商品が届いた場合のみお受けしております。お客様の＿＿＿＿＿ ＿＿＿＿＿ ＿＿＿＿＿ ＿＿★＿＿、予めご了承ください。

1　お受けいたし　　　　　　　　　2　ご都合による

3　返品・交換は　　　　　　　　　4　かねますので

47 日本では　-　　　　のことをレントゲンと呼んでいる。これはドイツの物理学者

ヴィルヘルム・レントゲン博士が ＿＿＿＿＿ ＿＿★＿＿ ＿＿＿＿＿ ＿＿＿＿＿そうだ。

1　発見した　　　　　　　　　　　2　ことから

3　エックス線を　　　　　　　　　4　名付けられた

問題9 次の文章を読んで、文章全体の内容を考えて、 48 からの 51 の中に入る 最もよいものを１・２・３・４から一つ選びなさい。

現代社会では、健康を維持することがますます重要になっています。忙しい日々 の中で、仕事や勉強に 48 、自分の体のことを後回しにしてしまう人も少なくあ りません。しかし、体調を崩してしまうと何もできなくなる可能性があるので、日 頃から健康管理を意識することが大切です。

まず、バランスの良い食事を心がけることが重要です。 現代人は手軽さや効率を 求めるあまり、ファストフードや加工食品に 49 。しかしながら、それらの食品 には糖分や脂肪分が多く含まれており、長期的には肥満や生活習慣病の原因となる おそれがありますので注意が必要です。

次に、適度な運動も健康管理 50 。忙しい人でも、１日30分のウォーキングや 軽いストレッチを取り入れることで、体力を維持し、ストレスを解消することがで きます。

また、十分な睡眠も健康にとって重要な要素です。睡眠不足は集中力の低下や免 疫力の弱体化につながると言われています。質の良い睡眠を取るためには、寝る前 にスマートフォンやパソコンを使い過ぎないようにしたり、リラックスできる環境 を整えたりすることが大切です。

最後に、定期的な健康診断を受けることも忘れてはいけません。自分の健康状態 を把握し、早期に問題を発見することで、大きな病気を予防することができます。

健康管理は特別なことではなく、日々の小さな積み重ねが大きな結果を 51 。 バランスの良い食事、適度な運動、十分な睡眠、そして定期的な健康診断を意識す ることで、より良い生活を送ることができるでしょう。

48

1 集中したおかげで 2 集中したからこそ

3 集中するあまり 4 集中するとしても

49

1 頼るとは限りません 2 頼るわけではないです

3 頼ることです 4 頼りがちです

50

1 しないこともありません 2 には欠かせません

3 かのようです 4 すべきではないです

51

1 生むものです 2 生むことになっています

3 生むことはないです 4 生むにすぎません

問題 10　次の(1)から(5)の文章を読んで、後の問いに対する答えとして最もよい
　　　　　 ものを、1・2・3・4から一つ選びなさい。

(1)

> 　人付き合いには多くの人々が悩み、努力している。なぜなら、自分に役立ち、利益がある人々と付き合いたがるからである。人を自分の出世の道具、または成長の足場にするのは決して良いことではない。人と付き合う時、どのような利害関係も望まない方が良い。さらに、自分を理解してほしいという思いさえも持つべきではない。損得などない純粋な気持ちでの出会い、それこそが正しい人との付き合いと言えるのではないだろうか。

52　筆者は、人付き合いに関してどのようにとらえているか。

　1　効果的に人と付き合うには、他人を理解しなければならない。

　2　自分の身分にふさわしい人付き合いをするべきだ。

　3　お互いに利害関係のないことが正しい人付き合いである。

　4　正しい人付き合いをするためには出世しなければならない。

(2)

　リサイクルとは、一度使用した資源をあるプロセスを経て再利用することをいい、限られた資源を効率的に利用することである。今や天然資源の枯渇に対して代替エネルギーの開発が急がれているが、リサイクルのことも疎かにしてはいけない。しかし、リサイクルは長所だけではないのである。リサイクルの処理費用やその工程中に発生するエネルギーと資源の消耗などの短所もある。リサイクルのことだけではなく、我々は必要な分だけ使う、資源の「小利用」についても考えるべきである。

53　筆者は、なぜ資源の「小利用」を考えるべきだと言っているか。

　　1　リサイクルをすることより費用がかからないから

　　2　リサイクルすることは資源枯渇につながるから

　　3　リサイクルは長所より短所が多いから

　　4　天然資源とリサイクルには限界があるから

(3)

私はパン屋に行くのが好きだ。正確に言えば、夕食を食べて町を散歩しながらパン屋に立ち寄るのが好きなのだ。お腹が空いたからパンを探すのとは全く異なる。

少しでもおいしいパンを作るために、慌ただしく動き、努力する姿が良い。ずっと食べてくれる人のことを思いながらパンを焼く彼らは、いわゆる職人という人たちだ。彼らが焼くパンの形、食感、匂いなどはパン職人ならではの完全な固有の分野だ。パンにはその人の哲学まで込められているようだ。その哲学を覗くことができるのもパン屋に行くのが好きな理由の一つと言える。

54 筆者がパン屋に行くのが好きな理由は何か。

1　客で賑わう空間とパンに対する店の哲学が好きなため

2　少しの空腹を満たすことができ、客を優先する店の雰囲気が良いため

3　作られたパンの形とパンを作る職人の固有の分野が好きなため

4　パン屋が漂わせる雰囲気とパンを作る人々の哲学を垣間見ることができるため

（4）

　　取引先の人に会うために事前に約束したり重要な日程のために事前に自分の時間を効率的に配分したりすることは、仕事では当然なことである。しかし友達に会うのにそこまでする必要があるのだろうか。気楽に会うことができることこそ、友達との集まりの長所ではないだろうか。もしその友人が他の用事で忙しくて会うことができないなら、次の暇な時に会うまでのことだ。約束せずに会える友達関係が望ましいことではないかと思う。

55　この文章で筆者が一番言いたいことは何か。

　1　友達との約束を変更するのは良くない。

　2　何も決めずに会えるのが友人関係である。

　3　友達の忙しい日程を配慮するべきである。

　4　約束をしないで会うことに慣れるべきである。

(5)

以下は、ある大学のホームページに掲載されたお知らせである。

桜大学のお知らせ

7月20日

国際センター事務室の移転について

　このたび、国際センター事務室改修工事が終わりましたので、8月1日より従来どおり事務局棟1階に戻ります。なお、工事期間の変更により事務局棟3階の留学生支援センターは8月20日に国際センター事務室と統合することになりました。現在の留学生支援センターの利用期間は、8月16日までで変更はありません。不明な点等がある場合は、国際センター事務室にお問い合わせください。ご不便おかけし申し訳ございませんが、よろしくお願い致します。

お問い合わせ先：国際センター事務室

電話：06　1234　5678

FAX：06　1234　5600

---

56 このお知らせの内容と合うものは何か。

1　8月1日から国際センター事務所が利用できなくなること

2　8月16日から1階の留学生支援センターは利用できなくなること

3　8月20からは国際センター事務所が利用できること

4　従来の留学生支援センターの利用期間は変わらないこと

問題 11 次の(1)から(4)の文章を読んで、後の問いに対する答えとして最もよい
ものを、1・2・3・4から一つ選びなさい。

(1)

　　画一化された社内雰囲気は、会社の発展性と多様性を抑制することも出来る。ま
た、会社内には階級というものが存在し、この階級は垂直的な文化形成に大きな影
響を及ぼす。垂直的な構造では、一番下の階級に属する人々が持っているアイデア
や良い考えが階級の一番上の階層まで到達するまでにあまりにも多くの時間がかか
ってしまう。しかも届かない場合も一度や二度ではない。

　　ポジティブで自由な社内の雰囲気、情熱あふれる社員、新しい挑戦を躊躇しな
い未来志向的な社内環境。経営者なら誰でもこのような社内の雰囲気を欲するだ
ろう。IT革命などの影響で急激な変化が起きている現代社会において、企業が生き
残るためには必ず備えるべき要素に違いない。安定志向で画一化された社内環境や
構造に留まろうとする会社は、このような激しい変化の競争から遅れをとるだろう
し、やがて誰にも覚えられない会社として消え去るだろう。経営者の立場にある人
なら、会社に大いに役立つ新しいアイデアや企画を社員に強要する前に自分が作っ
た会社の雰囲気について考えてみなければならないだろう。

57 画一化された社内雰囲気について、筆者が言っている問題点は何か。

1 会社の発展性を妨げ、階級を飛び越えられないこと

2 水平的な構造の閉鎖性と階級別に雰囲気が異なること

3 階級の壁を飛び越えにくく、コミュニケーションの妨げにつながること

4 最上位階層の雰囲気が社内雰囲気の目安になってしまうこと

58 筆者によると、経営者に求められることは何か。

1 変化の激しい社会に対する対策とアイデア

2 会社の社内雰囲気に対する自己反省

3 未来志向のオフィスの仕組みづくり

4 社員のアイデアを積極的に反映すること

(2)

我々は慣れという行為を上手に利用しなければならない。慣れるということは、我々に大変大きな力になることもあれば、どうしようもない災いになることもある。人は変化に対して優れた対応力があり、その変化に慣れていく過程で成長する。しかし、場合によってはその成長が、良くない影響を与えかねないという点に注意を払わなければならない。

習慣とは自分でも気づかないうちに出てくるものである。良い習慣と悪い習慣は何かに対する感情や行動が結論に繋がる時に固着される。つまり、<u>ある対象や行動を受け入れる瞬間が非常に大事である</u>。慣れは、すぐ安心に変わることになり、その安心が習慣として定着してしまえば、その時からは莫大な時間と努力をしなければ変えられないからである。良い慣れが良い習慣になると、生活の質が変わり、ひいては人生を変えることができる力になるものである。

慣れないことに直面したり慣れない行動をさせられたりする際、誰でも不安になってしまうが、心配することはない。もしも、今このような経験をしているなら、それは人生を変えることができる機会が訪れてきたのかもしれない。

(注) 固着：同じ所にとどまって、そのままの状態で定着すること。

59 ある対象や行動を受け入れる瞬間が非常に大事であるとあるが、その理由は何か。

1　あまりにも時間が過ぎてしまうと変えにくいから

2　良いこととして受け入れない限り、役に立たないから

3　善し悪しに関する判断は時には難しいから

4　多大な努力と時間を消費したら変わることもあるから

60 この文章で筆者が一番言いたいことは何か。

1　慣れていないことに不安を感じてもしかたがない。

2　行動と習慣を変えることは容易なことではない。

3　大変な状況が、かえって良いことになりうる。

4　生活の質を変えるためには不安が必要だ。

(3)

最近、二十年以上住んでいた家から引っ越すことになった。大学入学頃に独立することになって、結婚と出産を経験しながら四人の家族が暮らすにはあまりにも狭かったためだ。引越しのために物を整理していたら、思ったよりずっと多い量に驚いた。狭い家に、こんなにたくさんの物を整理できていた<u>自分自身に対して尊敬の念が生まれるほど</u>だった。私は物を買うことに慎重な方だ。幼い頃から物に対する執着がほとんどなく、使うものだけ購買したものだ。

物をたくさん所有することに対する批判的な考えはない。無所有を主張する人ではないからだ。だが、物を大切に使う人を嘲弄したり、所有の人生に対する自己主張まで親切に聞くつもりはない。物というものは、より良い人生のために必要なもので、人生の姿は人によって大きく異なる。私は物を購入して消費する時間より家族と話す時間や映画を見る時間、自然を見る時間、楽器を演奏する時間がもっと好きなのだ。

　（中略）

物の所有には責任が伴う。物の破損や損傷の管理もしなければならず、盗難に対する備えもしなければならない。無分別な物の購入、または消耗は、環境への負担につながりかねない。不要になった物を他の人に分け与えたり、寄付、または販売を通じて物の存在理由を見つけてほしい。

（注）嘲弄（ちょうろう）：あざけり、からかうこと

61 自分自身に対して尊敬の念が生まれるほどとあるが、筆者はなぜそう思ったのか。

1 物に対する欲もなく、自然と共に生活しているため

2 物の所有にこだわらず、質素に暮らしているため

3 必ず必要な物だけを買う判断力を持っているため

4 狭い空間を活用した整理能力に優れているため

62 物を所有することについて、筆者が一番言いたいことは何か。

1 物の正しい管理と新しい使い道に関して考えなければならない。

2 物を多く所有する者は、物の所有に対する責任を負わなければならない。

3 所有に対する欲を捨て、目に見えないものに価値を置かなければならない。

4 環境に負担のかかる物をできるだけ所有しないほうがよい。

(4)

　他人に何かを頼む時、なるべく丁寧な姿勢を取った方が良い。特に、関係が薄い間柄であったり身分的、地位的に上位の人に頼む場合はさらに慎重にしなければならない。その結果、会社の取引先に難しい頼みをしなければならなかったり、年上の人に頼んだりする場合、緊張で体が固くなってしまうことがよくある。また、たとえ親しい友人同士であっても、丁寧に頼むことが礼儀である。腰高（こしだか）な姿勢（しせい）で頼み事をするのは望ましくない。

　頼みをする時の行動の仕方は頭の中から簡単に浮かぶことができるのだが、頼まれる時の行動については深く考えたことがないのではないか。例えば、ほとんどの会社員は、会社の取引先の担当者に無理な依頼をされた経験があるだろう。頼みを断ることは頼むことより難しいことかもしれない。

　（中略）

　ところで、友人や知人同士のお願いと断りは、時にはさらに敏感に感じられることもある。この程度のお願いは聞き入れてくれるだろうという想いから出た頼みは危険であるし、拒絶されたことが原因で友人関係が壊れることも多いのである。頼みは必ずしも聞き入れてもらえるわけではないという考えを持つべきである。そして断られる場合もあるという考えもしておいた方が良い。

63 他人にお願いをする時に注意しなくてもよいことは何か。

1 親しい人にお願いをする時も丁重にしなければならないこと

2 お願いをする際に必要以上に緊張すること

3 腰高な姿勢でお願いをしないように注意すること

4 上司に頼む時はもっと慎重にすること

64 この文章で筆者が一番言いたいことは何か。

1 丁寧にお願いする方法を学ばなければならない。

2 お願いする方法によっては断られることもある。

3 何かを頼む時は何かを失う覚悟もしなければならない。

4 お願いを聞き入れてくれることを当たり前と考えてはならない。

問題 12 次のAとBの文章を読んで、後の問いに対する答えとして最もよいものを、
1・2・3・4から一つ選びなさい。

A

　　日本だけでなく、世界各地で若者を中心に電話での対話を忌避したり、恐れたりする「電話恐怖症」が広がっている。スマートフォンやメッセージアプリなどテキストコミュニケーションの慣れがもたらした否定的な結果でもある。店の予約などの日常生活を超えて取引先との通話まで恐れる場合もあるという。たかが電話通話なんかがなぜ難しいのかなど、理解できないといったふうに受け止めてはならない。急激な時代の変化によるやむを得ない弊害でもあり、これもまた恐怖の一種なので強要するのは正しくない。電話恐怖症を克服するために病院まで通う人も多い。このような人々にとって電話を利用した通話というのは、対話の一つの手段に過ぎないことを認識しなければならない。自分以外の人と対話をするということは、一方方向に偏ってはいけない。対話の仕方が必ずしも一つである必要はない。

B

　　個人活動ならまだしも、会社という利潤追求集団の一員なら、電話で対話しなければならない状況が頻繁に発生する。急な業務の指示や処理面においても電話を介した対話の迅速性というのは、諦めることができないメリットが多い。電話恐怖症に苦しむ人に電話を強要するのは不便かもしれない。しかし、利潤を目的とする特定組織の一員としては、少しでもその恐怖を克服しようとする姿勢も重要だ。恐怖の克服が必要な状況なら、比較的話しやすい家族や友人との電話通話から始めてみよう。通話の目的などはなくてもいい人との会話を一日のルーティーンにするのもいい。業務において必要な電話の場合なら、通話に先立って通話の目的や用語を整理したり、深呼吸などをすることも役に立つ。

65 電話恐怖症について、AとBはどのように述べているか。

1 AもBも、克服するための方法と必要性について述べている。

2 AもBも、電話恐怖症の原因と解決方法について述べている。

3 Aは時代の変化に応じた結果だと述べ、Bは克服すべき対象だと述べている。

4 Aは仕方ない結果だと述べ、Bは電話恐怖症の原因について述べている。

66 電話を利用した対話について、AとBが共通して述べていることは何か。

1 一部の人々にとって恐怖の対象になることもある。

2 対話に不便を感じる人々を非難してはならない。

3 業務上においては、最も効率的なコミュニケーション手段だ。

4 対話の一つの方法であり、代替可能なものだ。

問題13 次の文章を読んで、後の問いに対する答えとして最もよいものを、１・２・３・４から一つ選びなさい。

人生というのは選択の連続だ。目が覚めた瞬間から大小の選択をしながら一日を過ごすことになる。アラーム音で起きるかもう少し寝るか、朝食にパンを食べるかご飯を食べるかなどのつまらない悩みさえ選択の一つだ。どう話せば顧客から信頼を得られるのか、会社ではどう行動すれば成功できるかなど、人生を生きるということは選択の連続だと考えていい。このように人生において絶対に欠かせないのが選択という部分だが、何かを選ぶのが苦手だったり、難しく思ったりする人があまりにも多い。

（中略）

今日はどんな一日を過ごすのか、どうすれば意味のある人生が送れるのか悩む人もいる。良い人生を送るためには、結局良い選択をしなければならないのだ。しかし、良い選択というのは不可能に近い領域かもしれない。人生の価値を問う選択では、どんな選択が良い選択なのか、選択をする瞬間には全く分からないからだ。時間が経ってその選択の結果が確実に現れるようになってはじめて、それが良い選択だったのか悪い選択だったのかが判断できる。未来に関する予測も必要なだけあって、良い選択というのは平凡な人にはとても難しいことだ。だからこそ、私たちは良い選択よりは最善を尽くす選択を追求しなければならない。

少しでも最善の選択をするためには、優先順位を必ず考慮するべきだ。優先順位に対する比較、選択に必要な情報と知識が備わってこそ最善の選択ができる。選択には、このようにエネルギーと手間が必要だ。このようなエネルギーと手間をかけたくないために選択という行動自体を避けたいと思う人が増えているのだ。

大変なことを避けたいと思うのは、生物の本能の一つだと言える。だが、自分の人生は避けられるものでもなく、いや避けてはいけないものだと思う。自分の人生の大小の選択を他人に押し付けるのは、自分の人生の道を進むことができないのと同様だ。私に代わって他の人がする選択に良い選択というものはあり得ない。本人だけが知ってい

る自分の状況、条件、感情までもその瞬間の選択に重要な要素であるからだ。自分が選んだ人生には良い道も悪い道もない。ただ、その道をどのように進むかが存在するだけだ。どんな道がいいかは極めて主観的な領域であり、誰もその道の是非を判断する権利などない。

67 筆者によると、人生と選択はどのような関係か。

1 些細な選択に念を入れるほど人生は潤沢になる。

2 選択に困難を感じると、良い人生を送るのが難しくなる。

3 難しい選択をすることが自分の人生に責任を負う方法だ。

4 人生というものは、度重なる選択で作られる。

68 最善の選択について、筆者はどのように述べているか。

1 危険を回避する選択であるほど最善の選択に近い。

2 最善の選択をするということは、不可能に近いことだ。

3 最善の選択というのは、ある程度時間の流れが伴うこともある。

4 選択前に様々な条件を備えてこそ最善の選択が出来る。

69 筆者が言いたいことは何か。

1 大変なことは避けられないが、選ばないことはできる。

2 自分に関する大変な選択を他人に任せてはならない。

3 選択に先立ち、感情や状況を確認することが最も重要だ。

4 選択は主観的なものだから、悪い選択というものもありうる。

問題 14 右のページは、青海市が主催する花火大会の案内である。下の問いに対する答えとして最もよいものを、１・２・３・４から一つ選びなさい。

70 この花火大会の概要について合っていないものはどれか。

1 雨の場合にも大会は中止されない。

2 花火大会参加料金は無料である。

3 会場の駐車場を利用する場合には、駐車料金を払わなければならない。

4 駐車場を利用する場合、会場まで歩いて移動しなければならない。

71 この大会の観覧時のおねがいについて合っているものはどれか。

1 ゴミ箱は設置されていなく、花火大会終了後に掃除をして帰る。

2 会場の中ではいかなる場合にも喫煙できない。

3 大会の担当者はドローンを使って撮影することができる。

4 観覧客の安全確保のために担当者は傘を使うことができない。

第3回青海市花火大会のご案内

　長い歴史を持つ青海市花火大会が今年も盛大に開催されます。会場周辺には露店がたくさん並んで賑わいをみせます。迫力のある花火を近距離で眺められるのも、大きな魅力のひとつです！ 水面を美しく彩る花火をゆったりとお楽しみ下さい。

◉ 大会概要

開催日時	8月22日（月）午後7:00〜（雨天決行）
開催場所	青海市湖公園
打ち上げ予定数	約12,000発
料金	無料
駐車場	会場は駐車場がありませんので、電車やバスをご利用ください。 青海ショッピングセンターの駐車場（会場まで徒歩15分） （有料、1台1,000円）
問い合わせ先	青海市役所　花火大会実行委員会　電話　084-390-2987

◉ 花火大会観覧時のおねがい

- 観覧客の安全確保のため、会場の入場規制が行われる場合がございますので、担当者や警備員の指示に従っていただきますようお願いいたします。
- 会場にゴミ箱は設置されておりません。きれいな公園を維持するため、ゴミは持ち帰りをお願いいたします。
- 会場での喫煙は禁止となっております。会場の外に設けられている喫煙コーナーをご利用ください。歩きタバコは絶対行わないでください。場内に火気の持ち込みは禁止です。
- お子様と一緒にいらっしゃった方は子供の手をしっかりとつないで、迷子防止に努めてください。迷子になった場合は会場内の迷子センターにお知らせください。
- 安全のため、打ち上げ場所の上空でのドローンの使用を一切禁止いたします。
- 指定場所で観覧して立入禁止の区域には絶対入らないでください。
- 混雑のため、傘の使用はご遠慮ください。（雨の場合、雨具をご用意ください。）
- 「歩きスマホ」はご遠慮ください。会場の混雑により、事故につながる可能性がございます。

皆さんが楽しい花火の思い出を持って帰れるように、ご協力をお願いします。

N2

聴解

（50分）

注　意
Notes

1. 試験が始まるまで、この問題用紙を開けないでください。
   Do not open this question booklet until the test begins.

2. この問題用紙を持って帰ることはできません。
   Do not take this question booklet with you after the test.

3. 受験番号と名前を下の欄に、受験票と同じように書いてください。
   Write your examinee registration number and name clearly in each box below as written on your test voucher.

4. この問題用紙は、全部で13ページあります。
   This question booklet has 13 pages.

5. この問題用紙にメモをとってもかまいません。
   You may make notes in this question booklet.

受験番号 Examinee Registration Number	

名前　Name	

もんだい
問題 1

問題 1 では、まず質問を聞いてください。それから話を聞いて、問題用紙の 1 から 4 の中から、最もよいものを一つ選んでください。

例

1 飲み物を買いに行く

2 椅子のチェックをする

3 参加者にメールを送る

4 田中君に連絡する

1番
ばん

1 総務部に書類を渡しに行く
そうむぶ　しょるい　わた　い

2 去年の売り上げの資料を作成する
きょねん　う　あ　しりょう　さくせい

3 取引先と打ち合わせをする
とりひきさき　う　あ

4 企画書を作成する
きかくしょ　さくせい

2番
ばん

1 病院に行く
びょういん　い

2 企画書を作成する
きかくしょ　さくせい

3 部長と会議に行く
ぶちょう　かいぎ　い

4 早退届けを書く
そうたいとど　か

3番

1 手数料を払う
2 写真を提出する
3 書類を作成する
4 一週間を待つ

4番

1 試験範囲を確認する
2 発表の課題を準備する
3 中間試験の準備をする
4 男の人のノートを借りる

5番

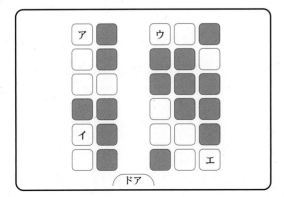

1　ア

2　イ

3　ウ

4　エ

もんだい
問題 2

問題2では、まず質問を聞いてください。そのあと、問題用紙のせんたくしを読んでください。読む時間があります。それから話を聞いて、問題用紙の1から4の中から、最もよいものを一つ選んでください。

れい
例

1　コーヒーがおいしいから

2　食べ物がおいしいから

3　静かな店だから

4　雰囲気がいいから

1番

1 体の調子が悪くて治療を受ける

2 音楽関係の仕事を始める

3 妻と一緒に農業の仕事をする

4 短期大学に入る

2番

1 野球が好きだったから

2 先輩たちが格好よかったから

3 体を丈夫にしたかったから

4 性格を変えたかったから

3番

1 就職活動に必要な言葉だから

2 ヨーロッパで家族と暮らしたいから

3 外国生活が自分の成長になるから

4 ヨーロッパの会社生活に役立つから

4番

1 俳優と歌手の夢をすべて叶えたかった

2 人前に立つのが好きだった

3 演技のために大学を諦めた

4 多くの人に演技を認められた

5番
ばん

1 子供の頃が思い出されて悲しい

2 プレゼントより美味しい料理がいい

3 カップルたちの姿が気になる

4 家で家族と一緒に過ごす方が楽しい

6番
ばん

1 危機的状況から抜け出すこと

2 周りの人に助けてもらうこと

3 防犯グッズを持ち歩くこと

4 被害者の固定観念を変えること

もんだい
問題3

問題3では、問題用紙に何もいんさつされていません。この問題は、全体として
どんな内容かを聞く問題です。話の前に質問はありません。まず話を聞いてください。
それから、質問とせんたくしを聞いて、1から4の中から、最もよいものを一つ選んで
ください。

― メモ ―

<ruby>問題<rt>もんだい</rt></ruby>4

<ruby>問題<rt>もんだい</rt></ruby>4では、<ruby>問題用紙<rt>もんだいようし</rt></ruby>に<ruby>何<rt>なに</rt></ruby>もいんさつされていません。まず<ruby>文<rt>ぶん</rt></ruby>を聞いてください。それから、それに<ruby>対<rt>たい</rt></ruby>する<ruby>返事<rt>へんじ</rt></ruby>を<ruby>聞<rt>き</rt></ruby>いて、1から3の<ruby>中<rt>なか</rt></ruby>から、<ruby>最<rt>もっと</rt></ruby>もよいものを<ruby>一<rt>ひと</rt></ruby>つ<ruby>選<rt>えら</rt></ruby>んでください。

― メモ ―

もんだい
問題5

問題5では、長めの話を聞きます。この問題には練習はありません。

メモをとってもかまいません。

1番

問題用紙に何もいんさつされていません。まず話を聞いてください。それから、質問とせんたくしを聞いて、1から4の中から、最もよいものを一つ選んでください。

— メモ —

2番

まず話を聞いてください。それから、二つの質問を聞いて、それぞれ問題用紙の 1から4の中から、最もよいものを一つ選んでください。

質問1

1　さくらリゾートプラン

2　さくら温泉プラン

3　さくら山プラン

4　さくらペットプラン

質問2

1　さくらリゾートプラン

2　さくら温泉プラン

3　さくら山プラン

4　さくらペットプラン

실전 모의고사
2회

N2

N2

言語知識(文字・語彙・文法)・読解

(105分)

注　意
Notes

1. 試験が始まるまで、この問題用紙を開けないでください。
   Do not open this question booklet until the test begins.

2. この問題用紙を持って帰ることはできません。
   Do not take this question booklet with you after the test.

3. 受験番号と名前を下の欄に、受験票と同じように書いてください。
   Write your examinee registration number and name clearly in each box below as written on your test voucher.

4. この問題用紙は、全部で33ページあります。
   This question booklet has 33 pages.

5. 問題には解答番号の　1 、 2 、 3 、… が付いています。解答は、解答用紙にある同じ番号のところにマークしてください。
   One of the row numbers 1 , 2 , 3 … is given for each question. Mark your answer in the same row of the answer sheet.

受験番号 Examinee Registration Number	

名 前　Name	

問題1 _____の言葉の読み方として最もよいものを、1・2・3・4から一つ選びなさい。

1 あの建物は地震に耐えるように設計された。

  1 かえる   2 たえる   3 はえる   4 おえる

2 政府は福祉の向上について考えなければならない。

  1 ふくじ   2 ほくし   3 ほくじ   4 ふくし

3 衣食住とは衣服と食物と住居のことである。

  1 じゅうきょ   2 じゅきょ   3 じゅうきょう 4 じゅきょう

4 正方形は辺の長さが全て等しく、角度も全て90°で等しいです。

  1 ひさしい   2 いとしい   3 ひとしい   4 まぶしい

5 昨日、道で偶然昔の友達に出会った。

  1 くうぜん   2 ぐうぜん   3 ぐぜん   4 くぜん

問題2 _____の言葉を漢字で書くとき、最もよいものを1・2・3・4から一つ選びなさい。

6 面接で<u>しぼう</u>動機を聞かれた。

    1　誌望　　　　　2　志忘　　　　　3　志望　　　　　4　誌忘

7 韓国では目上の人を<u>うやまう</u>文化がある。

    1　敵う　　　　　2　歓う　　　　　3　散う　　　　　4　敬う

8 <u>まれ</u>に副作用が起こる可能性もある。

    1　稀　　　　　　2　端　　　　　　3　極　　　　　　4　偶

9 昨日の試合では実力を<u>はっき</u>できなかった。

    1　溌揮　　　　　2　発揮　　　　　3　発幾　　　　　4　溌幾

10 2つのグループの間には<u>いちじるしい</u>違いがあった。

    1　怪しい　　　　2　詳しい　　　　3　厳しい　　　　4　著しい

問題3　（　　　）に入れるのに最もよいものを、1・2・3・4から一つ選びなさい。

11 （　　　）文化を理解することで、柔軟性が身につける。

　　1　異　　　　　　2　移　　　　　　3　違　　　　　　4　誤

12 文化庁が実施した調査によると、読書（　　　）が急速に進んでいることが

　　明らかになった。

　　1　向け　　　　　2　逃げ　　　　　3　離れ　　　　　4　避け

13 結婚式の招待（　　　）を受け取ったら、できるだけ早く返信したほうがいい。

　　1　帖　　　　　　2　状　　　　　　3　紙　　　　　　4　誌

問題4 （　　　　）に入れるのに最もよいものを、1・2・3・4から一つ選びなさい。

14 不動産市場に関する問題が連日ニュースで（　　　　）されている。

　　1　報復　　　　　　2　公道　　　　　　3　報道　　　　　　4　報告

15 両者の意見には（　　　　）があったため、お互いが納得できる解決策を見つける

　　必要がある。

　　1　相違　　　　　　2　相席　　　　　　3　相手　　　　　　4　相性

16 心を落ち着かせ（　　　　）したい時はラベンダーの香りがいいと言われる。

　　1　ハンドル　　　　2　リラックス　　　3　キャンセル　　　4　タイム

17 このパソコンは古いモデルよりも機能が（　　　　）。

　　1　もどる　　　　　2　おどる　　　　　3　さとる　　　　　4　おとる

18 息子は（　　　　）、いつも落とし物をしてしまう。

　　1　しつこくて　　　2　かがやかしくて　3　そそっかしくて　4　おもくるしくて

19 当店は良質なお肉を（　　　　）価格で提供しております。

　　1　順調な　　　　　2　面倒な　　　　　3　幼稚な　　　　　4　手頃な

20 最近、疲れがたまっているせいか食事をしたらつい（　　　　）してしまう。

　　1　いきいき　　　　2　きっぱり　　　　3　うとうと　　　　4　さっぱり

問題5 _____の言葉に意味が最も近いものを、1・2・3・4から一つ選びなさい。

21 田中さんは職場の同僚に文句ばかり言っている。

1　世間話　　　　　2　注文　　　　　　3　注意　　　　　　4　不平

22 建設業界では、いばる人がまだ多いようである。

1　偉大な　　　　　2　偉そうな　　　　3　ねばる　　　　　4　しばる

23 駅は家からおおよそ500mである。

1　ちょうど　　　　2　まるで　　　　　3　大体　　　　　　4　まさに

24 店を探す時間が惜しいので、思い切って入ってみた。

1　もったいない　　　　　　　　　　2　つまらない

3　ものたりない　　　　　　　　　　4　たえまない

25 化粧品はサンプルで試してから購入する。

1　本物　　　　　　2　材料　　　　　　3　見本　　　　　　4　偽物

問題6　次の言葉の使い方として最もよいものを、1・2・3・4から一つ選びなさい。

26 分担

1　彼は犯罪行為に分担した疑いで逮捕された。

2　ごみを分担することで、資源が再利用できるようになる。

3　大都市から農村への人口分担を図っている。

4　家事は夫婦間でよく話し合って分担しなければならない。

27 ニーズ

1　彼の作品は世の中に大きなニーズを与えた。

2　顧客のニーズを把握するためにアンケート調査結果を分析した。

3　韓流ニーズにより韓国語を勉強する人が多くなってきた。

4　彼女たちは昨年グループ名を改名して新たなニーズを切った。

28 うなずく

1　彼は首を大きくうなずいて私の言葉を否定した。

2　その話にがっかりした山田さんは思わずうなずいた。

3　彼は大きくうなずきながら私の話を聞いてくれた。

4　高層ビルの最上階からうなずいた東京の夜景はとてもきれいだった。

29 偉大

1　日本紙幣には様々な分野で偉大な業績を残した人物が描かれている。

2　全長100mの偉大なクルーズ船が運航を開始した。

3　日頃より偉大なご支援をいただき、誠にありがとうございます。

4　当サイト利用者の個人情報には偉大な注意を払うよう気を付けます。

30 はきはき

1　魚を水槽に入れてみると、はきはきと泳ぎ始めた。

2　朝早く目が覚めてしまったので、近くをはきはきとしていた。

3　彼は面接で堂々とした態度ではきはきと質問に答えた。

4　お店に近づくにつれて、看板がはきはきと見えてきた。

問題7　次の文の（　　　）に入れるのに最もよいものを、1・2・3・4から一つ選び
なさい。

31 レトロ（　　　　）聞こえはいいが、ただの中古品である。

1　からいうと　　　　　　　　　　2　というと

3　と思うと　　　　　　　　　　　4　からといって

32 子供が成長する（　　　　）一緒に出かける機会が少なくなった。

1　に対して　　　2　について　　　3　に反して　　　4　につれて

33 必死に説得した（　　　　）、田中さんは会社を辞めてしまった。

1　ところ　　　　　　　　　　　　2　に限らず

3　にもかかわらず　　　　　　　　4　おかげで

34 この成果は皆さんからの協力（　　　　）得られたものであります。

心より感謝いたします。

1　にとって　　　2　に関して　　　3　に比べて　　　4　によって

35 旅行で行った冬のロシアは、息が凍る（　　　　）寒かった。

1　さえ　　　　　2　ほど　　　　　3　がち　　　　　4　すら

36 どんなに悲しいことがあっても、人前では（　　　　）と決めた。

1　泣くまい　　　2　泣くこと　　　3　泣くもの　　　4　泣こう

37 台風で電車が運休になってしまったので会社へ（　　　）。

1　行くわけではない　　　　　　　2　行くしかない

3　行きようがない　　　　　　　　4　行くべきではない

38 部長：システムの機能を一部変更したいんだけど、できる？

　　社員：（　　　）、少し時間をいただきたいです。

1　できないこともないですが　　　2　できないということですが

3　できずにはいられないですが　　4　できないというものですが

39 今日はお配りしている資料の内容（　　　）、発表いたします。

1　に向けて　　　2　に逆らって　　3　に沿って　　4　に流れて

40 この計画は、十分な資金の（　　　）実行された。

1　ものに　　　2　うえに　　　3　ことに　　　4　もとに

41 お手数では（　　　）、こちらに必要事項をご記入いただいてもよろしいでしょうか。

1　くださいますが　　　　　　　　2　ございますが

3　いらっしゃいますが　　　　　　4　申し上げますが

42 ABC美術館は来年1月末での休館が決まってから5倍の人が来る（　　　）3月末まで休館が延期となった。

1　ようにしたとしても　　　　　　2　ようにしたことから

3　ようになったことから　　　　　4　ようになったとしても

問題8 次の文の＿＿＿＿★＿＿＿に入る最もよいものを、1・2・3・4から一つ選びなさい。

（問題例）

あそこで ＿＿＿＿＿ ＿＿＿＿＿ ＿＿★＿＿ ＿＿＿＿＿ は山田さんです。

1　テレビ　　　　2　見ている　　　　3　を　　　　　　4　人

（解答のしかた）

1　正しい文はこうです。

あそこで ＿＿＿＿＿ ＿＿＿＿＿ ＿＿★＿＿ ＿＿＿＿＿ は山田さんです。
1 テレビ　　3 を　　2 見ている　　4 人

2　＿＿★＿＿ に入る番号を解答用紙にマークします。

（解答用紙）　（例）　①　●　③　④

---

43 上京する息子に電子レンジ買ってあげた。料理する ＿＿＿＿＿ ＿＿★＿＿ 、 ＿＿＿＿＿ ＿＿＿＿＿ 必要だと思ったからである。

1　しないに　　　　　　　　2　一人暮らしに

3　電子レンジは　　　　　　4　かかわらず

44 友達から飲み会に誘われたが、＿＿＿＿＿ ＿＿＿＿＿ 、 ＿＿＿＿＿ ＿＿★＿＿ わけにはいかない。

1　部下の私が　　　　　　　2　先に帰る

3　上司がまだ　　　　　　　4　残業中なので

45 事業計画の決定に ＿＿＿★＿＿ ＿＿＿＿ ＿＿＿＿ ＿＿＿＿、定款及び事業基本方針を定め、都道府県知事の認可により組合を設立することができる。

1　必要がある
2　組合を設立する
3　先立って
4　場合には

46 故意ではなかったにしろ、他人に ＿＿＿＿、＿＿＿＿ ＿＿＿★＿＿ ＿＿＿＿ 場合は、その損害を償わなければならない。

1　などの
2　身体を傷付けたりする
3　結果が発生した
4　財産上の損害を与えたり

47 経済の発展や科学技術の進展により、＿＿＿＿ ＿＿＿＿、＿＿＿＿、＿＿＿★＿ の環境汚染が起こり、大きな問題となっている。

1　豊かになったが
2　地球温暖化や砂漠化など
3　その反面で
4　私たちの生活は

問題9　次の文章を読んで、文章全体の内容を考えて、　48　からの　51　の中に入る
最もよいものを１・２・３・４から一つ選びなさい。

詩は、短い言葉で感情や風景を描き出す芸術であり、古代から現代に至るまで、さまざまな形で人々の心を動かしてきた。一例を挙げると、万葉集のように自然や人間の営みを詠んだ古典詩もあれば、現代の自由詩のように形式　48　個人の思いを表現するものもある。

例えば、俳句はその中でも特に短い形式で知られている。「五七五」という17音の中で季節や情景を鮮やかに描写する俳句は、日本独自の文学形式として国内外で注目されている。たった３行で、読む人の想像力をかき立て、心に残る世界を創り出すのだ。しかし、俳句は短さゆえに表現の工夫が必要とされる。「限られた文字数の中で何を　49　？」という問いに、作家たちは試行錯誤を繰り返してきた。

俳句の魅力の一つは、そのシンプルさだ。例えば、松尾芭蕉の「古池や蛙飛び込む水の音」という俳句は、一瞬の静寂と動きを鮮やかに切り取った作品として広く知られている。この一節を読むだけで、古い池の静けさと蛙が飛び込む音の情景が鮮明に浮かび上がる。現代の詩でも、こうしたミニマリズムの影響を受けた作品が増えている。

詩の素晴らしさは、どの時代でも、どの国でも、人々に共通する感情を言葉でつなげる力にある。　50　その力は、読む人の心を癒し、時には新たな視点を与えるものだ。日常の中でお気に入りの詩を声に出して読んでみたり、短い詩を書いてみたりするのも面白いかもしれない。

詩を通じて、自分自身や他者の感情に触れる機会が増えれば、日々の暮らしがより豊かになるだろう。詩は古代から今に至るまで、私たちに問いかけを投げかけ、人生に新しい彩りを　51　存在だといえる。

48

1 　に留まらず　　　　　　　　2 　に限らず

3 　にとらわれず　　　　　　　4 　のみならず

49

1 　伝えたことか　　　　　　　2 　伝えるべきか

3 　伝えがちか　　　　　　　　4 　伝えるとか

50

1 　そして　　　　　　　　　　2 　実は

3 　例えば　　　　　　　　　　4 　しかし

51

1 　加えてあげる　　　　　　　2 　加えてくれる

3 　加えてもらう　　　　　　　4 　加えていただく

問題 10　次の(1)から(5)の文章を読んで、後の問いに対する答えとして最もよい
　　　　　ものを、1・2・3・4から一つ選びなさい。

(1)

　　今は動物だけでなく、植物を家で育てる人が多くなった。家の空気清浄、食材の調
達、心理的な安定感と満足感の達成など、植物を育てることで得られるメリットは多
い。豊かな緑に囲まれ、自然との調和を成し遂げようとする人生への憧れも一役買っ
ているようだ。しかし、植物に対する知識や管理に対する努力不足によって枯れてし
まう植物が非常に多い。慣れていないから、直接的な生命の兆候を捉えにくいからと
いう理由などは、殺生の免罪符にはなれない。
　　　　　　　　　　　　　　　　　　（注）

(注) 免罪符：罪や責めをまぬがれるためのもの。

52　筆者が言いたいことは何か。

1　植物を育てるためには多くの努力と知識が必要だ。

2　動物や植物を育てるためには、自然との調和を考えるべきだ。

3　自然との調和のために植物を育てる人が増え始めた。

4　植物も生命を持っているという認識を持たなければならない。

(2)

　子供が何かに失敗した時の親の反応や仕草は重要です。同じことを言っても、親の表情や感情、態度などの違いを敏感に受け取ったりもします。子供の失敗に対する激励の言葉として微笑みを浮かべながら「次はもっと上手にできるさ」などの論調を一度くらいは聞いたことがあると思います。子供を気遣っている言葉のように聞こえますが、子供からすると成功を強要する言葉としても受け取ることが出来ます。子供に向けた大人の姿勢と言葉は、とても重くて難しいものです。

53　とても重くて難しいものとあるが、筆者はなぜそう考えているか。

　　1　親の言葉や態度などが子供に負担を感じさせる恐れがあるため

　　2　子供の失敗をかばうことはとても難しいことであるため

　　3　子供の立場では、失敗は重くて難しいことであるため

　　4　親の表情や感情を恐怖として受け取る子供が多いため

(3)

最近の若い人たちは何を考えながら生きているのかよく分からない、根性がない、礼儀がないなどと言う老人も多い。私ももう60歳を超え、若い人々の行動を不愉快に思う時がある。そのまま我慢して見過ごすことが多いのだが、ある日、じっくり考えてみたら、彼らを理解できずにいるのは私の方なのだと悟（さと）った。そう感じるようになったら、いらいらした心が穏やかになり、温かい目で彼らを眺められるようになった。そして、心のこもった心配ができるようになった。

54 筆者が考えている心のこもった心配とは、どのようなものか。

1 高齢者の立場を理解し、配慮すること
2 若い人たちの行動に対して我慢すること
3 心配しながら小言を言わないこと
4 若い人たちの行動や立場を理解すること

(4)

　以下は、ある会社の社内メールである。

　商品開発課　佐藤様

　企画課の木村です。

　先日の社内会議で発議された案件のとおり、来年10月に予定されている新薬の風邪薬の発売に向けて、来週水曜日から商品開発課と営業課の初の合同会議が行われます。今回の新薬は、12歳以下の子供向けの商品で、安全性の確保が何より重要視されています。これに伴い、旧型の副作用事例に関する過去10年間の資料をお願いします。新薬の概要と今後のスケジュールに関しては、営業部の意見を検討の上、こちらでご用意させていただきます。よろしくお願いします。

---

55 木村さんは、最初の会議までに何をしなければならないか。

　1　旧型の風邪薬に関する副作用事例を探さなければならない。

　2　子供を対象にした風邪薬の商品の安全性を確保しなければならない。

　3　新薬発売のための日程について営業部と話をしなければならない。

　4　商品開発課と営業部の合同会議スケジュールをまとめなければならない。

(5)

　以下は、ある会社の社員が別の課の社員に送ったメールである。

　　宛て先：ayase_ryoko@hosinohikari.co.jp

　　件名：「記念カレンダー」の変更について

　　日時：3月23日 10：30

　　企画部井上様

　　お疲れさまです。

　　2月17日の会議で提案された「記念カレンダー」の件ですが、工場の担当者から連絡がありました。カレンダーのデザインの変更については既に終えているとのことです。それと枚数については、15枚ではなく、20枚になったことについての確認をお願いされました。まだ私どものほうにはそのことについての詳細が伝えられていません。

　　明日までに回答しなければならないのですが、枚数の変更とそれ以外にも変更がありますでしょうか。

　　ご確認お願いします。

　　広報部 中島

---

56 このメールで問い合わせていることは何か。

1　工場の担当者にデザインの変更についての話ができるか。

2　カレンダーの枚数が減ったことを工場側に伝えたか。

3　明日までに工場からの変更事項についての回答がもらえるか。

4　カレンダーの変更とそれ以外に注意すべきことがあるか。

問題 11 次の(1)から(4)の文章を読んで、後の問いに対する答えとして最もよい
ものを、１・２・３・４から一つ選びなさい。

(1)

現代人にとってストレスは避けるべき要素とされています。日本では、「ストレスは万病のもと」という言葉もあるほど、ストレスに対して過敏に反応しています。ストレスを全く受けずに生きていける人間は存在できないと断言しきれるほど、人間はストレスに縛られています。しかし皮肉なことに、<u>このようなストレス</u>にも実は良い効果があるのです。遠い昔の先祖たちは、川の氾濫を防ぐために懸命に努力した結果、滑車や荷車を作ることができ、さらに堤防の技術まで身につけることができました。ストレスという悪条件から人類は、「進歩」という業績を達成していくことができたのです。

（中略）

過去の人類の歴史から見ると、現在の自分の人生に満足し、未来への杞憂や憂慮はしなかった国々がありました。しかし、ストレスを全く受けないという条件が全て揃った国は、人間の歴史から消されてしまいました。人々は怠惰に陥り始め、より良い人生のための努力をしなくなりました。その結果、これ以上文明の進歩を遂げることができず、ストレスという悪条件を克服した国に征服されてしまったのです。ストレスの又の名は、苦難、試練、逆境と言えます。ストレスを受けることを悪いとばかり思うと、あまりにも大変で悲惨な人生を送るしかありません。ストレスの結果として高貴な人生を自ら断ち切る姿にまでつながっています。ところが、歴史が見せてくれたストレスに対する結果を考えれば、より良い人生を営むことができる可能性も合わせて持っているということを知ってほしいです。

（注）滑車：溝に綱をかけて回転するようにした車

57　このようなストレスとあるが、ここではどのようなストレスか。

1　人間に悪い影響を与えるストレス

2　治療が困難な病気に影響するストレス

3　人類の進歩に利用可能なストレス

4　現在の生活に満足を与えるストレス

58　ストレスについて、筆者が一番言いたいことは何か。

1　ストレスの結果を良い方向にも利用できることに気付いてほしい。

2　人生の悪条件から生じるストレスは、人間の進歩につながるべきだ。

3　ストレスへの備えをしない人生は、悲惨な結果につながりやすい。

4　ストレスを解消する方法によって、生活の質を変化させることができる。

（2）

　　学歴で人を評価するのはよくない。学歴は人を評価することにおいて単なる一つの条件に過ぎないということは誰もがわかっていると思う。それよりは人間性や才能や能力が重要であると。私ももちろん、そう考えている。

　　しかし最近になって、学歴が人間性に及ぼす影響が全くないという考えが覆されたことがあった。一流大学に入るためには熱心に勉強をし、友達と遊ぶことも諦め、自分が好きなことも後回しにするなどの努力が必要である。それらは忍耐力につながると言えるだろう。そして長い間そのような努力と忍耐を重ねた人だけが一流大学に入ることができる。つまり、一流大学に入った学生と入ることができなかった学生との違いは厳然と存在するのである。もちろん、自分の将来のために専門大学や地方の大学を選択した場合は別問題である。

　　忍耐と努力を重ねた人とそのような努力を放棄した人が持っている考え方の違い。これらは明らかに人格に影響を及ぼすことになる。勿論、今でも学歴が人を判断する絶対的な要素であると思ってはいない。学歴によって判断されることを変えたいと思うなら、自分が放棄した努力と忍耐の代わりになる何かを作っていくべきである。

59 筆者が、学歴が人間性に及ぼす影響についての考えが変わった理由は何か。

1 一流大学に入った人は頭が良い人だから

2 自分の希望を遂げるための忍耐力を持っているから

3 学歴は才能へつながることだから

4 希望する学校に進学することは人間性とは別の話であるから

60 筆者が一番言いたいことは何か。

1 学歴で人を判断するのは間違ったことではない。

2 学歴は人間性にある程度の影響を与えている。

3 学歴による判断を変えたいなら、それに相応する努力をするべきだ。

4 学歴は人を判断する絶対的な要素ではない。

(3)

去年、赤ちゃんが生まれてもう一歳くらいになった。赤ちゃんの面倒をよく見ると自負するほどではないが、愛らしい赤ちゃんのためにいつも努力していることがある。赤ちゃんに本を読み聞かせたり、単語を話したりする時にできるだけ正確な発音で伝えようとすることと、赤ちゃんとなるべく多くのことを話そうとしていることだ。親のこのような行動は、赤ちゃんの言語と認知の発達に役立つという。だが、赤ちゃんの発達教育だけのためにこのような努力をしているわけではない。赤ちゃんとの足りない絆の形成のためにも<u>その時間</u>を充実させているのだ。

　（中略）

　僕は妻に比べて子供と一緒に過ごす時間が非常に足りない父親という立場をよく理解している。勿論、父親と母親の立場が反対の場合もある。大変な一日の仕事を終えて帰宅後、笑いながら喜んで育児まで辛抱できる親が多いとは思わない。忙しいことで帰宅が遅くなり、寝ている子供の顔しか見られない親もいくらでもいる。だが、このような状況が家庭の生計のためにはやむを得ないことだと言ってばかりはいられない。赤ちゃんの立場では、大人の事情などは言い訳に過ぎないからだ。優先順位から赤ちゃんとの時間が後回しになっているのだ。僕は、赤ちゃんと一緒にする「時間の量」を選ぶ余力もなかったし、また選択もしなかった。もう僕が赤ちゃんのためにできることは、「時間の質」を高めるだけだ。育児の時間の量ほど時間の質もとても重要だ。この時間の質だけは、僕の努力次第でいくらでも変えられるものだと思う。

61　その時間というが、ここではどのような時間か。

　　1　赤ちゃんと家族との絆を形成するための時間

　　2　赤ちゃんに本を読み聞かせたり、言語教育をしたりする時間

　　3　赤ちゃんの言語発達教育のために努力する時間

　　4　赤ちゃんに本を読んでやったり、話をしようとしたりする時間

62　筆者は、育児についてどのように述べているか。

　　1　親の努力で育児時間の量と質を選択することはできない。

　　2　家庭の生計のために育児を疎かにするのはよくない。

　　3　育児において、優先順位を確実に決めておく必要がある。

　　4　育児時間の量と質のバランスを適切に保つことが重要だ。

(4)

個人の身体的な特徴から、それ以外の要素に肯定的な判断を引き出すことを後光効果^{ごこうこう}(ハロー効果)といい、その反対の場合を悪魔効果^{あくまこうか}(デビル効果)という。例えば、背が高くてハンサムな人を見ると、仕事もできそうで、家も裕福そうで、性格までよさそうと思われることを後光効果という。これにひきかえ、太っていて不細工^{ぶさいく}な人を見ると、怠け者で、部屋も汚く、仕事までできなさそうと思われたり職業さえなさそうに思われたりすることを悪魔効果という。

後光効果と悪魔効果はすべて<u>第一印象</u>によって決められる。他の人といい縁を結ぶために最も重要なのは第一印象である。一度決定された第一印象を変えるには、たくさんの時間が必要とされるからである。大体の場合、第一印象によって後光効果または悪魔効果を得てしまうが、大切な縁を取り結びたいなら、後光効果を得ておいた方が良い。しかし、ちょっとしたミスのせいで悪魔効果を得てしまった人もまだ心配することはない。悪魔効果から後光効果に変わる瞬間こそ、人間が表すことができる最も魅力的な瞬間だという研究結果もあるから。最悪の失敗がかえって最高の武器になることもありうるという話である。

(注)不細工^{ぶさいく}：容姿や見た目が醜い^{みにく}様子を指す。

63 筆者は、なぜ第一印象が重要だと述べているか。

1 第一印象から後光効果を得るためには、たくさんの時間がかかるから

2 良くない第一印象を変えるためには相当な努力が必要だから

3 他の人に、第一印象を通じて信頼を得ることができるから

4 第一印象により、後光効果や悪魔効果が決まってしまうから

64 後光効果と悪魔効果について、筆者が一番言いたいことは何か。

1 時間が経つにつれて、失敗が良いことに変わる可能性もある。

2 後光効果により、もっと魅力的に見せることができる。

3 ちょっとしたミスで悪魔効果を得ないように、警戒すべきである。

4 後光効果が悪魔効果に変わることもありうる。

問題 12 次のAとBの文章を読んで、後の問いに対する答えとして最もよいものを、
1・2・3・4から一つ選びなさい。

A

　　会社に入社したばかりの新入社員は、自分の役割についてちゃんと分かっていない
場合があります。また、その分野についてある程度の専門的な知識は持っているもの
の、経験が不足して円滑に仕事ができていない場合も多いです。新入りだから仕方が
ないという考え方を持ってはいけません。会社というところは、社交的な集まりでも
なく、失敗を待ち続けるところでもありません。しかし、新入社員にすべてを任せる
会社はなく、周りには本人の成長に役立つ資源がいくらでもあります。すでにその分
野に適応して、実績を上げている上司や先輩たちが多いということです。上司や先輩
の助言をすべて小言と思ってはいけません。

B

　　新入社員という立場を利用して、自分より存在価値のない人だと思ってはいけませ
ん。実際に会社を10年以上通っている社員より入社したばかりの社員のほうが会社の
利益に役立つ場合がいくらでもあるからです。自分より年下だったり、職位が低い人
だからといって、アドバイスが必要だとは限りません。また、先輩や上司という地位
から得られる権力で後輩や部下に自分の仕事の価値観を強要してはいけません。新入
社員を自分の部下や後輩として考えるよりは、一人の構成員や同僚として会社にうま
く適応できるように手助けすることが望ましいです。会社の利益のために動く部署に
必要なのは、指示や助言ではなく協力と協同です。

65 職場の上司や先輩について、AとBの認識で共通していることは何か。

1 新入社員の足りない部分について助言ができなければならない。

2 新入社員に様々な面において役に立ち得る存在だ。

3 新入社員が会社の価値観に適応できるようサポートしなければならない。

4 新入社員を自分より劣っていると思ってはならない。

66 新入社員について、AとBはどのように述べているか。

1 AもBも、積極的に会社に適応しなければならないと述べている。

2 AもBも、上司や先輩に手伝ってもらうべきだと述べている。

3 Aは自分の不足を認識すべきだと述べ、Bは周りの助けが必要ではないことも
あると述べている。

4 Aは上司や先輩たちの助言に耳を傾けなければならないと述べ、Bは部署の一
員として早く適応すべきだと述べている。

問題 13 次の文章を読んで、後の問いに対する答えとして最もよいものを、1・2・3・4から一つ選びなさい。

　私は同じ銀行で10年間仕事をしてきた。夏は涼しくて冬は暖かい銀行で働くことについて友達からうらやましがられている。しかし、銀行員としての仕事は順調なことばかりではない。乗務員、介護職、カウンセラー、コールセンターのヘルプデスクの係りなどと同様に、銀行員の仕事は精神的なストレスが多い、いわゆる感情労働なのである。業務の40％以上は感情コントロールしているのだ。お客さんと直接対面する場合が多いため、自分の感情を少しでも表に出さないよう、常に注意しなければならない。

　しばらく前からストレスによるうつ病だと診断されて病院に通っている。すべての人が自分の感情を素直に表現することはできないと思うが、銀行の上司から求められる感情の抑制と、いつも笑顔を保たなければならない私の人生がとても惨めに感じられてしまった。心から笑ったのがいつかさえ思い出せない。銀行を訪れるお客さんたちに親切な物の言い方と態度を見せるのは当然のことだが、自分の動作、ふるまいの全てまで気にしなければならないこと、何があっても笑顔を維持しなければならないことは容易ではない。このようなことに神経をすり減らしながら、小さなミスも許されないお金を扱う業務もこなさなければならないのだ。

　（中略）

　私の家族は家で私と一緒に過す時、あまり話をかけてこない。感情労働の仕事で疲れ切った私に気を使っているのだ。家族の前で笑顔も見せられない自分が嫌になる。お金をもらって仕事をしているかぎり、仕方がないことだと思いながらも、本当の私の姿とは違う姿で生きていかなければならないのだから。

　（中略）

　我々は、サービス業に従事している人の親切な態度に対する期待が大きすぎるのではないだろうか。笑顔が親切さを代弁するわけではない。場合によっては笑わずに話

をしなければならない時もある。銀行はメイド喫茶ではない。どんな場合でも優しくていねいに話し、低姿勢で接する必要はないと思う。私は銀行員や顧客センターの相談係りの自殺に関するニュースを聞く度に人ごととは思えない。感情労働に携わる私たちに必要なのは法律的な保護ではなく、顧客や消費者のちょっとした配慮なのだ。

（注）メイド喫茶：メイド服を着た女性メイドによって給仕等が行われる飲食店のこと

67 筆者は、銀行員の仕事についてどう述べているのか。

1 他の職種より肉体的、精神的に大変である。

2 職場環境は悪くはないが、精神的に大変なことが多い。

3 業務の全てが感情の調節に関することである。

4 相手の感情を傷つけないように、いつも注意しなければならない。

68 筆者が述べている<u>当然のこと</u>が指しているのは何か。

1 顧客に丁寧な話し方をしながら、無礼に行動しないこと

2 銀行にやってくる客たちに、どんな場合でも笑顔で応対すること

3 会話をする時、言い方とともに身振りにも注意を払うこと

4 速くて正確な計算とともに親切な態度を維持すること

69 この文章で、筆者が一番言いたいことは何か。

1 感情労働者を保護するための法律と勤務環境の改善が必要である。

2 サービス業に従事する人々に過度な親切を要求しないでほしい。

3 客や消費者も相手に親切な態度を取ることが重要である。

4 感情労働者に笑顔を強いることに対する法的規制が必要である。

問題 14　右のページは、あるアイスリンクの利用案内である。下の問いに対する
　　　　　答えとして最も良いものを、1・2・3・4から一つ選びなさい。

70　マルアンさんは、今度の土曜日に妻、中学生、小学生の子供と一緒にアイスリン
　　クを利用したいと思っている。子供たちは二人ともスケート靴を持っていて、滑
　　走回数券を利用する予定だ。13時から16時まで家族みんなで滑走を利用する場
　　合、料金はいくらになるか。

　　1　16,000円
　　2　13,200円
　　3　12,300円
　　4　11,700円

71　桜高校は、アイスリンクを貸切利用しようとしている。利用案内として合ってい
　　るものはどれか。

　　1　貸切利用のためには、一週間前までに予約をしなければならない。
　　2　アイスリンクに入場後は、必ず手袋を着用しなければならない。
　　3　予約は一週間前までにするべきで、指示に従わなければ退場させられることも
　　　ありうる。
　　4　撮影は事前に許可を受けるべきで、予約取り消しの場合にも料金が発生するこ
　　　とがある。

アイスリンクのご利用案内

1. 営業時間

平日 07:00〜17:00　　　土日祝日 09:00〜16:00　　　夜間 18:00〜06:00

2. 利用可能種目

フィギュアスケート、カーリング、アイスホッケー、ショートトラック

3. 利用料金

・滑走料金と滑走回数券は自動販売機でも購入可能です。

・団体は一週間、貸切利用は一ヶ月前までに館内の窓口にて予約及びお支払いをお願いいたします。

(1) 一般開放利用

対象	滑走料金	滑走回数券 (11回)	団体料金	観覧料金	貸靴料金
大人	800円	8,000円	600円		
中高生	550円	5,500円	350円	150円	300円
小学生以下	400円	4,000円	200円		

※ 未就学児の滑走は無料です。

※ 団体は十名以上で、学校、または桜市に登録されているサークルとします。

※ 団体予約のキャンセルは、ご利用日の三日前からキャンセル料金が発生します。

(2) 貸切利用

区分	時間	7時〜14時	14時〜17時	18時以降(夜間)
学校及びサークル	平日	12,000 円	13,000 円	10,000 円
	土日・祝日	15,000 円	16,000 円	12,000 円
その他	平日	35,000 円	40,000 円	25,000 円
	土日・祝日	40,000 円	50,000 円	35,000 円

※ 1ヶ月前までに予約が必要です。予約キャンセルの場合、ご利用日の五日前からキャンセル料金が発生します。

※ キャンセル料金の詳細については、電話、またはメールでお問い合わせください。

4. お客様へのお願い

・お子様、または初心者の方は、安全のためヘルメットをご着用ください。

・氷上では必ず手袋を着用してください。

・ビデオカメラ、携帯電話等での撮影前に事務室で事前に許可を得てください。

・安全のため係員の指示に従ってください。指示に従っていただけない場合、退場していただくこともあります。

5. お問い合わせ

・電話でのお問い合わせ　　　123-456-7890

・メールでのお問い合わせ　　icelink@sakurasi.jp

N2

聴解

（50分）

注　意
Notes

1. 試験が始まるまで、この問題用紙を開けないでください。
   Do not open this question booklet until the test begins.

2. この問題用紙を持って帰ることはできません。
   Do not take this question booklet with you after the test.

3. 受験番号と名前を下の欄に、受験票と同じように書いてください。
   Write your examinee registration number and name clearly in each box below as written on your test voucher.

4. この問題用紙は、全部で13ページあります。
   This question booklet has 13 pages.

5. この問題用紙にメモをとってもかまいません。
   You may make notes in this question booklet.

受験番号 Examinee Registration Number	

名前 Name	

もんだい
問題 1

問題1では、まず質問を聞いてください。それから話を聞いて、問題用紙の1から4の中から、最もよいものを一つ選んでください。

例

1 飲み物を買いに行く
2 椅子のチェックをする
3 参加者にメールを送る
4 田中君に連絡する

1番
<ruby>番<rt>ばん</rt></ruby>

1 <ruby>図<rt>ず</rt></ruby>の<ruby>部分<rt>ぶぶん</rt></ruby>を<ruby>修正<rt>しゅうせい</rt></ruby>する

2 <ruby>説明書<rt>せつめいしょ</rt></ruby>の<ruby>枚数<rt>まいすう</rt></ruby>を<ruby>減<rt>へ</rt></ruby>らす

3 <ruby>字<rt>じ</rt></ruby>を<ruby>大<rt>おお</rt></ruby>きくする

4 <ruby>表<rt>ひょう</rt></ruby>の<ruby>部分<rt>ぶぶん</rt></ruby>を<ruby>修正<rt>しゅうせい</rt></ruby>する

2番
<ruby>番<rt>ばん</rt></ruby>

1 <ruby>資料<rt>しりょう</rt></ruby>を<ruby>修正<rt>しゅうせい</rt></ruby>する

2 <ruby>水<rt>みず</rt></ruby>を<ruby>買<rt>か</rt></ruby>いに<ruby>行<rt>い</rt></ruby>く

3 <ruby>同僚<rt>どうりょう</rt></ruby>に<ruby>連絡<rt>れんらく</rt></ruby>する

4 <ruby>会議室<rt>かいぎしつ</rt></ruby>に<ruby>行<rt>い</rt></ruby>く

3番

1　アルバイトをしに行く

2　申し込み用紙に記入する

3　学生証を取りに行く

4　振り込みしに銀行へ行く

4番

1　期末試験とレポートを準備する

2　レポートのテーマを決める

3　参考文献とグループを確認する

4　図書館で参考文献を探す

5 番

1 特急 指定席

2 特急 自由席

3 急行 指定席

4 準急 自由席

もんだい
問題 2

　問題 2 では、まず質問を聞いてください。そのあと、問題用紙のせんたくしを読んでください。読む時間があります。それから話を聞いて、問題用紙の 1 から 4 の中から、最もよいものを一つ選んでください。

れい
例

1　コーヒーがおいしいから
2　食べ物がおいしいから
3　静かな店だから
4　雰囲気がいいから

1番

1 多くの人に助けてもらったこと

2 発表がうまく終わって社長が喜んだこと

3 取引先の会社の反応が良かったこと

4 発表が終わってほっとしていること

2番

1 ユニークなストーリー

2 映画音楽

3 俳優の演技力

4 映画のセリフ

3番

1 友達の成績を上げたいから

2 物理より数学が好きだから

3 学校という場所が好きだから

4 勉強が面白くて好きだから

4番

1 割引をたくさんしてもらえること

2 味もよくて店員の態度もいいこと

3 値段は高くてもメニューが多いこと

4 値段も高くなく、量もちょうどいいこと

5番

ばん

1 学校の授業よりも大変だと思っている

2 将来のビジネスの勉強だと思っている

3 楽しい時もあるが、やめたいと思っている

4 就職のための良い経験だと思っている

6番

ばん

1 快適な生活のためには、22度から25度の温度を維持すること

2 子供の成長のためには、大人より低い温度を維持するのが必要なこと

3 適切な室内温度は、条件によって異なる場合があること

4 湿度が高すぎる場合、病気になる可能性が高いこと

もんだい
問題 3

　問題 3 では、問題用紙に何もいんさつされていません。この問題は、全体としてどんな内容かを聞く問題です。話の前に質問はありません。まず話を聞いてください。それから、質問とせんたくしを聞いて、1 から 4 の中から、最もよいものを一つ選んでください。

― メモ ―

問題4

問題4では、問題用紙に何もいんさつされていません。まず文を聞いてください。それから、それに対する返事を聞いて、1から3の中から、最もよいものを一つ選んでください。

— メモ —

もんだい
問題5

問題5では、長めの話を聞きます。この問題には練習はありません。

メモをとってもかまいません。

1番

問題用紙に何もいんさつされていません。まず話を聞いてください。それから、質問とせんたくしを聞いて、1から4の中から、最もよいものを一つ選んでください。

― メモ ―

2番
_{ばん}

　まず話を聞いてください。それから、二つの質問を聞いて、それぞれ問題用紙の
1から4の中から、最もよいものを一つ選んでください。

質問1
_{しつもん}

1　音楽教室
_{おんがくきょうしつ}

2　料理教室
_{りょうりきょうしつ}

3　読書教室
_{どくしょきょうしつ}

4　野球教室
_{やきゅうきょうしつ}

質問2
_{しつもん}

1　音楽教室
_{おんがくきょうしつ}

2　料理教室
_{りょうりきょうしつ}

3　読書教室
_{どくしょきょうしつ}

4　野球教室
_{やきゅうきょうしつ}

N2 第1回 日本語能力試験 模擬テスト 解答用紙

言語知識(文字・語彙・文法)・読解

受験番号
Examinee Registration
Number

名前
Name

〈ちゅうい Notes〉
1. 〈ろいえんぴつ (HB、No.2) でかいてください。〉
   (ペンやボールペンではかかないでください。)
   Use a black medium soft (HB or No.2) pencil.
   (Do not use any kind of pen.)
2. かきなおすときは、けしゴムできれいにけしてください。
   Erase any unintended marks completely.
3. きたなくしたり、おったりしないでください。
   Do not soil or bend this sheet.
4. マークれい Marking Examples

よいれい Correct Example	わるいれい Incorrect Examples
●	⊘ ⊖ ◯ ◑ ⊙ ○

問題 1

	1	2	3	4
1	①	②	③	④
2	①	②	③	④
3	①	②	③	④
4	①	②	③	④
5	①	②	③	④

問題 2

	1	2	3	4
6	①	②	③	④
7	①	②	③	④
8	①	②	③	④
9	①	②	③	④
10	①	②	③	④

問題 3

	1	2	3	4
11	①	②	③	④
12	①	②	③	④
13	①	②	③	④

問題 4

	1	2	3	4
14	①	②	③	④
15	①	②	③	④
16	①	②	③	④
17	①	②	③	④
18	①	②	③	④
19	①	②	③	④
20	①	②	③	④

問題 5

	1	2	3	4
21	①	②	③	④
22	①	②	③	④
23	①	②	③	④
24	①	②	③	④
25	①	②	③	④

問題 6

	1	2	3	4
26	①	②	③	④
27	①	②	③	④
28	①	②	③	④
29	①	②	③	④
30	①	②	③	④

問題 7

	1	2	3	4
31	①	②	③	④
32	①	②	③	④
33	①	②	③	④
34	①	②	③	④
35	①	②	③	④
36	①	②	③	④
37	①	②	③	④
38	①	②	③	④
39	①	②	③	④
40	①	②	③	④
41	①	②	③	④
42	①	②	③	④

問題 8

	1	2	3	4
43	①	②	③	④
44	①	②	③	④
45	①	②	③	④
46	①	②	③	④
47	①	②	③	④

問題 9

	1	2	3	4
48	①	②	③	④
49	①	②	③	④
50	①	②	③	④
51	①	②	③	④

問題 10

	1	2	3	4
52	①	②	③	④
53	①	②	③	④
54	①	②	③	④
55	①	②	③	④
56	①	②	③	④

問題 11

	1	2	3	4
57	①	②	③	④
58	①	②	③	④
59	①	②	③	④
60	①	②	③	④
61	①	②	③	④
62	①	②	③	④
63	①	②	③	④
64	①	②	③	④

問題 12

	1	2	3	4
65	①	②	③	④
66	①	②	③	④

問題 13

	1	2	3	4
67	①	②	③	④
68	①	②	③	④
69	①	②	③	④

問題 14

	1	2	3	4
70	①	②	③	④
71	①	②	③	④

N2 第1回 日本語能力試験 模擬テスト 解答用紙

聴 解

受 験 番 号
Examinee Registration Number

名 前
Name

〈ちゅうい Notes〉

1. 〈ろいえんぴつ (HB、No.2) でかいてください。〉
   （ペンやボールペンではかかないでください。）
   Use a black medium soft (HB or No.2) pencil.
   (Do not use any kind of pen.)
2. かきなおすときは、けしゴムできれいにけして
   ください。
   Erase any unintended marks completely.
3. きたなくしたり、おったりしないでください。
   Do not soil or bend this sheet.
4. マークれい Marking Examples

よいれい Correct Example	わるいれい Incorrect Examples
●	⊗ ◯ ○ ◍ ⊖ ● ⊙

もんだい 問題 1

	①	②	③	●
1	①	②	③	④
2	①	②	③	④
3	①	②	③	④
4	①	②	③	④
5	①	②	③	④
6	①	②	③	④

もんだい 問題 2

例	①	●	③	④
1	①	②	③	④
2	①	②	③	④
3	①	②	③	④
4	①	②	③	④
5	①	②	③	④

もんだい 問題 3

例	①	②	●	④
1	①	②	③	④
2	①	②	③	④
3	①	②	③	④
4	①	②	③	④
5	①	②	③	④

もんだい 問題 4

例	①	②	●
1	①	②	③
2	①	②	③
3	①	②	③
4	①	②	③
5	①	②	③
6	①	②	③
7	①	②	③
8	①	②	③
9	①	②	③
10	①	②	③
11	①	②	③

もんだい 問題 5

1	①	②	③	④
2 (1)	①	②	③	④
(2)	①	②	③	④

N2 第2回 日本語能力試験 模擬テスト 解答用紙

言語知識(文字・語彙・文法)・読解

受験番号
Examinee Registration
Number

名前
Name

〈ちゅうい Notes〉
1. 〈ろいえんぴつ (HB、No.2) でかいてください。
 (ペンやボールペンではかかないでください。)
 Use a black medium soft (HB or No.2) pencil.
 (Do not use any kind of pen.)
2. かきなおすときは、けしゴムできれいにけしてください。
 Erase any unintended marks completely.
3. きたなくしたり、おったりしないでください。
 Do not soil or bend this sheet.
4. マークれい Marking Examples

よいれい Correct Example	わるいれい Incorrect Examples
●	⊗ ◯ ◯ ◯ ⊖ ◑

問題 1

	①	②	③	④
1	①	②	③	④
2	①	②	③	④
3	①	②	③	④
4	①	②	③	④
5	①	②	③	④

問題 2

	①	②	③	④
6	①	②	③	④
7	①	②	③	④
8	①	②	③	④
9	①	②	③	④
10	①	②	③	④

問題 3

	①	②	③	④
11	①	②	③	④
12	①	②	③	④
13	①	②	③	④

問題 4

	①	②	③	④
14	①	②	③	④
15	①	②	③	④
16	①	②	③	④
17	①	②	③	④
18	①	②	③	④
19	①	②	③	④
20	①	②	③	④

問題 5

	①	②	③	④
21	①	②	③	④
22	①	②	③	④
23	①	②	③	④
24	①	②	③	④
25	①	②	③	④

問題 6

	①	②	③	④
26	①	②	③	④
27	①	②	③	④
28	①	②	③	④
29	①	②	③	④
30	①	②	③	④

問題 7

	①	②	③	④
31	①	②	③	④
32	①	②	③	④
33	①	②	③	④
34	①	②	③	④
35	①	②	③	④
36	①	②	③	④
37	①	②	③	④
38	①	②	③	④
39	①	②	③	④
40	①	②	③	④
41	①	②	③	④
42	①	②	③	④

問題 8

	①	②	③	④
43	①	②	③	④
44	①	②	③	④
45	①	②	③	④
46	①	②	③	④
47	①	②	③	④

問題 9

	①	②	③	④
48	①	②	③	④
49	①	②	③	④
50	①	②	③	④
51	①	②	③	④

問題 10

	①	②	③	④
52	①	②	③	④
53	①	②	③	④
54	①	②	③	④
55	①	②	③	④
56	①	②	③	④

問題 11

	①	②	③	④
57	①	②	③	④
58	①	②	③	④
59	①	②	③	④
60	①	②	③	④
61	①	②	③	④
62	①	②	③	④
63	①	②	③	④
64	①	②	③	④

問題 12

	①	②	③	④
65	①	②	③	④
66	①	②	③	④

問題 13

	①	②	③	④
67	①	②	③	④
68	①	②	③	④
69	①	②	③	④

問題 14

	①	②	③	④
70	①	②	③	④
71	①	②	③	④

N2 第2回 日本語能力試験 模擬テスト 解答用紙

聴解

受験番号
Examinee Registration Number

名前
Name

<ちゅうい Notes>

1. 〈くろいえんぴつ〉(HB、No.2) でかいてください。
   (ペンやボールペンではかかないでください。)
   Use a black medium soft (HB or No.2) pencil.
   (Do not use any kind of pen.)
2. かきなおすときは、けしゴムできれいにけして
   ください。
   Erase any unintended marks completely.
3. きたなくしたり、おったりしないでください。
   Do not soil or bend this sheet.
4. マークれい Marking Examples

よいれい Correct Example	わるいれい Incorrect Examples
●	⊗ ◌ ⊘ ⊙ ⊖ ◑

問題 1

例	①	②	③	●
1	①	②	③	④
2	①	②	③	④
3	①	②	③	④
4	①	②	③	④
5	①	②	③	④

問題 2

例	①	●	③	④
1	①	②	③	④
2	①	②	③	④
3	①	②	③	④
4	①	②	③	④
5	①	②	③	④
6	①	②	③	④

問題 3

例	①	●	③
1	①	②	③
2	①	②	③
3	①	②	③
4	①	②	③
5	①	②	③

問題 4

例	①	②	●
1	①	②	③
2	①	②	③
3	①	②	③
4	①	②	③
5	①	②	③
6	①	②	③
7	①	②	③
8	①	②	③
9	①	②	③
10	①	②	③
11	①	②	③

問題 5

1	①	②	③	④
2	(1)	①	②	③	④
	(2)	①	②	③	④

JLPT 합격 기준

새로운 일본어능력시험은 종합득점과 각 과목별 득점의 두 가지 기준에 따라 합격 여부를 판정합니다. 즉, 종합득점이 합격에 필요한 점수(합격점) 이상이며, 각 과목별 득점이 과목별로 부여된 합격에 필요한 최저점(기준점) 이상일 경우 합격입니다.

❶ N1~N3의 경우

구분	합격점	기준점		
		언어지식	독해	청해
N1	100	19	19	19
N2	90	19	19	19
N3	95	19	19	19

❷ N4~N5의 경우

구분	합격점	기준점		청해
		언어지식	독해	
N4	90	38		19
N5	80	38		19

JLPT 성적 결과 통지서

❶ N1~N3의 경우

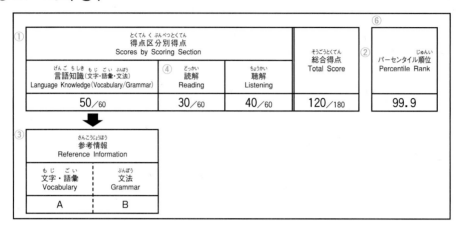

❷ N4~N5의 경우

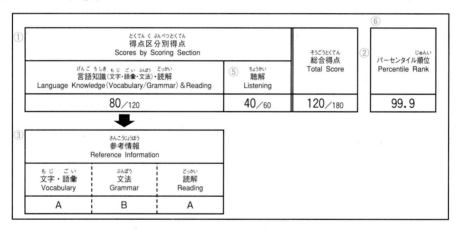

① 척도득점입니다. 합격판정의 대상이 됩니다.

② 득점구분별득점의 합계점수입니다. 합격판정의 대상이 됩니다.

③ 각 분야별로 각각 몇 문제를 맞혔는지 나타내는 정보입니다. 척도점수와는 다르며, 합격판정의 대상이 되지 않습니다. 이것에 따라 어느 분야에서 어느 정도 풀어냈는지를 알 수 있고 앞으로의 일본어 학습에 참고할 수 있습니다.

  A 매우 잘했음(정답률 67% 이상)

  B 잘했음(정답률 34%이상 67% 미만)

  C 그다지 잘하지 못했음(정답률 34% 미만)

④ [독해]와 [청해]에서는 단독으로 척도점수가 표시되기 때문에 참고 정보는 없습니다.

⑤ [청해]에서는 단독으로 척도점수가 표시되기 때문에 참고 정보는 없습니다.

⑥ 백분위 순위는 해외에서 수험한 합격자에게만 표시됩니다.

Memo

Memo

일본어능력시험

일단 합격 JLPT

N2 완벽 대비

기본서 ✦ 모의고사 ✦ 단어장

황운, 김상효 지음 ┃ 오기노 신사쿠 감수

정답&해설

동양북스

일본어능력시험

일단 합격 JLPT

N2 완벽 대비

기본서 ✦ 모의고사 ✦ 단어장

황운, 김상효 지음 ┃ 오기노 신사쿠 감수

정답&해설

동양북스

유형별 실전 문제

問題 1

한자 읽기 실전 연습 ❶ p.106

1	2	3	4	5
②	③	④	②	③
6	7	8	9	10
③	①	②	④	②

문제 1 ＿＿＿의 단어 읽기로 가장 알맞은 것을 1·2·3·4에서 하나 고르시오.

1 바나나는 냉장고에 넣지 않는 편이 좋다.
2 2021년부터 총액 표시가 의무화되어 세금별도 표기만 되어 있는 가격 표시는 금지됐다.
3 이쪽의 예약 상품은 2월 하순 인도 예정입니다.
4 보험에 가입하면 해외여행 중 일어날 수 있는 만일의 트러블에 대한 손해를 보상받을 수 있다.
5 간병이나 지원이 필요한 주요 원인으로는 '치매'가 가장 많았다.
6 시민단체는 25일, 시민의 찬부를 묻는 주민투표 조례의 제정을 시에 청구했다.
7 불평등은 전세계 젊은 세대에게 보다 중요한 문제가 되고 있다.
8 인도네시아 여성의 전통 의상은 케바야라고 합니다.
9 농약에는 많은 종류가 있으며, 그 분류 방법도 다양하다.
10 자세한 내용은 결정되는대로 홈페이지에서 알려드리겠습니다.

한자 읽기 실전 연습 ❷ p.107

1	2	3	4	5
②	③	②	④	①
6	7	8	9	10
③	④	②	②	④

1 유리를 깨뜨렸을 때에는 파편에 주의해 주세요.
2 이번에는 '2024년 가을 드라마에서 연기가 빛나고 있는 주연 배우'의 랭킹을 소개합니다.
3 사내 연수는 직원의 기술 향상이 큰 목적 중 하나입니다.
4 다나카 씨는 아침부터 기분이 나쁜 것 같다.

5 온라인 강좌는 장소나 시간을 불문하고 편리하게 수강할 수 있다.
6 본 콘테스트에서는 여행을 테마로 한 단편 소설을 모집합니다.
7 피로를 느꼈을 때는 무리하지 않고 천천히 쉬도록 합시다.
8 이번 사고로 막대한 손실이 발생해 버렸다.
9 이번 경기는 한국의 압승이 될 것 같네요.
10 여행을 하면 여러나라 사람들과 교류할 수 있다.

한자 읽기 실전 연습 ❸ p.108

1	2	3	4	5
①	②	①	③	②
6	7	8	9	10
③	①	②	③	②

1 어떤 일이라도 열심히 연습하면 능숙해 질 수 있습니다.
2 집계한 데이터를 근거로 분석을 실시하고 있다.
3 이직 활동을 하는 데 있어서 이력서 작성 방법은 매우 중요하다.
4 고양이가 번개를 두려워하는 이유는 청각이 뛰어나기 때문이라고 한다.
5 이 마을에는 5년간 40건에 가까운 사고가 일어난 요주의 교차로가 세 곳이나 있다.
6 기본적인 조작 방법에 대해서는 이 설명서를 참조하세요.
7 요지란, 문장이나 이야기의 중심이 되는 내용을 짧게 정리한 것이다.
8 용지의 가장자리가 접히지 않도록 주의해 주세요.
9 위장 기능이 저하되면 영양분의 흡수를 할 수 없게 된다.
10 벽에 구멍을 뚫지 않고 그림을 장식하는 방법을 알려 주세요.

한자 읽기 실전 연습 ❹ p.109

1	2	3	4	5
④	①	③	②	①
6	7	8	9	10
②	④	①	③	②

1   스즈키 선수는 팀에 잘 융화되고 있는 것 같다.

2   체력은 나이를 거듭함에 따라 쇠퇴해 간다.

3   일을 일임한 이상 불평은 하지 않는다.

4   후지산은 여름에도 눈이 쌓여 있다고 한다.

5   쓸데없는 일을 줄이면 업무 효율이 높아진다.

6   머리카락이 가늘면 엉키기 쉬운 경향이 있다.

7   페트병은 찌그러뜨린 후 버리고 있다.

8   체크인 전에 짐을 맡길 수 있는 호텔도 있다.

9   그는 전국대회 출전 등 빛나는 성적을 거뒀다.

10 개발도상국의 경제발전을 방해하고 있는 큰 요인 중 하나
    로 가혹한 노동환경을 들 수 있다.

한자 읽기 **실전 연습 ⑤** p.110

1	2	3	4	5
③	②	③	④	①
6	7	8	9	10
①	④	②	③	②

1   처음 참가한 교류회에서는 부드러운 분위기 속에서 의견
    교환을 할 수 있었다.

2   이 식기는 색이 매우 선명하고 예쁩니다.

3   그는 윤택한 삶을 살고 있는 것처럼 보입니다.

4   라디오에서 쾌활한 음악이 흐르고 있다.

5   이 거리를 깨끗하게 하기 위해 많은 노력이 이루어지고 있
    습니다.

6   스즈키 씨는 매우 용감한 사람이라고 생각한다.

7   감기에 걸리면 머리 회전이 둔해진다.

8   어제 오른 산은 매우 가팔랐다.

9   나는 연한 색 옷이 안 어울린다.

10 대수롭지 않은 일은 신경 쓰지 않는 편이 좋다.

問題 2

한자 표기 **실전 연습 ❶** p.111

1	2	3	4	5
②	④	①	③	②
6	7	8	9	10
④	②	③	①	④

문제 2   의 단어를 한자로 쓸 때, 가장 알맞은 것을 1·2·3·4
에서 하나 고르시오.

1   그는 손재주가 좋아 부럽다.

2   회원 등록을 할 때는 소정의 입력 양식에 필요한 사항을
    정확히 입력해 주세요.

3   공부하는 방법을 알면 성적도 올라간다.

4   역에서 가까울수록 월세는 비싸진다.

5   회의 자료를 만들 때는 우선 전체적인 구성을 생각해야 한
    다.

6   ABC사는 지난해 매출의 일부를 기부했다.

7   비상식적인 사람과는 얽히고 싶지 않다.

8   전기 자동차의 보급을 목표로 세계 각국은 움직이고 있다.

9   엄마의 취미는 뮤지컬 감상이다.

10 그는 한국에서 유명한 배우이다.

한자 표기 **실전 연습 ❷** p.112

1	2	3	4	5
②	①	③	②	④
6	7	8	9	10
①	④	②	①	③

1   그는 인터넷상에서 많은 비난을 받고 있다.

2   물방울 무늬의 블라우스를 사려고 한다.

3   전기 공급에 관한 소식이 도착했다.

4   돈을 빌릴 때는 미리 상환 계획을 세워야 한다.

5   공무원 시험은 교양과목과 전문과목의 두 가지로 나뉘어
    있다.

6   무리한 권유에 못 이겨 계약하고 말았다.

7   다나카 씨는 무역회사에 근무하고 있다.

8   의료비 자기 부담에 대해 소개하겠습니다.

9   열쇠를 분실할 경우, 별도 요금이 부과됩니다.

10 서류는 봉투에 넣어 제출해 주세요.

1	2	3	4	5
③	④	①	④	③
6	7	8	9	10
③	②	①	④	②

1 병원에 가서 진단서를 발급받았다.
2 기대하고 있던 소풍이 비로 연기되었다.
3 투표는 국민의 의무이다.
4 피망은 초보자도 재배하기 쉽다.
5 그때를 생각하면 가슴이 아프다.
6 산꼭대기가 안개에 싸여 경치가 보이지 않았다.
7 눈앞에서 욕심에 눈이 멀면 실패하기 마련이다.
8 입력하신 내용에 오류가 없는지 확인 부탁드립니다.
9 피사의 사탑은 의도치 않았지만 기울어져 있는 것으로 유명합니다.
10 여름 장마에 대비해야 한다.

1	2	3	4	5
②	③	①	③	④
6	7	8	9	10
②	④	①	③	③

1 자세한 내용은 추후 다시 안내드리겠습니다.
2 마스크 표면에는 닿지 않도록 해 주세요.
3 다나카 씨는 지금까지 회사원으로서 기업에 고용되어 있었다.
4 선수들은 승리에 대한 결의를 다졌다.
5 가정법원은 가족과 관련된 문제를 다룬다.
6 분명하게 거절하지 못하는 성격을 고치고 싶다.
7 생활리듬이 흐트러지면 심신의 건강에 여러 가지 영향을 미친다.
8 시간이 없어서 과목을 좁혀 공부하기로 했다.
9 급한 부탁임에도 불구하고 흔쾌히 수락해 주셔서 정말 감사합니다.
10 우리집 개와 고양이는 항상 사이좋게 지낸다.

1	2	3	4	5
②	④	①	③	②
6	7	8	9	10
③	①	②	④	①

1 나는 진한 색 데님을 좋아한다.

2 그의 뻔뻔한 태도에는 화가 났다.
3 한국은 자원이 부족한 나라이다.
4 다나카 씨는 무엇이든 상담할 수 있는 믿음직한 존재이다.
5 고기를 부드럽게 하는 법을 알려 드리겠습니다.
6 양국은 밀접한 협력을 유지하고 있다.
7 이 건에 관해서는 신중하게 검토할 필요가 있다.
8 고집스러운 성격은 결코 단점이 아닙니다.
9 공항은 항상 엄중한 경비가 이루어지고 있다.
10 그 일에 대해 복잡한 감정을 가지고 있다.

問題 3

1	2	3	4	5
④	③	①	③	②
6	7	8	9	10
④	②	③	①	②

문제 3 (   )에 넣기에 가장 알맞은 것을 1·2·3·4에서 하나 고르시오.

1 아이에게 무관심한 가정은 아이가 등교 거부생이 되기 쉽다.
2 전철은 사고 방지를 위해 급정거하는 경우가 있다.
3 유학 간 친구에게서 한 통의 편지가 왔다.
4 고성능 노트북은 높은 처리 능력을 가지고 있다.
5 정부는 국제 경쟁력을 높이는 데 적극적으로 나서고 있다.
6 세계 대회에 출전한 선수단이 13일, 나리타 공항으로 귀국했다.
7 요즘 한국풍 메이크업이 일본에서 유행하고 있다.
8 이 방은 1일, 1주일, 1개월간과 같은 단기간으로도 계약할 수 있습니다.
9 연수는 지도의의 감독하에 이루어졌다.
10 이 사이트에서는 최신작도 시청할 수 있다.

1	2	3	4	5
①	④	③	②	④
6	7	8	9	10
③	①	②	③	④

1 어려운 업무는 없기 때문에 미경험이라도 안심하고 일할 수 있습니다.
2 쓰레기 배출에 사용할 수 있는 봉투는 투명 또는 반투명 쓰레기 봉투로만으로 바뀌었습니다.

3   내일 9시 출발의 고속버스를 타고 갈 예정입니다.

4   사장이 부재중일 때는 부사장이 사장을 대리해 경영에 대한 판단을 한다.

5   통근에 드는 교통비는 모두 지급된다.

6   겨울부터 봄까지는 화재 발생 가능성이 높아진다.

7   내각의 지지율에 회복 경향이 보여지고 있다.

8   과도한 음주는 건강에 악영향을 미칠 수 있다.

9   번화한 역 앞에서 조금만 걸으면 조용한 주택가가 펼쳐져 있다.

10 카드를 분실해서 재발급해야 해야 한다.

단어 형성 **실전 연습 ❸** p.118

1	2	3	4	5
④	③	①	②	①
6	7	8	9	10
③	④	②	③	④

1   다나카 씨는 여러 나라의 경제 정책에 관한 연구를 하고 있다.

2   누나는 대학에서 간호학을 전공하고 있다.

3   럭비 일본 대표는 국제 대회 준결승에서 승리해 결승전에 진출했다.

4   미국식 비즈니스에서는 확실한 결론을 먼저 이야기한다.

5   저희는 고객님의 건강과 안전을 최우선으로 생각하고 있습니다.

6   종전의 제도를 '구제도', 개정 후의 제도를 '신제도'라고 기재하고 있다.

7   책임감이 강한 사람은 주위로부터 신뢰를 얻을 수 있다.

8   그 결의안은 반대 다수로 부결되었다.

9   저 아이돌 그룹은 전 세계가 주목하고 있다.

10 공개 설정은 자신만으로 설정하는 것으로 비공개로 할 수 있다.

단어 형성 **실전 연습 ❹** p.119

1	2	3	4	5
③	②	④	①	③
6	7	8	9	10
④	①	③	④	②

1   한국에는 일본식 주택이 많이 남아 있다.

2   수험공부로 같은 문제집을 반복해서 풀고 있다.

3   이 행사는 이익을 얻는 것을 주목적으로 하지 않는 문화 행사이다.

4   사회적 불평등의 원인은 인종, 계급, 민족, 종교 등이 꼽힌다.

5   2023년 일본의 총인구는 전년보다 60만 명 가까이 줄어 13년 연속 감소했다.

6   가계약은 정식 계약 전에 기본적인 합의를 하는 것입니다.

7   그녀는 여배우로서 영화계에 진출했다.

8   다른 가게들과 비교하면 저렴한 편이라고 생각합니다

9   그 이상은 현 단계에서는 대답할 수 없습니다.

10 여행을 다녀온 후 인생관이 바뀌었다.

단어 형성 **실전 연습 ❺** p.120

1	2	3	4	5
④	②	③	④	①
6	7	8	9	10
②	③	④	②	③

1   가공식품에 대해 제조원의 표기가 의무화되었다.

2   한밤중의 전화에 잠이 깼다.

3   창작물은 모두 저작권으로 보호되고 있다.

4   도시에서 자란 다나카 씨는 좀처럼 시골 생활에 적응하지 못하는 것 같다.

5   이 상품은 배송비 포함 1,500엔입니다.

6   가구가 딸린 아파트를 찾고 있습니다.

7   스마트키의 건전지가 다 소진된 경우에도 문을 개폐할 수 있습니다.

8   일본인의 비타민 섭취량은 부족한 편으로 알려져 있다.

9   저 호텔은 놀이공원 옆에 위치해 있어 어린이를 동반한 관광객들에게 인기가 있다.

10 연휴 뒤에는 일하러 가고 싶지 않은 기분이 더욱 커져 버린다.

問題 4

문맥 규정 **실전 연습 ❶** p.121

1	2	3	4	5
③	②	③	①	④
6	7	8	9	10
③	①	④	②	①

문제 4 (   )에 넣기에 가장 알맞은 것을 1·2·3·4에서 하나 고르시오.

1   그의 작품은 사람을 사로잡는 독특한 문장으로 인기가 있다.

2   조용히 자고 있던 아기가 갑자기 울기 시작해 깜짝 놀랐다.

3   이미 설명한 부분은 생략하겠습니다.

4 책임감은 리더로서 빼놓을 수 없는 요소다.

5 차량이 보행자의 진행을 방해하게 될 때에는 일시정지해야 한다.

6 돈이 궁하던 그는 돈벌이 이야기를 듣고 바로 달려들기로 했다.

7 마음에 드는 치마가 꽉 끼게 되어서 다이어트를 하기로 했다.

8 학교 시험에서 모르는 문제가 있어서 아무렇게나 답을 썼다.

9 사람이 사는 시간은 기껏해야 100년 정도도.

10 그는 리포트 제출이 항상 마감 직전이 되어 버린다.

문맥 규정 **실전 연습 ❷** p.122

1	2	3	4	5
①	③	①	②	④
6	7	8	9	10
③	②	④	①	②

1 주휴 3일을 선택할 수 있는 제도 도입을 검토하고 있는 회사가 늘고 있다.

2 바다의 물은 강물보다 염분의 농도가 높다.

3 모르는 번호로 오는 전화는 주의하는 게 좋다.

4 그녀는 애니메이션이나 영화 등에서 의상 디자인을 담당하고 있다.

5 인파 속에서는 아이를 잃어버리기 쉽기 때문에 곁을 떠나지 않도록 하세요.

6 부모님은 노후를 위해 자금을 모으고 있다.

7 어제 불꽃놀이에서 경시청은 삼엄한 경비를 펼쳤다.

8 다나카 씨는 뻔뻔한 사람이기 때문에 남에게 폐를 끼쳐도 태평하다.

9 피부색이 다른 탓인지 외국에 가면 사람들이 빤히 쳐다볼 때가 많다.

10 아기는 자고 있을 때 방긋 웃는 것처럼 보인다.

문맥 규정 **실전 연습 ❸** p.123

1	2	3	4	5
②	③	②	④	①
6	7	8	9	10
①	③	④	②	④

1 이쪽은 올해 수확된 햅쌀입니다.

2 일본을 찾는 외국인 관광객 수는 해마다 증가하고 있다.

3 그는 기자로서 모든 사건과 사고를 취재하고 있다.

4 면접을 볼 때 협조성을 어필하면 좋은 평가를 받을 수 있다.

5 내일 축구 세계 제일을 겨루는 경기가 열린다.

6 이 펜은 꼭 필요하다고 생각했지만, 사실은 필요치 않았다.

7 기한이 지난 약은 시용하지 않고 버리는 편이 좋다.

8 최근 격식을 차린 자리에서 그에 걸맞는 말투을 사용하지 못 한다는 젊은이들이 많아졌다.

9 단체 외국인들이 버스에서 내려 가이드 뒤를 졸졸 따라 걷고 있다.

10 한 번이라도 사용하신 상품은 반품 및 교환이 불가하오니 미리 양해 바랍니다.

문맥 규정 **실전 연습 ❹** p.124

1	2	3	4	5
②	③	①	④	②
6	7	8	9	10
②	④	③	①	②

1 신주쿠 역까지의 운임은 320엔입니다.

2 보험에 가입하면 해외여행 중 일어날 수 있는 만일의 트러블에 대한 손해를 보상받을 수 있다.

3 아이들의 성장은 놀라울 정도로 빠르다.

4 영어만 해결하면 해외 취업도 가능해진다.

5 그는 직장의 인간관계에 고민을 안고 있다.

6 가게가 바빠져서 아르바이트를 고용하기로 했다.

7 통찰력이 높다고 평가되는 사람은 관찰력도 날카롭다.

8 일본 대표팀은 결승전에서 극적인 역전 우승을 거두었다.

9 뒤에서 남의 일을 수군거리는 사람과는 교제하지 않는 것이 좋다.

10 어머니가 보내준 소포에는 음식이 가득 들어 있었다.

문맥 규정 **실전 연습 ❺** p.125

1	2	3	4	5
④	①	③	②	③
6	7	8	9	10
④	③	②	④	①

1 은행에 가서 계좌를 개설했다.

2 가격 협상을 할 때는 희망 가격의 근거가 되는 데이터를 제시하는 게 좋다.

3 코로나19 여파로 비대면 온라인 활용 수업이 도입됐다.

4 식사는 건강의 기본이며 영양 균형이 중요합니다.

5 그는 다나카 씨의 나쁜 행동을 비난했다.

6 생필품부터 음료까지 줄줄이 가격이 올랐다.

7 어두컴컴한 방을 밝게 하기 위해 조명의 수를 늘렸다.

8 현재 근무하고 있는 직장에는 믿음직한 선배가 있어 매우 든든하다.

9 나는 정리를 싫어해서 방안이 항상 너저분한 상태이다.

10 저 가게의 카레라이스는 합리적인 가격에 양도 푸짐하다.

8 학교 근처에서는 속도를 줄이고 신중하게 운전합시다.

9 출발 직전에 당황하지 않도록 미리 계획을 세우고 준비하세요.

10 지금 한국 문학이 일본에서 큰 붐을 일으키고 있다.

問題 5

유의어 실전 연습 ❶ p.126

1	2	3	4	5
③	①	④	②	③
6	7	8	9	10
④	③	②	④	①

문제 5 ____의 말에 의미가 가장 가까운 것을 1·2·3·4에서 하나 고르시오.

1 그는 아이가 태어난 것을 계기로 담배를 끊었다.

2 회신이 늦어진 것에 대해 사과드립니다.

3 건조기로 옷이 줄어 버렸다.

4 우리나라는 현재 저출산 고령화 등의 심각한 사회 과제를 안고 있다.

5 뻔뻔한 부탁이라고는 생각합니다만, 다시 한번 시간을 내 주셨으면 합니다.

6 종종 인터넷 접속 오류가 발생한다.

7 전혀 뜻밖의 곳에서 그와 만났다.

8 곧 1번 선으로 전철이 도착합니다.

9 도시전설은 결국 시시한 이야기였다.

10 성인식에서 입을 후리소데(기모노)는 대여하기로 했다.

유의어 실전 연습 ❷ p.127

1	2	3	4	5
④	②	④	③	①
6	7	8	9	10
②	③	①	④	①

1 도쿄의 낮 최고 기온은 20도로 예상되고 있습니다.

2 나는 뾰족한 것에 대해 강한 공포를 느낀다.

3 워드로 글자의 사이즈가 제각각이 되어 있는 것을 통일시키고 싶다.

4 아이템을 활용하면 물건을 수납하기 쉬워진다.

5 그는 업무상 대화는 해도 잡담은 잘 하지 않는 과묵한 사람이다.

6 지금 시대에 요구되는 것은 스스로 생각하고 행동할 수 있는 힘이다.

7 야외에 있는 경우에는 즉시 가까운 건물 안으로 대피하십시오.

유의어 실전 연습 ❸ p.128

1	2	3	4	5
③	④	②	①	③
6	7	8	9	10
④	②	③	①	③

1 스마트폰은 여러 가지 용도가 있다.

2 방심한 탓에 체중이 3kg나 늘었다.

3 그는 매우 피곤한 얼굴을 하고 있었다.

4 선배에게 고백했지만 애매한 답장이 와서 침울해 하고 있다.

5 같은 문제에 대해 전문가들은 서로 다른 의견을 갖고 있다.

6 콘서트를 중단한 것은 어쩔 수 없는 일이었다.

7 경기는 여전히 어려운 상황이다.

8 새 사무실 공사가 거의 완성되었다.

9 아니나 다를까. 그녀는 와 주지 않았다.

10 아이와 함께 여행할 때는 무리가 없는 계획을 세우는 것이 좋다.

유의어 실전 연습 ❹ p.129

1	2	3	4	5
①	③	④	①	②
6	7	8	9	10
③	①	②	③	①

1 사람됨이 좋은 사람은 주위 사람들로부터 신뢰를 받는다.

2 내일은 종일 비가 올 전망입니다.

3 수정한 부분은 밑줄로 나타내고 있다.

4 그의 말을 듣고 수상하다고 생각했다.

5 가장 가까운 편의점까지 도보로 10분이다.

6 회의에 사용할 자료는 각자 준비해 주세요.

7 동생은 취직에 실패해서 매우 우울해하고 있다.

8 거리는 금세 조용해졌다.

9 그는 예전에 배우였다고 한다.

10 계약 내용에 문제가 없다면 여기에 사인을 부탁드립니다.

1	2	3	4	5
③	④	①	④	③
6	7	8	9	10
②	④	①	②	③

1 그는 남에게 지시하는 것을 어려워한다.
2 고양이가 귀엽다고 생각하는 이유의 하나는 행동이다.
3 어제 일에 대해서 정말 미안하게 생각하고 있다.
4 그는 마감 전날까지 겨우 논문을 마무리할 수 있었다.
5 끝까지 승리에 대한 집념을 보여준 멋진 경기였다.
6 그 레스토랑은 시끄러워서 친구와 이야기를 할 수 없었다.
7 겨울 추위가 한층 더 심해졌다.
8 감기에 걸렸는데, 약을 먹고 완전히 좋아졌다.
9 그녀는 서서히 회복하고 있다.
10 이 노래는 곡 중간에 템포 변화가 있다.

問題 6

용법 **실전 연습 ❶** p.131

1	2	3	4	5
③	①	②	④	①
6	7	8	9	10
④	①	③	②	③

문제 6 다음 단어의 용법으로 가장 알맞은 것을 1·2·3·4 에서 하나 고르시오.

1 노동력이 부족하기 때문에 정년 제도의 폐지를 검토하고 있다.
2 은행 계좌를 해지할 때는 은행 창구에서의 수속이 필요하다.
3 일본은 유도에서 2개의 금메달을 획득했다.
4 기온이나 습도가 높은 시기에는 냉장고에 보관하는 것을 추천합니다.
5 한정 수량이기 때문에 없어지는대로 판매가 종료됩니다.
6 매일 30분 동안 운동하는 것을 일과로 하고 있다.
7 통학 전철 안에서 조는 바람에 역을 지나쳐 버렸다.
8 바다가 거칠어지면 배는 결항이 됩니다.
9 아래의 건에 관해 지장이 없는 범위로 기입해 주세요.
10 저 가게는 다른 가게보다 약간 비싸지만 음식은 아주 맛있다.

용법 **실전 연습 ❷** p.133

1	2	3	4	5
③	④	②	①	④
6	7	8	9	10
③	①	②	③	④

1 독감의 대유행으로 감염자가 속출하고 있다.
2 다른 사람의 저작물을 사용할 때는 어디에서 인용해 왔는지 명시해야 한다.
3 폴리우레탄은 신축성이 높은 소재로서 폭넓게 이용되고 있다.
4 지금의 회사는 잔업 시간이 너무 많아서 이직하고 싶다고 생각하고 있다.
5 우주 관측에는 천체망원경이 필요하다.
6 회장에서는 정식 공연을 위한 만반의 준비를 하는 리허설이 행해졌다.
7 콜럼버스가 신대륙을 발견하기 전 인류는 지구가 평면이라고 믿고 있었다.
8 한번 잃어버린 신뢰를 되찾으려면 오랜 시간이 걸립니다.
9 비가 오지 않는 날이 계속되면서 강의 수심이 얕아지고 있다.
10 신청서는 검은색 또는 파란색 볼펜으로 작성해 주세요.

용법 **실전 연습 ❸** p.135

1	2	3	4	5
①	②	①	③	④
6	7	8	9	10
②	①	②	④	③

1 일본에서 토마토는 채소로 분류되어 있다.
2 언어 학습의 초기 단계에서는 문법보다 어휘 학습이 중요하다고 생각한다.
3 사장은 임원회에서 새해 경영 방침에 대해 발표했다.
4 보통은 20시 폐점이지만, 행사 중에만 영업시간을 22시까지 연장합니다.
5 요즘은 통장이나 카드가 없어도 스마트폰으로 계좌 잔액을 확인할 수 있다.
6 아르바이트 구인에 지원할 때는 이력서에 지원하는 이유를 명확히 적는다.
7 탄산음료는 세게 흔들면 개봉할 때 내용물이 튈 수 있다.
8 알코올 도수가 높은 술은 물 등으로 희석해서 마시고 있다.
9 근처에 오시면 편하게 들러 주세요.
10 어제 전시회에서 본 유화는 정말 멋진 작품이었다.

용법 실전 연습 ❹ p.137

1	2	3	4	5
④	②	③	①	②
6	7	8	9	10
③	①	③	②	④

1 그녀의 노래는 사람에 따라 평가가 크게 엇갈린다.
2 주문 완료 후 상품 추가 등 주문 내용을 변경할 수 없습니다.
3 가구는 동선과 방의 넓이를 의식하여 배치하는 것이 중요하다.
4 벨은 전화를 발명한 인물로 알려져 있다.
5 바다의 물은 강물보다 염분의 농도가 높다.
6 야마다 씨는 친구가 죽었다는 소식을 듣고 큰 충격을 받았다.
7 나는 책장을 넘길 때 나는 소리를 좋아합니다.
8 에어컨이 시원해지지 않는 경우, 가스가 새고 있을 가능성이 있다.
9 예년 이상의 추위로 인해 방한 의류의 판매가 호조를 보이고 있다.
10 그녀는 유학을 목표로 순조롭게 준비를 진행하고 있다.

용법 실전 연습 ❺ p.139

1	2	3	4	5
④	③	①	③	②
6	7	8	9	10
④	②	③	①	②

1 운전자는 승객의 안전을 확보하기 위해 노력해야 한다.
2 나는 유학을 가지 않은 것을 후회하고 있다.
3 이 스킬은 업무의 다양한 상황에서 활용할 수 있다.
4 엘리베이터 점검 중에는 가동을 중지하오니 주의해 주세요.
5 문자만으로 전달하면 그때의 감정이 전달되지 않기 때문에 상대방에게 오해를 받을 수 있다.
6 일본의 국회는 중의원과 참의원으로 구성되어 있다.
7 부상으로 인해 다리가 붓게 되면 얼음이나 냉감 습포 등으로 식혀 주세요.
8 수도관에 포함된 아연으로 물이 하얗게 탁해지는 경우가 있다.
9 이익을 극대화하기 위해서는 타당한 가격 설정이 필요하다.
10 어머니가 탄 비행기가 무사히 착륙했다는 소식을 듣고 마음이 놓였다.

합격 문법 확인 문제 ❶ p.198

1	2	3	4	5	6
b	a	b	b	a	b
7	8	9	10	11	12
a	b	a	a	b	b
13	14	15	16		
a	b	a	a		

1 그는 여러 가지 고민한 끝에 진학을 그만두기로 했다.
2 영어 발음에 신경을 쓴 나머지 대화가 어눌해져 버렸다.
3 물가가 오르고 생활은 어려워지기만 한다.
4 보관 장소의 확보를 확인한 후에 자동차를 사기로 했다.
5 벚꽃이 지기 전에 꽃구경을 가기로 했다.
6 성실한 그녀가 그런 실수를 하다니 있을 수 없다고 생각해.
7 집 근처에 슈퍼마켓이 생긴 덕분에 쇼핑이 편리해졌다.
8 그는 항상 거짓말만 하기 때문에 이번 이야기도 좀처럼 믿기 어렵다.
9 요즘 일이 바빠서 메일 답장을 자주 잊어버리기 일쑤라 상사에게 자주 혼나고 있다.
10 매일 패스트푸드만 먹으면 컨디션이 나빠질 수도 있다.
11 벚꽃잎이 흩날리는 광경은 마치 눈이 내리는 것 같다.
12 상사를 신뢰할 수 있기 때문에 안심하고 일을 할 수 있는 것이다.
13 저 태도로 보아. 다나카 씨는 사과할 마음이 전혀 없는 것 같다.
14 20년 전에 배운 채 (하지 않았던) 피아노를 어른이 되어 재개했다.
15 그는 인생 첫 마라톤에서 42.195km를 완주했다.
16 아침부터 일이 바빠서 식사할 시간도 없을 정도였다.

합격 문법 확인 문제 ❷ p.199

1	2	3	4	5	6
b	a	b	a	a	b
7	8	9	10	11	12
a	b	b	b	b	b
13	14	15	16		
a	a	b	a		

1 회의에 필요한 자료를 내일까지 준비할 것.
2 어머니의 병은 많이 좋아졌으니 이제 걱정할 것 없다.
3 상품을 반품할 때는 영수증이 필요합니다.
4 수업 도중에 졸고 말았다.
5 전화 번호만 알면 되기 때문에 다른 것은 공란으로 두어도 상관 없습니다.
6 다같이 정한 규칙이니 따르지 않을 수 없다.
7 전철을 놓쳤기 때문에 다음 전철을 기다릴 수밖에 없다.
8 새로운 정보가 들어오는 대로 빠르게 보고드리겠습니다.
9 오늘 회의에서는 장시간에 걸친 토론 끝에 겨우 합의에 도달했다.
10 그 가게는 너무 더러워서 불평하지 않을 수 없다.
11 다나카 씨는 중병으로 혼자서는 식사조차 할 수 없는 상태다.
12 아까 마신 커피 탓에 전혀 잠이 오지 않는다.
13 그녀는 스무 살까지 미국에 있었던 만큼 영어를 매우 잘한다.
14 어제 갑자기 목이 아파 병원에 갔더니 독감이라고 진단받았다.
15 다나카 씨는 밝은 성격으로, 만날 때마다 즐거운 이야기를 해 준다.
16 일본은 저출산 고령화가 진행되고 있다.

합격 문법 확인 문제 ❸ p.200

1	2	3	4	5	6
b	a	b	b	b	a
7	8	9	10	11	12
b	a	a	b	b	b
13	14	15	16		
a	b	a	b		

1 일을 끝내지 않고서는 집에 갈 수 없다.
2 운전 중 졸려서 견딜 수 없을 때는 큰 소리로 노래를 부른다.
3 뉴스에 따르면 내일은 눈이 온다고 한다.
4 애니메이션이라고 하면 역시 일본이죠.
5 요리를 할 수 있다고 해도 간단한 것밖에 만들 수 없다.
6 갑자기 어두워지는가 싶더니 갑자기 비가 내렸다.
7 선생님이 말씀하신 대로 공부하고 있다.

8   아까 들었는데, 다나카 씨는 다음 달에 회사를 그만둔다고
    하던대.
9   휴대전화는 일상생활에서 빼놓을 수 없는 도구로써 자리
    잡았다.
10 저출산 고령화는 일본 제일의 사회 문제로 여겨지고 있다.
11 그가 참가할 수 없다면 당신은 어떻게 하겠습니까?
12 월세가 내려갔다고는 하지만 아직 도심의 월세는 비싸다.
13 저 가게는 비싼 줄만 알았는데 의외로 쌌다.
14 발표자인 다나카 씨가 오지 않고서는 회의를 시작할 수 없다.
15 그는 나쁜 일인 일인줄 알면서도 아무렇지도 않게 거짓말
    을 한다.
16 향후의 일본 발전에 있어서 젊은 인재의 육성이 필요하다.

합격 문법 **확인 문제 ❹** p.201

1	2	3	4	5	6
a	b	a	a	b	a
7	8	9	10	11	12
a	b	a	a	b	b
13	14	15	16		
a	a	b	a		

1   저희 회사는 고객님의 요청에 맞춰 상품을 생산하고 있습
    니다.
2   이벤트에는 경험 유무에 관계없이 누구나 응모할 수 있습
    니다.
3   저출산 고령화 문제는 일본뿐 아니라 전 세계의 과제가 되
    어 있다.
4   목욕 후에는 역시 차가운 맥주가 최고이다.
5   ABC사는 자동차 엔진 기술에 관한 한 세계 정상급으로 알
    려져 있다.
6   사용법에 관해서는 이쪽의 설명서를 읽어 주세요.
7   고객의 기대에 부응하여 새로운 서비스를 시작합니다.
8   태풍이 다가옴에 따라 바람이 거세졌다.
9   교사 입장에서는 순수하고 성실한 학생을 응원하고 싶어지
    는 법이다.
10 오늘 나눠 드린 자료는 극히 일부에 불과합니다.
11 저 가게의 케이크는 싸고 맛있기 때문에 젊은이들에게 인
    기가 있는 것임에 틀림없다.
12 매년 크리스마스가 다가옴에 따라 케이크를 예약하는 사람
    이 늘어난다.
13 시대의 변화에 따라 사람들의 가치관도 달라졌다.
14 그는 열심히 공부했음에도 불구하고 대학 입시에 실패하고
    말았다.
15 미성년자의 음주는 법률에 의해 엄격히 금지되어 있다.

16 전시회는 5일간에 걸쳐 열렸습니다.

합격 문법 **확인 문제 ❺** p.202

1	2	3	4	5	6
b	a	b	a	b	a
7	8	9	10	11	12
a	b	b	a	b	a
13	14	15	16		
b	a	b	a		

1   저 가게는 술은 물론 음식도 맛있어서 항상 손님이 많다.
2   아무리 화가 나도 다른 사람에게 욕설을 해서는 안 된다.
3   연기는 공중으로 치솟았다.
4   막차를 놓쳤으니 택시로 돌아갈 수밖에 없다.
5   우승이 확정된 순간 눈물이 날 정도로 기뻤다.
6   사태가 이 이상 악화되는 일은 없을 것이다.
7   아이들의 성장은 빠른 법이다.
8   그만둘 수만 있다면 지금 당장 이 회사를 그만두고 싶다.
9   열심히 공부하기는 했지만, 성적은 별로 좋지 않았다.
10 그와 연락을 하고 싶지만, 메일 주소도 전화번호도 모르기
    때문에 연락할 방법이 없다.
11 마감이 내일이기 때문에 아무리 열심히 해도 제 시간에 낼
    수 있을 리가 없다.
12 저 레스토랑은 항상 붐비고 있지만, 요리가 맛있는 것은 아
    니다.
13 이 책은 다나카 씨에게 빌린 것이기 때문에 너에게 줄 수
    는 없다.
14 저희 가게의 과자는 장인이 정성을 다해 수작업으로 만들
    고 있습니다.
15 그녀가 결혼한다는 이야기는 다나카 씨를 통해 들었다.
16 환경 문제를 둘러싸고 논의가 진행되고 있다.

고득점 문법 **확인 문제 ❶** p.233

1	2	3	4	5	6
a	b	b	a	a	b
7	8	9	10	11	12
b	a	a	b	a	b
13	14	15	16		
a	a	b	a		

1   스스로 하겠다고 결심한 이상 끝까지 책임지고 행동해야
    한다.
2   독신은 자유로운 한편 외로움을 느끼는 경우도 많다.
3   사장이 결정한 이상에는 그 방침에 따를 수밖에 없을 것이다.

4 모두 모였으니, 이제 회의를 <u>시작해야 하지 않겠는가</u>.

5 일기예보에 따르면 태풍이 접근하고 있기 때문에 내일은 강한 비가 올 <u>우려가 있다</u>고 한다.

6 몸이 <u>움직이는 한</u>, 일을 계속하고 싶다.

7 개인적인 질문에는 <u>답변드리기 어려우니</u> 양해 부탁드립니다.

8 방의 <u>넓이로 보아</u> 아까 봤던 방이 나을 것 같아.

9 이 책은 <u>제목부터가</u> 재미있을 것 같다.

10 <u>쉬는 날이라고 해서</u> 오후까지 자 버리는 것은 좋지 않다고 생각한다.

11 일본의 벚꽃의 계절은 일반적으로 3월 말부터 5월에 <u>걸쳐</u> 서라고 알려져 있습니다.

12 아르바이트라고는 하지만 일을 <u>하는 이상에는</u> 책임감을 가지고 열심히 해야 한다.

13 그녀의 <u>표정으로 보아</u> 오늘 시험은 어려웠음이 틀림없다.

14 그는 스포츠를 <u>잘하는 대신</u> 공부를 못한다.

15 그는 돈도 없는 <u>주제에</u> 항상 쇼핑만 한다.

16 이 날이 오기를 얼마나 <u>기다렸던가</u>.

15 7월 들어 낮이고 밤이고 더워서 <u>견딜 수가 없다</u>.

16 혼자 살기 시작했을 때는 외로워서 <u>견딜 수 없었다</u>.

고득점 문법 확인 문제 ❸ p.235

1	2	3	4	5	6
b	a	b	a	b	a
7	8	9	10	11	12
a	b	a	b	b	a
13	14	15	16		
b	b	a	b		

1 아무리 카레를 좋아해도 매일 먹으면 <u>질리는 것</u>이다.

2 성적도 중요하지만 공부만 잘하면 <u>되는 것은 아니다</u>.

3 저 애니메이션은 <u>어린이 대상이라기보다는</u> 어른을 대상으로 한다.

4 감기에 걸려 여행할 수 있는 상황이 아니었다.

5 뒷담화를 하고 있는 것을 당사자가 듣고 말았다.

6 사람들의 사고방식은 시대의 흐름과 함께 변해 간다.

7 회사 회식에 못 가는 것은 아니지만 별로 가고 싶지 않다.

8 이사에 <u>즈음하여</u> 오래된 가구를 처분했다.

9 새 옷을 입고 있는 날에만 비가 내린다.

10 최근 메일 <u>대신</u> 메시지 앱을 사용하는 사람이 많아졌다.

11 그는 매일 열심히 공부해 왔으니 <u>틀림없이</u> 합격할 것이다.

12 올해는 작년에 비해 벚꽃이 조금 늦게 피었다.

13 다음 학기부터 <u>초급반에 더하여</u> 중급반에서도 수업을 하게 되었다.

14 취직에 <u>즈음해서</u> 정장이나 구두를 사러 갔다.

15 면접에 앞서 서류전형이 진행됐다.

16 그녀는 <u>신입사원치고는</u> 일이 매우 빠르다.

고득점 문법 확인 문제 ❷ p.234

1	2	3	4	5	6
a	b	a	b	a	a
7	8	9	10	11	12
b	a	a	b	b	a
13	14	15	16		
b	a	a	b		

1 건강이 걱정된다면 담배를 <u>끊는 편이</u> 좋다.

2 이번 달은 일이 많아서 쉬지 <u>않고</u> 일하고 있다.

3 안타깝게도 딸이 기대했던 운동회가 비로 중지되었다.

4 그는 1년이나 일본어를 공부했는데 <u>히라가나조차</u> 쓰지 못한다.

5 수술 여부는 혈액 검사 결과에 달려 있다.

6 이 애니메이션은 아이들 <u>교육상</u> 좋지 않다.

7 비록 부모님이 <u>반대하더라도</u> 미국으로 유학을 갈 생각이다.

8 그의 노래를 듣자마자 눈물이 흘러나왔다.

9 친구와 싸우기라도 했는지 아들이 <u>상처투성이</u>로 돌아왔다.

10 오랜만이네요. 마지막으로 만난 게 언제였죠?

11 이런 비싼 가방, 내가 살 수 있을 리 없다.

12 부장님은 프로젝트의 진척 상황을 <u>확인하면서</u> 조언을 해 주었다.

13 할아버지는 <u>화를 잘 내시는 편</u>이지만, 손자한테는 한 번도 화를 내본 적이 없다.

14 다나카 씨와는 학교를 <u>졸업한 이래</u> 한 번도 만나지 않았다.

고득점 문법 확인 문제 ❹ p.236

1	2	3	4	5	6
a	b	b	a	b	a
7	8	9	10	11	12
a	b	b	a	a	b
13	14	15	16		
a	a	b	b		

1 아무리 재능이 <u>있다고는 해도</u> 노력하지 않으면 성공할 수 없다.

2 회사의 방침에 따라 일을 진행할 것이다.

3 부장님은 <u>사원에 대해</u> 매우 엄격하다.

4 경찰은 <u>사고 원인에 대해</u> 조사하고 있다.

5 이 사진을 볼 때마다 가족끼리 여행했던 기억이 난다.

6 <u>일본 사회에 있어서</u>, 저출산은 큰 문제다.

7 법률에 반하는 일은 해서는 안 된다.

8 그녀가 시험에 합격한 것은 다름 아닌 노력의 결과이다.

9 당사는 고객님의 요청에 근거해 새로운 제품을 개발하고 있습니다.

10 초밥은 와사비(고추냉이)를 빼고 먹고 있다.

11 끝까지 생각한 결과, 일본에 유학을 가기로 했다.

12 수면 부족은 체력이나 정신력뿐 아니라 판단력도 무뎌지게 한다.

13 그는 엄격한 부모님 아래에서 자랐다.

14 이 제도하에서 경제는 성장하고 있다.

15 이 레스토랑에서는 음식이 맛있을 뿐만 아니라 분위기도 훌륭하다.

16 감기에 걸린 탓에 학교에 갈 수 없었다.

고득점 문법 확인 문제 ❺ p.237

1	2	3	4	5	6
b	a	b	b	a	b
7	8	9	10	11	12
a	b	b	a	b	a
13	14	15	16		
b	a	a	b		

1 무슨 일이든 연습하면 할수록 능숙해진다.

2 어린이용 그림책 코너는 저쪽에 있습니다.

3 저 남자는 남의 눈도 아랑곳하지 않고 전철 안에서 도시락을 먹고 있다.

4 그의 말에 또 속고 말았다. 두 번 다시 믿나 봐라.

5 그녀의 연주는 듣는 사람을 감동시키는 데가 있다.

6 갑작스런 출장이 잡혀 버려서 오늘 술자리에는 갈 수가 없다.

7 어디론가 여행을 가고 싶지만, 시간도 없고 돈도 없다.

8 뭔가 아이디어가 생각나면, 잊지 않도록 메모하고 있다.

9 해외여행을 계기로 영어를 공부하기 시작했다.

10 코로나 사태를 계기로 본사를 지방으로 이전했다.

11 자식은 부모를 본보기로 하여 자라기 마련이다.

12 연구 결과를 바탕으로 리포트를 썼다.

13 회의의 내용에 대해서는 제가 말씀드리겠습니다.

14 선생님께서는 몇 시에 오십니까?

15 고객님께 신상품을 소개해 드렸습니다.

16 저는 어제 계속 집에 있었습니다.

유형별 실전 문제

問題 7

문법 형식 판단 **실전 연습 ❶** p.240

1	2	3	4
2	3	1	2
5	6	7	8
1	4	2	4

문제 7 다음 문장의 (   )에 들어갈 가장 알맞은 것을 1·2·3·4 에서 하나 고르시오.

1 전력으로 달린 끝에 버스를 놓치고 말았다.

2 계속되는 불황으로 월급은 오르지 않고 국민의 생활은 팍팍해질 뿐이다.

3 레토르트 식품은 유통기한이 긴 데다가 가격도 저렴하다.

4 스프는 따뜻할 때 드세요.

5 다나카 씨가 도와준 덕분에 빨리 작업이 끝났다.

6 술을 끊기로 결정한 이상에는 주위에서 어떠한 유혹이 있어도 절대로 지키고 싶다.

7 복용 중인 약은 특별히 지시가 없는 한 평소대로 복용해 주십시오.

8 선생님, 제가 쓴 작문 보셨습니까?

문법 형식 판단 **실전 연습 ❷** p.241

1	2	3	4
4	2	3	1
5	6	7	8
4	2	1	3

1 열심히 공부했기에 시험에 합격할 수 있었던 것이다.

2 다나카 씨의 표정으로 보아 이번 계약은 성공한 것 같다.

3 딸은 오늘 아침 외출한 채 밤이 되어도 돌아오지 않아 매우 걱정이다.

4 그 영화는 눈물이 멈추지 않을 정도로 슬펐다.

5 이 회사는 매일 아침 9시부터 회의를 하기로 되어 있다.

6 이번 주 휴일에는 계속 읽다 만 채로 있었던 책을 다 읽고 싶다.

7 아침부터 감기 기운이 있었기 때문에 미용실 예약을 취소하고 일찍 집으로 돌아왔다.

8 그가 그린 새는 금방이라도 그림 속에서 튀어나올 것 같다.

문법 형식 판단 **실전 연습 ❸** p.242

1	2	3	4
2	4	3	4
5	6	7	8
1	2	1	4

1 이 제품을 <u>사용하실 때는</u> 아래의 유의사항을 잘 읽어 보시기 바랍니다.
2 그 건에 대해서는 지금 알아보고 있는 중이므로 조금만 더 기다려 주십시오.
3 <u>돈만 있으면</u> 행복해질 거라고 생각하지 않아.
4 이코노미석으로 하고 싶었지만, 빈 좌석이 없어 비즈니스석을 예약할 수밖에 없다.
5 시작한 이상 끝까지 하는 수밖에 없다.
6 그는 다 알고 있으면서도 아무것도 가르쳐 주지 않는다.
7 항상 지각하는 다나카 씨니까, 오늘도 늦게 올 것이다.
8 죄송합니다만, 다나카는 출장으로 자리를 비웠습니다.

문법 형식 판단 **실전 연습 ❹** p.243

1	2	3	4
4	3	1	4
5	6	7	8
2	3	1	4

1 그는 시행착오 끝에 겨우 해결 방법을 찾았다.
2 나는 모르는 말이 있으면 사전을 <u>찾아보지 않고는 견딜 수 없다.</u>
3 그는 거짓말만 하기 때문에 <u>가족조차</u> 그의 말을 믿지 않는다.
4 나는 <u>해외여행 때마다</u> 배탈이 나 버린다.
5 내일 날씨에 따라서 콘서트가 중지될 가능성도 있다.
6 출발까지 앞으로 5분도 남지 않았기 때문에, 이제 와서 달려봤자 시간에 맞출 수 없다.
7 내일이 <u>시험이라는 것을</u> 알면서도 친구의 유혹에 술을 마셔 버렸다.
8 어제 우산을 깜박 잊고 출근해서 <u>다나카 씨가</u> 빌려 주었다.

문법 형식 판단 **실전 연습 ❺** p.244

1	2	3	4
4	3	4	2
5	6	7	8
1	4	1	3

1 대형 태풍이 일본에 <u>다가오고 있다.</u>

2 혼자 살기 시작한 지 얼마 안 됐기 때문에 매일 <u>외로워서</u> 견딜 수가 없다.
3 병에 걸리고 나서야 비로소 건강의 중요성을 절감했다.
4 레트로라고 하면 듣기는 좋지만, 그냥 중고품이다.
5 다나카 씨는 회의가 끝나자마자 휴대전화 메시지를 확인했다.
6 이 화장품은 <u>TV 프로그램에 소개된</u> 이후 매우 잘 팔리고 있다.
7 일본에 살면 자연히 일본어를 말할 수 있게 되는 것은 아니다.
8 주문이 <u>결정되시면</u> 그쪽 버튼으로 불러 주세요.

문법 형식 판단 **실전 연습 ❻** p.245

1	2	3	4
3	1	2	4
5	6	7	8
3	1	2	4

1 아기가 울음을 <u>그쳤는가</u> 싶더니 다시 큰 소리로 울기 시작했다.
2 최근에는 <u>여배우로서</u> 활약하는 가수도 늘어났다.
3 내일 지구가 <u>멸망한다고</u> 합시다. 당신은 오늘 무엇을 하겠습니까?
4 만약 내일이 휴일이라면 집에서 푹 쉬고 싶다.
5 집을 나가려던 때에 전화가 걸려 왔다.
6 새 모델은 구형에 비해 깔끔한 이미지가 강해졌다.
7 이사에 즈음하여 필요한 절차를 확인하고 나름대로의 할 일 목록을 정리해 놓았다.
8 다나카 씨는 최근 일이 많아져 매일 늦게까지 잔업을 <u>하고 있다고 한다.</u>

문법 형식 판단 **실전 연습 ❼** p.246

1	2	3	4
3	1	2	1
5	6	7	8
4	2	1	3

1 발표자인 <u>다나카 씨가 오지 않고서는</u> 회의를 시작할 수 없다.
2 선물이라면 이 목걸이 같은 것은 어떠세요?
3 다음달부터 <u>공공장소에서</u> 음주가 금지된다.
4 아르바이트는 일한 시간에 상응하여 급여가 정해진다.
5 <u>해외여행에 앞서</u> 해외여행자 보험에 가입할 필요가 있다.
6 그녀는 상냥한 성격으로 <u>누구에게나</u> 매우 친절하다.

7 웹사이트에는 그 회사에 대한 설명이 적혀 있었다.

8 바쁘신 줄 알지만 아무쪼록 잘 부탁드립니다.

문법 형식 판단 실전 연습 ❽ p.247

1	2	3	4
3	1	4	2
5	6	7	8
3	4	2	1

1 새로 개발된 그 기술은 현재 공학뿐 아니라 모든 분야에서 널리 이용되고 있다.

2 컴퓨터의 보급에 따라 일을 하기 쉬워졌다.

3 그녀는 미국에 오랫동안 살았기 때문에 영어를 할 수 있는 것임이 틀림없다.

4 학습자의 성격에 따라 외국어 학습 방법도 달라진다.

5 현대인에게 있어서 스마트폰은 빼놓을 수 없는 것이 되었다.

6 내 희망과는 달리 해외 지사로의 전근을 명령받았다고 말았다.

7 그 영화는 실제로 있었던 사건을 바탕으로 만들어졌다고 한다.

8 이 수업에서는 매주 리포트 제출을 받기로 하고 있으니 자신이 없는 학생은 수강신청를 변경해 주시기 바랍니다.

문법 형식 판단 실전 연습 ❾ p.248

1	2	3	4
2	4	1	3
5	6	7	8
2	3	1	4

1 인터넷의 보급에 따라, 인터넷으로 쇼핑을 하는 사람이 늘어났다.

2 오늘 아침 사고로 인한 정체가 5km에 걸쳐 계속되고 있었기 때문에 회사에 늦고 말았다.

3 지각하는 경우에는 빨리 연락을 해야 한다.

4 이 병을 고치기 위해서는 수술을 하는 수밖에 없다.

5 목표를 달성하기 위해서는 끈기 있게 끝까지 해내야 한다.

6 그는 유명한 디자이너 아래에서 경험을 쌓았다.

7 비용 문제는 그렇다 치더라도 우선은 이 제품이 팔릴지 어떨지를 검토해야 한다.

8 정말 말씀드리기 어렵습니다만, 저희 회사에서는 그런 대응은 해 드리기 어렵습니다.

문법 형식 판단 실전 연습 ❿ p.249

1	2	3	4
2	3	1	4
5	6	7	8
3	4	2	1

1 아이를 혼자서 멀리 놀러가게 하는 것이 아니다.

2 다나카 씨는 지난주 다리를 다쳤으니 여행을 갈 수 있을 리가 없다.

3 일본과 영국의 시차는 8시간이니까. 일본이 12시라면 영국은 4시인 게 당연하다.

4 일본 만화를 통해 일본 문화를 배울 수 있었다.

5 역에서 가까우면 가까울수록 집세는 비싸진다.

6 그 레스토랑은 유명한 것 치고는 별로 맛이 없었다.

7 미국의 주가지수는 세계 경제의 중심으로서 중요한 지표이다.

8 과장님. 내일 병원 예약이 있습니다. 죄송합니다만, 회사를 쉬어도 되겠습니까?

問題 8

문장 완성 실전 연습 ❶ p.250

1	2	3	4
3	4	1	2
5	6	7	8
2	2	1	3

문제 8 다음 문장의 ★ 에 들어갈 가장 알맞은 것을 1·2·3·4에서 하나 고르시오.

1 얼마 전 3년간 사귀던 남자친구에게 프로즈를 받아, 너무 기쁜 나머지 울어 버렸다. (4213)

2 신청하실 때는 아래 내용을 확인 후에 신청서에 기입 하신 후 신청해 주시기 바랍니다. (3421)

3 그는 마치 뭔지 알고 있다는 듯이 말하고 있지만, 모두 그의 상상에 지나지 않는다. (3142)

4 그녀의 말투로 보아, 그녀는 이 건에 대해 매우 자신이 있는 것 같다. (2134)

5 언제든 어디서든 사용할 수 있는 스마트폰은 매우 편리하다. 다른 한편으로 스마트폰의 과잉 사용이나 의존이 사회적인 문제가 되고 있다. (2341)

6 이 시설 내에서, 다른 고객에게 폐가 될 우려가 있는 행위나 이 시설의 운영에 방해가 되는 행위는 강하게 금지하고 있습니다. (4321)

7 직장에서 실시된 건강진단에서 담배를 끊고 술의 양을 줄이지 않는 한 오래 살 수 없다는 말을 들었다. (3241)

8 어제, 강한 빗속을 걸었던 탓인지, 낫기 시작하던 감기가 다시 심해져 버렸다. (2431)

문장 완성 **실전 연습 ❷** p.251

1	2	3	4
3	2	4	1
5	6	7	8
4	1	4	3

1 그녀는 직장의 인간관계에 완전히 지쳐 버려, 이직까지 생각하고 있다고 한다. (4312)
2 지금은 갖고 싶은 것은 무엇이든 인터넷으로 살 수 있으니, 일부러 사러 갈 필요는 없다. (4312)
3 가입 신청을 하실 때는 주의 사항을 읽으신 후에, 용지에 기입해 주세요. (2314)
4 신청접수는 선착순이기 때문에, 정원이 다 차는대로 마감하도록 하겠습니다. (4213)
5 저희 매장은 해외에 거주하고 계신 고객님을 대신해 일본의 상품을 구입하여, 해외의 자택까지 안전하게 전해 드리는 구입 대행 서비스를 실시하고 있습니다. (4123)
6 어릴 때는 얼굴을 물에 담그는 것조차 싫어했지만, 지금은 여름이 되면 내가 먼저 수영장에 가자고 할 정도로 수영을 좋아하게 되었다. (3124)
7 10년 전에 산 컴퓨터가 고장나 버렸다. 컴퓨터를 바꾸는 김에 프린터도 사고 싶다고 생각하고 있다. (3241)
8 정부는 노동자가 일을 하면서도 육아나 간병을 할 수 있도록 제도 개혁에 힘써야 한다. (3412)

문장 완성 **실전 연습 ❸** p.252

1	2	3	4
3	2	1	3
5	6	7	8
4	1	3	2

1 그는 교통사고로 기억을 잃어버려서, 나는 커녕 가족의 얼굴조차 기억하지 못했다. (2413)
2 오늘 아침 자명종이 울리지 않았던 탓에, 회사에 지각해버려서, 상사에게 꾸중을 들었다. (3421)
3 여행 중, 모르는 거리에서 묵었던 ABC호텔은 5성급 호텔인 만큼, 서비스가 충실했다. (3412)
4 이 약은 부작용의 위험성이 높기 때문에 약사의 설명을 듣고 나서가 아니면 살 수 없게 되어 있다. (4312)
5 인터넷의 보급과 더불어, 언제든 어디서든 필요한 정보를 손에 넣을 수 있게 되었다. (4132)

6 그는 대기업에 취직하는 것을 목표로 노력하고 있다. 하지만 대기업에 입사한다고 해서, 반드시 행복해진다라고는 할 수 없다. (3241)
7 졸업 연구의 발표에 즈음하여, 자료의 준비는 물론, 발표의 연습을 해 두는 것도 필요하다. (3421)
8 내가 취직한 회사는 대형 기업에 비해 결코 규모는 크지 않지만, 의욕이 있다면 신입에게도 큰 일을 맡겨 주기 때문에, 날마다 성장을 느끼면서 일할 수 있다. (3241)

문장 완성 **실전 연습 ❹** p.253

1	2	3	4
2	1	4	3
5	6	7	8
1	2	2	4

1 인터넷으로 구입한 행거가 도착해서, 곧바로 설명서에 써 있는대로 조립해 보았다. (3412)
2 다음주 야구 대회에 있어 돔 구장에서의 경기는 비가 온다고 해도 평소대로 열린다고 한다. (2413)
3 최근 심각해지고 있는 저출산 문제와 관해 정부는 더 진지하게 대책을 고민할 필요가 있다고 판단된다. (4132)
4 저희 매장은 고객님의 소리에 부응하여, 세일 기간을 1주일 연장하기로 했습니다. (3124)
5 다음달 개최 예정인 제품 발표회에 있어 새로운 하드웨어에 더해, 소프트웨어의 버전 업에 관한 발표도 기대되고 있다. (3124)
6 어제 본 영화는 유명한 감독이 찍은 것 치고는 별로 재미가 없었다. (4312)
7 제도 개선에 대한 의견, 불필요하다고 생각하는 지출에 대한 지적, 홈페이지에 관한 의견 등을 들려 주세요. (3214)
8 공부를 그만두고 싶을 때도 있지만, 전화로 가족의 목소리를 들을 때마다, 더 열심히 해야 한다고 생각한다. (1342)

문장 완성 **실전 연습 ❺** p.254

1	2	3	4
2	4	1	3
5	6	7	8
4	2	4	1

1 그 문제는 당신의 입장에서는 하찮은 일지도 모르지만, 저에게는 매우 중요한 일입니다. (2431)
2 얼마 전 문을 연 ABC 레스토랑은 별로 맛이 없음에도 불구하고, 항상 손님이 많이 줄을 서 있다. (3241)

816 **1교시** 문법

3 고객으로부터의 문의는 용건에 따라서 메일이 아닌 전화나 편지로 답변하는 경우가 있습니다. 미리 양해 부탁드립니다. (3241)

4 그는 우수한 성적으로 대학을 졸업했지만, 취직자리가 아직 정해지지 않아서 걱정하고 있다. (4312)

5 일기예보에서는 오후부터 비가 올 것이라고 했지만, 예보와는 반대로 맑은 날씨이다. (3421)

6 비판은 상대가 성장하기 위해 필수불가결한 것이다. 비판적인 지적을 하지 않는 것은 상대가 성장하는 기회를 빼앗는 일이다 . (4321)

7 현대의 스트레스 사회를 살아내기 위해서는, 생활 리듬을 가다듬고 충분한 수면을 확보하는 것이 중요하다. (4312)

8 작업 과정의 절감은 어떠한 업종에서도 중요합니다만, 특히 제조업에서는 단순히 경비를 삭감하는 것뿐만 아니라, 다양한 효과를 기대할 수 있습니다. (2341)

문장 완성 실전 연습 ❻ p.255

1	2	3	4
1	3	1	2
5	6	7	8
4	2	3	2

1 평소 신세를 지고 있는 회사의 동료에게 감사의 마음을 담아 선물을 보내기로 했다. (4312)

2 저희 가게에서는 5,500엔 이상 주문하신 고객님께는 주문 상품을 불문하고 배송비를 무료로 해 드립니다. (2341)

3 그녀는 독서를 너무 좋아해서, 소설을 비롯해, 시집, 에세이 등, 장르를 가리지 않고 많은 책을 읽고 있다. (3241)

4 최근 이 동네에서는 아파트의 건설을 둘러싸고, 인근 주민과 건설회사가 대립하고 있다. (4321)

5 성공할 수 있을지 어떨지는 제쳐 두고 후회하지 않도록 할 수 있는 한 해 볼 생각이다. (4132)

6 이 플랜은 계절이나 시간에 관계없이, 낮에도 많이 전기를 사용하시는 가족 대상의 플랜입니다. (3142)

7 어렸을 때 어머니의 영향으로 외국에 갔던 일을 계기로 언어에 흥미를 갖게 되었다. (2341)

8 앙케트의 조사 결과를 바탕으로 상품과 서비스의 개선이나, 구매 이유의 분석을 실시하고 있다. (2413)

問題 9

문맥 이해 실전 연습 ❶ p.256

1	2	3	4
4	3	2	1

문제 9 다음 문장을 읽고, 문장 전체의 내용을 생각해서 1 부터 5 에 들어갈 가장 알맞은 것을 1·2·3·4에서 하나 고르시오.

일본인은 예의 바른 것으로 알려져 있지만, 일본의 가치관이나 문화가 다른 나라에서 그대로 통용된다고는 1 할 수 없다.

예를 들면, 일본에서는 시간에 정확한 것이 미덕으로 여겨지고 있어 전철이나 버스의 지연이 몇 분이라도 있으면, 이용자로부터 불만이 나오는 일도 드물지 않다. 그러나 스페인이나 남미 국가에서는 시간은 '기준' 2 에 불과한 경우가 많아 버스가 20분 지연돼도 아무도 신경 쓰지 않는 경우도 있다. 이러한 문화의 차이는 시간에 대한 감각 자체가 다르기 때문일지도 모른다.

또, 일본에서는 회의나 상담의 장소에서 조용히 상대의 이야기를 듣는 것이 매너라고 여겨지고 있지만, 미국에서는 자신의 의견을 적극적으로 말하는 것이 요구된다. 일본인에게 있어서 '3 조용히 듣는 것'이 예의바른 태도일지라도 미국인의 입장에서 보면 '의견이 없다'고 오해하는 경우도 있다. 이런 차이를 이해하지 않고 그 나라를 방문하면 뜻하지 않은 오해를 낳을 수 있다.

또, 일본인은 룰을 지키는 의식이 높은 4 한편, 타인과 적극적으로 커뮤니케이션을 하는 것은 소극적인 면도 있어, 이것이 '차갑다'고 느껴지는 경우도 있다고 한다.

일본인이 해외에서 오해받지 않도록 하기 위해서는 상대의 가치관을 배워 유연하게 대응하는 자세를 유의해야 할 것이다. 일본에서 룰을 지키지 않는 외국인을 보고도 넓은 마음으로 받아들이는 것이 국제 이해의 첫걸음일지도 모른다.

1	2	3	4
3	2	1	2

이 세상을 살아내는 1 데 있어 알아두어야 할 말이 있다.

우선 하나는 '인생은 선택의 연속이다'라는 것.

매일 우리는 크고 작은 다양한 선택을 하며 살고 있다. 아침에 일어나서 무엇을 먹을 것인지, 어느 길을 지나갈 것인지, 일에서 어떤 안건을 우선할 것인지. 선택지는 무수히 있고, 2 그것들이 쌓여 현재의 자신을 형성하고 있다. 그러나 그 선택이 항상 정답은 아니다. 잘못된 선택을 하게 될 수도 있지만 그것이 다시 삶을 풍요롭게 하는 요소가 된다는 것을 알아야 한다.

또 하나는 '선택하지 않는 것도 선택의 하나이다'라는 것.

선택을 미루거나 상황에 몸을 맡기는 것도 때로는 필요하다. 모든 일에 흑백을 가릴 필요는 없고, 애매함을 받아들임으로써 3 얻는 것도 있다. 예를 들어 새로운 환경에 뛰어들어야 할지 고민할 때 멈춰 서서 상황을 관찰함으로써 보이는 경치가 있을 수 있다. 선택하지 않음으로써 자신의 마음이 자연스럽게 답을 찾아가는 일도 있는 것이다.

선택을 망설일 때 기억해야 할 것은 '완벽한 선택은 존재하지 않는다'는 것이다. 어떤 선택에도 리스크가 수반되며, 반드시 모든 것이 뜻대로 되는 것은 아니다. 오히려 그 선택 속에서 얻을 수 있는 경험이 삶의 깊이를 더한다고 생각해야 한다.

인생은 태양과 달처럼 빛과 그림자가 번갈아 나타난다. 빛나는 순간도 있고 어둠이 깔릴 때도 있다. 자신이 선택한 길을 믿고 걷는 것으로 어떤 그림자도 극복할 수 있다. 빛과 그림자가 4 있기에 삶은 아름답고 풍요로운 것이 되는 것이다.

1	2	3	4
2	4	3	2

큰 배가 천천히 항구를 떠나간다. 그 모습을 1 볼 때마다 나는 장래에 선장이 되고 싶다고 생각한다.

왜냐하면 바다를 자유롭게 여행하는 선장의 모습을 TV로 보며 동경했기 때문이다. 그 선장은 이렇게 말했다. '좋아하는 일을 직업으로 하는 것은 커다란 기쁨입니다'라고.

그러나 좋아하는 직업을 갖는 것은 쉬운 일이 아니라고 느낀다. 그것은 나의 형이 경험한 이야기를 들었기 때문이다. 형은 어렸을 때부터 그림 그리는 것을 좋아했고, 장래에는 디자이너가 되는 것이 꿈이었다고 한다. 그러나, 디자인의 일을 하기 위해서는 많은 지식과 스킬이 필요하며, 아무리 그림을 좋아해도 2 그것만으로는 프로가 될 수 없었다고 한다.

형은 대학에서 디자인을 배우고 매일 늦게까지 과제에 매달렸다. 컴퓨터로 디자인을 하는 기술이나 클라이언트의 의견을 받아들이는 방법 등 많은 것을 배워야 했다. 또 몇몇 시험에도 합격해야 하고 그중에는 너무나 어려운 시험도 있어 3 힘든 나머지 몇 번이나 포기할 뻔한 적이 있었다고 한다.

4 그 이야기를 듣고 나는 '좋아하는 일'과 '직업'을 함께 하는 것은 매우 어려운 일이라고 느꼈다. 그래도 형이 노력을 계속한 덕분에 지금은 디자이너로서 활약하고 있는 모습을 보고 나도 꿈을 이루기 위해 열심히 해야겠다고 생각하게 되었다.

나는 선장이 되기 위해 바다에 대해 더 배우고 어려움이 있어도 포기하지 않고 나아가고 싶다. 좋아하는 일을 직업으로 하기 위해서는 노력이 필요하지만, 그 앞에 있을 기쁨을 믿고, 앞으로도 계속 꿈을 향해 달려가고 싶다.

1	2	3	4
4	1	3	4

　최근 일본에서는 외국인이 아르바이트를 할 기회가 늘고 있어 일상생활에서 일하는 외국인을 보는 것은 1결코 드문 일이 아닙니다. 그러나 외국인이 일본에서 아르바이트를 할 때는 몇 가지 주의해야 할 점이 있습니다.

　먼저 노동 조건에 대해서입니다. 아르바이트를 시작하기 전에 시급이나 근로시간, 업무 내용을 꼼꼼히 확인하는 것이 중요합니다. 특히 일본에서는 최저임금이 2지역에 따라 다르기 때문에 일하는 곳의 최저임금이 얼마인지 알아둘 필요가 있습니다. 아르바이트하는 곳에 따라 계약서를 주고 받지 않는 경우도 있지만, 나중에 발생하는 문제를 피하기 위해 반드시 서면으로 계약 내용을 확인하는 것을 추천합니다.

　다음으로 일본어 기술에 대해서입니다. 많은 아르바이트에서는 기본적인 일본어 실력이 요구됩니다. 일본어에 자신이 없는 경우는 공장이나 창고 내에서의 작업 등, 언어 스킬이 3그다지 중요하지 않은 일을 선택하는 것도 하나의 방법입니다.

　마지막으로 비자의 확인입니다. 외국인이 일본에서 아르바이트를 하려면 적절한 비자가 필요합니다. 4예를 들어, 유학 비자를 가진 학생의 경우, '자격외 활동허가'를 취득해야 합니다. 이 허가를 얻음으로써 주 28시간 이내의 아르바이트가 가능하게 됩니다. 하지만 규정을 넘는 노동을 하면 비자 취소나 강제 송환 위험이 있기 때문에 규칙을 지키는 것이 중요합니다.

　일본에서 아르바이트를 하는 것은 수입을 얻을 뿐만 아니라 문화나 습관을 배울 수 있는 좋은 기회이기도 합니다. 그러나 노동 조건이나 법률을 확실히 이해하고, 자신에게 맞는 일을 찾아내는 것이 성공의 열쇠가 됩니다.

1	2	3	4
2	3	1	4

　일본에는 사계절이 있고, 각각의 계절에 행해지는 축제가 있습니다. 축제는 지역의 전통과 문화를 느낄 수 있는 귀중한 이벤트입니다. 또한 1축제를 통해 지역 사람들이 모여 교류하는 소중한 기회이기도 합니다.

　예를 들어, 여름에 열리는 '불꽃놀이 축제'는 많은 사람들2에게 특별한 축제입니다. 밤하늘에 큰 불꽃이 피어오르는 광경은 너무나 아름다워, 여름의 풍물시로서 사랑받고 있습니다. 또한 여름 축제에서는 포장마차가 줄지어서 타코야키와 야키소바, 빙수 등의 음식을 즐길 수 있습니다. 유카타를 입고 참가하는 사람도 많아 평소와는 다른 분위기를 맛볼 수 있습니다.

　가을이 되면 '수확제'가 열립니다. 수확제는 풍년에 감사하기 위한 축제입니다. 신사나 절에서 행해지는 축제에서는 오미코시(주)가 거리를 행진합니다. 이러한 전통적인 행사를 보면 일본의 역사와 문화를 접할 수 있습니다.

　한편, 축제 때는 3주의해야 할 것도 있습니다. 예를 들어 쓰레기를 가지고 돌아가는 것이나 사람이 많은 장소에서는 서로 양보하는 것이 중요합니다. 또한 축제는 지역 사람들이 오랜 시간에 걸쳐 준비하고 있기 때문에 지역의 규칙을 지키는 것도 필요합니다.

　축제는 일본 문화를 깊이 이해할 수 있는 좋은 기회입니다. 여행자에게도, 일본인에게도 축제를 즐기는 것으로 지역의 매력을 재발견할 수 있습니다. 축제에 참가할 때는 그 지역의 역사와 배경을 알아됨으로써 4더욱 즐거운 추억을 만들 수 있을 것입니다.

(주) 오미코시 : 축제 때, 신사에 계신 신을 일시적으로 밖으로 모시기 위한 탈것.

유형별 실전 문제

問題 10

내용 이해(단문) 실전 연습 ❶ p.298 해석과 문제 해설

1	2	3	4	5
②	②	③	②	③

次の（1）から（5）の文章を読んで、後の問いに対する答えとして最もよいものを、1・2・3・4から一つ選びなさい。

（1）

不快な感情というのはなぜ作られたのだろうか。不快な感情さえなければ、人生をより幸せに過ごすことができるのではないだろうか。@感じられる感情そのものを変えることはできないが、その感情を受け入れる姿勢は変えられる。悪い感情を肯定的に受け入れることが人生を豊かにする要素となる。人生は悪いことばかりでも良いことばかりでもない。困難を乗り越えることは幸福につながる可能性が高く、感情面でも例外ではない。

1 筆者の考えに合うのはどれか。

1 不快な感情がなければ、幸せにつながらない。

2 感情を受け入れる姿勢によって、人生を豊かにすることができる。

3 幸せというのは感情に左右されるものではない。

4 感情という困難がなければ、幸せに暮らすことはできない。

다음 (1)에서 (5)의 글을 읽고, 다음 질문에 대한 답으로 가장 알맞은 것을 1·2·3·4에서 하나 고르시오.

불쾌한 감정이라는 것은 왜 만들어진 것일까? 불쾌한 감정만 없다면 인생을 보다 행복하게 보낼 수 있지 않을까? @느껴지는 감정 그 자체를 바꿀 수는 없지만, 그 감정을 받아들이는 자세는 바꿀 수 있다. 나쁜 감정을 긍정적으로 받아들이는 것이 인생을 풍요롭게 하는 요소가 된다. 인생은 나쁜 일만 있는 것도, 좋은 일만 있는 것도 아니다. 어려움을 극복하는 것은 행복으로 이어질 가능성이 높고, 감정면에서도 예외가 아니다.

1 필자의 생각에 맞는 것은 어떤 것인가?

1 불쾌한 감정이 없으면, 행복으로 이어지지 않는다.

2 감정을 받아들이는 자세에 따라, 인생을 풍요롭게 할 수 있다.

3 행복이라는 것은 감정에 좌우되는 것이 아니다.

4 감정이라는 어려움이 없으면 행복하게 살 수 없다.

[풀이]

ⓐ 감정 자체를 바꿀 수는 없지만 그 감정을 받아들이는 자세를 바꿀 수 있고, 긍정적으로 받아들이면 인생을 풍요롭게 할 수 있다고 말하고 있다. 따라서 정답은 선택지 2번이다.

[단어]

不快 불쾌 | 感情 감정 | 〜さえ〜ば 〜만 〜하면 | 幸せ 행복 | 過ごす 지내다, 보내다 | 変える 바꾸다 | 受け入れる 받아들이다 | 姿勢 자세 | 肯定的 긍정적 | 豊か 풍부함 | 要素 요소 | 困難 곤란, 어려움 | 乗り越える 뛰어넘다, 극복하다 | 幸福 행복 | 例外 예외 | 筆者 필자 | つながる 이어지다, 연결되다 | 〜によって 〜에 의해서, 〜에 따라서 | 左右 좌우 | 暮らす 지내다, 생활하다

(2)

人の内面にある可能性、それを我々は潜在能力と呼ぶ。多くの人々が、これを開発させるために努力を惜しまない。ⓐ失敗を恐れずに成功に向かって進むべきだと言われているが、はたしてそうだろうか。努力に努力を重ねても成功できないなら、あきらめたほうがよいのではないだろうか。きっと、違う潜在能力があるはずだから、ⓑ本人がやりたいものを探すのではなく、少しでも上手なことについて考え、探してみるのはどうだろう。

2 この文章で筆者が一番言いたいことは何か。
1 潜在的な可能性のために常に努力するべきだ。
2 うまくできることに対して自分との会話をするべきだ。
3 失敗を恐れず、前向きに考えながら進むべきだ。
4 自分が本当に好きなことについて考えるべきだ。

사람의 내면에 있는 가능성, 그것을 우리는 잠재 능력이라 부른다. 많은 사람들이 이것을 개발시키기 위해서 노력을 아끼지 않는다. ⓐ실패를 두려워하지 않고 성공을 향해서 나아가야 한다고 하고 있지만, 과연 그럴까? 노력에 노력을 거듭하고도 성공하지 못한다면, 포기하는 것이 좋지 않을까? 분명 다른 잠재 능력이 있을 것이니, ⓑ자신이 하고 싶은 것을 찾는 것이 아니라, 조금이라도 잘하는 것에 대해서 생각하고 찾아보는 것은 어떨까?

2 이 문장에서 필자가 가장 말하고 싶은 것은 무엇인가?
1 잠재적인 가능성을 위해서 항상 노력해야 한다.
2 잘할 수 있는 것에 대해서 자신과의 대화를 해야 한다.
3 실패를 두려워하지 않고 긍정적으로 생각하면서 나아가야 한다.
4 자기가 정말 좋아하는 것에 대해서 생각해야 한다.

[풀이]

ⓐ 실패를 두려워하지 말고 나아가라는 것에 필자는 부정적인 입장을 가지고 있으므로, 선택지 3번은 정답이 될 수 없다. ⓑ 필자는 자신이 하고 싶은 것이 아닌, 잘하는 것을 찾으라고 말하고 있다. 따라서 정답은 선택지 2번이다. 선택지 1, 4번에 대한 언급은 없었다.

[단어]

内面 내면 | 可能性 가능성 | 潜在的 잠재적 | 能力 능력 | 開発 개발 | 努力 노력 | 恐れる 두려워하다 | 〜に向けて 〜를 향해서, 〜를 위해서 | 進む 나아가다 | はたして 과연 | 重ねる 거듭하다 | 筆者 필자 | 〜に対して 〜에 대해서 | 前向き 긍정적, 낙관적

(3)

先日、突然本が読みたくなって本屋に行った。1年に1冊の本も読んでいなかったのが何年も続いたので、@本屋は完全に異なる空間になってしまったような気がした。⑥読みたい本は特になかったが、©いろいろな本をめぐりながら買う本を決めようと思っていた。本の推薦コーナーをぼんやり眺めていると、大学生のカップルが1位に輝いている本を取り上げた。今は、たくさん売れる本がいい本になってしまったのか…。久しぶりに本屋に来たのに、思わず本屋を出てしまった。

3 筆者は、なぜ本屋を出てしまったと言っているか。

1 希望していた本を見つけることができなかったため

2 人気コーナーの本が全部売切れになってしまったため

3 久しぶりに行った本屋が昔のイメージと違っていたため

4 どの本を選べばいいかわからなかったため

얼마 전에 갑자기 책을 읽고 싶어서 서점에 다녀왔다. 1년에 한 권의 책도 읽지 않았던 것이 몇 년이나 계속되었기 때문에 @서점은 완전히 다른 공간이 되어 버린 것 같은 기분이 들었다. ⑥읽고 싶은 책은 딱히 없었지만, ©여러 책을 넘겨 보면서 살 책을 고르려고 생각하고 있었다. 책의 추천 코너를 멍하니 바라보고 있으니, 대학생 커플이 1위에 빛나는 책을 집어 들었다. 지금은 많이 팔리는 책이 좋은 책이 되어 버린 것인가…. 오랜만에 서점에 왔지만, 나도 모르게 서점을 나오고 말았다.

3 필자는 왜 서점을 나오고 말았다고 말하고 있는가?

1 원하고 있던 책을 찾을 수 없었기 때문에

2 인기 코너의 책이 전부 품절이 되어 버렸기 때문에

3 오랜만에 간 서점이 예전의 이미지와 달랐기 때문에

4 어느 책을 고르면 좋을지 몰랐기 때문에

[풀이]

@ 오랜만에 간 서점이 예전과는 많이 다르다는 선택지 3번이 정답이다. ⑥ 읽고 싶은 책이 있는 것은 아니었기 때문에 선택지 1번은 정답이 될 수 없다. © 읽고 싶은 책을 어떻게 고를 것인지에 대해 언급되었기 때문에 선택지 4번도 정답이 될 수 없다. 선택지 2번에 대한 언급은 없었다.

[단어]

先日 얼마 전, 며칠 전 | 異なる 다르다 | 推薦 추천 | ぼんやり 멍하니 | 眺める 바라보다 | 輝く 빛나다 | 取り上げる 집어 들다 | 思わず 무심코 | ～てしまう ～해 버리다 | 見つける 발견하다 | 売切れ 매진, 품절

(4)

自らに「なぜ?」「どうして?」と投げかける質問が人生を成長させます。質問というのは、何かに対する疑いがある時や確信が持てない時にするものです。自分に質問をしない人は、自分を客観的に振り返らない人です。今向かっている方向が本当に正しい道なのか、正しい方法で進んでいるのかについての考察が必要です。@現在の自分に対する不安と不満は、将来の自分をより良い人に変える原動力となります。自分への絶え間ない質問こそ、人生を変える力です。

4 筆者は、質問についてどう考えているか。

1 人生の成功のためには、質問に対する答えを探すことが重要だ。

2 自分に質問することで未来の自分をより良い人に変えることができる。

3 人生の不安と不満を解消するためには、頻繁に質問する習慣が必要だ。

4 人生を変えられる質問に対して考え続けることが大切だ。

스스로에게 '왜?', '어째서?'라고 던지는 질문이 인생을 성장시킵니다. 질문이라는 것은 어떤 것에 대한 의심이 들 때나 확신을 가질 수 없을 때에 하는 것입니다. 자신에게 질문을 하지 않는 사람은 본인을 객관적으로 돌아보지 않는 사람입니다. 지금 가고 있는 방향이 정말 옳은 길인지, 올바른 방법으로 나아가고 있는지에 대한 고찰이 필요합니다. ⓐ현재의 자신에 대한 불안과 불만은 미래의 자신을 보다 좋은 사람으로 바꾸는 원동력이 됩니다. 스스로를 향한 끊임없는 질문이야 말로, 인생을 바꾸는 힘입니다.

---

4 필자는 질문에 대해서 어떻게 생각하고 있는가?

1 인생의 성공을 위해서는 질문에 대한 답을 찾는 것이 중요하다.

2 자신에게 질문하는 것으로 미래의 자신을 보다 좋은 사람으로 바꿀 수 있다.

3 인생의 불안과 불만을 해소하기 위해서는 빈번하게 질문하는 습관이 필요하다.

4 인생을 바꿀 수 있는 질문에 대해서 계속 생각하는 것이 중요하다.

[풀이]

ⓐ 스스로를 향한 질문이 인생을 바꾸는 힘이라고 하고, 자신에 대한 불안과 불만은 좋은 사람으로 바꾸는 원동력이 된다고 말하고 있다. 따라서 정답은 선택지 2번이다.

[단어]

自ら 스스로 | 投げかける 던지다 | 質問 질문 | 成長 성장 | 〜に対する 〜에 대한 | 疑い 의심 | 確信 확신 | 客観的 객관적 | 振り返る 뒤돌아보다 | 向かう 향하다 | 進む 진행하다, 나아가다 | 〜について 〜에 대해서 | 考察 고찰 | 不満 불만 | 将来 장래, 미래 | 変える 바꾸다 | 原動力 원동력 | 絶え間ない 끊임없다 | 成功 성공 | 答え 대답, 해답 | 探す 찾다 | 未来 미래 | 解消 해소 | 頻繁 빈번 | 習慣 습관

---

(5)

以下は、ある店でもらったチラシである。

緑スーパー
期間限定・春の感謝セールのお知らせ

このたび、ⓐ４月１日から20日までの期間限定で、全国の緑スーパー全店で感謝セールを開催いたします。感謝セールでは、期間限定の飲料に限り３割引きで、3,000円以上のお買い上げで「春の記念品」をプレゼントいたします。今回の記念品は、４種類１万人限定となっております。なお、５月１日からはお肉のセールも行いますので、ぜひこの機会にご来店ください。

---

5 「春の記念品」をもらいたい場合、どうすればいいか。

1 ４月20日から５月１日までの間に緑スーパーで3,000円以上買う。

2 ４月20日に緑スーパーで春の記念品を3,000円以上買う。

3　４月１日に緑スーパーで３０％安くなった牛乳を３,０００円以上買う。

4　４月１日に緑スーパーで３割引きになった春の新商品を３,０００円以上買う。

다음은 어떤 가게에서 받은 전단지이다.

미도리 슈퍼

기간 한정 · 봄 감사 세일 공지

　이번에 ⓐ4월 1일부터 20일까지의 기간 한정으로, 전국의 모든 미도리 슈퍼에서 감사 세일을 개최합니다. 감사 세일에서는 기간 한정 음료에 한해 30% 할인하고, 3,000엔 이상 구매 시 '봄 기념품'을 선물로 드립니다. 이번 기념품은 4가지 종류 만 명으로 한정되어 있습니다. 또한, 5월 1일부터는 고기 세일도 실시하오니, 꼭 이번 기회에 방문해 주십시오.

5　'봄 기념품'을 받고 싶은 경우, 어떻게 하면 좋은가?

1　4월 20일부터 5월 1일 사이에 미도리 슈퍼마켓에서 3,000엔 이상 산다.

2　4월 20일에 미도리 슈퍼마켓에서 봄 기념품을 3,000엔 이상 산다.

3　4월 1일에 미도리 슈퍼마켓에서 30% 싸진 우유를 3,000엔 이상 산다.

4　4월 1일에 미도리 슈퍼마켓에서 30% 할인된 봄 신상품을 3,000엔 이상 산다.

[풀이]

ⓐ 4월 1일부터 20일까지 미도리 슈퍼마켓에서 음료에 한해서 30% 할인을 하고, 3,000엔 이상 구입하면 '봄 기념품'을 준다고 한다. 따라서 정답은 선택지 3번이다.

[단어]

チラシ 전단지, 광고지 | **～である** ～이다 | **期間** 기간 | **限定** 한정 | **感謝** 감사 | **お知らせ** 알림, 통지 | **このたび** 이번, 금번 | **開催** 개최 | **飲料** 음료 | **限る** 한하다, 제한하다 | **割引き** 할인 | **買い上げる** 사들이다, 사주시다 | **記念品** 기념품 | **種類** 종류 | **なお** 또한 | **行う** 행하다, 실시하다 | **新商品** 신상품

내용 이해(단문) 실전 연습 ❷ p.303 해석과 문제 해설

1	2	3	4	5
③	③	④	①	③

(1)

　　人間の心理には固定観念というものがある。固定観念は、生まれつき持っているものではなく、学習による結果であると言えるだろう。この学習は、人が他人と異なる振る舞いをすることに対する罪悪感を作り上げている。ⓐこの罪悪感は犯罪を防ぐことにもなっているが、人間が発達していく上での拘束にもつながってしまった。一方、固定観念を振り払い、ⓑ他の人とは違う考え方をすることで、新しい発明と発見がなされ、より便利で進化された世界と社会を作り上げたことも事実である。

1　筆者は固定観念についてどのように述べているか。

1　固定観念は悪い結果をもたらす。

2　固定観念は、犯罪を増やす結果につながる。

3 固定観念への反発から社会と文明が進歩する。

4 固定観念は他人と自分を区別する考えである。

인간의 심리에는 고정 관념이라는 것이 있다. 고정 관념은 타고난 것이 아니라 학습에 의한 결과라고 말할 수 있을 것이다. 이 학습은 사람이 타인과 다른 행동을 하는 것에 대한 죄책감을 만들어 내고 있다. ⓐ이 죄책감은 범죄를 막는 것도 있지만, 인간 발달의 구속으로도 이어지고 말았다. 한편, 고정 관념을 뿌리치고 ⓑ다른 사람과는 다른 생각을 함으로써, 새로운 발명과 발견이 이루어지고 보다 편리하고 진화된 세계와 사회를 만들어 낸 것도 사실이다.

---

1 필자는 고정 관념에 대해서 어떻게 말하고 있는가?

1 고정 관념은 나쁜 결과를 가져온다.

2 고정 관념은 범죄를 늘리는 결과로 이어진다.

3 고정 관념에 대한 반발로부터 사회와 문명이 진보한다.

4 고정 관념은 다른 사람과 자신을 구별하는 생각이다.

[풀이]

ⓐ 고정 관념이 만들어 낸 죄책감이 범죄를 막는 좋은 결과로 이어지기도 하기 때문에 선택지 1번은 정답이 될 수 없다. ⓑ 고정 관념과는 다른 사고방식이 발명과 발견으로 이어지고 세계를 진화시킨다고 말하고 있다. 따라서 정답은 선택지 3번이다. 선택지 2, 4번에 대한 내용은 없었다.

[단어]

心理 심리 | 固定観念 고정 관념 | 生まれつき 타고난 것 | 学習 학습 | 結果 결과 | 異なる 다르다 | 振る舞い 행동 | ～に対する ～에 대한 | 罪悪感 죄책감 | 作り上げる 만들어 내다 | 犯罪 범죄 | 防ぐ 막다, 예방하다 | 発達 발달 | 拘束 구속 | 発明 발명 | 発見 발견 | 進化 진화 | もたらす 초래하다, 가지고 오다 | 反発 반발 | 区別 구별

(2)

人に対する第一印象は、片方だけに傾くわけではない。これは主観的な判断の介入のあった結果として見ることができる。つまり、ⓐ人に対する判断や評価というのは、客観性が非常に欠如しているのである。自分が持っている価値観、嗜好や好み、性格、人生の背景などによって人物に対する判断は正確に行うことができない。歴史的な人物に対する好き嫌いや魅力的に感じられる対象に対する認識の違いなどがまさにその理由である。基本的に人間というのは、自分の考えが正しいと信じる存在だと言える。しかし、ⓑある人物に対する自分の判断が絶対に正確であると思うほど危険なことはないと言いたい。

2 筆者の考えに合うのはどれか。

1 人の第一印象を正しく判断することは容易ではない。

2 人に対する評価を正確にすることは重要である。

3 人に対する評価ほど不正確なものもない。

4 自分と価値観や性格が異なる人を判断してはならない。

사람에 대한 첫인상은 한 쪽으로만 기울어지지 않는다. 이것은 주관적인 판단 개입이 있었던 결과로 볼 수 있다. 즉, ⓐ사람에 대한 판단이나 평가라는 것은 객관성이 매우 결여된 것이다. 자신이 가지고 있는 가치관, 기호나 취향, 성격, 삶의 배경 등에 의해서 인물에 대한 판단은 정확하게 이루어질 수 없다. 역사적인 인물에 대한 호불호나 매력적으로 느껴지는 대상에 대한 인식의 차이 등이 바로 그 이유이나. 기본적으로 인간이라는 것은 자신의 생각이 옳다고 믿는 존재라고 말할 수 있다. 하지만 ⓑ어떤 인물에 대한 자신의 판단이 무조건 정확하다고 생각하는 것만큼 위험한 것도 없다고 말하고 싶다.

2 필자의 생각에 맞는 것은 어느 것인가?

1 사람의 첫인상을 올바르게 판단하는 것은 쉽지 않다.

2 사람에 대한 평가를 정확하게 하는 것은 중요하다.

3 사람에 대한 평가만큼 부정확한 것도 없다.

4 자신과 가치관이나 성격이 다른 사람을 판단해서는 안 된다.

[풀이]

ⓐ 사람에 대한 평가는 객관성이 매우 결여된 것이고, 자신의 가치관이나 성격 등에 의해서 인물에 대한 판단은 정확할 수 없다고 말하고 있다. ⓑ 사람에 대한 자신의 판단이 무조건 정확하다고 생각하는 것은 위험하다고 말하고 있기 때문에, 정답은 선택지 3번이다.

[단어]

～に対する ～에 대한 | 第一印象 첫인상 | 片方 한쪽, 한편 | 傾く 기울다 | 主観 주관 | 判断 판단 | 介入 개입 | 評価 평가 | 客観性 객관성 | 非常 매우, 상당히 | 欠如 결여 | 行う 행하다, 실시하다 | 歴史 역사 | 好き嫌い 좋아함과 싫어함, 호불호 | 魅力 매력 | 認識 인식 | 基本 기본 | 信じる 믿다 | 危険 위험 | 容易 용이, 손쉬움 | 異なる 다르다

(3)

今週は3回も昼食にラーメンを食べたら、社内食堂で会った仲間から、「栄養のバランスを考えた方がいい」と言われてしまった。人によって顔や性格や、手足の大きさも違うのだから、ⓐ一日に必要な栄養も個人によって違うのではないだろうか。一種類のメニューを食べ続けるのはよくないと思うが、それでもラーメンが食べたくなるのは、ⓑ私の体がラーメンに入っている栄養成分を望んでいるからなのだと思う。

3 この文章で筆者が一番言いたいことは何か。

1 一日に必要な栄養を正確に調査するのは不可能だ。

2 人間が必要とする栄養は一般的に決められている。

3 体の大きさや性格によって必要な栄養は異なる。

4 体の合図によって必要な栄養が分かる。

이번 주에는 3번이나 점심으로 라면을 먹었더니, 사내 식당에서 만난 동료에게 '영양 밸런스를 생각하는 것이 좋다'라는 말을 듣고 말았다. 사람마다 얼굴이나 성격이나 손발의 크기도 다르기 때문에 ⓐ하루에 필요한 영양소도 개인마다 다른 것이 아닐까? 한 종류의 메뉴를 계속 먹는 것은 좋지 않다고 생각하지만, 그래도 라면이 먹고 싶어지는 것은 ⓑ내 몸이 라면에 들어가 있는 영양 성분을 원하기 때문이라고 생각한다.

이 문장에서 필자가 가장 말하고 싶은 것은 무엇인가?

1 하루에 필요한 영양소를 정확하게 조사하는 것은 불가능하다.

2 인간이 필요로 하는 영양소는 일반적으로 정해져 있다.

3 몸의 크기나 성격에 따라 필요한 영양소는 다르다.

4 몸의 신호에 의해서 필요한 영양소를 알 수 있다.

[풀이]

ⓐ 사람에 따라서 하루에 필요한 영양소가 다르다는 것에서 선택지 2번은 정답이 될 수 없다. ⓑ 몸의 신호로 필요한 영양소를 알 수 있다고 하는 선택지 4번이 정답이다. 선택지 3번은 틀린 표현은 아니지만, 필자가 가장 말하고 싶은 것으로 보기 힘들기 때문에 정답이 아니다. 선택지 1번에 대한 언급은 없었다.

[단어]

食堂_{しょくどう} 식당 | 仲間_{なかま} 동료 | 栄養_{えいよう} 영양(소) | ～によって ～에 의해서, ～에 따라서 | 性格_{せいかく} 성격 | 違う_{ちが} 다르다 | 種類_{しゅるい} 종류 | 成分_{せいぶん} 성분 | 望む_{のぞ} 바라다 | 調査_{ちょうさ} 조사 | 一般的_{いっぱんてき} 일반적 | 合図_{あいず} 신호

(4)

失敗_{しっぱい}の理由_{りゆう}を自分以外_{じぶんいがい}のことから探_{さぐ}ろうとする人_{ひと}は決_{けっ}して成功_{せいこう}できない。それは失敗_{しっぱい}に対_{たい}する恥_{はじ}や不安感_{ふあんかん}などによる責任回避行動_{せきにんかいひこうどう}に過_すぎないからである。何_{なに}かに対_{たい}する考察_{こうさつ}と改善_{かいぜん}は、常_{つね}に内部_{ないぶ}で行_{おこな}われなければならない。ⓐ失敗_{しっぱい}の原因_{げんいん}や改善_{かいぜん}の方向性_{ほうこうせい}を外部_{がいぶ}から探_{さが}そうとすれば、自分_{じぶん}の能力_{のうりょく}と発展可能性_{はってんかのうせい}は永遠_{えいえん}に手中_{しゅちゅう}に収_{おさ}めることは出来_{でき}ない。失敗_{しっぱい}した自分_{じぶん}に向_むき合_あう勇気_{ゆうき}からより良_よい人生_{じんせい}の方向性_{ほうこうせい}を見出_{みいだ}すこともできるだろう。

4 本文_{ほんぶん}の内容_{ないよう}に合_あうものはどれか。

1 自分_{じぶん}を発展_{はってん}させることができるのは、ひたすら自分_{じぶん}だけだ。

2 失敗_{しっぱい}の理由_{りゆう}を内部_{ないぶ}から探_{さが}すのは、責任回避行動_{せきにんかいひこうどう}に過_すぎない。

3 自分_{じぶん}の発展可能性_{はってんかのうせい}を信_{しん}じられない人_{ひと}は成功_{せいこう}できない。

4 失敗_{しっぱい}した人生_{じんせい}に向_むき合_あうには大_{おお}きな勇気_{ゆうき}が必要_{ひつよう}だ。

실패의 이유를 자신 이외의 것에서 찾으려 하는 사람은 결코 성공할 수 없다. 그것은 실패에 대한 부끄러움이나 불안감 등에 의한 책임 회피 행동에 지나지 않기 때문이다. 무엇인가에 대한 고찰과 개선은 항상 내부에서 이루어져야 한다. ⓐ실패의 원인이나 개선 방향성을 외부에서 찾으려고 한다면, 자신의 능력과 발전 가능성은 영원히 손에 넣을 수 없다. 실패한 자신을 마주하는 용기에서 보다 나은 삶의 방향성을 찾을 수도 있을 것이다.

4 본문에 내용에 맞는 것은 어느 것인가?

1 자신을 발전시킬 수 있는 것은 오로지 자신 밖에 없다.

2 실패의 이유를 내부에서 찾는 것은 책임 회피 행동에 지나지 않는다.

3 자신의 발전 가능성을 믿지 못하는 사람은 성공할 수 없다.

4 실패한 삶을 마주보기 위해서는 큰 용기가 필요하다.

[풀이]

ⓐ 자신의 능력과 발전 가능성을 손에 넣기 위해서는 실패의 원인이나 개선 방향을 외부에서 찾아서는 안 되고, 보다 나은 삶을 위해서는 실패한 자신을 마주해야 한다고 말하고 있다. 따라서 정답은 선택지 1번이다.

[단어]

失敗(しっぱい) 실패 | 探(さぐ)る 찾다, 살피다 | 決(けっ)して 결코 | 成功(せいこう) 성공 | ～に対(たい)する ～에 대한 | 恥(はじ) 부끄러움, 창피 | 責任(せきにん) 책임 | 回避(かいひ) 회피 | 行動(こうどう) 행동 | ～に過(す)ぎない ～에 지나지 않는다 | ～に対(たい)する ～에 대한 | 考察(こうさつ) 고찰 | 改善(かいぜん) 개선 | 常(つね)に 항상 | 行(おこな)う 행하다, 실시하다 | 原因(げんいん) 원인 | 発展(はってん) 발전 | 永遠(えいえん) 영원 | 手中(しゅちゅう) 수중 | 収(おさ)める 넣다, 거두다 | 向(む)き合(あ)う 마주보다 | 勇気(ゆうき) 용기 | 見出(みいだ)す 발견하다, 찾아내다 | ひたすら 오로지, 그저

(5)

以下(いか)は、ある会社(かいしゃ)が出(だ)したメールの内容(ないよう)である。

お客様各位(きゃくさまかくい)

七村株式会社(ななむらかぶしきがいしゃ)
技術部長(ぎじゅつぶちょう)　小田南(おだみなみ)

メールサービス障害(しょうがい)のお知(し)らせ

平素(へいそ)より弊社(へいしゃ)のメールサービスをご利用頂(りようただ)きましてありがとうございます。
　現在一部(げんざいいちぶ)のメールサービスにおきまして、本日(ほんじつ)の午後(ごご)3時(じ)から障害(しょうがい)が発生(はっせい)しております。弊社(へいしゃ)の顧客(こきゃく)センターへのお問(と)い合(あ)わせのページをご利用(りよう)の際(さい)、確認(かくにん)のボタンが見(み)えなくなることが確認(かくにん)されました。お客様(きゃくさま)には、大変(たいへん)ご迷惑(めいわく)お掛(か)けしておりますことお詫(わ)び申(もう)し上(あ)げます。尚(なお)、ⓐ本障害(ほんしょうがい)に関(かん)する原因(げんいん)の詳細(しょうさい)については弊社(へいしゃ)のホームページから<u>ご確認</u>できます。

http://www.nanamurajp.com
ページの復旧完了(ふっきゅうかんりょう)までしばらくお待(ま)ちくださいますようお願(ねが)いいたします。

5　ご確認とあるが、何(なに)についての確認なのか。

1　ホームページの問い合わせのページに対(たい)する案内(あんない)の確認
2　ホームページの異常(いじょう)に対する顧客の問い合わせの確認
3　顧客センターのページの利用障害についての原因の確認
4　顧客センターのページにアクセスする方法(ほうほう)の確認

다음은 어떤 회사가 보낸 메일 내용이다.

고객 여러분

나나무라 주식회사
기술부장 오다 미나미

메일 서비스 장애 공지

평소에도 저희 회사의 메일 서비스를 이용해 주셔서 감사합니다.
　현재 일부 메일 서비스에서 오늘 오후 3시부터 장애가 발생하고 있습니다. 당사의 고객 센터의 문의 페이지를 이용하실 때, 확인 버튼이 보이지 않게 된 것이 확인되었습니다. 고객님께 몹시 폐를 끼치고 있는 점 사과 드립니다. 또한, ⓐ본 장애에 관한 상세한 원인에 대해서는 당사의 홈페이지에서 <u>확인</u>하실 수 있습니다.

http://www.nanamurajp.com
페이지 복구 완료까지 잠시만 기다려 주시길 부탁 드립니다.

확인이라고 하는데, 무엇에 대한 확인인가?

1 홈페이지 문의 페이지에 대한 안내 확인

2 홈페이지 이상에 대한 고객의 문의 확인

3 고객 센터 페이지의 이용 장애에 대한 원인 확인

4 고객 센터 페이지에 접속하는 방법 확인

[풀이]

ⓐ 장애의 관한 원인을 홈페이지에서 확인할 수 있다고 한다. 따라서 정답은 선택지 3번이다.

[단어]

各位 각위, 여러분 | 株式会社 주식회사 | 障害 장해, 장애 | 知らせ 알림, 공지 | 平素 평소 | 現在 현재 | ～におきまして ～에서, ～에 있어서(～において의 공손한 표현) | 弊社 폐사(자신이 속한 회사를 낮추어서 부르는 말) | 顧客 고객 | 問い合わせ 문의 | 際 시기, 때 | 確認 확인 | 迷惑を掛ける 폐를 끼치다 | 詫びる 사죄하다, 사과하다 | 尚 또한, 더구나 | ～に関する ～에 관한 | 原因 원인 | 詳細 상세 | ～について ～에 대해서 | 復旧 복구 | 完了 완료 | ～に対する ～에 관한

내용 이해(단문) **실전 연습 ❸** p.308 해석과 문제 해설

1	2	3	4	5
④	③	③	④	③

(1)

誰もが失敗を恐れている。失敗した人を教訓にして、自分はそのようなミスをしないように(注)念を押す。一方、エジソンのように数々の失敗をもとにして、驚くべき成功をした人々のエピソードを誰もが知っている。誰もが成功するわけではないから、失敗は必ず経験するべきだとは言いたくない。ただし、あることにもしも失敗したならば、挫折ばかりせずに、ⓐその失敗から得られることについて考えてみる必要があるだろう。

(注) 念を押す：重ねて注意する

1 筆者は失敗をどうとらえているか。

1 失敗しないためには成功を学ばなければならない。

2 失敗に対する恐怖よりも成功に向けての確信を持つべきだ。

3 少しも失敗のことを考えてはいけない。

4 失敗から発見できる成功の要素を逃してはならない。

누구나 실패를 두려워한다. 실패한 사람을 교훈 삼아서 자신은 그런 실수를 하지 않으려고 ㈜다짐한다. 한편, 에디슨처럼 수많은 실패를 토대로 놀랄 만한 성공을 한 사람들의 에피소드를 누구나 알고 있다. 누구나 성공할 수 있는 것은 아니기 때문에 실패는 반드시 경험해야 한다고는 말하고 싶지 않다. 다만, 어떤 일에 혹시 실패했다면 좌절만 하지 말고 ⓐ그 실패에서 얻을 수 있는 것에 대해서 생각해 볼 필요가 있을 것이다.

(주) 다짐하다 : 거듭해서 주의하다

1 필자는 실패를 어떻게 인식하고 있는가?

    1   실패하지 않기 위해서는 성공을 배워야 한다.

    2   실패에 대한 공포보다 성공을 향한 확신을 가져야 한다.

    3   조금이라도 실패에 대한 것을 생각해서는 안 된다.

    4   실패에서 발견할 수 있는 성공의 요소를 놓쳐서는 안 된다.

[풀이]

ⓐ 필자는 실패에서 발견할 수 있는 것에 대해서 생각해 볼 필요가 있다고 하고 있다. 따라서 정답은 선택지 4번이다.

[단어]

失敗 실패 | 恐れる 두려워하다 | 教訓 교훈 | 念を押す 주의하다, 다짐하다 | 一方 한편 | ～をもとに ～를 토대로 | 成功 성공 | ～わけではない ～인 것은 아니다 | 経験 경험 | ～べきだ ～해야 한다 | ただし 단, 다만 | 挫折 좌절 | ～に対する ～에 대한 | 恐怖 공포 | 確信 확신 | 要素 요소 | 逃す 놓치다

(2)

　私は文章を書くのを職業としている。文章を書いている際には、私の思い通りに表現できることに自由を感じながら、常に締切という拘束の枠に閉じ込められている。ⓐ共存できないこの二つが相互に入れ替わって現れる場合もある。締切の日が終わると自由が訪れ、再び文章を書く行為を始めると拘束も始まるわけである。ある程度の時間が過ぎた後ⓑこの相反する二つが、本という形で現れる。本は全く違う概念の対照の結果とも言うことができるのである。

2 全く違う概念の対照とはどのようなものか。

    1   文章と生活が全く異なっていること

    2   拘束に縛られながら自由に書けないこと

    3   自由と拘束は同時に存在できないこと

    4   本というのは、現実とは反した内容のものであること

　나는 글을 쓰는 일을 직업으로 하고 있다. 글을 쓰고 있을 때에는 내 마음대로 표현할 수 있는 것에 자유를 느끼지만, 항상 마감이라는 구속의 틀에 갇혀 있다. ⓐ공존할 수 없는 이 두 가지가 서로 바뀌어 나타나는 경우도 있다. 마감일이 끝나면 자유가 찾아오고, 다시 글을 쓰는 행위를 시작하면 구속도 시작되는 셈이다. 어느 정도의 시간이 지난 후에 ⓑ이 상반된 두 가지가 책이라는 형태로 나타난다. 책은 전혀 다른 개념의 대조의 결과라고도 말할 수 있는 것이다.

2 전혀 다른 개념의 대조라는 것은 어떠한 것인가?

    1   글과 삶이 전혀 다르다는 것

    2   구속에 얽매이면서 자유롭게 쓸 수 없는 것

    3   자유와 구속은 동시에 존재할 수 없다는 것

    4   책이라는 것은 현실과는 반대되는 내용이라는 것

[풀이]

ⓐ 필자는 자유와 구속은 공존할 수 없다고 말하고 있고 ⓑ 상반된 두 가지가 책으로 나타나고 있다고 언급하고 있다. 따라서 정답은 선택지 3번이다.

[단어]

職業 직업 | 際 시기, 때 | ～通り ～대로 | 表現 표현 | 常に 항상 | 締切 마감 | 拘束 구속 | 枠 틀 | 閉じ込める 가두다 | 共存 공존 | 入れ替わる 교체하다, 교대하다 | 現れる 나타나다 | 訪れる 찾아오다, 방문하다 | 再び 다시, 재차 | 行為 행위 | 程度 정도 | 過ぎる 지나다 | 形 모습, 형태 | 概念 개념 | 対照 대조 | 異なる 다르다 | 縛る 묶다, 속박하다 | 存在 존재 | 反する 반대되다, 위반되다

(3)

人生を生きていく上で、辛い記憶や苦しい時期は避けることができない。誰にでも必ず訪れるもので、これを避けることができる人間は存在するまい。楽しくて幸せなことと(注)悲境はつながっているものである。安泰な時期が過ぎれば、暴風が吹きあれる時期が訪れ、暴風の時期を耐えれば、明るい日差しが見られるようになる。⑧自分の過ちで不幸が訪れるわけでもなく、自力で幸せが掴み取れるとも限らない。苦しみと喜びは、最も自然なサイクルを持っている。苦しみで自分のすべてを諦めてしまうのは、その後に訪れる幸せさえも諦めてしまうことである。

(注) 悲境：悲しい境遇。不幸な身の上。

3 筆者の考えに合うのはどれか。
1 辛い時期を耐えられる人は、幸せも早く見つけることができる。
2 人生の喜びを知っている人は、苦しみを避ける方法も知っている。
3 自分の失敗が原因で辛い思いをするとは言えない。
4 幸せの権利を諦める人には、自然と辛いことが訪れる。

인생을 살아가는 데 있어서, 괴로운 기억이나 힘든 시기는 피할 수 없다. 누구에게나 반드시 찾아오는 것으로, 이것을 피할 수 있는 사람은 존재할 수 없을 것이다. 즐겁고 행복한 일과 ㈜불행한 처지는 이어져 있는 법이다. 평안한 시기가 지나면 폭풍이 휘몰아치는 시기가 찾아오고, 폭풍의 시기를 견디면 밝은 햇빛을 볼 수 있게 된다. ⑧자신의 잘못으로 불행이 닥쳐오는 것도 아니고, 자력으로 행복을 차지할 수 있는 것도 아니다. 괴로움과 기쁨은 가장 자연스러운 사이클을 가지고 있다. 괴로움으로 자신의 모든 것을 포기해 버리는 것은 그 후에 찾아올 행복마저도 포기해 버리는 것이다.

(주) 비경 : 슬픈 처지. 불행한 신세

3 필자의 생각에 맞는 것은 어느 것인가?
1 괴로운 시기를 견딜 수 있는 사람은 행복도 빠르게 찾을 수 있다.
2 인생의 기쁨을 알고 있는 사람은 괴로움을 피하는 방법도 알고 있다.
3 자신의 실수가 원인이라서 괴로운 경험을 하는 것이라고 말할 수는 없다.
4 행복의 권리를 포기하는 사람에게는 자연스럽게 괴로운 일이 찾아온다.

[풀이]
⑧ 자신의 잘못으로 불행이 일어나는 것도 아니고, 자신의 힘으로 행복을 얻을 수 있는 것도 아니라고 말하고 있다. 따라서 정답은 선택지 3번이다.

~上で ~하는 데 있어서 | 辛い 괴롭다, 난처하다 | 苦しい 괴롭다, 고통스럽다 | 時期 시기 | 避ける 피하다 | 訪れる 방문하다,
찾아오다 | 存在 존재 | ~まい ~하지 않을 것이다 | 悲境 비경, 불행한 처지 | つながる 이어지다, 연결되다 | 安泰 안태, 평안하
고 무사함 | 過ぎる 지나다 | 暴風 폭풍 | 吹きあれる 몹시 거칠게 불다, 휘몰아치다 | 耐える 견디다, 참다 | 日差し 햇살, 햇볕 |
過ち 잘못, 실수 | 掴み取る 움켜쥐다, 차지하다 | ~とは限らない (반드시) ~인 것은 아니다 | 諦める 포기하다 | 原因 원인 |
権利 권리

(4)

　人生における問題解決とは、絶えず向き合わなければならない(注)業のようなものだ。問題解決の方法は一
つに割り切ることはできない。それぞれのやり方で人生の問題を切り抜けていくものである。問題には、必ず
答えというものが存在するはずだ。難問であるほど、解き明かした時の満足感と達成感は言い表せないだろ
う。ⓐ正解はいつも存在する。ただし、その閲覧がすべての人に許されているわけではない。

(注) 業：仏語。意志による身心の活動、行為。

4 筆者の考えに合うものはどれか。
1　難しい問題を解決した時こそ、人生の正解を見つけることができる。
2　すべての問題には必ず答えが存在することを実感しなければならない。
3　人生での満足感は、正解の閲覧から得られるものである。
4　人生の正解を見つけることは、誰にでも与えられているものではない。

　인생에서의 문제 해결이라는 것은 끊임없이 마주칠 수밖에 없는 (주)업과 같은 것이다. 문제 해결의 방법은 하나로 단정 지
을 수는 없다. 각자의 방식대로 인생의 문제를 헤쳐 나가는 것이다. 문제에는 반드시 해답이라는 것이 존재하기 나름이다. 어
려운 문제일수록, 풀어냈을 때의 만족감과 달성감은 이루 말할 수 없을 것이다. ⓐ정답은 언제나 존재한다. 다만, 그 열람이
모든 사람에게 허용되고 있는 것은 아니다.

(주) 업 : 불어. 의지에 의한 심신의 활동, 행위.

4 필자의 생각에 맞는 것은 어느 것인가?
1　어려운 문제를 해결했을 때야 말로 인생의 정답을 찾을 수 있다.
2　모든 문제에는 반드시 해답이 존재하는 것을 실감해야 한다.
3　인생에서의 만족감은 정답의 열람에서 얻을 수 있는 것이다.
4　인생의 정답을 찾는 것은 누구에게나 주어지는 것은 아니다.

[풀이]
ⓐ 정답은 언제나 존재하지만, 모든 사람이 찾을 수 있는 것은 아니라고 말하고 있다. 따라서 정답은 선택지 4번이다.

[단어]
~における ~에서의, ~에 있어서의 | 解決 해결 | ~とは ~라는 것은 | 絶えず 끊임없이 | 向き合う 마주하다 | 業 업, 업보 |
割り切る 결론짓다, 딱 잘라 말하다 | 切り抜ける 탈출하다, 벗어나다 | 答え 대답, 해답 | 存在 존재 | ~はずだ ~일 것이다 |

難問 난문 | ～ほど ～정도, ～일수록 | 解き明かす 해명하다, 풀어내다 | 達成 달성 | 言い表す 말로 나타내다, 표현하다 | 正解 정답 | 閲覧 열람 | 許す 용서하다, 허가하다 | ～わけではない (반드시) ～인 것은 아니다 | 仏語 불어, 불교 용어 | 意志 의지 | ～による ～에 의한, ～에 따른 | 活動 활동 | 行為 행위 | 見つける 발견하다, 찾다 | 実感 실감 | 得る 얻다 | 与える 주다

(5)

以下は、ある会社の社内メールの内容である。

担当者各位

納品前の点検方法について

お疲れ様です。品質管理部、担当の木村です。
先日、品川営業所において商品番号の取り違えによる納品ミスが発生いたしました。ⓐ原因は単純な数字の読み違いですが、ⓑこのミスによる損害は決して小さくありません。また取引先にもご迷惑をおかけしてしまいました。
ⓒ今後は以下の通り、手順を守っていただくことをお願い致します。

※ 納品の二日前には、検査を行った者とは別の者が、必ず改めて注文書と商品の内容、個数の確認を行うこと。

以上よろしくお願いします。

品質管理部　　木村 七背
内線　　　　　124

---

5 この文章が最も伝えたいことは何か。

1 納品ミスにより、会社が損失を受けたこと

2 製品番号を誤らないように、十分注意すること

3 納品ミスを防ぐため、新しい業務ルールを守ること

4 取引先の担当者のミスにより、被害を受けたこと

다음은 어느 회사의 사내 메일의 내용이다.

담당자 여러분

납품 전의 점검 방법에 대해서

수고하십니다. 품질 관리부, 담당인 기무라입니다.
얼마 전, 시나가와 영업소에서 상품 번호 오인에 따른 납품 실수가 발생했습니다. ⓐ원인은 단순히 숫자를 잘못 읽은 것이지만 ⓑ이 실수에 의한 손해는 결코 작지 않습니다. 또 거래처에도 폐를 끼치고 말았습니다.
ⓒ앞으로는 다음과 같이 순서를 지켜 주실 것을 부탁 드리겠습니다.

※ 납품 이틀 전에는 검사를 실시한 사람과는 다른 사람이 반드시 다시 주문서와 상품의 내용, 개수 확인을 수행할 것.

이상, 잘 부탁 드립니다.

품질 관리부　　기무라 나나세
내선　　　　　124

---

5 이 문장이 가장 전하고 싶은 것은 무엇인가?

    1   납품 실수로 인해 회사가 손해를 입은 것

    2   제품 번호를 틀리지 않도록 충분히 주의할 것

    3   납품 실수를 방지하기 위해서 새로운 업무의 룰을 지킬 것

    4   거래처 담당자의 실수로 인해 피해를 입은 것

[풀이]

ⓐ 선택지 2번에 대한 언급이 있지만 문서를 작성한 이유는 아니기 때문에 정답이 될 수 없다. ⓑ 회사의 손해에 관한 내용이 언급되고 있지만 문서 작성의 직접적인 이유는 아니다. 따라서 선택지 1번도 정답이 아니다. ⓒ 업무의 변경에 대한 내용이 이 문서의 작성 이유라고 볼 수 있다. 정답은 선택지 3번이다. 선택지 4번에 대한 언급은 없었다.

[단어]

担当者 담당자 | 各位 각위, 여러분 | 納品 납품 | 点検 점검 | ~について ~에 대해서 | 品質管理 품질 관리 | 担当 담당 | 営業 영업 | ~において ~에서, ~에 있어서 | 商品番号 상품 번호 | 取り違え 오인 | ~による ~에 의한 | 原因 원인 | 単純 단순 | 損害 손해 | 取引先 거래처 | 迷惑をかける 폐를 끼치다 | ~通り ~대로 | 手順 순서, 절차 | 行う 행하다, 시행하다 | 改めて 다시 | 確認 확인 | 最も 가장 | 損失 손실 | 誤る 실수하다, 틀리다 | 防ぐ 막다, 예방하다 | 業務 업무 | 被害 피해

問題 11

内容 이해(중문) 실전 연습 ❶ p.312 해석과 문제 해설

1	2	3	4	5	6
④	③	③	③	①	②

次の（1）から（3）の文章を読んで、後の問いに対する答えとして最もよいものを、1・2・3・4から一つ選びなさい。

(1)

　　紙や印刷物の製作に使われる化学物質が環境破壊を起こしているとの批判があるにもかかわらず、印刷物はいまだにいろいろと重要な役割を担っている。ⓐ医学をはじめとする人類に役立つ各種の専門知識、伝統的な印刷物の製作方法が持つ芸術的な価値や一般の人々に有用な情報を提供するなど、印刷物の使用価値は十分だと思う。なお、環境にやさしい紙や再生紙の使用により環境被害を軽減する方法などの研究も続いている。

　　インターネットのようなデジタルメディアにおいて、情報の発信者を制限することは不可能に近い。誤った情報や偏向的な意見を制裁できる方法がないということである。これに比べ、印刷物は出版社というフィルターを通じてある程度の基準を設けることができる。あまりにも一方に偏った情報や意見などを排除できるということである。ⓑ情報発信側は、情報の波及効果についても考慮しなければならない。それに対する配慮のない印刷物は、有限な資源の浪費にすぎない。

1 筆者によると、印刷物の価値が十分だと思う理由は何か。

    1   環境にやさしい紙の生産で自然環境を保護できるため

    2   無分別な知識をまとめることで情報の信頼性を得たため

    3   伝統的な印刷方法の効率性が資源の確保につながっているため

    4   人々に役立つ情報を発信することができるため

2 筆者によると、情報発信する側が考えるべきことは何だと言っているか。

1 有用でない情報を一般市民に発信してはならない。

2 印刷物は、資源の無駄になり得るという事実を考慮すべきだ。

3 情報を受信する側の影響について考えなければならない。

4 情報は、出版社等のフィルターを経て発信されなければならない。

다음 (1)에서 (3)의 글을 읽고, 다음 질문에 대한 답으로 가장 알맞은 것을 1·2·3·4에서 하나 고르시오.

> 종이나 인쇄물의 제작에 사용되는 화학물질이 환경파괴를 일으키고 있다는 비판이 있음에도 불구하고, 인쇄물은 아직까지도 여러가지 중요한 역할을 담당하고 있다. ⓐ의학을 비롯한 인류에게 도움이 되는 각종 전문 지식, 전통적인 인쇄물 제작 방법이 가지는 예술적인 가치나 일반 사람들에게 유용한 정보를 제공하는 등, 인쇄물의 사용 가치는 충분하다고 생각한다. 또한, 친환경 종이나 재생 종이의 사용으로 환경피해를 경감하는 방법 등의 연구도 계속되고 있다.
>
> 인터넷과 같은 디지털 미디어에서 정보의 발신자를 제한하는 것은 불가능에 가깝다. 잘못된 정보나 편향적인 의견을 제재할 수 있는 방법이 없다는 것이다. 이에 비해, 인쇄물은 출판사라는 필터를 통해서 어느 정도의 기준을 마련할 수 있다. 지나치게 한쪽으로 치우친 정보나 의견 등을 배제할 수 있다는 것이다. ⓑ정보를 발신하는 쪽은 정보의 파급 효과에 대해서도 고려해야 한다. 그것에 대한 배려가 없는 인쇄물은 유한한 자원의 낭비에 지나지 않는다.

1 필자에 의하면, 인쇄물의 가치가 충분하다고 생각하는 이유가 무엇인가?

1 친환경 종이의 생산으로 자연 환경을 보호할 수 있기 때문에

2 무분별한 지식을 정리하는 것으로 정보의 신뢰성을 얻었기 때문에

3 전통적인 인쇄 방법의 효율성이 자원의 확보로 이어지고 있기 때문에

4 사람들에게 도움이 되는 정보를 발신할 수 있기 때문에

2 필자에 의하면, 정보를 발신하는 쪽이 생각해야 할 것이 무엇이라고 말하고 있는가?

1 유용하지 않은 정보를 일반 시민에게 발신해서는 안 된다.

2 인쇄물은 자원의 낭비가 될 수 있다는 사실을 고려해야 한다.

3 정보를 수신하는 쪽의 영향에 대해서 생각해야 한다.

4 정보는 출판사 등의 필터를 거쳐서 발신되어야 한다.

[풀이]

1 ⓐ 인류에게 도움이 되는 각종 전문 서식과 예술적인 가치, 일반인에게 유용한 정보를 제공하는 등, 인쇄물의 사용 가치는 충분하다고 말하고 있다. 따라서 정답은 선택지 4번이다.

2 ⓑ 정보를 발신하는 쪽은 그 파급 효과에 대해서도 고려해야 하고, 그렇지 않을 때는 자원의 낭비에 지나지 않는다고 말하고 있다. 따라서 정답은 선택지 3번이다.

[단어]

印刷物 인쇄물 | 製作 제작 | 化学 화학 | 物質 물질 | 環境 환경 | 破壊 파괴 | 起こす 일으키다 | 批判 비판 | ～にもかかわらず ～에도 불구하고 | 役割 역할 | 担う 담당하다, 짊어지다 | ～をはじめとする ～를 비롯한 | 役立つ 도움이 되다 | 専門 전문 | 知識 지식 | 伝統 전달 | 芸術 예술 | 情報 정보 | 提供 제공 | 再生紙 재생지 | ～により ～에 의해, ～에 따라 | 被害 피해 | 軽減 경감 | ～において ～에서, ～에 있어서 | 制限 제한 | 誤る 잘못하다, 실수하다 | 偏向的 편향적 | ～を通じて ～를 통해서 | 設ける 마련하다, 설치하다 | あまりにも 너무나도 | 偏る 치우치다 | 排除 배제 | 波及 파급 | 効果 효과 | ～について ～에 대해서 | 考慮 고려 | ～に対する ～에 대한 | 配慮 배려 | 有限 유한 | 資源 자원 | 浪費 낭비 | ～にすぎない ～에 지나지 않는다 |

保護 보호 | まとめる 정리하다, 모으다 | 信頼 신뢰 | 効率性 효율성 | 確保 확보 | つながる 이어지다, 연결되다 | 無駄 소용없음, 쓸데없음 | ～得る ～할 수 있다 | 受信 수신 | 影響 영향 | 経る 지나다, 경과하다

(2)

月の引力によって海水の潮の差が生じることは誰でも知っていることだが、月が人体に及ぼす影響について知っている人は多くはない。我々の体は70％以上、水で構成されている。従って、人体もまた、月の影響を受けているというわけである。ある調査によると、満月の日、眠りにつきにくい人が多いという。これは⒜人の睡眠に影響を与えるメラトニンというホルモンの分泌が、月に影響されるからである。

月の引力は人体の血液にも影響を及ぼす。外国のある国で、三日月の日に手術した患者と満月の日に手術した患者との生存率の差についての研究が行われた。その結果、生存率の差は実に21％に達したという報告もある。科学的に証明されていないものの、満月と発作との相互関係に関する様々な例も提示されている。このように、月が人体に与える影響を完全に無視することはできないのである。

月がなくなったらどうなるのだろうか。地球が太陽を回る軌道が少し変わり、太陽系の構成も少し変わるだろうと専門家たちは言っている。この少しの差が数十万年を経て、今とは全く異なる太陽系を構成することになり、その影響を受ける地球も、⒝今からは想像できないほど、全く異なる姿を見せるのであろう。

3 **ある調査というのは何に関する調査なのか。**

1 満月が出る時期の自然の変化に関する調査

2 月が海に及ぼす影響に関する調査

3 月が人体のホルモンに与える影響に関する調査

4 月と人格との相関関係に関する調査

4 **筆者は、将来月がなくなったらどのようなことになると言っているか。**

1 多少の影響があるかもしれないが、大きな変化はない。

2 太陽系の構成が多少変化して、宇宙に対する認識が変わるかもしれない。

3 今の生活環境とは著しい変化を見せているに違いない。

4 地球が太陽を回る軌道が変わることによって地球の温度が上がる。

달의 인력에 의해서 바닷물의 조수의 차이가 발생하는 것은 누구나 알고 있지만, 달이 인체에 미치는 영향에 대해서 알고 있는 사람은 많지 않다. 우리 몸은 70% 이상 물로 구성되어 있다. 따라서 인체 또한 달의 영향을 받는다는 것이다. 어느 조사에 의하면, 보름달이 뜨는 날에 잠들기 어려운 사람이 많다고 한다. 이것은 ⓐ사람의 수면에 영향을 주는 멜라토닌이라는 호르몬의 분비가 달에 영향을 받기 때문이다.

달의 인력은 인체의 혈액에도 영향을 미친다. 외국의 어떤 나라에서 초승달이 뜨는 날에 수술한 환자와 보름달이 뜨는 날에 수술한 환자의 생존율 차이에 대한 연구가 실시되었다. 그 결과, 생존율 차이는 무려 21%에 달한다는 보고도 있다. 과학적으로 증명되지는 않았지만, 보름달과 발작의 상호 관계에 관한 여러 예들도 제시되고 있다. 이처럼 달이 인체에 주는 영향을 완전히 무시할 수는 없는 것이다.

달이 없어지면 어떻게 될까? 지구가 태양을 도는 궤도가 조금 바뀌고 태양계의 구성도 조금 달라질 것이라고 전문가들은 말하고 있다. 이 조금의 차이가 수십만 년을 거쳐서 지금과는 전혀 다른 태양계를 구성하게 되고, 그 영향을 받는 지구도 ⓑ지금으로서는 상상할 수 없을 정도로 전혀 다른 모습을 보일 것이다.

3 어느 조사라는 것은 무엇에 관한 조사인가?

1 보름달이 뜨는 시기의 자연 변화에 관한 조사

2 달이 바다에 미치는 영향에 관한 조사

3 달이 인체의 호르몬에 주는 영향에 관한 조사

4 달과 인격과의 상관 관계에 관한 조사

4 필자는 장차 달이 없어진다면 어떻게 될 것이라고 말하고 있는가?

1 다소의 영향이 있을지도 모르지만 큰 변화는 없다.

2 태양계의 구성이 다소 변화하여 우주에 대한 인식이 바뀔지도 모른다.

3 지금의 생활 환경과는 크게 다른 변화를 보이고 있을 것임에 틀림없다.

4 지구가 태양을 도는 궤도가 달라짐에 따라서 지구의 온도가 올라간다.

[풀이]

3 ⓐ 연구 결과를 통해서 달이 인간의 수면에 영향을 준다는 것을 알 수 있기 때문에 정답은 선택지 3번이다.

4 ⓑ 필자는 달이 없어지면 지구가 지금과는 전혀 다른 모습을 보일 것이라고 언급하고 있다. 따라서 정답은 선택지 3번이다.

[단어]

引力 인력 | ～によって ～에 의해서, ～에 따라서 | 潮 바닷물 | 生じる 생기다, 발생하다 | 及ぼす 미치게 하다, 이르게 하다 | 影響 영향 | 構成 구성 | 従って 따라서 | 調査 조사 | ～によると ～에 의하면, ～에 따르면 | 与える 주다 | 分泌 분비 | 血液 혈액 | 生存率 생존율 | 研究 연구 | 達する 달하다, 이르다 | 報告 보고 | 証明 증명 | ～に関する ～에 관한 | 提示 제시 | 軌道 궤도 | 経る 지나다, 거치다 | 異なる 다르다 | 想像 상상 | 姿 모습, 모양 | 変化 변화 | 認識 인식 | 著しい 두드러지다, 현저하다 | ～に違いない ～임에 틀림없다

(3)

　私は、本がかなり好きな方だ。一日も欠かさず手に本を持っているほどだから、自信持って本が好きだと言っていいと思う。だからといって、教養と気品あふれる孤高な学者のような姿とは全く違う。本を精読するわけでもなく、何かを究めるために本をめくっているわけでもない。ⓐただ、ちょっと手が空いている時に暇つぶしに読んでいるだけだ。まるで昼休みに会社員たちが携帯電話で関心のある分野を検索したり、自分の好みに合う分野のショート動画を見たりするのと同じだ。

　（中略）

　ⓑその日の気分や感情に導かれるまま、家にある本一冊を選んで出社する。ⓒその本をもう完全に読んだわけでもないのに、面白そうな部分だけを拾い読む。読書を指導する先生なら、(注)驚愕を禁じ得ないかもしれない。私の考えでも生徒たちに推薦できる読み方ではないと思う。でも私にとって本を読むということはそういうものだ。もしかすると、「本を読んでいる」というよりは「本を見ている」に近いかもしれない。ⓓ本が面白い遊びの対象になっているのだ。私にとって本は、決して不便な存在ではない。このような観点から日本社会で問題視されている活字離れに対する解決策を見つけることができるかもしれない。

（注）驚愕：非常に驚くこと

5 筆者によると、筆者が本を読む姿に最も近いものはどれか。
1 毎日本を持ち歩きながら、時間があるたびに取り出して読む。
2 必要な部分だけを抜粋して、好きな場所で精読する。
3 働きながら時間があるたびに携帯電話で本を読む。
4 昼休みに携帯電話を利用して、必要な部分を探して読む。

6 本について、筆者の考えに合うものはどれか。
1 面白い本を中心に読みながら、本に関する拒否感をなくすべきだ。
2 本の面白さを知る方法が一律的に決まっているわけではない。
3 活字離れを克服するための方法は、読書にあるのを気付いてほしい。
4 推薦図書を通じて、生徒たちに読書の楽しさを育むことができる。

나는 책을 상당히 좋아하는 편이다. 하루도 빠짐없이 손에 책을 들고 있을 정도이니, 자신 있게 책을 좋아한다고 말해도 될 것 같다. 그렇다고 해서, 교양과 기품이 넘치는 고고한 학자와 같은 모습과는 전혀 다르다. 책을 정독하는 것도 아니고, 무언가를 알아내기 위해서 책장을 넘기고 있는 것도 아니다. ⓐ그저 잠깐 짬이 날 때에 심심풀이로 읽고 있는 것뿐이다. 마치 점심시간에 회사원들이 휴대전화로 관심이 있는 분야를 검색하거나 자신의 취향에 맞는 분야의 쇼트 동영상을 보거나 하는 것과 마찬가지이다.

(중략)

ⓑ그날의 기분이나 감정에 이끌리는 대로, 집에 있는 책 한 권을 골라서 출근한다. ⓒ그 책을 이미 완전히 읽어 본 것도 아닌데, 재미있을 것 같은 부분만을 골라서 읽는다. 독서를 지도하는 선생님이라면, (주)경악을 금할 수 없을지도 모른다. 내 생각에도 학생들에게 추천할 수 있는 책 읽기는 아닌 것 같다. 하지만 나에게 있어서 책을 읽는 다는 것은 그런 것이다. 어쩌면 '책을 읽고 있다' 라기보다는 '책을 보고 있다'에 가까울 수도 있다. ⓓ책이 재미있는 놀이의 대상이 되어 있는 것이다. 나에게 있어서 책은 결코 불편한 존재가 아니다. 이런 관점에서 일본 사회에서 문제시되고 있는 활자를 기피하는 현상에 대한 해결책을 찾을 수 있을지도 모른다.

(주) 경악 : 매우 놀랄 일

---

5 필자에 의하면, 필자가 책을 읽는 모습에 가장 가까운 것은 어느 것인가?
1 매일 책을 들고 다니면서, 시간이 날 때마다 꺼내 읽는다.
2 필요한 부분만을 발췌해서, 좋아하는 장소에서 정독한다.
3 일하면서 시간이 날 때마다 휴대전화로 책을 읽는다.
4 점심시간에 휴대전화를 이용해서, 필요한 부분을 찾아서 읽는다.

6 책에 대해서, 필자의 생각에 맞는 것은 어느 것인가?
1 재미있는 책을 위주로 읽으면서, 책에 관한 거부감을 없애야 한다.
2 책의 재미를 알 수 있는 방법이 일률적으로 정해져 있는 것은 아니다.
3 활자를 기피하는 현상을 극복하기 위한 방법은 독서에 있다는 것을 깨닫기를 바란다.
4 추천 도서를 통해서, 학생들에게 책 읽기의 즐거움을 길러줄 수 있다.

[풀이]

5 ⓑ 매일 자신의 기분이나 감정에 이끌리는 대로 책을 한 권 들고 출근해서, ⓐ 잠깐 시간이 날 때 심심풀이로 읽는다고 말하고 있다. 따라서 정답은 선택지 1번이다.

6 ⓒ 필자는 재미있을 것 같은 부분만 골라서 읽는데, 독서를 지도하는 선생님은 경악할 수도 있고, 학생들에게 추천할 만한 방법은 아니라고 말하고 있다. 또, ⓓ 필자는 책이 불편한 존재가 아니라 재미있는 놀이의 대상이 되어 있다고 말하고 있다. 책을 즐기는 것은 각자의 방법이 있다고 말하고 있기 때문에, 정답은 선택지 2번이다.

[단어]

欠かす 빠뜨리다, 빼다 | ~ず(に) ~하지 않고 | 自信 자신(감) | だからといって 그렇다고 해서 | 教養 교양 | 気品 기품 | あふれる 넘치다 | 孤高 고고함 | 全く 전혀, 매우 | 精読 정독 | ~わけではない (반드시) ~하는 것은 아니다 | 究める 깊이 연구하다, 알아내다 | めくる 넘기다 | 検索 검색 | 導く 이끌다, 인도하다 | 出社 출근 | 拾い読む 필요한 것만 골라 읽는 것 | 指導 지도 | 驚愕 경악 | ~を禁じ得ない ~를 금할 수 없다 | 推薦 추천 | ~にとって ~에 있어서 | 対象 대상 | 決して 결코 | 観点 관점 | 活字離れ 활자를 기피하는 현상 | ~に対する ~에 대한 | 解決策 해결책 | 見つける 찾다, 발견하다 | 非常に 매우, 상당히 | 驚く 놀라다 | 取り出す 꺼내다, 빼내다 | 抜粋 발췌 | ~たびに ~할 때마다 | ~に関する~에 관한 | 拒否 거부 | ~べきだ ~해야 한다 | 一律的 일률적 | 克服 극복 | 気付く 깨닫다, 알아차리다 | ~を通じて ~를 통해서 | 育む 기르다, 키우다

내용 이해(중문) 실전 연습 ❷ p.318 해석과 문제 해설

1	2	3	4	5	6
①	③	②	④	①	②

(1)

　　良い人材の確保は、会社の存続を左右するほどの重要なことである。そして、会社に必要な優れた社員を採用することは、決して容易なことではないということに異見はあるまい。求人公告を出して、応募者の履歴書を検討後、面接という行為に繋がる。最終的に雇用契約書を作成し、その社員が会社に上手く溶け込んでいるか見守る。ⓐ1年程度の時間が経った後、採用された社員が会社に必要な人材だったのかに関する判断が下される。どうやら会社側との利害関係の良い社員という評価もあるだろうが、そうでない社員もいるだろう。

　　このような採用ミスマッチによる会社のリスクは無視できない。早期離職による採用コスト、教育コストが無駄になり、企業イメージの低下はもとより、生産性の低下にまで現れかねない。ⓑ良い人材が自ら訪ねてくることを願うのは、いわば「大吉」を狙うギャンブルに過ぎないようなことである。急を要するのは常に会社の方である。今こそ、採用の姿が変わるべき時なのである。優れた人材の訪いを待つのではなく、自ら探しに出なければならない。

[1] 利害関係の良い社員とあるが、ここではどのような社員か。
1 会社の必要により採用された社員
2 会社との関係で優位に立った社員
3 会社の面接で良い結果が期待される社員
4 会社のイメージ革新に役立つ社員

[2] 「採用」について、筆者はどのように考えているか。
1 企業のイメージを代弁する重要なこと
2 費用面での支出を考慮すべきこと
3 ギャンブルのような姿を期待してはならないこと
4 優れた人材の訪問に備えるべきこと

좋은 인재의 확보는 회사의 존속을 좌우할 정도로 중요한 일이다. 그리고 회사에 필요한 뛰어난 사원을 채용하는 것은 결코 쉬운 일이 아니라는 것에 이견은 없을 것이다. 구인공고를 내고, 응모자의 이력서를 검토 후, 면접이라는 행위로 이어진다. 최종적으로 고용계약서를 작성하고, 그 사원이 회사에 잘 녹아 들고 있는지 지켜본다. ⓐ1년 정도의 시간이 지난 후, 채용된 사원이 회사에 필요한 인재였는지에 관한 판단이 내려진다. 그럭저럭 회사 쪽과의 <u>이해 관계가 좋은</u> 사원이라는 평가도 있겠지만, 그렇지 못한 사원도 있을 것이다.

이러한 채용 미스매치로 인한 회사의 리스크는 무시할 수 없다. 조기이직에 의한 채용비용, 교육비용이 쓸모없어 지고, 기업 이미지의 저하는 물론, 생산성의 저하로까지 나타날 수도 있다. ⓑ좋은 인재가 저절로 찾아와 주기를 바라는 것은 이를테면 '대길'을 노리는 도박에 지나지 않는 것이다. 급한 것은 언제나 회사 쪽이다. 지금 이야말로, 채용의 모습이 바뀌어야 할 때이다. 뛰어난 인재의 방문을 기다리는 것이 아니라 직접 찾아 나서야 한다.

---

1 이해관계가 좋은 직원이라고 하는데, 여기에서는 어떤 직원인가?

1 회사의 필요에 의해 채용된 사원

2 회사와의 관계에서 우위에 선 사원

3 회사 면접에서 좋은 결과가 기대되는 사원

4 회사의 이미지 혁신에 도움이 되는 사원

2 '채용'에 대해서 필자는 어떻게 생각하는가?

1 기업의 이미지를 대변하는 중요한 것

2 비용면에서의 지출을 고려해야 하는 것

3 도박과 같은 모습을 기대해서는 안 되는 것

4 뛰어난 인재의 방문을 대비해야 하는 것

[풀이]

1 ⓐ 1년 정도 지난 후, 채용된 사원이 회사에 필요한 인재였는지에 관한 판단이 내려진다고 말하고 있다. 따라서 정답은 선택지 1번이다. 이미 채용된 사원이 1년 후에 평가를 받는 것이라고 말하고 있기 때문에, 선택지 3번은 정답이 아니다.

2 ⓑ 좋은 인재가 저절로 찾아와 주기를 바라는 것은 도박에 지나지 않는다고 말하고 있다. 따라서 정답은 선택지 3번이다. 뛰어난 인재의 방문을 기다리는 것이 아니라고 말하고 있기 때문에, 선택지 4번은 정답이 아니다.

[단어]

確保 확보 | 存続 존속 | 優れる 우수하다, 뛰어나다 | 採用 채용 | 決して 결코 | 容易 용이, 쉬움 | 求人 구인 | 公告 공고 | 応募者 응모자 | 履歴書 이력서 | 検討 검토 | 面接 면접 | 行為 행위 | 繋がる 이어지다, 연결되다 | 雇用 고용 | 契約書 계약서 | 溶け込む 녹아들다 | 見守る 지켜보다 | 経つ 지나다, 경과하다 | ～に関する ～에 관한 | 判断 판단 | 下す 내리다 | どうやら 아무래도, 그럭저럭 | 利害 이해 | 評価 평가 | ～による ～에 의한, ～에 따른 | 教育 교육 | 無駄 쓸데없음, 소용없음 | 低下 저하 | 生産性 생산성 | 現れる 나타나다 | ～かねない ～할 수도 있다 | 自ら 스스로 | 訪ねる 방문하다 | いわば 이른바, 말하자면 | 狙う 노리다 | ～に過ぎない ～에 지나지 않는다 | 常に 항상, 늘 | 訪い 방문, 문안 | 優位 우위 | 革新 혁신 | 役立つ 도움이 되다 | 代弁 대변 | 支出 지출 | 考慮 고려 | べき ～해야 할 | 備える 준비하다, 갖추다

(2)

　我々は幸せに生きていくことを望んでいる。幸せを感じるところは目や手、足などの感覚器官ではなく、脳から送られるシグナルを感じて心の感情として現われる。幸せに生きるのは簡単なことではないが、苦労することなく幸せに暮らせる条件を満たせる方法がある。幸せホルモンと呼ばれるセロトニンという物質の分泌を促進させることで幸せだという満足感を得ることができる。

　セロトニンというのはアドレナリン、ドーパミンとともに３代神経伝達物質の一つとして、特に精神的な安定に役に立つと知られている。セロトニンの分泌による精神的な安定が、生活の満足感という形へとつながるわけである。ⓐこのホルモンを増加させる食べ物は牛乳、豆腐、豆であり、適当な量の日光を浴びるだけでも人体がセロトニンを形成することに役立つ。また、深呼吸をしたり首の周りを軽く動かすストレッチをすることでも、この物質の分泌を促進させることができる。

　精神的な安定と楽しい気分は幸福につながるものである。つまり、ⓑちょっとした行動で我々の暮らしをより幸せにすることができるのである。幸せを求める日常の行動を通じて、心も体も健康に過ごすことができるということを忘れないでほしい。

3　次のうち、セロトニンに対する説明で適切ではないのはどれか。

1　精神的な安定に役立つと知られている。

2　特定の食べ物だけでは、ホルモンの促進が難しいこともある。

3　軽く体を動かすこともホルモンの促進に影響を与えることができる。

4　幸福ホルモンと呼ばれて、３代ホルモンの中の一つである。

4　この文章で筆者が一番言いたいことは何か。

1　ちょっとした行動が人の感情の多くの部分を左右する。

2　幸福は精神的な安定と特定のホルモンの分泌によって得られる。

3　身の周りから幸せを見つけることができるように努力するべきである。

4　簡単な行動を維持することも幸せに影響を与えることができる。

　우리는 행복하게 사는 것을 바라고 있다. 행복을 느끼는 곳은 눈이나 손, 발 등의 감각 기관이 아니라, 뇌에서 보내진 신호를 느끼고 마음의 감정으로 나타난다. 행복하게 사는 것은 쉬운 일은 아니지만, 고생하지 않고 행복하게 살 수 있는 조건을 채울 수 있는 방법이 있다. 행복 호르몬이라고 불리는 세로토닌이라는 물질의 분비를 촉진시킴으로써 행복하다는 만족감을 얻을 수 있다.

　세로토닌이라는 것은 아드레날린, 도파민과 함께 3대 신경 전달 물질 중 하나로서, 특히 정신적인 안정에 도움이 된다고 알려져 있다. 세로토닌의 분비로 인한 정신적인 안정이 생활의 만족감이라는 형태로 이어지는 것이다. ⓐ이 호르몬을 증가시키는 음식은 우유, 두부, 콩이고, 적당한 양의 햇빛을 받는 것만으로도 인체가 세로토닌을 형성하는 데 도움이 된다. 또한, 심호흡을 하거나 목 주변을 가볍게 움직이는 스트레칭을 하는 것으로도 이 물질의 분비를 촉진시킬 수 있다.

　정신적인 안정과 즐거운 기분은 행복으로 이어지는 법이다. 즉, ⓑ사소한 행동으로 우리들의 생활을 보다 행복하게 할 수 있는 것이다. 행복을 추구하는 일상의 행동을 통해서 몸도 마음도 건강하게 지낼 수 있다는 것을 잊지 않았으면 한다.

3 다음 중 세로토닌에 대한 설명으로 적절하지 못한 것은 어느 것인가?

1 정신적인 안정에 도움을 준다고 알려져 있다.

2 특정 음식만으로는 호르몬 촉진이 어려운 경우도 있다.

3 가볍게 몸을 움직이는 것도 호르몬 촉진에 영향을 줄 수 있다.

4 행복 호르몬이라고 불리고, 3대 호르몬 중 하나이다.

4 이 문장에서 필자가 가장 말하고 싶은 것은 무엇인가?

1 사소한 행동이 사람의 감정의 많은 부분을 좌우한다.

2 행복은 정신적인 안정과 특정 호르몬의 분비에 의해 얻을 수 있다.

3 가까운 주변에서 행복을 찾을 수 있도록 노력해야 한다.

4 간단한 행동을 유지하는 것도 행복에 영향을 줄 수 있다.

[풀이]

3 ⓐ 우유, 두부, 콩을 먹는 것으로 세로토닌을 증가시킬 수 있다고 언급하고 있다. 따라서 세로토닌에 대한 적절하지 못한 설명
은 선택지 2번이다. 나머지 선택지의 문장들은 본문에 나와 있는 설명과 일치하기 때문에 정답이 아니다.

4 ⓑ 필자는 사소한 행동이 우리의 삶을 더욱 행복하게 만드는 것에 도움을 준다고 주장하고 있으므로 정답은 선택지 4번이다.

[단어]

幸せ 행복 | 望む 바라다 | 感覚機関 감각 기관 | 脳 뇌 | 感情 감정 | 現われる 나타나다 | 苦労 고생, 노고 | 条件 조건 | 満たす
채우다. 만족시키다 | 物質 물질 | 分泌 분비 | 促進 촉진 | 得る 얻다 | 神経 신경 | 伝達 전달 | 形 모양, 형태 | 増加 증가 | 形成
형성 | 役立つ 도움이 되다 | 深呼吸 심호흡 | つながる 이어지다, 연결되다 | 求める 요구하다. 바라다 | ～を通じて ～를 통해
서 | 健康 건강 | ～ないでほしい ～하지 않기를 바라다 | ～に対する ～에 대한 | 左右 좌우 | 見つける 발견하다 | 努力 노력 |
～べきだ ～해야 한다 | 維持 유지

(3)

私はあまり風邪を引かない。風邪を引いたのがいつなのか思い出せないほどだ。よく運動するほうでもな
く、体に良い物を食べるほうでもない。風邪を引く原因は寒さではない。人々は気温が低い冬に、よく風邪を
引くと勘違いをしているようだが、気温の差が激しい春や秋のほうがもっと風邪を引きやすい。つまり、ⓐ温
度の差が激しい状況により生じる体の免疫力の低下によって風邪を引いてしまうわけだ。
　風邪を予防する最も簡単な方法は、手をよく洗うことだ。主に手を通じてウイルスが浸透するから、手を清
潔に維持することこそ、最も簡単な風邪の予防方法だといえる。私は手をよく洗っている。決してきれい好き
だからというわけではない。おそらく、ある一つの行動をしてから手を洗う行為で、次の行動に対する準備を
しているのかもしれない。
　　(中略)
　私たちは温度の変化に対する忍耐力が不足しているのかもしれない。暑くなるとすぐエアコンを付け、寒くな
るとすぐヒーターを付ける。もともと人の体は温度の変化に適応できるようになっているのに、その能力はだん
だん弱まる一方だ。ⓑ内的な能力による適応ではなく、外的な要因による強制的な適応は良くないと思う。

5 筆者は、風邪を引く理由は何だと述べているか。

1 体の免疫が弱まっているから

2 風邪予防のための物を食べていないから

3 気温が低くなることによって体温が上がってしまうから

4 気温の変化によりウイルス活動が活発になるから

6 筆者は、何に対して良くないと考えているか。

1 忍耐の不足によって変化に対処できていないこと

2 冷房や暖房施設に頼りすぎていること

3 風邪を引かないように体を強制的にきたえること

4 体の変化に気づくのが遅すぎること

나는 그다지 감기에 걸리지 않는다. 감기에 걸렸던 적이 언제인지 생각이 나지 않을 정도이다. 운동을 많이 하는 편도 아니고, 몸에 좋은 음식을 먹는 편도 아니다. 감기에 걸리는 원인은 추위가 아니다. 사람들은 기온이 낮은 겨울에 감기에 자주 걸린다고 착각을 하고 있는 것 같지만, 기온 차이가 심한 봄이나 가을이 더 감기에 걸리기 쉽다. 즉, ⓐ온도의 차이가 심한 상황에 의해 발생하는 몸의 면역력 저하에 의해서 감기에 걸리게 되는 것이다.

감기를 예방하는 가장 간단한 방법은 손을 자주 씻는 것이다. 주로 손을 통해서 바이러스가 침투하기 때문에 손을 청결하게 유지하는 것이야말로 가장 간단한 감기 예방 방법이라고 할 수 있다. 나는 손을 자주 씻는다. 결코 깨끗한 것을 좋아하는 사람이기 때문인 것은 아니다. 아마도 어떤 하나의 행동을 하고 나서 손을 씻는 행위로 다음 행동에 대한 준비를 하고 있는 것일지도 모른다.

(중략)

우리는 온도의 변화에 대한 인내력이 부족한 것일지도 모른다. 더워지면 바로 에어컨을 켜고, 추워지면 바로 히터를 켠다. 원래 사람의 몸은 온도 변화에 적응할 수 있게 되어 있지만, 그 능력은 점점 약해져만 가고 있다. ⓑ내적인 능력에 의한 적응이 아니라 외적인 요인에 의한 강제적인 적응은 좋지 않다고 생각한다.

5 필자는 감기에 걸리는 이유를 무엇이라고 말하고 있는가?

1 몸의 면역이 약해져 있기 때문에

2 감기 예방을 위한 것을 먹고 있지 않기 때문에

3 기온이 낮아지는 것에 의해서 체온이 올라가 버리기 때문에

4 기온의 변화에 의해 바이러스 활동이 활발해지기 때문에

6 필자는 무엇에 대해서 좋지 않다고 생각하고 있는가?

1 인내 부족으로 인해서 변화에 대처하지 못하는 것

2 냉방이나 난방 시설에 지나치게 의지하고 있는 것

3 감기에 걸리지 않으려고 몸을 강제적으로 단련하는 것

4 몸의 변화를 알아차리는 것이 너무 늦는 것

[풀이]

5 ⓐ 필자가 감기에 걸리는 이유에 대해서 주장하는 부분으로, 면역력 저하가 감기의 원인이라는 것을 알 수 있다. 따라서 정답은 선택지 1번이다.

6 ⓑ 필자가 말하는 내적인 능력은 온도의 변화에 적응할 수 있는 사람의 몸을 가리키는 것이고, 외적인 요인은 에어컨이나 히터 같은 것이기 때문에, 정답은 선택지 2번이다.

[단어]

風邪を引く 감기에 걸리다 | 思い出す 생각나다 | 原因 원인 | 気温 기온 | 勘違い 착각 | 激しい 격렬하다, 심하다 | 状況 상황 | 生じる 발생하다, 생기다 | 免疫 면역 | 低下 저하 | ～によって ～에 의해서, ～에 따라서 | 予防 예방 | ～を通じて ～를 통해서 | 浸透 침투 | 清潔 청결 | 維持 유지 | おそらく 아마도, 어쩌면 | 行為 행위 | ～に対する ～에 대한 | 変化 변화 | 忍耐力 인내력 | 適応 적응 | 能力 능력 | ～一方だ ～하기만 하다 | 強制 강제 | 活発 활발 | 対処 대처 | 気づく 깨닫다, 알아차리다

내용 이해(중문) 실전 연습 ❸ p.324 해석과 문제 해설

1	2	3	4	5	6
③	③	③	④	③	③

(1)

集中というのは放棄することである。何か一つのことにはまってそれ以外のものは全くできなくなるからである。我々はすべてのことを完璧にやりこなそうとしている。ある程度の水準にまで上がって行くことは出来るとしても、最高になることはできない。

現代社会は選択と集中の時代である。多くの会社もこのような選択と集中を行っている。社会的に知名度が低い中小企業は、ひとつの製品にすべてを賭けるしかないが、その製品の成功を収めてこそ、ようやく会社の運営が可能になる。大手企業も勿論、この方法をベースに会社の成長を図っている。ⓐその製品の成功のために、残りの全ての製品は徹底的に放棄されている。

ある講演会でのことだが、眼鏡を外したら新聞の記事が全く読めない男性に、穴が空いた小さなカードを与えた。すると、その男性は穴を通して新聞のすべての文字を読みきることができた。これが集中というものである。穴を通して全力を尽くしながら字を読もうと努力し、結局すべての字を読み終えることができたのである。余計なことにはまって自分の力を無駄に消費していないか。成功したいなら、価値のあることに集中するべきである。勿論ⓑそれ以前に正しい選択が先に行われるべきである。

1 筆者が現代社会は選択と集中の時代だと述べている理由は何か。
1 良い会社を選択しなければならないから
2 マーケティングが重要であるから
3 成功のために他のことを放棄しなければならないから
4 大手企業の方法に従わなければならないから

2 筆者が一番言いたいことは何か。
1 新聞の内容を集中して読まなければならない。
2 もっと集中をするために努力しなければならない。
3 集中をするための正しい選択が必要である。
4 良い選択をするために集中が必要である。

집중이라는 것은 포기하는 것이다. 무언가 한 가지 일에 빠져서 그 외의 것은 전혀 할 수 없게 되기 때문이다. 우리는 모든 것을 완벽하게 해내려고 한다. 어느 정도의 수준까지 올라갈 수는 있다고 해도 최고가 될 수는 없다.

현대 사회는 선택과 집중의 시대이다. 많은 회사들도 이와 같은 선택과 집중을 실행하고 있다. 사회적으로 지명도가 낮은 중소기업은 하나의 제품에 모든 것을 걸 수밖에 없지만, 그 제품의 성공을 거두고 나서 마침내 회사 운영이 가능해진다. 대기업도 물론 이런 방법을 기반으로 회사의 성장을 도모하고 있다. ⓐ그 제품의 성공을 위해서 나머지 모든 제품은 철저하게 포기되고 있다.

어떤 강연회에서 있었던 일인데, 안경을 벗으면 신문 기사를 전혀 읽을 수 없는 남성에게 구멍이 뚫린 작은 카드를 주었다. 그러자 그 남성은 구멍을 통해서 신문의 모든 글씨를 다 읽을 수 있었다. 이것이 집중이라는 것이다. 구멍을 통해서 온 힘을 다해서 글씨를 읽으려고 노력하여 결국 모든 글씨를 다 읽을 수 있었던 것이다. 쓸데없는 것에 빠져서 자신의 힘을 헛되이 소비하고 있지는 않은가? 성공을 하고 싶다면 가치 있는 것에 집중해야 한다. 물론 ⓑ그 이전에 올바른 선택이 먼저 이루어져야 한다.

[1] 필자가 현대 사회는 선택과 집중의 시대라고 말하고 있는 이유는 무엇인가?

1 좋은 회사를 선택해야 하기 때문에
2 마케팅이 중요하기 때문에
3 성공을 위해서 다른 것을 포기해야 하기 때문에
4 대기업의 방법을 따라야 하기 때문에

[2] 필자가 가장 말하고 싶은 것은 무엇인가?

1 신문의 내용을 집중해서 읽어야 한다.
2 더욱 집중을 하기 위해서 노력해야 한다.
3 집중을 하기 위한 올바른 선택이 필요하다.
4 좋은 선택을 하기 위해서 집중이 필요하다.

[풀이]

[1] ⓐ 한 제품의 성공을 위해서는 다른 모든 제품을 포기해야 한다는 부분에서, 정답은 선택지 3번이라는 것을 알 수 있다.
[2] ⓑ 필자는 성공을 위해서는 가치 있는 것에 집중해야 한다고 하고, 집중하기 전에 올바른 선택을 해야 한다고 주장하고 있다. 따라서 집중을 위한 선택이 필요하다는 선택지 3번이 정답이다.

[단어]

集中 집중 | 放棄 포기 | ～である ～이다 | 全く 전혀 | 完璧 완벽 | 程度 정도 | 現代 현대 | 選択 선택 | 知名度 지명도 | 製品 제품 | 収める 거두다 | 大手企業 대기업 | 図る 도모하다 | 徹底 철저 | 講演会 강연회 | 穴 구멍 | ～を通して ～를 통해서 | 全力を尽くす 전력을 다하다 | 努力 노력 | 消費 소비 | 価値 가치 | 従う 따르다

(2)

ある日、町内を散歩して、公園のベンチに座って暇な時間を過ごしていた。10分ほど後にある小学生の男の子が同じベンチに座った。誰かを待っていたのか、しばらく同じベンチに座っていることになったのだ。時々目が合ったりもしたので、ぎこちない雰囲気を良くしようと、名前とかどんな小学校に通っているのかなど何でもない話をしていた。だんだん言うことがなくなってきて、「君の夢は何？」とありふれた質問をしたら、ⓐこれに対する小学生の答えは意外だった。「僕の夢は子犬を育てることです。」という答えを聞くとは思わなかったからだ。思わず、子供の夢は職業の一つだろうと思っていたのかもしれない。

幼い子供の夢は、無限に近いようだ。恐竜になりたいとか宇宙人になりたい子供もいる。家で強大な力を持った母親になりたいという息子、父親と結婚するのが夢だというかわいい娘もいる。ⓑ子供の夢というのは、少なくとも私たち大人の想像を遥かに超えるほどではあるようだ。富と名誉を得て成功した大人の姿を夢見る子供が何人いるだろうか。ⓒ無数の選択肢を持っていた子供の夢がもしかしたら大人たちの期待と失望で一つずつ消されていっているのかもしれない。子供の夢を問う私たち大人は、その夢の意外性に驚いたり、失望したりしてはいけないようだ。

3 筆者が、子供と会話中に意外だと感じた理由は何か。

1　子供が望む職業が一つではなかっから

2　たまに目が合う子に意外な面があったから

3　偶然出会った子供の夢が予想とは違ったから

4　子供の夢見る職業が平凡ではなかったから

4 筆者が、一番言いたいことは何か。

1　子供に夢について聞く時は慎重でなければならない。

2　多くの選択肢を与えてから夢について聞いたほうがいい。

3　子供の夢に関して反応をしてはいけない。

4　大人の基準で子供の夢を判断してはいけない。

　어느 날, 동네를 산책하고 공원 벤치에 앉아서 한가한 시간을 보내고 있었다. 10분 정도 후에 어떤 초등학생 남자아이가 같은 벤치에 앉았다. 누군가를 기다리고 있었는지, 한동안 같은 벤치에 앉아 있게 된 것이다. 가끔 눈을 마주치기도 해서 어색한 분위기를 좋게 하려고, 이름이나 어떤 초등학교를 다니고 있는지 등의 흔해 빠진 이야기를 하고 있었다. 점점 할 말이 없어져서, '너의 꿈은 뭐니?'라고 흔해 빠진 질문을 했더니, ⓐ이에 대한 초등학생의 대답은 의외였다. '저의 꿈은 강아지를 키우는 거예요.'라는 대답을 들을 줄은 몰랐기 때문이다. 나도 모르게 아이의 꿈은 직업의 하나일 것이라고 생각하고 있었던 걸지도 모른다.

　어린 아이의 꿈은 무한에 가까운 것 같다. 공룡이 되고 싶다거나 우주인이 되고 싶은 아이도 있다. 집에서 막강한 힘을 가진 엄마가 되고 싶다는 아들, 아빠와 결혼하는 것이 꿈이라는 귀여운 딸도 있다. ⓑ아이의 꿈이라는 것은 적어도 우리 어른들의 상상을 아득하게 뛰어 넘을 정도인 것 같다. 부와 명예를 얻고 성공한 어른의 모습을 꿈꾸는 아이가 몇 명이나 될까? ⓒ무수한 선택지를 가지고 있던 아이의 꿈이 어쩌면 어른들의 기대와 실망으로 하나씩 사라져 가고 있는 것인지도 모른다. 아이의 꿈을 묻는 우리 어른은 그 꿈의 의외성에 놀라거나 실망해서는 안 될 것 같다.

3 필자가 아이와 대화 중에 의외라고 느낀 이유는 무엇인가?

1　아이가 원하는 직업이 하나가 아니었기 때문에

2　가끔 마주치는 아이에게 의외의 면이 있었기 때문에

3　우연히 만난 아이의 꿈이 예상과는 달랐기 때문에

4　아이가 꿈꾸는 직업이 평범하지 않기 때문에

4 필자가 가장 말하고 싶은 것은 무엇인가?

1　아이에게 꿈에 대해서 물을 때는 신중해야 한다.

2　많은 선택지를 주고 나서 꿈에 대해서 묻는 편이 좋다.

3 아이의 꿈에 관해서 반응을 해서는 안 된다.

4 어른들의 기준으로 아이의 꿈을 판단해서는 안 된다.

[풀이]

3 ⓐ 아이의 꿈이 직업의 하나라고 생각했었는데, 전혀 다른 대답을 들어서 의외라고 말하고 있다. 따라서 정답은 선택지 3번이다. 가끔 마주치는 것이 아니라, 오늘 처음 만난 아이였기 때문에 선택지 2번은 정답이 아니다.

4 ⓑ 아이의 꿈은 어른의 상상을 아득하게 뛰어넘는 것인데, ⓒ 그런 아이들의 꿈이 어른의 기대와 실망으로 사라져 가고 있는지도 모른다고 말하고 있다. 또, 아이들의 꿈에 대해서 물을 때, 그 의외성에 놀라거나 실망해서는 안 된다고 말하고 있다. 따라서 정답은 선택지 4번이다.

[단어]

過ごす 지내다, 보내다 | 目が合う 눈이 마주치다 | ぎこちない 어색하다 | 通う 다니다 | ありふれる 흔해 빠지다 | ～に対する ～에 대한 | 答え 대답, 해답 | 育てる 기르다, 키우다 | 思わず 무심코, 뜻밖에 | 職業 직업 | 幼い 어리다 | 無限 무한 | 恐竜 공룡 | 宇宙 우주 | 想像 상상 | 遥か 아득히, 훨씬 | 超える 뛰어넘다, 초월하다 | 富み 부 | 名誉 명예 | 得る 얻다 | 成功 성공 | 選択肢 선택지 | 期待 기대 | 失望 실망 | 消す 끄다, 없애다 | 問う 묻다 | 驚く 놀라다 | ～ようだ ～인 것 같다 | 望む 바라다, 원하다 | 偶然 우연 | 平凡 평범 | ～について ～에 대해서 | 慎重 신중 | ～に関して ～에 관해서 | 反応 반응 | 判断 판단

(3)

17歳になった僕の息子は特別だ。実はまれにみる特別な能力を持っているのだ。(注)サヴァン症候群の息子は、一度聞いた歌を全部覚え、一日の間に見た自動車200台のナンバープレートを覚えることができてしまう。努力の結果ではなく、生まれながら持っている能力だ。

結婚してから10年ぶりに生まれた子に問題があるという医師の言葉に、僕は空が崩れるような気持ちだった。ⓐ子供の左側の脳の一部が損傷していたからだった。僕に笑いかけてくれた子に①罪の意識にとらわれて耐えられない日々を送っていた。中学生になっても、一人でシャツのボタンをとめることもできなくて、卒業をするまで友達も一人もいなかった。

(中略)

しかし、私たち夫婦は②息子についてもう心配しなくなった。たくさんの話が出来なくても、ⓑ息子が持っている温かい心を感じることができ、多くの行動を見せなくても他人を配慮する気持ちを持っていることが分かったからだ。僕の息子は、人より劣っている障害者ではなく、人と少し違っているだけだ。

(注)サヴァン症候群：知的障害や自閉性障害のある者のうち、ごく特定の分野に限って、常人には及びもつかない能力を発揮する者の症状を指す。

5 ①罪の意識にとらわれて耐えられない日々を送っていたとあるが、その理由は何か。

1 子供が笑ってくれても感謝の気持ちを表せなかったから

2 子供の障害について恥ずかしく思っていたから

3 障害を持って生まれてしまった子供に申し訳ない気持ちになったから

4 子供が普通の生活を送れないので、妻に申し訳ない気持ちになったから

6 ②息子についてもう心配しなくなったとあるが、その理由は何か。

1 他の子供に比^{くら}べて優^{すぐ}れた知識^{ちしき}を持っているから

2 少しずつ普通の生活が可能^{か のう}になっているから

3 子供が他人を配慮する温かい心を持っているから

4 子供の才能が生^いかせる方法^{ほうほう}を見^みつけたから

17살이 된 나의 아들은 특별하다. 실은, 매우 드문 특별한 능력을 가지고 있는 것이다. (주)서번트 증후군의 아들은 한 번 들은 노래를 전부 외우고, 하루 동안 본 자동차 200대의 번호판을 외울 수 있다. 노력의 결과가 아닌, 태어날 때부터 가지고 있는 능력이다.

결혼을 하고 나서 10년 만에 태어난 아이에게 문제가 있다는 의사의 말에 나는 하늘이 무너지는 기분이었다. ⓐ아이의 왼쪽 뇌 일부가 손상되어 있었기 때문이다. 나를 향해 웃어 주는 아이에게 ①죄의식에 사로잡혀서 견딜 수 없는 나날을 보내고 있었다. 중학생이 되어도 혼자서 셔츠의 단추를 채울 수도 없었고, 졸업을 할 때까지 친구도 한 명도 없었다.

(중략)

하지만 우리 부부는 ②아들에 대해서 더 이상 걱정을 하지 않게 되었다. 많은 대화를 하지 못해도 ⓑ아들이 가진 따뜻한 마음을 느낄 수 있고, 많은 행동을 보이지 않더라도 다른 사람을 배려하는 생각을 가지고 있다는 것을 알 수 있었기 때문이다. 나의 아들은 남보다 뒤떨어지는 장애인이 아니라 남과 조금 다를 뿐이다.

(주) 서번트 증후군 : 지적 장애나 자폐성 장애가 있는 사람 중 극히 특정 분야에 한해 보통 사람으로서는 도저히 미칠 수 없는 능력을 발휘하는 사람의 증상을 가리킨다.

---

5 ①죄의식에 사로잡혀서 견딜 수 없는 나날을 보내고 있었다고 하는데, 그 이유는 무엇인가?

1 아이가 웃어 주어도 감사의 기분을 나타낼 수 없었기 때문에

2 아이의 장애에 대해서 부끄럽게 생각하고 있었기 때문에

3 장애를 가지고 태어난 아이에게 미안한 기분이 들었기 때문에

4 아이가 정상적인 생활을 보낼 수 없어 아내에게 미안한 기분이 들었기 때문에

6 ②아들에 대해서 더 이상 걱정을 하지 않게 되었다고 하는데, 그 이유는 무엇인가?

1 다른 아이들에 비해서 뛰어난 지식을 가지고 있기 때문에

2 조금씩 일반적인 생활이 가능해지고 있기 때문에

3 아이가 다른 사람을 배려하는 따뜻한 마음을 가지고 있기 때문에

4 아이의 재능을 살릴 수 있는 방법을 발견했기 때문에

[풀이]

5 ⓐ 자신을 보고 웃어주는 아들에게, 장애를 가지고 태어나게 했다는 죄책감을 느낄 수 있는 부분이므로 정답은 선택지 3번이다.

6 ⓑ 아들이 따뜻한 마음을 가진 것과 다른 사람을 배려하는 생각을 가진 것을 알 수 있게 되었다고 말하고 있다. 따라서 정답은 선택지 3번이다.

[단어]

特別^{とくべつ} 특별 | 能力^{のうりょく} 능력 | 症候群^{しょうこうぐん} 증후군 | 努力^{どりょく} 노력 | 生まれながら^う 태어날 때부터 | 崩れる^{くず} 무너지다 | 脳^{のう} 뇌 | 損傷^{そんしょう} 손상 | 罪^{つみ} 죄 | 意識^{いしき} 의식 | 耐える^た 견디다 | 夫婦^{ふうふ} 부부 | 温かい^{あたた} 따뜻하다 | 配慮^{はいりょ} 배려 | 劣る^{おと} 뒤떨어지다 | 障害^{しょうがい} 장애 | 感謝^{かんしゃ} 감사 | ～について ～에 대해서 | 申し訳ない^{もう わけ} 변명할 여지가 없다, 미안하다 | ～に比べて^{くら} ～에 비해서 | 優れる^{すぐ} 뛰어나다, 우수하다 | 知識^{ちしき} 지식 | 生かす^い 활용하다

48 1교시 독해

종합 이해 **실전 연습 ❶** p.330 해석과 문제 해설

1	2	3	4
②	③	④	①

(1)

次のＡとＢの文章を読んで、後の問いに対する答えとして最もよいものを、１・２・３・４から一つ選びなさい。

A

　緊張してはいけないとよく言われるが、人間が生存するために緊張というのは不可欠なものである。命を落とすこともあり得る状況や不安な状況に直面すると、我々の体は危険な状況に対処するために緊張状態になる。ⓐ体が緊張した状態では、心拍数が上がり呼吸が速くなり、筋肉もまた緊張するようになる。すなわち、体の性能を最大限に引き出して危険を回避したり、克服できるようにするのである。緊張を克服しようとするよりは、適切に利用できるようにすることが重要である。ⓑそもそも緊張しない人間なんてありえない、それがないことが必ずしも良いとは限らないからである。

B

　ⓒ緊張状態が続くと、体はストレスを受けるようになり、ストレスホルモンと呼ばれるコルチゾールが分泌され始める。コルチゾールとは、人間の生命維持にも密接に関係している重要なホルモンのことである。血圧を維持し、エネルギーの貯蔵や使用だけでなく、免疫機能の維持にも役立つ。一方、ⓓコルチゾールの過剰分泌は、成人病の発生リスクを高め、免疫機能の低下と共にうつ病まで引き起こす可能性がある。過度な緊張状態における会話は攻撃的だったり、皮肉になりやすいため、家族や職場での人間関係でも問題が生じ得る。ⓔ適度な緊張状態は、業務の効率性と生産性の向上にもつながるが、心身のエネルギーを持続的に消耗するものと考えた方が良い。

[1] 緊張することについて、ＡとＢが共通して述べていることは何か。
　１　緊張すれば、体と心に影響を与えるホルモンが分泌される。
　２　緊張することが、必ずしも悪いところばかりあるわけではない。
　３　緊張した後、早くほぐすことが最も重要だ。
　４　緊張を克服したり、維持する方法を学ばなければならない。

[2] ＡとＢは、緊張状態についてどのように述べているか。
　１　ＡもＢも、緊張状態をうまく保つことが大切だと述べている。
　２　ＡもＢも、過度な緊張状態は体に病を引き起こす可能性があると述べている。
　３　Ａは危険回避に役立つと述べ、Ｂは心身に危険を与える可能性があると述べている。
　４　Ａは身体能力の向上について述べ、Ｂは精神的なストレスについて述べている。

다음 A와 B의 글을 읽고, 뒤의 물음에 대한 답으로 가장 알맞은 것을 1·2·3·4에서 하나 고르시오.

A

긴장을 해서는 안 된다는 말을 자주 듣지만, 인간이 생존하기 위해서 긴장이라는 것은 불가결한 것이다. 목숨을 잃을 수도 있는 상황이나 불안한 상황에 직면하게 되면, 우리 몸은 위험한 상황에 내처하기 위해서 긴장 상태가 된다. ⓐ몸이 긴장된 상태에서는 심박수가 올라가고 호흡이 빨라지며, 근육 또한 긴장하게 된다. 즉, 몸의 성능을 최대한으로 이끌어내서 위험을 회피하거나 극복할 수 있게 하는 것이다. 긴장을 극복하려고 하기보다는 적절하게 이용할 수 있도록 하는 것이 중요하다. ⓑ애초에 긴장을 하지 않는 인간이란 있을 수 없고, 그것이 없는 것이 반드시 좋은 것은 아니기 때문이다.

B

ⓒ긴장 상태가 지속되면 몸은 스트레스를 받게 되고, 스트레스 호르몬이라고 불리는 코르티솔이 분비되기 시작한다. 코르티솔이라는 것은 인간의 생명 유지에도 밀접하게 관계되어 있는 중요한 호르몬이다. 혈압을 유지하고, 에너지의 저장이나 사용뿐만 아니라, 면역 기능의 유지에도 도움이 된다. 한편, ⓓ코르티솔의 과다 분비는 성인병의 발생 리스크를 높이고, 면역기능의 저하와 함께 우울증까지 일으킬 가능성이 있다. 과도한 긴장 상태에서의 대화는 공격적이거나 냉소적이 되기 쉽기 때문에, 가족이나 직장에서의 인간관계에서도 문제가 생길 수 있다. ⓔ적당한 긴장 상태는 업무의 효율성과 생산성의 향상으로도 이어지지만, 심신의 에너지를 지속적으로 소모하는 것이라고 생각하는 편이 좋다.

1 긴장하는 것에 대해서, A와 B가 공통으로 말하고 있는 것은 무엇인가?
1 긴장을 하면 몸과 마음에 영향을 주는 호르몬이 분비된다.
2 긴장을 하는 것이 반드시 나쁜 부분만 있는 것은 아니다.
3 긴장을 한 후에 빨리 푸는 것이 가장 중요하다.
4 긴장을 극복하거나 유지하는 방법을 배워야 한다.

2 A와 B는 긴장 상태에 대해서 어떻게 말하고 있는가?
1 A도 B도 긴장 상태를 잘 유지하는 것이 중요하다고 말하고 있다.
2 A도 B도 과도한 긴장 상태는 몸에 질병을 일으킬 수 있다고 말하고 있다.
3 A는 위험 회피에 도움이 된다고 말하고, B는 심신에 위험을 줄 가능성이 있다고 말하고 있다.
4 A는 신체 능력의 향상에 대해서 말하고, B는 정신적인 스트레스에 대해서 말하고 있다.

[풀이]
1 ⓑ A는 긴장을 하지 않는 것이 반드시 좋은 것만은 아니라고 말하고, ⓔ B도 적당한 긴장 상태는 업무의 효율성과 생산성의 향상으로 이어진다고 말하고 있다. 따라서 정답은 선택지 2번이다.

2 ⓐ A는 긴장 상태가 위험의 회피하거나 극복할 수 있게 한다고 말하고, ⓒ B는 긴장 상태가 지속된 상태에서 나오는 호르몬이 ⓓ 성인병의 발생 리스크를 높이고, 면역기능의 저하뿐만 아니라 정신적인 질병으로 이어질 수 있다고 말하고 있다. 따라서 정답은 선택지 3번이다.

[단어]
緊張 긴장 | 生存 생존 | 不可欠 불가결, 없어서는 안 됨 | 命を落とす 목숨을 잃다 | ～得る ～할 수 있다 | 状況 상황 | 直面 직면 | 危険 위기 | 対処 대처 | 状態 상태 | 心拍数 심박수 | 呼吸 호흡 | 筋肉 근육 | すなわち 즉 | 性能 성능 | 引き出す 꺼내다, 끄집어 내다 | 回避 회피 | 克服 극복 | そもそも 애초에 | 分泌 분비 | 維持 유지 | 密接 밀접 | 血圧 혈압 | 貯蔵 저장 | 免疫 면역 | 役立つ 도움이 되다 | 一方 한편 | 過剰 과잉 | ～と共に ～와 함께 | 引き起こす 일으키다. 발생시키다 | ～における ～에서의, ～에 있어서의 | 攻撃的 공격적 | 皮肉 비꼼. 빈정거림 | 生じる 발생하다. 생기다 | 適度 적당 | 効率性 효율성 | 生産 생산 |

消耗 소모 | 述べる 말하다, 기술하다 | 影響 영향 | 与える 주다 | ～わけではない (반드시)~인 것은 아니다 | ほぐす 풀다 | 克服 극복 | ～について ~에 대해서 | 保つ 유지하다 | 向上 향상

(2)

次のAとBの文章を読んで、後の問いに対する答えとして最もよいものを、1・2・3・4から一つ選びなさい。

A

ⓐ他人に少しでも過ちを犯した場合、できるだけ早く謝りの気持ちを伝えることが大切だ。下手をすると謝るタイミングを逃してしまい、ますます相手を傷つけることも頻繁にあるからだ。心からの謝罪の一言で解決できるのに、時間は常に和解する機会を奪ってしまう。謝罪の時間が他のものに置き換えられてしまうのは、謝罪の行為よりも他のものを優先した結果として受け止められかねない。ⓑやるべきことを先延した結果というのは、必ずと言っていいほど良くない形で向き合ってしまうものだ。謝罪する分野においても例外はなさそうだ。

B

自分の失敗により相手との気詰まりが嫌で謝る部類の人がいる。ⓒ本人の機嫌が良くないためにその原因を解決しようとする自分中心の謝罪だということだ。とにかく自分は謝罪をしたことで過ちに対する責任を果たしたと考える場合も少なくない。しかも、自分の謝罪に対する相手の返事が自分の予想と違えば、むしろ怒る人もいる。ⓓ謝罪というのは、自分がミスをした対象に許しを請うための行為であることを覚えてほしい。謝ることはあまりにも当たり前なことで、謝られて許すことが当然ではないということを知らない人があまりにも多い。

3 相手に謝ることについて、AとBはどのように述べているか。

1 AもBも、なるべく早いうちに謝った方がいいと述べている。

2 AもBも、相手の立場から謝罪の形を考えた方がいいと述べている。

3 Aは謝りの適切なタイミングについて述べ、Bは許される立場について述べている。

4 Aは早く謝ることが重要だと述べ、Bは本人中心の謝罪に対して批判的に述べている。

4 謝罪について、AとBが共通して述べていることは何か。

1 他人に過ちを犯した場合は謝らなければならない。

2 謝る機会と時期を逃してはならない。

3 自分自身のための謝罪は避けなければならない。

4 謝罪の結果は、予想とは異なるかもしれない。

다음 A와 B의 글을 읽고, 뒤의 물음에 대한 답으로 가장 알맞은 것을 1·2·3·4에서 하나 고르시오.

A

ⓐ타인에게 조금이라도 잘못을 하게 되었을 경우, 가능한 빨리 사과의 마음을 전하는 것이 중요하다. 자칫하면 사과할 타이밍을 놓치게 되어 버려서, 더욱 상대에게 상처를 주는 경우도 빈번하기 때문이다. 진심 어린 사과의 한마디 말로 해결할 수 있는데, 시간은 언제나 화해할 기회를 빼앗아 버린다. 사과의 시간이 다른 것으로 대체되어 버리는 것은 사죄의 행위보다 다른 것을 우선시한 결과로 받아들여 질 수도 있다. ⓑ해야 할 일을 나중으로 미룬 결과라는 것은 반드시 라고해도 좋을 만큼 좋지 않은 형태로 마주보게 되는 법이다. 사과하는 분야에서도 예외는 없는 것 같다.

B

자신의 실수로 인해 상대와의 어색함이 싫어서 사과하는 부류의 사람이 있다. ⓒ본인의 기분이 좋지 않기 때문에 그 원인을 해결하려고 하는 자기중심적인 사과라는 것이다. 어쨌든 자신은 사과를 한 것으로 잘못한 것에 대한 책임을 다했다는 생각을 하는 경우도 적지 않다. 심지어 자신의 사과에 대한 상대의 답변이 자신의 예상과 다르면, 오히려 화를 내는 사람도 있다. ⓓ 사과라는 것은 자신이 실수를 한 대상에게 용서를 구하기 위한 행위라는 것을 기억하길 바란다. 사과하는 것은 너무나도 당연한 것이고, 사과받고 용서를 하는 것이 당연하지 않다는 것을 모르는 사람이 너무나도 많다.

3 상대에게 사과하는 것에 대해서, A와 B는 어떻게 말하고 있는가?

1   A도 B도 되도록이면 빠른 시일 내에 사과하는 것이 좋다고 말하고 있다.

2   A도 B도 상대의 입장에서 사과의 형태를 생각하는 것이 좋다고 말하고 있다.

3   A는 사과의 적절한 타이밍에 대해서 말하고, B는 용서를 받는 입장에 대해서 말하고 있다.

4   A는 빠르게 사과하는 것이 중요하다고 말하고, B는 본인 위주의 사과에 대해서 비판적으로 말하고 있다.

4 사과에 대해서 A와 B가 공통으로 말하고 있는 것은 무엇인가?

1   남에게 잘못을 저질렀을 경우에는 사과해야 한다.

2   사과할 기회와 시기를 놓쳐서는 안 된다.

3   자기 자신을 위한 사과는 피해야 한다.

4   사과의 결과는 예상과는 다를 수도 있다.

[풀이]

3   ⓑ A는 사과를 나중으로 미루면 좋지 않은 결과가 나타난다고 말하고 있고, ⓒ B는 자기중심적인 사과는 좋지 않다고 말하고 있다. 따라서 정답은 선택지 4번이다. 선택지 1번은 A만 언급하고 있고, 선택지 2번은 B만 언급하고 있기 때문에 정답이 될 수 없다. B의 주요 내용이 용서를 받는 사람의 입장이라고는 생각하기 힘들기 때문에, 선택지 3번도 정답이 아니다.

4   ⓐ A는 타인에게 조금이라도 잘못을 했을 경우에 빨리 사과를 하는 것이 중요하다고 말하고 있다. ⓓ B도 자신이 상대에게 실수를 했을 경우에 당연히 사과를 하는 것이라고 말하고 있다. 따라서 정답은 선택지 1번이다. 선택지 2번은 A만 언급하고 있고, 선택지 3번과 4번은 B만 언급하고 있기 때문에 정답이 될 수 없다.

[단어]

過ち 잘못, 실수 | 犯す 저지르다, 범하다 | 伝える 전하다 | 下手をすると 자칫하면 | 謝る 사과하다 | 逃す 놓치다 | ますます 더욱 | 傷つける 상처를 입히다 | 頻繁 빈번 | 謝罪 사죄 | 常に 항상, 늘 | 和解 화해 | 奪う 빼앗다 | 置き換える 바꾸어 놓다, 대체하다 | 行為 행위 | 優先 우선 | ～として ～으로서 | 受け止める 받아들이다, 막아내다 | ～かねない ～할지도 모른다 | ～べき ～해야 할 | 先延す 뒤로 미루다 | 向き合う 마주보다 | ～において ～에서, ～에 있어서 | 例外 예외 | 失敗 실패, 실수 |

〜により 〜에 의해, 〜에 따라 | 相手 상대(방) | 気詰まり 어색함, 거북함 | 部類 부류 | 機嫌 기분, 심기 | とにかく 어쨌든, 아무튼 | 〜に対する 〜에 대한 | 責任を果たす 책임을 다하다 | 返事 답변, 대답 | むしろ 오히려, 차라리 | 請う 청하다, 바라다 | 〜てほしい 〜하길 바라다 | あまりにも 너무나도 | 当たり前 당연함 | 述べる 말하다, 기술하다 | 〜うちに 〜하는 동안에 | 立場 입장 | 適切 적절 | 批判 비판

종합 이해 **실전 연습 ❷** p.334 해석과 문제 해설

1	2	3	4
①	②	③	④

(1)

次のＡとＢの文章を読んで、後の問いに対する答えとして最もよいものを、１・２・３・４から一つ選びなさい。

A

　現在、人類が持っている技術というのは、発生した災害に対する情報を人々に早く伝えることのみにとどまっている。このような点からすると、ⓐ自然災害を防ぐのは不可能に近いことだと言える。したがって、自然災害による被害から発生する火災などの２次災害を防止するために、迅速な伝達網を構築することが非常に重要になるのだと思う。予測できない自然災害を過度に心配しながら暮らすのは精神的に良くないが、安全に対して鈍感なことも良いとは言えない。一番安全な場所は家だと思っている人が増えているようだが、自然災害からまぬがれる安全な場所などは地球上に存在していないということである。自然災害の発生を心配することより、ⓑ被害を最小化するための体系的な対策がもっと重要である。

B

　ⓒ自然災害に対する備えは徹底的に行われるべきである。自然災害による被害は莫大な金銭的損失ばかりでなく、数多くのかけがえのない命をも奪ってしまう。どんなことにも代えられない人々の命はどうしても救われなければならない。人の命を救う技術は最も価値があるものだと思う。安全に対して敏感に反応しすぎるのは精神的には良くないかもしれないが、その心配に度が過ぎることはないのではないだろうか。ただ災害を恐れてばかりいて、仕方なく考える時代はとっくに過ぎているのである。普段から災害に対する予測をもとにした備えが重要である。ⓓ完璧に自然を予測することは不可能であると思いながらも、準備することなく迎える災害ほど恐ろしいものはないからである。

☐1 ＡとＢの意見が一致しているのはどれか。

1　自然災害に対する完璧な予測は不可能なことだ。

2　災害を防ぐよりは二次被害を最小化しなければならない。

3　人間は自然を予測し、対応できる技術力を有している。

4　安全について心配しすぎるのはよくない。

２　ＡとＢは自然災害について、どのように述べているか。

1　ＡもＢも自然災害の予測とともに被害を最小化することが重要だと述べている。

2　ＡもＢも自然災害の被害を減らすための技術や方法が重要だと述べている。

3　Ａは自然災害を防ぐことが重要だと述べ、Ｂは自然災害の予測技術が重要だと述べている。

4　Ａは安全についてあまり心配する必要はないと述べ、Ｂは災害の予測よりは災害後の体系的な対策が重要だと述べている。

다음 A와 B의 글을 읽고, 뒤의 물음에 대한 답으로 가장 알맞은 것을 1·2·3·4에서 하나 고르시오.

A

현재 인류가 가지고 있는 기술이라는 것은 발생된 재해에 대한 정보를 사람들에게 빨리 전달하는 것에만 그치고 있다. 이러한 점에서 보면, ⓐ자연재해를 막는 것은 불가능에 가까운 것이라고 말할 수 있다. 따라서 자연재해에 의한 피해로부터 발생하는 화재 등의 2차 재해를 방지하기 위해서 신속한 전달망을 구축하는 것이 매우 중요해지는 것이라고 생각한다. 예측할 수 없는 자연재해를 과도하게 걱정하면서 사는 것은 정신적으로 좋지 않지만, 안전에 대해서 둔감한 것도 좋다고는 말할 수 없다. 가장 안전한 장소는 집이라고 생각하고 있는 사람이 늘어나고 있는 것 같지만, 자연재해를 모면할 수 있는 안전한 장소 따위는 지구상에 존재하지 않는다는 것이다. 자연재해의 발생을 걱정하는 것보다 ⓑ피해를 최소화하기 위한 체계적인 대책이 더욱 중요하다.

B

ⓒ자연재해에 대한 대비는 철저하게 이루어져야 한다. 자연재해에 의한 피해는 금전적인 손실뿐만 아니라 수많은 사람들의 매우 소중한 목숨까지 빼앗아 간다. 어떤 것으로도 대신할 수 없는 사람의 목숨은 무슨 일이 있어도 구해져야 한다. 사람의 목숨을 구하는 기술은 가장 가치가 있는 것이라고 생각한다. 안전에 대해서 지나치게 민감하게 반응하는 것은 정신적으로는 좋지 않을지도 모르지만, 그 걱정에 도가 지나친 것은 없는 것이 아닐까? 단지 재해를 두려워하기만 하고 어쩔 수 없다고 생각하는 시대는 진작 지난 것이다. 평소부터 재해에 대한 예측을 바탕으로 한 대비가 중요하다. ⓓ완벽하게 자연을 예측하는 것은 불가능하다고 생각하지만 준비 없이 맞이하는 재해만큼 무서운 것은 없기 때문이다.

１　A와 B의 의견이 일치하고 있는 것은 어느 것인가?

1　자연재해에 대한 완벽한 예측은 불가능한 것이다.

2　재해를 막는 것보다는 2차 피해를 최소화해야 한다.

3　인간은 자연을 예측하고 대응할 수 있는 기술력을 가지고 있다.

4　안전에 대해서 지나치게 걱정하는 것은 좋지 않다.

２　A와 B는 자연재해에 대해서 어떻게 말하고 있는가?

1　A도 B도 자연재해의 예측과 함께 피해를 최소화하는 것이 중요하다고 말하고 있다.

2　A도 B도 자연재해의 피해를 줄이기 위한 기술이나 방법이 중요하다고 말하고 있다.

3　A는 자연재해를 막는 것이 중요하다고 말하고, B는 자연재해 예측 기술이 중요하다고 말하고 있다.

4　A는 안전에 대해서 그다지 걱정할 필요는 없다고 말하고, B는 재해의 예측보다는 재해 후의 체계적인 대책이 중요하다고 말하고 있다.

1　ⓐ A는 자연재해를 예방하는 것은 불가능에 가까운 것이라고 말하고 있고, ⓓ B도 역시 완벽하게 자연을 예측하는 것은 불가능하다고 말하고 있다. 따라서 정답은 선택지 1번이다. 선택지 2번과 4번은 A만의 의견이고, 선택지 3번은 B만의 의견이다.

2　ⓑ A는 피해를 최소화하기 위한 체계적인 대책의 중요성에 대해서 말하고 있고, ⓒ B도 자연재해에 의한 막대한 피해에 철저하게 대비해야 한다고 말하고 있다. 따라서 정답은 선택지 2번이다. 선택지 1번은 B만의 의견이고, 선택지 3번은 A의 의견이 본문과 다르기 때문에 정답이 될 수 없다. 선택지 4번도 B의 의견이 본문과 다르기 때문에 정답이 아니다.

[단어]

技術 기술 | 災害 재해 | ～に対する ～에 대한 | 防ぐ 막다, 저지하다 | したがって 따라서 | ～による ～에 의한, ～에 따른 | 防止 방지 | 迅速 신속 | 伝達網 전달망 | 構築 구축 | 非常に 매우, 상당히 | 予測 예측 | 鈍感 둔감 | まぬがれる 모면하다, 면제하다 | 存在 존재 | 体系的 체계적 | 対策 대책 | 徹底 철저 | 行う 행하다, 실시하다 | 莫大 막대 | 金銭 금전 | 命 목숨, 생명 | 奪う 빼앗다 | 代える 대신하다 | 救う 구하다 | 価値 가치 | 敏感 민감 | 度が過ぎる 도가 지나치다 | 恐れる 두려워하다, 무서워하다 | とっくに 훨씬 전에 | 完璧 완벽 | 迎える 맞이하다, 마중하다 | 恐ろしい 두렵다, 무섭다 | 対応 대응 | 有する 소유하다 | 述べる 말하다, 기술하다 | ～とともに ～와 함께

(2)

次のＡとＢの文章を読んで、後の問いに対する答えとして最もよいものを、1・2・3・4から一つ選びなさい。

Ａ

　幼い子供に英語を習わせる家庭が多くなりました。ⓐグローバル時代における競争力の強化において英語を自在に駆使することに勝るものはないでしょう。しかし、ⓑ英語の早期教育にも欠点があることを見逃してはなりません。英語と日本語は基本的な言語のメカニズム自体が大きく異なります。文法、抑揚、発音などほとんどの面において日本語と類似した言語ではないということです。これらの言語の習得は、子供に不快なストレスを与えたり、言語的混乱を引き起こしたりする可能性があります。また、英語教育の時間増加に伴い、様々な言語に触れる機会さえ得られない子供たちも多いです。英語だけにこだわる親のせいで、他の才能が発揮できない子も存在するようになるということです。

Ｂ

　幼い子供は大人に比べて自然に言語を習得できる能力が優れています。それに言語のルールを覚える努力もせずにゲームや歌、絵などの方法を活用して言語を楽しみながら学ぶことができます。これらの学習方法は、英語以外の言語を学ぶときにも十分に役立ちます。ⓒ新しい言語の習得は、子供の自信の向上にもつながり、勉強の概念自体を新しい視点で眺めることができるようにします。次第に加速する時代の変化が、これからの未来をどのような形にするかは誰にも予測できません。子供の夢の舞台が国内ではなくなるかもしれません。またⓓ英語や他の言語の習得により子供の夢をより広げてくれることもあります。子供に多様な夢と未来のための機会を与えなければなりません。

3　外国語の学習について、ＡとＢが共通して述べていることは何か。
　1　外国で夢を叶えるのに役立つ。
　2　苦労して勉強するのは子供によくない。

3　子供の役に立つことは否めない。

4　英語の習得だけにこだわる必要はない。

4　幼い子供に英語を習わせることについて、どのように述べているか。

1　ＡもＢも、幼い頃に言語を習うことに問題点があると述べている。

2　ＡもＢも、小さな子供の言語学習の効率性について述べている。

3　Ａは早期英語教育の必要性について述べ、Ｂは多様な言語習得の重要性について述べている。

4　Ａは早期英語教育の問題点について述べ、Ｂは子供の言語習得のメリットについて述べている。

다음 A와 B의 글을 읽고, 뒤의 물음에 대한 답으로 가장 알맞은 것을 1・2・3・4에서 하나 고르시오.

A

　어린아이에게 영어를 배우게 하는 가정이 많아졌습니다. ⓐ글로벌 시대에서의 경쟁력 강화에 있어서 영어를 자유자재로 구사하는 것보다 나은 것은 없겠죠. 하지만, ⓑ영어의 조기 교육에도 결점이 있다는 것을 간과해서는 안 됩니다. 영어와 일본어는 기본적인 언어의 메커니즘 자체가 크게 다릅니다. 문법, 억양, 발음 등 대부분의 면에서 일본어와 유사한 언어가 아니라는 것입니다. 이러한 언어의 습득은 아이에게 불편한 스트레스를 주거나 언어적 혼란을 일으킬 가능성이 있습니다. 또한, 영어교육의 시간 증가에 따라서, 다양한 언어를 접할 기회조차 얻지 못하는 아이들도 많습니다. 영어만을 고집하는 부모 때문에, 다른 재능을 발휘할 수 없는 아이도 존재하게 된다는 것입니다.

B

　어린아이는 성인에 비해서 자연스럽게 언어를 습득할 수 있는 능력이 뛰어납니다. 게다가 언어 규칙을 외우는 노력도 하지 않고 게임이나 노래, 그림 등의 방법을 활용해서 언어를 즐기면서 배울 수 있습니다. 이러한 학습방법은 영어 이외의 언어를 배울 때도 충분히 도움이 됩니다. ⓒ새로운 언어의 습득은 아이의 자신감의 향상으로도 이어지고, 공부의 개념 자체를 새로운 시각으로 바라볼 수 있게 합니다. 점차 가속되는 시대의 변화가 앞으로의 미래를 어떤 모습으로 할지는 아무도 예측할 수 없습니다. 아이의 꿈의 무대가 국내가 아니게 될 수도 있습니다. 또한 ⓓ영어나 다른 언어의 습득으로 아이의 꿈을 보다 넓혀 주기도 합니다. 아이에게 다양한 꿈과 미래를 위한 기회를 주어야 합니다.

3　외국어 학습에 대해서 A와 B가 공통으로 말하고 있는 것은 무엇인가?

1　외국에서 꿈을 이루는 것에 도움이 된다.

2　힘들게 공부하는 것은 아이에게 좋지 않다.

3　아이에게 도움이 되는 것은 부정할 수 없다.

4　영어의 습득에만 고집을 부릴 필요가 없다.

4　어린아이에게 영어를 배우게 하는 것에 대해서 어떻게 말하고 있는가?

1　A도 B도 어린 시절에 언어를 배우는 것에 문제점이 있다고 말하고 있다.

2　A도 B도 어린아이의 언어학습의 효율성에 대해서 말하고 있다.

3　A는 조기 영어교육에 필요성에 대해서 말하고, B는 다양한 언어 습득의 중요성에 대해서 말하고 있다.

4　A는 조기 영어교육의 문제점에 대해서 말하고, B는 아이의 언어 습득의 장점에 대해서 말하고 있다.

[풀이]

3　ⓐ A는 글로벌 시대의 경쟁력을 갖추는 것에 있어서, 영어를 자유자재로 구사하는 것보다 나은 것은 없다고 말하고 있다. ⓓ B도 영어나 다른 언어의 습득으로 아이의 꿈을 넓혀 주고, 다양한 미래를 위한 기회를 주어야 한다고 말하고 있다. 따라서 정

56　1교시 독해

답은 선택지 3번이다. 선택지 1번은 B만 언급하고 있고, 선택지 2번과 4번은 A만 언급하고 있기 때문에, 정답이 될 수 없다.

4 ⓑ A는 영어의 조기 교육에 여러가지 결점이 있는 것을 간과해서는 안 된다고 말하고 있다. ⓒ B는 새로운 언어의 습득이 아이의 자신감의 향상으로 이어질 수 있고, 공부 개념을 새로운 시각으로 바라볼 수 있게 한다고 말하고 있다. 따라서 정답은 선택지 4번이다. 선택지 1번은 A만 언급하고 있고, 선택지 2번은 B만 언급하고 있기 때문에 정답이 될 수 없다. 선택지 4번은 A의 설명이 옳지 않기 때문에 정답이 아니다.

[단어]

幼い 어리다 | ～における ～에서의, ～에 있어서의 | 競争力 경쟁력 | ～において ～에서, ～에 있어서 | 駆使 구사 | 勝る 낫다, 뛰어나다 | 早期 조기 | 教育 교육 | 欠点 결점 | 見逃す 간과하다, 놓치다 | 異なる 다르다 | 文法 문법 | 抑揚 억양 | 発音 발음 | 類似 유사 | 習得 습득 | 混乱 혼란 | 引き起こす 일으키다 | 増加 증가 | ～に伴い ～에 따라 | 触れる 접촉하다, 닿다 | こだわる 얽매이다, 집착하다 | 才能 재능 | 発揮 발휘 | ～に比べて ～에 비해서 | 優れる 우수하다, 뛰어나다 | 役立つ 도움이 되다 | 自信 자신(감) | 向上 향상 | 概念 개념 | 視点 시점 | 眺める 바라보다 | 予測 예측 | ～により ～에 의해, ～에 따라 | 広げる 넓히다, 확장하다 | 与える 주다 | ～について ～에 대해서 | 述べる 말하다, 기술하다 | 否む 부정하다 | 効率性 효율성

종합 이해 **실전 연습 ❸** p.338 해석과 문제 해설

1	2	3	4
③	①	①	④

(1)

次のＡとＢの文章を読んで、後の問いに対する答えとして最もよいものを、１・２・３・４から一つ選びなさい。

A

　朝早く起きる人は、勤勉で良いイメージに映ることが多い。早朝に起きて新聞に目を通し、家族と一緒に笑いに満ちた余裕のある食事時間も過ごすことができる。時間に追われて慌ただしく出勤する姿より家を出る前に身なりまで確認する、そういう姿から人生の余裕さえ感じられる。このように朝早く起きるということは、人生をより豊かにする力がある。しかし、ここで見逃してはならない事実が一つある。ⓐ朝早く起きる前の段階で行われるべきことは、夜早く寝なければならないということだ。十分な睡眠時間を確保しない早起きは毒になり得る。ⓑ夜遅い時間まで起きていてこそ享受できる日常の余裕や、その他の生産的な活動による利益はあきらめなければならないということだ。

B

　適切な睡眠時間とは、人生をより豊かで健康にする非常に重要な時間だ。しかし、この睡眠時間には個人差があり得る。７時間の睡眠時間が最適だという人もいれば、８時間以上寝てこそ絶好調になる人もいる。自分に合った睡眠時間を確保するだけでも健康な身体と精神を維持するのに大きく役立つ。したがって、ⓒ朝早く起きることが必ずしも良いわけではなく、夜遅く寝ることも絶対に悪いとは限らない。ⓓ個人の職業や生活パターン、身体リズムなどによっても睡眠の開始時間と終了時間が異なることがあるためだ。全く同じ人は存在できないように起床時間の違いも受け入れなければならない。早朝に起きていない人が必ずしも怠け者ではない。

1 朝早く起きることについて、ＡとＢの認識で共通していることは何か。

1 睡眠の質の向上のためには奨励されている。

2 朝早く起きてはいけない人もいる。

3 場合によっては、体に良くない影響を与えることもある。

4 人生をより豊かにするためには、なるべく朝早く起きた方が良い。

2 適切な睡眠時間について、ＡとＢはどのように述べているか。

1 ＡもＢも、寝始める時間が重要なわけではないと述べている。

2 ＡもＢも、普遍的な睡眠時間の重要性について述べている。

3 Ａは早朝の睡眠の良さについて述べ、Ｂは睡眠時間より重要なことがあると述べている。

4 Ａは睡眠時間の質を向上させる方法について述べ、Ｂは個人に合った睡眠時間が重要だと言っている。

다음 A와 B의 글을 읽고, 뒤의 물음에 대한 답으로 가장 알맞은 것을 1·2·3·4에서 하나 고르시오.

A

　아침 일찍 일어나는 사람은 부지런하고 좋은 이미지로 비치는 경우가 많다. 이른 아침에 일어나서 신문을 훑어보고, 가족과 함께 웃음이 가득한 여유 있는 식사 시간도 보낼 수 있다. 시간에 쫓겨서 허둥지둥 출근하는 모습보다 집을 나가기 전에 옷차림까지 확인하는 그런 모습에서 삶의 여유마저 느껴진다. 이와 같이, 아침 일찍 일어난다는 것은 삶을 보다 풍부하게 하는 힘이 있다. 하지만 여기에서 간과해서는 안 되는 사실이 한 가지 있다. ⓐ아침 일찍 일어나기 전단계에서 이루어져야 하는 것은 밤에 일찍 자야 한다는 것이다. 충분한 수면시간을 확보하지 않은 조기 기상은 독이 될 수 있다. ⓑ밤 늦은 시간까지 깨어 있어야만 누릴 수 있는 일상의 여유나 그 외의 생산적인 활동에 의한 이익은 포기해야 한다는 것이다.

B

　적절한 수면시간이라는 것은 삶을 보다 풍부하고 건강하게 하는 매우 중요한 시간이다. 하지만 이 수면시간에는 개인차가 있을 수 있다. 7시간의 수면시간이 최적이라고 하는 사람도 있고, 8시간 이상 잠을 자야 절호의 컨디션이 되는 사람도 있다. 자신에게 맞는 수면시간을 확보하는 것만으로도 건강한 신체와 정신을 유지하는 것에 크게 도움이 된다. 따라서 ⓒ아침에 일찍 일어나는 것이 반드시 좋은 것이 아니고, 밤 늦게 자는 것도 무조건 나쁜 것은 아니다. ⓓ개인의 직업이나 생활 패턴, 신체 리듬 등에 의해서도 수면의 시작 시간과 종료 시간이 다른 경우가 있기 때문이다. 완전히 똑같은 사람은 존재할 수 없는 것처럼 기상 시간의 차이도 받아들여야 한다. 이른 아침에 깨어 있지 않은 사람이 꼭 게으른 사람은 아니다.

1 아침 일찍 일어나는 것에 대해서, A와 B의 인식에서 공통되는 것은 무엇인가?

1 수면의 질적인 향상을 위해서는 장려되고 있다.

2 아침에 일찍 일어나면 안 되는 사람도 있다.

3 경우에 따라서는 몸에 좋지 않은 영향을 줄 수도 있다.

4 삶을 더욱 풍부하게 하기 위해서는 가능한 아침 일찍 일어나는 것이 좋다.

2 적절한 수면 시간에 대해서, A와 B는 어떻게 말하고 있는가?

1 A도 B도 자기 시작하는 시간이 반드시 중요한 것은 아니라고 말하고 있다.

2 A도 B도 보편적인 수면 시간의 중요성에 대해서 말하고 있다.

3 A는 이른 아침의 수면의 장점에 대해서 말하고, B는 수면 시간보다 중요한 것이 있다고 말하고 있다.

4 A는 수면 시간의 질을 향상시키는 방법에 대해서 말하고, B는 개인에게 맞는 수면 시간이 중요하다고 말하고 있다.

[풀이]

1 ⓐ A는 충분한 수면시간을 확보하지 않은 조기 기상은 독이 될 수 있다고 하고, ⓒ B는 아침에 일찍 일어나는 것이 반드시 좋은 것은 아니라고 말하고 있다. 따라서 정답은 선택지 3번이다. 아침에 일찍 일어나면 안 되는 사람에 관한 언급은 없기 때문에 선택지 2번은 정답이 될 수 없다.

2 ⓑ A는 밤 늦은 시간까지 깨어 있어야만 누릴 수 있는 여유가 있다고 말하고, ⓓ B는 개인의 직업이나 생활 패턴 등에 따라서 수면의 시작 시간이 다르다고 말하고 있다. 따라서 정답은 선택지 1번이다.

[단어]

勤勉 근면 | 映る 비치다 | 目を通す 훑어보다, 대충보다 | 満ちる 가득차다 | 余裕 여유 | 過ごす 보내다, 지내다 | 追う 쫓다 | 慌ただしい 분주하다, 어수선하다 | 身なり 옷차림 | 豊か 풍부함 | 見逃す 간과하다, 놓치다 | 事実 사실 | 段階 단계 | 行う 행하다, 실시하다 | ～べき ～해야 할 | 睡眠 수면 | 確保 확보 | 毒 독 | ～得る ～할 수 있다 | 享受 향수, 누림 | 生産 생산 | 活動 활동 | ～による ～에 의한, ～에 따른 | 利益 이익 | 非常に 매우, 상당히 | 個人 개인 | 差 차 | 最適 최적 | 絶好調 절호조, 최상의 컨디션 | 精神 정신 | 維持 유지 | 役立つ 도움이 되다 | したがって 따라서 | 必ずしも 반드시 | ～とは限らない (반드시)～인 것은 아니다 | 職業 직업 | 開始 개시 | 異なる 다르다 | 起床 기상 | 受け入れる 받아들이다 | 怠け者 게으름뱅이 | 向上 향상 | 奨励 장려 | 影響 영향 | 与える 주다 | 普遍的 보편적 | ～について ～에 대해서

(2)

次のＡとＢの文章を読んで、後の問いに対する　答えとして最もよいものを、１・２・３・４から一つ選びなさい。

A

　ミニマルライフというのは、簡単に言えば、自分の生活に必要な品物を最小限することを言う。ミニマルライフを行っている人々は、生活している家に余裕のある空間を作ることによって、心の安定を得ている。もっと進んだミニマルライフは、食生活の簡素化や、シンプルな衣食住を実践することである。また、高いブランドよりは性能を重視する効率的な消費パターンもミニマルライフの長所だと言うことができる。芸術の分野においてもミニマリズムが目立っている。本人が表現したいことだけに対して、集中的に簡潔に描写をすることである。ⓐ人間の欲求は決して物の所有で満たすことができない。ⓑ大切なものを得るためには捨てることも重要である。

B

　人は、他人が所有している物を持っていない時にストレスを感じる。それから抜け出すために、またたくさんの物が所有できない状況を合理化させるため、現れる現象の一つがミニマルライフだと思う。これは激しい競争社会から生じる一時的な現象であり、劣等感の結果でもある。この現象が人間関係の簡素化にまで至っている。自分に少しでも得になる人との関係だけを望み、役に立たないと思うと交流を絶ってしまうのである。人間は社会的な動物であり、人との関係から離れ、一人で生きていくことは不可能である。また、ⓒ幸福というのは、物質の所有に限ったことではない。ⓓ豊かな人間関係を通じても幸せな人生を享受できることを分かってほしい。

3 AとB 二つの文章から共通して述べていることは何か。

1 物を多く所有することが、必ずしも幸せにつながるわけではない。

2 単純な生活パターンであるほど、病気の予防ができる。

3 人との交流が多すぎることも問題になりかねない。

4 ミニマルライフは、所有に対する反発による一時的な現象に過ぎない。

4 AとBはミニマルライフについて、どう考えているか。

1 AもBも所有に対する執着が悪いことばかりではないと考えている。

2 AもBも賢明な生活パターンが重要だと考えている。

3 Aは物の所有の抑制による人生の豊かさが重要だと考え、Bは人間関係の抑制による人生の幸せが大切だと考えている。

4 Aは生活の簡素化が重要だと考え、Bは物質的な豊かさには限界があると考えている。

다음 A와 B의 글을 읽고, 뒤의 물음에 대한 답으로 가장 알맞은 것을 1·2·3·4에서 하나 고르시오.

A

미니멀 라이프라는 것은 간단하게 말하자면, 자신의 생활에 필요한 물건을 최소한으로 하는 것을 말한다. 미니멀 라이프를 실행하고 있는 사람들은 생활하는 집에 여유가 있는 공간을 만드는 것으로 마음의 안정을 얻고 있다. 더욱 진행된 미니멀 라이프는 식생활의 간소화나 심플한 의식주를 실천하는 것이다. 또한, 비싼 브랜드보다는 성능을 중시하는 효율적인 소비 패턴도 미니멀 라이프의 장점이라고 말할 수 있다. 예술 분야에서도 미니멀리즘이 눈에 띄고 있다. 본인이 표현하고 싶은 것에 대해서만 집중적으로 간결하게 묘사하는 것이다. ⓐ인간의 욕구는 결코 물건의 소유로 채울 수 없다. ⓑ소중한 것을 얻기 위해서는 버리는 것도 중요하다..

B

사람은 남이 소유하고 있는 것을 가지고 있지 않을 때 스트레스를 느낀다. 그것으로부터 벗어나기 위해서, 또는 많은 것을 소유할 수 없는 상황을 합리화시키기 위해 나타나는 현상의 한 가지가 미니멀 라이프라고 생각한다. 이것은 혹독한 경쟁 사회에서 발생하는 일시적인 현상이며 열등감의 결과이기도 하다. 이 현상이 인간관계의 간소화에까지 이르고 있다. 자신에게 조금이라도 이득이 되는 사람들과의 관계만을 바라고, 도움이 안 된다고 생각하면 교류를 끊어 버리는 것이다. 인간은 사회적인 동물이고 사람과의 관계를 떠나 혼자 살아가는 것은 불가능하다. 또한, ⓒ행복이라는 것은 물질의 소유에 국한되는 것이 아니다. ⓓ풍요로운 인간관계를 통해서도 행복한 삶을 누릴 수 있다는 것을 알았으면 한다.

---

3 A와 B 두 문장에서 공통적으로 말하고 있는 것은 무엇인가?

1 물건을 많이 소유하는 것이 반드시 행복으로 이어지는 것은 아니다.

2 단순한 생활 패턴일수록 병의 예방이 가능하다.

3 사람과의 교류가 지나치게 많은 것도 문제가 될 수 있다.

4 미니멀 라이프는 소유에 대한 반발로 인한 일시적인 현상에 지나지 않는다.

4 A와 B는 미니멀 라이프에 대해서 어떻게 생각하고 있는가?

1 A도 B도 소유에 대한 집착이 나쁘기만 한 것은 아니라고 생각하고 있다.

2 A도 B도 현명한 생활 패턴이 중요하다고 생각하고 있다.

3 A는 물건 소유 억제에 의한 인생의 풍요로움이 중요하다고 생각하고, B는 인간관계 억제에 의한 삶의 행복이 중요하다고 생각하고 있다.

4 A는 생활의 간소화가 중요하다고 생각하고, B는 물질적인 풍요로움에는 한계가 있다고 생각하고 있다.

[풀이]

3 ⓐ A는 물건의 소유로 인간의 욕구를 채울 수 없다고 말하고, ⓒ B는 물질의 소유가 행복의 전부는 아니라고 하기 때문에, 정답은 선택지 1번이다. 선택지 2번과 3번에 대한 언급은 A, B 모두 없으며, 선택지 4번은 B만의 주장이기 때문에 정답이 될 수 없다.

4 ⓑ A는 소중한 것을 얻기 위해서는 버리는 것이 중요하다고 말하고 있고, ⓒ B는 물질의 소유 말고도 ⓓ 풍요로운 인간관계를 통해서도 행복해질 수 있다고 말하고 있기 때문에, 정답은 선택지 4번이다. 선택지 1번에 대한 언급은 없으며, 선택지 2번은 A만의 생각이고, 선택지 3번은 B의 내용이 본문과 다르기 때문에 정답이 될 수 없다.

[단어]

品物 물건, 물품 | 行う 행하다, 실시하다 | 余裕 여유 | 安定 안정 | 簡素化 간소화 | 実践 실천 | 性能 성능 | 重視 중시, 중요시 | 効率的 효율적 | 消費 소비 | 長所 장점 | 芸術 예술 | ～において ～에서, ～에 있어서 | 目立つ 눈에 띄다 | 表現 표현 | ～に対して ～에 대해서 | 集中 집중 | 簡潔 간결 | 描写 묘사 | 欲求 욕구 | 満たす 채우다 | 抜け出す 빠져나가다 | 状況 상황 | 現れる 나타나다 | 激しい 심하다, 격렬하다 | 競争 경쟁 | 劣等感 열등감 | 望む 바라다 | 役に立つ 도움이 되다 | 交流 교류 | 絶つ 끊다, 없애다 | 離れる 떨어지다, 멀어지다 | 限る 제한하다, 한정하다 | 豊か 풍부함, 풍족함 | ～を通じて ～를 통해서 | 享受 향수 | 反発 반발 | 執着 집착 | 抑制 억제

問題 13

주장 이해(장문) **실전 연습 ❶** p.342 해석과 문제 해설

1	2	3
④	②	①

次の文章を読んで、後の問いに対する答えとして最もよいものを、1・2・3・4から一つ選びなさい。

人間と機械は、相互補完及び共存が可能なのか。人工知能(AI)機械が人間の社会を支配する暗鬱な時代を描写する映画やドラマは数え切れないほど多い。このように多くの人が関心を示している分野がまさに人工知能分野である。

人間だけに与えられた唯一のものの一つに①想像力というものについて言及する人が多い。すなわち、無から有を生み出す想像力のない機械にできることは、せいぜいデータを収集してそれをもとに予測することだけだということである。ⓐ私は、機械に想像力がないと割り切る自信がない。データの収集と整理を完璧にこなすことができるようになれば、その後はどんなことに力を注ぐのであろうか。機械の収集と統計をもとにした予測というのは、想像力の領域まで入り込む力を持ちかねない。

機械の進化は、人間が考える速度をはるかに超えている。中でもスマートフォンという機械の進化は、もう果てしないほどである。生活のために必要なほぼすべてのことを単独で処理できると言っても過言ではない。スマートフォンがなかった時代への回帰は恐れさえ感じられ、人類の進歩だと言うべきであろう。

人工知能は、愛などを含む感情を理解したり、共有できない。これもまた人間と機械の決定的な違いだと論じる人もいる。しかし、⑥人間だからといって自分や他人の感情を全て把握し、共有できるわけではない。自分の感情を抑えられなかったり、認知できなかったりするために悩みもして後悔もしながら生きていくのが人間というものである。心理学や脳科学などの様々な分野では、今も感情についての研究を続けている。このような観点から見ると、人も機械と同様に②感情という分野では未熟であると考えられる。

（中略）

現代社会は、人間性の喪失と呼ばれる時代である。人間としてやってはいけない行為、あってはならない残酷な事件に毎日接する時代だからである。⑥人間性を失った人と感情の分からない機械との違いは何なのか分からない。人間性の回復なしに人と機械の相互補完や共存を論じる立場ではないと思う。

1　筆者が思う　想像力に一番近いものはどれか。

   1　無から有が創造できる人間だけのもの
   2　数多くの情報に基づいた予測可能なもの
   3　人間と機械の違いが明確に説明できるもの
   4　データの予測によっていつかは到達する可能性のあるもの

2　筆者はなぜ、②感情という分野では未熟であると述べているか。

   1　感情を十分に理解して分析する資料が不足しているため
   2　自分の考えとは違う感情の違いを受け入れることができないため
   3　人間の共通感情という分野が研究されていないため
   4　心理学と脳科学のつながりを見つけることができなかったため

3　筆者が言いたいことは何か。

   1　人間性の回復を当面の課題と認識しなければならない。
   2　感情のない機械は恐ろしい存在になり得る。
   3　人間と機械の共存は、感情の共有になってからの話だ。
   4　人間と機械の共存に先立ち、機械の進化の速度を予測すべきだ。

다음 글을 읽고, 뒤의 질문에 대한 답으로 가장 알맞은 것을 1・2・3・4에서 하나 고르시오.

인간과 기계는 상호 보완 및 공존이 가능할까? 인공지능(AI) 기계가 인간의 사회를 지배하는 암울한 시대를 묘사하는 영화나 드라마는 셀 수 없을 정도로 많다. 이처럼 많은 사람들이 관심을 보이는 분야가 바로 인공지능 분야이다.

인간에게만 주어진 유일한 것 중에 하나로 ①상상력이라는 것에 대해서 언급하는 사람이 많다. 즉, 무에서 유를 만들어내는 상상력이 없는 기계에게 가능한 것은 고작 데이터를 수집해서 그것을 토대로 예측하는 것뿐이라는 것이다. ⓐ나는 기계에게 상상력이 없을 것이라고 결론지을 자신이 없다. 데이터의 수집과 정리를 완벽하게 처리할 수 있게 된다면, 그 이후에는 어떤 것에 힘을 쏟을까. 기계의 수집과 통계를 통한 예측이라는 것은 상상력의 영역까지 파고드는 힘을 갖게 될 수도 있다.

기계의 진화는 인간이 생각하는 속도를 아득하게 뛰어넘고 있다. 그중에서도 스마트폰이라는 기계의 진화는 이제 그 끝이 없을 정도이다. 생활을 위해 필요한 거의 모든 일을 단독으로 처리할 수 있다고 해도 과언이 아니다. 스마트폰이 없었던 시절로의 회귀는 두려움조차 느껴지고, 인류의 퇴보라고 말해야 할 것이다.

인공지능은 사랑 등을 포함한 감정을 이해하거나 공유할 수 없다. 이것 또한 인간과 기계의 결정적인 차이라고 논하는 사람도 있다. 하지만 ⓑ인간이라고 해서 자신이나 타인의 감정을 전부 파악하고 공유할 수 있는 것은 아니다. 자신의 감정을 주체하지 못하거나 인지할 수 없거나 하기 때문에, 고민도 하고 후회도 하면서 살아가는 것이 인간이라는 것이다. 심리학이나 뇌 과학 등의 여러 분야에서는 지금도 감정에 대한 연구를 계속하고 있다. 이런 관점에서 본다면, 사람도 기계와 마찬가지로 ②감정이라는 분야에서는 미숙하다고 생각된다.

(중략)

현대 사회는 인간성의 상실이라고 불리는 시대이다. 인간으로서 해서는 안 될 행위, 있어서는 안 되는 잔혹한 사건에 매일 접하는 시대이기 때문이다. 인간성을 상실한 사람과 감정을 알 수 없는 기계와의 차이는 무엇인지 모르겠다. ⓒ인간성의 회복 없이 사람과 기계의 상호 보완이나 공존을 논할 입장이 아닌 것 같다.

1 　필자가 생각하는 ①상상력에 가장 가까운 것은 어느 것인가?

　1　무에서 유를 창조할 수 있는 인간만의 것

　2　수많은 정보에 근거한 예측 가능한 것

　3　인간과 기계의 차이를 명확하게 설명할 수 있는 것

　4　데이터의 예측에 의해서 언젠가는 도달할 가능성이 있는 것

2 　필자는 왜, ②감정이라는 분야에서는 미숙하다고 말하고 있는가?

　1　감정을 충분히 이해하고 분석할 자료가 부족하기 때문에

　2　자기의 생각과는 다른 감정의 차이를 받아들일 수 없기 때문에

　3　인간의 공통 감정이라는 분야가 연구되지 않았기 때문에

　4　심리학과 뇌 과학의 연계를 발견하지 못했기 때문에

3 　필자가 말하고 싶은 것은 무엇인가?

　1　인간성의 회복을 당면한 과제로 인식해야 한다.

　2　감정이 없는 기계는 무서운 존재가 될 수 있다.

　3　인간과 기계의 공존은 감정의 공유가 되고 나서의 이야기이다.

　4　인간과 기계의 공존에 앞서 기계의 진화 속도를 예측해야 한다.

[풀이]

1 　ⓐ 기계에게 상상력이 없을 거라고 단정할 수 없다고 하고, 수집과 통계를 통한 예측이 상상력의 영역까지 파고드는 힘을 갖게 될 수도 있다고 말하고 있다. 따라서 정답은 선택지 4번이다.

2 　ⓑ 인간도 자신의 감정을 전부 파악할 수 있는 것은 아니고, 지금도 심리학이나 뇌 과학 등의 분야에서 감정에 대한 연구를 계속하고 있다고 말하고 있다. 따라서 정답은 선택지 2번이다.

3 　ⓒ 인간성의 회복 없이 기계와의 상호 보완이나 공존을 논할 수 없다고 말하고 있기 때문에, 정답은 선택지 1번이다.

[단어]

相互 상호 | 補完 보완 | 及び 및 | 共存 공존 | 人工知能 인공지능 | 支配 지배 | 暗鬱 암울 | 描写 묘사 | 数え切れない 셀 수 없다 | 関心 관심 | 示す 보이다, 가리키다 | まさに 바로, 실로 | 与える 주다 | 唯一 유일 | 想像力 상상력 | 言及 언급 | すなわち 즉 | 生み出す 만들어 내다 | せいぜい 고작, 힘껏 | 収集 수집 | 割り切る 결론짓다 | こなす 해내다, 처리하다 | 力を注ぐ 힘을 쏟다 | 統計 통계 | ～をもとに ～를 토대로 | 領域 영역 | 入り込む 파고들다 | ～かねない ～할 수도 있다 | はるかに 훨씬, 아득히 | 超える 넘다, 초월하다 | 果てしない 끝없다, 한없다 | 単独 단독 | 処理 처리 | 回帰 회귀 | 恐れ 두려움, 우려 |

~さえ ~조차 | 退歩 퇴보 | ~べきだ ~해야 한다 | 含む 포함하다 | 論じる 논하다 | ~(だ)からといって ~라고 해서 | 把握 파악 | 抑える 억누르다, 억제하다 | 認知 인지 | 悩み 고민, 걱정 | 後悔 후회 | 脳 뇌 | ~について ~에 대해서 | 観点 관점 | 未熟 미숙 | 喪失 상실 | ~として ~으로서 | 残酷 잔혹 | 接する 접하다 | 失う 잃다, 잃어버리다 | 回復 회복 | 創造 창조 | ~に基づいた ~에 근거한 | ~によって ~에 의해서, ~에 따라서 | 到達 도달 | 分析 분석 | 資料 자료 | 受け入れる 받아들이다 | つながり 이어짐, 유대, 연계 | 見つける 찾다, 발견하다 | 当面 당면 | 課題 과제 | 恐ろしい 무섭다, 두렵다 | ~得る ~할 수 있다 | ~に先立ち ~에 앞서

주장 이해(장문) 실전 연습 ❷ p.344 해석과 문제 해설

1	2	3
②	④	①

次の文章を読んで、後の問いに対する答えとして最もよいものを、1・2・3・4から一つ選びなさい。

依然として服装に関する規定というのが存在する会社が多いです。真夏でもスーツ姿にネクタイを締めて汗をかくのがサラリーマンの定番だと言いたいわけではありません。でも、ⓐ職業によってある程度は服装に対する規制があることを強調したいのです。たとえば、建設現場でスーツを着て働くのは、体を動かす動作が多い作業の特性上、非常に不便で危険です。安全ヘルメットや安全靴などの保護具を着用してポケットの多い服を着ることが実用的です。建設現場のように不完全な状況では、安全性と実用性の確保が最も重要だからです。

金融業界の会社員やホテルの職員なら、お客様に良い印象と安心感を与えられるスーツを着ることが少しでも業務に役立つと思います。IT業界のように自由な思考が重要視される会社では、社員の自由な服装を制するところはほとんどありません。また、創造力と想像力に価値を置く芸術系の会社では、派手な服装や変わった身なりの社員もよく見かけます。これらの会社では、社員の服装を規制することが会社のためにならないと思うからです。

最近の若い人たちは、会社で不便なスーツを着ることに不満を持ったり、自由な服装を会社側に求めたりする場合もあるそうです。ⓑ服装の変化で得になり得る職種なら、直ちに受け入れられる経営の柔軟性も必要だと思います。しかし、社員のそのような要求が会社の損につながったり、効果が微々たるものになりそうな業種だったりする場合は、発言に慎重でなければなりません。会社の存在理由は、利潤の追求であることを心掛けるべきです。利潤追求とは異なる目的で作られた会社でなければ、会社側の服装規定に対してある程度は受け入れるべきです。

（中略）

ⓒ社則というのは、会社の利益と効率性のために作られました。服装に関する基準を持っているのもその基準の理由と目的があるはずです。数十年前に作られた社則をそのまま強要する会社や職業の特性を全く考慮していない服装規定を持っている会社は、持続的な発展可能性が欠如しているとも言えます。そのような会社に勤めているなら、会社と自分の将来について真剣に考える必要があるかもしれません。

1 職業による服装について、筆者はどう述べているか。

1 建設現場に携わる人は、安全な服装が最も重要だ。

2 職業の特性を考慮する服装には、規制が伴うこともある。

3 顧客に良いイメージを提供する服装は、会社の利益につながる。

4 服装を規制することは、会社の利益に全く役立たない。

2 筆者によると、社内での服装の変化とはどういうものか。

1 若者を中心に会社の問題点を批判する行動

2 会社の利益のために絶対に改善すべき問題点

3 服装規定への反発による一時的な現象

4 業種の特性と経営の柔軟性が必要な部分

3 この文章で筆者が言いたいことは何か。

1 社則の規定にはそれなりの理由がある。

2 社則を強要する会社は発展の見込みがない。

3 社内の古い服装規定に関する改善が必要だ。

4 会社の未来のための規則を作らなければならない。

다음 글을 읽고, 뒤의 질문에 대한 답으로 가장 알맞은 것을 1 · 2 · 3 · 4에서 하나 고르시오.

여전히 복장에 관한 규정이라는 것이 존재하는 회사가 많습니다. 한 여름에도 정장차림에 넥타이를 매고 땀을 흘리는 것이 샐러리맨의 정석이라고 말하고 싶은 것은 아닙니다. 하지만 @직업에 따라서 어느 정도는 복장에 대한 규제가 있다는 것을 강조하고 싶은 것입니다. 예를 들면, 건설 현장에서 정장을 입고 일하는 것은 몸을 움직이는 동작이 많은 작업의 특성상 매우 불편하고 위험합니다. 안전 헬멧이나 안전화 등의 보호구를 착용하고, 주머니가 많은 옷을 입는 것이 실용적입니다. 건설 현장처럼 불완전한 상황에서는 안전성과 실용성의 확보가 가장 중요하기 때문입니다.

금융업계의 회사원이나 호텔 직원이라면, 고객에게 좋은 인상과 안정감을 줄 수 있는 정장을 입는 것이 조금이라도 업무에 도움이 될 것 같습니다. IT 업계처럼 자유로운 사고가 중요시되는 회사에서는 사원들의 자유로운 복장을 제재하는 곳이 거의 없습니다. 또한 창의력과 상상력에 가치를 두는 예술 계열의 회사에서는 화려한 복장이나 특이한 옷차림의 사원도 자주 봅니다. 이러한 회사에서는 사원의 복장을 규제하는 것이 회사에 도움이 되지 않는다고 생각하기 때문입니다.

요즘 젊은 사람들은 회사에서 불편한 정장을 입는 것에 불만을 가지거나 자유로운 복장을 회사측에 요구하는 경우도 있다고 합니다. ⓑ복장의 변화로 이득을 얻을 수 있는 직종이라면, 즉각 받아들일 수 있는 경영의 유연성도 필요할 것 같습니다. 하지만 사원의 그런 요구가 회사의 손해로 이어지거나 효과가 미미할 것 같은 업종이거나 하는 경우에는 발언에 신중해야 합니다. 회사의 존재 이유는 이윤의 추구라는 것을 명심해야 합니다. 이윤 추구와는 다른 목적으로 만들어진 회사가 아니라면, 회사측의 복장 규정에 대해서 어느 정도는 받아들여야 합니다.

(중략)

ⓒ사칙이라는 것은 회사의 이익과 효율성을 위해서 만들어졌습니다. 복장에 관한 기준을 가지고 있는 것도 그 기준의 이유와 목적이 있을 것입니다. 수십 년 전에 만들어진 사칙을 그대로 강요하는 회사나 직업의 특성을 전혀 고려하지 않은 복장 규정을 가지고 있는 회사는 지속적인 발전 가능성이 결여되어 있다고도 말할 수 있습니다. 그런 회사를 다니고 있다면, 회사와 자신의 미래에 대해서 진지하게 생각할 필요가 있을지도 모릅니다.

1 직업에 따른 복장에 대해서 필자는 어떻게 말하고 있는가?

1　건설 현장에 종사하는 사람은 안전한 복장이 가장 중요하다.

2　직업의 특성을 고려하는 복장에는 규제가 따를 수도 있다.

3　고객에게 좋은 이미지를 제공하는 복장은 회사의 이익으로 이어진다.

4　복장을 규제하는 것은 회사의 이익에 전혀 도움이 되지 않는다.

2 필자에 의하면 사내에서의 복장 변화라는 것은 어떤 것인가?

1　젊은 사람들을 중심으로 회사의 문제점을 비판하는 행동

2　회사의 이익을 위해서 무조건 개선해야 할 문제점

3　복장 규정에 대한 반발로 인한 일시적인 현상

4　업종의 특성과 경영의 유연성이 필요한 부분

3 이 글에서 필자가 말하고 싶은 것은 무엇인가?

1　사칙의 존재에는 그 나름의 이유가 있다.

2　사칙을 강요하는 회사는 발전할 가망이 없다.

3　사내의 낡은 복장 규정에 관한 개선이 필요하다.

4　회사의 미래를 위한 규칙을 만들어야 한다.

[풀이]

1 ⓐ 직업에 따라서 복장에 대한 규제가 있다는 것을 강조하고 싶다고 말하고 있기 때문에, 정답은 선택지 2번이다.

2 ⓑ 복장 변화로 이득을 얻을 수 있는 직종이라면, 받아들이는 경영의 유연성이 필요하다고 말하고 있다. 따라서 정답은 선택지 4번이다.

3 ⓒ 사칙은 회사의 이익과 효율성을 위해서 만들어진 것이고, 복장에 대한 것도 그 이유와 목적이 있을 거라고 말하고 있다. 따라서 정답은 선택지 1번이다.

[단어]

依然として 여전히 | 服装 복장 | ～に関する ～에 관한 | 規定 규정 | 真夏 한여름 | 汗をかく 땀을 흘리다 | 定番 유행을 타지 않는 것 | 職業 직업 | ～によって ～에 따라서, ～에 의해서 | ～に対する ～에 대한 | 規制 규제 | 強調 강조 | 現場 현장 | 働く 일하다 | 動かす 움직이다 | 作業 작업 | 特性 특성 | 非常に 매우, 상당히 | 保護 보호 | 実用 실용 | 状況 상황 | 最も 가장 | 金融 금융 | 印象 인상 | 制する 억제하다, 지배하다 | 創造 창조 | 想像 상상 | 芸術系 예술계 | 派手 화려함 | 身なり 옷차림 | 求める 요구하다, 추구하다 | 得 득, 이득 | ～得る ～할 수 있다 | 直ちに 바로, 즉시 | 受け入れる 받아들이다 | 経営 경영 | 柔軟性 유연성 | 損 손, 손해 | 効果 효과 | 微々たる 미미한 | 慎重 신중 | 利潤 이윤 | 追求 추구 | 心掛ける 유의하다, 명심하다 | ～べきだ ～해야 한다 | 異なる 다르다 | 社則 사칙, 회사의 규칙 | 全く 전혀, 매우 | 考慮 고려 | 欠如 결여 | 勤める 근무하다 | 真剣 진검, 진지함 | 述べる 말하다, 기술하다 | 携わる 종사하다 | 伴う 동반하다, 따르다 | 提供 제공 | 批判 비판 | 改善 개선 | ～なりの ～나름의 | 見込み 예상, 전망, 가망

1	2	3
③	④	④

次の文章を読んで、後の問いに対する答えとして最もよいものを、1・2・3・4から一つ選びなさい。

今日は寝坊をしてしまったので、急いで地下鉄に乗るために駆け足で階段を降りた。その時、反対側から一人のおじいさんがゆっくりと杖をつきながら階段を上がってきた。しかし、よりによって、下る方向から上がってきていたのだ。素早く(注1)身を躱しておじいさんとぶつかることなく、無事に地下鉄に乗ることができた。(注2)安堵の胸をなでおろしたが、そのおじいさんのことを思い出したら①腹が立った。ⓐ混雑時に階段を利用する場合、下る方向と上る方向を間違えると、事故になりかねないのだ。

まもなく席に座ることができ、気分も落ち着いてきたら、周囲の人々が目に入り始めた。会社とメールを交わしている人、報告書のような書類を見ている人、資格試験のための本を見ている人など、私も彼らとあまり変わりはない。

その時、一人のおばあさんが地下鉄に乗ってきた。ゆっくりと乗るその姿は、出勤時間の忙しさとは全く違う感じがした。②おばあさんの前に座っている大学生とみられる人が、すぐ頭を下げて何かに没頭するふりをした。よく見られる光景だが、あまりいい光景ではない。もちろん、老弱の人だけが座れる場所ではないから、ⓑ当然なこととして譲る義務はないが、譲ってあげてほしいという気持ちになるのは私だけではないと思う。そのとき、地下鉄に乗った時の私の姿が浮かび上がってきた。

国は全ての人の安全のために規則を定め、国民はそれに従わなければならない。場合によっては、守らなくても処罰されない場合があるとしても。階段を駆け足で降りながら規則を守らなかった私と、進行方向を守らなかったおじいさん。両方とも誤りはあるが、何かもっと他のところに、過失の原因があるのではないだろうか。一日中、これが気にかかったが、明快な答えが得られなかった。家に帰ってじっくり考えてみたら、人の行動を、規則ですべて決めることはできないのではないかという気がした。ⓒ被害を最小化するために規則が存在する。ⓓ私の行動はそのおじいさんに大きな被害を与えたかもしれなかったが、おじいさんの行動は私に大きな被害を与えたわけではなかった。そして、自分の姿を反省する時間になった。

(注1) 身を躱す：ぶつからないように身を翻して避ける。

(注2) 安堵：気がかりなことが除かれ、安心すること。

☐1 筆者は、なぜ①腹が立ったと述べているか。

1 忙しい時間にゆっくり行動をしたため

2 おじいさんを避けるために怪我をしたため

3 おじいさんが秩序を守らなかったため

4 自分が危険な行動をしたため

☐2 筆者は、②おばあさんの前に座っている大学生をどう思っていたか。

1 自分の行動を振り返る時間になったと思っていた。

2 自分も同じ行動をしたことについて申し訳ないと思っていた。

3　よく見かける光景なので仕方ないことだと思っていた。

4　できれば、譲歩をしてほしいと思っていた。

3 規則について筆者が一番言いたいことは何か。

1　仕方なく守ることができない場合もある。

2　規則を守らないと、必ず処罰を受けなければいけない。

3　規則を守らないとしても他人に怒ることはない。

4　規則を守る場合も状況による配慮が必要である。

다음 글을 읽고, 뒤의 질문에 대한 답으로 가장 알맞은 것을 1·2·3·4에서 하나 고르시오.

　　오늘은 늦잠을 자 버려서 급하게 지하철을 타기 위해서 계단을 뛰어내려 가고 있었다. 그때 반대편에서 한 할아버지가 천천히 지팡이를 짚으면서 계단을 올라오고 있었다. 그러나 하필이면 내려가는 방향에서 올라오고 있었던 것이다. 재빠르게 (주1)몸을 돌려 할아버지와 부딪치지 않고 무사히 지하철을 탈 수가 있었다. (주2)안도의 한숨을 내쉬었지만 그 할아버지를 떠올리니 ①화가 났다. ⓐ혼잡할 때에 계단을 이용하는 경우, 내려가는 방향과 올라가는 방향을 잘못 알면 사고로 이어질 수도 있는 것이다.

　　얼마 지나지 않아서 자리에 앉을 수 있었고 기분도 안정되자 주위 사람들이 눈에 들어오기 시작했다. 회사와 메일을 주고받는 사람, 보고서 같은 서류를 보고 있는 사람, 자격시험을 위한 책을 보고 있는 사람 등 나도 그들과 별로 다를 것이 없다.

　　그때 한 할머니가 지하철을 탔다. 천천히 타고 있는 그 모습은 출근 시간의 분주함과는 전혀 다른 느낌이 들었다. ②할머니의 앞에 앉아 있는 대학생으로 보이는 사람이 이내 고개를 숙이고 무언가에 몰두하는 척을 했다. 자주 볼 수 있는 광경이지만 그다지 좋은 광경은 아니다. 물론 노약자만 앉을 수 있는 장소는 아니기 때문에 ⓑ당연하게 양보할 의무는 없지만, 양보를 해 주었으면 하는 기분이 드는 것은 나뿐만이 아닐 것이다. 그때, 지하철을 타던 때의 내 모습이 떠올랐다.

　　나라는 모든 사람의 안전을 위해서 규칙을 정하고 국민은 거기에 따라야 한다. 경우에 따라서는 지키지 않아도 처벌을 받지 않는 경우가 있다고 해도. 계단을 뛰어내려 가면서 규칙을 지키지 않았던 나와, 진행 방향을 지키지 않았던 할아버지. 양쪽 모두 잘못은 있지만 뭔가 더 다른 부분에 과실의 원인이 있는 것이 아닐까? 하루 종일 이것이 마음에 걸렸지만 명쾌한 답을 얻을 수 없었다. 집에 돌아와서 곰곰이 생각을 해 보니, 인간의 행동을 규칙으로 모두 정하는 것은 불가능하지 않을까 하는 생각이 들었다. ⓒ피해를 최소화하기 위해서 규칙이 존재한다. ⓓ나의 행동은 그 할아버지에게 큰 피해를 주었을 수도 있지만, 할아버지의 행동은 나에게 큰 피해를 준 것은 아니었다. 그리고 자신의 모습을 반성하는 시간이 되었다.

(주1) 몸을 돌리다 : 부딪치지 않도록 몸을 비켜서 피하다.

(주2) 안도 : 마음에 걸리는 것이 제거되어서 안심하는 것.

1 필자는 왜 ①화가 났다고 말하고 있는가?

1　바쁜 시간에 천천히 행동을 했기 때문에

2　할아버지를 피하기 위해서 다쳤기 때문에

3　할아버지가 질서를 지키지 않았기 때문에

4　자신이 위험한 행동을 했기 때문에

2 필자는 ②할머니의 앞에 앉아 있는 대학생을 어떻게 생각하고 있었는가?

1　자신의 행동을 돌아보는 시간이 되었다고 생각하고 있었다.

2　자신도 같은 행동을 한 것에 대해서 미안하게 생각하고 있었다.

3 자주 눈에 띄는 광경이기 때문에 어쩔 수 없는 일이라고 생각하고 있었다.

4 가능하다면 양보를 했으면 좋겠다고 생각하고 있었다.

3 규칙에 대해서 필자가 가장 말하고 싶은 것은 무엇인가?

1 어쩔 수 없이 지키지 못하는 경우도 있다.

2 규칙을 지키지 않으면 반드시 처벌을 받아야 한다.

3 규칙을 지키지 않는다고 해서 다른 사람에게 화를 낼 필요는 없다.

4 규칙을 지키는 경우에도 상황에 따른 배려가 필요하다.

[풀이]

1 ⓐ 혼잡한 시간에 지하철을 이용할 때 질서를 지키지 않은 할아버지 때문에 화가 난 것이다. 따라서 정답은 선택지 3번이다. 천천히 움직이는 할아버지의 행동 때문은 아니기 때문에 선택지 1번은 정답이 될 수 없다. 할아버지를 잘 피했고 다치지도 않았기 때문에 선택지 2번도 정답이 아니다. 자신의 모습이 아니라 할아버지의 모습 때문에 화가 난 것이라서 선택지 4번도 정답이 될 수는 없다.

2 ⓑ 할머니에게 자리를 양보할 의무는 없지만, 그래도 양보를 했으면 좋겠다는 본문의 내용에 가장 적절한 것은 선택지 4번이다. 선택지 1번은 대학생을 통해서 나중에 무언가를 느낀 것에 관련된 것이기 때문에 정답이 될 수는 없다. 선택지 2, 3번에 대한 언급은 없었기 때문에 모두 정답이 아니다.

3 ⓒ 필자가 규칙의 존재 이유에 대해서 말하고 있고, ⓓ 할아버지가 자신에게 준 피해와 자신이 할아버지에게 줄 뻔한 피해에 대해서 비교하고 있다. 이 내용을 잘 요약한 것은 선택지 4번이다. 나머지 선택지는 모두 본문과는 다르기 때문에 정답이 될 수 없다.

[단어]

駆け足 뛰어감, 구보 | 階段 계단 | 杖をつく 지팡이를 짚다 | よりによって 하필이면, 공교롭게도 | 素早い 재빠르다, 민첩하다 | 身を躱す 몸을 피하다, 비키다 | 安堵 안도 | 胸をなでおろす 가슴을 쓸어 내리다, 안심하다 | 腹が立つ 화가 나다 | 混雑 혼잡 | 間違える 실수하다, 잘못 알다 | ～かねない ～할지도 모른다, ～할 수도 있다 | 落ち着く 진정되다, 안정되다 | 交わす 주고받다 | 報告書 보고서 | 資格 자격 | 没頭 몰두 | ～ふりをする ～하는 척하다 | 譲る 양보하다 | 義務 의무 | 浮かび上がる 떠오르다 | 規則 규칙 | 定める 정하다 | 従う 따르다 | 守る 지키다 | 処罰 처벌 | 誤り 잘못, 실수 | 過失 과실 | 気にかかる 마음에 걸리다 | 気がする 기분(느낌)이 들다 | 与える 주다 | 反省 반성 | 避ける 피하다 | 怪我をする 다치다, 부상을 입다 | 秩序 질서 | 危険 위험 | 振り返る 돌아보다, 회고하다 | 譲歩 양보 | 配慮 배려

정보 검색 **실전 연습 ❶** p.348 해석과 문제 해설

1	2
④	④

みぎのページは、あるサッカースクールの入会案内である。下の問いに対する答えとして最も良いものを、1・2・3・4から一つ選びなさい。

1　小学4年生の山田君は、来月からサッカースクールに入会しようと思っている。小学6年生の兄が既にこのサッカースクールに通っているが、入会時に支払わなければならないものは何か。

1　入会費、20%引きの年会費、ユニフォームセット代、保険料、1ヶ月分の月会費

2　入会費、年会費、ユニフォームセット代、保険料、10%引きの2ヶ月分の月会費

3　10%引きの年会費、ユニフォームセット代、保険料、2ヶ月分の月会費

4　年会費、ユニフォームセット代、保険料、10%引きの1ヶ月の月会費

2　佐藤さんの娘が現在このサッカースクールに通っているが、6月の引っ越しでサッカースクールを辞めることになった。佐藤さんはどうしなければならないか。今日は3月19日である。

1　4月10日までに、休会届を作成してホームページに提出しなければならない。

2　4月20日までに、退会届を作成してホームページに提出しなければならない。

3　5月20日までに、休会届を作成して事務所に提出しなければならない。

4　5月10日までに、退会届を作成して事務所に提出しなければならない。

桜サッカースクール入会案内

【コース区分】

コース名	対象	曜日	時間	月会費
キッズクラス	5・6歳	水曜日	16:10から	6000円
ジュニア Aクラス	小1 / 小2	金曜日	16:10から	6500円
ジュニア Bクラス	小3 / 小4	水曜日.	17:20から	7000円
ジュニア Cクラス	小5 / 小6	金曜日	17:20から	7500円

※ キッズクラスは60分、ジュニアAクラスは75分、ジュニアBとCクラスは90分

※ 各コースの定員は15名で、定員超過の場合は抽選いたします。

【入会時の支払について】

入会費	5500円	年会費	9500円
ユニフォームセット代	32000円	保険料	800円 / 年

※ ⓐご入会の際に、入会金と年会費、ユニフォームセット代、保険料とともに1カ月分の月会費をお支払いください。翌月からは入会申込書と一緒に提出された口座からの引き落としになります。

※ ユニフォームセットの代には、ジャージ上下、ユニフォーム上下、靴下、レガースの費用が含まれます。

※ ⓑサクラサッカースクールに兄弟・姉妹が在籍している場合は、入会金は無料、月会費を1割引いたします。

【退会・休会・クラス変更手続きについて】

※ ⓒ退会・休会・クラス変更を希望されるお子様の保護者の方は、毎月変更締切日までに手続きを行ってください。(退会申請は前月の10日、休会及びクラス変更申請は前月の20日まで)

※ ⓓお子様の保護者の方は、決められた期日までに申込書をご記入の上、事務室までご提出ください。
(電話、またはホームページによる手続きは行っておりません。ご了承ください。)

郵便番号:123-4567　桜市桜町10-11

TEL:077-123-4567 (お問い合わせ時間:10時〜20時)

ホームページ:http://www.sakurasoccer.co.jp

오른쪽 페이지는 어떤 축구 스쿨의 입회 안내이다. 아래 질문에 대한 답으로 가장 알맞은 것을 1·2·3·4에서 하나 고르시오.

1　초등학교 4학년인 야마다 군은 다음 달부터 축구 스쿨에 입회를 하려고 한다. 초등학교 6학년인 형이 이미 이 축구 스쿨에 다니고 있는데, 입회 시에 지불해야 하는 것은 무엇인가?

1　입회비, 20% 할인된 연회비, 유니폼 세트 비용, 보험료, 1개월의 월회비

2　입회비, 연회비, 유니폼 세트 비용, 보험료, 10% 할인된 2개월의 월회비

3　10% 할인된 연회비, 유니폼 세트 비용, 보험료, 2개월의 월회비

4　연회비, 유니폼 세트 비용, 보험료, 10% 할인된 1개월의 월회비

2 사토 씨의 딸이 현재 이 축구 스쿨에 다니고 있지만, 6월의 이사로 축구 스쿨을 그만두게 되었다. 사토 씨는 어떻게 해야 하는가? 오늘은 3월 19일이다.

1 4월 10일까지 휴회 신청서를 작성해서 홈페이지에 제출해야 한다.

2 4월 20일까지 탈퇴 신청서를 작성해서 홈페이지에 제출해야 한다.

3 5월 20일까지 휴회 신청서를 작성해서 사무실에 제출해야 한다.

4 5월 10일까지 탈퇴 신청서를 작성해서 사무실에 제출해야 한다.

사쿠라 축구 스쿨 입회 안내

[코스 구분]

코스명	대상	요일	시간	월회비
키즈 클래스	5 · 6세	수요일	16:10부터	6000엔
주니어 A클래스	초1/초2	금요일	16:10부터	6500엔
주니어 B클래스	초3/초4	수요일	17:20 부터	7000엔
주니어 C클래스	초5/초6	금요일	17:20 부터	7500엔

※ 키즈 클래스는 60분, 주니어 A 클래스는 75분, 주니어 B와 C클래스는 90분

※ 각 코스의 정원은 15명이고, 정원 초과의 경우에는 추첨합니다.

[입회 시의 지불에 대해서]

입회비	5500엔	연회비	9500엔
유니폼 세트 비용	32000엔	보험료	800엔/년

※ ⓐ 입회하실 때에 입회비와 연회비, 유니폼 세트 비용, 보험료와 함께 1개월의 월회비를 지불해 주세요. 익월부터는 입회 신청서와 함께 제출하신 계좌에서 자동이체 됩니다.

※ 유니폼 세트 비용에는 저지 상하, 유니폼 상하, 양말, 정강이 보호대 비용이 포함됩니다.

※ ⓑ 사쿠라 축구 스쿨에 형제 · 자매가 다니고 있는 경우에는 입회비는 무료, 월회비를 10% 할인해 드립니다.

[탈퇴 · 휴회 · 클래스 변경 수속에 대해서]

※ ⓒ 탈퇴 · 휴회 · 클래스 변경을 희망하는 자녀의 보호자 분은 매월 변경 마감일까지 절차를 실행해 주세요.
(탈퇴 신청은 전월 10일, 휴회 및 클래스 변경 신청은 전월 20일까지)

※ ⓓ 자녀의 보호자 분은 정해진 기일까지 신청서를 작성하신 후에 사무실에 제출해 주세요.
(전화 또는 홈페이지에 의한 수속은 실시하고 있지 않습니다. 양해 부탁드립니다.)

우편번호: 123-4567 사쿠라시 사쿠라마치 10-11

TEL: 077-123-4567 (문의시간: 10시~20시)

홈페이지: http://www.sakurasoccer.co.jp

[풀이]

1 ⓐ 입회할 때에 입회비, 연회비, 유니폼 세트 비용, 보험료, 월회비 1회분을 지불해야 하는데, ⓑ 형이 같은 축구 스쿨에 다니고 있기 때문에 입회비는 무료이고, 월회비는 10% 할인한다고 말하고 있다. 따라서 정답은 선택지 4번이다.

2 ⓒ 보호자가 탈퇴 신청서를 전월 10일까지 작성하고, ⓓ 사무실에 제출하라고 말하고 있다. 따라서 정답은 선택지 4번이다.

[단어]

入会 입회 | 問い 질문, 물음 | ～に対する ～에 대한 | 最も 가장 | 既に 이미 | 通う 다니다 | 支払う 지불하다 | 年会費 연회비 | ～代 ～비용, ～값 | 保険料 보험료 | 引っ越し 이사 | 辞める 그만두다 | 休会 휴회 | 届 신청(서) | 作成 작성 | 提出 제출 | 退会 탈퇴 | 区分 구분 | 対象 대상 | 定員 정원 | 抽選 추첨 | 口座 계좌 | 引き落とし 이체, 송금 | 靴下 양말 | 費用 비용 | 含む 포함하다 | 割引 할인 | 変更 변경 | 手続き 수속, 절차 | 希望 희망 | 保護者 보호자 | 締切 마감 | 行う 행하다, 실시하다 | 及び 및 | 期日 기일 | 申込書 신청서 | 記入 기입

정보 검색 **실전 연습 ❷** p.350 해석과 문제 해설

1	2
①	③

右のページは、桜大学の留学生奨学金に関する案内である。下の問いに対する答えとして、最もよいものを、1・2・3・4から一つ選びなさい。

1 この大学の奨学金に応募できるのは、次のうちだれか。

1 タイから来たクーンさんは桜大学院2年生。体の具合が悪くなり、学費が払えなくなったため、生活補助金の奨学金を申請予定。

2 田中さんは母国語の日本語を専攻中の学部4年生。月5万円の奨学金を申請予定。

3 フランスから来たレオさんは経済学を専攻している大学院生。外国人留学生奨学金を申請予定。

4 中国から来た王さんは日本語教育を専攻中の学部3年生。4月に外国人留学生奨学金を申請予定。

2 この奨学金に関する説明として正しいものはどれか。

1 提出期間内に留学生支援センターのホームページから申し込みをしなければならない。

2 奨学金申込書と成績証明書だけを留学生支援センターに提出すればいい。

3 奨学金申し込みのためには、成績証明書が必ず必要である。

4 受給期間中に病気などの理由で学業成績が悪くなった場合でも奨学金は支給される。

桜大学 留学生奨学金 ご案内

　本学では、留学生支援制度を設置し、⑥留学生の生活支援・学習支援を行っています。また、経済的に困難な外国人留学生の経済的負担を軽減する為、奨学金制度を整えております。奨学金の詳細は以下の通りです。

桜大学 グローバル人材 奨学金	
申請条件	本学に在籍している外国人留学生(大学院生)で他の奨学金を受けていない人
奨学金	75,000円(月額)
支給期間	1年間
募集期間	4月中旬〜5月下旬

桜大学　外国人留学生　奨学金	
申請条件	本学に在籍している外国人留学生(ⓑ学部生)
奨学金	50,000円(月額)
支給期間	9ヶ月間
募集期間	ⓒ10月中旬〜10月下旬

桜大学　外国人留学生　生活補助金	
申請条件	ⓓ本学に在籍している外国人留学生(大学院生、学部生)のうち、経済上の理由により学費の負担が困難と認められる者
奨学金	30万円(一括)
支給期間	1回
募集期間	3月中旬〜3月下旬

▶ 応募方法

次の書類をⓔ学生課留学生支援センター(S棟3階①番窓口)へ提出し、受付名簿に必要事項を記入してください。※ 提出期限厳守

▶ ①提出書類

(1) 各奨学金申込書 (学生課留学生センター窓口で配布しています)
(2) 在留カードの両面のコピー (「留学」の在留資格及び期間が確認できるもの)
(3) 最近1年間の成績証明書
(4) 本学が定めている預金口座振込依頼書(通帳のコピーを含む)

※ 注意事項

1) 受給者の提出書類の記載事項に虚偽が発見された場合は、受給決定が取り消される。
2) 受給期間中に、受給決定の際に通知した事項を遵守しなかったり、学業成績が不良であったりする場合は、ⓖ途中で奨学金の支給を打ち切ることがある。

오른쪽 페이지는 사쿠라 대학 유학생 장학금에 관한 안내이다. 아래 질문에 대한 답으로 가장 알맞은 것을 1·2·3·4에서 하나 고르시오.

1 이 대학의 장학금에 응모할 수 있는 것은 다음 중 누구인가?

1 태국에서 온 쿤 씨는 사쿠라 대학원 2학년. 몸이 안 좋아져서 학비를 낼 수 없게 되었기 때문에 생활 보조금 장학금을 신청할 예정.

2 다나카 씨는 모국어인 일본어를 전공 중인 학부 4학년. 월 5만 엔의 장학금을 신청할 예정.

3 프랑스에서 온 레오 씨는 경제학을 전공하고 있는 대학원생. 외국인 유학생 장학금을 신청할 예정.

4 중국에서 온 왕 씨는 일본어 교육을 전공 중인 학부 3학년. 4월에 외국인 유학생 장학금을 신청할 예정.

2 이 장학금에 관한 설명으로 올바른 것은 어느 것인가?

1 제출 기간 내에 유학생 지원 센터 홈페이지에서 신청해야 한다.

2 장학금 신청서와 성적 증명서만을 유학생 지원 센터에 제출하면 된다.

3 장학금 신청을 위해서는 성적 증명서가 반드시 필요하다.

4 수급 기간 중에 병 등의 이유로 학업 성적이 나빠질 경우라도 장학금은 지급된다.

사쿠라 대학 유학생 장학금 안내

본교에서는 유학생 지원 제도를 설치하여 ⓐ유학생의 생활 지원·학습 지원을 실시하고 있습니다. 또한, 경제적으로 어려운 외국인 유학생의 경제적 부담을 경감하기 위해서 장학금 제도를 갖추고 있습니다. 장학금의 상세 내용은 다음과 같습니다.

사쿠라 대학 글로벌 인재 장학금	
신청 조건	본교에 재적하고 있는 외국인 유학생(대학원생)으로 다른 장학금을 받고 있지 않은 사람
장학금	75,000엔(월 금액)
지급 기간	1년간
모집 기간	4월 중순~5월 하순

사쿠라 대학 외국인 유학생 장학금	
신청 조건	본교에 재적하고 있는 외국인 유학생(ⓑ학부생)
장학금	50,000엔(월 금액)
지급 기간	9개월간
모집 기간	ⓒ10월 중순~10월 하순

사쿠라 대학 외국인 유학생 생활 보조금	
신청 조건	ⓓ본교에 재적하고 있는 외국인 유학생(대학원생, 학부생)중 경제상의 이유로 인해 학비 부담이 곤란하다고 인정되는 사람
장학금	30만 엔(일괄)
지급 기간	1회
모집 기간	3월 중순~3월 하순

▶ **응모 방법**

　다음의 서류를 ⓔ학생과 유학생 지원 센터(S동 3층 ①번 창구)에 제출하고, 접수 명부에 필요 사항을 기입하세요.

　※제출 기한 엄수

▶ ①제출 서류

　(1) 각 장학금 신청서(학생과 유학생 지원 센터 창구에서 배포하고 있습니다)

　(2) 체류 카드의 양면 사본('유학'의 체류 자격 및 기간을 확인할 수 있는 것)

　(3) 최근 1년간의 성적 증명서

　(4) 본교가 정하고 있는 예금 계좌 입금 의뢰서(통장 사본 포함)

※ 주의 사항

1) 수급자의 제출 서류 기재 사항에 허위가 발견된 경우는 수급 결정이 취소된다.

2) 수급 기간 중에 수급 결정 시에 통지한 사항을 준수하지 않거나 학업 성적이 불량하거나 하는 경우에는 ⑨도중에 장학금 지급을 중단하는 경우가 있다.

[풀이]

1　ⓐ 유학생을 위한 장학금이기 때문에 선택지 2번의 모국어인 일본어를 전공하는 일본인은 응모할 수 없다. ⓑ 외국인 유학생 장학금은 학부생만 신청할 수 있다. 선택지 3번의 레오 씨는 대학원생이기 때문에 응모할 수 없다. ⓒ 외국인 유학생 장학금의 모집 기간은 10월이라서 선택지 4번은 정답이 될 수 없다. ⓓ 선택지 1번의 쿤 씨는 조건에 어긋난 것이 없다. 따라서 정답은 선택지 1번이다.

2 ⓔ 홈페이지에서 신청하는 것이 아니기 때문에 선택지 1번은 정답이 될 수 없다. ① 제출 서류는 재류 카드와 입금 의뢰서도 필요하기 때문에 선택지 2번도 정답이 아니다. 성적 증명서는 제출 서류에 포함되어 있기 때문에 정답은 선택지 3번이다. ⓖ 성적이 좋지 않은 경우에 장학금이 중단되는 경우가 있다는 내용으로 보아 선택지 4번은 정답이 아니라는 것을 알 수 있다.

[단어]

奨学金 장학금 | ～に関する ～에 관한 | ～に対する ～에 대한 | ～として ～로서 | 応募 응모 | 体の具合が悪い 몸의 상태가 나쁘다 | 補助金 보조금 | 専攻 전공 | 経済学 경제학 | 教育 교육 | 提出期間 제출 기간 | 申し込み 신청 | 申込書 신청서 | 成績証明書 성적 증명서 | 受給 수급 | 支援制度 지원 제도 | 設置 설치 | 学習 학습 | 行う 행하다, 실시하다 | 困難 곤란 | 軽減 경감 | ～為 ～하기 위해 | 整える 정돈하다, 조정하다 | 詳細 상세 | 申請条件 신청 조건 | 募集 모집 | ～により ～에 의해, ～에 따라 | 認める 인정하다 | 厳守 엄수 | 配布 배포 | 在留資格 체류 자격 | 確認 확인 | 定める 정하다 | 口座 계좌 | 振込 입금 | 依頼書 의뢰서 | 通帳 통장 | 含む 포함하다 | 虚偽 허위 | 取り消す 취소하다 | 遵守 준수 | 打ち切る 중지하다, 중단하다

정보 검색 **실전 연습 ❸** p.352 해석과 문제 해설

1	2
②	③

右のページは、ある大学のボランティア募集に関する文章である。下の問いに対する答えとして、最もよいものを、1・2・3・4から一つ選びなさい。

1 桜大学の大学院に在学中のモモさんは、子供たちの宿題のサポートのボランティアをすることになった。モモさんが注意しなければならない点は何か。
1 持ち物を持参して毎週水曜日ごとに必ず決められた場所に行かなければならない。
2 事前教育を通じて指定された食堂まで個人で移動しなければならない。
3 幼児教育科を専攻していない人は、子供たちの宿題サポートができない。
4 ボランティア中の写真撮影が嫌なら、あらかじめスタッフに知らせなければならない。

2 桜大学で子供心理学を専攻している学部生のマリアさんは、このボランティア募集に申し込もうと思っている。他の団体で子供のためのボランティア経験もあるマリアさんは、何をしなければならないか。
1 大学のホームページから申請書をダウンロードし、学生支援センターに書類を提出しなければならない。
2 エプロンと調理用マスクなどを準備し、事前教育を受けなければならない。
3 大学のホームページの申請フォームに合わせて申請し、数日後の結果を待たなければならない。
4 大学のホームページから申請書をダウンロードし、申込締切日までにメールで応募しなければならない。

桜大学ボランティア募集

　子供たちが安心して過ごせるこども食堂でボランティアを募集します。子供が好きで、子供の福祉に興味がある方のご参加をお待ちしています。

【ボランティアの内容】

内容	宿題のサポート	食事の手伝い	子供の世話
	学校の宿題を手伝う ３０分程度	夕食の準備 ３０分～１時間	簡単遊びなど ３０分～４０分
活動日程	毎週水曜日　15：30～18：30		
活動場所	桜市内十カ所のこども食堂（学習や遊び場あり）		
募集対象	子供に関することが好きだったり、幼児教育科専攻の方 子供の諸問題に関心があったり、助けたい方 子供関連のボランティア経験のある方 初心者でも参加可能(ⓐ事前教育実施 － 場所指定)		
募集人数	２０名		
参加費	なし		

※ 子供食堂の位置詳細は、ホームページで確認できます。
※ 食事サポートへの参加をご希望の方は、エプロン、調理用マスクをご用意ください。
※ ボランティア参加者やスタッフにも食事を提供しています。ご自由にお召し上がりください。

【申し込み方法】
① 申請資格：桜大学の学部生及び大学院生
② ⓑ大学ホームページの申し込みフォームから様式に合わせて申込書を作成してください。
③ 電話やメールなどでの申し込みは受け付けておりません。必ずホームページからお申し込みください。

【申し込み締切】
ⓒ９月１３日１２時（結果通知は三日後、入力いただいたメールに送信させていただきます。）

【注意事項】
・一回限りのお申し込みも可能ですが、子供への定期的なボランティアのために１ヶ月に１回以上活動可能な方のお申し込みをお待ちしております。
・ⓓ交通費のお支払いは特に行っておりませんので、ご了承ください。事前に指定された食堂にお越しください。
・ⓔボランティアを始める前に必ず事前教育を受けなければなりません。（他所の経験がある方も参加必須です）
・広報のために活動風景の写真を撮ります。あらかじめご了承ください。

▶ お問い合わせ先：桜大学 学生支援センター　２階 ボランティアセンター
▶ ホームページ：sakura.jp/volunteer/news

오른쪽 페이지는 어떤 대학의 자원봉사자 모집에 관한 글이다. 아래 질문에 대한 답으로 가장 알맞은 것을 1·2·3·4에서 하나 고르시오.

1 사쿠라 대학의 대학원에 재학중인 모모 씨는 아이들의 숙제 서포트 자원봉사를 하게 되었다. 모모 씨가 주의해야 할 점은 무엇인가?

1 준비물을 지참해서 매주 수요일마다 반드시 정해진 장소로 가야 한다.

2 사전 교육을 통해서 지정된 식당까지 개인이 이동해야 한다.

3 유아교육과를 전공하지 않은 사람은 아이들의 숙제 서포트를 할 수 없다.

4 자원봉사 중인 사진 촬영이 싫다면, 미리 스텝에게 알려야 한다.

2 사쿠라 대학에서 어린이 심리학을 전공하고 있는 학부생 마리아 씨는 이 자원봉사자 모집에 신청하려고 하고 있다. 다른 단체에서 어린이를 위한 자원봉사의 경험도 있는 마리아 씨는 어떻게 해야 하나?

1 대학 홈페이지에서 신청서를 다운로드 하고, 학생 지원 센터에 서류를 제출해야 한다.

2 앞치마와 조리용 마스크 등을 준비하고, 사전 교육을 받지 않으면 안 된다.

3 대학 홈페이지의 신청 폼에 맞춰서 신청하고, 며칠 후의 결과를 기다려야 한다.

4 대학교 홈페이지에서 신청서를 다운로드하고, 신청 마감일까지 메일로 응모해야 한다.

사쿠라 대학 자원봉사자 모집

아이들이 안심하고 지낼 수 있는 어린이 식당에서 자원봉사자를 모집합니다. 아이를 좋아하고, 아이의 복지에 관심이 있으신 분의 참여를 기다리고 있습니다.

【 자원봉사 내용 】

내용	숙제 서포트	식사 돕기	아이 돌보기
	학교 숙제 돕기 30분 정도	저녁 준비 30분~1시간	간단한 놀이 등 30분~40분
활동 일정	매주 수요일 15:30 ~ 18:30		
활동 장소	사쿠라 시내 10곳의 어린이 식당 (학습이나 놀이 장소 있음)		
모집 대상	아이에 관한 것을 좋아하거나, 유아교육과 전공이신 분 아이의 여러 문제에 관심이 있거나 돕고 싶은 분 아이와 관련된 자원봉사의 경험이 있으신 분 초심자도 참가 가능 (ⓐ사전 교육 실시 – 장소 지정)		
모집 인원	20명		
참가비	없음		

※ 어린이 식당의 자세한 위치는 홈페이지에서 확인할 수 있습니다.
※ 식사 돕기에 참가 희망하시는 분은 앞치마, 조리용 마스크를 준비해 주세요.
※ 자원봉사 참가자나 스텝에게도 식사를 제공하고 있습니다. 자유롭게 드시길 바랍니다.

【 신청 방법 】
① 신청 자격: 사쿠라 대학 학부생 및 대학원생
② ⓑ대학 홈페이지의 신청 폼에서 양식에 맞게 신청서를 작성해 주세요.
③ 전화나 메일 등의 신청은 받지 않습니다. 반드시 홈페이지에서 신청하세요.

【 신청마감 】
ⓒ9월 13일 12시(결과 통지는 3일 후, 입력하신 메일로 보내드리겠습니다.)

▶ **주의 사항**

· 1회성의 신청도 가능하지만, 아이들에 대한 정기적인 자원봉사를 위해서 1개월에 1회 이상 활동 가능하신 분의 신청을 기다리고 있겠습니다.

· ⓓ교통비의 지급은 따로 하지 않고 있으니, 양해 부탁드립니다. 사전에 지정된 식당으로 가 주세요.

· ⓔ자원봉사를 시작하기 전에 반드시 사전 교육을 받아야 합니다. (다른 곳의 경험이 있는 분도 참가 필수입니다.)

· 홍보를 위해서 활동풍경 사진을 찍습니다. 미리 양해 부탁드립니다.

▶ **문의처** : 사쿠라 대학 학생 지원 센터 2층 자원봉사 센터

▶ **홈페이지** : sakura.jp/volunteer/news

[풀이]

1　ⓓ 교통비 지급은 없고 사전에 지정된 식당으로 가야 한다고 하고, ⓔ 자원봉사 시작하기 전에 반드시 사전 교육을 받아야 하고, ⓐ 사전 교육을 할 때 장소를 지정해 준다고 말하고 있다. 따라서 정답은 선택지 2번이다. 자원봉사 전에 반드시 사전 교육이 필요하다고 말하고 있기 때문에, 선택지 1번은 정답이 될 수 없다. 유아교육과 전공자만 숙제 서포트를 할 수 있다는 언급이 없기 때문에, 선택지 3번도 정답이 아니다. 자원봉사 사진 촬영에 미리 양해를 바란다고 말하고 있다. 사진 촬영이 싫어도 미리 스텝에게 말할 수 없기 때문에 선택지 4번도 정답이 될 수 없다.

2　ⓑ 대학 홈페이지 신청 폼에서 양식에 맞춰 신청서를 작성하고, ⓒ 신청 마감 3일 후에 메일로 결과를 통지한다고 말하고 있다. 따라서 정답은 선택지 3번이다. 식사 돕기에 참가하는 자원봉사자만 조리용 마스크를 준비하라고 말하고 있기 때문에, 선택지 2번은 정답이 될 수 없다.

[단어]

募集 모집 | ～に関する ～에 관한 | 文章 문장, 글 | 在学 재학 | 宿題 숙제 | 注意 주의 | 持参 지참 | 事前 사전 | 教育 교육 | ～を通じて ～를 통해서 | 指定 지정 | 食堂 식당 | 個人 개인 | 移動 이동 | 幼児 유아 | 教育 교육 | 専攻 전공 | 撮影 촬영 | あらかじめ 미리 | 申し込む 신청하다 | 団体 단체 | 申請書 신청서 | 支援 지원 | 提出 제출 | 調理用 조리용 | 過ごす 보내다, 지내다 | 福祉 복지 | 興味 흥미, 관심 | 手伝う 돕다, 거들다 | 世話 돌봄, 신세 | 活動 활동 | 日程 일정 | 諸 여러 | 助ける 돕다, 구조하다 | 初心者 초심자 | 参加 참가 | 実施 실시 | 詳細 상세, 자세 | 希望 희망 | 用意 용의, 준비 | 提供 제공 | 召し上がる 드시다 | 資格 자격 | 及び 및 | 様式 양식 | 受け付ける 접수하다 | 締切 마감 | 通知 통지 | 送信 송신 | 事項 사항 | 定期的 정기적 | 交通費 교통비 | 支払い 지불, 지급 | 行う 행하다, 실시하다 | 了承 양해 | 他所 다른 곳 | 必須 필수 | 広報 홍보 | 問い合わせ 문의, 조회

청해 유형 **확인 문제** p.372 **스크립트와 문제 해설**

1

男の学生と女の学生が話しています。女の学生は、これからまず何をしますか。

M 来月の研究課題の発表だけど、みんなで集まって相談しない？ そろそろ準備しないと間に合わないと思うけど。

F ああ、その方がいいかもね。メンバー全員が集まらないと、意見の調整も難しいもんね。私がみんなに連絡しようと思うけど、場所はどうしようか？

M 使える教室を調べないといけないから、先生に聞いてみようか。

F そうだね。じゃあ、ⓐ私が聞いてくる。資料は図書館の本だけでいいかな？

M まあ、ⓑ先生も図書館の本を参考資料として使うようにっておっしゃってってたから、いいんじゃない。資料がそろったら、コピーしておくね。みんなが集まったら、すぐリハーサルに入っちゃおう。

F わかった。ⓒじゃあ日程も考えといて。ⓓ場所が決まり次第、連絡するね。

女の学生は、これからまず何をしますか。

1 みんなに連絡する

2 先生のところに行く

3 図書館で資料を探す

4 日程を決定する

여학생과 남학생이 이야기하고 있습니다. 여학생은 이제부터 우선 무엇을 합니까?

M 다음 달 연구 과제 발표 말인데, 다 같이 모여서 의논하지 않을래? 슬슬 준비하지 않으면 늦을 것 같은데.

F 아, 그게 더 좋을지도 모르겠네. 멤버 전원이 모이지 않으면 의견 조정도 어려우니까. 내가 모두에게 연락하려고 하는데, 장소는 어떻게 할까?

M 사용할 수 있는 교실을 알아봐야 하니까 선생님에게 물어볼까?

F 그러네. 그럼, ⓐ내가 물어보고 올게. 자료는 도서관 책만으로 괜찮을까?

M 뭐, ⓑ선생님도 도서관 책을 참고 자료로 사용하라고 말씀하셨으니, 괜찮지 않을까? 자료가 갖추어지면 복사해 둘게. 모두 모이면 바로 리허설로 들어가자.

F 알겠어. ⓒ그럼 일정도 생각해 둬. ⓓ장소가 정해지는 대로 연락할게.

여학생은 이제부터 우선 무엇을 합니까?

1 모두에게 연락한다

2 선생님에게 간다

3 도서관에서 자료를 찾는다

4 일정을 결정한다

[풀이]
ⓐ 여자는 사용할 수 있는 교실에 대해서 선생님에게 물어보고 오겠다고 말하고 있다. 따라서 정답은 선택지 2번이다. ⓑ 자료는 충분할 것 같다고 말하고 있기 때문에 선택지 3번은 정답이 아니다. ⓒ 일정은 남자가 생각해야 하는 것이기 때문에 선택지 4번은 정답이 아니다. ⓓ 장소가 정해지고 나서야 연락을 할 수 있기 때문에 선택지 1번도 정답이 아니다.

[단어]

研究<small>けんきゅう</small> 연구 | 課題<small>かだい</small> 과제 | 発表<small>はっぴょう</small> 발표 | 集<small>あつ</small>まる 모이다 | 準備<small>じゅんび</small> 준비 | 間<small>ま</small>に合<small>あ</small>う 시간에 맞추다. 충분하다 | 調整<small>ちょうせい</small> 조정 | 資料<small>しりょう</small> 자료 |

参考<small>さんこう</small> 참고 | ～として ～로서 | 日程<small>にってい</small> 일정 | ～次第<small>しだい</small> ～하는 대로

2

会社<small>かいしゃ</small>で男<small>おとこ</small>の人<small>ひと</small>と女<small>おんな</small>の人<small>ひと</small>が話<small>はな</small>しています。女<small>おんな</small>の人<small>ひと</small>がボクシングを始<small>はじ</small>めて一番良<small>いちばんよ</small>かったことは何<small>なん</small>ですか。

M 先輩<small>せんぱい</small>、最近<small>さいきん</small>ボクシングを始<small>はじ</small>めたそうですね。男<small>おとこ</small>でもハードなスポーツなのに、すごいですね。

F うん、週<small>しゅう</small>に3日<small>みっか</small>はジムに通<small>かよ</small>ってるのよ。まだ慣<small>な</small>れなくて、朝起<small>あさお</small>きるのも大変<small>たいへん</small>なんだけどね。

M そうですか。体<small>からだ</small>をたくさん動<small>うご</small>かしますもんね。

F うん。でも、ⓐ体重<small>たいじゅう</small>も減<small>へ</small>らせるし、面白<small>おもしろ</small>いわよ。ⓑ自分<small>じぶん</small>の身<small>み</small>を守<small>まも</small>るのにも役立<small>やくだ</small>つしね。

M ああ、そうですね。最近<small>さいきん</small>、世<small>よ</small>の中<small>なか</small>も物騒<small>ぶっそう</small>ですし、うちは残業<small>ざんぎょう</small>も多<small>おお</small>いですからね。

F うん、夜遅<small>よるおそ</small>くなるときは本当<small>ほんとう</small>に怖<small>こわ</small>いのよ。人通<small>ひとどお</small>りが少<small>すく</small>ないところもあるしね。

M そうですよね。

F まあ、運動<small>うんどう</small>してるおかげで、ⓒ最近<small>さいきん</small>はよく眠<small>ねむ</small>れるし、疲<small>つか</small>れにくくなったみたい。

M へえ、よかったですね。

F でも、ⓓ何<small>なん</small>と言<small>い</small>っても、汗<small>あせ</small>をかいた後<small>あと</small>の爽<small>さわ</small>やかさが何<small>なん</small>とも言<small>い</small>えないのよ。

女<small>おんな</small>の人<small>ひと</small>がボクシングを始<small>はじ</small>めて一番良<small>いちばんよ</small>かったことは何<small>なん</small>ですか。

1 ダイエットができること
2 自分<small>じぶん</small>の身<small>み</small>をまもれること
3 よく眠<small>ねむ</small>れて疲<small>つか</small>れないこと
4 汗<small>あせ</small>がでて気持<small>きも</small>ちいいこと

회사에서 남자와 여자가 이야기하고 있습니다. 여자가 복싱을 시작하고 가장 좋았던 것은 무엇입니까?

M 선배, 요새 복싱을 시작했다고 하던데요? 남자라도 힘든 운동인데, 굉장하네요.

F 응, 매주 3일은 체육관에 다니고 있어. 아직 익숙하지 않아서 아침에 일어나는 것도 힘들지만.

M 그래요? 몸을 많이 움직이니까요.

F 응, 하지만 ⓐ체중도 줄일 수 있고 재미있어. ⓑ자신의 몸을 지키는 데도 도움이 되고.

M 아, 그러네요. 요즘은 세상도 흉흉하고 우리 회사는 잔업도 많으니까요.

F 응, 밤늦게 집에 갈 때는 정말 무서워. 사람이 별로 없는 곳도 있고.

M 그렇죠.

F 뭐, 운동을 하고 있는 덕분에 ⓒ요즘은 잠도 잘 자고 쉽게 피로해지지 않는 것 같아.

M 와, 잘됐네요.

F 하지만 ⓓ뭐니 뭐니 해도 땀을 흘리고 난 후의 상쾌함이 뭐라고 말할 수 없을 정도로 좋아.

여자가 복싱을 시작하고 가장 좋았던 것은 무엇입니까?

1 다이어트를 할 수 있다는 것
2 자신의 몸을 지킬 수 있다는 것
3 잠을 잘 자서 피곤하지 않은 것
4 땀이 나서 기분이 좋은 것

[풀이]

ⓐ 다이어트도 가능하고 ⓑ 자신의 몸을 지킬 수 있고 ⓒ 잠을 잘 자서 피로해지지 않는다는 내용도 있고 ⓓ 땀을 흘린 후의 상쾌한 기분에 대해서도 나오고 있다. 그중에서 강조 표현인 「何と言っても(뭐니 뭐니 해도)」가 나온 선택지 4번이 정답이다. 가장 큰 이유를 물어보는 문제는 4가지 선택지에 관한 내용이 모두 나오는 경우가 많기 때문에 주의가 필요하다. 그중에서 강조를 하고 있는 표현을 고르면 의외로 쉽게 문제를 풀 수 있다.

[단어]

通う 다니다 | 慣れる 익숙해지다 | 動かす 움직이(게 하)다 | 守る 지키다 | 役立つ 도움이 되다 | 世の中 세상 | 物騒だ 뒤숭숭하다, 흉흉하다 | 残業 잔업(야근) | 人通り 사람의 왕래 | 汗をかく 땀을 흘리다 | 爽やかさ 상쾌함

3

男の人と女の人が引っ越し先の話をしています。

F どう、引っ越し先の町は？

M とってもいいよ。空気もきれいだし、ⓐうるさくないし。

F そう、よかったわね。前住んでたとこは、夜も結構うるさかったでしょ？

M うん。今度の所はⓑ近くにデパートとか大きいスーパーとかはないんだよ。

F じゃ、ちょっと不便ね。

M ⓒううん、近くの商店街でたいていの物は揃うから。それに家賃も安いんだよ。

F へぇ、そうなの。

M それに、ⓓ町の人たちも優しいしね。最近、お祭りにも町の人たちと一緒に参加させてもらったし、すごく楽しかったよ。

남자와 여자가 이사 간 곳의 이야기를 하고 있습니다.

F 어때? 이사 간 동네는?

M 아주 좋아. 공기도 맑고 ⓐ시끄럽지 않고.

F 그래? 잘됐네. 지난번에 살던 곳은 밤에도 꽤 시끄러웠지?

M 응. 이번에 간 곳은 ⓑ근처에 백화점이나 큰 슈퍼 같은 건 없어.

F 그럼, 조금 불편하겠네.

M ⓒ아니, 근처 상점가에서 대부분의 물건은 갖춰져 있어서, 게다가 집값도 싸.

F 아, 그래?

M 게다가 ⓓ마을 사람들도 상냥해. 최근에 축제에도 마을 사람들과 함께 참가해서 굉장히 즐거웠어.

男の人は、引っ越した町についてどう思っていますか。

1 うるさい割りにはきれいな所だ
2 家賃は安いけれど、不便な所だ
3 大きなスーパーもあって便利な所だ
4 町の人たちと親しくなれるところだ

남자는 이사 간 동네에 대해서 어떻게 생각하고 있습니까?

1 시끄러운 데 비해서는 깨끗한 곳이다
2 방세는 싸지만 불편한 곳이다
3 큰 슈퍼도 있고 편리한 곳이다
4 마을 사람들과 친해질 수 있는 곳이다

[풀이]

ⓐ 남자가 새로 이사 간 곳은 시끄럽지 않은 곳이라고 말하고 있기 때문에 선택지 1번은 정답이 아니다. ⓑ 큰 슈퍼는 없다는 내용에서 선택지 3번도 정답이 될 수 없다. ⓒ 상점가에서 물건을 사면 되기 때문에 불편하지 않다고 말하고 있다. 따라서 선택지 2번도 정답이 아니다. ⓓ 마을 사람들이 상냥하고 함께 축제에도 참가할 수 있었다는 남자의 말에서 정답은 선택지 4번이라는 것을 알 수 있다.

[단어]

引っ越し先 이사 간 곳 | 結構 상당히 | 不便 불편 | 商店街 상점가 | 揃う 갖춰지다, 모이다 | 家賃 집값(집세) | 優しい 상냥하다 | お祭り 축제 | 参加 참가 | ～割りに ～에 비해

4

F こんな所で何をしているの？	F 이런 곳에서 뭐 하고 있어?
M 1 ちょっと時間をつぶしているんだ。	M 1 잠깐 시간 때우고 있어.
2 こんなところとは思わなかった。	2 이런 곳인 줄 몰랐어.
3 するなら、最後まで頑張ろう。	3 한다면 마지막까지 열심히 해야지.

[풀이]

여자의 질문에 시간을 때우고 있다고 말하는 선택지 1번이 정답이다.

[단어]

時間をつぶす 시간을 허비하다, 보내다 | 頑張る 참고 노력하다, 힘내다

5

テレビで子どものおもちゃを紹介しています。	TV에서 아이 장난감을 소개하고 있습니다.
F1 今日は「子どもの日」なので、子どものおもちゃをご紹介したいと思います。いちばん人気のある4種類の製品を準備いたしました。一番目は「木で作ったブロック」です。木は人に優しい素材なので、お子さんの健康に気を使っておられるご両親なら、きっとご満足いただけるでしょう。次に、子どもに大人気の「合体ロボット」です。最高の人気を誇っているだけあって、お早めに注文なさらないと、売り切れてしまうかもしれません。三つ目は、「童謡集のCD」です。歌が好きなお子さんにはぴったりだと思います。また、子どもたちの情緒面でも役立っているとの評判です。そして最後に四つ目は、「キャラクター文房具」です。子どもたちの間で人気の高いキャラクターですので、きっと喜ばれると思います。	F1 오늘은 '어린이날'이라서 아이들의 장난감을 소개해 드리려고 합니다. 가장 인기 있는 네 가지 제품을 준비했습니다. 첫 번째는 '나무로 만든 블록'입니다. 나무는 사람에게 해롭지 않은 소재이기 때문에 아이들의 건강에 신경을 쓰고 계시는 부모님이라면 분명 만족하실 겁니다. 다음으로, 아이들에게 큰 인기를 받고 있는 '합체 로봇'입니다. 최고의 인기를 자랑하고 있는 만큼 빨리 주문하시지 않으면 매진이 될지도 모르겠네요. 세 번째는 '동요집 CD'입니다. 노래를 좋아하는 아이들에게 딱 맞을 것 같습니다. 또한, 아이들의 정서 면에도 도움이 되고 있다는 평판입니다. 그리고 마지막으로 네 번째는 '캐릭터 문구'입니다. 아이들 사이에서는 인기가 높은 캐릭터이기 때문에 분명 좋아할 것입니다.
M もう「こどもの日」か。今回は何を買ってあげようかな。	M 벌써 '어린이날'인가. 이번에는 뭘 사 줄까?
F2 去年買ったロボットは、もう壊れて捨てないといけないから、今度は他の物にしたほうがいいんじゃない？	F2 작년에 샀던 로봇은 이미 부서져서 버려야 하니까 이번엔 다른 걸로 하는 게 좋지 않을까?

M ⓐこの鉛筆セットはどうかな。次郎、前から欲しいって言ってたよね、このキャラクター。もしかして、勉強に興味を持つかもしれないし。ⓑ俺はこれにしたいなあ。歌には興味ないみたいだから。

F2 そう？ ⓒ私はこの製品が気に入ってるけど。次郎は、まだ小さいから物を口に入れることがよくあるし。飲み込んだりはしてないけど、やっぱり、ⓓ素材が心配になるのよね。

M そうだね。じゃあ、今度は二人が一つずつプレゼントをあげるっていうのは、どう？ 二つのうち一つは気に入ってもらえるだろうから。

F2 うん、そうかもね。

M ⓐ어 연필 세트는 어떨까? 지로, 전부터 갖고 싶다고 말했지, 이 캐릭터. 혹시 공부에 관심을 가질지도 모르고. ⓑ난 이걸로 하고 싶어. 노래에는 관심 없는 것 같으니.

F2 그래? ⓒ난 이 제품이 마음에 드는데. 지로는 아직 어려서 물건을 입에 넣는 일이 자주 있어. 삼키거나 하지는 않지만, 역시 ⓓ소재가 걱정되네.

M 그렇군. 그럼, 이번에는 두 사람이 하나씩 선물을 주는 것은 어떨까? 두 개 중에 하나는 마음에 들어할 테니까.

F 응, 그렇겠네.

質問1）男の人はどのプレゼントを選びましたか。

1 木で作ったブロック
2 合体ロボット
3 童謡集のCD
4 キャラクター文房具

질문1) 남자는 어떤 선물을 골랐습니까?

1 나무로 만든 블록
2 합체 로봇
3 동요집 CD
4 캐릭터 문구

質問2）女の人はどのプレゼントを選びましたか。

1 木で作ったブロック
2 合体ロボット
3 童謡集のCD
4 キャラクター文房具

질문2) 여자는 어떤 선물을 골랐습니까?

1 나무로 만든 블록
2 합체 로봇
3 동요집 CD
4 캐릭터 문구

[풀이]

ⓐ와 ⓑ에서 남자는 연필 세트를 사 준다는 말을 하고 있다. 따라서 질문1에 대한 정답은 선택지 4번이다. ⓒ와 ⓓ에서 여자가 언급하고 있는 소재에 관해서 TV에서 언급하고 있는 것은 나무로 만든 블록밖에 없다. 따라서 질문2의 정답은 선택지 1번이다.

[단어]

紹介 소개 | 種類 종류 | 製品 제품 | 素材 소재 | 健康 건강 | 気を使う 신경 쓰다 | 満足 만족 | 合体 합체 | 誇る 자랑하다 | 売り切れ 품절, 매진 | 童謡集 동요집 | 情緒 정서 | 役に立つ 도움이 되다 | 評判 평판 | 文房具 문방구 | 興味 흥미 | 気に入る 마음에 들다 | 心配になる 걱정되다

유형별 실전 문제

과제 이해 **실전 연습 ❶** p.376 스크립트와 문제 해설

1番

会社で男の人と女の人が話しています。男の人は、これからまず何をしなければなりませんか。	회사에서 남자와 여자가 이야기하고 있습니다. 남자는 이제부터 먼저 무엇을 해야 합니까?

F 山崎さん、ⓐ来週の新製品発表会に使うアンケートをまとめた資料、持っていますか。

M あ、ⓑ企画部の相沢さんに連絡してみます。

F 企画部ですね。それじゃ、お願いします。それから、今回の発表会は副社長に挨拶をお願いしてありますが、秘書課から連絡はありましたか。

M あのう、今日中に連絡をくれると聞いて、待っているところです。

F 全体的な発表会の時間を考えたら、早く返事を聞かなければならないようですね。取引先に招待状も送らなければなりませんから。

M 今すぐ確認してみます。

F あ、そちらには他の用事もあるので私が行ってみます。ⓒじゃ、アンケート資料の方を確認してくださいね。

M ⓓはい、分かりました。

F 야마자키 씨, ⓐ다음주 신제품 발표회에 사용할 앙케트를 정리한 자료, 가지고 있어요?

M 아, ⓑ기획부의 아이자와 씨에게 연락해 보겠습니다.

F 기획부군요. 그럼 부탁할게요. 그리고 이번 발표회는 부사장님에게 인사말을 부탁드렸는데, 비서과에서 연락이 있었나요?

M 저기, 오늘 중으로 연락을 준다고 해서 기다리고 있는 중입니다.

F 전체적인 발표회의 시간을 생각한다면, 빨리 대답을 들어야 할 것 같네요. 거래처에 초대장도 보내야 하니까요.

M 지금 바로 확인해 보겠습니다.

F 아, 그쪽에는 다른 용무도 있어서 제가 가 볼게요. ⓒ그럼 앙케트 자료 쪽을 확인해 주세요.

M ⓓ네, 알겠습니다.

男の人は、これからまず何をしなければなりませんか。

1 アンケート資料をまとめる
2 秘書課に連絡する
3 取引先に招待状を送る
4 企画部に連絡する

남자는 이제부터 먼저 무엇을 해야 합니까?

1 앙케트 자료를 정리한다
2 비서과에 연락한다
3 거래처에 초대장을 보낸다
4 기획부에 연락한다

[풀이]
ⓐ 다음주 발표회에 사용할 앙케트 정리 자료는 ⓑ기획부의 아이자와 씨에게 있다고 한다. ⓒ 앙케트 자료 쪽을 확인해 달라는 말에 ⓓ 알겠다고 대답하고 있다. 따라서 정답은 선택지 4번이다. 부사장님 인사말을 위해서 비서과에 가야 하는데, 그것은 여자가 하겠다고 말하고 있다. 따라서 선택지 2번은 정답이 아니다.

[단어]
新製品 신제품 | 発表会 발표회 | まとめる 정리하다, 하나로 모으다 | 資料 자료 | 企画 기획 | 副社長 부사장 | 挨拶 인사 | 秘書 비서 | 返事 답장, 대답 | 取引先 거래처 | 招待状 초대장 | 送る 보내다 | 確認 확인 | 用事 용무

2番
ばん

会社で男の人と女の人が話しています。男の人は、このあと、まず何をしなければなりませんか。

M 課長、ただ今出張から戻ってきました。

F ああ、ご苦労さま。先方の反応はどう？ うまく行きそう？

M あのう、ⓐ企画書の修正が少し必要になると思います。価格の面で意見が一致しなかったので。

F やっぱりそうか。それじゃあ、もう少し譲る線で、ⓑもう一度調整してみましょう。ああ、あと、ⓒ部長が、戻り次第報告するようにっておっしゃってたから、行ってみて。

M ああ、そうですか。分かりました。

F それと、さっきお客さんから電話があって、帰ってきた頃にまた掛けるって言ってたけど。ⓓ確認してみた方がいいんじゃないかな。

M ああ、分かりました。

F ⓔ部長は、今会議だから、そっちを先にやった方がいいかもよ。部長もその電話の件で呼んでるのかもしれないから。

男の人は、このあと、まず何をしなければなりませんか。

1 企画書を修正する
2 部長のところに行く
3 お客さんに電話する
4 会議に入る

회사에서 남자와 여자가 이야기하고 있습니다. 남자는 이후에 먼저 무엇을 해야 합니까?

M 과장님, 지금 출장에서 돌아왔습니다.

F 아, 수고했어. 상대방 반응은 어땠어? 잘될 것 같아?

M 저기, ⓐ기획서 수정이 조금 필요하게 될 것 같습니다. 가격 면에서 의견이 일치하지 않았기 때문에.

F 역시 그렇군. 그럼, 조금 더 양보하는 선에서 ⓑ다시 한 번 조정해 보자. 아, 그리고 ⓒ부장님이 돌아오는 대로 보고하라고 말씀하셨으니까 가 봐.

M 아, 그렇습니까? 알겠습니다.

F 그리고 방금 손님에게 전화가 와서 돌아올 때쯤에 다시 건다고 했었는데. ⓓ확인해 보는 것이 좋지 않을까.

M 아, 그렇군요. 알겠습니다.

F ⓔ부장님은 지금 회의 중이니 그쪽을 먼저 하는 게 좋을지도 모르겠네. 부장님도 그 전화 건으로 부르고 있는 건지도 모르니까.

남자는 이후에 먼저 무엇을 해야 합니까?

1 기획서를 수정한다
2 부장에게 간다
3 손님에게 전화한다
4 회의에 들어간다

[풀이]

ⓐ 기획서를 수정하기 위해서는 ⓑ 조정이 먼저 되어야 하기 때문에 선택지 1번은 정답이 아니다. ⓒ 부장에게 보고하러 가야 하지만 ⓔ 지금은 부장이 회의 중이므로 당장 부장에게 갈 수는 없다. 따라서 선택지 2번도 정답이 될 수 없다. ⓓ 손님에게 확인 전화를 하는 것을 가장 먼저 해야 한다. 따라서 정답은 선택지 3번이다. ⓔ 남자가 회의에 들어갈 필요는 없기 때문에 선택지 4번도 정답이 아니다.

[단어]

出張 출장 | 苦労 수고, 고생 | 先方 상대방, 상대편 | 企画書 기획서 | 修正 수정 | 価格 가격 | 意見 의견 | 一致 일치 | 譲る 양보하다 | 調整 조정 | 〜次第 〜하는 대로 | 報告 보고 | 確認 확인

大学で男の先輩と女の学生がバドミントン大会について話しています。女の学生はこの後、何をしなければなりませんか。

대학에서 남자 선배와 여학생이 배드민턴 대회에 대해서 이야기하고 있습니다. 여학생은 이후에 무엇을 해야 합니까?

M 今ちょっといい？来週金曜日のバドミントン大会のリストの件だけど。

F はい、大丈夫です。参加者リストに変更があるんですか。

M 佐藤君が昨日の練習試合の後、ストレッチするときに腕が少し痛いと言って。コーチと相談した結果、今度の大会は休むことにしたよ。その代わりに吉田君が参加することになった。

F そんなことがあったんですね。それじゃ、参加リストを変更しておきます。

M あ、それで僕の方で勝手に変更しておいたの。ごめんね。これ、新しい大会のリストだよ。

F 全然大丈夫です。分かりました。

M あと、ⓐ次の木曜日から雨降って寒くなることもあるそうだから、大会当日は必ず上着を持ってくるように伝えてもらえるかな。

F ⓑはい、今日の部活時間にお知らせしときます。後でメールも送っておきます。

M じゃ、よろしくね。

M 지금 잠깐 시간 괜찮아? 다음주 금요일 배드민턴 대회 리스트 건 말인데.

F 네, 괜찮습니다. 참가자 명단에 변경이 있는 건가요?

M 사토 군이 어제 연습시합 후에 스트레칭을 할 때 팔이 조금 아프다고 해서. 코치와 상담한 결과, 이번 대회는 쉬기로 했어. 그 대신에 요시다 군이 참가하게 되었어.

F 그런 일이 있었군요. 그럼, 참가 명단을 변경해 둘게요.

M 아, 그래서 내가 알아서 변경해 두었어. 미안해. 여기 새로운 대회 명단이야.

F 완전 괜찮습니다. 알겠습니다.

M 그리고, ⓐ다음주 목요일부터 비가 오고 추워질 수도 있다고 하니까, 대회 당일은 꼭 겉옷을 가져오라고 전해줄 수 있을까?

F ⓑ네, 오늘 동아리 활동 시간에 공지해 둘게요. 나중에 문자도 보내 두겠습니다.

M 그럼, 잘 부탁해.

女の学生はこの後、何をしなければなりませんか。

1 変更リストをコーチに知らせる
2 コーチとの相談結果を伝える
3 来週の天気予報を確認する
4 大会の持ち物について知らせる

여학생은 이후에 무엇을 해야 합니까?

1 변경 명단을 코치에게 알린다
2 코치와의 상담 결과를 전달한다
3 다음주 일기예보를 확인한다
4 대회 소지품에 대해서 알린다

[풀이]

ⓐ 다음주에 비가 오고 추워질 수도 있어서, 대회 당일에 겉옷을 꼭 가져오라는 것을 전해 달라고 말하고 있다. ⓑ 여학생도 동아리 활동 시간에 공지하고, 문자도 보내 두겠다고 말하고 있기 때문에, 선택지 4번이 정답이다.

[단어]

大会 대회 | ～について ～에 대해서 | 参加者 참가자 | 変更 변경 | 腕 팔 | 勝手 제멋대로 함 | 当日 당일 | 上着 상의, 겉옷 | 伝える 전하다 | 部活 동아리 활동 | 知らせる 알리다 | 天気予報 일기예보 | 確認 확인 | 持ち物 소지품

4番

大学で先生と留学生が話しています。留学生は、学校を休むとき、どうしなければなりませんか。

F ブラウンさん、先週の授業に出ませんでしたけど、何か事情でもあったんですか。

M ああ、すいません。実は、国から突然両親が来たもので。

F そうだったんですか。今度から、ⓐ授業を休むときは、学生課に行って事前に通知するようにしてください。たった数分で終わることですから。ブラウンさんのクラスメートに聞いても、誰も知らないって言うから、心配してましたよ。

M すいません。これから気を付けます。

F あと、ⓑ学生課の前の掲示板に、授業の日程と課題についてのお知らせも貼っておきましたから、確認しといてください。やむをえずⓒ授業を休む場合にも、課題は期間内に提出するようにお願いしますね。

M ああ、そうだったんですか。すみません。知りませんでした。

F それでは、来週までに課題を提出することにして、私の研究室まで持って来てくださいね。

M はい、分かりました。どうもすいませんでした。

留学生は、学校を休むとき、どうしなければなりませんか。

1 事前に学生課に知らせる
2 掲示板の知らせに書き込む
3 課題を提出してから休む
4 事前に先生に通知する

대학에서 선생님과 유학생이 이야기하고 있습니다. 유학생은 학교를 쉴 때 어떻게 해야 합니까?

F 브라운 씨, 지난주 수업에 안 나왔는데, 뭔가 사정이라도 있었나요?

M 아, 죄송합니다. 실은 고국에서 갑자기 부모님이 와서.

F 그랬나요? 앞으로는 ⓐ수업을 쉴 때는 학생과에 가서 사전에 통지하도록 하세요. 고작 몇 분이면 끝나는 일이니까요. 브라운 씨의 반 친구들에게 물어봐도 아무도 모른다고 해서 걱정했어요.

M 죄송합니다. 앞으로 조심하겠습니다.

F 그리고 ⓑ학생과 앞 게시판에 수업 일정과 과제에 대한 공지도 붙여 두었으니 확인해 두도록 하세요. 어쩔 수 없이 ⓒ수업을 쉴 경우에도 과제는 기간 안에 제출하도록 부탁해요.

M 아, 그랬군요. 죄송합니다. 몰랐습니다.

F 그럼, 다음주까지 과제를 제출하는 걸로 하고 제 연구실로 가져오세요.

M 네, 알겠습니다. 정말 죄송합니다.

유학생은 학교를 쉴 때 어떻게 해야 합니까?

1 사전에 학생과에 알린다
2 게시판 공지에 적는다
3 과제를 제출하고 나서 쉰다
4 사전에 선생님에게 통지한다

[풀이]
ⓐ 학교를 쉴 때, 학생과에 미리 알리는 것이 중요하다고 말하고 있기 때문에 정답은 선택지 1번이다. ⓑ 게시판에서는 수업 일정과 과제 공지에 대한 것만 알 수 있기 때문에 선택지 2번은 정답이 아니다. ⓒ 학교를 쉬더라도 과제가 있다면 제출하라는 내용으로, 선택지 3번을 정답이라고 보기는 어렵다. 선택지 4번에 관한 언급은 없었다.

[단어]
事情 사정 | 通知 통지, 알림 | たった 고작, 겨우 | 掲示板 게시판 | 課題 과제 | 提出 제출 | 研究室 연구실

<ruby>銀行<rt>ぎんこう</rt></ruby>で<ruby>男<rt>おとこ</rt></ruby>の<ruby>人<rt>ひと</rt></ruby>と<ruby>女<rt>おんな</rt></ruby>の<ruby>職員<rt>しょくいん</rt></ruby>が<ruby>話<rt>はな</rt></ruby>しています。<ruby>男<rt>おとこ</rt></ruby>の<ruby>人<rt>ひと</rt></ruby>は<ruby>最初<rt>さいしょ</rt></ruby>に<ruby>何<rt>なに</rt></ruby>をしますか。

F いらっしゃいませ。どのようなご<ruby>用件<rt>ようけん</rt></ruby>でしょうか。

M あのう、<ruby>口座<rt>こうざ</rt></ruby>を<ruby>作<rt>つく</rt></ruby>りたいんですが。

F <ruby>普通口座<rt>ふつうこうざ</rt></ruby>でしょうか。

M はい。

F では、こちらの<ruby>用紙<rt>ようし</rt></ruby>に<ruby>必要事項<rt>ひつようじこう</rt></ruby>をご<ruby>記入<rt>きにゅう</rt></ruby>ください。

M ああ、<ruby>待<rt>ま</rt></ruby>ってる<ruby>間<rt>あいだ</rt></ruby>に<ruby>書<rt>か</rt></ruby>いておきました。これでいいですか。

F ああ、<ruby>申<rt>もう</rt></ruby>し<ruby>訳<rt>わけ</rt></ruby>ございません。これは、クレジットカードの<ruby>申<rt>もう</rt></ruby>し<ruby>込<rt>こ</rt></ruby>み<ruby>用紙<rt>ようし</rt></ruby>なんです。

M え、そうなんですか。

F ⓐあちらの<ruby>窓口<rt>まどぐち</rt></ruby>で、こちらの<ruby>申<rt>もう</rt></ruby>し<ruby>込<rt>こ</rt></ruby>み<ruby>用紙<rt>ようし</rt></ruby>の<ruby>記入<rt>きにゅう</rt></ruby><ruby>方法<rt>ほうほう</rt></ruby>についてご<ruby>案内<rt>あんない</rt></ruby>しておりますので、もしご<ruby>不明<rt>ふめい</rt></ruby>な<ruby>点<rt>てん</rt></ruby>がございましたら、お<ruby>聞<rt>き</rt></ruby>きになってください。

M はい、わかりました。

F ⓑすべてご<ruby>記入<rt>きにゅう</rt></ruby>いただけましたら、こちらの<ruby>窓口<rt>まどぐち</rt></ruby>へお<ruby>戻<rt>もど</rt></ruby>りください。あ、ⓒもう<ruby>番号札<rt>ばんごうふだ</rt></ruby>はお<ruby>取<rt>と</rt></ruby>りにならなくて<ruby>結構<rt>けっこう</rt></ruby>です。<ruby>次<rt>つぎ</rt></ruby>のお<ruby>客様<rt>きゃくさま</rt></ruby>の<ruby>用件<rt>ようけん</rt></ruby>が<ruby>済<rt>す</rt></ruby>み<ruby>次第<rt>しだい</rt></ruby>、ご<ruby>案内<rt>あんない</rt></ruby>いたしますから、こちらでお<ruby>待<rt>ま</rt></ruby>ちください。

<ruby>男<rt>おとこ</rt></ruby>の<ruby>人<rt>ひと</rt></ruby>は<ruby>最初<rt>さいしょ</rt></ruby>に<ruby>何<rt>なに</rt></ruby>をしますか。

1 <ruby>最初<rt>さいしょ</rt></ruby>の<ruby>窓口<rt>まどぐち</rt></ruby>で<ruby>案内<rt>あんない</rt></ruby>を<ruby>待<rt>ま</rt></ruby>つ
2 <ruby>新<rt>あたら</rt></ruby>しく<ruby>番号札<rt>ばんごうふだ</rt></ruby>を<ruby>取<rt>と</rt></ruby>って<ruby>待<rt>ま</rt></ruby>つ
3 <ruby>住所<rt>じゅうしょ</rt></ruby>と<ruby>電話番号<rt>でんわばんごう</rt></ruby>を<ruby>訂正<rt>ていせい</rt></ruby>する
4 <ruby>別<rt>べつ</rt></ruby>の<ruby>申<rt>もう</rt></ruby>し<ruby>込<rt>こ</rt></ruby>み<ruby>用紙<rt>ようし</rt></ruby>に<ruby>書<rt>か</rt></ruby>き<ruby>直<rt>なお</rt></ruby>す

은행에서 남자와 여자 직원이 이야기하고 있습니다. 남자는 가장 먼저 무엇을 합니까?

F 어서 오세요. 어떤 용건이신가요?

M 저기, 계좌를 만들고 싶은데요.

F 보통 계좌인가요?

M 네.

F 그럼, 이 용지에 필요 사항을 기입해 주세요.

M 아, 기다리는 동안 써 두었습니다. 이거면 되나요?

F 아, 죄송합니다. 이것은 신용 카드 신청 용지입니다.

M 아, 그런가요?

F ⓐ저쪽 창구에서 이 신청 용지의 기입 방법에 대해서 안내를 하고 있으니 혹시 잘 모르는 점이 있으시면 물어보시길 바랍니다.

M 네, 알겠습니다.

F ⓑ전부 기입하셨으면 이쪽 창구로 돌아와 주세요. 아, ⓒ이제 번호표는 뽑지 않으셔도 괜찮습니다. 다음 손님의 용건이 끝나는 대로 안내해 드릴 테니 이쪽에서 기다려 주세요.

남자는 가장 먼저 무엇을 합니까?

1 처음 창구에서 안내를 기다린다
2 새롭게 번호표를 뽑고 기다린다
3 주소와 전화번호를 정정한다
4 다른 신청 용지에 다시 작성한다

[풀이]
ⓐ 계좌 신청 용지의 작성 안내는 다른 창구에서 하고 있기 때문에 선택지 1번은 정답이 될 수 없다. ⓑ 직원은 새로운 신청 용지의 작성이 끝나면 다시 돌아오라고 말하고 있다. 남자는 새로운 신청 용지를 작성해야 하기 때문에 정답은 선택지 4번이다. ⓒ 번호표는 새로 뽑을 필요가 없다는 내용에서 선택지 2번은 정답이 아니다. 선택지 3번에 대한 언급은 없었다.

[단어]
<ruby>職員<rt>しょくいん</rt></ruby> 직원 | <ruby>用件<rt>ようけん</rt></ruby> 용건 | <ruby>口座<rt>こうざ</rt></ruby> 계좌 | <ruby>用紙<rt>ようし</rt></ruby> 용지 | <ruby>事項<rt>じこう</rt></ruby> 사항 | <ruby>記入<rt>きにゅう</rt></ruby> 기입 | <ruby>申<rt>もう</rt></ruby>し<ruby>込<rt>こ</rt></ruby>み 신청 | <ruby>窓口<rt>まどぐち</rt></ruby> 창구 | <ruby>番号札<rt>ばんごうふだ</rt></ruby> 번호표 | <ruby>済<rt>す</rt></ruby>む 끝나다 | ~<ruby>次第<rt>しだい</rt></ruby> ~하는 대로 | <ruby>訂正<rt>ていせい</rt></ruby> 정정

1番

ケーキ会社で男の人と女の人が話しています。男の人はこの後、企画書をどう直しますか。

F 石原さん、先週送ってくれた新商品の企画書、読んでみました。2、30代の男性をターゲットにした点が興味深いですね。

M ありがとうございます。うちの商品は、主に若い女性をターゲットにしたものがほとんどですが、今度は若い男性の好みについて考えてみました。

F ケーキの価格についても詳しい意見を聞きたいですね。企画書で提示した値段は既存の製品に比べ、2割以上も安くなっていますね。

M はい。女性に比べてデザートの好みが低い男性の購買意欲を掻き立てる値段がいいと思いました。ケーキの量を減らせば、価格面においても無理はなさそうですし、多少甘く感じても残さず食べ切れると予想されます。

F そうですね。材料のボリュームを調節したら、会社としては価格に対するコストが軽減できますね。あと、甘さを控えめにするのもいいと思いますよ。あ、ⓐ販売価格については他の部署からも意見がありそうだから、今回の企画書では抜いておくことにしましょう。

M ⓑはい、分かりました。それから、若い男性を対象に試食会をしてみてはいかがでしょうか。

F いいですね。じゃ、試食会の準備は営業部に伝えておきましょう。

男の人はこの後、企画書をどう直しますか。

1 アンケートのターゲットを変える
2 販売価格を除く
3 材料の説明を消す
4 試食会の案内を加える

케이크 회사에서 남자와 여자가 이야기하고 있습니다. 남자는 이후, 기획서를 어떻게 고칩니까?

F 이시하라 씨, 지난주에 보내준 신상품 기획서 읽어 보았어요. 2, 30대 남성을 타깃으로 한 점이 흥미롭네요.

M 감사합니다. 우리 회사 상품은 주로 젊은 여성을 타깃으로 한 것이 대부분인데, 이번에는 젊은 남성들의 취향에 대해서 생각해 보았습니다.

F 케이크의 가격에 대해서도 자세한 의견을 듣고 싶네요. 기획서에서 제시한 가격은 기존 제품에 비해서 20% 이상이나 저렴하네요.

M 네. 여성에 비해서 디저트의 선호도가 낮은 남성들의 구매의욕을 불러일으키는 가격이 좋을 것 같다고 생각했습니다. 케이크의 양을 줄이면, 가격면에 있어서도 무리는 없을 것 같고 다소 달게 느껴지더라도 남기지 않고 다 먹을 수 있을 것으로 예상됩니다.

F 그렇군요. 재료의 양을 조절하면, 회사로서는 가격에 대한 비용을 줄일 수 있겠네요. 그리고 단맛을 줄이는 것도 좋을 것 같네요. 아, ⓐ판매가격에 대해서는 부분은 다른 부서에서도 의견이 있을 것 같으니, 이번 기획서에서는 빼 두는 걸로 해요.

M ⓑ네, 알겠습니다. 그리고 젊은 남성들을 대상으로 시식회를 해 보는 것은 어떨까요?

F 좋네요. 그럼, 시식회에 대한 준비는 영업부에 전달해 둘게요.

남자는 이후, 기획서를 어떻게 고칩니까?

1 앙케트 타깃을 바꾼다
2 판매 가격을 제외한다
3 재료 설명을 지운다
4 시식회 안내를 추가한다

[풀이]
ⓐ 판매 가격에 대해서는 다른 의견이 있을 것 같아서 이번 기획서에서는 빼 두라고 말하고 있다. ⓑ 남자도 그렇게 하겠다고 말하

고 있기 때문에, 선택지 2번이 정답이다. 시식회를 하는 것은 기획서를 고치는 내용과는 무관하기 때문에, 선택지 4번은 정답이 될 수 없다.

[단어]

企画書 기획서 | 直す 고치다 | 興味深い 매우 흥미롭다 | 好み 취향, 기호 | ~について ~에 대해서 | 価格 가격 | 詳しい 자세하다, 상세하다 | 提示 제시 | 値段 가격 | 既存 기존 | 製品 제품 | ~に比べ ~에 비해 | 購買 구매 | 意欲 의욕 | 掻き立てる 불러일으키다, 북돋우다 | 量 양 | 減らす 줄이다 | ~において ~에서, ~에 있어서 | 予想 예상 | 材料 재료 | 調節 조절 | ~として ~으로서 | ~に対する ~에 대한 | 軽減 경감 | 控えめ 조심함, 적게 함 | 販売 판매 | 抜く 빼다, 뽑다 | 試食会 시식회 | 伝える 전하다 | 変える 바꾸다 | 除く 제거하다, 제외하다 | 消す 지우다 | 加える 더하다, 보태다

2番

会社で女の社員と課長が話しています。女の社員は、このあとまず何をしなければなりませんか。

M 清原さん、来週から大阪支店に転勤することになったんだって？

F はい、課長。今までお世話になりました。

M いやいや。こちらこそ、今まで本当によくやってくれてありがとう。ところで、今日うちのチームで飲み会に行こうと思うんだけど、都合はどう？

F ええ、大丈夫です。ⓐチームの同僚にきちんと挨拶もできなかったから。ⓑ企画書のほうも、今日中にできそうですし。

M ああ、それは良かった。ところで、取引先の人たちへの挨拶はもうすんでるの？

F いいえ、明日から新しく担当者になる新入社員と一緒に、挨拶しに行くことにしています。

M あ、そうだ。さっき、人事部の田村さんが探してたよ。急ぎだって言ってたから、多分企画書の件じゃないかな。

F ああ、今寄ってきたところです。ⓒ人事異動の件で、必要になる書類があって。

M 色々あって大変だね。じゃあ、またあとでね。おいしい店を予約しておいたから。

F はい、分かりました。

女の社員は、このあとまず何をしなければなりませんか。

회사에서 여사원과 과장이 이야기하고 있습니다. 여사원은 이후에 먼저 무엇을 해야 합니까?

M 기요하라 씨, 다음주부터 오사카 지점으로 전근 가게 되었다고 했지?

F 네, 과장님. 지금까지 신세 많이 졌습니다.

M 아니야. 나야말로 지금까지 너무 잘해 줘서 고마워. 근데, 오늘 우리 팀 회식하러 가려고 하는데, 시간 어때?

F 네, 괜찮습니다. ⓐ팀 동료들에게 제대로 인사도 못했으니까요. ⓑ기획서도 오늘 중으로 될 것 같고요.

M 아, 그거 잘됐네. 근데, 거래처 사람들에게 인사는 다 했어?

F 아니요, 내일부터 새롭게 담당자가 되는 신입 사원과 함께 인사하러 가기로 했습니다.

M 아, 맞다. 방금 인사부의 다무라 씨가 찾았어. 급한 거라고 했으니까 아마 기획서에 대한 건이 아닐까.

F 아, 방금 들렀다 오는 참입니다. ⓒ인사이동 건으로 필요하게 될 서류가 있어서.

M 여러 가지 많아서 힘들겠네. 그럼, 나중에 보자고. 맛있는 가게 예약해 두었으니까.

F 네, 알겠습니다.

여사원은 이후에 먼저 무엇을 해야 합니까?

1 飲み会する店を予約する

2 同僚たちに挨拶に行く

3 作成中の書類を仕上げる

4 転勤に必要な書類を作成する

1 회식할 가게를 예약한다

2 동료들에게 인사를 하러 간다

3 작성 중인 서류를 마무리한다

4 전근에 필요한 서류를 직성한다

[풀이]

ⓐ 동료들에게 인사도 하기 위해서 회식에 참석하는 것이기 때문에 선택지 2번은 가장 먼저 하는 일이 아니다. 따라서 선택지 2번은 정답이 될 수 없다. ⓑ 여자는 오늘 내로 기획서를 완성할 수 있을 것 같다고 말하고 있다. 회식보다 먼저 해야 할 것은 기획서 작성이다. 따라서 정답은 선택지 3번이다. ⓒ 전근에 필요한 서류는 이미 해결을 했기 때문에 선택지 4번은 정답이 아니다. 선택지 1번에 대한 언급은 없었다.

[단어]

転勤 전근 | お世話になる 신세를 지다 | 都合 형편, 사정 | 同僚 동료 | 挨拶 인사 | 企画書 기획서 | 取引先 거래처 | 担当者 담당자 | 人事 인사 | 異動 이동 | 書類 서류 | 仕上げる 마무리하다

3番

学校で男の学生と先生が話しています。男の学生は、このあと何をしますか。	학교에서 남학생과 선생님이 이야기하고 있습니다. 남학생은 이후 무엇을 합니까?
M すみません。佐藤先生いらっしゃいますか。	M 실례합니다. 사토 선생님 계시나요?
F ああ、入って。待ってましたよ。来週のクラブ活動のことで話があるから。	F 아, 들어와요. 기다리고 있었어요. 다음주 클럽 활동에 대한 것으로 얘기할 게 있어서.
M はい。	M 네.
F ⓐ来週は、千葉大学と交流会を行うことにしました。詳しい内容は、メールで送るから、あとで確認してみてくださいね。で、ⓑそれを人数分コピーして、みんなに配ってもらえるかな。	F ⓐ다음주에는 지바 대학교와 교류회를 실시하기로 했어요. 자세한 내용은 메일로 보낼 테니 나중에 확인해 보세요. 그래서 ⓑ그것을 인원수만큼 복사해서 모두에게 나누어 줄 수 있을까?
M はい、分かりました。ⓒすぐ確認します。	M 네, 알겠습니다. ⓒ바로 확인하겠습니다.
F ああ、あと、杉内君の具合はどうですか。入院したって聞いたけど。	F 아, 그리고 스기우치 군 상태는 어때요? 입원했다고 들었는데.
M ああ、今はだいぶよくなりました。でも、当分は学校に来られないんじゃないかと思います。	M 아, 지금은 많이 좋아졌습니다. 그래도 당분간은 학교에 못 올 것 같아요.
F そう？じゃあ、悪いけど、まだお見舞いに行ってない学生たちに連絡してくれませんか。ⓓ今週末に一緒に行った方がいいかなって思うから。	F 그래? 그럼, 미안하지만, 아직 병문안을 가지 않은 학생들에게 연락해 주지 않을래요? ⓓ이번 주말에 함께 가 보는 것이 좋지 않을까 해서.
M はい、分かりました。それじゃ、お見舞いの件は明日までに連絡します。	M 네, 알겠습니다. 그럼, 병문안 건은 내일까지 연락하겠습니다.
男の学生は、このあと何をしますか。	남학생은 이후 무엇을 합니까?

1 他の学校へ行く	1 다른 학교로 간다
2 資料をコピーする	2 자료를 복사한다
3 メールを確認する	3 메일을 확인한다
4 お見舞いに行く	4 병문안을 간다

[풀이]

ⓐ 다른 학교에 간다는 것은 다음주라는 것을 알 수 있기 때문에 선택지 1번은 정답이 아니다. ⓑ 자료를 복사하기 전에 메일을 확인해야 하기 때문에 선택지 2번도 정답이 될 수 없다. ⓒ 메일은 바로 확인한다고 말하고 있다. 따라서 정답은 선택지 3번이다. ⓓ 병문안을 가는 것은 이번 주말이기 때문에 정답으로 보기는 어렵다.

[단어]

活動 활동 | 交流会 교류회 | 行う 행하다, 실시하다 | 詳しい 자세하다, 상세하다 | 確認 확인 | 配る 나누어 주다 | 具合 형편, 사정 | お見舞い 병문안 | 資料 자료

4番

大学で女の学生と男の学生が話しています。男の学生は、スピーチ原稿のどの部分を直しますか。	대학에서 여학생과 남학생이 이야기하고 있습니다. 남학생은 연설 원고의 어느 부분을 고칩니까?
M 先輩、一昨日送ったスピーチの原稿、見てくれましたか。	M 선배, 그저께 보낸 스피치 원고, 봐 주셨나요?
F うん、見たよ。自分の意見もよくまとめてあるし、全般的によく書けてると思うよ。	F 응, 봤어. 자신의 의견도 잘 정리되어 있고, 전반적으로 잘 쓴 것 같아.
M あー、よかった。あのう、導入部分を僕の経験についての話から始めるのはやめた方がいいでしょうか。やっぱり何についての発表なのかを先に話した方がいいんじゃないかと。	M 아, 다행이다. 저기, 도입 부분을 제 경험에 대한 이야기로 시작하는 것은 그만두는 게 좋을까요? 역시 무엇에 대한 발표인지를 먼저 말하는 것이 좋은 게 아닌가 해서.
F 斬新な感じがして私はむしろ良かったよ。ありふれたパターンじゃないから印象深かったし。一つ気になる点があるとしたら、内容がもう少し長くてもいいんじゃないかなと思ったぐらいだね。このままだと、スピーチが短すぎる感じがして。	F 참신한 느낌이 들어서 나는 오히려 좋았어. 흔한 패턴이 아니니까 인상 깊었고. 한 가지 신경 쓰이는 점이 있다면, 내용이 좀더 길어도 괜찮지 않을까 하고 생각한 정도야. 이대로라면 스피치가 너무 짧은 느낌이 들어서.
M あ、今回の発表会は参加者が多くて、先生に原稿の枚数を決めていだだきました。	M 아, 이번 발표회는 참가자가 많아서, 선생님이 원고 장수를 정해 주셨어요.
F そうだったんだ。ⓐそれなら導入部分がちょっと長いのかもしれないね。経験をもとにした二つのエピソードを一つにした方がいいと思う。	F 그랬구나. ⓐ그렇다면 도입 부분이 좀 길 수도 있겠네. 경험을 토대로한 두 개의 에피소드를 하나로 하는 것이 좋을 것 같아.
M ⓑあ、そうですね。分かりました。最後のまとめの部分は大丈夫ですか。	M ⓑ아, 그렇군요. 알겠습니다. 마지막 정리 부분은 괜찮을까요?

F うん、そっちは問題ないと思うよ。少し短い感じがするけど、今回の発表ではそのままにした方がいいね。時間が長くなると困るから。

M 分かりました。じゃ、すぐに直します。ありがとうございます。

F 응, 그쪽은 문제없을 것 같아. 조금 짧은 느낌이 있지만, 이번 발표에서는 그대로 두는 것이 좋겠어. 시간이 길어지면 곤란하니까.

M 알겠습니다. 그럼, 바로 고치겠습니다. 감사합니다.

男の学生は、スピーチ原稿のどの部分を直しますか。

남학생은 연설 원고의 어느 부분을 고칩니까?

1 導入部分の内容を修正する
2 全体的な構成を変える
3 経験についての話を削除する
4 最後のまとめ部分を補完する

1 도입 부분의 내용을 수정한다
2 전체적인 구성을 바꾼다
3 경험에 대한 이야기를 삭제한다
4 마지막 정리 부분을 보완한다

[풀이]

ⓐ 도입 부분을 조금 줄이는 것이 좋겠다고 말하고 있고, ⓑ 남자도 알겠다고 말하고 있다. 따라서 정답은 선택지 1번이다.

[단어]

原稿 원고 | 直す 고치다 | 全般 전반 | 導入 도입 | 経験 경험 | ～について ～에 대해서 | 発表 발표 | 斬新 참신 | むしろ 오히려, 차라리 | ありふれる 흔해 빠지다 | 印象深い 인상 깊다 | 気になる 신경이 쓰이다 | ～すぎる 지나치게 ～하다 | 参加者 참가자 | 枚数 장수 | ～をもとに ～를 바탕으로, ～를 토대로 | 困る 곤란하다 | 修正 수정 | 構成 구성 | 変える 바꾸다 | 削除 삭제 | 補完 보완

5番

図書館で職員がボランティアの人たちに話しています。ボランティアの人は、これから何をしますか。

도서관에서 직원이 봉사활동자들에게 이야기하고 있습니다. 봉사활동자는 이제부터 무엇을 합니까?

M 各自担当エリアを掃除してくださり、誠にありがとうございました。ⓐ30分後、今月のイベントにご参加になる市民の方々がいらっしゃいます。事前にお知らせしたとおり、各グループごとに指定された位置で参加者の方々にご案内をお願いします。家族連れの参加者が多いことと予想されますので、子供たちの安全にも注意を払ってください。イベント終了時間から30分経過しましたら、図書館の正門にお集まりください。今日一日よろしくお願いします。

M 각자 담당 구역을 청소해 주셔서 대단히 감사합니다. ⓐ 30분 후, 이번 달 이벤트에 참가하실 시민 분들이 오십니다. 사전에 공지한대로 각 그룹마다 지정된 위치에서 참가자 분들에게 안내를 부탁드립니다. 가족 동반의 참가자들이 많을 것으로 예상되오니, 아이들의 안전에도 주의를 기울여 주시기 바라겠습니다. 이벤트 종료 시간으로부터 30분이 경과하면, 도서관 정문에 모여 주세요. 오늘 하루 잘 부탁드립니다.

ボランティアの人は、これから何をしますか。

봉사활동자는 이제부터 무엇을 합니까?

1 担当した区域(く いき)を掃除する	1 담당한 구역을 청소한다
2 図書館のイベントを手伝(て つだ)う	2 도서관 이벤트를 돕는다
3 子供たちに安全教育(きょういく)を行(おこな)う	3 아이들에게 안전 교육을 실시한다
4 30分後(ご)に図書館の正門に集まる	4 30분 후에 도서관 정문에 모인다

[풀이]

ⓐ 잠시 후에 이벤트가 있는데, 정해진 위치에서 참가자 분들에게 안내를 부탁한다고 말하고 있다. 따라서 정답은 선택지 2번이다.

[단어]

職員(しょくいん) 직원 | 各自(かく じ) 각자 | 担当(たんとう) 담당 | 誠(まこと)に 참으로, 정말 | 参加(さん か) 참가 | ～ごとに ～마다 | 指定(し てい) 지정 | 家族連(か ぞくづ)れ 가족 동반 | 安全(あん ぜん) 안전 | 注意(ちゅう い)を払(はら)う 주의를 기울이다 | 終了(しゅうりょう) 종료 | 正門(せいもん) 정문 | 集(あつ)まる 모이다 | 区域(く いき) 구역 | 手伝(て つだ)う 돕다, 거들다 | 行(おこな)う 행하다, 실시하다

問題(もんだい) 2

포인트 이해 실전 연습 ❶ p.380 스크립트와 문제 해설

1番(ばん)

男(おとこ)の人(ひと)がコンビニの求人(きゅうじん)チラシを見(み)て電話(でん わ)しています。男の人が応募(おう ぼ)しないことにしたのはなぜですか。	남자가 편의점 구인 전단지를 보고 전화하고 있습니다. 남자가 응모하지 않기로 한 것은 어째서입니까?
F はい、サクラコンビニの求人受付(うけつけ)です。	F 네, 사쿠라 편의점 구인 접수입니다.
M あのう、求人チラシを見て電話しましたが、まだ募集中(ぼしゅうちゅう)ですか。	M 저기, 구인 전단지를 보고 전화했는데, 아직 모집 중인가요?
F はい、募集しております。週(しゅう)に何回(なんかい)くらい出勤(しゅっきん)できますか。	F 네, 모집하고 있습니다. 일주일에 몇 번 정도 출근 가능한가요?
M 2、3日(にち)くらいは行(い)けます。朝早(あさはや)くも可能(か のう)です。	M 2, 3일 정도는 갈 수 있습니다. 아침 일찍도 가능합니다.
F ⓐ残念(ざんねん)ながら朝のシフトはすでに募集を終了(しゅうりょう)いたしました。他(ほか)の店舗(てん ぽ)ならまだ募集をしていますが、いかがでしょうか。	F ⓐ아쉽게도 아침 시프트는 이미 모집을 종료했습니다. 다른 점포라면 아직 모집을 하고 있습니다만, 어떠세요?
M あ、仕事(し ごと)終(お)わってすぐ学校(がっこう)に行けるので、ここを希望(き ぼう)したんですが。	M 아, 일이 끝나고 바로 학교에 갈 수 있어서, 이곳을 희망한 것인데.
F そうですね。深夜(しん や)と午後(ご ご)の時間(じ かん)はまだ募集中です。	F 그렇군요. 심야 시간과 오후 시간은 아직 모집 중입니다.
M 深夜ですか。深夜はちょっと。ⓑ午後は授業(じゅぎょう)がない日もあるんですけど、週末(しゅうまつ)はボランティア活動(かつどう)もしてるので。あのう、平日(へいじつ)の二日間(ふつ か かん)でもいいですか。	M 심야인가요? 심야는 좀. ⓑ오후에는 수업이 없는 날도 있긴 한데, 주말에는 봉사활동도 하고 있어서. 저기, 평일 이틀이라도 괜찮을까요?

F 大丈夫です。ⓒでは、ミナミ店舗のオーナーに連絡をしておきましょう。明日の6時までに面接などについてオーナーから連絡があると思いますので、よろしくお願いいたします。

M あ、あのう。ⓓすみませんが、やはり今回はやめときます。午後には急用が入ることもありそうで。

F そうですか。またご縁があれば、よろしくお願いします。

男の人が応募しないことにしたのはなぜですか。

F 괜찮습니다. ⓒ그럼, 미나미 점포의 오너에게 연락을 해 두겠습니다. 내일 6시까지 면접 등에 대한 오너로부터 연락이 있을 테니, 잘 부탁드리겠습니다.

M 아, 저기. ⓓ죄송하지만, 역시 이번에는 그만두겠습니다. 오후에는 급한 일이 생길 수도 있을 것 같아서.

F 그렇습니까? 또 인연이 있으면, 잘 부탁드리겠습니다.

남자가 응모하지 않기로 한 것은 어째서입니까?

1 希望する勤務日ではないから
2 勤務先が遠すぎるから
3 希望する勤務時間ではないから
4 面接時間に他の用事があるから

1 희망하는 근무일이 아니기 때문에
2 근무하는 곳이 너무 멀기 때문에
3 희망하는 근무시간이 아니기 때문에
4 면접 시간에 다른 볼일이 있기 때문에

[풀이]

ⓐ 아침 시간은 모집이 완료되어서 다른 점포를 추천하고 있고, ⓑ 평일 오후 이틀이라면 가능하다고 말하고 있다. ⓒ 미나미 점포 오너에게 연락이 올 거라고 하는데, ⓓ 오후에는 급한 일이 있을 수도 있을 것 같다며 응모를 하지 않는다고 말하고 있다. 따라서 정답은 선택지 3번이다.

[단어]

求人 구인 | 応募 응모 | 受付 접수(처) | 募集 모집 | 残念ながら 유감스럽게도, 아쉽게도 | 終了 종료 | 店舗 점포 | 希望 희망 | 深夜 심야 | ボランティア 자원봉사 | 活動 활동 | 平日 평일 | 面接 면접 | ~について ~에 대해서 | 急用 급한 용무 | 縁 연, 인연 | 勤務先 근무처 | 用事 용무, 볼일

2番

大学で男の学生と女の学生が話しています。男の学生は、どうして留学しようと思っていますか。

M 今度の夏休み終わったら留学しようと思ってるんだ。

F 留学？ どこに？

M カナダに行こうと思っているんだけど、まだちゃんと調べたわけじゃなくて、他の国も考えてるんだ。英語使う国で。

F もう英語上手なのに、どうして留学しようと思うの？ ⓐオーストラリアで生まれて、小学校まで通ってから日本に来たんでしょ？

대학에서 남학생과 여학생이 이야기하고 있습니다. 남학생은 왜 유학을 가려고 하고 있습니까?

M 이번 여름 방학 끝나면 유학 가려고 해.

F 유학? 어디로?

M 캐나다에 가려고 생각하고 있는데, 아직 제대로 알아본 건 아니라서, 다른 나라들도 생각하고 있어. 영어를 사용하는 나라로.

F 이미 영어를 잘하는데 왜 유학을 가려고 해? ⓐ호주에서 태어나서 초등학교까지 다니고 나서 일본에 온 거잖아?

M うん。でもさ、ⓑ日本では普段は英語を使わないから、少しずつ忘れて行ってるような気がして。

F そっか。でも、お金もかかるし、短期間じゃ効果がないんじゃない。

M うん。それで、少なくとも1年ぐらいは留学するつもりなんだ。ⓒカナダのワーホリのビザも申請してみようかとも思っているんだ。

F そうだったの。あたしも英語の勉強しなきゃならないんだけどね。ⓓ就活も英語ができたら有利だし。

男の学生は、どうして留学しようと思っていますか。

1 生まれた国に行きたいから
2 英語力を落としたくないから
3 カナダのビザをとったから
4 就職に英語が必要だから

M 응. 근데 ⓑ일본에서는 평소에 영어를 안 쓰니까 조금씩 잊어 가는 것 같은 기분이 들어서.

F 그렇구나. 하지만 돈도 많이 들고 단기간으로는 효과가 없지 않을까?

M 응. 그래서 최소 1년 정도는 유학할 생각이야. ⓒ캐나다 워킹 홀리데이 비자도 신청해 볼까 하고 생각하고 있어.

F 그랬구나. 나도 영어 공부해야 하는데. ⓓ취직 활동도 영어를 잘하면 유리하고.

남학생은 왜 유학을 가려고 합니까?

1 태어난 나라에 가고 싶어서
2 영어 실력을 떨어뜨리고 싶지 않아서
3 캐나다의 비자를 받아서
4 취직에 영어가 필요해서

[풀이]
ⓐ 남자가 태어난 곳이 호주라고 했지, 태어난 곳으로 가고 싶다는 건 아니기 때문에 선택지 1번은 정답이 될 수 없다. ⓑ 평소에 영어를 쓸 수 없어서 영어 실력이 떨어지고 있는 것을 걱정하고 있다. 따라서 정답은 선택지 2번이다. ⓒ 캐나다 비자는 아직 받은 것이 아니기 때문에 선택지 3번은 정답이 아니다. ⓓ 취직에 관한 이야기를 하는 것은 여자이기 때문에 선택지 4번도 정답이 아니다.

[단어]
～わけじゃない ～인 것은 아니다 | 生まれる 태어나다 | 通う 다니다 | 普段 보통, 평소 | 気がする 느낌(기분)이 들다 | 短期間 단기간 | 効果 효과 | 申請 신청 | 就活 취직 활동 | 落とす 떨어뜨리다

3番

日本語教室で男の人と女の人が話しています。男の人は女の人にどんなアドバイスをしましたか。

F クリスさん、日本語がかなり伸びましたね。どんな方法で勉強していますか。

M 最近ボランティアに参加しているうちに日本語がうまくなったようです。

F え？どんなボランティアですか。

M 週に一回集まって、ゴミ拾いをするボランティアです。主に、退社後や週末に集まって町内のゴミを拾います。日本人の方々もたくさん参加していて、外国人の僕にも関心も持ってくれて本当に楽しいです。

일본어 교실에서 남자와 여자가 이야기하고 있습니다. 남자는 여자에게 어떤 조언을 했습니까?

F 크리스 씨, 일본어 실력이 많이 늘었네요. 어떤 방법으로 공부를 하고 있나요?

M 최근에 자원봉사에 참가하고 있는 사이에 일본어 실력이 좋아진 것 같아요.

F 네? 어떤 자원봉사인가요?

M 일주일에 한 번 모여서 쓰레기를 줍는 자원봉사예요. 주로 퇴근 후나 주말에 모여서 동네 쓰레기를 주워요. 일본인 분들도 많이 참가하고 있고, 외국인인 저에게도 관심도 가져 주어서 정말 즐거워요.

F あ、そんな集まりがあるんですか。クリスさん、いいことやっていますね。

M ええ。一緒にいる時間が多いから、日本語で会話をたくさんしています。その時よく間違える日本語について質問したり、気になる表現について聞いたりしています。

F 周りの日本の方々が親切に教えてくれるんですか。それで日本語がうまくなったわけですね。

M はい、そうです。⒜その方々が日本語を教えてくれるのも役に立ちますが、日本語で会話する時間がもっと役に立つと思います。文法や漢字の勉強も大切ですが、やはりたくさん聞いて話すことが僕にとっては一番いいと思います。リーさんも一度やってみてください。きっと役に立つと思いますよ。

F ⒝いいですね。私も町にそういう集まりがあるか調べてみます。

F 아, 그런 모임이 있어요? 크리스 씨, 좋은 일을 하고 있네요.

M 네. 함께 있는 시간이 많아서, 일본어로 대화를 많이 하고 있어요. 그때 자주 틀리는 일본어에 대해서 질문을 하거나 궁금한 표현에 대해서 물어보거나 하고 있어요.

F 주변의 일본 분들이 친절하게 알려 주나요? 그래서 일본어를 잘하게 되었군요.

M 네, 맞아요. ⒜그분들이 일본어를 알려 주는 것도 도움이 되지만, 일본어로 대화하는 시간이 더욱 도움이 되는 것 같아요. 문법이나 한자 공부도 중요하지만, 역시 많이 듣고 말하는 것이 저에게는 제일 좋은 것 같아요. 리 씨도 한번 해 보세요. 분명 도움이 될 거예요.

F ⒝좋네요. 저도 동네에 그럼 모임이 있는지 알아볼게요.

男の人は女の人にどんなアドバイスをしましたか。

1 日本語教室でボランティアを申し込む
2 地域のボランティアに参加する
3 周りの日本人に分からないことを聞く
4 文法と漢字の勉強をする

남자는 여자에게 어떤 조언을 했습니까?

1 일본어 교실에서 자원봉사를 신청한다
2 지역 자원봉사에 참가한다
3 주변 일본인에게 모르는 것을 묻는다
4 문법과 한자 공부를 한다

[풀이]

ⓐ 일본인에게 일본어를 배우거나 문법이나 한자 공부도 도움이 되지만, 일본어로 대화하는 시간이 더욱 도움이 되는 것 같다고 말하고 있다. ⓑ 여자도 동네에 그런 모임이 있는지 알아 보겠다고 말하고 있기 때문에, 선택지 2번이 정답이다.

[단어]

伸びる 늘다 | 参加 참가 | ボランティア 자원봉사 | ゴミ拾い 쓰레기 줍기 | 退社 퇴근 | 集まる 모이다 | 町内 마을(안) | 関心 관심 | 間違える 틀리다, 실수하다 | ～について ～에 대해서 | 気になる 신경이 쓰이다 | 表現 표현 | 周り 주변, 주위 | 役に立つ 도움이 되다 | 文法 문법 | ～にとって ～에 있어서 | 申し込む 신청하다 | 地域 지역

4番

電話で男の学生と女の学生が話しています。女の学生は、歓迎会の場所はどこがいいと言っていますか。

M もしもし。長谷川さん、具合はどう？ もう元気になった？

F うん、だいぶよくなった。ありがとう。明日から学校に行くから。

M そう、それはよかった。ところで、金曜日の新入生の歓迎会には来られそう？

F うん、行けると思うけど。

M そう、よかった。場所なんだけど、ⓐこの前行こうって言っていた居酒屋でいいかな？

F ああ、あそこね。行きたいんだけど、まだ、お酒は飲めないのよ。

M ああ、そうなのか。ソフトドリンクもあるけどね。ⓑじゃ、フロアを丸ごと借りられる、カラオケの店はどうかな？

F ああ、そうねぇ。カラオケね。

M または、ⓒ静かで雰囲気のいいバーがあるんだけど、どうかな？ 学校からも近いし、いろんなお酒やアルコールフリーの飲み物もいろいろあるよ。

F へぇ、よさそうね。

M じゃ、そこを予約しようか。

F そうね。ちょっと、待って。ⓓ静かなところより、みんなの歌をきいたり、一緒に歌ったりしたほうが楽しいと思う。

M ああ…、そうかもしれないね。長谷川さんも新入生も、そのほうが楽しめそうだね。

女の学生は、歓迎会の場所はどこがいいと言っていますか。

1 学校
2 居酒屋
3 カラオケ
4 バー

전화로 남학생과 여학생이 이야기하고 있습니다. 여학생은 환영회 장소는 어디가 좋다고 말하고 있습니까?

M 여보세요. 하세가와, 몸 상태는 어때? 이제 괜찮아졌어?

F 응, 상당히 좋아졌어. 고마워. 내일부터 학교에 갈 거야.

M 그렇군, 그거 잘됐네. 근데, 금요일 신입생 환영회에는 올 수 있겠어?

F 응, 갈 수 있을 것 같아.

M 아, 다행이다. 장소 말인데, ⓐ이전에 가자고 말했었던 선술집으로 괜찮을까?

F 아, 거기 말이지? 가고 싶은데, 아직 술은 못 마셔.

M 아, 그런가. 소프트 드링크도 있는데. ⓑ그럼, 한 층을 통째로 빌릴 수 있는 노래방은 어떨까?

F 아, 그러네. 노래방.

M 또는, ⓒ조용하고 분위기 좋은 바가 있는데, 어떨까? 학교에서도 가깝고 여러 가지 술이나 알코올이 안 들어간 음료수도 여러 개 있어.

F 와, 괜찮을 것 같네.

M 그럼, 거기 예약할까?

F 그래. 잠깐 기다려 봐. ⓓ조용한 곳보다 모두의 노래를 듣거나 함께 노래하거나 하는 쪽이 더 즐거울 것 같은데.

M 아, 그럴지도 모르겠네. 하세가와도 신입생도 그쪽을 더 즐길 수 있을 것 같네.

여학생은 환영회 장소는 어디가 좋다고 말하고 있습니까?

1 학교
2 선술집
3 노래방
4 바

[풀이]

ⓐ 선술집을 언급하고 있으나 신입생 환영회 장소로 확정된 것은 아니다. ⓑ 노래방에 대해서 얘기를 하고 있지만 역시 확정은 아니다. ⓒ 학교 근처 조용한 바에 대해서 말하고 있다. 현재까지의 내용으로서는 정답에 가장 가깝다. 하지만 결국 ⓓ 조용한 바보다 다 같이 즐길 수 있는 노래방으로 가기로 했다. 정답은 선택지 3번이다.

[단어]

歓迎会 환영회 | 場所 장소 | 具合 형편, 상태 | 居酒屋 선술집 | 丸ごと 통째로 | 借りる 빌리다

5番

日本語教室で先生が話しています。明日の京都の天気はどうなると言っていますか。	일본어 교실에서 선생님이 이야기하고 있습니다. 내일 교토의 날씨는 어떻게 된다고 말하고 있습니까?
F 先週からお知らせしたとおり、ⓐ明日は京都動物園の見学日です。移動時間が長いので、午前9時までには駐車場に集合してください。ⓑ今降っている雨が明日の午前まで続くだろうと思いますが、動物園のあるところは曇りで雨は降らないそうです。そして午後からは雲ひとつない天気になる見込みです。明後日からはまた雨の予報があって、もし大雨になる場合は、安全のため授業が中止になることもあります。	F 지난주부터 공지를 한 대로, ⓐ내일은 교토 동물원의 견학일입니다. 이동 시간이 길기 때문에, 오전 9시까지는 주차장에 집합해 주세요. ⓑ지금 내리고 있는 비가 내일 오전까지 이어질 거라고 생각하지만, 동물원이 있는 곳은 흐리고 비는 오지 않는다고 합니다. 그리고 오후부터는 구름 한점 없는 날씨가 될 예정입니다. 모레부터는 다시 비소식이 있고, 만약 폭우가 될 경우에는 안전을 위해서 수업이 중지될 수도 있습니다.
明日の京都の天気はどうなると言っていますか。	내일 교토의 날씨는 어떻게 된다고 말하고 있습니까?
1 午前中は雨だが、午後から止む	1 오전에는 비가 오지만, 오후부터 그친다
2 午前中は曇りだが、午後から雨が降る	2 오전에는 흐리지만, 오후부터 비가 온다
3 午前中は晴れて、午後から曇ってくる	3 오전에는 맑고, 오후부터 흐려진다
4 午前中は曇りだが、午後から晴れる	4 오전에는 흐리지만, 오후부터 맑다

[풀이]

ⓐ 내일은 교토 동물원에 견학하러 가는 날이고, ⓑ 동물원이 있는 교토는 오전에는 흐리고 비는 오지 않는다고 한다. 오후에는 구름 한점 없는 날씨가 될 거라고 말하고 있기 때문에, 선택지 4번이 정답이다.

[단어]

~とおり ~대로 | 動物園 동물원 | 見学 견학 | 移動 이동 | 集合 집합 | 続く 계속되다 | 曇り 흐림 | 見込み 예상, 전망 | 予報 예보 | 大雨 호우 | 安全 안전 | 中止 중지 | 止む 그치다, 멈추다 | 晴れる 맑아지다, 개다

1番^{ばん}

大学^{だいがく}で男^{おとこ}の学生^{がくせい}と女^{おんな}の学生^{がくせい}が話^{はな}しています。男^{おとこ}の学生^{がくせい}はどうして剣道部^{けんどうぶ}に入^{はい}ると言^いっていますか。

M 吉澤^{よしざわ}さん、どんなサークルに入^{はい}るか決^きめた？ 僕^{ぼく}は、剣道部^{けんどうぶ}に入^{はい}ろうと思^{おも}ってるよ。

F まだ決^きめてはないけど。剣道部^{けんどうぶ}？ 剣道^{けんどう}したことあるの？

M 全然^{ぜんぜん}。なんか剣道着^{けんどうぎ}もかっこいいじゃん、剣道部^{けんどうぶ}。小^{ちい}さい頃^{ころ}はおもちゃの刀^{かたな}でいっぱい遊^{あそ}んでたからさ。あの頃^{ころ}が懐^{なつ}かしいなぁ～。

F そんな理由^{りゆう}ならやめた方^{ほう}がいいんじゃない？ 運動部^{うんどうぶ}の方^{ほう}はどれも大変^{たいへん}なんだよ。

M 実^{じつ}はそういうことじゃなくてさ。＠剣道^{けんどう}って、体^{からだ}をよく動^{うご}かすこともあるけど、頭^{あたま}もよく使^{つか}わなければならないっていう点^{てん}が魅力的^{みりょくてき}なんだよ。勉強^{べんきょう}とは違^{ちが}う意味^{いみ}で頭^{あたま}の回転^{かいてん}が速^{はや}くなければならないっていうか。

F なるほどね。それに性別^{せいべつ}や体格差^{たいかくさ}もあまり関係^{かんけい}ないような気^きもするし。そういうところも魅力^{みりょく}があるわね。私^{わたし}もやってみようかな。

M 最近^{さいきん}は礼儀^{れいぎ}を身^みにつけるために剣道^{けんどう}を始^{はじ}める人^{ひと}も多^{おお}いんだって。心身^{しんしん}ともに鍛^{きた}えるためにね。

F だから小^{ちい}さい時^{とき}から剣道^{けんどう}をする子^こが多^{おお}いんだ。じゃあ、頑張^{がんば}ってね。後^{あと}でどうだったか教^{おし}えてね。

男^{おとこ}の学生^{がくせい}はどうして剣道部^{けんどうぶ}に入^{はい}ると言^いっていますか。

1 剣道具^{けんどうぐ}と剣道着^{けんどうぎ}がかっこいいから

2 体^{からだ}も頭^{あたま}も上手^{じょうず}く使^{つか}わないといけないから

3 性別^{せいべつ}や体格差^{たいかくさ}が関係^{かんけい}ないから

4 礼儀^{れいぎ}を身^みにつけることができるから

대학에서 남학생과 여학생이 이야기하고 있습니다. 남학생은 왜 검도부에 들어간다고 말하고 있습니까?

M 요시자와 씨, 어떤 서클에 들어갈지 정했어? 나는 검도부에 들어가려고 해.

F 아직 정하진 않았는데. 검도부? 검도를 해 본 적이 있어?

M 전혀. 뭔가 검도복도 멋있잖아, 검도부. 어릴 때는 장난감 칼로 많이 놀았거든. 그 시절이 그립네.

F 그런 이유라면 그만두는 편이 좋지 않을까? 운동부 쪽은 어디나 힘들단 말이지.

M 사실 그런 것은 아니고. ＠검도라는 게 몸을 잘 움직이는 것도 있지만, 머리도 잘 써야 하는 점이 매력적이야. 공부와는 다른 의미로 머리 회전이 빨라야 한다고 해야 할까.

F 그렇구나. 게다가 성별이나 체격 차이도 그다지 상관없는 것 같기도 하고. 그런 부분도 매력이 있네. 나도 해 볼까?

M 최근에는 예의를 몸에 익히기 위해서 검도를 시작하는 사람도 많대. 몸과 마음을 모두 단련시키기 위해서 말이지.

F 그래서 어릴 때부터 검도를 하는 애들이 많은 거구나. 그럼, 힘내. 나중에 어땠는지 알려줘.

남학생은 왜 검도부에 들어간다고 말하고 있습니까?

1 검도구와 검도복이 멋있기 때문에

2 몸도 머리도 잘 사용해야 하기 때문에

3 성별이나 체격 차이가 상관없기 때문에

4 예의를 몸에 익힐 수 있기 때문에

[풀이]

＠ 남자는 검도는 몸을 잘 움직이고 머리도 잘 써야 한다는 것이 매력적이라고 말하고 있다. 따라서 정답은 선택지 2번이다.

[단어]

剣道^{けんどう} 검도 | 頃^{ころ} 때, 시절 | 刀^{かたな} 칼 | 懐^{なつ}かしい 그립다 | 動^{うご}かす 움직이다, 움직이게 하다 | 魅力^{みりょく} 매력 | 回転^{かいてん} 회전 | 性別^{せいべつ} 성별 | 体格^{たいかく} 체격 | 差^さ 차, 차이 | 気^きがする 기분이 들다, 생각이 들다 | 礼儀^{れいぎ} 예의 | 身^みにつける 몸에 익히다 | 鍛^{きた}える 단련하다

2番

会社で女の人と男の人が話しています。男の人は、なぜ残業をしなければならないと言っていますか。

F あれ？吉田さん、帰らないの？

M うん、今日は残業なんだ。明日の朝までにやることがあって。

F 大変だね。え、これって、この前作った企画書でしょ？どうしてやり直してるの？

M ああ、ⓐちょっと数字が間違ったとこがあって、修正してたところなんだ。もうメールで送るだけでいいんだ。

F ああ、そう。じゃ、それは、もう終わったんだね。あ、取引先の会議で使う資料がまだできてないの？

M いや、ⓑ資料の整理はもう済んでるんだ。何度も確認したから、間違ってるところはないと思うよ。

F じゃあ、なんで遅くなるの？

M 実はさ、ⓒ先方の担当者のメールアドレスがわからなくて、連絡を待ってるところなんだけど、なかなか連絡が来ないんだ。だからといって、こっちから電話するのも何だしね。

F なるほど、そういうことか。そっちの会社も、明日の会議の前に資料を確認しないといけないわけね。

M まあ、そういうわけなんだ。

F そうか。じゃあ、先に帰るね。お疲れ様。

M うん、また明日。

회사에서 여자와 남자가 이야기하고 있습니다. 남자는 왜 잔업을 해야 한다고 말하고 있습니까?

F 응? 요시다 씨, 집에 안 가?

M 응, 오늘은 야근이야. 내일 아침까지 할 일이 있어서.

F 힘들겠네. 어? 이거 지난번에 만들었던 기획서잖아? 왜 다시 만들고 있어?

M 아, ⓐ조금 숫자가 틀린 곳이 있어서 수정하고 있었던 참이야. 이제 메일로 보내기만 하면 돼.

F 아, 그래? 그럼, 그건 이제 끝난 거구나. 아, 거래처 회의에서 쓸 자료 아직 안 됐어?

M 아니, ⓑ자료 정리는 벌써 다 했어. 몇 번이나 확인했으니까 틀린 부분은 없을 거야.

F 그럼 왜 늦어지는 거야?

M 실은, ⓒ상대 회사 담당자의 메일 주소를 몰라서 연락을 기다리고 있는 중인데 좀처럼 연락이 안 오네. 그렇다고 해서 이쪽에서 전화하는 것도 좀 그렇고.

F 아, 그런 거구나. 그쪽 회사도 내일 회의 전에 자료를 확인해야 하니까.

M 뭐, 그런 거지.

F 그렇구나. 그럼, 먼저 갈게. 수고해.

M 응, 내일 봐.

男の人は、なぜ残業をしなければならないと言っていますか。

1 企画書の修正をするため
2 取引先の会議で使う資料を作るため
3 取引先の担当者の連絡を待つため
4 メールで資料を受け取るため

남자는 왜 잔업을 해야 한다고 말하고 있습니까?

1 기획서 수정을 하기 위해서
2 거래처 회의에서 사용할 자료를 만들기 위해서
3 거래처 담당자의 연락을 기다리기 위해서
4 메일로 자료를 받기 위해서

[풀이]

ⓐ 기획서 수정은 다 했다고 말하고 있기 때문에 선택지 1번은 정답이 될 수 없다. ⓑ 거래처 회의에서 사용할 자료 정리도 다 되었다고 한다. 따라서 선택지 2번은 정답이 될 수 없다. ⓒ 상대방의 메일 주소를 몰라서 연락을 기다리고 있다는 남자의 말에서 정답은 3번이라는 것을 알 수 있다. 선택지 4번에 대한 언급은 없었다.

[단어]

残業ざんぎょう 잔업(야근) | 企画書きかくしょ 기획서 | ～直なおす 다시 ～하다 | 間違まちがう 틀리다, 잘못되다 | 修正しゅうせい 수정 | 送おくる 보내다 | 取引先とりひきさき 거래처 |

整理せいり 정리 | 確認かくにん 확인 | 先方せんぽう 상대방 | 担当者たんとうしゃ 담당자 | 受うけ取とる 받다, 받아들이다

3番ばん

会社かいしゃで男性社員だんせいしゃいんと女性社員じょせいしゃいんが話はなしています。女性社員じょせいしゃいんは、引ひっ越こした町まちの何なにがいちばん気きに入いっていると言いっていますか。	회사에서 남자 사원과 여자 사원이 이야기하고 있습니다. 여자 사원은 이사한 동네의 무엇이 가장 마음에 든다고 말하고 있습니까?
M 西村にしむらさん、おはよう。	M 니시무라 씨, 안녕.
F ああ、おはようございます。	F 아, 안녕하세요.
M 引ひっ越こしたんだって？どう、今度こんどの場所ばしょは？	M 이사했다면서? 어때, 이번 동네는?
F とっても気きに入いってます。部屋へやも大おおきいし。	F 굉장히 마음에 들어요. 방도 크고.
M それはよかったね。前まえ住すんでたところは荷物にもつの置おき場ばもないって言いってたもんね。	M 그거 잘됐네. 전에 살던 곳은 짐을 둘 곳도 없다고 했었잖아.
F ええ。ただ、夜よる静しずか過すぎて、少すこし怖こわいときもあるんです。前まえの所ところでは、そんなことなかったんですけど。まあ、よく眠ねむれるのはいいんですけどね。	F 네. 단지 밤에 너무 조용해서 조금 무서울 때도 있어요. 이전 집에서는 그런 적 없었는데. 뭐, 푹 잠들 수 있는 건 좋지만요.
M そう？人通ひとどおりが少すくない所ところは、夜よる遅おそく帰かえるときは危あぶないよね。	M 그래? 사람의 왕래가 적은 곳은 밤늦게 돌아갈 때는 위험하지.
F でも、ⓐ人通ひとどおりが少すくないわけではないんです。近きん所じょに交番こうばんもあるし、かえって安全あんぜんなくらいです。夜よる寝ねるときちょっと怖こわいだけです。で、ⓑ何なによりいいのは、急行きゅうこうが止とまる駅えきなんです。前まえより少すこし混雑こんざつしてるけど。	F 그래도 ⓐ사람의 왕래가 적은 것은 아니에요. 근처에 파출소도 있고 오히려 안전할 정도예요. 밤에 잘 때 조금 무서운 것뿐이에요. 그리고 ⓑ무엇보다 좋은 것은 급행이 서는 역이라는 거예요. 전보다 조금 혼잡하지만요.
M そうか。それはよかったね。	M 그래? 그건 잘됐네.
F ええ、通勤つうきんに便利べんりなのはとってもうれしいです。駅えきからはちょっと遠とおいんですけどね。あと、ⓒ生活用品せいかつようひんや食たべ物ものもけっこう安やすいんです。	F 네, 통근에 편리한 것은 너무 좋아요. 역에서는 조금 멀지만요. 그리고 ⓒ생활용품이나 음식도 상당히 싸요.
女性社員じょせいしゃいんは、引ひっ越こした町まちの何なにがいちばん気きに入いっていると言いっていますか。	여자 사원은 이사한 동네의 무엇이 가장 마음에 든다고 말하고 있습니까?
1 静しずかできれいなこと	1 조용하고 깨끗한 것
2 人通ひとどおりが多おおくて安全あんぜんなこと	2 사람의 왕래가 많고 안전한 것
3 交通こうつうが便利べんりなこと	3 교통이 편리한 것
4 生活用品せいかつようひんや食たべ物ものが安やすいこと	4 생활 용품이나 음식이 싼 것

[풀이]

ⓐ 사람의 왕래가 적은 편은 아니라고 여자는 말하고 있다. 사람의 왕래가 많은 것과 적은 편이 아니라는 것은 의미가 다르기 때문에 선택지 2번은 정답이 될 수 없다. ⓑ 무엇보다 좋은 것은 급행이 서서 교통이 편리하다는 것이다. 따라서 정답은 선택지 3번이

다. ⓒ 생활용품과 음식도 싸다고 말하고 있지만, 여자가 가장 마음에 드는 이유는 아니기 때문에 선택지 4번은 정답이 아니다. 선택지 1번에 대한 언급은 없었다.

[단어]

気に入る 마음에 들다 | 荷物 짐, 화물 | 眠る 잠들다 | 人通り 사람의 왕래 | 交番 파출소 | かえって 오히려 | 急行 급행 | 混雑 혼잡 | 通勤 통근 | 生活 생활 | 用品 용품

4番

店で店長と男の人が話しています。二人は売上を伸ばすために、どうすることにしましたか。

F 去年に比べて今年の売上は良くないね。何かいいアイデアはないかな。

M セットメニューを作ってみるのはどうですか。うちの店は一人のお客様が多くて、メインメニュー以外のサイドメニューの売上が少し低調なようです。

F ふうん、セットメニューね。セットの場合は、もう少し高くしても大丈夫かな。

M はい。メニューの選択を単品にするのか、セットにするのかはお客様次第なので、特に問題はないと思います。セットで注文したら、別々に注文するより安くすると、お客さんも喜んでくれると思いますが。

F 飲み物にも工夫が必要だと思うけど、ワインを追加するのはどう?

M ワインのことはよく分かりませんが…。あ、お持ち帰りを始めてみるのはどうですか。

F それもいい考えだね。きれいなお持ち帰り用の容器でお店の宣伝もできそうだし。これは他のスタッフの話も聞いてみないとね。まずは見合わせておこう。ワインの件も。

M あとは、ⓐお店のホームページで予約サービスを始めてみるのもいいと思います。電話で予約するのが不便だというお客様の意見もありました。

F ⓑうん。それはすぐ改善しなければならないね。業者に頼んでおくわ。じゃ、セットメニューに入れる単品から決めてみようかしら。

가게에서 점장과 남자가 이야기하고 있습니다. 두 사람은 매출을 늘리기 위해서 어떻게 하기로 했습니까?

F 작년에 비해서 올해 매출은 좋지 않네. 뭔가 좋은 아이디어 없을까?

M 세트 메뉴를 만들어 보는 건 어떨까요? 우리 가게는 1인 손님이 많아서, 메인 메뉴 외의 사이드 메뉴의 매상이 조금 저조한 것 같아요.

F 음, 세트 메뉴 말이지. 세트일 경우에는 조금 비싸게 해도 괜찮을까?

M 네. 메뉴의 선택을 단품으로 할지, 세트로 할지는 손님에게 달려 있는 거라서, 딱히 문제는 없을 것 같아요. 세트로 주문하면, 따로따로 주문하는 것보다 싸게 하면 손님들도 좋아할 것 같은데요.

F 마실 것에도 연구가 필요할 것 같은데, 와인을 추가하는 건 어떨까?

M 와인은 잘 몰라서…. 아, 포장 판매를 시작해 보는 것은 어떨까요?

F 그것도 좋은 생각이네. 예쁜 포장 용기로 가게 홍보도 할 수 있을 것 같고. 이건 다른 직원들의 이야기도 들어 봐야겠네. 우선은 보류해 두자. 와인 건도.

M 그리고 ⓐ가게 홈페이지에서 예약 서비스를 시작해 보는 것도 좋을 것 같아요. 전화로 예약하는 것이 불편하다는 손님의 의견도 있었어요.

F ⓑ응. 그건 바로 개선 해야겠네. 업자에게 부탁해 둘 게. 그럼, 세트 메뉴에 들어갈 단품부터 정해 볼까?

二人は売上を伸ばすために、どうすることにしましたか。	두 사람은 매출을 늘리기 위해서 어떻게 하기로 했습니까?
1　セットメニューの値段を下げる	1　세트 메뉴의 가격을 내린다
2　飲み物の種類を増やす	2　음료 종류를 늘린다
3　お持ち帰りを始める	3　포장 판매를 실시한다
4　ホームページを修正する	4　홈페이지를 수정한다

[풀이]

ⓐ 가게 홈페이지에서 예약 서비스를 시작해 보는 것이 좋을 것 같다는 의견에, ⓑ 바로 개선하겠다고 말하고 있다. 따라서 정답은 선택지 4번이다. 포장 판매와 와인 추가 건은 보류하자고 말하고 있기 때문에, 선택지 2번과 3번은 정답이 될 수 없다.

[단어]

売上 매상, 매출 | 伸ばす 늘리다 | ～に比べて ～에 비해서 | 低調 저조 | 選択 선택 | 単品 단품 | ～次第だ ～에 달려 있다, ～하기 나름이다 | 別々 따로따로, 각자 | 喜ぶ 기뻐하다 | 工夫 궁리, 연구 | 追加 추가 | お持ち帰り 포장, 테이크 아웃 | 容器 용기, 그릇 | 宣伝 선전, 홍보 | 見合わせる 보류하다 | 改善 개선 | 業者 업자 | 値段 가격 | 種類 종류 | 増やす 늘리다 | 修正 수정

5番

ラジオで講師が話しています。この講師は、ストレスについてどう思っていますか。	라디오에서 강사가 이야기하고 있습니다. 이 강사는 스트레스에 대해서 어떻게 생각하고 있습니까?
M　小さな子供からお年寄りまでほとんどの人は多かれ少なかれストレスを感じながら生きています。ⓐ結論から言えば、ストレスというのは、私たちが生まれた瞬間から死ぬまで共にしなければならないということです。ストレスを受けないようにすることは不可能なので、これをなくそうとする努力は何の意味もありません。ストレスを減らす方法を見つけることが重要です。あまりにも大きくなってしまったストレスは、私たちを危険にさらす可能性もあります。しかし、適度なストレスは幸せのための動機付けにもなり、瞬発力や判断力を刺激して危機を乗り越える力にもなります。	M　어린아이부터 노인까지, 대부분의 사람은 많든 적든 스트레스를 느끼면서 살아가고 있습니다. ⓐ결론부터 말하면, 스트레스라는 것은 우리들이 태어난 순간부터 죽을 때까지 함께 해야 한다는 것입니다. 스트레스를 받지 않도록 하는 것은 불가능하기 때문에, 이것을 없애려고 하는 노력은 아무런 의미도 없습니다. 스트레스를 줄이는 방법을 찾는 것이 중요합니다. 너무 커져 버린 스트레스는 우리를 위험에 처하게 할 수도 있습니다. 하지만, 적당한 스트레스는 행복을 위한 동기부여가 될 수도 있고, 순발력이나 판단력을 자극해서 위기를 극복할 수 있는 힘이 되기도 합니다.
この講師は、ストレスについてどう思っていますか。	이 강사는 스트레스에 대해서 어떻게 생각하고 있습니까?
1　ストレスを感じない人はあり得る	1　스트레스를 느끼지 않는 사람은 있을 수 있다
2　ストレスがないのはいいことではない	2　스트레스가 없는 것은 좋은 것이 아니다
3　ストレスをなくすことは不可能だ	3　스트레스를 없애는 것은 불가능하다
4　ストレスを受けないようにするための努力をするべきだ	4　스트레스를 받지 않도록 하기 위한 노력을 해야 한다

[풀이]

ⓐ 스트레스는 죽을 때까지 함께 하는 것으로 스트레스를 받지 않는 것은 불가능하고 이것을 없애려는 노력은 아무 의미가 없다고 말하고 있다. 따라서 정답은 선택지 3번이다. 적당한 스트레스는 도움이 되는 것도 있고, 스트레스가 없는 것은 있을 수 없다고 말하고 있다. 따라서 선택지 2번은 정답이 될 수 없다.

[단어]

講師 강사 | お年寄り 노인, 어르신 | 多かれ少なかれ 많든 적든 | 結論 결론 | 生まれる 태어나다, 생기다 | 瞬間 순간 | 努力 노력 | 減らす 줄이다 | 見つける 발견하다. 찾아내다 | 危険 위험 | さらす 드러나다 | 適度 적당 | 動機付け 동기부여 | 瞬発力 순발력 | 判断 판단 | 刺激 자극 | 危機 위기 | 乗り越える 뛰어넘다. 극복하다 | 〜得る 〜할 수 있다 | 〜べきだ 〜해야 한다

問題 3

개요 이해 **실전 연습 ❶** p.384 스크립트와 문제 해설

1番

講演会でボランティアの人が話しています。	강연회에서 자원봉사자가 이야기하고 있습니다.
F 現代社会において公園は、多くの役割を担っています。疲れた体と心を癒す憩いの場として運動や文化芸術の活動が行われる場所です。また、都市における公園は、都市の自然と環境を守る場所でもあり、あちこちに咲いているきれいな花や木が生い茂る緑の空間が大気中の二酸化炭素を吸収して空気を浄化してくれます。ⓐこのように重要な役割を担っている場所にゴミを捨てる人が未だに大勢います。ゴミ箱の設置、清掃、罰金などの取り組みにもゴミ捨ては解決されていません。根本的な解決のためには、長期的で持続可能な教育を通じて市民の社会意識を高めることが重要です。	F 현대 사회에서 공원은 많은 역할을 담당하고 있습니다. 지친 몸과 마음을 치유하는 쉼터로서 운동과 문화 예술의 활동이 이루어지고 있는 공간입니다. 또한 도시에서의 공원은 도시의 자연과 환경을 보호하는 장소이기도 하고, 여기저기에 피어 있는 예쁜 꽃이나 나무가 무성한 녹지공간이 대기 중의 이산화탄소를 흡수하고 공기를 정화해 줍니다. ⓐ이렇게 중요한 역할을 담당하고 있는 장소에 쓰레기를 버리는 사람들이 아직도 많이 있습니다. 쓰레기통의 설치, 청소, 벌금 등의 대처로도 쓰레기 투기는 해결되고 있지 않습니다. 근본적인 해결을 위해서는 장기적이고 지속가능한 교육을 통해서 시민들의 사회의식을 높이는 것이 중요합니다.
このボランティアの人は、何について話していますか。	이 자원봉사자는 무엇에 대해서 이야기하고 있습니까?
1 公園と文化芸術の合体	1 공원과 문화 예술의 합체
2 現代社会における公園の役割	2 현대사회에서의 공원의 역할
3 ゴミと空気浄化との相関関係	3 쓰레기와 공기 정화와의 상관 관계
4 教育によるごみ問題の改善	4 교육을 통한 문제 개선

[풀이]

ⓐ 중요한 역할을 담당하고 있는 공원에 쓰레기를 버리는 문제가 발생하고 있고, 근본적인 해결을 위해서 장기적이고 지속가능한 교육이 필요하다고 말하고 있다. 따라서 정답은 선택지 4번이다.

[단어]

講演会 강연회 | 現代 현대 | ～において ～에서, ～에 있어서 | 役割 역할 | 担う 담당하다 | 癒す 치유하다 | 憩いの場 휴식 공간, 쉼터 | ～として ～으로서 | 芸術 예술 | 行う 행하다, 실시하다 | ～における ～에서의, ～에 있어서의 | 環境 환경 | 守る 지키다 | あちこち 여기저기 | 生い茂る 무성하다, 우거지다 | 二酸化炭素 이산화탄소 | 吸収 흡수 | 浄化 정화 | 捨てる 버리다 | 未だに 아직도 | 大勢 많은 사람 | 設置 설치 | 罰金 벌금 | 取り組み 시도, 대처 | 根本 근본 | 持続 지속 | ～を通じて ～를 통해서 | 意識 의식 | 合体 합체 | ～による ～에 의한, ～에 따른 | 改善 개선

2番

テレビでアナウンサーが話しています。	TV에서 아나운서가 이야기하고 있습니다.
F 皆さんは、お店で流れる音楽について考えたことがありますか。ⓐ売り場のコンセプトやターゲットの客層を考慮して、選曲した曲だけが流れているのです。たとえば、カフェやレストランでは、落ち着いた上品でエキゾチックな音楽がお店の雰囲気を一層引き立ててくれます。子供向けの売り場では明るくリズミカルな音楽が、高級ブランド売り場ではクラシックやジャズが似合います。ⓑこのように音楽の選曲というのは、お店の売り上げにもつながる重要なポイントになるのです。曲の選択も重要ですが、ボリュームの調整も重要です。小さすぎて聞こえなかったり、うるさすぎる音楽はお客さんの気分を害する恐れもあります。	F 여러분들은 가게에서 흐르는 음악에 대해서 생각해 본 적이 있나요? ⓐ매장의 콘셉트나 타깃 고객층을 고려해서, 선곡한 곡들만 흘러나오고 있는 것입니다. 예를 들면, 카페나 레스토랑에서는 차분하고 고급스럽고 이국적인 음악이 매장의 분위기를 한층 돋보이게 해 줍니다. 어린아이를 대상으로 한 매장에서는 밝고 리드미컬한 음악이, 고급 브랜드 매장에서는 클래식이나 재즈가 어울립니다. ⓑ이렇게 음악의 선곡이라는 것은 가게의 매출로도 이어지는 중요한 포인트가 되는 것입니다. 곡의 선택도 중요하지만, 볼륨 조절 또한 중요합니다. 너무 작아서 들리지 않거나 너무 시끄러운 음악은 손님의 기분을 상하게 할 우려도 있습니다.
アナウンサーは、何について話していますか。	아나운서는 무엇에 대해서 이야기하고 있습니까?

1 明るい音楽が人に与える効果	1 밝은 음악이 사람에게 주는 효과
2 カフェやレストランで流れる音楽のジャンル	2 카페나 레스토랑에서 흐르는 음악의 장르
3 店内で流れる音楽の重要性	3 매장 내에서 흐르는 음악의 중요성
4 客が楽しめる音楽のボリューム	4 손님이 즐길 수 있는 음악의 볼륨

[풀이]

ⓐ 매장 내의 음악은 콘셉트나 고객층을 고려해서 선곡한 곡들만 흘러나오고 있다고 말하고 있다. 또, ⓑ 음악의 선곡은 가게의 매출로도 이어지는 중요한 포인트이고, 볼륨의 조절도 중요하다고 말하고 있기 때문에, 정답은 선택지 3번이다.

[단어]

流れる 흐르다 | ～について ～에 대해서 | 売り場 매장 | 客層 고객층 | 考慮 고려 | 選曲 선곡 | 落ち着く 안정되다, 침착하다 | 上品 품위가 있음, 고급품 | エキゾチック 이그조틱, 이국적인 정서 | 雰囲気 분위기 | 一層 한층, 일층 | 引き立てる 돋보이게 하다, 북돋우다 | ～向け ～용, ～대상 | 高級 고급 | 似合う 잘 맞다, 어울리다 | 売り上げ 매상, 매출 | 調整 조정 | ～すぎる 지나치게 ～하다 | 害する 해치다, 상하게 하다 | 恐れ 우려, 두려움 | 与える 주다 | 効果 효과

정답 및 해석 107

セミナーで男の人が話しています。

M 今でも地球上のいろんな国では戦争が続いています。国家間の武力衝突や同じ国の中での内戦など戦争による被害は、私たちの想像をはるかに超えています。開戦中の戦争を止めさせることは非常に大変で、難しいことです。両者の利害関係を一致させる方法がほとんどないからです。したがって、⑧戦争を止めさせるための最も効果的な方法は、戦争を未然に防ぐことです。外交と交渉、国際的協力、人権と正義の提唱などがその方法だと言えます。これらすべては結局、⑥相手をうまく説得したり、より良い条件が得られるようにとても上手く話さなければならないということです。今後は、これらを養うための教育の必要性についても関心を持つべきです。

세미나에서 남자가 이야기하고 있습니다.

M 지금도 지구상의 여러 나라에서는 전쟁이 지속되고 있습니다. 국가 간의 무력 충돌이나 같은 나라 내에서의 내전 등 전쟁으로 인한 피해는 우리들의 상상을 아득히 뛰어넘습니다. 개전 중인 전쟁을 멈추게 하는 것은 굉장히 힘들고 어려운 일입니다. 양자의 이해 관계를 일치시킬 수 있는 방법이 거의 없기 때문이죠. 따라서 ⑧전쟁을 멈추게 하기 위한 가장 효과적인 방법은 전쟁을 미연에 방지하는 것입니다. 외교와 교섭, 국제적 협력, 인권과 정의의 제창 등이 그 방법이라고 말할 수 있습니다. 이 모든 것은 결국, ⑥상대를 잘 설득하거나 보다 좋은 조건을 얻을 수 있도록 굉장히 말을 잘해야 한다는 것입니다. 앞으로는 이러한 것을 양성하기 위한 교육의 필요성에 대해서도 관심을 가져야 합니다.

男の人は、何について話していますか。

남자는 무엇에 관해서 이야기하고 있습니까?

1 戦争の原因と解決方法
2 戦争を防ぐ方法と課題
3 戦争における交渉の重要性
4 戦争の惨状に関する教育の必要性

1 전쟁의 원인과 해결 방법
2 전쟁을 막는 방법과 과제
3 전쟁에서의 교섭의 중요성
4 전쟁의 참상에 관한 교육의 필요성

[풀이]

⑧ 전쟁을 막는 가장 효과적인 방법은 외교와 교섭, 국제적 협력, 인권과 정의의 제창 등으로 전쟁을 미연에 방지하는 것이라고 말하고 있다. 또, ⑥ 상대를 잘 설득하거나 보다 좋은 조건을 위해서 말을 잘하기 위한 교육의 필요성을 과제로 말하고 있다. 따라서 정답은 선택지 2번이다. 전쟁의 원인에 대한 언급은 없기 때문에, 선택지 1번은 정답이 아니다. 전쟁을 막는 방법이 교섭만은 아니기 때문에, 선택지 3번도 정답이 될 수 없다.

[단어]

戦争 전쟁 | 続く 계속되다 | 武力 무력 | 衝突 충돌 | 内戦 내전 | ～による ～에 의한 | 被害 피해 | 想像 상상 | はるかに 훨씬, 까마득히 | 超える 넘기다, 초과하다 | 開戦 개전 | 止める 멈추다, 세우다 | 非常に 매우, 상당히 | 利害 피해 | 最も 가장 | 効果 효과 | 未然 미연 | 防ぐ 막다, 방지하다 | 外交 외교 | 交渉 교섭 | 協力 협력 | 人権 인권 | 正義 정의 | 提唱 제창 | 説得 설득 | 条件 조건 | 養う 기르다, 양육하다 | 教育 교육 | ～べきだ ～해야 한다 | ～について ～에 대해서 | 原因 원인 | 解決 해결 | 課題 과제 | ～における ～에서의, ～에 있어서의 | 惨状 참상 | ～に関する ～에 관한

4番

ラジオで女の人が話しています。

F 最近、興味深いアンケート結果が出ました。子どもたちの将来の職業に関するものですが、1位を占めたのは、何とパティシエだったのです。パティシエというのは、お菓子を作る職業ですが、このような結果が出たのは、テレビや雑誌で、有名な店のパンとかデザートなどが頻繁に紹介されていることや、ドラマの主人公にパティシエがよく登場しているためで、ⓐ子どもたちがメディアの影響を強く受けているものといえそうです。子どもたちにも大きな影響を及ぼしているメディアについて、あらためて考えさせられる結果だったといえます。主に大人のための暴力的で刺激的な番組を子どもたちも見ているのだ、ということを意識しながら、番組を作るべきではないでしょうか。1位のパティシエのほかには、2位は教師、3位は医師、それから、4位はサッカー選手で、5位は野球選手でした。

女の人は、主に何について話していますか。

1 子どもはお菓子作りが好きだということ
2 子どもたちの将来の職業への心配
3 メディアの影響力は大きいということ
4 子どもたちのテレビの視聴率

라디오에서 여자가 이야기하고 있습니다.

F 최근 흥미로운 앙케트 결과가 나왔습니다. 아이들의 장래 직업에 관한 것인데요, 1위를 차지한 것은 무려 파티시에였습니다. 파티시에라고 하는 것은 과자를 만드는 직업인데요, 이런 결과가 나온 것은 TV나 잡지에서 유명한 가게의 빵이나 디저트 등이 빈번하게 소개되거나, 드라마 주인공으로 파티시에가 자주 등장하고 있기 때문으로, ⓐ아이들이 미디어의 영향을 강하게 받고 있는 것이라고 할 수 있겠습니다. 아이들에게도 큰 영향을 미치고 있는 미디어에 대해서 다시 생각하게 되는 결과라고 말할 수 있습니다. 주로 어른을 위한 폭력적이고 자극적인 방송을 아이들도 보고 있다는 것을 의식하면서 방송을 만들어야 하는 게 아닐까요. 1위인 파티시에 외에 2위는 교사, 3위는 의사, 그리고 4위는 축구 선수이고, 5위는 야구 선수였습니다.

여자는 주로 무엇에 대해서 이야기하고 있습니까?

1 아이는 과자 만들기를 좋아한다는 것
2 아이들의 장래 직업에 대한 걱정
3 미디어의 영향력은 크다는 것
4 아이들의 텔레비전 시청률

[풀이]

ⓐ 미디어가 아이들에게 주는 영향력에 대한 비판과 걱정을 언급하고 있다. 따라서 정답은 선택지 3번이다. 나머지 선택지에 대한 언급은 없었다.

[단어]

興味深い 흥미롭다 | 将来 장래, 미래 | 職業 직업 | 〜に関する 〜에 관한 | 占める 차지하다 | 頻繁 빈번 | 及ぼす 미치게 하다 | 暴力的 폭력적 | 刺激的 자극적 | 視聴率 시청률

5番

会議で男の人が話しています。

M 先週申し上げましたように、今週の金曜日は外国から大切なお客様がいらっしゃる日です。まず、ⓐお客様がお泊まりになるホテルの予約について、問題がないようもう一度確認してください。3人が別々の部屋をご利用になるということと、それからⓑ飛行機のチケットは、すでにお送りしてありますが、お受け取りになったかどうか確認することも、忘れないでください。あと、ホテルでのチェックインが終わり次第、わが社へ向かわれることになってますので、時間に遅れないようにホテルへ行く必要があります。それから、飛行機のチケットのことをお話しするとき、ⓒ一昨日お送りした会議の資料のことも一緒に確認するようお願いします。

회의에서 남자가 이야기하고 있습니다.

M 지난주에 말씀드린 것처럼 이번 주 금요일은 외국에서 중요한 고객이 오시는 날입니다. 우선 ⓐ고객이 머무실 호텔 예약에 대해서 문제가 없도록 다시 한 번 확인해 주세요. 3명이 각각 다른 방을 이용하신다는 것과 그리고 ⓑ비행기 티켓은 이미 보내 두었는데 잘 받으셨는지 확인하는 것도 잊지 마세요. 그리고 호텔 체크인이 끝나는 대로 우리 회사로 오시기로 되어 있으니, 시간에 늦지 않게 호텔로 갈 필요가 있습니다. 그리고 비행기 티켓에 관한 것을 이야기할 때 ⓒ그저께 보낸 회의 자료에 대한 것도 함께 확인 부탁 드립니다.

男の人は、何について話していますか。

1 お客を迎える準備
2 ホテルの予約の変更
3 飛行機のチケットの準備
4 会議の資料の変更

남자는 무엇에 대해서 이야기하고 있습니까?

1 고객을 맞이할 준비
2 호텔 예약 변경
3 비행기 티켓 준비
4 회의 자료 변경

[풀이]

ⓐ 고객이 머무를 호텔 예약을 다시 확인하라고 하고 있다. 따라서 선택지 2번은 정답이 아니다. ⓑ 상대방이 비행기 티켓을 받았는지 확인하라고 하고 있기 때문에 선택지 3번도 정답이 될 수 없다. ⓒ 회의 자료 변경에 대한 내용은 확인할 수 없기 때문에 선택지 4번도 정답이 아니다. 전체적인 내용을 종합해 보면, 정답은 선택지 1번이라는 것을 알 수 있다.

[단어]

申し上げる 말씀드리다 | 確認 확인 | すでに 이미, 벌써 | 受け取る 받다 | ～次第 ～하는 대로 | 資料 자료 | 迎える 맞이하다 | 変更 변경

1番

大学で先生が話しています。	대학에서 선생님이 이야기하고 있습니다.
F 今週の土曜日は大学でエネルギーのフォーラムが開かれます。今回は、大手の企業を含め、エネルギーの開発に力を入れている20社が参加します。フォーラムは2時間で、2部構成になっています。第1部では、将来のエネルギー開発のための現状を主要テーマとして進行します。第2部では、全国の大学生の研究発表が予定されています。うちの大学の発表は6番目です。先週フォーラムの参加申し込みをした学生たちは、授業が終わったあと、私の研究室に来てください。	F 이번 주 토요일은 대학에서 에너지 포럼이 열립니다. 이번에는 대기업을 포함해 에너지 개발에 힘쓰고 있는 20개 회사가 참가합니다. 포럼은 2시간이고, 2부 구성으로 되어 있습니다. 제1부에서는 미래 에너지 개발을 위한 현재 상황을 주요 테마로서 진행합니다. 제2부에서는 전국 대학생들의 연구 발표가 예정되어 있습니다. 우리 대학의 발표는 6번째입니다. 지난주에 포럼 참가 신청을 한 학생들은 수업이 끝난 후에 제 연구실로 와 주세요.
先生の話の主な内容は何ですか。	선생님의 이야기의 주된 내용은 무엇입니까?

1 フォーラムの案内	1 포럼의 안내
2 フォーラムの目的	2 포럼의 목적
3 フォーラムの申し込み	3 포럼의 신청
4 フォーラムの対象	4 포럼의 대상

[풀이]

전체적인 줄거리를 보면 선생님의 말하는 주요 내용은 선택지 1번의 포럼 안내라는 것을 알 수 있다.

[단어]

フォーラム 포럼 | 開く 열리다 | 含める 포함하다 | 開発 개발 | 力を入れる 힘을 쏟다 | 参加 참가 | 構成 구성 | 将来 장래, 미래 | 現状 현상, 현재 상황 | 申し込み 신청 | 対象 대상

2番

ラジオでアナウンサーと専門家が話しています。

M AIが発達するにつれて人間にできることがますます減ってきているという批判の声が高まっています。先生は、このような意見についてどう思っていらっしゃいますか。

F 一見すると、その通りに見えるかもしれません。しかし、人間は変化する時代や環境に合わせて進化してきました。コンピューターが最初に発明されたときも、機械が人に取って代わるだろうという意見が支配的でしたが、今ではコンピューターの発達により数多くの仕事が新たに生まれました。ⓐ技術の発達によってこれまで想像もつかなかった分野を開拓するためにより多くの人の力が必要になったのです。私は、AIの登場もやはりそのようなものであると思います。ⓑ人工知能の機械に人間の領域が奪われるように見えるかもしれませんが、人間だけが活躍できるより多くの新しい領域が私たち人の手を待っていることでしょう。

ラ디오에서 아나운서와 전문가가 이야기하고 있습니다.

M AI가 발달함에 따라서 인간이 할 수 있는 일이 점점 줄어들고 있다는 비판의 소리가 높아지고 있습니다. 선생님은 이런 의견에 대해서 어떻게 생각하고 계시나요?

F 언뜻 보면 맞는 말처럼 보일 수도 있습니다. 하지만, 인간은 변화하는 시대나 환경에 맞춰서 진화해 왔습니다. 컴퓨터가 처음 발명되었을 때도 기계가 사람을 대신하게 될 거라는 의견이 지배적이었지만, 지금은 컴퓨터의 발달로 수많은 일자리가 새롭게 생겨났습니다. ⓐ기술의 발달에 의해서 지금까지 상상도 못했던 분야를 개척하기 위해서 보다 많은 인력이 필요하게 된 것입니다. 저는 AI의 등장 역시 그런 것이라고 생각합니다. ⓑ인공지능의 기계에게 인간의 영역이 빼앗기는 것처럼 보일지도 모르지만, 인간만이 활약할 수 있는 보다 많은 새로운 영역이 우리 인간의 손길을 기다리고 있을 것입니다.

この専門家が言いたいことは、何ですか。

1 AIの発達に伴う問題点
2 コンピューターとAIの共通点
3 技術の発達と人間の可能性
4 人工知能の長所と今後の課題

이 전문가가 말하고 싶은 것은 무엇입니까?

1 AI의 발달에 따른 문제점
2 컴퓨터와 AI의 공통점
3 기술의 발달과 인간의 가능성
4 인공지능의 장점과 앞으로의 과제

[풀이]
ⓐ 기술의 발달로 보다 많은 인력이 필요하게 되었다고 하고, ⓑ 인간만이 할 수 있는 부분이 많을 것이라고 말하고 있다. 따라서 정답은 선택지 3번이다.

[단어]
専門家 전문가 | 発達 발달 | ～につれて ～에 따라서 | ますます 점점. 더욱 더 | 減る 줄다 | 批判 비판 | ～について ～에 대해서 | ～通りに ～대로 | 変化 변화 | 環境 환경 | 進化 진화 | 機械 기계 | 取って代わる 대신하다 | 支配的 지배적 | 技術 기술 | ～によって ～에 의해서, ～에 따라서 | 想像 상상 | 開拓 개척 | 登場 등장 | 人工知能 인공지능 | 領域 영역 | 奪う 빼앗다 | 活躍 활약 | 伴う 동반하다. 따르다 | 共通点 공통점 | 長所 장점 | 課題 과제

テレビで植物学者が話しています。	TV에서 식물학자가 이야기하고 있습니다.
M 最近は、多くの人が室内に植物を置こうとしています。ⓐその理由としては、ストレスや不安解消などの心理的な安定を求めたり、室内空気の清浄、空間装飾などが挙げられています。植物への関心の高まりと肯定的な効果を期待する心理的な要素とが相まって、誰もが植物を家の中に取り入れています。しかし、ⓑ十分な知識がない結果、植物が枯れてしまうことがあまりにも多いのです。初めてだから仕方ない、何度か失敗を経験してまた挑戦しようというのは甘すぎる考えなのです。植物にも命があることを忘れないでほしいです。	M 최근에는 많은 사람들이 실내에 식물을 두려고 하고 있습니다. ⓐ그 이유로는 스트레스 및 불안 해소 등의 심리적인 안정을 추구하거나 실내공기 청정, 공간 장식 등이 예로 들어지고 있습니다. 식물에 대한 관심 증가와 긍정적인 효과를 기대하는 심리적인 요소가 맞물려 누구나 식물을 집 안에 들이고 있습니다. 하지만, ⓑ충분한 지식이 없는 결과, 식물이 시들어 버리는 경우가 너무나도 많습니다. 처음이라서 어쩔 수 없다, 몇 번인가 실패를 경험하고 다시 도전하자는 것은 너무 안이한 생각입니다. 식물에도 생명이 있다는 것을 잊지 않았으면 좋겠습니다.
植物学者は、何について話していますか。	이 식물학자는 무엇에 대해서 이야기하고 있습니까?
1 植物を育てる理由と注意点	1 식물을 키우는 이유와 주의점
2 植物の育て方と注意点	2 식물을 키우는 방법과 주의점
3 植物を育てる理由と方法	3 식물을 키우는 이유와 방법
4 植物の育て方と効果	4 식물을 키우는 방법과 효과

[풀이]

ⓐ 스트레스 및 불안 해소 등의 심리적인 안정 추구, 실내공기 청정이나 공간 장식 등의 이유로 식물을 키우고 있다고 말하고 있다. 또한 ⓑ 식물에도 생명이 있기 때문에, 충분한 지식이 없는 상태로 식물을 키우는 것은 옳지 않다고 말하고 있다. 따라서 정답은 선택지 1번이다. 식물을 키우는 방법에 대한 언급은 없기 때문에, 선택지 2번, 3번, 4번은 정답이 될 수 없다.

[단어]

植物 식물 | 学者 학자 | 室内 실내 | ～として ～으로서 | 不安 불안 | 解消 해소 | 心理的 심리적 | 安定 안정 | 求める 추구하다, 요구하다 | 空気 공기 | 清浄 청정 | 空間 공간 | 装飾 장식 | 挙げる 손을 들다, 예로 들다 | 肯定的 긍정적 | 効果 효과 | 要素 요소 | ～とが相まって ～가 어우러져, ～와 맞물려 | 取り入れる 집어 넣다, 받아들이다 | 枯れる 시들다, 마르다 | 挑戦 도전 | 甘い 달다, 만만하다 | ～すぎる 지나치게 ～하다 | 命 목숨, 생명 | ～について ～에 대해서 | 育てる 키우다, 기르다

テレビでレポーターと男の人が話しています。

F 最近話題になっているお店のオーナーにお会いしてみましょう。こんにちは。

M こんにちは。

F この店では、ひとり親家庭の子供たちに無料で食事を提供しているそうですが、本当ですか。

M はい。少しでも子供たちの力になりたいという思いから始めました。

F 今年ですでに十年も続けていらっしゃるそうですが、大変なところも多いのではないかと思いますが。

M いえ、大変なことは一つもありません。子供たちが喜ぶ顔を見るだけでもやりがいを感じています。妻も喜んで私の考えに賛同してくれましたし、そんな私たちの姿を見てわざわざ遠くから訪ねてくるお客さんも多くなりました。子供たちのおかげでむしろこちらが元気をもらっています。

F しかも、オーナーの息子、娘さんたちも子供たちにマジックショーを披露したり、楽器を教えてあげたりするボランティアをしているそうですね。本当に素晴らしい家族ですね。

M いえ、とんでもないです。ⓐ誰かが当然すべきことを私の家族がやっているだけに過ぎないと思っています。うちの子供たちに無理やりやらせているわけではありませんが、かわいい子供たちのためにいろんなイベントを開いてくれてありがたく思っています。 あ、また、うちの子供たちだけでなく、他のボランティアさんもたくさん来てくださって、特別な料理を作ってくださったり、掃除もしてくださったりして本当にありがたい限りです。多くの方に手伝っていただいたからこそ今まで続けることができたと思います。

男の人は、自分のしていることについてどう思っていますか。

TV에서 리포터와 남자가 이야기하고 있습니다.

F 요즘 화제가 되고 있는 가게의 사장님을 만나 보겠습니다. 안녕하세요.

M 안녕하세요.

F 이 가게에서는 한 부모 가정의 아이들에게 무료로 식사를 제공하고 있다는데, 정말인가요?

M 네. 조금이나마 아이들의 힘이 되고 싶다는 생각에서 시작했습니다.

F 올해로 벌써 10년이나 계속하고 계시다고 하는데, 힘든 점도 많지 않을까 생각하는데요.

M 아니요, 힘든 것은 하나도 없습니다. 아이들이 기뻐하는 얼굴을 보는 것만으로도 보람을 느끼고 있습니다. 아내도 기꺼이 저의 생각에 동의해 주었고, 그런 저희들의 모습을 보고 일부러 멀리서 찾아오는 손님들도 많아졌습니다. 아이들 덕분에 오히려 저희가 힘을 얻고 있습니다.

F 게다가 사장님의 아들, 딸들도 아이들에게 마술 쇼를 보여 주거나 악기를 가르쳐 주는 등의 자원봉사를 하고 있다고 합니다. 정말 훌륭한 가족이네요.

M 아니요, 당치도 않습니다. ⓐ누군가가 당연히 해야 할 일을 저희 가족이 하고 있는 것에 불과하다고 생각합니다. 저희 아이들에게 억지로 시키는 것은 아니지만, 귀여운 아이들을 위해 여러가지 이벤트를 열어 줘서 고맙게 생각하고 있습니다. 아, 또 저희 애들뿐만 아니라 다른 자원봉사자들도 많이 와 주셔서 특별한 음식을 만들어 주시거나 청소도 해 주시거나 해서 정말 감사할 따름입니다. 많은 분들이 도와주셨기 때문에 지금까지 계속할 수 있었던 것 같습니다.

남자는 자기가 하고 있는 일에 대해서 어떻게 생각하고 있습니까?

1 多くの人たちが参加してほしい	1 많은 사람들이 참가했으면 좋겠다
2 ボランティアの助けがもっと必要だ	2 자원 봉사자들의 도움이 더욱 필요하다
3 これからも家族と一緒にやっていきたい	3 앞으로도 가족과 함께 해 나가고 싶다
4 特別だと考えたことはない	4 특별하다고 생각한 적은 없다

[풀이]

ⓐ 남자는 누군가가 당연히 해야 할 일을 하는 것에 불과하다고 말하고 있다. 따라서 정답은 선택지 4번이다.

[단어]

話題 화제 | ひとり親家庭 한 부모 가정 | 提供 제공 | 続ける 계속하다 | 喜ぶ 기뻐하다 | 賛同 찬동, 동의 | 姿 모습, 모양 | わざわざ 일부러 | おかげで 덕분에 | むしろ 오히려, 차라리 | 披露 피로, 펴 보임 | 楽器 악기 | 素晴らしい 훌륭하다, 멋지다 | とんでもない 터무니 없다, 당치도 않다 | 〜べき 〜해야 할 | 〜に過ぎない 〜에 지나지 않는다 | ボランティア 자원봉사 | 特別 특별 | 手伝う 돕다, 거들다 | 〜について 〜에 대해서 | 参加 참가 | 〜てほしい 〜해 주기 바란다, 〜했으면 좋겠다 | 助け 도움, 구조

5番

大学で女の人と男の人が話しています。	대학에서 여자와 남자가 이야기하고 있습니다.
F ねえねえ、昨日のニュース見た？	F 있잖아, 어제 뉴스 봤어?
M うん？ 何のニュース？ 昨日何かあったの？	M 응? 무슨 뉴스? 어제 무슨 일 있었어?
F あったよ。ⓐ昨日うちの学校がニュースに出たの。知らなかった？	F 있었어. ⓐ어제 우리 학교가 뉴스에 나왔잖아. 몰랐어?
M ああ、そう。全然知らなかった。	M 아, 그랬어? 전혀 몰랐네.
F 夏休みにもかかわらず、ⓑ語学の資格試験で苦労する大学生の話。	F 여름 방학임에도 불구하고 ⓑ어학 자격시험으로 고생하는 대학생들의 이야기.
M はあ、面白そうだけど、何か悲しいね、この現実って。うちの学科の学生、誰が出てた？	M 하아, 재미있겠지만 뭔가 슬프네, 이런 현실이란. 우리 학과 학생, 누군가 나왔어?
F ううん、誰も。ただ、ⓒ自分が通ってる学校がメディアに出るなんて、不思議な感じがして。	F 아니, 아무도. 그냥 ⓒ내가 다니고 있는 학교가 미디어에 나오는 게 신기한 느낌이 들어서.
M ⓓうちでいちばん有名なのっていえば、売店だけど、そういうのは出ないんでしょ？ いつも長い行列ができるホットドッグ屋！ これはいいネタだろうけどね。	M ⓓ우리 학교에서 제일 유명한 것이라고 하면 매점인데, 그런 건 안 나왔지? 항상 긴 줄이 생기는 핫도그 가게! 이건 좋은 소재일 텐데 말이지.
F そういうのは、どうでもいいんじゃないの？ あたしもそろそろ英語の勉強しなきゃだめかな。ねえ、私たちも図書館で勉強しない？	F 그런 건 어찌 됐건 상관 없지 않아? 나도 슬슬 영어 공부해야 하나. 있지, 우리도 도서관에서 공부 안 할래?
M ごめん、僕はパスするよ。ⓔアルバイトだけで精一杯だから。	M 미안. 난 패스할게. ⓔ아르바이트만으로 벅차서.

二人は、主に何について話していますか。	두 사람은 주로 무엇에 대해서 이야기하고 있습니까?
1 語学の試験勉強の準備	1 어학 시험공부 준비
2 アルバイトをするための準備	2 아르바이트를 하기 위한 준비
3 おいしい食べ物を売っている売店	3 맛있는 음식을 팔고 있는 매점
4 学校がメディアに紹介されたこと	4 학교가 미디어에 소개된 것

[풀이]

ⓐ 두 사람은 학교가 뉴스에 나온 이야기를 하고 있고, ⓒ 자신이 다니는 학교가 미디어에 나온 것에 대한 감상을 말하고 있다. 따라서 선택지 4번이 정답이라는 것을 알 수 있다. ⓑ 뉴스의 내용에 대한 간략한 소개일 뿐, 두 사람의 이야기의 주제는 아니다. 따라서 선택지 1번은 정답이 될 수 없다. ⓓ 학교에 대해서 남자가 가지고 있는 의견일 뿐이라서 선택지 3번도 정답이 아니다. ⓔ 남자는 아르바이트를 이미 하고 있기 때문에 선택지 2번도 정답이 될 수 없다.

[단어]

～にもかかわらず ～임에도 불구하고 | 語学 어학 | 資格 자격 | 苦労 고생, 수고 | 現実 현실 | 行列 행렬 | 精一杯 최대한, 있는 힘껏 | 紹介 소개

問題 4

즉시 응답 **실전 연습 ❶** p.386 **스크립트와 문제 해설**

1番

F 昨日、卒業して以来初めて田中さんに会ったの。	F 어제, 졸업한 이후 처음으로 다나카 씨를 만났어.
M 1 卒業してからもうそんなに経ったんだね。時間、早いね。	M 1 졸업한지 벌써 그렇게 되었구나. 시간 빠르네.
2 えっ、そうなの？ どうしてるんだって？	2 어, 그래? 어떻게 지내고 있대?
3 初めてやることは全部難しいよ。元気出してね。	3 처음 하는 일은 다 어려운 거지. 기운내.

[풀이]

졸업 이후 어제 다나카 씨를 처음 만났다는 여자의 말에 어떻게 지내고 있는지 궁금하다고 말하고 있는 선택지 2번이 정답이다.

[단어]

卒業 졸업 | ～て以来 ～한 이후로 | 経つ 지나다, 경과하다

2番

M ああ、あんなに頑張ったのに。	M 아, 그렇게 열심히 했는데.
F 1 よかったね。頑張ったかいがあったよ。 2 心配ないって。きっと合格するよ。 3 元気出して。次はぜったい受かるよ。	F 1 잘됐네. 열심히 한 보람이 있었어. 2 걱정 말라고. 분명 합격할 거야. 3 기운 내. 다음에는 무조건 붙을 거야.

[풀이]

남자가 잘 안 된 것을 위로하는 선택지 3번이 정답이다. 선택지 2번은 시험에 떨어진 사람이 아니라 떨어질까 봐 걱정하는 사람에게 하는 말이기 때문에 정답이 될 수 없다.

[단어]

～のに ～인데, ～는데 ┃ きっと 분명 ┃ 受かる 합격하다, 붙다

3番
ばん

M 昨日の山田さんの誕生日パーティー、君も来たらよかったのにね。	M 어제 야마다 씨의 생일 파티, 너도 왔으면 좋았을 텐데.
F 1 そうだね。急に調子が悪くなっちゃって。 2 うん。今度行けたらいいのにね。 3 大丈夫。きっと来られるよ。	F 1 그러게. 갑자기 몸 상태가 안 좋아져서. 2 응. 이번에 갈 수 있으면 좋을 텐데. 3 괜찮아. 분명 올 수 있을 거야.

[풀이]

어제 생일 파티에 왔으면 좋았겠다고 하는 남자의 말에 몸 상태가 안 좋았다고 말하는 선택지 1번이 정답이다.

[단어]

～のに ～인데, ～는데 ┃ 調子 상태 ┃ きっと 분명, 꼭

4番
ばん

F できないなら、もっと早く言ってくれればいいのに。	F 못 할 거면 좀 더 빨리 말해 주면 좋을 것을.
M 1 ごめん。他の用事があるのをうっかりしてたんだ。 2 そんなこと言うなら、早く教えてよ。 3 できないこともないから、心配しなくても大丈夫だよ。	M 1 미안. 다른 일이 있는 것을 깜박했어. 2 그런 말 할 거라면 빨리 알려 줘. 3 불가능한 것도 아니니까, 걱정하지 않아도 괜찮아.

[풀이]

여자의 질책에 대해서 미안하다는 표현을 한 선택지 1번이 정답이다.

[단어]

用事 용무 ┃ うっかりする 깜박하다

5番

M まさかあの真面目な田中さんが、そんなことをしたとはね。	M 설마 그 성실한 다나카 씨가 그런 일을 했을 줄이야.
F 1 田中さんに限って、そんなことはないだろう。 　2 そうだね。誰がやっても構わないんじゃない？ 　3 本当だね。あたし、夢にも思わなかったよ。	F 1 다나카 씨에 한해서, 그런 일은 없겠지. 　2 맞아. 누가 하든 상관없지 않겠어? 　3 정말이야. 나, 꿈에도 생각 못 했어.

[풀이]

성실한 다나카 씨가 그럴 줄은 몰랐다는 남자의 말에 본인 역시 꿈에도 몰랐다고 말하는 선택지 3번이 정답이다.

[단어]

まさか 설마 | 真面目 성실함, 진지함 | 限る 한하다, 제한하다 | 構わない 상관없다

6番

F 田中さん、忙しそうですね。手伝ってあげましょうか。	F 다나카 씨, 바쁜 것 같네요. 도와 드릴까요?
M 1 本当？助かったよ。 　2 少し後で手伝ってあげるね。 　3 手伝ってくれてありがとう。	M 1 정말? 살았다. 　2 조금 이따가 도와 줄게. 　3 도와줘서 고마워.

[풀이]

바쁜 것 같아서 도와주겠다는 여자의 말에 도움이 될 것 같다고 대답하는 선택지 1번이 정답이다.

[단어]

手伝う 돕다, 거들다 | 助かる 도움이 되다, 구조되다

즉시 응답 **실전 연습 ❷** p.387 **스크립트와 문제 해설**

1番

M みんな頑張って準備したから、今度の大会は優勝できるよね。	M 모두가 열심히 준비했으니, 이번 대회는 우승할 수 있겠지?
F 1 そうだね。苦労した甲斐があったらいいんだけど。 　2 心配しないで。今回もきっと優勝できるよ。 　3 今回の大会に出るためにはもっと頑張らなくちゃね。	F 1 그러네. 고생한 보람이 있으면 좋겠는데. 　2 걱정하지 마. 이번에도 틀림없이 우승할 수 있어. 　3 이번 대회에 나가기 위해서는 더욱 열심히 해야 해.

[풀이]

열심히 준비했기 때문에 이번 대회는 우승할 수 있을 것 같다는 남자의 말에 고생한 보람이 있으면 좋겠다고 대답하는 선택지 1번이 정답이다.

[단어]

頑張る 힘내다, 분발하다 | 優勝 우승 | 苦労 노고, 고생 | 甲斐 보람

2番

F	部長、今日はどこか行かれるんですか。	F	부장님, 오늘은 어딘가 가시나요?
M	1 ごめん、今日は忙しくて行けないんだ。	M	1 미안, 오늘은 바빠서 못 가.
	2 うん、ちょっと出張があってね。		2 응, 출장이 좀 있어서.
	3 うん、どこでも構わないよ。		3 응, 어디라도 상관없어.

[풀이]

어딘가 가냐고 묻는 여자의 물음에 출장이 있다고 대답한 선택지 2번이 정답이다.

[단어]

構わない 상관없다

3番

M	今回の新商品、なかなか思い通りにはいかないね。	M	이번 신상품, 좀처럼 생각대로는 되지 않네.
F	1 かなり元気そうだから心配しないで。	F	1 상당히 건강한 것 같으니까 걱정하지 마.
	2 新商品に勝るものはないでしょうね。		2 신상품보다 나은 것은 없겠네요.
	3 そうだね。何か方法を考えてみないとね。		3 그러네. 뭔가 방법을 생각해 봐야겠네.

[풀이]

이번 신상품이 생각대로 잘 안 된다는 남자의 말에 뭔가 방법을 생각해야 한다는 선택지 3번이 정답이다.

[단어]

新商品 신상품 | なかなか 좀처럼, 상당히 | ～通り ～대로 | 勝る 낫다, 뛰어나다 | 方法 방법

4番

M	危ない！ もう少しでぶつかるとこだったじゃないか。	M	위험해! 하마터면 부딪칠 뻔했잖아.
F	1 すいません。つい考え事をしてて。	F	1 죄송합니다. 그만, 다른 생각을 하고 있어서.
	2 すいません。怪我しちゃって。		2 죄송합니다. 다쳐서.
	3 すいません。間に合いませんか。		3 죄송합니다. 시간에 맞지 않을까요?

[풀이]

사고가 날 뻔했다는 남자의 말에 죄송하다며 이유를 말하는 선택지 1번이 정답이다.

[단어]

~ところだった ~할 뻔했다 | 怪我 상처, 부상 | 間に合う 시간에 맞추다, 늦지 않다

5番

F　あ、これ以上食べられそうにない。	F　아, 더 이상 못 먹을 것 같아.
M　1　僕が最初から言ったじゃん。多いって。	M　1　내가 처음부터 말했잖아. 많을 거라고.
2　そう？　じゃあ、何かもっと頼もうか。	2　그래? 그럼, 뭔가 더 시킬까?
3　全部食べきれるなんて。すごいね。	3　전부 다 먹다니. 대단하네.

[풀이]

더 이상 먹을 수 없을 것 같다는 여자의 말에 처음부터 많을 거라고 말했다는 선택지 1번이 정답이다.

[단어]

~じゃん ~잖아 | ~って ~라고 | 頼む 부탁하다 | ~きる 다 ~하다

6番

M　あ、いけない。窓を開けたまま家出ちゃった。	M　아, 안 돼. 창문을 열어둔 채로 집을 나왔어.
F　1　ここは窓を開けておかなければいけないよ。	F　1　여기는 창문을 열어 두지 않으면 안 돼.
2　早く帰ったほうがいいよ。	2　빨리 가 보는게 좋겠네.
3　水を出したまま歯を磨くの？	3　물을 튼 채로 이를 닦는 거야?

[풀이]

창문을 열어 둔 채로 집을 나왔다는 남자의 말에 빨리 가 보라고 말하는 선택지 2번이 정답이다.

[단어]

~まま ~한 채로 | ~ておく ~해 두다 | 水を出す 물을 틀다 | 歯を磨く 이를 닦다

種合 이해 **실전 연습** ❶ p.388 스크립트와 문제 해설

ばん
1番

だいがく がっしょう がくせい ふたり せんせい はな 大学で、合唱サークルの学生二人と先生が話してい ます。	대학에서 합창 서클 학생 두 명과 선생님이 이야기하고 있습 니다.

らいしゅう がっしょう たいかい いま だい
F1 あのう、先生。来週の合唱大会なんですが、今大
かい ゆうしょう すこ へんか ひつよう おも
会でも優勝するためには少し変化が必要だと思い
ますが。

ぜんかい たいかい うた あいだ い しょう
F2 前回の大会では歌っている間、衣装チェンジのパ
てんすう こん
フォーマンスで良い点数をもらいましたよね。今
かい ね いろ しゅうちゅう もくひょう
回は、もう少し音色に集中しようという目標でし
ほか だんいん ふ あん
たが、やはり他の団員たちも不安がっているんで
しょうか。

たいかいび ちか すこ しんぱい
M 大会日が近づくほど少しずつ心配になる団員もい
とく こんかいはじ はい ねんせい
るみたいです。特に、今回初めて入った1年生た
ちはなおさらです。

F2 うーん、そうなんですね。じゃ、良いアイデアは
ありますか。

むずか きょく か こ じん
F1 もう少し難しい曲に変えるのはどうですか。個人
ざんしん きょく
パートもある斬新さのある曲で。

たいかい らいしゅう きょく か れんしゅう たいへん
M 大会が来週なのに、曲を変えて練習するのは大変
いま あか きょく
ではないでしょうか。それよりも、今の明るい曲
あ からだ うご くわ
に合わせて体の動きを加えるのもいいと思うんで
すけど。

じ かんてき もんだい きょく か
F2 やっぱり時間的な問題があるから、曲を変えるの
むずか だんいん うご あ
は難しそうですね。すべての団員の動きを合わせ
じ かん さいこうせい
るのも時間がかかりそうですし。パートを再構成
わる ながれんしゅう
するのは悪くないと思います。@長い練習でみん
たが ぜんぶ し きょく
ながお互いのパートを全部知ってるから。この曲
こ じん ついか
で個人パートを追加するのもいい感じですね。

ぜんたいてき きょく ふん い き か い
F1 じゃ、全体的な曲の雰囲気も変わりますから、衣
しょう すこ は で
装をもう少し派手なものにしましょうか。

い しょう かんせい か
M 衣装はもう完成していますから、それを変えるの
むずか
は難しいと思います。

F1 저기, 선생님. 다음주 합창 대회 말인데요, 이번 대회에서
도 우승하기 위해서는 조금 변화가 필요할 것 같은데요.

F2 지난 대회에서는 노래하는 동안에 의상을 바꾸는 퍼포먼
스로 좋은 점수를 받았죠. 이번에는 조금 더 음색에 집중
하자는 목표였는데, 역시 다른 단원들도 불안해하고 있
나요?

M 대회 날짜가 다가올수록 조금씩 걱정이 되는 단원도 있
는 것 같아요. 특히, 이번에 처음 들어온 1학년들은 더욱
그렇고요.

F2 음, 그렇군요. 그럼, 좋은 아이디어가 있나요?

F1 조금 더 어려운 곡으로 바꾸는 건 어떨까요? 개인 파트도
있는 그런 참신함이 있는 곡으로.

M 대회가 다음주인데 곡을 바꿔서 연습하는 건 힘들지 않
을까요? 그것보다 지금의 밝은 곡에 맞춰서 몸의 움직임
을 더하는 것도 좋을 것 같은데요.

F2 역시 시간적인 문제가 있으니까, 곡을 바꾸는 건 힘들 것
같네요. 모든 단원들의 움직임을 맞추는 것도 시간이 걸
릴 것 같고. 파트를 재구성하는 것은 나쁘지 않을 것 같
아요. @오랜 연습으로 모두가 서로의 파트를 다 알고 있
으니까, 이 곡에서 개인 파트를 추가하는 것도 좋은 느낌
이네요.

F1 그럼, 전체적인 곡의 분위기도 바뀔 테니, 의상을 좀더
화려한 것으로 할까요?

M 의상은 이미 완성되어 있어서, 그걸 바꾸는 것은 어려울
것 같아요.

F2 じゃ、なおさら今大会では視覚面より私たちが作り出した音色を観客にちゃんと伝えることに力を注ぐようにしましょう。

F2 그럼, 더욱 더 이번 대회에서는 시각적인 면보다 우리가 만들어 낸 음색을 관객에게 제대로 전달하는 것에 주력하도록 해요.

この合唱サークルはどうすることにしましたか。

이 합창 서클은 어떻게 하기로 했습니까?

1 個人パートを追加する
2 大会に出る曲を修正する
3 踊りながら歌う
4 大会の衣装を変える

1 개인 파트를 추가한다
2 대회에 나갈 곡을 수정한다
3 춤을 추면서 노래를 부른다
4 대회 의상을 바꾼다

[풀이]

ⓐ 현재의 곡에서 개인 파트를 추가하는 것도 좋은 느낌이라고 말하고 있다. 따라서 정답은 선택지 1번이다. 대회가 다음주이기 때문에 곡을 바꾸거나 춤을 추거나 의상을 바꾸는 것은 힘들다고 말하고 있다. 따라서 선택지 2번, 3번, 4번은 정답이 아니다.

[단어]

合唱 합창 | 大会 대회 | 優勝 우승 | 変化 변화 | 衣装 의상 | 音色 음색 | 集中 집중 | 団員 단원 | ~がる ~해 하다, ~워 하다 | 近づく 다가오다 | なおさら 더욱 | 曲 곡 | 変える 바꾸다 | 個人 개인 | 斬新 참신 | 明るい 밝다 | 加える 더하다 | 動き 움직임 | 再構成 재구성 | 互い 서로 | 追加 추가 | 派手 화려함 | 完成 완성 | 作り出す 만들어 내다 | 観客 관객 | 伝える 전하다 | 力を注ぐ 힘을 쏟다, 주력하다

2番

市立博物館で、館長と職員二人が話しています。

시립 박물관에서 관장과 직원 두 사람이 이야기하고 있습니다.

M1 去年から博物館の利用者数がだんだん減っていますが、より多くの市民が博物館を利用してもらえる良い方法はないでしょうかね。
M2 生徒たちにとって博物館は硬いイメージが強いようです。面白いイベントなどをやってみてはいかがでしょうか。
F それはいい考えですね。生徒たちが好きな歌手を招待したり、マジックショーなどの公演を催したりするのもいいと思います。
M1 いいアイデアですね。でも、予算の問題もあって、タダで場所を提供することはできないと思うんだけど。まず、この件は見合わせることにしましょう。

M1 작년부터 박물관 이용자 수가 점점 줄어들고 있는데, 보다 많은 시민들이 박물관을 이용할 수 있는 좋은 방법이 없을까요?
M2 학생들에게 있어서 박물관은 딱딱한 이미지가 강한 것 같습니다. 재미있는 이벤트 같은 것을 해 보는 건 어떨까요?
F 그거 좋은 생각이네요. 학생들이 좋아하는 가수를 초청하거나 매직 쇼 같은 공연을 개최하는 것도 좋을 것 같은데요.
M1 좋은 아이디어군요. 하지만, 예산 문제도 있어서 무료로 장소를 제공할 수는 없을 것 같은데. 우선 이 건은 보류하도록 하죠.

F では、子供たちに喜んでもらうようなキャラクターグッズを販売してみるのはいかがでしょうか。硬い博物館のイメージを変えていくことも必要だと思います。

M2 グッズの販売は市民の方々の負担になりかねません。ⓐ小学校の団体見学に限って無料で配った方がいいのではないでしょうか。また家族と訪問したいと思えるように良いイメージを作るのです。

M1 ⓑなるほど。じゃ、グッズに関する準備を始めてみましょう。

F あ、それから売店で売っている食べ物や飲み物ももっと若い人たちにアピールできるメニューがあるといいですね。売店の売り上げもだんだん落ちてきているし。

M2 僕も売店のメニューが少し物足りないと思います。

M1 それもいい考えだね。小さな子供たちに人気のメニューを取り入れる方向で、今すぐではなくても、今年を目標に変えていきましょう。

この博物館は、利用者を増やすために何をすることにしましたか。

1 人気のある歌手に公演を頼む
2 人気のあるキャラクターグッズを販売する
3 グッズを無料で配る
4 売店で飲み物の販売を始める

F 그럼, 아이들이 좋아할 것 같은 캐릭터 상품을 판매해 보는 것은 어떨까요? 딱딱한 박물관의 이미지를 바꿔 가는 것도 필요할 것 같아요.

M2 상품 판매는 시민 분들에게 부담이 될 수도 있어요. ⓐ초등학교 단체 관람에 한해서 무료로 나누어 주는 것이 좋지 않을까요? 가족과 다시 방문하고 싶다고 생각할 수 있도록 좋은 이미지를 만드는 거죠.

M1 ⓑ그렇군요. 그럼, 상품에 관한 준비를 시작해 봅시다.

F 아, 그리고 매점에서 팔고 있는 음식이나 음료도 좀더 젊은 사람들에게 어필할 수 있는 메뉴가 있으면 좋을 것 같아요. 매점의 매출도 점점 떨어지고 있기도 하고.

M2 저도 매점 메뉴가 좀 부족하다고 생각해요.

M1 그것도 좋은 생각이네. 어린아이들에게 인기 있는 메뉴를 도입하는 쪽으로, 지금 당장은 아니더라도 올해를 목표로 바꿔 나가도록 합시다.

이 박물관은 이용자를 늘리기 위해서 무엇을 하기로 했습니까?

1 인기 있는 가수에게 공연을 부탁한다
2 인기 있는 캐릭터 상품을 판매한다
3 상품을 무료로 나누어 준다
4 매점에서 마실 것의 판매를 시작한다

[풀이]
ⓐ 초등학교 단체 관람의 경우에 캐릭터 상품을 무료로 나누어 주자고 말하고 있고, ⓑ 관장도 상품 준비를 시작하자고 말하고 있다. 따라서 정답은 선택지 3번이다.

[단어]
市立 시립 | 博物館 박물관 | 館長 관장 | 職員 직원 | 利用 이용 | 生徒 학생, 생도 | ～にとって ～에 있어서 | 硬い 딱딱하다, 단단하다 | 招待 초대 | 公演 공연 | 催す 개최하다 | タダ 공짜, 무료 | 提供 제공 | 見合わせる 보류하다 | 喜ぶ 기뻐하다 | 販売 판매 | 変える 바꾸다 | 負担 부담 | ～かねない ～할지도 모른다 | 団体 단체 | 見学 견학 | 限る 한하다, 제한하다 | 配る 나누어 주다 | 訪問 방문 | ～に関する ～에 관한 | 売店 매점 | 売り上げ 매상, 매출 | 物足りない 어딘가 부족하다 | 取り入れる 도입하다, 받아들이다 | 増やす 늘리다

3番

<table>
<tr><td>

ラジオでイベント紹介を聞いて、男の人と女の人が話しています。

</td><td>

라디오에서 이벤트 소개를 듣고, 남자와 여자가 이야기하고 있습니다.

</td></tr>
<tr><td>

F1 さくらプールでは、開館10周年を迎え、利用客に特別価格で利用できるようにするそうです。ⓐ来月の5月から9月まではさくら市民だけでなく、市外の方にも入場料を30%割引きするそうです。また、最も利用客の多い7月と8月には入場料30%引きイベントに加え、プール内の売店利用客にも20%引きを提供する予定です。ⓑ9月から年末までは、子ども水遊び安全教室の無料運営も計画しているそうです。水泳に興味のある方は、この機会にぜひ利用してみてください。

</td><td>

F1 사쿠라 수영장에서는 개관 10주년을 맞이하여 이용객들에게 특별한 가격으로 이용할 수 있도록 한다고 합니다. ⓐ다음달인 5월부터 9월까지 사쿠라 시민뿐만 아니라 시 외의 분들에게도 입장료를 30% 할인한다고 합니다. 또한 가장 이용객이 많은 7월과 8월에는 입장료 30% 할인 이벤트에 더불어, 수영장 내 매점 이용객들에게도 20%의 할인을 제공할 예정입니다. ⓑ9월부터 연말까지는 어린이 물놀이 안전 교실의 무료 운영도 계획하고 있다고 합니다. 수영에 흥미가 있는 분들은 이번 기회에 꼭 이용해 보세요.

</td></tr>
<tr><td>

M さくらプールは施設はいいけど少し高いよね。30%も引いてくれるなら、久しぶりに友達みんなで一緒に行ってみるのもいいね。

</td><td>

M 사쿠라 수영장은 시설은 좋지만 조금 비싸지. 30%나 할인을 해 준다면 오랜만에 친구들과 다같이 가 보는 것도 좋겠네.

</td></tr>
<tr><td>

F2 うん、そうだね。ⓒそれに売店割引もあるから、その期間に行くのはどう？

</td><td>

F2 응, 그러게. ⓒ게다가 매점 할인도 있으니까, 그 기간에 가는 건 어때?

</td></tr>
<tr><td>

M それもいいけど、ⓓきっとその期間にはバイトしている子も多いと思うよ。

</td><td>

M 그것도 좋겠지만, ⓓ분명 그 기간에는 아르바이트하는 애들도 많을 것 같아.

</td></tr>
<tr><td>

F2 それもそうね。ⓔじゃ、入場料の割引が有効な期間に行ってみよう。

</td><td>

F2 그것도 그렇네. ⓔ그럼 입장료 할인이 유효한 기간에 가 보자.

</td></tr>
<tr><td>

M うん。僕がみんなに聞いてみるよ。

</td><td>

M 응. 내가 모두에게 물어볼게.

</td></tr>
<tr><td>

F2 あ、ⓕ私の甥は水が怖いって。小学校入学前に安全教室に連れて行ってみるのもよさそうけど、どう思う？

</td><td>

F2 아, ⓕ내 조카는 물이 무섭대. 초등학교 입학 전에 안전 교실에 데려가 보는 것도 좋을 것 같은데, 어떻게 생각해?

</td></tr>
<tr><td>

M いいんじゃない？ⓖ僕の甥も水泳を習おうとしてるから。じゃあ、その時一緒に行こうか？

</td><td>

M 괜찮지 않아? ⓖ내 조카도 수영을 배우려고 하니까, 그럼, 그때 같이 갈까?

</td></tr>
<tr><td>

F2 うん、いいね。

</td><td>

F2 응, 좋아.

</td></tr>
</table>

質問1) 二人は友達のみんなと一緒にいつ、さくらプールに行くことにしましたか。

1 五月
2 七月
3 八月
4 十月

질문1) 두 사람은 친구와 다같이 언제 사쿠라 수영장에 가기로 했습니까?

1 5월
2 7월
3 8월
4 10월

質問2） 二人が甥と一緒に、さくらプールに行くのは
いつですか。

1 五月

2 七月

3 八月

4 十月

질문2) 두 사람이 조카와 함께, 사쿠라 수영장에 가는 것은 언
제입니까?

1 5월

2 7월

3 8월

4 10월

[풀이]

질문1) ⓒ 친구들과 수영장 매점 할인 기간에 가려고 하지만, 그 기간에는 아르바이트하는 친구들이 많아서 입장료 할인이 유효할
때 가자고 말하고 있다. ⓐ 입장료 할인은 5월부터라 정답은 선택지 1번이다. 수영장 매점 할인 기간인 7, 8월은 아르바이트
하는 친구들 때문에 수영장에 갈 수 없다. 따라서 선택지 2번, 3번은 정답이 될 수 없다. 10월은 입장료 할인 기간이 아니기
때문에, 선택지 4번도 정답이 아니다.

질문2) ① 여자의 조카가 물을 무서워 해서 안전 교실에 데려가려는 말에 ⑨ 남자도 수영을 배우려는 조카가 있어서 같이 가자고
말하고 있다. ⓑ 어린이 물놀이 안전 교실은 9월부터라 정답은 선택지 4번이다.

[단어]

紹介 소개 | 開館 개관 | 迎える 맞이하다, 마중하다 | 特別 특별 | 価格 가격 | ~だけでなく ~뿐만 아니라 | 入場料 입장료 |
割引き 할인 | 加える 더하다, 가하다 | 売店 매점 | 提供 제공 | 年末 연말 | 運営 운영 | 計画 계획 | 施設 시설 | 期間 기간 | 有
効 유효 | 甥 남자 조카 | 連れる 데리고 가다(오다)

종합 이해 **실전 연습 ❷** p.390 **스크립트와 문제 해설**

1番

家族３人がペットを飼うことについて話しています。	가족 3명이 애완동물을 키우는 것에 대해서 이야기하고 있습니다.
F1 お母さん、私、犬飼いたいんだけど、だめ？	F1 엄마, 나, 개 키우고 싶은데, 안 돼?
F2 犬？ この前はウサギ飼いたいって言ってたじゃない。ペットを飼うのは、慎重に考えた方がいいよ。	F2 개? 지난번에는 토끼를 키우고 싶다고 하지 않았어? 애완동물을 키우는 것은 신중하게 생각하는 것이 좋아.
M そうだね。犬も人間と同じで、命のあるものだからね。ただかわいいからって、ちょっとだけ飼っただけで、飽きて捨てちゃう人も多いんだってさ。	M 그렇지. 개도 인간과 마찬가지로 생명이 있으니까. 그냥 귀엽다고 해서 잠깐 키우는 것만으로 질려서 버리는 사람도 많대.
F1 ちゃんと世話する自信あるってば。餌もちゃんとあげて、散歩もさせるから。	F1 잘 돌볼 자신 있다니까. 사료도 잘 주고 산책도 시킬 테니까.
F2 犬の毛とか糞とかも片付けなきゃいけないんだけど、美子にできる？	F2 개털이나 똥도 처리해야 하는데, 요시코가 할 수 있어?
F1 大丈夫。自分で全部やるから。	F1 괜찮아. 스스로 전부 할 테니까.
F2 本当？ で、どんな犬が飼いたいの？	F2 정말? 그럼, 어떤 개를 키우고 싶은데?

F1 本当は、ⓐ大きい犬が飼いたいんだけど、うちは庭もないし、小さい犬でもかわいいなって思うんだ。

M そうか。実は、お父さんも犬好きなんだけど、ちゃんと面倒を見られる自信はないんだ。

F1 え、そうだったの？よかった。一緒に面倒見よう。

F2 美子は兄弟がいないから、寂しいんだね。お父さんとお母さんの帰りが遅くなるときもあるしね。

M そうだね。じゃあ、ⓑ週末みんなでペットショップに行ってみようか。

F1 やったあ！じゃあ、みんなで一緒に新しい家族を見に行こう！

F2 まあ、それもいいんだけど、ⓒ今はとりあえず、犬についてみんなで勉強した方がいいんじゃない？犬が病気になったりしたときなんか、困るでしょ？

M ああ、それもそうだね。ⓓじゃあ、一ヶ月ぐらい、犬について勉強しようか。土曜日に図書館へ行ってみるよ。

F1 そう。じゃあ、みんなで一緒に行こう。

F1 사실은 ⓐ큰 개를 키우고 싶은데, 우리집은 마당도 없고, 작은 개라도 귀여울 것 같아.

M 그래? 사실은 아빠도 개를 좋아하는데, 잘 돌볼 자신은 없어.

F1 앗, 그랬어? 잘됐다. 같이 돌보자.

F2 요시코는 형제가 없어서 외롭겠지. 아빠랑 엄마의 귀가가 늦어질 때도 있고 말이지.

M 그러네. 그럼, ⓑ주말에 다 같이 애완동물 숍에 가 볼까?

F1 야호! 그럼, 다 같이 새로운 식구를 보러 가자!

F2 뭐, 그것도 좋지만, ⓒ지금은 우선 개에 대해서 다 같이 공부를 하는 편이 좋지 않을까? 개가 아프거나 할 때 곤란하잖아.

M 아, 그것도 그러네. ⓓ그럼, 한 달 정도 개에 대해서 공부할까? 토요일에 도서관에 가 보자.

F1 그래. 그럼, 다 같이 가자.

3人は、どうすることにしましたか。

3명은 어떻게 하기로 했습니까?

1 大きい犬をみんなで飼うことにした	1 큰 개를 다 같이 키우기로 했다
2 小さい犬を娘一人で飼うことにした	2 작은 개를 딸이 혼자서 키우기로 했다
3 週末にペットショップに行くことにした	3 주말에 애완동물 숍에 가기로 했다
4 犬に関して調べた後で飼うことにした	4 개에 관해서 조사를 한 후에 키우기로 했다

[풀이]

ⓐ 큰 개는 어려울 것 같다고 말하고 있기 때문에 선택지 1번은 정답이 될 수 없다. ⓑ 주말에 애완동물 숍에 가자고 했지만, ⓒ ⓓ 지금 당장 개를 기르는 것이 아니라 개에 대해서 공부를 하기로 했다는 것을 알 수 있다. 따라서 선택지 2, 3번은 정답이 될 수 없고, 선택지 4번이 정답이다.

[단어]

飼う 기르다 | ～について ～에 대해서 | 慎重 신중 | 命 생명, 목숨 | 飽きる 질리다 | 捨てる 버리다 | 世話をする 돌보다, 보살피다 | 自信 자신 | 餌 먹이, 사료 | 片付ける 정리하다, 치우다 | 庭 정원 | 面倒を見る 돌봐 주다 | 兄弟 형제 | とりあえず 우선 | 困る 곤란하다, 난처하다 | ～に関して ～에 관해서

2番

レストランで店長と店員二人が話しています。

F1 今回新しく追加したランチセット、売上がいまいちだね。何かいい対策ないかな。

F2 そうですね。食べたことのあるお客さんはみんなおいしいと言ってくれましたけど。

M 目の前で店員にまずいと言うお客さんは多くないと思いますよ。ソースを少し変えてみるのはどうですか。

F1 うーん、それもそうだけど。まだよく分かっていないんだから、料理の味を変えるのはやめようね。

F2 あのう、@ランチのメニューだけを別に作るのはどうですか。

M ああ。⑥ランチとディナーのメニューを別々に作るんですね。時間帯によって料理の種類を抑えること。これ、いい方法だと思います。

F1 なるほどね。ⓒキッチンの方でも限られた料理だけを作ることになれば、料理の完成度ももっと期待できるよね。材料の準備も効率的だし。

M あと、新しいメニューに対する紹介も少し足りないと思います。新しいランチセットをまずアピールするのはどうですか。

F2 あのう、私の場合は、お店の人にいろいろ言われるのがちょっと嫌な時もあります。食べたかった料理を食べるためにもう一度訪問したのに、他のメニューを強要されているようで。

F1 そうかもしれないね。じゃ、新しいメニューの写真と簡単な説明が入った紙をお店のあちこちに貼っておくのはどう?

F2 それならお客さんもあまり不快ではないでしょうね。

M でも、うちの店はインテリアや小物の装飾も多くて、少し統一されていない感じがするかもしれません。全体的なお店の雰囲気と合わない気もするし。

레스토랑에서 점장과 점원 두 사람이 이야기하고 있습니다.

F1 이번에 새롭게 추가한 점심 세트, 매출이 별로네. 뭔가 좋은 대책은 없을까?

F2 그러게요. 먹어 본 손님들은 모두 맛있다고 해 주셨는데.

M 눈 앞에서 점원에게 맛없다고 말하는 손님은 많지 않을 것 같아요. 소스를 조금 바꿔 보는 건 어떨까요?

F1 음. 그것도 그렇지만. 아직 잘 모르니까 음식의 맛을 바꾸는 건 그만두자.

F2 저기, @점심 메뉴만을 따로 만드는 것은 어떨까요?

M 아~. ⑥런치와 디너 메뉴를 따로따로 만드는 거군요. 시간대에 따라서 요리의 종류를 제한하는 것. 이거, 괜찮은 방법 같아요.

F1 그렇겠네. ⓒ주방 쪽에서도 제한된 음식만을 만들게 되면 음식의 완성도도 더욱 기대할 수 있겠네. 재료 준비도 효율적이고.

M 그리고 새로운 메뉴에 대한 소개도 조금 부족한 것 같아요. 새로운 런치 세트를 먼저 어필하는 것은 어떨까요?

F2 저기, 저 같은 경우에는 직원에게 이런저런 말을 듣는 것이 조금 싫을 때도 있어요. 먹고 싶었던 음식을 먹기 때문에 다시 한번 방문했는데, 다른 메뉴를 강요당하는 것 같아서.

F1 그럴 수도 있겠네. 그럼, 새로운 메뉴의 사진과 간단한 설명이 들어간 종이를 가게 곳곳에 붙여 두는 것은 어떨까?

F2 그거라면 손님들도 그다지 불편하지 않겠네요.

M 근데. 저희 가게는 인테리어나 소품 장식도 많아서 조금 통일되지 않은 느낌이 들 수도 있어요. 전체적인 가게의 분위기와 안 맞는 것 같은 기분도 들고.

F1 それもそうだね。じゃ、店のインテリアの件は今度話すことにしよう。	F1 그것도 그렇네. 그럼, 가게 인테리어 건은 다음에 얘기하기로 하자.

売上を上げるために、どうすることにしましたか。 / **매출을 올리기 위해서 어떻게 하기로 했습니까?**

1 ソースの味を変える	1 소스의 맛을 바꾼다
2 メニューを変える	2 메뉴를 바꾼다
3 新しいメニューをアピールする	3 새로운 메뉴를 어필한다
4 店のインテリアを変える	4 가게의 인테리어를 바꾼다

[풀이]

ⓐ 점심 메뉴만 따로 만들자는 여자 점원의 제안에 남자 점원도 괜찮은 방법이라고 말하고 있고, 점장도 음식 완성도나 효율적인 재료 준비를 기대할 수 있을 것 같다고 말하고 있다. 따라서 정답은 선택지 2번이다. 가게 인테리어 건은 다음에 다시 얘기하기로 했기 때문에, 선택지 4번은 정답이 아니다.

[단어]

追加 추가 | 売上 매상, 매출 | いまいち 조금 모자라는 모양 | 対策 대책 | 変える 바꾸다 | 味 맛 | 別々 따로따로, 별개 | ～によって ～에 의해서, ～에 따라서 | 種類 종류 | 抑える 억제하다, 누르다 | 限る 한하다, 제한하다 | 完成度 완성도 | 期待 기대 | 材料 재료 | 効率的 효율적 | ～に対する ～에 대한 | 紹介 소개 | 足りない 부족하다 | 訪問 방문 | 強要 강요 | 説明 설명 | 貼る 붙이다 | 小物 소품, 부속품 | 装飾 장식 | 統一 통일 | 気がする 생각이 들다, 기분이 들다

3番

ラジオで女の人が映画の紹介をしています。	라디오에서 여자가 영화 소개를 하고 있습니다.
F1 今日は最近話題の映画を4本ご紹介いたします。ⓐまず一番目は、「私の家族」というタイトルで、暖かく感動的な映画です。家族で一緒にご覧になってはいかがでしょうか。ⓑ二番目は、「幸せな一日」です。愛する男女の出会いを、明るく面白おかしく描いています。女性の主人公が歌う歌も、好評です。ⓒ三番目の映画は、「時間の流れ」です。ドキュメンタリー形式で、死を前にした実在のドイツの医者の話が素材となっています。内容豊かなストーリーが高い評価を得ています。ⓓ最後に、アニメ映画の「ギョーちゃん」です。予想もつかないストーリーの展開で、子どもよりも大人に人気があるそうです。	F1 오늘은 최근 화제의 영화를 4편 소개해 드리겠습니다. 먼저 ⓐ첫 번째는 '나의 가족'이라는 타이틀로 따뜻하고 감동적인 영화입니다. 가족이 함께 보시는 것은 어떨까요. ⓑ두 번째는 '행복한 하루'입니다. 사랑하는 남녀의 만남을 밝고 유쾌하고 재미있게 그리고 있습니다. 여성 주인공이 부르는 노래도 호평입니다. ⓒ세 번째 영화는 '시간의 흐름'입니다. 다큐멘터리 형식으로, 죽음을 앞둔 실존 독일 의사의 이야기가 소재입니다. 풍부한 스토리가 높은 평가를 얻고 있습니다. ⓓ마지막으로 애니메이션 영화인 '교짱'입니다. 예상치 못한 스토리 전개로 아이들보다 어른들에게 더욱 인기가 있다고 하네요.

M 面白そうだね。ちょうど大変なことも一段落したし、週末は映画見に行こうかな。	M 재미있을 것 같네. 마침 바쁜 일도 일단락되었고, 주말에는 영화 보러 가야겠다.
F2 いいんじゃない。あたしは、もう二本見てるんだ。感動的な映画、好きだから。	F2 좋네. 나는 벌써 두 편 봤어. 감동적인 영화 좋아하니까.
M ああ、そうなの。早いねえ。ⓔ僕は、感動的な映画もいいけど、やっぱり面白い映画のほうが、いいな。今は笑ってストレスを発散したいから。	M 아, 그래? 빠르네. ⓔ나는 감동적인 영화도 좋지만, 역시 재미있는 영화 쪽이 좋아. 지금은 웃으면서 스트레스를 발산하고 싶으니까.
F2 そう。ⓕあたしは、お医者さんの話を見に行こうかな。小説でも読んだんだけど、本当に興味深い話だった。	F2 그래? ⓕ나는 의사 이야기를 보러 갈까. 소설로도 읽었는데 정말 흥미로운 이야기였어.
M 見たらどんな感じだったか教えてよ。ⓖ僕はあれ見に行くよ。歌も好評だから。	M 보면 어떤 느낌이었는지 알려 줘. ⓖ나는 저거 보러 갈 거야. 노래도 호평이니까.

質問1）男の人は、どんな映画を見に行きますか。

1 「私の家族」

2 「幸せな一日」

3 「時間の流れ」

4 「ギョーちゃん」

질문1) 남자는 어떤 영화를 보러 갑니까?

1 '나의 가족'

2 '행복한 하루'

3 '시간의 흐름'

4 '교짱'

質問2）女の人は、どんな映画を見に行きますか。

1 「私の家族」

2 「幸せな一日」

3 「時間の流れ」

4 「ギョーちゃん」

질문2) 여자는 어떤 영화를 보러 갑니까?

1 '나의 가족'

2 '행복한 하루'

3 '시간의 흐름'

4 '교짱'

[풀이]

ⓐ, ⓑ, ⓒ, ⓓ는 각각 선택지 1, 2, 3, 4번의 내용을 다룬 것이다. ⓔ 남자는 재미있는 영화, ⓖ 노래가 호평인 영화를 보러 갈 것이라고 말하고 있다. 따라서 질문1의 정답은 선택지 2번이라는 것을 알 수 있다. ⓕ 여자는 의사 이야기를 다룬 영화를 보러 간다고 말하고 있기 때문에, 질문2의 정답은 선택지 3번이다.

[단어]

紹介 소개 | 話題 화제 | 感動 감동 | ご覧になる 보시다 | 出会い 만남 | 描く 그리다, 묘사하다 | 好評 호평 | 形式 형식 | 素材 소재 | 予想 예상 | 展開 전개 | 発散 발산 | 興味深い 흥미롭다

JLPT **N2**

제1회 실전 모의고사
정답 및 해석

문자·어휘

문제 1   1 ②   2 ④   3 ③   4 ①   5 ③

문제 2   6 ③   7 ②   8 ④   9 ①   10 ③

문제 3   11 ③   12 ①   13 ③

문제 4   14 ①   15 ③   16 ②   17 ④   18 ③   19 ①   20 ②

문제 5   21 ③   22 ①   23 ④   24 ②   25 ③

문제 6   26 ①   27 ④   28 ③   29 ②   30 ④

문법

문제 7   31 ②   32 ①   33 ④   34 ②   35 ③   36 ④   37 ②   38 ④   39 ③   40 ②   41 ①   42 ③

문제 8   43 ②   44 ④   45 ③   46 ④   47 ①

문제 9   48 ③   49 ④   50 ②   51 ①

독해

문제 10   52 ③   53 ④   54 ④   55 ②   56 ④

문제 11   57 ③   58 ②   59 ①   60 ③   61 ④   62 ①   63 ②   64 ④

문제 12   65 ③   66 ①

문제 13   67 ④   68 ④   69 ②

문제 14   70 ④   71 ④

청해

문제 1   1 ④   2 ④   3 ③   4 ③   5 ①

문제 2   1 ④   2 ③   3 ③   4 ②   5 ③   6 ①

문제 3   1 ②   2 ③   3 ②   4 ③   5 ②

문제 4   1 ③   2 ②   3 ①   4 ③   5 ③   6 ②   7 ②   8 ①   9 ②   10 ②   11 ③

문제 5   1 ①   2 (1) ②   (2) ④

問題 1

_____의 단어 읽기로 가장 알맞은 것을 1·2·3·4에서 하나 고르시오.

1 당시의 일은 지금도 분명하게 기억하고 있다.

2 이 버튼을 누르면 소리의 볼륨을 조정할 수 있습니다.

3 ABC사는 신소재 개발에 주력하고 있다.

4 그녀는 우수한 성적으로 대학을 졸업했다.

5 강한 바람에 벚꽃이 지고 말았다.

問題 2

_____의 단어를 한자로 쓸 때 가장 알맞은 것을 1·2·3·4에서 하나 고르시오.

6 아직 시간이 있으니까 그렇게 서두를 필요는 없다고 생각한다.

7 유학 준비는 순조롭게 진행되고 있다.

8 그는 유연한 발상력을 가지고 있는 것 같다.

9 일본 최대의 호수는 시가현에 위치하고 있다.

10 시설 안에서의 촬영과 녹음은 금지되어 있습니다.

問題 3

(　)에 넣기에 가장 알맞은 것을 1·2·3·4에서 하나 고르시오.

11 종이 용기와 폐지류는 각각 다른 수집 차량으로 회수하고 있습니다.

12 부작용에 대해서는 주의 깊게 주시해 나갈 필요가 있다.

13 해독 효과가 높은 식품으로 중금속을 배출할 수 있다.

問題 4

(　)에 넣기에 가장 알맞은 것을 1·2·3·4에서 하나 고르시오.

14 이 휴대폰에는 새로운 기능이 추가됐다.

15 그 사건은 전국 신문에도 기사가 게재되었다.

16 재해 발생 후의 안부 확인 메일은 가능한 한 빠른 타이밍에 보내는 것이 좋다.

17 그녀는 혼자서 고민하던 문제를 회사 선배에게 털어놓았다.

18 요즘 낡은 에어컨 실외기의 소음이 시끄러워서 좀처럼 잠을 잘 수가 없다.

19 다나카 씨는 책임감이 없는 사람으로 약속이나 규칙을 전혀 지키지 않는다.

20 겨울이 되면 핸드크림을 발라도 금세 건조해져 손이 꺼칠꺼칠해진다.

問題 5

_____의 말에 의미가 가장 가까운 것을 1·2·3·4에서 하나 고르시오.

21 논문 개요를 첨부했으니 확인해 주세요.

22 그녀는 부끄러워 고개를 숙였다.

23 진지하게 임하는 자세가 머지 않아 성과로 이어진다.

24 이 상품의 만족도는 상당히 높다.

25 또 기회가 된다면 도전해 보고 싶다.

問題 6

다음 단어의 용법으로 가장 알맞은 것을 1·2·3·4에서 하나 고르시오.

26 위법 건축은 건축기준법을 위반하고 있는 건물이다.

27 프로야구 시즌은 3월 하순부터 시작된다.

28 전반에 선취점을 빼앗기고, 그 후 만회하지 못했다.

29 같은 단락 안에서 같은 내용의 문장을 반복하면 장황한 인상을 준다.

30 지금까지 함께 노력해 온 다나카 씨가 전근을 가게 되었다.

問題 7

다음 문장의 (　)에 들어갈 가장 알맞은 것을 1·2·3·4에서 하나 고르시오.

31 역사적인 엔저의 영향으로 일본에 오는 외국인 여행자의 수는 계속 늘고 있다.

32 중요한 일이라 잊어버리기 전에 메모해 두었다.

33 일 때문에 바쁜 건 이해하지만, 메일 정도는 해 주세요.

34 약을 먹기만 하면 병이 금방 낫는 것은 아니다.

35 유학을 가고 싶어 부모님께 상담을 했더니 흔쾌히 승낙해 주었다.

36 다나카 씨는 만날 때마다 재미있는 이야기를 들려준다.

37	나는 아직 신입이기 때문에 상사의 승인을 <u>받고 나서가 아니면</u> 일에 착수할 수 없다.
38	방문 시에는 <u>최대한</u> 마스크 착용 부탁드립니다.
39	양산을 활용하는 사람이 <u>많아졌기 때문에</u> 우산은 장마철에만 국한되지 않고 연중 많은 분실물이 발생되고 있다.
40	그는 매일 공부를 하는데도 성적은 <u>좋아지기는커녕</u> 나빠지기만 한다.
41	(보험회사 고객센터에서)
	고객 : 보험을 해약하고 싶습니다만….
	담당자 : 괜찮으시다면, 해약하시는 <u>이유를 여쭤봐도 될까요?</u>
42	초등학생 아들이 수영을 배우고 싶어하니, 우선 무료 체험에 <u>참가시켜 볼까</u> 생각하고 있다.

問題 8

다음 문장의 ★ 에 들어갈 가장 알맞은 것을 1·2·3·4 에서 하나 고르시오.

43	졸업논문 작성을 위해, <u>모을 수 있는 자료를</u> 모았지만, 그래도 아직 부족하다고 생각한다. (2431)
44	지역 사람들에게 잘 알려진 ABC대학은 오랜 역사를 가지고 있는 만큼 <u>옛날부터 맥맥이 계승된</u> 전통이 있다고 한다. (2143)
45	고등학생 아들은 대학 수험을 위해 <u>공부해야 한다면서,</u> 늘 게임만하고 있어 너무 걱정이다. (1432)
46	상품의 반품·교환은 불량 상품이 배송된 경우에만 가능합니다. 고객님의 <u>사정에 의한 반품·교환은</u> 접수가 어려우므로, 미리 양해 바랍니다. (2314)
47	일본에서는 X-ray를 뢴트겐이라고 부른다. 이것은 독일의 물리학자 빌헬름 뢴트겐 박사가 <u>X선을 발견한 것으로부터</u> 붙여진 이름이라고 한다. (3124)

問題 9

다음 글을 읽고, 문장 전체의 내용을 생각해서 48 부터 51 에 들어갈 가장 알맞은 것을 1·2·3·4에서 하나 고르시오.

현대 사회에서는 건강을 유지하는 것이 점점 중요해지고 있습니다. 바쁜 나날 중에 일이나 공부에 48 집중한 나머지 자신의 건강을 뒤로 미루는 사람도 적지 않습니다. 그러나 건강을 해치게 되면 아무것도 할 수 없게 될 가능성이 있기 때문에 평소에 건강 관리를 신경쓰는 것이 중요합니다.

우선 균형 잡힌 식사를 하는 것에 유의하는 것이 중요합니다. 현대인은 간편함과 효율을 추구한 나머지, 패스트푸드나 가공식품에 49 의존하는 경향이 있습니다. 그러나 그러한 식품에는 당분이나 지방분이 많이 함유되어 있어 장기적으로는 비만이나 생활습관병의 원인이 될 우려가 있으므로 주의가 필요합니다.

다음으로 적당한 운동도 건강 관리 50 에 필수적입니다. 바쁜 사람이라도 하루 30분 걷기와 가벼운 스트레칭을 도입하여 체력을 유지하고 스트레스를 해소할 수 있습니다.

또한 충분한 수면도 건강에 중요한 요소입니다. 수면 부족은 집중력 저하와 면역력 약화로 이어진다고 알려져 있습니다. 질 좋은 수면을 취하기 위해서는 자기 전에 스마트폰이나 컴퓨터를 너무 많이 사용하지 않도록 하거나 휴식을 취할 수 있는 환경을 조성하는 것이 중요합니다.

끝으로 정기적인 건강 진단을 받는 것도 잊어서는 안 됩니다. 자신의 건강상태를 파악하고 조기에 문제를 발견함으로써 큰 질병을 예방할 수 있습니다.

건강 관리는 특별한 것이 아니라, 일상의 작은 축적이 큰 결과를 51 낳는 법입니다. 균형 잡힌 식사, 적당한 운동, 충분한 수면, 그리고 정기적인 건강 검진을 신경씀으로써 더 나은 생활을 할 수 있을 것입니다.

次の（１）から（５）の文章を読んで、後の問いに対する答えとして最もよいものを、１・２・３・４から一つ選びなさい。

(1)

　　人付き合いには多くの人々が悩み、努力している。なぜなら、自分に役立ち、利益がある人々と付き合いたがるからである。人を自分の出世の道具、または成長の足場にするのは決して良いことではない。人と付き合う時、どのような利害関係も望まない方が良い。さらに、自分を理解してほしいという思いさえも持つべきではない。ⓐ損得などない純粋な気持ちでの出会い、それこそが正しい人との付き合いと言えるのではないだろうか。

52　筆者は、人付き合いに関してどのようにとらえているか。
1　効果的に人と付き合うには、他人を理解しなければならない。
2　自分の身分にふさわしい人付き合いをするべきだ。
3　お互いに利害関係のないことが正しい人付き合いである。
4　正しい人付き合いをするためには出世しなければならない。

다음 (1)에서 (5)의 글을 읽고, 다음 질문에 대한 답으로 가장 알맞은 것을 1·2·3·4에서 하나 고르시오.

　　다른 사람과의 교제에 많은 사람들이 고민하고 노력하고 있다. 왜냐하면 자신에게 도움이 되고 이익이 있는 사람들과 어울리고 싶어하기 때문이다. 다른 사람을 자신의 출세의 도구 또는 성장의 발판으로 삼는 것은 결코 좋은 것이 아니다. 교제를 할 때 어떠한 이해관계도 바라지 않는 것이 좋다. 심지어 자신을 이해해 주었으면 좋겠다는 마음조차도 가져서는 안 된다. ⓐ손해와 이득 따위가 없는 순수한 기분에서의 만남, 그것이야말로 올바른 교제라고 말할 수 있는 것이 아닐까?

52　필자는 다른 사람과의 교제에 관해서 어떻게 인식하고 있는가?
1　효과적으로 교제하기 위해서는 다른 사람을 이해해야 한다.
2　자신의 신분에 어울리는 교제를 해야 한다.
3　서로 이해관계가 없는 것이 올바른 교제이다.
4　올바른 교제를 하기 위해서는 출세해야 한다.

[풀이]
ⓐ 필자는 순수한 만남이 올바른 교제라고 말하고 있고, 이것을 이해관계가 없다고 표현한 선택지 3번이 정답이다. 나머지 선택지에 대한 본문에서의 언급은 없었다.

[단어]
人付き合い 교제, 사귐 | 悩む 괴로워하다. 고민하다 | 努力 노력 | 役立つ 도움이 되다 | 利益 이익 | 付き合う 사귀다. 어울리다 | 出世 출세 | 道具 도구 | 成長 성장 | 足場 발판 | 決して 결코 | 利害 이해(이익과 손해) | 関係 관계 | 望む 바라다 | 理解 이해 | ～てほしい ～해 주길 바라다 | ～さえ ～조차 | 損得 손득(손해와 이득) | 純粋 순수 | 効果 효과 | ふさわしい 어울리다 | お互いに 서로

(2)

リサイクルとは、一度使用した資源をあるプロセスを経て再利用することをいい、限られた資源を効率的に利用することである。今や@天然資源の枯渇に対して代替エネルギーの開発を急がれているが、リサイクルのことも疎かにしてはいけない。しかし、リサイクルは長所だけではないのである。リサイクルの処理費用やその工程中に発生するエネルギーと資源の消耗などの短所もある。リサイクルのことだけではなく、ⓑ我々は必要な分だけ使う、資源の「小利用」についても考えるべきである。

53 筆者は、なぜ資源の「小利用」を考えるべきだと言っているか。

1 リサイクルをすることより費用がかからないから

2 リサイクルすることは資源枯渇につながるから

3 リサイクルは長所より短所が多いから

4 天然資源とリサイクルには限界があるから

재활용이라는 것은 한 번 사용한 자원을 어떤 공정을 거쳐서 재이용하는 것을 말하고, 제한된 자원을 효율적으로 이용하는 것이다. 이제는 @천연자원의 고갈에 대해서 대체 에너지 개발을 서두르고 있지만, 재활용도 소홀히 여겨서는 안 된다. 하지만 재활용은 장점만 있는 것은 아니다. 재활용의 처리 비용이나 그 공정 중에 발생하는 에너지와 자원의 소모 등의 단점도 있다. 재활용뿐만 아니라 ⓑ우리는 필요한 만큼만 사용하는 자원의 '소이용'에 대해서도 생각해야 한다.

53 필자는 왜 자원의 '소이용'을 생각해야 한다고 말하고 있는가?

1 재활용을 하는 것보다 비용이 들지 않기 때문에

2 재활용하는 것은 자원 고갈로 이어지기 때문에

3 재활용은 장점보다 단점이 많기 때문에

4 천연자원과 재활용에는 한계가 있기 때문에

[풀이]

@ 천연자원의 고갈에 대비하기 위해서 ⓑ 자원을 필요한 만큼만 사용하자고 말하고 있다. 따라서 정답은 선택지 4번이다. 나머지 선택지들에 대해서는 언급되지 않았다.

[단어]

資源 자원 | 再利用 재이용 | 限る 제한하다, 한정하다 | 効率的 효율적 | 天然 천연 | 枯渇 고갈 | ～に対して ～에 대해서 | 代替 대체 | 急ぐ 서두르다 | 疎か 소홀함 | 長所 장점 | 処理 처리 | 費用 비용 | 消耗 소모 | 短所 단점 | ～べきだ ～해야 한다 | 限界 한계

(3)

私はパン屋に行くのが好きだ。正確に言えば、夕食を食べて町を散歩しながらパン屋に立ち寄るのが好きなのだ。お腹が空いたからパンを探すのとは全く異なる。@少しでもおいしいパンを作るために、慌ただしく動き、努力する姿が良い。ずっと食べてくれる人のことを思いながらパンを焼く彼らは、いわゆる職人という人たちだ。彼らが焼くパンの形、食感、匂いなどはパン職人ならではの完全な固有の分野だ。ⓑパンにはその人の哲学まで込められているようだ。その哲学を覗くことができるのもパン屋に行くのが好きな理由の一つと言える。

54 筆者がパン屋に行くのが好きな理由は何か。

1 客で賑わう空間とパンに対する店の哲学が好きなため

2 少しの空腹を満たすことができ、客を優先する店の雰囲気が良いため

3 作られたパンの形とパンを作る職人の固有の分野が好きなため

4 パン屋が漂わせる雰囲気とパンを作る人々の哲学を垣間見ることができるため

나는 빵집에 가는 것을 좋아한다. 정확하게 말하자면, 저녁을 먹고 동네를 산책하면서 빵집에 들르는 것을 좋아하는 것이다. 배고파서 빵을 찾는 것과는 전혀 다르다.

ⓐ조금이라도 맛있는 빵을 만들기 위해서, 분주하게 움직이고 노력하는 모습이 좋다. 언제나 먹어 주는 사람을 생각하며 빵을 굽는 그들은 이른바 장인이라는 사람들이다. 그들이 구어 내는 빵의 모양, 식감, 냄새 등은 빵의 장인만의 완전한 고유분야다. ⓑ빵에는 그 사람의 철학까지 담겨 있는 것 같다. 그 철학을 엿볼 수 있는 것도 빵집에 가는 것을 좋아하는 이유의 하나라고 말할 수 있다.

---

54 필자가 빵집에 가는 것을 좋아하는 이유는 무엇인가?

1 손님들로 북적이는 공간과 빵에 대한 가게의 철학을 좋아하기 때문에

2 약간의 허기짐을 채울 수 있고, 손님을 우선하는 가게의 분위기가 좋기 때문에

3 만들어진 빵의 모습과 빵을 만드는 장인의 고유분야를 좋아하기 때문에

4 빵집이 풍기는 분위기와 빵을 만드는 사람들의 철학을 엿볼 수 있기 때문에

[풀이]

ⓐ 빵을 만들기 위해서 열심히 움직이고 노력하는 모습과 ⓑ 빵을 만드는 사람의 철학을 엿볼 수 있어서 빵집에 가는 것을 좋아한다고 말하고 있다. 따라서 정답은 선택지 4번이다.

[단어]

正確 정확함 | 町 마을, 거리 | 立ち寄る 다가서다, 들르다 | 全く 전혀, 매우 | 異なる 다르다 | 慌ただしい 분주하다, 어수선하다 | 努力 노력 | 姿 모습, 모양 | 焼く 굽다 | いわゆる 소위, 이른바 | 職人 장인 | 形 모양, 형태 | 食感 식감 | 匂い 냄새 | ~ならではの ~만의, ~특유의 | 固有 고유 | 分野 분야 | 哲学 철학 | 込める 담다, 넣다 | 覗く 엿보다 | 賑わう 번성하다, 북적거리다 | 空間 공간 | ~に対する ~에 대한 | 空腹 공복 | 優先 우선 | 漂う 떠돌다, 감돌다 | 垣間見る 살짝 엿보다

(4)

取引先の人に会うために事前に約束したり重要な日程のために事前に自分の時間を効率的に配分したりすることは、仕事では当然なことである。しかし友達に会うのにそこまでする必要があるのだろうか。気楽に会うことができることこそ、友達との集まりの長所ではないだろうか。もしその友人が他の用事で忙しくて会うことができないなら、次の暇な時に会うまでのことだ。ⓐ約束せずに会える友達関係が望ましいことではないかと思う。

55 この文章で筆者が一番言いたいことは何か。

1 友達との約束を変更するのは良くない。

2 何も決めずに会えるのが友人関係である。

3 友達の忙しい日程を配慮するべきである。

4 約束をしないで会うことに慣れるべきである。

거래처 사람을 만나기 위해서 사전에 약속을 하거나 중요한 일정을 위해 사전에 자신의 시간을 효율적으로 배분하는 것은 일에서는 당연한 것이다. 하지만 친구를 만나는 것에 그렇게까지 할 필요가 있는 것일까? 편하게 만날 수 있는 것이야말로 친구와의 만남의 장점이 아닐까? 혹시 그 친구가 다른 용무로 바빠서 만날 수 없다면 다음에 한가할 때에 만나면 된다. ⓐ약속을 하지 않고 만날 수 있는 친구 관계가 바람직하다고 생각한다.

55 이 글에서 필자가 가장 말하고 싶은 것은 무엇인가?

1 친구와의 약속을 변경하는 것은 좋지 않다.

2 아무것도 정하지 않고 만날 수 있는 것이 친구 관계이다.

3 친구의 바쁜 일정을 배려해야 한다.

4 약속을 하지 않고 만나는 것에 익숙해져야 한다.

[풀이]

ⓐ 친구와의 관계에 있어서는 약속을 하지 않는 것이 바람직하다고 필자는 주장하고 있다. 따라서 정답은 선택지 2번이다. 선택지 1, 3번에 대한 언급은 없었다. 선택지 4번도 언뜻 정답에 비슷해 보이지만, 선택지에 친구와의 만남이라는 조건이 없다는 것을 알 수 있다. 모든 일에 약속을 하지 말라는 것은 아니기 때문에 선택지 4번은 정답이 아니다.

[단어]

取引先 거래처 | 事前に 사전에 | 日程 일정 | 効率 효율 | 配分 배분 | 気楽 마음이 편함. 홀가분함 | 長所 장점 | 用事 용무 | ～ずに ～하지 않고(=～ないで) | 関係 관계 | 望ましい 바람직하다 | 変更 변경 | 配慮 배려 | 慣れる 익숙해지다

(5)

以下は、ある大学のホームページに掲載されたお知らせである。

桜大学のお知らせ

7月20日

国際センター事務室の移転について

　このたび、国際センター事務室改修工事が終わりましたので、8月1日より従来どおり事務局棟1階に戻ります。なお、工事期間の変更により事務局棟3階の留学生支援センターは8月20日に国際センター事務室と統合することになりました。ⓐ現在の留学生支援センターの利用期間は、8月16日までで変更はありません。不明な点等がある場合は、国際センター事務室にお問い合わせください。ご不便おかけし申し訳ございませんが、よろしくお願い致します。

お問い合わせ先：国際センター事務室
電話：06－1234－5678
FAX：06－1234－5600

---

56 このお知らせの内容と合うものは何か。

1 8月1日から国際センター事務所が利用できなくなること

2 8月16日から1階の留学生支援センターは利用できなくなること

3 8月20日からは国際センター事務所が利用できること

4 従来の留学生支援センターの利用期間は変わらないこと

다음은 어느 대학 홈페이지에 게재된 공지이다.

사쿠라 대학의 공지

7월 20일

국제센터 사무실 이전에 대하여

이번에 국제센터 사무실 수리공사가 끝이 나서, 8월 1일부터 종래대로 사무국동 1층으로 돌아갑니다. 또한, 공사 기간의 변경에 의해 사무국동 3층의 유학생 지원센터는 8월 20일에 국제 센터 사무실과 통합하게 되었습니다. ⓐ현재 유학생 지원센터 이용기간은 8월 16일까지로 변경이 없습니다. 궁금한 점 등이 있을 경우 국제센터 사무실에 문의하시기 바랍니다. 불편을 드려 죄송합니다만, 잘 부탁드립니다.

문의처 : 국제센터 사무실

전화 : 06-1234-5678

FAX : 06-1234-5600

56 이 공지사항의 내용과 맞는 것은 무엇인가?

1   8월 1일부터 국제센터 사무실을 이용할 수 없게 되는 것

2   8월 16일부터 1층의 유학생 지원센터는 이용할 수 없게 되는 것

3   8월 20일부터는 국제센터 사무실을 이용할 수 있는 것

4   종래의 유학생 지원센터의 이용기간은 변하지 않는다는 것

[풀이]

ⓐ 현재 유학생 지원센터의 이용기간은 변경이 없다고 하기 때문에, 선택지 4번이 정답이다. 8월 16일부터는 3층의 유학생 지원센터를 이용할 수 없는 것이기 때문에, 선택지 2번은 정답이 될 수 없다.

[단어]

掲載 게재 | お知らせ 알림, 공지 | 国際 국제 | 移転 이전 | ～について ～에 대해서 | 改修 개수, 수리 | 従来 종래, 지금까지 | ～どおり ～대로 | 戻る 돌아가(오)다 | 期間 기간 | 変更 변경 | ～により ～에 의해, ～에 따라 | 支援 지원 | 統合 통합 | 現在 현재 | 不明 불명, 명확하지 않음 | 問い合わせる 문의하다, 조회하다

問題 11

次の（1）から（4）の文章を読んで、後の問いに対する答えとして最もよいものを、1・2・3・4から一つ選びなさい。

(1)

　　画一化された社内雰囲気は、会社の発展性と多様性を抑制することも出来る。また、会社内には階級というものが存在し、この階級は垂直的な文化形成に大きな影響を及ぼす。ⓐ垂直的な構造では、一番下の階級に属する人々が持っているアイデアや良い考えが階級の一番上の階層まで到達するまでにあまりにも多くの時間がかかってしまう。しかも届かない場合も一度や二度ではない。

　　ポジティブで自由な社内の雰囲気、情熱あふれる社員、新しい挑戦を躊躇しない未来志向的な社内環境。経営者なら誰でもこのような社内の雰囲気を欲するだろう。　　革命などの影響で急激な変化が起きている現代社会において、企業が生き残るためには必ず備えるべき要素に違いない。安定志向で画一化された社内環境や

構造に留まろうとする会社は、このような激しい変化の競争から遅れをとるだろうし、やがて誰にも覚えられない会社として消え去るだろう。ⓑ経営者の立場にある人なら、会社に大いに役立つ新しいアイデアや企画を社員に強要する前に自分が作った会社の雰囲気について考えてみなければならないだろう。

57 画一化された社内雰囲気について、筆者が言っている問題点は何か。

1 会社の発展性を妨げ、階級を飛び越えられないこと
2 水平的な構造の閉鎖性と階級別に雰囲気が異なること
3 階級の壁を飛び越えにくく、コミュニケーションの妨げにつながること
4 最上位階層の雰囲気が社内雰囲気の目安になってしまうこと

58 筆者によると、経営者に求められることは何か。

1 変化の激しい社会に対する対策とアイデア
2 会社の社内雰囲気に対する自己反省
3 未来志向のオフィスの仕組みづくり
4 社員のアイデアを積極的に反映すること

다음 (1)에서 (4)의 글을 읽고, 다음 질문에 대한 답으로 가장 알맞은 것을 1·2·3·4에서 하나 고르시오.

획일화된 사내 분위기는 회사의 발전성과 다양성을 억제할 수도 있다. 또한 회사 내에는 계급이라는 것이 존재하고, 이 계급은 수직적인 문화 형성에 큰 영향을 미친다. ⓐ수직적인 구조에서는 가장 아래 계급에 속한 사람들이 가지고 있는 아이디어나 좋은 생각들이 계급의 가장 위의 계층까지 도달하기까지 너무나 많은 시간이 걸리고 만다. 심지어 이르지 못하는 경우도 비일비재하다.

긍정적이고 자유로운 사내 분위기, 열정이 넘치는 사원, 새로운 도전을 주저하지 않는 미래 지향적인 사내 환경. 경영자라면 누구나 이러한 사내 분위기를 바랄 것이다. IT 혁명 등의 영향으로 급격한 변화가 일어나고 있는 현대 사회에서 기업이 살아남기 위해서는 반드시 갖추어야 할 요소임에 틀림없다. 안정 지향적이고 획일화된 사내 환경이나 구조에 머무르려는 회사는 이러한 격렬한 변화의 경쟁에서 뒤처질 것이고, 머지않아 누구에게도 기억되지 않는 회사로 사라지게 될 것이다. ⓑ경영자의 위치에 있는 사람이라면, 회사에 크게 도움이 되는 새로운 아이디어나 기획을 사원에게 강요하기에 전에, 자신이 만든 회사 분위기에 대해서 생각해 봐야 할 것이다.

57 획일화된 사내 분위기에 대해서 필자가 말하고 있는 문제점은 무엇인가?

1 회사의 발전성을 가로막고, 계급을 뛰어 넘을 수가 없는 것
2 수평적인 구조의 폐쇄성과 계급별로 분위기가 다르다는 것
3 계급의 벽을 뛰어넘기가 힘들고, 커뮤니케이션의 방해로 이어지는 것
4 최상위 계층의 분위기가 사내 분위기의 기준이 되어 버리는 것

58 필자에 의하면 경영자에게 요구되는 것은 무엇인가?

1 변화가 심한 사회에 대한 대책과 아이디어
2 회사의 사내 분위기에 대한 자기 반성
3 미래 지향적인 사무실 구조 만들기
4 사원의 아이디어를 적극적으로 반영하는 것

57 ⓐ 아래 계급의 아이디어나 좋은 생각들이 위의 계층까지 가는 데에 시간이 오래 걸리거나 이르지도 못하는 경우가 많다고 말하고 있다. 따라서 정답은 선택지 3번이다. 회사는 수평적이 아니라 수직적인 구조이기 때문에, 선택지 2번은 정답이 될 수 없다.

58 ⓑ 경영자는 회사에 도움이 되는 아이디어나 기획을 사원에게 강요하기 전에, 회사 분위기에 대해서 생각해 봐야 한다고 말하고 있다. 따라서 정답은 선택지 2번이다.

[단어]

画一化 획일화 | 発展性 발전성 | 多様 다양 | 抑制 억제 | 階級 계급 | 存在 존재 | 垂直 수직 | 形成 형성 | 影響 영향 | 及ぼす 끼치다, 미치다 | 構造 구조 | 属する 속하다 | 階層 계층 | 到達 도달 | あまりにも 너무나도 | 届く 이르다, 닿다 | 情熱 정열, 열정 | あふれる 넘치다 | 挑戦 도전 | 躊躇 주저 | 志向 지향 | 環境 환경 | 経営者 경영자 | 欲する 갖고 싶다. 원하다 | 革命 혁명 | 急激 급격 | 現代 현대 | ～において ～에서, ～에 있어서 | 企業 기업 | 生き残る 살아남다 | 備える 준비하다. 갖추다 | ～べき ～해야 할 | 要素 요소 | ～に違いない ～임에 틀림없다 | 留まる 머물다 | 激しい 격렬하다. 거세다 | 競争 경쟁 | 遅れをとる 뒤처지다, 밀리다 | やがて 이윽고, 머지않아 | ～として ～으로서 | 消え去る 사라지다 | 立場 입장 | 大いに 많이, 매우 | 強要 강요 | ～について ～에 대해서 | 妨げる 방해하다 | 飛び越える 뛰어넘다 | 水平 수평 | 閉鎖 폐쇄 | 異なる 다르다 | 壁 벽 | ～にくい ～하기 어렵다. 힘들다 | 目安 목표, 기준 | 求める 요구하다. 추구하다 | ～に対する ～에 대한 | 対策 대책 | 自己 자기 | 反省 반성 | 仕組み 구조 | 積極 적극 | 反映 반영

(2)

　我々は慣れという行為を上手に利用しなければならない。慣れるということは、我々に大変大きな力になることもあれば、どうしようもない災いになることもある。人は変化に対して優れた対応力があり、その変化に慣れていく過程で成長する。しかし、場合によってはその成長が、良くない影響を与えかねないという点に注意を払わなければならない。

　習慣とは自分でも気づかないうちに出てくるものである。良い習慣と悪い習慣は何かに対する感情や行動が結論に繋がる時に(注)固着される。つまり、ある対象や行動を受け入れる瞬間が非常に大事である。慣れは、すぐ安心に変わることになり、その安心がⓐ習慣として定着してしまえば、その時からは莫大な時間と努力をしなければ変えられないからである。良い慣れが良い習慣になると、生活の質が変わり、ひいては人生を変えることができる力になるものである。

　慣れないことに直面したり慣れない行動をさせられたりする際、誰でも不安になってしまうが、心配することはない。もしも、ⓑ今このような経験をしているなら、それは人生を変えることができる機会が訪れてきたのかもしれない。

(注) 固着：同じ所にとどまって、そのままの状態で定着すること。

59 ある対象や行動を受け入れる瞬間が非常に大事であるとあるが、その理由は何か。

　1　あまりにも時間が過ぎてしまうと変えにくいから
　2　良いこととして受け入れない限り、役に立たないから
　3　善し悪しに関する判断は時には難しいから
　4　多大な努力と時間を消費したら変わることもあるから

60 この文章で筆者が一番言いたいことは何か。

1 慣れていないことに不安を感じてもしかたがない。

2 行動と習慣を変えることは容易なことではない。

3 大変な状況が、かえって良いことになりうる。

4 生活の質を変えるためには不安が必要だ。

우리는 익숙함이라는 행위를 잘 이용해야 한다. 익숙해진다는 것은 우리에게 엄청난 힘이 될 수도 있고 어찌할 수 없는 재난이 될 수도 있다. 사람은 변화에 대해 뛰어난 적응력이 있고, 그 변화에 익숙해져 가는 과정에서 성장한다. 하지만 경우에 따라서는 그 성장이 좋지 않은 영향을 줄 수도 있다는 점에 주의를 기울여야 한다.

습관이라는 것은 자신도 알아차리지 못하는 사이에 나오는 것이다. 좋은 습관과 나쁜 습관은 무언가에 대한 감정이나 행동이 결론으로 이어질 때 (주)고착된다. 즉, 어떤 대상이나 행동을 받아들이는 순간이 매우 중요하다. 익숙함은 이내 안심으로 바뀌게 되고, 그 안심이 ⓐ습관으로 정착되어 버리면, 그때부터는 막대한 시간과 노력을 하지 않으면 바꿀 수 없기 때문이다. 좋은 익숙함이 좋은 습관이 되면 삶의 질이 달라지고, 더 나아가서는 인생을 바꿀 수 있는 힘이 되는 것이다.

익숙하지 않은 것에 직면하거나 익숙하지 않은 행동을 어쩔 수 없이 하게 될 때, 누구나 불안해지지만 걱정할 필요는 없다. 만약 ⓑ지금 이러한 경험을 하고 있다면 그것은 인생을 바꿀 수 있는 기회가 찾아온 것일 수도 있다.

(주) 고착 : 같은 곳에 머물며 그 상태로 정착되는 것.

---

59 어떤 대상이나 행동을 받아들이는 순간이 매우 중요하다고 하는데, 그 이유는 무엇인가?

1 시간이 너무 많이 지나면 바꾸기 힘들기 때문에

2 좋은 것으로 받아들이지 않는 한 도움이 되지 않기 때문에

3 좋고 나쁨에 대한 판단은 때로는 어렵기 때문에

4 많은 노력과 시간을 소비하면 바뀌는 경우도 있기 때문에

60 이 글에서 필자가 가장 말하고 싶은 것은 무엇인가?

1 익숙하지 않은 것에 불안함을 느껴도 어쩔 수 없다.

2 행동과 습관을 바꾸는 것은 쉬운 일이 아니다.

3 힘든 상황이 오히려 좋은 일이 될 수 있다.

4 삶의 질을 바꾸기 위해서는 불안함이 필요하다.

[풀이]

59 ⓐ 어떤 대상이나 행동이 익숙해지고 안심으로 바뀌고 습관이 되어 버리면, 그 후로는 바꾸기 힘들다는 내용을 알 수 있다. 따라서 정답은 선택지 1번이다.

60 ⓑ 익숙하지 않은 것을 해야 하는 사람은 그것이 좋은 익숙함으로 바뀌고 좋은 습관으로 바뀌면 인생을 바꿀 수도 있다고 하는 내용이 앞 단락에 나와 있다. 따라서 정답은 선택지 3번이다.

[단어]

我々 우리들 | 慣れ 익숙함 | 行為 행위 | 災い 재앙, 재난 | ～に対して ～에 대해서 | 優れる 우수하다, 뛰어나다 | 対応 대응 | 過程 과정 | ～によって ～에 의해서, ～에 따라서 | ～かねない ～할지도 모른다 | 注意を払う 주의를 기울이다 | 習慣 습관 | 気づく 알아차리다, 깨닫다 | 感情 감정 | 繋がる 이어지다, 연결되다 | 非常に 매우, 상당히 | ～として ～로서 | 定着 정착 | 努力 노력 | 直面 직면 | 経験 경험 | 機会 기회 | 訪れる 방문하다, 찾아오다 | ～ない限り ～하지 않는 한 | 役に立つ 도움이 되다 | 消費 소비 | 状況 상황 | かえって 오히려, 도리어 | ～うる ～할 수 있다

(3)

最近、二十年以上住んでいた家から引っ越すことになった。大学入学頃に独立することになって、結婚と出産を経験しながら四人の家族が暮らすにはあまりにも狭かったためだ。ⓐ引っ越しのために物を整理していたら、思ったよりずっと多い量に驚いた。狭い家に、こんなにたくさんの物を整理できていた自分自身に対して尊敬の念が生まれるほどだった。私は物を買うことに慎重な方だ。幼い頃から物に対する執着がほとんどなく、使う物だけ購買したものだ。

物をたくさん所有することに対する批判的な考えはない。無所有を主張する人ではないからだ。だが、物を大切に使う人を(注)嘲弄したり、所有の人生に対する自己主張まで親切に聞くつもりはない。物というものは、より良い人生のために必要なもので、人生の姿は人によって大きく異なる。私は物を購入して消費する時間より家族と話す時間や映画を見る時間、自然を見る時間、楽器を演奏する時間がもっと好きなのだ。

(中略)

ⓑ物の所有には責任が伴う。物の破損や損傷の管理もしなければならず、盗難に対する備えもしなければならない。無分別な物の購入、または消耗は、環境への負担につながりかねない。不要になった物を他の人に分け与えたり、寄付、または販売を通じて物の存在理由を見つけてほしい。

(注)嘲弄：あざけり、からかうこと

61　自分自身に対して尊敬の念が生まれるほどとあるが、筆者はなぜそう思ったのか。
1　物に対する欲もなく、自然と共に生活しているため
2　物の所有にこだわらず、質素に暮らしているため
3　必ず必要な物だけを買う判断力を持っているため
4　狭い空間を活用した整理能力に優れているため

62　物を所有することについて、筆者が一番言いたいことは何か。
1　物の正しい管理と新しい使い道に関して考えなければならない。
2　物を多く所有する者は、物の所有に対する責任を負わなければならない。
3　所有に対する欲を捨て、目に見えないものに価値を置かなければならない。
4　環境に負担のかかる物をできるだけ所有しないほうがよい。

최근에 20년 이상 살던 집에서 이사를 하게 되었다. 대학 입학 무렵에 독립을 하게 되었고, 결혼과 출산을 겪으면서 네 명의 가족이 살기에는 너무나도 비좁았기 때문이다. ⓐ이사를 위해 물건을 정리하고 있었는데, 생각보다 훨씬 많은 양에 놀랐다. 좁은 집에 이토록 많은 물건을 정리할 수 있었던 나 자신에 대해서 존경심이 생길 정도였다. 나는 물건을 사는 것에 신중한 편이다. 어릴 때부터 물건에 대한 집착이 거의 없었고, 쓸 만큼만 구매하곤 했다.

물건을 많이 소유하는 것에 대한 비판적인 생각은 없다. 무소유를 주장하는 사람이 아니기 때문이다. 하지만, 물건을 아껴 쓰는 사람을 (주)조롱하거나 소유의 삶에 대한 자기 주장까지 친절하게 들을 생각은 없다. 물건이라는 것은 보다 나은 삶을 위해 필요한 것이고, 삶의 형태는 사람마다 크게 다르다. 나는 물건을 구입하고 소비하는 시간보다 가족과 이야기하는 시간이나 영화를 보는 시간, 자연을 보는 시간, 악기를 연주하는 시간을 더 좋아하는 것이다.

(중략)

ⓑ물건의 소유에는 책임이 따른다. 물건의 파손이나 손상 관리도 해야 하고, 도난에 대한 대비도 해야 한다. 무분별한 물건의 구입 또는 소모는 환경 부담으로 이어질 수도 있다. 필요하지 않게 된 물건을 다른 사람에게 나눠주거나 기부 또는 판매를 통해서 물건의 존재 이유를 찾았으면 좋겠다.

(주) 조롱 : 비웃거나 놀리는 것

61 나 자신에 대해서 존경심이 생길 정도라고 하는데 필자는 왜 그렇게 생각한 것인가?

1 물건에 대한 욕심 없이, 자연과 함께 생활하고 있기 때문에

2 물건의 소유에 집착하지 않고, 검소하게 살고 있기 때문에

3 반드시 필요한 물건만을 사는 판단력을 가지고 있기 때문에

4 좁은 공간을 활용한 정리 능력이 뛰어났기 때문에

62 물건을 소유하는 것에 대해서 필자가 가장 말하고 싶은 것은 무엇인가?

1 물건의 올바른 관리와 새로운 용도에 관해서 생각해야 한다.

2 물건을 많이 소유한 사람은 물건 소유에 대한 책임을 져야 한다.

3 소유에 대한 욕심을 버리고, 눈에 보이지 않는 것에 가치를 두어야 한다.

4 환경에 부담이 가는 물건을 가능한 소유하지 않는 편이 좋다.

[풀이]

61 ⓐ 이사를 하려고 짐을 정리하는 중에 좁은 집에서 많은 물건들을 정리하고 생활할 수 있었던 것에 대해서 놀랐다고 말하고 있다. 따라서 정답은 선택지 4번이다.

62 ⓑ 물건의 파손, 손상 또는 도난에 대비해야 하고, 다른 사람에게 나눠주거나 기부 또는 판매를 통해서 본인에게 필요하지 않게 된 물건이 다시 쓰였으면 좋겠다고 말하고 있다. 따라서 정답은 선택지 1번이다.

[단어]

引っ越す 이사하다 | 独立 독립 | 出産 출산 | 経験 경험 | 暮らす 살아가다, 보내다 | 狭い 좁다 | 整理 정리 | 驚く 놀라다 | ～に対して ～에 대해서 | 尊敬の念 존경심 | 生まれる 태어나다, 생기다 | 慎重 신중 | 幼い 어리다 | 執着 집착 | 購買 구매 | 所有 소유 | 批判的 비판적 | 嘲弄 조롱 | ～によって ～에 의해서, ～에 따라서 | 異なる 다르다 | 購入 구입 | 消費 소비 | 楽器 악기 | 演奏 연주 | 責任 책임 | 伴う 따르다, 동반하다 | 破損 파손 | 損傷 손상 | 盗難 도난 | 備え 준비, 대비 | 消耗 소모 | 環境 환경 | 負担 부담 | 分け与える 나누어 주다 | 寄付 기부 | ～を通じて ～를 통해서 | 見つける 찾다, 발견하다 | ～てほしい ～하기를 바란다 | 欲 욕심 | 共に 함께 | こだわる 집착하다, 연연하다 | 質素 검소 | 空間 공간 | 優れる 뛰어나다, 우수하다 | 使い道 용도, 쓰임새 | 捨てる 버리다

(4)

他人に何かを頼む時、なるべく丁寧な姿勢を取った方が良い。特に、関係が薄い間柄であったりⓐ身分的、地位的に上位の人に頼む場合はさらに慎重にしなければならない。その結果、会社の取引先に難しい頼みをしなければならなかったり、年上の人に頼んだりする場合、緊張で体が固くなってしまうことがよくある。また、ⓑたとえ親しい友人同士であっても、丁寧に頼むことが礼儀である。腰高な姿勢で頼み事をするのは望ましくない。

頼みをする時の行動の仕方は頭の中から簡単に浮かぶことができるのだが、頼まれる時の行動については深く考えたことがないのではないか。例えば、ほとんどの会社員は、会社の取引先の担当者に無理な依頼をされた経験があるだろう。頼みを断ることは頼むことより難しいことかもしれない。

（中略）

ところで、友人や知人同士のお願いと断りは、時にはさらに敏感に感じられることもある。この程度のお願いは聞き入れてくれるだろうという想いから出た頼みは危険であるし、拒絶されたことが原因で友人関係が壊れることも多いのである。ⓒ頼みは必ずしも聞き入れてもらえるわけではないという考えを持つべきである。そして断られる場合もあるという考えも持っておいた方が良い。

63 他人にお願いをする時に注意しなくてもよいことは何か。

1 親しい人にお願いをする時も丁重にしなければならないこと
2 お願いをする際に必要以上に緊張すること
3 腰高な姿勢でお願いをしないように注意すること
4 上司に頼むときはもっと慎重にすること

64 この文章で筆者が一番言いたいことは何か。

1 丁寧にお願いする方法を学ばなければならない。
2 お願いする方法によっては断られることもある。
3 何かを頼む時は何かを失う覚悟もしなければならない。
4 お願いを聞き入れてくれることを当たり前と考えてはならない。

다른 사람에게 무언가를 부탁할 때 가능한 한 정중한 자세를 취하는 편이 좋다. 특히 관계가 약한 사이거나 ⓐ신분적, 지위적으로 상위의 사람에게 부탁을 하는 경우에는 더욱 신중하지 않으면 안 된다. 그 결과 회사 거래처에 어려운 부탁을 해야 하거나 손윗사람에게 부탁을 하는 경우, 긴장해서 몸이 굳어 버리는 일도 자주 있다. 또한, ⓑ설령 친한 친구 사이라 할지라도 정중하게 부탁을 하는 것이 예의이다. 거만한 자세로 부탁을 하는 것은 바람직하지 않다.

부탁을 할 때의 행동하는 방법은 머릿속에서 쉽게 떠올릴 수 있지만, 부탁을 받을 때의 행동에 대해서는 깊이 생각해 본 적이 없는 것이 아닐까? 예를 들면, 대부분의 회사원은 회사 거래처의 담당자에게 무리한 의뢰를 받은 경험이 있을 것이다. 부탁을 거절하는 것은 부탁을 하는 것보다 어려운 것일지도 모른다.

（중략）

그런데, 친구나 지인 관계에서의 부탁과 거절은 때로는 더욱 민감하게 느껴질 수도 있다. 이 정도의 부탁은 들어주겠지 하는 생각에서 나온 부탁은 위험하고, 거절당한 것이 원인이 되어 친구 관계가 깨지는 경우도 많다. ⓒ부탁은 반드시 (상대방이) 들어주는 것은 아니라는 생각을 가져야 한다. 그리고 거절을 당하는 경우도 있다는 생각도 해 두는 것이 좋다.

63 다른 사람에게 부탁을 할 때 주의하지 않아도 되는 것은 무엇인가?

1 친한 사람에게 부탁을 할 때도 정중하게 해야 하는 것
2 부탁을 할 때 필요 이상으로 긴장하는 것
3 거만한 자세로 부탁을 하지 않도록 주의하는 것
4 상사에게 부탁할 때는 더욱 신중하게 할 것

64 이 글에서 필자가 가장 말하고 싶은 것은 무엇인가?

1 정중하게 부탁하는 방법을 배워야 한다.

2 부탁하는 방법에 따라서는 거절을 당할 수도 있다.

3 어떤 것을 부탁할 때는 무언가를 잃을 각오도 해야 한다.

4 부탁을 늘어주는 것을 당연하다고 생각해서는 안 된다.

[풀이]

63 ⓐ 신분적으로 높은 사람에게 부탁할 때는 더욱 신중하게 해야 한다고 언급하고 있기 때문에 선택지 4번은 정답이 아니다.

ⓑ 친한 친구라도 부탁할 때 정중해야 하고 거만한 자세는 바람직하지 않다고 언급하고 있기 때문에 선택지 1, 3번은 정답이 될 수 없다. 선택지 2번은 본문에 내용과 다르기 때문에 정답은 선택지 2번이다.

64 ⓒ 부탁은 거절당할 수도 있고, 반드시 들어줄 것이라는 생각을 가져서는 안 된다고 주장하고 있다. 이 주장을 선택지로 옮긴 것 중에서 가장 적절한 것은 선택지 4번이다. 선택지 1, 2, 3번에 대한 언급은 없다.

[단어]

頼む 부탁하다 | なるべく 가능한 한, 되도록 | 丁寧 정중 | 姿勢 자세 | 関係 관계 | 間柄 사이 | 地位 지위 | 取引先 거래처 | 緊張 긴장 | たとえ〜ても 설령(가령) 〜라도 | 〜同士 〜끼리 | 礼儀 예의 | 腰高 거만함 | 望ましい 바람직하다 | 浮かぶ 떠오르다 | 〜について 〜에 대해서 | 例えば 예를 들면 | 担当者 담당자 | 依頼 의뢰 | 断る 거절하다 | 敏感 민감 | 聞き入れる 들어주다 | 想い 마음, 생각 | 危険 위험 | 拒絶 거절 | 壊れる 깨지다, 부서지다 | 〜わけではない 〜것은 아니다 | 〜べきだ 〜해야 한다 | 丁重 정중 | 失う 잃다, 잃어버리다 | 覚悟 각오

問題 12

次のＡとＢの文章を読んで、後の問いに対する答えとして最もよいものを、１・２・３・４から一つ選びなさい。

A

ⓐ日本だけでなく、世界各地で若者を中心に電話での対話を忌避したり、恐れたりする「電話恐怖症」が広がっている。スマートフォンやメッセージアプリなどテキストコミュニケーションの慣れがもたらした否定的な結果でもある。店の予約などの日常生活を超えて取引先との通話まで恐れる場合もあるという。たかが電話通話なんかがなぜ難しいのかなど、理解できないといったふうに受け止めてはならない。ⓑ急激な時代の変化によるやむを得ない弊害でもあり、これもまた恐怖の一種なので強要するのは正しくない。電話恐怖症を克服するために病院まで通う人も多い。このような人々にとって電話を利用した通話というのは、対話の一つの手段に過ぎないことを認識しなければならない。自分以外の人と対話をするということは、一方方向に偏ってはいけない。対話の仕方が必ずしも一つである必要はない。

B

個人活動ならまだしも、会社という利潤追求集団の一員なら、電話で対話しなければならない状況が頻繁に発生する。急な業務の指示や処理面においても電話を介した対話の迅速性というのは、諦めることができないメリットが多い。ⓒ電話恐怖症に苦しむ人に電話を強要するのは不便かもしれない。しかし、ⓓ利潤を目的とする特定組織の一員としては、少しでもその恐怖を克服しようとする姿勢も重要だ。恐怖の克服が必要な状況なら、比較的話しやすい家族や友人との電話通話から始めてみよう。通話の目的などはなくてもいい人との会話を一日の

ルーティーンにするのもいい。業務において必要な電話の場合なら、通話に先立って通話の目的や用語を整理したり、深呼吸などをすることも役に立つ。

[65] 電話恐怖症について、AとBはどのように述べているか。
1　AもBも、克服するための方法と必要性について述べている。
2　AもBも、電話恐怖症の原因と解決方法について述べている。
3　Aは時代の変化に応じた結果だと述べ、Bは克服すべき対象だと述べている。
4　Aは仕方ない結果だと述べ、Bは電話恐怖症の原因について述べている。

[66] 電話を利用した対話について、AとBが共通して述べていることは何か。
1　一部の人々にとって恐怖の対象になることもある。
2　対話に不便を感じる人々を非難してはならない。
3　業務上においては、最も効率的なコミュニケーション手段だ。
4　対話の一つの方法であり、代替可能なものだ。

다음 A와 B의 글을 읽고, 뒤의 물음에 대한 답으로 가장 알맞은 것을 1·2·3·4에서 하나 고르시오.

A

@일본뿐만 아니라, 세계 각지에서 젊은 사람들을 중심으로 전화로 대화하는 것을 기피하거나 두려워하는 '전화공포증'이 확산되고 있다. 스마트폰이나 메시지 어플 등, 텍스트 의사소통의 익숙함이 가져온 부정적인 결과이기도 하다. 가게의 예약 등의 일상생활을 넘어서 거래처와의 통화까지 두려워하는 경우도 있다고 한다. 고작 전화통화 따위가 왜 어려운 것인지 등의 이해할 수 없다는 식으로 받아들여서는 안 된다. ⓑ급격한 시대 변화에 의한 어쩔 수 없는 폐해이기도 하고, 이것 역시 공포의 한 종류이기 때문에 강요하는 것은 옳지 않다. 전화공포증의 극복을 위해서 병원까지 다니는 사람도 많다. 이러한 사람들에게 전화를 이용한 통화라는 것은 대화의 한 가지 수단에 지나지 않는 것을 인식해야 한다. 나 이외의 사람과 대화를 한다는 것은 한쪽 방향으로 치우쳐서는 안 된다. 대화를 하는 방법이 꼭 하나일 필요는 없다.

B

개인 활동이라면 또 모르지만, 회사라는 이윤 추구 집단의 일원이라면, 전화로 대화를 해야 하는 상황이 빈번하게 발생한다. 급한 업무의 지시나 처리 면에 있어서도 전화를 매개로 하는 대화의 신속성이라는 것은 포기할 수 없는 장점이 많다. ⓒ전화공포증에 시달리는 사람에게 전화 통화를 강요하는 것이 불편할 수도 있다. 하지만 ⓓ이윤을 목적으로 하는 특정 조직의 일원으로서는 조금이라도 그 공포를 극복을 하려는 자세도 중요하다. 공포의 극복이 필요한 상황이라면, 비교적 대화하기 편한 가족이나 친구와의 전화 통화부터 시작해 보자. 통화 목적 따위는 없어도 되는 사람과의 대화를 하루의 루틴으로 하는 것도 좋다. 업무에 있어서 필요한 전화의 경우라면, 통화에 앞서 통화의 목적이나 용어를 정리하거나 심호흡 등을 하는 것도 도움이 된다.

[65] 전화공포증에 대해서 A와 B는 어떻게 말하고 있는가?
1　A도 B도 극복하기 위한 방법과 필요성에 대해서 말하고 있다.
2　A도 B도 전화공포증의 원인과 해결 방법에 대해서 말하고 있다.
3　A는 시대의 변화에 따른 결과라고 말하고, B는 극복해야 할 대상이라고 말하고 있다.
4　A는 어쩔 수 없는 결과라고 말하고, B는 전화공포증의 원인에 대해서 말하고 있다.

전화를 이용한 대화에 대해서 A와 B가 공통으로 말하고 있는 것은 무엇인가?

1 일부 사람들에게 있어서 두려움의 대상이 될 수도 있다.

2 대화에 불편함을 느끼는 사람들을 비난해서는 안 된다.

3 업무상에 있어서는 가장 효율적인 의사소통 수단이다.

4 대화의 한 가지 방식으로 대체 가능한 것이다.

[풀이]

65 ⓑ A는 급격한 시대 변화에 의해서 발생한 좋지 않은 결과라고 말하고, ⓓ B는 회사 등의 조직의 일원이라면 조금이라도 공포를 극복하려는 자세가 중요하다고 말하고 있다. 따라서 정답은 선택지 3번이다. A와 B의 문장 모두, 전화공포증의 원인에 대해서는 언급이 없기 때문에, 선택지 2번과 4번은 정답이 될 수 없다.

66 ⓐ A는 젊은 사람들을 중심으로 세계 각지에서 전화공포증 현상이 일어나고 있다고 말하고, ⓒ B도 전화공포증에 시달리는 사람이 있다고 말하고 있다. 따라서 정답은 선택지 1번이다. 선택지 2번과 4번은 A만 언급하고 있고, 선택지 3번은 B만 언급하고 있기 때문에 정답이 될 수 없다.

[단어]

対話 대화 | 忌避 기피 | 恐れる 두려워하다, 우려하다 | 恐怖症 공포증 | 広がる 퍼지다 | 慣れ 익숙함 | もたらす 초래하다, 가져오다 | 否定的 부정적 | 日常生活 일상생활 | 超える 뛰어넘다, 초월하다 | 取引先 거래처 | 通話 통화 | 受け止める 막아내다, 받아들이다 | 急激 급격 | ～による ～에 의한, ～에 따른 | やむを得ない 어쩔 수 없다 | 弊害 폐해 | 強要 강요 | 克服 극복 | ～にとって ～에 있어서 | 手段 수단 | ～に過ぎない ～에 지나지 않는다 | 認識 인식 | 偏る 치우치다 | 個人 개인 | ～ならまだしも ～라면 또 몰라도 | 利潤 이윤 | 追求 추구 | 集団 집단 | 状況 상황 | 頻繁 빈번 | 指示 지시 | 処理 처리 | ～において ～에서, ～에 있어서 | 介す 끼우다, 사이에 세우다 | 迅速性 신속성 | 諦める 포기하다 | 苦しむ 괴로워하다, 시달리다 | 特定 특정 | 組織 조직 | ～として ～으로서 | 姿勢 자세 | 比較 비교 | ～に先立って ～에 앞서서 | 用語 용어 | 深呼吸 심호흡 | 役に立つ 도움이 되다 | 述べる 말하다, 기술하다 | 原因 원인 | 応じる 응하다, 따르다 | 最も 가장 | 効率 효율 | 代替 대체

問題 13

次の文章を読んで、後の問いに対する 答えとして最もよいものを、 1・2・3・4から一つ選びなさい。

ⓐ人生というのは選択の連続だ。目が覚めた瞬間から大小の選択をしながら一日を過ごすことになる。アラーム音で起きるかもう少し寝るか、朝食にパンを食べるかご飯を食べるかなどのつまらない悩みさえ選択の一つだ。どう話せば顧客から信頼を得られるのか、会社ではどう行動すれば成功できるかなど、人生を生きるということは選択の連続だと考えていい。このように人生において絶対に欠かせないのが選択という部分だが、何かを選ぶのが苦手だったり、難しく思ったりする人があまりにも多い。

　(中略)

　今日はどんな一日を過ごすのか、どうすれば意味のある人生が送れるのか悩む人もいる。良い人生を送るためには、結局良い選択をしなければならないのだ。しかし、良い選択というのは不可能に近い領域かもしれない。人生の価値を問う選択では、どんな選択が良い選択なのか、選択をする選択には全く分からないからだ。時間が経ってその選択の結果が確実に現れるようになってはじめて、それが良い選択だったのか悪い選択だったのかが判断できる。未来に関する予測も必要なだけあって、良い選択というのは平凡な人にはとても難しいことだ。だからこそ、私たちは良い選択よりは最善を尽くす選択を追求しなければならない。

　ⓑ少しでも最善の選択をするためには、優先順位を必ず考慮するべきだ。優先順位に対する比較、選択に必要な情報と知識が備わってこそ最善の選択ができる。選択には、このようにエネルギーと手間が必要だ。この

ようなエネルギーと手間をかけたくないために選択という行動自体を避けたいと思う人が増えているのだ。

大変なことを避けたいと思うのは、生物の本能の一つだと言える。だが、©自分の人生は避けられるものでもなく、いや避けてはいけないものだと思う。自分の人生の大小の選択を他人に押し付けるのは、自分の人生の道を進むことができないのと同様だ。私に代わって他の人がする選択に良い選択というものはあり得ない。本人だけが知っている自分の状況、条件、感情までもその瞬間の選択に重要な要素であるからだ。自分が選んだ人生には良い道も悪い道もない。ただ、その道をどのように進むかが存在するだけだ。どんな道がいいかは極めて主観的な領域であり、誰もその道の是非を判断する権利などない。

67 筆者によると、人生と選択はどのような関係か。

1 些細な選択に念を入れるほど人生は潤沢になる。

2 選択に困難を感じると、良い人生を送るのが難しくなる。

3 難しい選択をすることが自分の人生に責任を負う方法だ。

4 人生というものは、度重なる選択で作られる。

68 最善の選択について、筆者はどのように述べているか。

1 危険を回避する選択であるほど最善の選択に近い。

2 最善の選択をするということは、不可能に近いことだ。

3 最善の選択というのは、ある程度時間の流れが伴うこともある。

4 選択前に様々な条件を備えてこそ最善の選択が出来る。

69 筆者が言いたいことは何か。

1 大変なことは避けられないが、選ばないことはできる。

2 自分に関する大変な選択を他人に任せてはならない。

3 選択に先立ち、感情や状況を確認することが最も重要だ。

4 選択は主観的なものだから、悪い選択というものもありうる。

다음 글을 읽고 뒤의 질문에 대한 답으로 가장 알맞은 것을 1·2·3·4에서 하나 고르시오.

@인생이라는 것은 선택의 연속이다. 잠에서 깨는 순간부터 크고 작은 선택을 하면서 하루를 보내게 된다. 알람 소리에 일어날지 조금 더 잘지, 조식으로 빵을 먹을지 밥을 먹을지 등의 사소한 고민조차 선택의 하나이다. 어떻게 말을 해야 고객에게 신뢰를 얻을 수 있을지, 회사에서는 어떻게 행동을 해야 성공을 할 수 있을지 등, 인생을 산다는 것은 선택의 연속이라고 생각해도 좋다. 이처럼 인간의 삶에서 절대 빼놓을 수 없는 것이 선택이라는 부분이지만, 무언가를 고르는 것을 잘 못하거나 어렵게 생각하는 사람이 너무나도 많다.

(중략)

오늘은 어떤 하루를 보낼지, 어떻게 하면 의미 있는 삶을 보낼 수 있을지 고민하는 사람도 있다. 좋은 인생을 보내기 위해서는 결국 좋은 선택을 하지 않으면 안 되는 것이다. 하지만 좋은 선택이라는 것은 불가능에 가까운 영역일지도 모른다. 인생의 가치를 묻는 선택에서는 어떤 선택이 좋은 선택인 것인지, 선택하는 순간에는 전혀 알 수 없기 때문이다. 시간이 흘러서 그 선택의 결과가 확실하게 나타나게 되고 나서야 그것이 좋은 선택이었는지 나쁜 선택이었는지를 판단할 수 있다. 미래에 관한 예측도 필요한 만큼, 좋은 선택이라는 것은 평범한 사람들에게는 매우 어려운 것이다. 그러기에 우리는 좋은 선택보다는 최선을 다하는 선택을 추구해야 한다.

ⓑ조금이라도 최선의 선택을 하기 위해서는 우선 순위를 반드시 고려해야 한다. 우선 순위에 대한 비교, 선택에 필요한 정보와 지식이 갖추어져야만 최선의 선택을 할 수 있다. 선택에는 이렇게 에너지와 수고가 필요하다. 이런 에너지와 수고를 들이고 싶지 않아서 선택이라는 행동 자체를 피하고 싶다고 생각하는 사람들이 늘어나고 있는 것이다.

힘든 것을 피하고 싶다고 생각하는 것은 생물의 본능 중 하나라고 말힐 수 있다. 하지만, ⓒ자신의 인생은 피할 수 있는 것도 아니고, 아니 피해서는 안 되는 것이라고 생각한다. 자신의 삶 속의 크고 작은 선택을 다른 사람에게 미루는 것은 자신의 인생의 길을 나아갈 수 없는 것과 마찬가지이다. 나를 대신해 다른 사람이 하는 선택에 좋은 선택이라는 것은 있을 수 없다. 본인만이 알고 있는 자신의 상황, 조건, 감정까지도 그 순간의 선택에 중요한 요소이기 때문이다. 자신이 선택한 인생이라는 길에는 좋은 길도 없고, 나쁜 길도 없다. 다만, 그 길을 어떻게 가는지가 존재할 뿐이다. 어떤 길이 좋은 길인지는 지극히 주관적인 영역이고, 누구도 그 길의 옳고 그름을 판단할 권리 따위는 없다.

67 필자에 의하면 인생과 선택은 어떤 관계인가?

1 사소한 선택에 공을 들일수록 인생은 윤택하게 된다.

2 선택에 어려움을 느끼면, 좋은 인생을 살기 어려워진다.

3 어려운 선택을 하는 것이 자신의 인생에 책임을 지는 방법이다.

4 인생이라는 것은 거듭되는 선택으로 만들어진다.

68 최선의 선택에 대해서 필자는 어떻게 말하고 있는가?

1 위험을 회피하는 선택일수록 최선의 선택에 가깝다.

2 최선의 선택을 한다는 것은 불가능에 가까운 것이다.

3 최선의 선택이라는 것은 어느 정도 시간의 흐름이 동반되는 경우도 있다.

4 선택 전에 여러 가지 조건을 갖추어야만 최선의 선택을 할 수 있다.

69 필자가 말하고 싶은 것은 무엇인가?

1 힘든 것은 피할 수는 없지만, 선택하지 않을 수는 있다.

2 자신에 관한 힘든 선택을 다른 사람에게 맡겨서는 안 된다.

3 선택에 앞서서 감정이나 상황을 확인하는 것이 가장 중요하다.

4 선택은 주관적인 것이기 때문에, 나쁜 선택이라는 것도 있을 수 있다.

[풀이]

67 ⓐ 인생은 선택에 연속이고, 잠에서 깨는 순간부터 여러 가지 선택을 한다고 말하고 있다. 따라서 정답은 선택지 4번이다. 선택에 어려움을 느끼는 것이 나쁜 인생으로 이어지는 것은 아니기 때문에, 선택지 2번은 정답이 될 수 없다.

68 ⓑ 최선의 선택을 위해서는 우선 순위를 반드시 고려해야 하고, 우선 순위를 비교하고 정보와 지식이 갖추어야 한다고 말하고 있다. 따라서 정답은 선택지 4번이다. 최선의 선택이 아닌, 좋은 선택을 하는 것이 불가능에 가깝다고 말하고 있기 때문에 선택지 2번은 정답이 될 수 없다. 시간이 흐르고 나서 판단할 수 있는 것은 좋은 선택이라고 말하고 있다. 본문에서는 좋은 선택과 최선의 선택을 구분해서 말하고 있기 때문에, 선택지 3번도 정답이 아니다.

69 ⓒ 선택은 힘든 것이지만, 자신의 인생에 관한 선택은 피해서는 안 된다고 말하고 있다. 또한, 선택을 남에게 미루는 것으로는 자신의 인생을 살 수 없다고 말하고 있기 때문에 정답은 선택지 2번이다.

[단어]

選択 선택 | 連続 연속 | 覚める (잠)깨다 | 瞬間 순간 | 過ごす 지내다, 보내다 | 音 소리 | ～さえ ～조차 | 信頼 신뢰 | 欠かす 빠뜨리다, 빼다 | 悩む 고민하다, 괴로워하다 | 領域 영역 | 問う 묻다 | 経つ 지나다 | 現れる 나타나다 | ～てはじめて ～하고 나서야 비로소 | 判断 판단 | ～に関する ～에 관한 | 予測 예측 | 平凡 평범 | 最善を尽くす 최선을 다하다 | 追求 추구 | 優先

우선 | 順位 순위 | 考慮 고려 | ~べきだ ~해야 한다 | ~に対する ~에 대한 | 比較 비교 | 備わる 갖추어지다, 구비되다 | 手間 수고, 시간 | 避ける 피하다 | 本能 본능 | 押し付ける 억누르다, 강요하다 | 進む 나아가다 | ~に代わって ~를 대신해서 | ~得ない ~할 수 없다 | 条件 조건 | 感情 감정 | 要素 요소 | ~である ~이다 | 極めて 지극히, 몹시 | 主観的 주관적 | 是非 시비, 옳고 그름 | 権利 권리 | 些細 사소함, 시시함 | 念を入れる 신경을 쓰다, 공을 들이다 | 潤沢 윤택 | 困難 곤란, 어려움 | 責任を負う 책임을 지다 | 度重なる 거듭되다, 되풀이되다 | 回避 회피 | 伴う 동반하다, 따르다 | 備える 대비하다, 갖추다 | 任せる 맡기다 | ~に先立ち ~에 앞서 | 最も 가장 | ~うる ~할 수 있다

問題14

右のページは、青海市が主催する花火大会の案内である。下の問いに対する答えとして、最もよいものを、1・2・3・4から一つ選びなさい。

70 この花火大会の概要について合っていないものはどれか。

1 雨の場合にも大会は中止されない。

2 花火大会参加料金は無料である。

3 会場の駐車場を利用する場合には、駐車料金を払わなければならない。

4 駐車場を利用する場合、会場まで歩いて移動しなければならない。

71 この大会の観覧時のおねがいについて合っているものはどれか。

1 ゴミ箱は設置されていなく、花火大会終了後に掃除をして帰る。

2 会場の中ではいかなる場合にも喫煙できない。

3 大会の担当者はドローンを使って撮影することができる。

4 観覧客の安全確保のために担当者は傘を使うことができない。

第3回青海市花火大会のご案内

長い歴史を持つ青海市花火大会が今年も盛大に開催されます。会場周辺には露店がたくさん並んで賑わいをみせます。迫力のある花火を近距離で眺められるのも、大きな魅力のひとつです！ 水面を美しく彩る花火をゆったりとお楽しみ下さい。

◉ 大会概要

開催日時	8月22日（月）午後7:00～（ⓐ雨天決行）
開催場所	青海市 湖 公園
打ち上げ予定数	約12,000発
料金	ⓑ無料
駐車場	ⓒ会場は駐車場がありませんので、電車やバスをご利用ください。 ⓓ青海ショッピングセンターの駐車場（会場まで徒歩15分） （有料、1台1,000円）
問い合わせ先	青海市役所　花火大会実行委員会　電話　084-390-2987

◉ 花火大会観覧時のおねがい

・観覧客の安全確保のため、会場の入場規制が行われる場合がございますので、担当者や警備員の指示に従っていただきますようお願いいたします。

・会場にゴミ箱は設置されておりません。ⓔきれいな公園を維持するため、ゴミは持ち帰りをお願いいたします。

・ⓕ会場での喫煙は禁止となっております。会場の外に設けられている喫煙コーナーをご利用ください。歩きタバコは絶対行わないでください。場内に火気の持ち込みは禁止です。

・お子様と一緒にいらっしゃった方は子供の手をしっかりとつないで、迷子防止に努めてください。迷子になった場合は会場内の迷子センターにお知らせください。

・ⓖ安全のため、打ち上げ場所の上空でのドローンの使用を一切禁止いたします。

・指定場所で観覧して立入禁止の区域には絶対入らないでください。

・ⓗ混雑のため、傘の使用はご遠慮ください。（雨の場合、雨具をご用意ください。）

・「歩きスマホ」はご遠慮ください。会場の混雑により、事故につながる可能性がございます。

皆さんが楽しい花火の思い出を持って帰れるように、ご協力をお願いします。

오른쪽 페이지는 아오우미시가 주최하는 불꽃 축제 안내이다. 아래의 질문에 대한 답으로 가장 알맞은 것을 1·2·3·4에서 하나 고르시오.

70 이 불꽃 축제 개요에 대해서 맞지 않는 것은 어느 것인가?

1 비가 올 경우에도 축제는 중지되지 않는다.

2 불꽃 축제 참가 요금은 무료이다.

3 대회장의 주차장을 이용할 경우에는 주차 요금을 내야 한다.

4 주차장을 이용할 경우 대회장까지 걸어서 이동해야 한다.

71 이 축제의 관람 시의 부탁에 대해서 맞는 것은 무엇인가?

1 쓰레기통은 설치되어 있지 않고, 불꽃 축제 종료 후에 청소를 하고 돌아간다.

2 대회장 안에서는 어떠한 경우에도 흡연을 할 수 없다.

3 축제 담당자는 드론을 사용하여 촬영을 할 수 있다.

4 관람객들의 안전 확보를 위해서 담당자는 우산을 사용할 수 없다.

제3회 아오우미시 불꽃 축제 안내

오랜 역사를 가진 아오우미시 불꽃 축제가 올해도 성대하게 개최됩니다. 대회장 주변에는 노점이 많이 줄지어 성황을 이룹니다. 박력 있는 불꽃을 가까운 곳에서 바라볼 수 있는 것도 큰 매력의 하나입니다! 수면을 아름답게 물들이는 불꽃을 느긋하게 즐겨 주세요.

▣ 축제 개요

개최 일정	8월 22일 (월) 오후 7:00~ (ⓐ우천 결행)
개최 장소	아오우미시 호수 공원
발사 예정 수	약 12,000발
요금	ⓑ무료
주차장	ⓒ대회장은 주차장이 없기 때문에 전철이나 버스를 이용해 주세요. ⓓ아오우미 쇼핑 센터 주차장 (대회장까지 도보 15분) (유료, 1대 1,000엔)
문의처	아오우미 시청 불꽃 축제 실행 위원회 전화 084-390-2987

▣ 불꽃 축제 관람 시의 부탁

• 관람객들의 안전 확보를 위해 대회장의 입장 규제가 있을 수도 있기 때문에, 담당자나 경비원의 지시에 따라 주시기 바랍니다.

• 대회장에 쓰레기통은 설치되어 있지 않습니다. ⓔ깨끗한 공원 유지를 위해 쓰레기는 가지고 돌아가시길 부탁 드립니다.

• ⓕ대회장에서의 흡연은 금지입니다. 대회장 밖에 마련되어 있는 흡연 코너를 이용해 주세요. 보행 중 흡연은 절대 하지 마세요. 장내에 화기 반입은 금지입니다.

• 아이와 함께 오신 분은 아이의 손을 꼭 잡아서 미아 방지에 노력해 주세요. 아이를 잃어버렸을 경우에는 장내의 미아 센터에 알려 주세요.

• ⓖ안전을 위해서 발사 장소 상공에서 드론의 사용을 일체 금지합니다.

• 지정된 장소에서 관람하고 출입 금지 구역에는 절대 들어가지 마세요.

• ⓗ혼잡하기 때문에 우산의 사용은 삼가 주세요. (비가 올 경우, 우비를 준비해 주세요.)

• '보행 중 스마트폰 이용'은 삼가 주세요. 대회장의 혼잡으로 인해 사고로 이어질 가능성이 있습니다.

여러분 모두가 즐거운 불꽃 축제의 추억을 가지고 돌아갈 수 있도록 협력을 부탁 드립니다.

[풀이]

70 ⓐ 비가 와도 결행한다는 내용을 보면 선택지 1번은 정답이 아니다. ⓒ 대회장에는 주차장이 없고, ⓓ 인근 시설의 주차장을 이용해야 하기 때문에 정답은 선택지 3번이다. ⓑ 대회 요금은 무료라는 것을 확인할 수 있기 때문에 선택지 2번도 정답이 아니다. ⓓ 주차장에서 대회장까지는 도보 15분이라는 내용에서, 선택지 4번도 정답이 될 수 없다는 것을 알 수 있다.

71 ⓔ 공원을 청소하라는 것이 아니기 때문에 선택지 1번은 정답이 아니다. ⓕ 대회장 안에서는 흡연은 금지이고, 흡연을 하기 위해서는 대회장 밖으로 가야 하므로, 정답은 선택지 2번이다. ⓖ 드론 사용은 일체 금지라는 것을 보면 선택지 3번은 정답이 될 수 없다. ⓗ 우산 사용 금지는 담당자에 관한 내용이 아니므로 선택지 4번도 정답이 아니다.

[단어]

~に対する ~에 대한 | ~として ~로서 | 概要 개요 | 参加 참가 | 移動 이동 | 観覧 관람 | 設置 설치 | いかなる 어떠한 | 喫煙 흡연 | 担当者 담당자 | 撮影 촬영 | 確保 확보 | 歴史 역사 | 盛大 성대 | 開催 개최 | 賑わい 번화함, 번성함 | 迫力 박력 | 眺める 바라보다 | 魅力 매력 | 彩る 색칠하다, 채색하다 | 市役所 시청 | 委員会 위원회 | 規制 규제 | 警備 경비 | 指示 지시 | 従う 따르다 | 維持 유지 | 禁止 금지 | 設ける 마련하다, 설치하다 | 持ち込み 가지고 들어옴, 반입 | 迷子 미아 | 防止 방지 | 努める 노력하다, 힘쓰다 | 上空 상공 | 指定 지정 | 立入禁止 출입 금지 | 遠慮 사양 | 雨具 우비 | 混雑 혼잡 | 協力 협력

問題 1

問題 1 では、まず質問を聞いてください。それから話を聞いて、問題用紙の 1 から 4 の中から、最もよいものを一つ選んでください。

문제 1에서는 우선 질문을 들어 주세요. 그리고 이야기를 듣고 문제 용지의 1에서 4 중에서 가장 알맞은 것을 하나 고르세요.

例

大学で男の人と女の人が話しています。男の人は、このあとすぐ何をしますか。

M 今少しいい？ 今回のクラス発表会の準備をそろそろ始めないと。
F そうね。後 1 週間しかないからね。
M とりあえず、発表は田中君だね。
F うん。それはみんなで決めたから。田中君に電話してね。
M うん。今日連絡する。
F 後は椅子とか飲み物の準備だよね。
M ⓐ椅子はこの前、学校の事務課に頼んでおいたから大丈夫。
F あとは、ⓑ買い物だけね。これは急がなくてもいいわね。あ、人数は？ 参加者のみんなにメール送ったでしょ？
M あっ！ごめん。忘れてた！
F え！ⓒこれは急がないと。田中君にはあたしから連絡するわ。
M うん、分かった。

男の人は、このあとすぐ何をしますか。

1 飲み物を買いに行く
2 椅子のチェックをする
3 参加者にメールを送る
4 田中君に連絡する

대학교에서 남자와 여자가 이야기하고 있습니다. 남자는 이후에 바로 무엇을 합니까?

M 지금 잠깐 시간 괜찮아? 이번 클래스 발표회 준비를 슬슬 시작해야 하는데.
F 그러네. 앞으로 1주일밖에 없으니까.
M 우선, 발표는 다나카 군이네.
F 응. 그건 모두가 정한 거니까. 다나카 군에게 전화해 줘.
M 응. 오늘 연락할게.
F 나머지는 의자나 음료수 준비구나.
M ⓐ의자는 지난번에 학교 사무과에 부탁해 두었으니까 괜찮아.
F 그리고, ⓑ쇼핑하는 것뿐이네. 이건 서두르지 않아도 돼. 아, 인원수는? 참가자 모두에게 메일 보냈지?
M 앗! 미안. 잊고 있었어!
F 뭐! ⓒ이건 서두르지 않으면 안 돼. 다나카 군에게는 내가 연락할게.
M 응, 알겠어.

남자는 이후에 바로 무엇을 합니까?

1 음료수를 사러 간다
2 의자 체크를 한다
3 참가자에게 메일을 보낸다
4 다나카 군에게 연락한다

[풀이]
ⓐ 의자 준비는 괜찮다고 하고, ⓑ 물건을 사는 것도 서두르지 않아도 괜찮다고 말하고 있다. 따라서 선택지 1, 2번은 정답이 아니다. ⓒ 참가자들에게 메일을 보내는 것을 잊어버려서, 남자가 해야 할 것은 선택지 3번이다. ⓒ 다나카 군에게 연락하는 것은 여자가 하겠다고 했기 때문에 선택지 4번도 정답이 아니다.

[단어]
発表会 발표회 | そろそろ 슬슬 | 事務 사무 | ～ておく ～해 두다 | ～なくてもいい ～하지 않아도 좋다 | 参加者 참가자

1番

会社で男の人と女の人が話しています。女の人はこの後、まず何をしますか。	회사에서 남자와 여자가 이야기하고 있습니다. 여자는 이후에 먼저 무엇을 합니까?
M 安藤さん、ちょっと頼みたいことがあるけど。	M 안도 씨, 잠깐 부탁하고 싶은 일이 있는데.
F はい、何でしょうか。	F 네, 무슨 일인가요?
M この書類を総務部に渡してもらえるかな。今から会議に入らなければならなくて。	M 이 서류를 총무부에 전해줄 수 있을까? 지금부터 회의에 들어가야 해서.
F あ、私が渡しておきます。総務部のどなたに渡せばいいんですか。	F 그럼, 제가 전해 두겠습니다. 총무부의 어느 분에게 건네면 될까요?
M 大野さんに頼むよ。今外回り中なんだけど、4時前には帰ってくるんだって。あと、大野さんから昨年度の売上をまとめた資料を渡してもらえると思うんだけど、それを僕の机の上に置いといて。	M 오노 씨에게 부탁할 게. 지금 외근 중인데, 4시 전에는 돌아온다고 해. 그리고 오노 씨가 작년도 매출을 정리한 자료를 건네줄 것 같은데, 그것을 내 책상 위에 놓아 줘.
F 分かりました。あの、何時までにお渡しすればいいですか。5時に取引先の中山商事と2階で打ち合わせがありまして。	F 알겠습니다. 저기, 몇 시까지 드리면 될까요? 5시에 거래처인 나카야마 상사와 2층에서 회의가 있어서.
M あ、今日中に渡してもらえればいつでもいいよ。今回の会議も長引きそうで、退社前までに渡すことができそうもなくてさ。	M 아, 오늘 중으로만 전달받을 수 있다면 언제든 좋아. 이번 회의도 길어질 것 같아서, 퇴근 전까지 전달할 수 없을 것 같아서 말이지.
F 分かりました。ⓐ4時までにはまだ時間がありますから、この企画書を仕上げて行ってきます。打ち合わせが終わったら、みんな退社する時間になりそうなので。	F 알겠습니다. ⓐ4시까지는 아직 시간이 있으니까, 이 기획서를 마무리하고 갔다 오겠습니다. 회의가 끝나면 다들 퇴근할 시간이 될 것 같아서.
M そちらも忙しいのに悪いね。それじゃ、よろしくね。	M 그쪽도 바쁜데 미안해. 그럼, 잘 부탁해.

女の人はこの後、まず何をしますか。 | **여자는 이후에 먼저 무엇을 합니까?**

1 総務部に書類を渡しに行く	1 총무부에 서류를 건네주러 간다
2 去年の売り上げの資料を作成する	2 작년 매출 자료를 작성한다
3 取引先と打ち合わせをする	3 거래처와 미팅을 한다
4 企画書を作成する	4 기획서를 작성한다

[풀이]

ⓐ 남자에게 받은 서류를 총무부의 오노 씨에게 4시까지 전달을 해야 하는데, 아직 시간이 있어서 기획서부터 마무리하겠다고 말하고 있다. 따라서 정답은 선택지 4번이다.

[단어]

書類 서류 | 総務部 총무부 | 渡す 건네주다, 내주다 | 外回り 외근 | 売上 매상, 매출 | まとめる 정리하다, 하나로 모으다 | 資料 자료 | 置く 두다, 놓다 | 取引先 거래처 | 打ち合わせ 협의, 회의 | 長引く 길어지다, 지연되다 | 退社 퇴근 | 企画書 기획서 | 仕上げる 마무리하다, 완성시키다

2番

会社で女の人と男の人が話しています。男の人は、これから何をしますか。

회사에서 여자와 남자가 이야기하고 있습니다. 남자는 이제부터 무엇을 합니까?

F 安藤さん、顔色が悪いですけど、大丈夫ですか。

M ああ…。今朝から熱があって、少し目まいがするんです。

F インフルエンザかもしれませんね。最近流行ってるらしいですよ。今日は早退して、病院に行った方がいいんじゃないですか。

M ああ、僕も、ⓐこの企画書ができあがったら早退しようかと思ってたんです。

F それじゃあ、急いだ方がいいですね。ⓑ部長は、取引先との会議があって、午後から出かける予定ですから。

M え、そうですか？ じゃあ、早退の件は早く言わないとだめですね。

F そうですね。ところで、早退届けの用紙は持っていますか。

M いいえ、ⓒ用紙で報告しないといけないんだ。

F ええ。私の机にあるから、持って来ますね。

M すみません。お願いします。

F 안도 씨, 안색이 안 좋은데, 괜찮아요?

M 아…. 오늘 아침부터 열이 있고, 조금 어지럽네요.

F 인플루엔자(유행성 감기) 같네요. 요즘 유행하고 있다고 해요. 오늘은 조퇴하고 병원에 가는 편이 좋지 않을까요?

M 아, 저도 ⓐ이 기획서가 완성되면 조퇴하려고 생각하고 있었어요.

F 그럼, 서두르는 것이 좋겠네요. ⓑ부장님은 거래처 회의가 있어서 오후부터 외출할 예정이거든요.

M 네? 그렇습니까? 그럼, 조퇴 건은 빨리 말해야겠네요.

F 그렇죠. 근데, 조퇴 신고 용지는 가지고 있나요?

M 아니요. ⓒ용지로 보고하지 않으면 안 되는군요.

F 네. 제 책상에 있으니 가지고 올게요.

M 죄송합니다. 부탁 드릴게요.

男の人は、これから何をしますか。

남자는 이제부터 무엇을 합니까?

1 病院に行く
2 企画書を作成する
3 部長と会議に行く
4 早退届けを書く

1 병원에 간다
2 기획서를 작성한다
3 부장님과 회의하러 간다
4 조퇴 신고서를 쓴다

[풀이]

ⓐ 기획서 작성이 끝나면 조퇴를 하려고 했지만 ⓑ 부장이 오후에는 외출할 예정이기 때문에 서두르고 있다. 따라서 선택지 2, 3번은 정답이 될 수 없다. ⓒ 조퇴를 하고 병원을 가기 위해서는 신고서로 조퇴 보고를 해야 한다는 내용에서, 선택지 1번은 정답이 아니다. 따라서 정답은 선택지 4번이다.

[단어]

顔色が悪い 안색이 좋지 않다｜熱 열｜目まいがする 어지럽다, 현기증이 나다｜流行る 유행하다｜早退 조퇴｜急ぐ 서두르다｜取引先 거래처｜件 건｜~届け ~신고서｜用紙 용지｜報告 보고｜作成 작성

3番

大学の事務室で女の留学生と職員が話しています。女の留学生はこの後、まず何をしなければなりませんか。	대학교 사무실에서 여자 유학생과 직원이 이야기하고 있습니다. 여자 유학생은 이후에 먼저 무엇을 해야 합니까?

F あのう、学生証をなくしてしまって再発行したいんですが。

M 再発行には写真1枚と手数料2000円が必要です。あ、それから再発行の申請後に紛失した学生証が見つかっても申し込みの取り消しはできません。

F あ、分かりました。

M あと、後で見つかった学生証は使えませんので、こちらに来て返却してください。

F 分かりました。手数料は今持っていますが、支払いましょうか。写真は家にあるはずです。

M 手数料はこちらではなく、会計課にお支払いください。ⓐ今は学生証の再発行申請書を作成して、写真は明日持ってきてもらってもかまいませんが。

F あ、そうですか。分かりました。じゃ、明日持ってきます。

M 分かりました。再交付までには約1週間かかります。

女の留学生はこの後、まず何をしなければなりませんか。

F 저기, 학생증을 잃어버려서 재발행을 하고 싶은데요.

M 재발행에는 사진 한 장과 수수료 2000엔이 필요합니다. 아, 그리고 재발행 신청 후에 분실된 학생증이 발견되어도 신청 취소는 불가능합니다.

F 아, 알겠습니다.

M 그리고 나중에 발견된 학생증은 사용할 수 없기 때문에, 이곳에 와서 반납해 주세요.

F 알겠습니다. 수수료는 지금 가지고 있는데, 지불할까요? 사진은 집에 있을 거예요.

M 수수료는 이곳이 아니라, 회계과에 납부해 주십시오. ⓐ 지금은 학생증 재발행 신청서를 작성하고, 사진은 내일 가져와도 상관없습니다만….

F 아, 그래요? 알겠습니다. 그럼, 내일 가지고 올 게요.

M 알겠습니다. 재교부까지는 약 1주일 걸립니다.

여자 유학생은 이후에 먼저 무엇을 해야 합니까?

1 手数料を払う	1 수수료를 지불한다
2 写真を提出する	2 사진을 제출한다
3 書類を作成する	3 서류를 작성한다
4 一週間を待つ	4 일주일을 기다린다

[풀이]

ⓐ 지금은 학생증 재발행 신청서를 작성하면 된다고 말하고 있기 때문에, 선택지 3번이 정답이다.

[단어]

事務室 사무실 | 留学生 유학생 | 職員 직원 | 学生証 학생증 | 再発行 재발행 | 手数料 수수료 | 申請 신청 | 紛失 분실 | 見つかる 발견되다 | 申し込み 신청 | 取り消し 취소 | 返却 반납 | 支払う 지불하다, 치르다 | 会計 회계 | 再交付 재교부 | 払う 지불하다 | 提出 제출

4番

大学で男の学生と女の学生が話をしています。女の学生は、このあと何をしなければなりませんか。	대학에서 남학생과 여학생이 이야기하고 있습니다. 여학생은 이후에 무엇을 해야 합니까?
F 先輩、去年日本近代文学の授業を取ったんですか。	F 선배님, 작년에 일본근대문학 수업 들었나요?
M うん、取ったよ。本当に苦労したよ、その授業。	M 응, 들었어. 정말 고생했지, 그 수업.
F 実は、私も今取ってるんですけど、ⓐ試験範囲が広すぎて大変なんです。いい点が取れるかどうか心配で。	F 실은, 저도 지금 듣고 있는데 ⓐ시험 범위가 너무 넓어서 힘들어요. 좋은 점수가 나올지 어떨지 걱정이 돼서.
M 試験も難しかったけど、課題発表も大変だったよ。しかも、2回やらなきゃいけなかったし。	M 시험도 어려웠지만 과제 발표도 힘들었어. 게다가 두 번 해야 했고.
F 一回目の発表ではいい評価をいただいたんですけど、試験が難しそうなんで、どう準備したらいいか困ってるんです。	F 첫 번째 발표에서는 괜찮은 평가를 받았지만, 시험이 어려울 것 같아서 어떻게 준비를 하면 좋을지 고민하고 있어요.
M ああ、あの授業は、試験が成績にあんまり影響しないから大丈夫だよ。一番重要なのは発表で、二番目が出席だから。今までの授業で、欠席したことはない?	M 아, 그 수업은 시험이 성적에 그다지 영향이 없기 때문에 괜찮아. 가장 중요한 것은 발표이고, 두 번째가 출석이니까. 지금까지 수업에서 결석한 적은 없어?
F ええ、ありません。	F 네, 없어요.
M そうか。なら、最初の発表もよかったっていうし、欠席もないんだから、悪い成績になることはまずないんじゃないかな。	M 그래? 그렇다면, 첫 번째 발표도 잘했다고 하고, 결석도 없으니까 나쁜 성적이 나오는 일은 우선 없지 않을까?
F 本当ですか。よかった。ⓑ発表の前に中間試験があるんですけど、どんなふうに出るんですか。	F 정말이에요? 다행이다. ⓑ발표 전에 중간시험이 있는데, 어떤 식으로 나오나요?

M 試験は毎年違うから、教えてあげてもそこまで役には立たないと思うけど。ノートがあるから、必要なら貸してあげるけど、それよりは発表の課題を頑張って準備した方がいいよ。

F そうですか。ⓒじゃあ、ノートはお借りしてもあんまり意味はないかな…。試験が終わったら、発表の準備を頑張ることにします。いろいろありがとうございました。

M 시험은 해마다 달라서, 가르쳐 줘도 그다지 도움은 안 될 것 같은데. 노트는 있으니까 필요하다면 빌려주겠지만, 그것보다 발표 과제를 열심히 준비하는 편이 좋겠어.

F 그런가요? ⓒ그럼, 노트는 빌려도 그다지 의미는 없으려나…. 시험이 끝나면 발표 준비를 열심히 하도록 할게요. 여러 가지로 감사했습니다.

女の学生は、このあと何をしなければなりませんか。

여학생은 이후에 무엇을 해야 합니까?

---

1 試験範囲を確認する
2 発表の課題を準備する
3 中間試験の準備をする
4 男の人のノートを借りる

1 시험 범위를 확인한다
2 발표 과제를 준비한다
3 중간시험 준비를 한다
4 남자의 노트를 빌린다

[풀이]
ⓐ 시험 범위가 바뀌는 것은 아니기 때문에 선택지 1번은 정답이 될 수 없다. ⓑ 발표 전에 시험이 있고 ⓒ 노트는 빌리지 않기로 했다. 그리고 시험이 끝나면 발표 준비를 한다고 말하고 있기 때문에 정답은 선택지 3번이다.

[단어]
近代 근대 | 文学 문학 | 苦労 고생 | 範囲 범위 | 評価 평가 | 成績 성적 | 影響 영향 | 欠席 결석 | 役に立つ 도움이 되다 | 貸す 빌려주다 | 借りる 빌리다 | 頑張る 계속 노력하다, 힘내다

5番

女の人と男の人が列車の予約ページを見ながら話しています。女の人は、どの席を選びますか。女の人です。

여자와 남자가 열차 예약 페이지를 보면서 이야기하고 있습니다. 여자는 어느 자리를 고릅니까? 여자입니다.

M この白い印が空席のようだね。一緒に座れる席が多くないね。週末だからかな。

F ふーん、そうかもしれないね。一番後ろの席に並んで座れる席があるんだけど、どう？

M 一番後ろの席は少し不便じゃないかな。人が行ったり来たりする席だから。

F あなたはどうせ座るか寝るしかないのに不便ですって？おかしいわね、本当に。

M 静かに寝られる席がいいって、僕は。君は窓側の席がいいよね。

M 이 하얀 표시가 빈자리인 것 같네. 같이 앉을 수 있는 자리가 많지 않네. 주말이라서 그런가?

F 음, 그럴지도 모르겠네. 맨 뒷자리에 나란히 앉을 수 있는 자리가 있는데 어때?

M 맨 뒷자리는 조금 불편하지 않을까? 사람들이 왔다 갔다 하는 자리니까.

F 당신은 어차피 앉거나 잠만 자는데 불편하다고요? 이상하네, 정말.

M 조용하게 잘 수 있는 자리가 좋다고, 나는. 당신은 창가 자리가 좋지?

F うん。列車旅行と言えば、やっぱり窓の外に見える景色を見るもんだよ。私はそれが大好き。

M じゃ、ここにしようか？ あ、ちょっと待って、ここ誰かが今予約したみたい。予約できないって出てる。

F え？ 本当？ しょうがないわね。じゃ、通路側に並んで座る席はどう？

M ちょっと待って。ⓐ今回も僕はぐっすり寝るつもりだから、別々に座ってもいいんじゃない？ 遠く離れなくて前と後ろの席ならいいと思うけど。

F ⓑふうん、今回はそうしてみようか。それも面白そうだね。

M ⓒ一番後ろの席はダメだよ。

F ⓓ分かったわよ。

F 응. 열차 여행이라 하면 역시 창 밖으로 보이는 경치를 보는 거지. 나는 그게 정말 좋아.

M 그럼, 여기로 할까? 아, 잠깐만, 여기 누가 지금 예약한 것 같아. 예약이 안 된다고 나오는데?

F 응? 정말? 어쩔 수 없네. 그럼, 통로 쪽으로 나란히 앉는 자리는 어때?

M 잠깐만. ⓐ이번에도 난 푹 잘 생각이니까, 따로따로 앉아도 되지 않을까? 멀리 떨어지지 않고 앞뒤 자리라면 좋을 것 같은데.

F ⓑ음, 이번엔 그렇게 해 볼까? 그것도 재미있을 것 같네.

M ⓒ맨 뒷자리는 안 돼.

F ⓓ알겠어.

女の人は、どの席を選びますか。

여자는 어느 자리를 고릅니까?

1 ア
2 イ
3 ウ
4 エ

1 ア
2 イ
3 ウ
4 エ

[풀이]

ⓐ 앞뒤 자리로 따로따로 앉아도 좋겠다는 말에 ⓑ 그렇게 하자고 말하고 있다. ⓒ 남자가 맨 뒷자리는 안 된다고 하고, ⓓ 여자도 알겠다고 말하고 있다. 따라서 정답은 선택지 1번이다. 맨 뒷자리는 안 된다고 말하고 있기 때문에, 선택지 2번은 정답이 될 수 없다.

[단어]

列車 열차 | 予約 예약 | 席 자리 | 選ぶ 고르다, 선택하다 | 印 표시 | 空席 공석 | 並ぶ 줄을 서다, 늘어서다 | 窓側 창가, 창 쪽 |
景色 경치 | 通路 통로 | 別々 따로따로, 각자

問題 2 では、まず質問を聞いてください。そのあと、問題用紙のせんたくしを読んでください。読む時間があります。それから話を聞いて、問題用紙の 1 から 4 の中から、最もよいものを一つ選んでください。

문제 2에서는 우선 질문을 들어 주세요. 그 다음 문제 용지의 선택지를 읽어 주세요. 읽을 시간이 있습니다. 그리고 나서 이야기를 듣고 문제 용지의 1에서 4 중에서 가장 알맞은 것을 하나 고르세요.

例

男の学生と女の学生が話しています。女の学生は、どうして公園の前の店がいいと言っていますか。	남학생과 여학생이 이야기하고 있습니다. 여학생은 왜 공원 앞의 가게가 좋다고 말하고 있습니까?
F おはよう。	F 안녕.
M おお、アイリさん。おはよう。	M 오오, 아이리 씨. 안녕.
F ね、知ってる？ 公園の前に新しいカフェができたのよ。	F 저기, 알고 있어? 공원 앞에 새로운 카페가 생겼어.
M カフェ？ 僕はあんまりコーヒー好きじゃないから。	M 카페? 나는 별로 커피 좋아하지 않아서.
F そのカフェは食事もできるよ。昨日食べたオムライスは最高だったわ。	F 그 카페는 식사도 할 수 있어. 어제 먹은 오므라이스는 최고였지.
M へえ。いろいろメニューがあるんだね。コーヒーの味はどう？	M 와. 여러 가지 메뉴가 있네. 커피 맛은 어때?
F ⓐコーヒーの味？ それは他とあまり変わらないんじゃない？ でも、ⓑオムライスが美味しいカフェは珍しいわよ。	F ⓐ커피 맛? 그건 다른 곳과 별로 차이가 없지 않을까? 하지만, ⓑ오므라이스가 맛있는 카페는 드물지.
M そっか。公園の前だから静かで雰囲気はいいんだろうな。僕も行ってみようかな。雰囲気のいい店が好きだから。	M 그런가? 공원 앞이라 조용하고 분위기는 좋겠네. 나도 가 볼까? 분위기 좋은 가게를 좋아해서.
F 雰囲気ね。そこは、有名な所で、いつも人がいっぱいだから、ⓒ雰囲気がいいとはいえないわね。	F 분위기 말이지. 거기는 유명한 곳이라 항상 사람이 엄청 많아서 ⓒ분위기가 좋다고 할 수 없어.
M えっ！ そうなんだ…。	M 앗! 그렇구나….
F ⓓ駅の裏に人が少なくて雰囲気もいい店があるわよ。オムライスはないけどね。	F ⓓ역 뒤에 사람이 적고 분위기도 좋은 가게가 있어. 오므라이스는 없지만.
M もういいよ、オムライスは！	M 이제 됐어, 오므라이스는!
女の学生は、どうして公園の前の店がいいと言っていますか。	여학생은 왜 공원 앞의 가게가 좋다고 말하고 있습니까?

1　コーヒーがおいしいから

2　食べ物がおいしいから

3　静かな店だから

4　雰囲気がいいから

1　커피가 맛있기 때문에

2　음식이 맛있기 때문에

3　조용한 가게이기 때문에

4　분위기가 좋기 때문에

[풀이]

ⓐ 커피는 다른 곳과 별로 차이가 없다는 내용에서 선택지 1번이 정답이 아니라는 사실을 알 수 있다. ⓑ 음식이 맛있는 가게에 대해서는 긍정적으로 생각하고 있다. ⓒ 분위기가 좋은 곳도 아니고 ⓓ 사람이 적은 가게는 다른 곳에 있다고 말하고 있기 때문에, 선택지 3, 4번도 정답은 아니다. 따라서 정답은 선택지 2번이다.

[단어]

食事 식사 ｜ 最高 최고 ｜ 珍しい 드물다, 희귀하다 ｜ 雰囲気 분위기 ｜ 裏 뒤(쪽)

1番

男の人と女の人が話しています。男の人は会社を辞めて、まず何をすると言っていますか。

F　吉田さん、それ本当ですか。会社辞めるんですって。

M　ええ。今月を限りに会社を辞めることにしました。

F　実績もあるし、同僚にも評判のいい吉田さんが辞めると聞いてびっくりしました。もしかして健康に問題でもあるんですか。

M　健康に自信がある方ではありませんが、仕事ができないほどではありません。長い間一つの会社でずっと仕事をしてきたこともあるし、何か違うことに挑戦してみたい気持ちもありまして。

F　そうですね。前から習っていたギターに関することですか。もう2年ぐらいは過ぎたじゃないですかね。

M　ハハハ。この程度の腕で何かをするのはちょっと難しそうです。ⓐ実は、妻の農業の仕事を一緒にやろうと思っています。

F　じゃ、来月から始めるんですか。

M　ⓑ農業に関しては全く知らないこともあって、短大で勉強してから本格的に始めようと思っています。妻に迷惑をかけるわけにはいきませんから。

F　農業の仕事も簡単ではないようですね。私も応援しています。頑張ってください。

남자와 여자가 이야기하고 있습니다. 남자는 회사를 그만두고, 먼저 무엇을 한다고 말하고 있습니까?

F　요시다 씨, 그거 정말이에요? 회사 그만둔다면서요?

M　네. 이번 달을 끝으로 회사를 그만두기로 했어요.

F　실적도 있고, 동료들에게 평판이 좋은 요시다 씨가 그만둔다는 것을 듣고 깜짝 놀랐어요. 혹시 건강에 문제라도 있는 건가요?

M　건강에 자신 있는 편은 아니지만, 일을 못할 정도는 아니에요. 오랫동안 한 회사에서 계속 일을 해온 것도 있고, 뭔가 다른 일을 도전해 보고 싶은 마음도 있고요.

F　그렇군요. 전부터 배우고 있었던 기타에 관한 건가요? 벌써 2년 정도는 지났잖아요.

M　하하하. 이 정도의 실력으로 뭔가를 하기에는 좀 힘들 것 같아요. 실은 ⓐ아내가 하는 농업 일을 같이 하려고 해요.

F　그럼, 다음달부터 시작하는 건가요?

M　ⓑ농업에 관해서는 아무것도 모르는 것도 있고, 단기대학에서 공부를 한 후에 본격적으로 시작하려고 해요. 아내에게 민폐를 끼칠 수는 없으니까요.

F　농사 일도 쉽지 않은 것 같네요. 저도 응원할게요. 힘내세요.

M ありがとうございます。今まで本当にお世話になりました。	M 고마워요. 지금까지 정말 신세 많이 졌습니다.

男の人は会社を辞めて、まず何をすると言っていますか。	**남자는 회사를 그만두고, 먼저 무엇을 한다고 말하고 있습니까?**

1 体の調子が悪くて治療を受ける	1 몸 상태가 안 좋아서 치료를 받는다
2 音楽関係の仕事を始める	2 음악 관련 일을 시작한다
3 妻と一緒に農業の仕事をする	3 아내와 함께 농사 일을 한다
4 短期大学に入る	4 단기대학에 들어간다

[풀이]

ⓐ 아내가 하는 농업 일을 같이 하려고 하는데, ⓑ 그 전에 단기대학에서 공부를 하겠다고 말하고 있다. 따라서 정답은 선택지 4번이다.

[단어]

辞める 그만두다 | 〜を限りに 〜을 끝으로 | 実績 실적 | 同僚 동료 | 評判 평판 | 健康 건강 | 自信 자신(감) | 違う 다르다 | 挑戦 도전 | 〜に関する 〜에 관한 | 過ぎる 지나다 | 腕 팔, 솜씨 | 農業 농업 | 全く 전혀, 정말로 | 短大 단기대학 | 本格的 본격적 | 迷惑をかける 민폐를 끼치다 | 〜わけにはいかない 〜할 수는 없다 | 応援 응원 | 世話 신세, 도와 줌 | 調子 상태 | 治療 치료

2番

大学で女子学生と男子学生が話しています。女子学生は、なぜ今のサークルを選んだと言っていますか。	**대학교에서 여학생과 남학생이 이야기하고 있습니다. 여학생은 왜 지금의 동아리를 골랐다고 말하고 있습니까?**

F じゃあ、先に帰るね。	F 그럼, 먼저 갈게.
M え、もう帰るの？ 今日はサークルないの？	M 응? 벌써 가는 거야? 오늘은 동아리 없어?
F うん、今日は大会の前日だから、みんなの体調のことを考えて、休みにしたの。	F 응, 오늘은 대회 전날이라 모두의 컨디션을 생각해서 쉬기로 했어.
M ああ、大会に出るんだ。かっこいいね。どこでやるんだっけ？ 応援しに行くよ。	M 아, 대회에 나가는구나. 멋있네. 어디서 한다고 했지? 응원하러 갈게.
F 千葉県にある市立野球場。一回戦だから、ぜひ応援に来てね。	F 지바현에 있는 시립 야구장. 1회전이니까 꼭 응원하러 와.
M わかった。夏美さん、ⓐ昔は野球なんか興味なかったのに、今はマネージャーとして活動してるなんて、人って分からないもんだね。	M 알겠어. 나쓰미, ⓐ예전에는 야구 같은 거 관심 없었는데 지금은 매니저로 활동하고 있다니, 사람 일은 모르는 거네.

F うん。野球の面白さがわかったの。ⓑ先輩たちもみんな素敵だし、みんなで一つの目標に向かって進んでいくのって、本当にすごいことなんだ。あたしはⓒ体が弱いから、少しでも体力を付けて、体を鍛えたいって思って入ったんだけど、こんなに楽しいとは思わなかった。おかげで友達もたくさんできたし。

M そうか。ⓓ内気だった夏美さんが、こんなに活発になるなんて、スポーツってすごいね。

女子学生は、なぜ今のサークルを選んだと言っていますか。

1 野球が好きだったから
2 先輩たちが格好よかったから
3 体を丈夫にしたかったから
4 性格を変えたかったから

F 응. 야구의 재미를 알았거든. ⓑ선배들도 다들 멋지고 모두가 하나의 목표를 향해서 나아간다는 건 정말 굉장한 일이야. 나는 ⓒ몸이 약해서 조금이라도 체력을 키우고 몸을 단련하려고 들어간 건데, 이렇게까지 즐거운 것이라고는 생각하지 못했지. 덕분에 친구도 많이 생겼고.

M 그래? ⓓ내성적이었던 나쓰미가 이렇게 활발해지다니, 스포츠란 대단하네.

여학생은 왜 지금의 동아리를 골랐다고 말하고 있습니까?

1 야구를 좋아했기 때문에
2 선배들이 멋졌기 때문에
3 몸을 건강하게 하고 싶었기 때문에
4 성격을 바꾸고 싶었기 때문에

[풀이]

ⓐ 야구를 전부터 좋아한 것은 아니고, ⓑ 선배들이 멋있어서 야구 동아리에 들어간 것도 아니다. 따라서 선택지 1, 2번은 정답이 아니니다. ⓒ 여자가 야구 동아리에 들어간 이유를 말하고 있다. 따라서 정답은 선택지 3번이다. ⓓ 성격은 야구 동아리에 들어가고 나서 바뀐 것이기 때문에 선택지 4번도 정답이 될 수 없다.

[단어]

大会 대회 | 体調 몸의 상태, 컨디션 | 応援 응원 | 市立 시립 | なんか 따위, 등 | ～として ～로서 | 活動 활동 | 素敵 아주 멋짐, 매우 근사함 | ～に向かって ～를 향해서 | 鍛える 단련하다 | おかげで 덕분에 | 内気 내성적 | 丈夫 건강함, 튼튼함

3番

大学で、男の学生と女の学生が話しています。男の学生がフランス語を勉強する最も大きな理由は、何ですか。

F あれ? それ、フランス語の教科書でしょ。どうしたの、急に?

M ああ、第2外国語を勉強しようと思って、先週から始めたんだ。

F そうなの。ああ、ⓐ就職するときに必要だから? やっぱり、英語だけじゃ何か足りないもんね。

대학교에서 남학생과 여학생이 이야기하고 있습니다. 남학생이 프랑스어를 공부하는 가장 큰 이유는 무엇입니까?

F 어? 그거 프랑스어 교과서지? 어떻게 된 거야, 갑자기?

M 아, 제2외국어를 공부할까 해서 지난주부터 시작했지.

F 그래? 아, ⓐ취직할 때 필요해서? 역시 영어만으로는 뭔가 부족하니까.

M いや、そういうわけじゃなくて、卒業（そつぎょう）したら、ヨーロッパに行（い）くかもしれないんだ。

F ヨーロッパ？ なんで？ 留学（りゅうがく）するの？

M 実（じつ）はね、ⓑ父（ちち）がヨーロッパの支社（ししゃ）へ転勤（てんきん）することになってさ、僕（ぼく）も一緒（いっしょ）に行（い）くことになるかもしれないから、前（まえ）もって勉強（べんきょう）しておこうと思って。まあ、独（ひと）り暮（く）らしすることも考（かんが）えてはいるんだけど。

F 何（なん）か、すごいね。

M まだ内定（ないてい）した会社（かいしゃ）もないし、就職活動（しゅうしょくかつどう）を始（はじ）める前（まえ）に外国生活（がいこくせいかつ）するのも、役（やく）に立（た）つかもしれないから。それに、ⓒ何（なん）て言（い）っても、他（ほか）の国（くに）に行（い）って暮（く）らすことで、人間的（にんげんてき）に成長（せいちょう）したいって思（おも）うんだ。きっと、今（いま）より広（ひろ）い目（め）でものが見（み）られるようになると思（おも）うから。

F きっと、そうだろうね。多分（たぶん）、海外（かいがい）で生活（せいかつ）したことが、ⓓあとで会社勤（かいしゃづと）めとかいろんな場面（ばめん）で、役（やく）に立（た）つだろうね。

M 아니, 그게 아니라, 졸업하면 유럽으로 갈지도 몰라.

F 유럽? 왜? 유학 가는 거야?

M 사실은 말이지, ⓑ아빠가 유럽 지사로 전근을 가게 되어서 나도 함께 가게 될 수도 있으니 미리 공부해 두려고. 뭐, 혼자 사는 것도 생각하고 있지만.

F 왠지, 굉장하네.

M 아직 내정된 회사도 없고, 취직 활동을 시작하기 전에 외국 생활을 하는 것도 도움이 될지도 모르니까. 게다가 ⓒ뭐니 뭐니 해도, 다른 나라에 가서 생활하면서 인간적으로 성장하고 싶다고 생각하고 있어. 분명 지금보다 넓은 시야로 세상을 볼 수 있게 될 것 같아서.

F 분명, 그러겠지. 아마도 해외에서 생활한 것이 ⓓ나중에 회사 근무나 여러 가지 면에서 도움이 될 거야.

男（おとこ）の学生（がくせい）がフランス語（ご）を勉強（べんきょう）する最（もっと）も大（おお）きな理由（りゆう）は、何（なん）ですか。

남학생이 프랑스어를 공부하는 가장 큰 이유는 무엇입니까?

1 就職活動（しゅうしょくかつどう）に必要（ひつよう）な言葉（ことば）だから

2 ヨーロッパで家族（かぞく）と暮（く）らしたいから

3 外国生活（がいこくせいかつ）が自分（じぶん）の成長（せいちょう）になるから

4 ヨーロッパの会社生活（かいしゃせいかつ）に役立（やくだ）つから

1 취직 활동에 필요한 언어이기 때문에

2 유럽에서 가족과 살고 싶기 때문에

3 외국 생활이 자신의 성장이 되기 때문에

4 유럽의 회사 생활에 도움이 되기 때문에

[풀이]

ⓐ 취직 활동을 위한 공부라고 생각하는 것은 여자이기 때문에 선택지 1번은 정답이 될 수 없다. ⓑ 가족들과 함께 유럽으로 갈 수도 있지만 혼자 살 수도 있다고 말하고 있기 때문에 선택지 2번도 정답이 아니다. ⓒ 남자는 유학 생활을 통해 자신을 성장시키고 싶다고 강조하여 말하고 있다. 따라서 정답은 선택지 3번이다. ⓓ 해외 생활이 취직 활동에 도움이 될 수도 있다고 말하고 있는 것은 여자의 의견이기 때문에 선택지 4번도 정답이 아니다.

[단어]

就職（しゅうしょく） 취직 | 足（た）りない 부족하다 | 支社（ししゃ） 지사 | 転勤（てんきん） 전근 | 前（まえ）もって 미리, 사전에 | 独（ひと）り暮（く）らし 독신 생활 | 活動（かつどう） 활동 | 役（やく）に立（た）つ 도움이 되다 | 暮（く）らす 생활하다, 살다 | 成長（せいちょう） 성장 | 言葉（ことば） 언어, 말

4番

テレビでアナウンサーと女の人が話しています。女の人はどのようにして俳優になったと言っていますか。

M 山口さんは、幼い頃は歌手になりたかったという話を聞いたことがあります。どうして歌手になりたかったのですか。

F あ、⑧幼い頃から人前に立って歌うのが大好きでした。

M そうだったんですね。では、どうして歌手の夢を追い続けなかったんですか。きっと歌手としても成功したのではないかと思いますが。

F ⑥実は、歌がそこまで上手じゃなかったんです。小さい子供が一生懸命になって踊りながら歌う姿をかわいくみてくれただけで、歌が上手だから喜んでもらえたわけではありませんでした。それでも人前で何かをするのが好きで、こちらの道を選んだと思います。

M あの時、歌が上手ではなかったおかげで、今の山口さんがいるのですね。

F そうですね。その後、本格的に演技を学ぶために、大学も演劇科を選びました。その時から本気で演技が好きになりました。

M そういった努力のおかげで、今年新人賞候補にまでなれたんですね。

F 努力しなかったわけではないんですが、こうして候補にまでなれるとは思いませんでした。賞をもらうために演技をしているわけではありませんが、多くの方々が私の演技を認めてくださったという思いで感謝の限りです。

女の人はどのようにして俳優になったと言っていますか。

1 俳優と歌手の夢をすべて叶えたかった
2 人前に立つのが好きだった
3 演技のために大学を諦めた
4 多くの人に演技を認められた

TV에서 아나운서와 여자가 이야기하고 있습니다. 여자는 어떻게 해서 배우가 되었다고 말하고 있습니까?

M 야마구치 씨는 어렸을 때는 가수가 되고 싶었다는 이야기를 들은 적이 있는데요. 왜 가수가 되고 싶었나요?

F 아, ⑧어렸을 때부터 사람들 앞에 서서 노래를 부르는 것을 정말 좋아했어요.

M 그랬군요. 그럼, 왜 가수의 꿈을 계속 쫓지 않았나요? 분명 가수로서도 성공하지 않았을까 하는데요.

F ⑥사실은 노래를 그렇게 잘하지 못했거든요. 어린아이가 열심히 춤을 추면서 노래를 부르는 모습을 귀엽게 봐 준 것뿐이지, 노래를 잘 불러서 좋아해 준 것은 아니었어요. 그래도 사람들 앞에서 무언가를 하는 것이 좋아서, 이쪽 길을 선택한 것 같아요.

M 그때 노래를 잘 못했던 덕분에 지금의 야마구치 씨가 있는 거군요.

F 그렇네요. 그 후에 본격적으로 연기를 배우기 위해서 대학도 연극과를 선택했어요. 그때부터 진심으로 연기를 좋아하게 되었습니다.

M 그런 노력 덕분에 올해 신인상 후보까지 될 수 있었던 것이군요.

F 노력을 안 한 것은 아니지만, 이렇게 후보까지 될 수 있을 줄은 몰랐어요. 상을 받기 위해서 연기를 하는 것은 아니지만, 많은 분들이 저의 연기를 인정해 주셨다는 생각에 감사할 따름입니다.

여자는 어떻게 해서 영화 배우가 되었다고 말하고 있습니까?

1 배우와 가수의 꿈을 모두 이루고 싶었다
2 사람들 앞에 서는 것을 좋아했다
3 연기를 위해서 대학을 포기했다
4 많은 사람들에게 연기를 인정받았다

[풀이]

ⓐ 어렸을 때부터 사람들 앞에 서서 노래를 부르는 것을 좋아했지만, ⓑ 노래를 잘하는 것은 아니었다고 한다. 사람들 앞에서 무언가를 하는 것이 좋아서 배우의 길을 선택했다고 말하고 있기 때문에, 정답은 선택지 2번이다.

[단어]

俳優 배우 | 幼い 어리다 | 頃 때, 시절 | 人前 사람들 앞, 남의 앞 | 夢 꿈 | 追い続ける 계속 쫓아가다 | ～として ～으로서 | 一生懸命 열심히 | 踊る 춤추다 | 姿 모습, 모양 | 喜ぶ 기뻐하다 | 本格的 본격적 | 演技 연기 | 選ぶ 고르다, 선택하다 | 本気 진심 | 努力 노력 | おかげで 덕분에 | 候補 후보 | 賞 상 | 認める 인정하다 | 感謝 감사 | 叶える 이루다, 이루어 주다 | 諦める 포기하다, 단념하다

5番

デパートで男の人と女の人が話しています。二人は、クリスマスについてどう考えていますか。	백화점에서 남자와 여자가 이야기하고 있습니다. 두 사람은 크리스마스에 대해서 어떻게 생각하고 있습니까?

M もうクリスマスの時期だね。ツリーがきれいに飾ってある。

F うん。ツリーもきれいだけど、あたしは、クリスマスキャロルが好き。ああいう音楽が聞こえてくると、ⓐ何か子どもの頃に戻ったみたいな懐かしい感じがするんだ。

M ああ、そうだね。僕は、朝起きたときクリスマスのプレゼントはあるだろうかって、心配してた。

F あたしも。でもさあ、クリスマスに値段が高くなるお店のメニューって、なんかやだよね。

M 商売だからしょうがないよ。ⓑその日は、どこに行ってもカップルだらけで、一人だと惨めになっちゃう。

F ⓒうん。そうだね。家にいた方がましだと思っちゃうよね。

M でも、チキンとかケーキとか買って来て、家で家族と一緒に過ごすのもいいかも。

F ⓓなんか、それも悲しいわね。

M それもそうか。

M 벌써 크리스마스 시기네. 트리가 예쁘게 꾸며져 있어.

F 응. 트리도 예쁘지만, 나는 크리스마스 캐럴이 좋아. 저런 음악이 들려 오면 ⓐ뭔가 어린 시절로 돌아간 듯한 그리운 기분이 들어.

M 아, 맞아. 나는 아침에 일어났을 때 크리스마스 선물이 있을까 하고 걱정했었어.

F 나도. 근데, 크리스마스에 가격이 비싸지는 가게 메뉴 같은 건 왠지 싫어.

M 장사니까 어쩔 수 없어. ⓑ그날은 어디를 가도 커플투성이고, 혼자 있으면 비참해져.

F ⓒ응. 맞아. 집에 있는 편이 더 낫다고 생각하게 되지.

M 그래도 치킨이나 케이크 같은 거 사 와서 집에서 가족과 함께 지내는 것도 좋을지도 몰라.

F ⓓ왠지 그것도 슬프네.

M 그것도 그런가?

二人は、クリスマスについてどう考えていますか。

1 子供の頃が思い出されて悲しい
2 プレゼントより美味しい料理がいい
3 カップルたちの姿が気になる
4 家で家族と一緒に過ごす方が楽しい

두 사람은 크리스마스에 대해서 어떻게 생각하고 있습니까?

1 어린 시절의 추억이 떠올라서 슬프다
2 선물보다 맛있는 요리가 좋다
3 커플들의 모습이 신경 쓰인다
4 집에서 가족과 함께 보내는 편이 더 즐겁다

[풀이]

ⓐ 어린 시절의 그리운 느낌이 든다는 내용과 슬픈 것은 다르기 때문에 선택지 1번은 정답이 아니다. ⓑ 남자는 커플들로 인해 비참해 진다고 하고 ⓒ 여자도 동의하고 있으므로, 정답은 선택지 3번이 된다. ⓓ 집에서 가족과 보내는 것도 슬프다고 하고 있다. 따라서 선택지 4번은 정답이 아니다. 선택지 2번에 대한 언급은 없었다.

[단어]

時期 시기 | 飾る 장식하다, 꾸미다 | ～てある ～되어 있다 | 頃 시절, 무렵 | 戻る 돌아가다(오다) | 懐かしい 그립다 | 商売 장사 | ～だらけ ～투성이 | 惨め 비참함, 참혹함 | ましだ 더 낫다 | 過ごす 보내다, 지내다 | 悲しい 슬프다 | 思い出す 생각나다, 회상하다 | 気になる 신경이 쓰이다

6番

大学の授業で、先生が学生に話しています。先生は、自分の体を守るために最も重要なことは何だと言っていますか。	대학 수업에서 선생님이 학생에게 이야기하고 있습니다. 선생님은 자신의 몸을 지키기 위해서 가장 중요한 것은 무엇이라고 말하고 있습니까?
M ⓐ危険な状況に遭遇した場合、自分の体を守るにあたってその状況からいち早く抜け出すことに越したことはありません。しかし、逃げることが不可能な状況に置かれていたら、自分一人で危機的状況を解決しようとせず、周りの人々に助けを求めるのが一番良い方法です。女性だけでなく、男性も防犯ブザーやスプレーなどを日頃から携帯することも役立つでしょう。被害に遭う人が女性に限ったことではないという認識を持つことも重要な課題です。	M ⓐ위험한 상황에 조우하게 될 경우, 자신의 몸을 지키는 것에 있어서, 그 상황으로부터 재빨리 벗어나는 것보다 나은 것은 없습니다. 하지만 도망치는 것이 불가능한 상황에 놓이게 된다면, 자기 혼자서 위기적 상황을 해결하려고 하지 않고, 주변 사람들에게 도움을 구하는 것이 가장 좋은 방법입니다. 여성뿐만 아니라 남성도 방범 부저나 스프레이 등을 평소부터 휴대하는 것도 도움이 될 것입니다. 피해를 당하는 사람이 여성에 국한된 것이 아니라는 인식을 가지는 것도 중요한 과제입니다.
先生は、自分の体を守るために最も重要なことは何だと言っていますか。	선생님은 자신의 몸을 지키기 위해서 가장 중요한 것은 무엇이라고 말하고 있습니까?

1 危機的状況から抜け出すこと
2 周りの人に助けてもらうこと
3 防犯グッズを持ち歩くこと
4 被害者の固定観念を変えること

1 위기 상황으로부터 빠져나오는 것
2 주위 사람에게 도움을 받는 것
3 방범 굿즈를 가지고 다니는 것
4 피해자의 고정관념을 바꾸는 것

[풀이]

ⓐ 위험한 상황에 처하면, 자신의 몸을 지키기 위해 그 상황에서 빨리 벗어나는 것이 가장 중요하다고 말하고 있다. 따라서 정답은 선택지 1번이다.

[단어]

守る 지키다 | 最も 가장 | 危険 위험 | 状況 상황 | 遭遇 조우 | 抜け出す 빠져나가다 | ～に越したことはない ～보다 나은 것은 없다 | 逃げる 도망치다 | 置く 두다, 놓다 | 解決 해결 | 周り 주위, 주변 | 助け 도움 | 求める 요구하다, 추구하다 | 防犯 방범 |

日頃 평소 | 携帯 휴대 | 役立つ 도움이 되다 | ～に限ったことではない ～에 국한된 일은 아니다 | 認識 인식 | 課題 과제 | 持ち歩く 가지고 다니다 | 被害者 피해자 | 固定 고정 | 観念 관념 | 変える 바꾸다

問題3

問題3では、問題用紙に何もいんさつされていません。この問題は、全体としてどんな内容かを聞く問題です。話の前に質問はありません。まず話を聞いてください。それから質問とせんたくしを聞いて、1から4の中から、最もよいものを一つ選んでください。

문제 3에서는 문제 용지에 아무것도 인쇄되어 있지 않습니다. 이 문제는 전체적으로 어떤 내용인지를 묻는 문제입니다. 이야기하기 전에 질문은 없습니다. 우선 이야기를 들어 주세요. 그러고 나서 질문과 선택지를 듣고 1에서 4 중에서 가장 알맞은 것을 하나 고르세요.

例

男の人が話しています。

M 「花見ヶ丘」は天ぷら料理のお店で、花見駅から徒歩7分の所にあります。全国に支店が25店あり、味とサービスでは定評があります。ⓐ今回は、ホールで働く18歳以上の男性を募集しております。1か月間の研修期間がありますから、経験がない方も安心してご応募いただけます。ⓑたくさんの方のご応募をお待ちしております。

男の人は何について話していますか。

1 お店の駅からの道順
2 お店の経営方針
3 お店の研修内容
4 新しいスタッフの募集

남자가 이야기하고 있습니다.

M '하나미가오카'는 튀김 요리 가게로, 하나미 역에서 도보 7분인 곳에 있습니다. 전국에 지점이 25개 점이 있고, 맛과 서비스로는 정평이 나 있습니다. ⓐ이번에는 홀에서 일할 18세 이상의 남성을 모집하고 있습니다. 1개월간의 연수 기간이 있으니, 경험이 없는 분도 안심하고 응모하실 수 있습니다. ⓑ많은 분들의 응모를 기다리고 있겠습니다.

남자는 무엇에 대해서 이야기하고 있습니까?

1 역에서 가게로 오는 길 안내
2 가게의 경영 방침
3 가게의 연수 내용
4 새로운 스태프 모집

[풀이]

ⓐ ⓑ 남자는 18세 이상의 남성 스태프를 모집하고 있다는 것을 알 수 있다. 따라서 정답은 선택지 4번이다. 청해 문제 3 개요 이해에서는 전체적인 내용을 파악하는 것이 중요하다.

[단어]

徒歩 도보 | 支店 지점 | 定評 정평 | 募集 모집 | 研修 연수 | 期間 기간 | 経験 경험 | 応募 응모 | 道順 (길)순서 | 経営 경영 | 方針 방침

ラジオで女の人が話しています。

F 家で赤ちゃんと遊ぶ時、歌を聞かせてあげる親御さんが多くいらっしゃいます。この時、ⓐ歌をただ聞かせるだけではなく、一緒に歌うほうが子供の言語発達により効果があります。子供が小学生以上の場合も一緒に歌うことでお互いの感情が共有できます。同じ歌を歌っても、その歌を完璧に同じように歌うことは不可能です。自分だけの歌い方は、創造力の発達や自尊心を高めるのにも役立ちます。ⓑ音楽を聞かせたり、子供に歌わせたりするのも子供のための方法であることには間違いありませんが、一緒に同じ歌を歌いながら楽しい思い出を作ってみてはいかがでしょうか。

女の人は、主に何について話していますか。

1 歌を聞かせることに関する効果
2 一緒に歌うことの効果
3 言語の発達と歌の関係性
4 自分だけの歌い方の重要性

라디오에서 여자가 이야기하고 있습니다.

F 집에서 갓난 아이와 놀 때, 노래를 들려주는 부모님들이 많이 계십니다. 이때, ⓐ노래를 단지 들려주는 것뿐만 아니라, 같이 노래를 부르는 것이 아이의 언어 발달에 더욱 효과가 있습니다. 아이가 초등학생 이상인 경우에도 함께 노래를 부르는 것으로 서로의 감정을 공유할 수 있습니다. 같은 노래를 불러도 그 노래를 완벽하게 똑같이 부르는 것은 불가능합니다. 자신만의 노래 부르는 방법은 창의력의 발달이나 자존감을 높이는 데도 도움이 됩니다. ⓑ음악을 들려주거나 아이에게 노래를 부르게 하는 것도 아이를 위한 방법임에는 틀림없지만, 함께 같은 노래를 부르면서 즐거운 추억을 만들어 보는 것은 어떨까요?

여자는 주로 무엇에 대해서 이야기하고 있습니까?

1 노래를 들려주는 것에 관한 효과
2 함께 노래를 부르는 것의 효과
3 언어 발달과 노래의 관계성
4 자신만의 노래 부르는 방법의 중요성

[풀이]

ⓐ 노래를 같이 부르는 것이 아이의 언어 발달이나 감정 공유가 가능하다고 말하고 있다. ⓑ 아이에게 음악을 들려주거나 노래를 부르게 하는 것도 아이를 위한 방법이지만, 함께 노래를 부르며 즐거운 추억을 만들라고 말하고 있다. 따라서 정답은 선택지 2번이다. 나머지 선택지에 관한 내용도 본문에서 언급을 하고 있지만, 주로 함께 노래를 부르는 것의 효과에 대한 글이기 때문에, 선택지 1번, 3번, 4번은 정답이 아니다.

[단어]

聞かせる 들려주다 | 親御 (남의)부모님 | 言語 언어 | 発達 발달 | 効果 효과 | 互い 서로, 상호 | 感情 감정 | 共有 공유 | 完璧 완벽 | 創造力 창조력, 창의력 | 発達 발달 | 自尊心 자존심, 자존감 | 高める 높이다 | 役立つ 도움이 되다 | ~に関する ~에 관한 | 関係 관계

2番

テレビでレポーターが話しています。

M 最近、子供たちに人気を得ているゲームがあります。私もプレイしてみましたが、このゲームは、一人でクリアするのが非常に難しく、それぞれに与えられた役割をうまく果たすことができるほどクリアしやすくなります。つまり、ゲームをプレイしている間に子供たちが協同や協力が何かを学べるようになるのです。ⓐ私たち大人は、ゲームというものに対して人生時間の無駄遣い、学べることが全くないなどの否定的な認識を強く持っています。しかし、子供たちにとってゲームは、すでに生活の一部となっており、友達とのコミュニケーションにも重要な役割を果たしています。ⓑ絶対にゲームはだめだというよりは、子供が好きなゲームがどういうものなのか、ゲームを通じてどんなことが学べるのかについて知る必要があるのではないでしょうか。

レポーターが言いたいことは、何ですか。

1 最近人気を得ているゲームの紹介
2 あるゲームをクリアする方法
3 ゲームに対する否定的な認識への批判
4 子供と一緒にするゲームに関する効果

TV에서 리포터가 이야기하고 있습니다.

M 최근 아이들에게 인기를 얻고 있는 게임이 있습니다. 저도 플레이를 해 보았는데요, 이 게임은 혼자서 클리어하기가 매우 어렵고, 각자에게 주어진 역할을 잘 해낼수록 클리어하기가 쉬워집니다. 즉, 게임을 플레이하는 동안에 아이들이 협동이나 협력이 무엇인가를 배울 수 있게 되는 것입니다. ⓐ우리 어른들은 게임이라는 것에 대해서 인생시간의 낭비, 배울 것이 전혀 없다는 등의 부정적인 인식을 강하게 가지고 있습니다. 하지만 아이들에게 있어서 게임은 이미 생활의 일부가 되어 있고, 친구들과의 커뮤니케이션에도 중요한 역할을 담당하고 있습니다. ⓑ무조건 게임은 안 된다기보다는 자녀가 좋아하는 게임이 어떤 것인지, 게임을 통해서 어떤 것을 배울 수 있는지에 대해서 알 필요가 있지 않을까요?

리포터가 말하고 싶은 것은 무엇입니까?

1 최근 인기를 얻고 있는 게임 소개
2 어떤 게임을 클리어 하는 방법
3 게임에 대한 부정적인 인식에 대한 비판
4 자녀와 함께하는 게임에 관한 효과

[풀이]

ⓐ 어른들은 게임에 대해서 부정적인 인식을 강하게 가지고 있는데, ⓑ 게임을 통해서 어떤 것을 배울 수 있는지를 알 필요가 있다고 말하고 있다. 따라서 정답은 선택지 3번이다.

[단어]

非常に 매우, 상당히 | 与える 주다 | 役割 역할 | 果たす 다하다, 완수하다 | 協同 협동 | 協力 협력 | ~に対して ~에 대해서 | 無駄遣い 낭비, 허비 | 全く 전혀, 정말로 | 否定 부정 | 認識 인식 | ~にとって ~에 있어서 | ~を通じて ~를 통해서 | 紹介 소개 | 批判 비판 | 効果 효과

会社の面接の担当者が話しています。
_{かいしゃ めんせつ たんとうしゃ はな}

회사의 면접 담당자가 이야기하고 있습니다.

M 毎年たくさんの方が、面接を受けにいらっしゃっています。面接では、様々な質疑応答が行われますが、そのときに、印象的な答えをしたり、自分の意見を筋道を立てて話せる方は、思ったほど多くありません。ⓐ他の人と同じような答えかたをしたり、自信のなさそうな答えかたをしたりすると、いい評価はされません。今後の会社生活の中で、仲間たちと一緒に任された仕事をうまくやり通せるかどうかが、心配になるからです。ⓑ面接を受ける時は、話す内容も重要ですが、失礼な態度で話したり、あまりにも長く答えたり、必要以上に自信をアピールしたりすることも、避けるようにしましょう。

M 해마다 많은 분들이 면접을 보러 오시고 있습니다. 면접에서는 여러 가지 질의응답이 이루어지는데, 그때 인상적인 대답을 하거나 자신의 의견을 조리 있게 말할 수 있는 분은 생각만큼 많지 않습니다. ⓐ남들과 비슷한 대답을 하거나 자신감이 없는 듯한 대답을 하거나 한다면, 좋은 평가는 받을 수 없습니다. 앞으로의 회사 생활에서 동료들과 함께 맡겨진 일을 잘 완수할 수 있을지 어떨지 걱정이 되기 때문입니다. ⓑ면접을 볼 때는 말하는 내용도 중요하지만, 무례한 태도로 이야기를 하거나 너무 길게 대답하거나 필요 이상으로 자신감을 어필하거나 하는 것도 피하도록 합시다.

男の人は、何について話していますか。
_{おとこ ひと なに}

남자는 무엇에 대해서 이야기하고 있습니까?

1 面接で自信をつける方法
_{ほうほう}

2 面接で評価される方法
_{ひょうか}

3 面接で注意をされない方法
_{ちゅうい}

4 同僚たちと上手く付き合う方法
_{うま つ あ}

1 면접에서 자신감을 갖는 방법

2 면접에서 좋은 평가를 받는 방법

3 면접에서 주의받지 않는 방법

4 동료들과 잘 어울리는 방법

[풀이]

ⓐ 남자는 면접에서 좋은 평가를 받을 수 없는 이유와 ⓑ 면접 시의 주의 사항에 대해서 말하고 있다. 따라서 정답은 선택지 2번이다.

[단어]

面接 면접 | 質疑 질의 | 応答 응답 | 行う 행하다, 실시하다 | 印象的 인상적 | 筋道を立てる 조리 있게 하다 | 自信 자신감 | 仲間 동료 | 任す 맡기다 | やり通す 끝까지 해내다 | 態度 태도 | あまりにも 너무나도 | 避ける 피하다 | 付き合う 행동을 같이 하다, 어울리다

4番

会社で男の人と女の人が話しています。

M 佐藤さんは家に猫がいるって言ってましたよね。

F はい。母も私も猫が大好きで、二匹と一緒に暮らしています。

M うらやましいですね。僕は犬が大好きなんです。

F じゃ、まず犬について勉強してみるのはどうですか。何の準備もせずに飼おうとするのはよくないですからね。

M 実は、犬に関する専門書籍だけでも五冊以上読みました。小さい頃から犬が好きで、近くの友達の家によく遊びに行く理由もその家にいる可愛い子犬に会いたかったからだったんです。

F 本当に犬が好きなんですね。じゃ、何でまだ犬を飼っていないんですか。高橋さんなら十分用意ができていると思いますが。

M それが、ⓐ僕一人暮らしだから、犬の世話をちゃんとできないと思って。一緒に散歩したり、遊んであげたりもしなければならないんですよね。

F 最近は、専門的に動物の世話をしてくれるところも多くなりましたよ。私も家族旅行などの際には利用しているんですよ。

M ええ、ⓑそういうサービスがあることも知ってはいるのですが…。やっぱり、まだ勇気が出ませんね。

회사에서 남자와 여자가 이야기하고 있습니다.

M 사토 씨는 집에 고양이가 있다고 했었죠?

F 네. 엄마도 저도 고양이를 정말 좋아해서 두 마리와 함께 지내고 있어요.

M 부럽네요. 저는 강아지를 무척 좋아해요.

F 그럼, 먼저 강아지에 대해서 공부를 해 보는 건 어때요? 아무 준비 없이 기르려 하는 것은 좋지 않으니까요.

M 실은, 강아지에 관한 전문 서적만 해도 다섯 권은 넘게 읽었어요. 어렸을 때부터 강아지를 좋아해서, 근처 친구 집에 자주 놀러 가는 이유도 그 집에 있는 귀여운 강아지를 보고 싶어서였어요.

F 정말 강아지를 좋아하시네요. 그럼, 왜 아직 강아지를 기르지 않는 건가요? 다카하시 씨라면 충분히 준비가 되어 있는 것 같은데요.

M 그게, ⓐ제가 혼자 살아서 강아지를 제대로 돌볼 수 없을 것 같아서요. 같이 산책하거나 놀아 주기도 해야 하잖아요.

F 최근에는 전문적으로 동물들을 돌봐 주는 곳도 많아졌어요. 저도 가족여행 등을 할 때는 이용하고 있거든요.

M 네, ⓑ그런 서비스가 있다는 것도 알고는 있는데…. 역시, 아직은 용기가 나지 않네요.

二人は、主に何について話していますか。

두 사람은 주로 무엇에 대해서 이야기하고 있습니까?

1 猫と犬を飼っている理由
2 猫について勉強をしている理由
3 犬を飼えない理由
4 動物の世話をするサービス

1 고양이와 강아지를 기르고 있는 이유
2 고양이에 대해서 공부를 하고 있는 이유
3 강아지를 기를 수 없는 이유
4 동물을 돌보는 서비스

[풀이]
ⓐ 남자는 혼자 살아서 강아지를 제대로 돌볼 수 없을 것 같다고 하고, ⓑ 아직은 용기가 나지 않아서 강아지를 기를 수 없다고 말하고 있다. 따라서 정답은 선택지 3번이다.

[단어]
暮らす 보내다, 지내다 | ～ずに ～하지 않고 | 飼う 키우다, 기르다 | ～に関する ～에 관한 | 専門 전문 | 書籍 서적 | 頃 때, 시절 | 可愛い 귀엽다 | 用意 용의, 준비 | 世話 돌봄, 신세 | 際 때 | 勇気 용기

5番

テレビでアナウンサーが作家にインタビューしています。

F ベストセラー、おめでとうございます。

M ありがとうございます。

F 早速ですが、ⓐどうしてこういう内容のご本をお書きになったんですか。主人公が人ではなく木であるということが、たいへん興味深いと思うんですが。

M そうですねえ。子どもの頃から木が好きだったからでしょうか。何かつらいことがあったときは、いつも木を見ながら、木みたいになりたいって思ってたんですよ。

F 「木みたいになりたい」ですか。それは面白いですね。木の気持ちなんて、一度も考えたことがありませんから。

M 普通はそうですよね。でも、こんなに多くの関心をいただくとは、夢にも思ってませんでした。

F あと、ⓑ本の販売収入の一部を公園作りに寄付されたことも話題になってますが、どうしてそのようなお考えをなさるようになったんでしょうか。

M それはですね、以前から、お金をかせいだらぜひ公園を作りたいって思ってたんです。社会に少しでも役に立ちたいって思いまして。

F 素晴らしいですね。今日はお忙しいところをわざわざおいでくださって、本当にありがとうございました。次の本も楽しみにしております。

アナウンサーは作家にどんなことを聞きましたか。

1 作家の子供時代について
2 本を書いた理由と寄付のこと
3 読者の関心と批判について
4 作家の夢の公園作りのこと

TV에서 아나운서가 작가에게 인터뷰를 하고 있습니다.

F 베스트 셀러, 축하합니다.

M 감사합니다.

F 바로 본론으로 들어가서, ⓐ왜 이런 내용의 책을 쓰신 건가요? 주인공이 사람이 아닌 나무라는 것이 굉장히 흥미로운 것 같은데요.

M 글쎄요. 어린 시절부터 나무를 좋아했기 때문일까요? 뭔가 힘든 일이 있을 때는 항상 나무를 보면서 나무처럼 되고 싶다고 생각했어요.

F '나무처럼 되고 싶다'구요. 그거 재미있네요. 나무의 기분 같은 건 한 번도 생각한 적이 없으니까요.

M 보통은 그렇죠. 하지만 이렇게 많은 관심을 받을 줄은 꿈에도 몰랐습니다.

F 그리고 ⓑ책의 판매 수입 일부를 공원을 만드는 데 기부하신 것도 화제가 되고 있는데, 왜 그런 생각을 하시게 된 것인가요?

M 그건 말이죠, 예전부터 돈을 벌면 꼭 공원을 만들고 싶다고 생각하고 있었습니다. 사회에 조금이라도 도움이 되고 싶다고 생각해서요.

F 훌륭하시네요. 오늘은 바쁘신 와중에 일부러 와 주셔서 정말 감사드립니다. 다음 책도 기대하고 있겠습니다.

아나운서는 작가에게 어떤 것을 물어보았습니까?

1 작가의 어린 시절에 대해서
2 책을 쓴 이유와 기부에 관한 것
3 독자의 관심과 비판에 대해서
4 작가의 꿈인 공원 만들기에 관한 것

[풀이]

ⓐ 여자는 남자에게 책을 쓴 이유에 대해서 물어보고 있고, ⓑ 판매 수입의 일부를 기부한 이유에 대해서 물어보고 있다. 따라서 정답은 선택지 2번이다.

[단어]

主人公 주인공 | 興味深い 매우 흥미롭다 | 頃 시절, 무렵 | 関心 관심 | 販売 판매 | 収入 수입 | 寄付 기부 | なさる 하시다(する의 존경어) | かせぐ 돈을 벌다 | 役に立つ 도움이 되다 | おいでくださる 와 주시다 | 〜について 〜에 대해서 | 批判 비판

問題 4 では、問題用紙に何もいんさつされていません。まず文を聞いてください。それから、それに対する返事を聞いて、1 から 3 の中から、最もよいものを一つ選んでください。

문제 4에서는 문제 용지에 아무것도 인쇄되어 있지 않습니다. 우선 문장을 들어 주세요. 그리고 나서 그에 대한 대답을 듣고, 1에서 3 중에서 가장 알맞은 것을 하나 고르세요.

例

M 息子のプレゼントを何にしたらいいかな？	M 아들 선물을 무엇으로 하면 좋을까?
F 1 ありがとう！ プレゼントくれるの？	M 1 고마워! 선물 주는 거야?
2 おもちゃなんかいいじゃない？	2 장난감 같은 것이 좋지 않을까?
3 すごいね。息子に勉強を教えているの？	3 굉장하네. 아들에게 공부를 가르치고 있어?

[풀이]

아들의 선물로 무엇이 좋을지 물어보는 말에 대해서 구체적인 무언가를 언급하는 선택지 2번이 정답이다.

[단어]

息子 아들 | おもちゃ 장난감 | 教える 가르치다

1番

F 健太、試験の前日は早く寝るに限るよ。	F 켄타, 시험 전날은 일찍 자는 것이 최고야.
M 1 うん。早く寝るのが悪いわけではないから。	M 1 응. 일찍 자는 것이 나쁜 건 아니니까.
2 そうだよ。早く寝るわけにはいかないよ。	2 맞아. 일찍 잘 수는 없지.
3 うん。そろそろ寝るよ。	3 응. 슬슬 잘 거야.

[풀이]

시험 전날은 일찍 자는 것이 최고라는 여자의 말에 슬슬 자겠다는 선택지 3번이 정답이다.

[단어]

～に限る ～가 최고다, ～가 가장 낫다 | ～わけではない (반드시)～인 것은 아니다 | ～わけにはいかない ～할 수는 없다 | そろそろ 슬슬

2番

M あのう、すみません。会議室はどこですか。	M 저기, 죄송합니다. 회의실은 어디인가요?
F 1 いいえ、大丈夫です。	F 1 아니요, 괜찮습니다.
2 ああ、私がご案内いたします。	2 아, 제가 안내해 드리겠습니다.
3 大丈夫です。会議はまだ始まっておりません。	3 괜찮습니다. 회의는 아직 시작되지 않았습니다.

[풀이]

회의실이 어디인지 묻는 남자의 말에 위치를 알려주는 대신 직접 안내하겠다고 대답한 선택지 2번이 정답이다.

[단어]

案內 안내 | いたす 하다(「する」의 겸양어) | 始まる 시작되다 | ～ておる ～하고 있다(「～ている」의 겸양 표현)

3番

M 中田さん、明日の出張資料、間に合いそう？	M 나카다 씨, 내일 출장 자료 늦지 않겠지?
F 1 どうにかなりそうです。 2 明日3時までに行けば、間に合うと思います。 3 先方の資料はもうもらっておきました。	F 1 어떻게든 될 것 같아요. 2 내일 3시까지 가면 늦지 않을 것 같아요. 3 상대방의 자료는 이미 받아 두었어요.

[풀이]

내일 출장 자료 준비가 늦지 않을 것 같냐고 묻는 남자의 말에 어떻게든 될 것 같다고 말하는 선택지 1번이 정답이다.

[단어]

出張 출장 | 資料 자료 | 間に合う 시간에 맞추다, 늦지 않다 | どうにか 어떻게든, 가까스로 | 先方 상대(방)

4番

M みんな、来てくれてありがとう。今日は、僕がおごるから。	M 모두 와 줘서 고마워. 오늘은 내가 쏠게.
F 1 じゃあ、一人いくらになりますか。 2 え！どうして払わないんですか。 3 本当ですか。ごちそうさま。	F 1 그럼, 한 사람당 얼마가 되는 건가요? 2 앳 왜 안 내는 건가요? 3 정말인가요? 잘 먹었습니다.

[풀이]

남자가 전부 계산을 한다는 말에 가장 적절한 반응을 한 것은 선택지 3번이다.

[단어]

おごる 한턱내다 | 払う 치르다, 지불하다 | ごちそうさま 잘 먹었습니다

5番

F わざとじゃないから、謝ることはないよ。	F 일부러 그런 건 아니니까 사과할 필요는 없어.
M 1 今さら謝っても許してあげないよ。 2 うん。わざわざ謝りに来てくれてありがとう。 3 でも、なんか悪くて。	M 1 이제 와서 사과해도 용서해 주지 않을 거야. 2 응. 일부러 사과하러 와 줘서 고마워. 3 그래도, 뭔가 미안해서.

[풀이]

일부러 한 건 아니라서 사과하지 않아도 된다는 여자의 말에 그래도 뭔가 미안하다고 말하는 선택지 3번이 정답이다.

[단어]

謝る 사과하다 | 許す 용서하다 | 悪い 나쁘다, 미안하다

6番

F 昨日学校で、言ってくれればよかったのにね。	F 어제 학교에서 말해 줬더라면 좋았을 텐데.
M 1 うん、言ってあげない。	M 1 응. 말해 주지 않을 거야.
2 そう。言うべきだったね。	2 그래. 말해야 했는데.
3 うん。言わない方がいいかもね。	3 응. 말하지 않는 편이 좋겠어.

[풀이]

「~ばよかったのに」의 표현을 사용하면서 불만이나 유감의 감정을 전하고 있는 여자의 말에 가장 적절한 표현은 선택지 2번이다.

[단어]

~べきだ ~해야 한다

7番

M 課長、昨日お送りした企画書、読んでいただけたでしょうか。	M 과장님, 어제 보내 드린 기획서, 읽어 보셨나요?
F 1 そう？ ご覧になっていただいてよかったね。	F 1 그래? 봐 주셔서 다행이네.
2 あ、ちょうどその件で話したいことがあるよ。	2 아, 마침 그 건으로 하고 싶은 말이 있어.
3 うん。早く送ったほうがいいと思う。	3 응. 빨리 보내는 편이 좋을 것 같네.

[풀이]

어제 보낸 기획서를 읽어 봤냐는 남자의 말에 그 건에 대해 마침 할 말이 있었다고 대답한 선택지 2번이 정답이다.

[단어]

送る 보내다 | 企画書 기획서 | ご覧になる 보시다 | 件 건, 사항

8番

F 聞いた？ 今日終わってから飲み会があるんだって。	F 들었어? 오늘 끝나고 나서 회식 있대.
M 1 えっ！ 今日もまた飲み会あるの？	M 1 뭐! 오늘 또 회식 있어?
2 本当？ それじゃ、飲み会でもしようか。	2 정말? 그럼, 회식이라도 할까?
3 そんなことは飲み会でやれば。	3 그런 것은 회식에서 하는 게 어때?

[풀이]

회식이 있다는 여자의 말에 또 회식이 있냐고 놀라는 선택지 1번이 정답이다.

[단어]

飲み会 회식, 술 모임

9番

F 今回のイベントは、お客様の積極的な参加なしには失敗していたでしょうね。	F 이번 이벤트는 손님들의 적극적인 참가 없이는 실패했겠네요.
M 1 そうです。お客様の積極的な参加が必ず必要です。	M 1 맞아요. 손님들의 적극적인 참가가 반드시 필요해요.
2 そうですね。本当にありがたいことです。	2 그러게요. 정말 고마운 일이네요.
3 失敗しないために頑張ってみましょうね。	3 실패하지 않기 위해서 열심히 해 봐요.

[풀이]

손님들의 적극적인 참가가 없었더라면 이번 이벤트가 실패했을 거라는 여자의 말에 정말 고마운 일이라고 말하는 선택지 2번이 정답이다.

[단어]

積極的 적극적 | 参加 참가 | ~なしに ~없이 | 失敗 실패

10番

F それでは、木村部長によろしくお伝えください。	F 그럼, 기무라 부장님에게 잘 전해 주세요.
M 1 お伝えくださって、ありがとうございます。	M 1 전해 주셔서 감사합니다.
2 はい、伝えさせていただきます。	2 네, 전해 드리겠습니다.
3 いいえ、お気持ちだけいただきます。	3 아니요, 마음만 받겠습니다.

[풀이]

부장님에게 전해 달라는 여자의 말에, 꼭 전해 드리겠다고 대답한 선택지 2번이 정답이다. 「동사의 사역형＋ていただく」는 '~하다, ~해 드리다'라는 겸양 표현으로 사용할 수 있다는 것을 반드시 알아 두자.

[단어]

伝える 전하다

11番

M 西村さん、駅に着き次第ご連絡いただければ、こちらからお迎えに参ります。	M 니시무라 씨, 역에 도착하는 대로 연락 주시면, 저희 쪽에서 마중 나가겠습니다.

F	1 では、到着次第ご連絡お願いします。 2 迎えに行く時間を忘れないように注意しましょう。 3 はい、そうしていただけると助かります。	F	1 그럼, 도착하는 대로 연락 부탁드리겠습니다. 2 마중 나가는 시간을 잊지 않도록 주의합시다. 3 네, 그렇게 해 주시면 감사하겠습니다.

[풀이]

역에 도착하는 대로 연락을 주면 마중하겠다는 남자의 말에 그렇게 해 주면 도움이 될 것 같다는 선택지 3번이 정답이다.

[단어]

～次第 ～하는 대로 | 迎える 맞이하다, 마중하다 | 参る 가다, 오다(겸양어) | 忘れる 잊다, 잊어버리다 | ～ように ～하도록 | 助かる 도움이 되다, 구조되다

問題 5

問題5では、長めの話を聞きます。この問題には練習はありません。メモをとってもかまいません。

1番

問題用紙に何もいんさつされていません。まず話を聞いてください。それから、質問とせんたくしを聞いて、1から4の中から、最もよいものを一つ選んでください。

문제 5에서는 긴 이야기를 듣습니다. 이 문제에는 연습은 없습니다. 메모를 해도 상관없습니다.

1번

문제 용지에 아무것도 인쇄되어 있지 않습니다. 우선 이야기를 들어 주세요. 그러고 나서 질문과 선택지를 듣고, 1에서 4 중에서 가장 알맞은 것을 하나 고르세요.

1番

会社で部下二人と部長が話しています。	회사에서 부하 두 명과 부장이 이야기하고 있습니다.
F1 部長、ちょっとよろしいでしょうか。明日の出張の件でお話したいことがありまして。	F1 부장님, 잠깐 괜찮으실까요? 내일 출장 건으로 드릴 말씀이 있어서.
F2 あ、石井さん。どうしたんですか。	F2 아, 이시이 씨. 무슨 일인가요?
M あのう、すみません。明日の京都商事への出張に行けそうにありません。急に工場から横浜商事の納期を少し延ばしてもらえるかとの連絡があって。	M 저기, 죄송합니다. 내일 교토 상사로의 출장에 못 갈 것 같습니다. 갑자기 공장에서 요코하마 상사의 납기를 조금 연장해 줄 수 있느냐고 연락이 와서.
F2 あ、そうですか。横浜商事の担当者が西田さんでしたね。	F2 아, 그래요? 요코하마 상사의 담당자가 니시다 씨이었죠.

M はい、先月から新しい担当者になりました。どうやら明日、横浜商事に行かなければならないと思いますが。今は退社する時間帯なので、電話ではちょっと。

F2 そうなんですね。明日のプレゼンも西田さんですよね。石井さんが代わりにできますか。

F1 あのう、今から準備をするとしても、明日までにちゃんとできるかは正直自信がありません。

F2 あー、それは困りましたね。

M すみません。

F2 いいえ。今回の件は仕方がないことだから。横浜商事には、私が今日連絡をしてみましょう。ⓐ出張を後回しにするわけにはいかないから。納期を少し延ばしてほしいと連絡しておいて、明日は別の社員を送りましょう。

M 分かりました。明日のプレゼンテーションは頑張ります。

F1 私もちゃんとサポートします。

F2 じゃ、よろしくお願いしますね。

三人はどうすることにしましたか。

M 네. 지난 달부터 새로운 담당자가 되었습니다. 아무래도 내일, 요코하마 상사에 가지 않으면 안 될 것 같습니다. 지금은 퇴근하는 시간대라서 전화로는 조금.

F2 그렇군요. 내일 프레젠테이션도 니시다 씨죠? 이시이 씨가 대신할 수 있나요?

F1 저기, 지금부터 준비를 한다고 해도 내일까지 제대로 할 수 있을지는 솔직히 자신이 없습니다.

F2 아, 그건 곤란하네요.

M 죄송합니다.

F2 아니에요. 이번 건은 어쩔 수 없는 일이니까. 요코하마 상사에는 제가 오늘 연락을 해 보죠. ⓐ출장을 뒤로 미룰 수는 없는 거니까. 납기를 조금 미뤄달라고 연락을 해 두고, 내일은 다른 사원을 보낼게요.

M 알겠습니다. 내일 프레젠테이션은 열심히 하겠습니다.

F1 저도 확실하게 서포트하겠습니다.

F2 그럼, 잘 부탁할게요.

세 사람은 어떻게 하기로 했습니까?

1 予定通り出張に行く
2 工場に連絡して納期を延ばす
3 横浜商事に行って状況を説明する
4 京都商事に連絡して日程を調整する

1 예정대로 출장을 간다
2 공장에 연락해서 납기를 미룬다
3 요코하마 상사에 가서 상황을 설명한다
4 교토 상사에 연락해서 일정을 조정한다

[풀이]

ⓐ 교토 상사로의 출장을 뒤로 미룰 수 없다고 말하고 있기 때문에, 선택지 1번이 정답이다. 납기를 미루는 연락을 해야 하는 곳은 요코하마 상사이다. 따라서 선택지 2번은 정답이 될 수 없다.

[단어]

部下 부하 | 出張 출장 | 納期 납기 | 延ばす 연장시키다, 연기하다 | 担当者 담당자 | 退社 퇴근 | 代わりに 대신 | 正直 솔직함, 정직함 | 自信 자신(감) | 困る 곤란하다 | 仕方がない 어쩔 수가 없다 | 後回し 뒤로 미룸 | ～わけにはいかない ～할 수는 없다 | 送る 보내다

2番

ばん

まず話を聞いてください。それから、二つの質問を聞いて、それぞれ問題用紙の1から4の中から、最もよいものを一つ選んでください。

2번

우선 이야기를 들어 주세요. 그러고 나서 두 개의 질문을 듣고, 각각 문제용지의 1에서 4 중에서 가장 알맞은 것을 하나 고르세요.

2番

ばん

旅行会社の旅行紹介動画を見て、女の人と男の人が話しています。	여행회사의 여행 소개 동영상을 보고, 여자와 남자가 이야기하고 있습니다.

M1 今年もそろそろ夏休みを楽しむ時期になりましたね。さくら旅行では、忘れられない思い出を作れる四つの旅行プランをご用意しております。まず、好奇心旺盛なお子様と一緒の家族連れで人気の「さくらリゾートプラン」です。様々なアクティビティ体験やキッズプールも完備されており、おいしい料理でも有名なホテルでリラックスした休暇を過ごすことができます。次は、ⓐ夏ならではの絶景や花火大会で有名な「さくら温泉プラン」です。山好きの方々にはぜひおすすめしたいです。お一人旅の休暇を楽しみたい方なら、わが社の「さくら山プラン」をご利用ください。山の中にあるエメラルド色の湖は、まるで海外にいるような気分を感じさせてくれます。山頂の展望台から眺める景色は、あなたの大切な思い出となるはずです。最後にⓑ楽しい夏休みを大切なペットと一緒に過ごせる「さくらペットプラン」です。一緒に楽しめるプールもありますし、旅館ならではの夏の雰囲気も感じられます。特に、きれいな町並みを楽しめる散歩コースとしても人気があるところです。

M1 올해도 슬슬 여름 휴가를 즐기는 시기가 되었네요. 사쿠라 여행에서는 잊지 못할 추억을 만들 수 있는 네 개의 여행 플랜을 준비하고 있습니다. 먼저, 호기심이 왕성한 자녀와 함께 하는 가족 동반으로 인기가 있는 '사쿠라 리조트 플랜'입니다. 다양한 액티비티 체험과 어린이 수영장도 완비되어 있고, 맛있는 요리로도 유명한 호텔에서 릴렉스한 휴가를 보낼 수 있습니다. 다음은 ⓐ여름만의 절경과 불꽃축제로 유명한 '사쿠라 온천 플랜'입니다. 산을 좋아하는 분들에게는 꼭 추천 드리고 싶습니다. 혼자만의 휴가를 즐기고 싶은 분이라면, 저희 회사의 '사쿠라 산 플랜'를 이용해 주세요. 산 속에 있는 에메랄드 색의 호수는 마치 해외에 있는 듯한 기분을 느끼게 해 줍니다. 산 정상의 전망대에서 바라보는 경치는 당신의 소중한 추억이 될 것입니다. 마지막으로 ⓑ즐거운 여름 휴가를 소중한 펫과 함께 할 수 있는 '사쿠라 펫 플랜'입니다. 함께 즐길 수 있는 수영장도 있고, 료칸만의 여름 분위기도 느낄 수 있습니다. 특히, 예쁜 마을의 거리를 즐길 수 있는 산책코스로도 인기가 있는 곳입니다.

F そろそろ夏休みだね。今度はどこに行くの？

M2 ⓒ今度はうちのココと一緒に行きたい。もう年で、一緒に旅行できる時間もあまりないと思うから。

F そうなんだ。ココちゃんももうそんな年になったんだね。カップル旅行みたいに幸せな時間を過ごして来てね。

F 슬슬 여름 휴가네. 이번에는 어디로 갈 거야?

M2 ⓒ이번에는 우리집 코코와 같이 가고 싶어. 이제 나이도 있어서, 같이 여행 갈 수 있는 시간도 별로 없을 것 같아서.

F 그렇구나. 코코도 벌써 그런 나이가 되었구나. 커플 여행처럼 행복한 시간 보내고 와.

M2 うん、ありがとう。君は、今度は家族と一緒に行くって言ってたよね。

F うん。ⓓ一度も家族連れで旅行に行ったことがなくてね。兄の子供たちは山も好きだし、水遊びも好きだけど、夏と言えばやっぱり花火は欠かせないよね。

M2 うん。子供たち、喜びそうだね。

M2 응, 고마워. 넌 이번에는 가족과 함께 간다고 했지?

F 응. ⓓ한 번도 가족동반으로 여행을 간 적이 없어서. 오빠네 아이들은 산도 좋아하고 물 놀이도 좋아하는데, 여름 하면 역시 불꽃놀이는 빠질 수 없지.

M2 응, 애들이 좋아하겠네.

質問1) 女の人は、どの旅行プランを選択しようとしていますか。

1 さくらリゾートプラン
2 さくら温泉プラン
3 さくら山プラン
4 さくらペットプラン

질문1) 여자는 어느 여행 코스를 선택하려고 합니까?

1 사쿠라 리조트 플랜
2 사쿠라 온천 플랜
3 사쿠라 산 플랜
4 사쿠라 펫 플랜

質問2) 男の人は、どの旅行プランを選択しようとしていますか。

1 さくらリゾートプラン
2 さくら温泉プラン
3 さくら山プラン
4 さくらペットプラン

질문2) 남자는 어느 여행 코스를 선택하려고 합니까?

1 사쿠라 리조트 플랜
2 사쿠라 온천 플랜
3 사쿠라 산 플랜
4 사쿠라 펫 플랜

[풀이]

질문1) ⓓ 여자는 가족동반으로 여행을 갈 예정이고, 불꽃놀이는 빠질 수 없다고 말하고 있다. ⓔ 불꽃 놀이가 유명한 것은 '사쿠라 온천 플랜'이다. 따라서 정답은 선택지 2번이다.

질문2) ⓒ 남자는 펫과 함께 여행을 가려고 하고, ⓑ 펫과 함께 할 수 있는 것은 '사쿠라 펫 플랜'이다. 따라서 정답은 선택지 4번이다.

[단어]

紹介 소개 | 動画 동영상 | そろそろ 슬슬 | 夏休み 여름 방학, 여름 휴가 | 時期 시기 | 思い出 추억 | 用意 용의, 준비 | 好奇心 호기심 | 旺盛 왕성 | 家族連れ 가족 동반 | 体験 체험 | 完備 완비 | 休暇 휴가 | 過ごす 보내다, 지내다 | ~ならではの ~만의, ~특유의 | 絶景 절경 | 花火大会 불꽃축제, 불꽃놀이 | 温泉 온천 | 湖 호수 | 山頂 산 정상 | 展望台 전망대 | 眺める 바라보다 | 景色 경치 | 町並み 거리 모습 | 欠かす 빠뜨리다, 빼다 | 喜ぶ 기뻐하다 | 選択 선택

JLPT N2

제2회 실전 모의고사
정답 및 해석

문자·어휘

문제 1 　[1] ②　[2] ④　[3] ①　[4] ③　[5] ②

문제 2 　[6] ③　[7] ④　[8] ①　[9] ②　[10] ④

문제 3 　[11] ①　[12] ③　[13] ②

문제 4 　[14] ③　[15] ①　[16] ②　[17] ④　[18] ③　[19] ④　[20] ③

문제 5 　[21] ④　[22] ②　[23] ③　[24] ①　[25] ③

문제 6 　[26] ④　[27] ②　[28] ③　[29] ①　[30] ③

문법

문제 7 　[31] ②　[32] ④　[33] ③　[34] ④　[35] ②　[36] ①　[37] ③　[38] ①　[39] ③　[40] ④　[41] ②　[42] ③

문제 8 　[43] ④　[44] ②　[45] ③　[46] ①　[47] ②

문제 9 　[48] ③　[49] ②　[50] ①　[51] ②

독해

문제 10 　[52] ①　[53] ①　[54] ④　[55] ③　[56] ④

문제 11 　[57] ①　[58] ①　[59] ②　[60] ③　[61] ④　[62] ②　[63] ④　[64] ①

문제 12 　[65] ②　[66] ③

문제 13 　[67] ②　[68] ①　[69] ②

문제 14 　[70] ④　[71] ④

청해

문제 1 　[1] ①　[2] ①　[3] ②　[4] ③　[5] ①

문제 2 　[1] ④　[2] ②　[3] ③　[4] ②　[5] ②　[6] ③

문제 3 　[1] ④　[2] ①　[3] ②　[4] ③　[5] ③

문제 4 　[1] ②　[2] ①　[3] ①　[4] ②　[5] ②　[6] ③　[7] ③　[8] ①　[9] ③　[10] ②　[11] ③

문제 5 　[1] ④　[2] (1) ④　(2) ①

問題 1

_____ 의 단어 읽기로 가장 알맞은 것을 1 · 2 · 3 · 4에서 하나 고르시오.

1   저 건물은 지진에 견디도록 설계되었다.

2   정부는 복지 향상에 대해 고민해야 한다.

3   의식주(衣食住)란 의복과 음식과 주거를 말한다.

4   정사각형은 변의 길이가 모두 같고 각도도 모두 90°로 같습니다.

5   어제 길에서 우연히 옛 친구를 만났다.

問題 2

_____ 의 단어를 한자로 쓸 때 가장 알맞은 것을 1 · 2 · 3 · 4 에서 하나 고르시오.

6   면접에서 지망 동기를 물었다.

7   한국에서는 손윗사람을 공경하는 문화가 있다.

8   드물게 부작용이 일어날 가능성도 있다.

9   어제 경기에서는 실력을 발휘하지 못했다.

10   두 그룹 사이에는 뚜렷한 차이가 있었다.

問題 3

(   )에 넣기에 가장 알맞은 것을 1 · 2 · 3 · 4에서 하나 고르시오.

11   다른 문화를 이해함으로써 유연성을 익힐 수 있다.

12   문화청이 실시한 조사에 따르면 독서 기피 현상이 급속히 진행되고 있는 것으로 나타났다.

13   결혼식 청첩장을 받으면 가능한 한 빨리 답장하는 것이 좋다.

問題 4

(   )에 넣기에 가장 알맞은 것을 1 · 2 · 3 · 4에서 하나 고르시오.

14   부동산 시장에 관한 문제가 연일 뉴스에 보도되고 있다.

15   양측의 의견에는 차이가 있었기 때문에 서로가 납득할 수 있는 해결책을 찾을 필요가 있다.

16   마음을 진정시키고 편안히 하고 싶을 때는 라벤더 향이 좋다고 한다.

17   이 컴퓨터는 오래된 모델보다도 기능이 떨어진다.

18   아들은 덜렁거려서, 항상 물건을 잃어버리고 만다.

19   저희 가게는 좋은 품질의 고기를 저렴한 가격에 제공하고 있습니다.

20   최근 피로가 누적된 탓인지 식사를 하고 나면 그만 꾸벅꾸벅 졸고 만다.

問題 5

_____ 의 말에 의미가 가장 가까운 것을 1 · 2 · 3 · 4에서 하나 고르시오.

21   다나카 씨는 직장 동료에게 불평만 하고 있다.

22   건설업계에서는 거들먹거리는 사람이 아직도 많은 듯하다.

23   역은 집에서 대략 500m이다.

24   가게를 찾는 시간이 아까워서 큰맘 먹고 들어가 보았다.

25   화장품은 샘플로 시험해 보고 구입한다.

問題 6

다음 단어의 용법으로 가장 알맞은 것을 1 · 2 · 3 · 4 에서 하나 고르시오.

26   집안일은 부부간에 잘 의논해서 분담해야 한다.

27   고객의 니즈를 파악하기 위해 설문조사 결과를 분석했다.

28   그는 크게 고개를 끄덕이며 내 말을 들어 주었다.

29   일본 지폐에는 여러 분야에서 위대한 업적을 남긴 인물이 그려져 있다.

30   그는 면접에서 당당한 태도로 또박또박 질문에 대답했다.

問題 7

다음 문장의 (   )에 들어갈 가장 알맞은 것을 1 · 2 · 3 · 4 에서 하나 고르시오.

31   레트로라고 하면 듣기에는 좋지만 한낱 중고품이다.

32   아이가 성장함에 따라 함께 외출할 기회가 적어졌다.

33   필사적으로 설득했음에도 불구하고 다나카 씨는 회사를 그만두고 말았다.

34   이 성과는 여러분의 협력에 의해서 얻어진 것입니다. 진심으로 감사드립니다.

35 여행으로 갔었던 겨울의 러시아는 숨이 얼어 붙을 정도로 추웠다.

36 아무리 슬픈 일이 있어도 사람들 앞에서는 울지 않기로 마음 먹었다.

37 태풍으로 전철이 운행중지가 되어 버렸기 때문에 회사에 갈 방법이 없다.

38 부장 : 시스템의 기능을 일부 변경하고 싶은데, 가능하겠나?

   직원 : 못할 것도 없지만 시간을 조금 주셨으면 합니다.

39 오늘은 나눠드리는 자료의 내용에 따라서 발표를 하겠습니다.

40 이 계획은 충분한 자금하에서 실행되었다.

41 번거로우시겠지만, 여기에 필요한 사항을 기입해 주실 수 있을까요?

42 ABC미술관은 내년 1월 말 휴관이 결정된 이후 5배나 많은 사람이 오게 됨에 따라 3월 말까지 휴관이 연기됐다.

問題 8

다음 문장의 ★ 에 들어갈 가장 알맞은 것을 1·2·3·4 에서 하나 고르시오.

43 상경하는 아들한테 전자레인지를 사 주었다. 요리를 하든 하지 않든, 전자레인지는 혼자 사는데 필요하다고 생각했기 때문이다. (1432)

44 친구가 술자리에 초대했는데 상사가 아직 잔업 중이라, 부하인 내가 먼저 돌아갈 수는 없다. (3412)

45 사업계획의 결정에 앞서 조합을 설립할 필요가 있는 경우에는 정관 및 사업 기본방침을 정하여 도도부현 지사의 인가에 의해 조합을 설립할 수 있다. (3214)

46 고의는 아니었더라고 해도 타인에게 재산상의 손해를 입히거나, 신체를 손상시키거나 하는 등의 결과가 발생한 경우에는 그 손해를 보상해야 한다. (4213)

47 경제의 발전이나 과학기술의 진전에 의해, 우리들의 생활은 풍요로워졌지만, 그 반면에 지구 온난화나 사막화 등의 환경오염이 일어나, 큰 문제가 되고 있다. (4132)

問題 9

다음 글을 읽고, 문장 전체의 내용을 생각해서 48 부터 51 에 들어갈 가장 알맞은 것을 1·2·3·4에서 하나 고르시오.

시는 짧은 말로 감정과 풍경을 그려내는 예술로 고대부터 현대에 이르기까지 다양한 형태로 사람들의 마음을 움직여 왔다. 일례를 들면, 만요슈처럼 자연이나 인간의 영위를 읊은 고전시도 있고, 현대의 자유시처럼 형식에 48 얽매이지 않고 개인의 생각을 표현하는 것도 있다.

예를 들어 하이쿠는 그중에서도 특히 짧은 형식으로 알려져 있다. '575'라는 17음 안에 계절과 정경을 생생하게 묘사한 하이쿠는 일본 고유의 문학 형식으로 국내외에서 주목받고 있다. 단 세 줄로 읽는 사람의 상상력을 북돋아주고, 마음에 남는 세상을 만들어 내는 것이다. 그러나 하이쿠는 길이가 짧기 때문에 표현의 궁리가 필요하다. '한정된 글자 수 안에서 무엇을 49 전달해야 하는가?'라는 물음에 작가들은 시행착오를 거듭해 왔다.

하이쿠의 매력 중 하나는 그 심플함이다. 예를 들어 마쓰오 바쇼의 '오래된연못 개구리뛰어드는 물첨벙소리'라는 하이쿠는 한순간의 정적과 움직임을 선명하게 나타낸 작품으로 널리 알려져 있다. 이 구절을 읽는 것만으로 오래된 연못의 고요함과 개구리가 뛰어드는 소리의 정경이 선명하게 떠오른다. 현대 시에서도 이러한 미니멀리즘의 영향을 받은 작품이 늘고 있다.

시의 훌륭함은 어느 시대든, 어느 나라든 사람들에게 공통된 감정을 말로 연결하는 힘에 있다. 50 그리고 그 힘은 읽는 사람의 마음을 치유하고 때로는 새로운 시각을 주는 것이다. 일상 속에서 마음에 드는 시를 소리내어 읽어 보고 짧은 시를 써 보는 것도 재미있을지 모른다.

시를 통해 자기 자신이나 타인의 감정을 접할 기회가 늘어나면 하루하루의 삶이 더 풍요로워질 것이다. 시는 고대부터 지금에 이르기까지 우리에게 질문을 던지고 삶에 새로운 색채를 51 더해 주는 존재라고 할 수 있다.

問題 10

次の（1）から（5）の文章を読んで、後の問いに対する答えとして最もよいものを、１・２・３・４から一つ選びなさい。

(1)

　今は動物だけでなく、植物を家で育てる人が多くなった。家の空気清浄、食材の調達、心理的な安定感と満足感の達成など、植物を育てることで得られるメリットは多い。豊かな緑に囲まれ、自然との調和を成し遂げようとする人生への憧れも一役買っているようだ。しかし、@植物に対する知識や管理に対する努力不足によって枯れてしまう植物が非常に多い。慣れていないから、直接的な生命の兆候を捉えにくいからという理由などは、殺生の(注)免罪符にはなれない。

(注) 免罪符：罪や責めをまぬがれるためのもの。

52　筆者が言いたいことは何か。

1　植物を育てるためには多くの努力と知識が必要だ。

2　動物や植物を育てるためには、自然との調和を考えるべきだ。

3　自然との調和のために植物を育てる人が増え始めた。

4　植物も生命を持っているという認識を持たなければならない。

다음 (1)에서 (5)의 글을 읽고, 다음 질문에 대한 답으로 가장 알맞은 것을 1·2·3·4에서 하나 고르시오.

　이제는 동물뿐만 아니라 식물을 집에서 키우는 사람이 많아졌다. 집안 공기 청정, 식재의 조달, 심리적인 안정감과 만족감의 달성 등, 식물을 키우는 것으로 얻을 수 있는 메리트는 많다. 풍요로운 녹음에 둘러싸여, 자연과의 조화를 이루려고 하는 인생에 대한 동경도 한 몫 하는 듯하다. 하지만, @식물에 대한 지식이나 관리에 대한 노력의 부족으로 인해서 시들어 버리는 식물이 매우 많다. 익숙하지 않아서, 직접적인 생명의 징후를 포착하기 어렵기 때문이라는 이유 따위는 살생에 대한 (주)면죄부가 될 수 없다.

(주) 면죄부 : 죄나 비난을 면하기 위한 것.

52　필자가 말하고 싶은 것은 무엇인가?

1　식물을 키우기 위해서는 많은 노력과 지식이 필요하다.

2　동물이나 식물을 키우기 위해서는 자연과의 조화를 생각해야 한다.

3　자연과의 조화를 위해서 식물을 키우는 사람이 늘기 시작했다.

4　식물도 생명을 가지고 있다는 인식을 가져야 한다.

[풀이]

@ 식물에 대한 지식이나 관리에 대한 노력 부족으로 식물을 말려 죽이는 것은 안 된다고 말하고 있다. 따라서 정답은 선택지 1번이다.

[단어]

植物 식물 | 育てる 키우다, 기르다 | 清浄 청정 | 調達 조달 | 達成 달성 | 豊か 풍부함, 부유함 | 緑 녹색, 초록 | 囲む 둘러싸다 | 調和 조화 | 成し遂げる 달성하다. 성취하다 | 憧れ 동경, 그리움 | 一役買う 한 역할을 하다. 한몫하다 | ～に対する ～에 대한 | 知識 지식 | 管理 관리 | 努力 노력 | ～によって ～에 의해서, ～에 따라서 | 枯れる 시들다 | 非常に 매우, 상당히 | 慣れる 익숙해지다 | 直接 직접 | 生命 생명 | 兆候 징후 | 捉える 잡다, 인식하다 | ～にくい ～하기 어렵다 | 殺生 살생 | 免罪符 면죄부 | 認識 인식

(2)

子供が何かに失敗した時の親の反応や仕草は重要です。ⓐ同じことを言っても、親の表情や感情、態度などの違いを敏感に受け取ったりもします。子供の失敗に対する激励の言葉として微笑みを浮かべながら「次はもっと上手にできるさ」などの論調を一度くらいは聞いたことがあると思います。ⓑ子供を気遣っている言葉のように聞こえますが、子供からすると成功を強要する言葉としても受け取ることが出来ます。子供に向けた大人の姿勢と言葉は、とても重くて難しいものです。

53 とても重くて難しいものとあるが、筆者はなぜそう考えているか。

1 親の言葉や態度などが子供に負担を感じさせる恐れがあるため

2 子供の失敗をかばうことはとても難しいことであるため

3 子供の立場では、失敗は重くて難しいことであるため

4 親の表情や感情を恐怖として受け取る子供が多いため

아이가 무엇인가에 실패했을 때의 부모의 반응이나 몸짓은 중요합니다. ⓐ똑같은 말을 하더라도 부모의 표정이나 감정, 태도 등의 차이를 민감하게 받아들이기도 합니다. 아이의 실패에 대한 격려의 말로 미소를 띠며 '다음에는 더 잘할 수 있을 거야' 등의 논조를 한 번 정도는 들어 본 적이 있을 것입니다. ⓑ아이를 배려하고 있는 말처럼 들리지만, 아이의 입장에서는 성공을 강요하는 말로도 받아들일 수 있습니다. 아이를 향한 어른의 자세와 말은 굉장히 무겁고 어려운 것입니다.

53 굉장히 무겁고 어려운 것이라고 하는데, 필자는 왜 그렇게 생각하고 있는가?

1 부모의 말이나 태도 등이 아이에게 부담을 느끼게 할 우려가 있기 때문에

2 아이의 실패를 감싸주는 것은 매우 어려운 것이기 때문에

3 아이의 입장에서는 실패는 무겁고 어려운 것이기 때문에

4 부모의 표정이나 감정을 공포로 받아들이는 아이가 많기 때문에

[풀이]

ⓐ 아이들은 같은 말도 부모의 표정이나, 감정, 태도 등의 차이에 민감하다고 하고, ⓑ 부모의 격려의 말도 아이의 입장에서는 성공을 강요하는 말로도 받아들일 수 있다고 말하고 있다. 따라서 정답은 선택지 1번이다. 부모의 표정과 감정에 공포를 느낀다는 언급은 없기 때문에. 선택지 4번은 정답이 아니다.

[단어]

失敗 실패 │ 反応 반응 │ 仕草 몸짓, 행위 │ 表情 표정 │ 感情 감정 │ 態度 태도 │ 敏感 민감 │ 受け取る 받다, 받아들이다 │ ～に対する ～에 대한 │ 激励 격려 │ ～として ～으로서 │ 微笑む 미소짓다 │ 論調 논조 │ 気遣う 걱정하다, 염려하다 │ 強要 강요 │ 向ける 향하다 │ 姿勢 자세 │ 負担 부담 │ 恐れ 우려, 두려움 │ かばう 감싸다, 두둔하다 │ ～である ～이다 │ 立場 입장 │ 恐怖 공포

(3)

最近の若い人たちは何を考えながら生きているのかよく分からない、根性がない、礼儀がないなどと言う老人も多い。私ももう60歳を超え、若い人々の行動を不愉快に思う時がある。そのまま我慢して見過ごすことが多いのだが、ある日、じっくり考えてみたら、ⓐ彼らを理解できずにいるのは私の方なのだと悟った。そう感じるようになったら、いらいらした心が穏やかになり、温かい目で彼らを眺められるようになった。そして、心のこもった心配ができるようになった。

54 筆者が考えている心のこもった心配とは、どのようなものか。

1 高齢者の立場を理解し、配慮すること

2 若い人たちの行動に対して我慢すること

3 心配しながら小言を言わないこと

4 若い人たちの行動や立場を理解すること

요즘 젊은 사람들은 무슨 생각을 하면서 사는지 잘 모르겠다, 근성이 없다, 예의가 없다는 등의 말을 하는 노인도 많다. 나도 이제 어느덧 60세를 넘기고 젊은 사람들의 행동을 불편하게 생각할 때가 있다. 그대로 참고 넘어가는 일이 많지만, 어느 날 곰곰이 생각을 해 보니 ⓐ그들을 이해 못하고 있는 것은 내 쪽이라는 것을 깨달았다. 그렇게 느끼게 되자, 초조했던 마음이 평온해지고 따뜻한 눈으로 그들을 바라볼 수 있게 되었다. 그리고 진심 어린 걱정을 할 수 있게 되었다.

---

54 필자가 생각하는 진심 어린 걱정이라는 것은 어떠한 것인가?

1 고령자의 입장을 이해하고 배려하는 것

2 젊은 사람들의 행동에 대해서 참는 것

3 걱정하면서 잔소리를 하지 않는 것

4 젊은 사람들의 행동과 입장을 이해하는 것

[풀이]

ⓐ 젊은 사람들을 이해하지 못하고 있는 자신을 깨달았다고 말하고 있다. 따라서 정답은 선택지 4번이다.

[단어]

生きる 살다 | 根性 근성 | 礼儀 예의 | 超える 넘다, 지나가다 | 行動 행동 | 不愉快 불쾌 | 我慢する 참다 | 見過ごす 간과하다, 못 본 척하다 | じっくり 차분히, 곰곰이 | 理解 이해 | 悟る 깨닫다 | 穏やか 온화함, 평온함 | 温かい 따뜻하다 | 眺める 바라보다 | 高齢者 고령자 | 立場 입장 | ~に対して ~에 대해서 | 小言 잔소리, 불평

(4)

以下は、ある会社の社内メールである。

商品開発課　佐藤様
企画課の木村です。

　先日の社内会議で発議された案件のとおり、来年10月に予定されている新薬の風邪薬の発売に向けて、来週水曜日から商品開発課と営業課の初の合同会議が行われます。今回の新薬は、12歳以下の子供向けの商品で、安全性の確保が何より重要視されています。これに伴い、旧型の副作用事例に関する過去10年間の資料をお願いします。ⓐ新薬の概要と今後のスケジュールに関しては、営業部の意見を検討の上、こちらでご用意させていただきます。よろしくお願いします。

---

55 木村さんは、最初の会議までに何をしなければならないか。

1 旧型の風邪薬に関する副作用事例を探さなければならない。

2 子供を対象にした風邪薬の商品の安全性を確保しなければならない。

3 新薬発売のための日程について営業部と話をしなければならない。

4 商品開発課と営業部の合同会議スケジュールをまとめなければならない。

다음은 어느 회사의 사내 메일이다.

상품개발과 사토 님
기획과의 기무라입니다.

지난번 사내 회의에서 발의된 안건대로, 내년 10월로 예정 되어 있는 신약 감기약 발매를 위해서, 다음주 수요일부터 상품 개발과와 영업과의 첫 합동회의가 실시됩니다. 이번 신약은 12세 이하의 어린이를 대상으로 한 상품으로, 안전성의 확보가 무 엇보다 중요시되고 있습니다. 이에 따라서 구형의 부작용 사례에 관한 과거 10년간의 자료를 부탁드립니다. ⓐ신약의 개요와 앞으로의 스케줄에 관해서는 영업부의 의견을 검토 후에 이쪽에서 준비를 하겠습니다. 잘 부탁드리겠습니다.

55 기무라 씨는 첫 회의 때까지 무엇을 해야 하는가?

1 구형 감기약에 관한 부작용 사례를 찾지 않으면 안 된다.

2 어린이를 대상으로 한 감기약 상품에 안전성을 확보해야 한다.

3 신약 발매를 위한 일정에 대해서 영업부와 이야기를 해야 한다.

4 상품개발과와 영업부의 합동 회의 스케줄을 정리하지 않으면 안 된다.

[풀이]

ⓐ 신약의 개요와 앞으로의 스케줄에 관해서는 영업부의 의견을 검토한 후에 준비를 하겠다고 말하고 있다. 따라서 정답은 선택지 3번이다. 구형 감기약에 관한 부작용 사례에 관한 자료는 상품개발과에게 부탁을 하고 있다. 따라서 선택지 1번은 정답이 아니다. 합동 회의 스케줄을 정리하는 내용은 본급에서 언급이 없기 때문에 선택지 4번은 정답이 될 수 없다.

[단어]

商品 상품 | 開発 개발 | 企画 기획 | 発議 발의 | 案件 안건 | 〜とおり 〜대로 | 新薬 신약 | 風邪薬 감기약 | 発売 발매 | 向ける 향하다 | 営業 영업 | 合同 합동 | 行う 행하다, 실시하다 | 〜向け 〜용, 〜대상 | 確保 확보 | 旧型 구형 | 副作用 부작용 | 事例 사례 | 〜に関する 〜에 관한 | 資料 자료 | 概要 개요 | 検討 검토 | 用意 용의, 준비 | 対象 대상 | 日程 일정 | 〜について 〜에 대해서

(5)

以下は、ある会社の社員が別の課の社員に送ったメールである。

宛て先：ayase_ryoko@hosinohikari.co.jp
件名：「記念カレンダー」の変更について
日時：3月23日 10:30
企画部 井上様
お疲れさまです。
　2月17日の会議で提案された「記念カレンダー」の件ですが、工場の担当者から連絡がありました。カレン ダーのデザインの変更については既に終えているとのことです。それと枚数については、15枚ではなく、20 枚になったことについての確認をお願いされました。まだ私どものほうにはそのことについての詳細が伝えら れていません。
　ⓐ明日までに回答しなければならないのですが、枚数の変更とそれ以外にも変更がありますでしょうか。

ご確認お願いします。

広報部　中島

56 このメールで問い合わせていることは何か。

1 工場の担当者にデザインの変更についての話ができるか。
2 カレンダーの枚数が減ったことを工場側に伝えたか。
3 明日までに工場からの変更事項についての回答がもらえるか。
4 カレンダーの変更とそれ以外に注意すべきことがあるか。

다음은 어느 회사의 사원이 다른 과 사원에게 보낸 메일이다.

수신인 : ayase_ryoko@hosinohikari.co.jp

제목 : '기념 캘린더' 변경에 대해서

일시 : 3월 23일 10:30

기획부 이노우에 님

수고 많으십니다.

2월 17일 회의에서 제안된 '기념 달력' 건입니다만, 공장 담당자로부터 연락이 있었습니다. 달력 디자인 변경에 대해서는 이미 끝냈다고 합니다. 그리고 장수에 대해서는 15장이 아니라 20장이 된 것에 대한 확인을 요청 받았습니다. 아직 저희 쪽에는 그 일에 대한 자세한 내용이 전달되지 않았습니다.

ⓐ 내일까지 회답을 해야 하는데, 장수 변경과 그 외에도 변경이 있을까요?

확인 부탁드립니다.

홍보부 나카지마

---

56 이 메일에서 문의하고 있는 것은 무엇인가?

1 공장 담당자에게 디자인 변경에 대한 이야기를 할 수 있는가.
2 달력 장수가 줄어든 것을 공장 측에 전달했나.
3 내일까지 공장으로부터의 변경사항에 대한 답변을 받을 수 있는가.
4 달력 변경과 그 외에 주의해야 할 것이 있는가.

[풀이]

ⓐ 달력 장수의 변경과 그 외의 변경에 대해서 문의하고 있기 때문에, 정답은 선택지 4번이다. 공장 측에서 달력 장수의 변경에 대한 확인을 요청받은 것이지 공장에서 달력 장수를 변경한 것이 아니다. 따라서 선택지 3번은 정답이 아니다.

[단어]

送る 보내다 | 宛て先 수신인 | 記念 기념 | 変更 변경 | ~について ~에 대해서 | 企画 기획 | 提案 제안 | 件 건, 사항 | 担当者 담당자 | 既に 이미, 벌써 | 終える 끝내다 | 枚数 장수 | 確認 확인 | 詳細 자세함, 상세함 | 伝える 전하다 | 回答 회답, 응답 | 広報 홍보 | 問い合わせ 문의, 조회 | 減る 줄다 | 事項 사항 | 注意 주의 | ~べき ~해야 할

問題 11

次の（1）から（4）の文章を読んで、後の問いに対する答えとして最もよいものを、1・2・3・4から一つ選びなさい。

(1)

ⓐ現代人にとってストレスは避けるべき要素とされています。日本では、「ストレスは万病のもと」という言葉もあるほど、ストレスに対して過敏に反応しています。ストレスを全く受けずに生きていける人間は存在できないと断言しきれるほど、人間はストレスに縛られています。しかし皮肉なことに、このようなストレスにも実は良い効果があるのです。遠い昔の先祖たちは、川の氾濫を防ぐために懸命に努力した結果、(注)滑車や荷車を作ることができ、さらに堤防の技術まで身につけることができました。ストレスという悪条件から人類は、「進歩」という業績を達成していくことができたのです。

（中略）

過去の人類の歴史から見ると、現在の自分の人生に満足し、未来への杞憂や憂慮はしなかった国々がありました。しかし、ストレスを全く受けないという条件が全て揃った国は、人間の歴史から消されてしまいました。人々は怠惰に陥り始め、より良い人生のための努力をしなくなりました。その結果、これ以上文明の進歩を遂げることができず、ストレスという悪条件を克服した国に征服されてしまったのです。ストレスの又の名は、苦難、試練、逆境と言えます。ストレスを受けることを悪いとばかり思うと、あまりにも大変で悲惨な人生を送るしかありません。ストレスの結果として高貴な人生を自ら断ち切る姿にまでつながっています。ところが、ⓑ歴史が見せてくれたストレスに対する結果を考えれば、より良い人生を営むことができる可能性も合わせて持っているということを知ってほしいです。

(注) 滑車：溝に綱をかけて回転するようにした車。

57 このようなストレスとあるが、ここではどのようなストレスか。
1　人間に悪い影響を与えるストレス
2　治療が困難な病気に影響するストレス
3　人類の進歩に利用可能なストレス
4　現在の生活に満足を与えるストレス

58 ストレスについて、筆者が一番言いたいことは何か。
1　ストレスの結果を良い方向にも利用できることに気付いてほしい。
2　人生の悪条件から生じるストレスは、人間の進歩につながるべきだ。
3　ストレスへの備えをしない人生は、悲惨な結果につながりやすい。
4　ストレスを解消する方法によって、生活の質を変化させることができる。

다음 (1)에서 (4)의 글을 읽고, 다음 질문에 대한 답으로 가장 알맞은 것을 1 · 2 · 3 · 4에서 하나 고르시오.

ⓐ현대인에게 있어서 스트레스는 피해야 할 요소로 여겨지고 있습니다. 일본에서는 '스트레스는 만병의 근원'이라는 말도 있을 정도로 스트레스에 대해서 과민하게 반응하고 있습니다. 스트레스를 전혀 받지 않고 살아갈 수 있는 인간은 존재할 수 없다고 단언할 수 있을 정도로 인간은 스트레스에 얽매여 있습니다. 하지만 아이러니하게도 이런 스트레스에도 사실은 좋은 효과가 있다는 것입니다. 먼 옛날의 선조들은 강의 범람을 막기 위해 열심히 노력한 결과, (주)활차나 수레를 만들 수 있었고, 심지어 제방 기술까지 터득할 수 있었습니다. 스트레스라는 악조건에서 인류는 '진보'라는 업적을 달성해 갈 수 있었던 것입니다.

(중략)

과거의 인류 역사에서 보면, 현재의 자신의 삶에 만족하고, 미래에 대한 기우나 우려는 하지 않았던 나라들이 있었습니다. 그러나 스트레스를 전혀 받지 않는다는 조건이 모두 갖추어진 나라는 인간의 역사에서 지워지고 말았습니다. 사람들은 나태함에 빠지기 시작하고, 보다 나은 삶을 위한 노력을 하지 않게 되었습니다. 그 결과, 더 이상의 문명의 진보를 이루지 못했고, 스트레스라는 악조건을 극복한 나라에게 정복당하고 만 것입니다. 스트레스의 또 다른 이름은 고난, 시련, 역경이라고 말할 수 있습니다. 스트레스를 받는 것을 나쁘게만 생각한다면, 너무나도 힘들고 비참한 삶을 보낼 수밖에 없습니다. 스트레스의 결과로 고귀한 삶을 스스로 끊는 모습으로까지 이어지고 있습니다. 하지만, ⓑ역사가 보여준 스트레스에 대한 결과를 생각하면, 보다 나은 삶을 영위할 수 있는 가능성도 동시에 가지고 있다는 것을 알았으면 좋겠습니다.

(주) 활차 : 도랑에 밧줄을 걸고 회전하도록 만든 차. 도르래.

57 이런 스트레스라고 하는데 여기에서는 어떤 스트레스인가?

1 인간에게 나쁜 영향을 주는 스트레스

2 치료가 힘든 병에 영향을 주는 스트레스

3 인류의 진보에 이용 가능한 스트레스

4 현재의 삶에 만족을 주는 스트레스

58 스트레스에 대해서 필자가 가장 말하고 싶은 것은 무엇인가?

1 스트레스의 결과를 좋은 쪽으로 이용할 수도 있는 것을 깨닫기 바란다.

2 삶의 악조건에서 발생되는 스트레스는 인간의 진보로 이어져야 한다.

3 스트레스에 대한 대비를 하지 않는 삶은 비참한 결과로 이어지기 쉽다.

4 스트레스를 해소하는 방법에 따라서 삶을 질을 변화시킬 수 있다.

[풀이]

57 ⓐ 현대인에게 피해야 할 요소이고 만병의 근원이라는 말이 있을 정도로, 스트레스는 과민의 대상이 되어 있다고 말하고 있다. 따라서 정답은 선택지 1번이다.

58 ⓑ 인간의 역사에서 볼 수 있었던 것처럼, 스트레스가 더 좋은 삶을 위한 가능성도 가지고 있었다는 것을 알았으면 좋겠다고 말하고 있다. 따라서 정답은 선택지 1번이다. 본문에서 스트레스를 해소하는 것에 대한 언급은 없다. 스트레스를 해소한 것이 아니라 극복했다고 말하고 있기 때문에, 선택지 4번은 정답이 될 수 없다.

[단어]

~にとって ~에 있어서 | 避ける 피하다 | ~べき ~해야 할 | 要素 요소 | 万病 만병 | ~に対して ~에 대해서 | 過敏 과민 | 反応 반응 | 全く 전혀, 매우 | 断言 단언 | 縛る 묶다, 얽매다 | 皮肉 아이러니, 빈정거림 | ~ことに ~하게도 | 効果 효과 | 先祖 선조 | 氾濫 범람 | 防ぐ 막다 | 懸命 열심히, 힘껏 | 努力 노력 | 滑車 활차, 도르래 | 荷車 수레 | 堤防 제방 | 身につける 몸에 익히다 | 悪条件 악조건 | 進歩 진보 | 業績 업적 | 達成 달성 | 歴史 역사 | 杞憂 기우 | 憂慮 우려 | 揃う 갖추어지다, 구비되다 |

消す 끄다, 없애다 | 怠惰 나태, 태만 | 陥る 빠지다, 걸려들다 | 遂げる 이루다 | 克服 극복 | 征服 정복 | 又 또 | 苦難 고난 | 試
練 시련 | 逆境 역경 | 悲惨 비참 | ～として ～으로서 | 高貴 고귀 | 自ら 스스로 | 断ち切る 끊다, 단절하다 | 営む 경영하다, 영
위하다 | 影響 영향 | 与える 주다 | 気付く 알아차리다, 깨닫다 | ～てほしい ～하길 바란다 | 生じる 생기다, 발생하다 | つなが
る 이어지다, 연결되다 | 備え 대비, 준비 | 解消 해소 | ～によって ～에 의해서, ~에 따라서

(2)

学歴で人を評価するのはよくない。学歴は人を評価することにおいて単なる一つの条件に過ぎないということとは誰もが分かっていると思う。それよりは人間性や才能や能力が重要であると。私ももちろん、そう考えている。

しかし最近になって、学歴が人間性に及ぼす影響が全くないという考えが覆されたことがあった。一流大学に入るためには熱心に勉強をし、@友達と遊ぶことも諦め、自分が好きなことも後回しにするなどの努力が必要である。それらは忍耐力につながると言えるだろう。そして長い間そのような努力と忍耐を重ねた人だけが一流大学に入ることができる。つまり、一流大学に入った学生と入ることができなかった学生との違いは厳然と存在するのである。もちろん、自分の将来のために専門大学や地方の大学を選択した場合は別問題である。

忍耐と努力を重ねた人とそのような努力を放棄した人が持っている考え方の違い。これらは明らかに人格に影響を及ぼすことになる。勿論、今でも学歴が人を判断する絶対的な要素であると思ってはいない。ⓑ学歴によって判断されることを変えたいと思うなら、自分が放棄した努力と忍耐の代わりになる何かを作っていくべきである。

59 筆者が、学歴が人間性に及ぼす影響についての考えが変わった理由は何か。

1 一流大学に入った人は頭が良い人だから
2 自分の希望を遂げるための忍耐力を持っているから
3 学歴は才能へつながることだから
4 希望する学校に進学することは人間性とは別の話であるから

60 筆者が一番言いたいことは何か。

1 学歴で人を判断するのは間違ったことではない。
2 学歴は人間性にある程度の影響を与えている。
3 学歴による判断を変えたいなら、それに相応する努力をするべきだ。
4 学歴は人を判断する絶対的な要素ではない。

학력으로 사람을 평가하는 것은 좋지 않다. 학력은 사람을 평가하는 것에 있어서 단순한 하나의 조건에 지나지 않는다는 것은 누구나 알고 있을 것이다. 그보다는 인성이나 재능이나 능력이 중요하다고. 나도 물론 그렇게 생각하고 있다.

하지만 요즘 들어 학력이 인성에 미치는 영향이 전혀 없다는 생각이 뒤집힌 일이 있었다. 일류 대학에 들어가기 위해서는 열심히 공부를 하고, ⓐ친구들과 노는 것도 포기하고 자신이 좋아하는 것도 뒤로 미루는 등의 노력이 필요하다. 그것들은 인내력으로 이어진다고 말할 수 있을 것이다. 그리고 오랜 시간 그런 노력과 인내를 거듭한 사람만이 일류 대학에 들어갈 수 있다. 즉, 일류 대학에 들어간 학생과 들어가지 못한 학생의 차이는 엄연히 존재하는 것이다. 물론, 자신의 미래를 위해서 전문 대학이나 지방 대학을 선택한 경우는 별개의 문제이다.

인내와 노력을 거듭한 사람과 그런 노력을 포기한 사람이 가지고 있는 생각의 차이. 이것들은 분명하게 인격에 영향을 미치게 된다. 물론, 지금도 학력이 사람을 판단하는 절대적인 요소라고 생각하지는 않는다. ⓑ학력에 의해 판단되는 것을 바꾸고 싶다고 생각한다면, 자신이 포기했던 노력과 인내를 대신할 무언가를 만들어 가야만 한다.

59 필자가 학력이 인성에 미치는 영향에 대한 생각이 바뀐 이유는 무엇인가?

1 일류 대학에 들어간 사람은 머리가 좋은 사람이기 때문에

2 자신의 희망을 이루기 위한 인내력을 가지고 있기 때문에

3 학력은 재능으로 이어지는 것이기 때문에

4 희망하는 학교에 진학하는 것은 인성과는 별개의 이야기이기 때문에

60 필자가 가장 말하고 싶은 것은 무엇인가?

1 학력으로 사람을 판단하는 것은 잘못된 것이 아니다.

2 학력은 인성에 어느 정도의 영향을 주고 있다.

3 학력에 의한 판단을 바꾸고 싶다면 그에 상응하는 노력을 해야 한다.

4 학력은 사람을 판단하는 절대적인 요소가 아니다.

[풀이]

59 ⓐ 필자는 좋은 학교에 들어가기 위해서는 무언가를 포기하고 공부를 하는 노력이 있어야 하는데, 이 노력이 인내력으로 이어진다고 주장하고 있다. 따라서 정답은 선택지 2번이다. 선택지 1, 3, 4번에 관한 언급은 없다.

60 ⓑ 학력에 의한 판단을 바꾸려면, 노력과 인내를 포기한 만큼 다른 무언가를 해야 한다는 필자의 주장이 언급된 부분이다. 따라서 정답은 선택지 3번이다. 선택지 2, 4번도 본문에 나오는 내용이지만, 필자의 주장이라고 보기는 어렵다. 선택지 1번은 본문에 나와 있는 필자의 의견과는 다르기 때문에 정답이 아니다.

[단어]

学歴 학력 | 評価 평가 | 〜において 〜에서, 〜에 있어서 | 単なる 단순한 | 条件 조건 | 〜に過ぎない 〜에 지나지 않는다 | 才能 재능 | 能力 능력 | 及ぼす 미치게 하다, 이르게 하다 | 影響 영향 | 覆す 뒤집다, 뒤엎다 | 〜ために 〜를 위해서, 〜때문에 | 諦める 포기하다 | 後回し 뒤로 미룸 | 努力 노력 | 忍耐 인내 | 厳然と 엄연히 | 存在 존재 | 専門 전문 | 放棄 포기 | 要素 요소 | 〜によって 〜에 의해서, 〜에 따라서 | 〜べきだ 〜해야 한다 | 希望 희망 | 遂げる 이루다, 달성하다 | 進学 진학 | 間違う 잘못되다, 틀리다 | 相応 상응

(3)

　去年、赤ちゃんが生まれてもう一歳くらいになった。赤ちゃんの面倒をよく見ると自負するほどではないが、愛らしい赤ちゃんのためにいつも努力していることがある。ⓐ赤ちゃんに本を読み聞かせたり、単語を話したりする時にできるだけ正確な発音で伝えようとすることと、赤ちゃんとなるべく多くのことを話そうとしていることだ。親のこのような行動は、赤ちゃんの言語と認知の発達に役立つという。だが、赤ちゃんの発達教育だけのためにこのような努力をしているわけではない。赤ちゃんとの足りない絆の形成のためにもその時間を充実させているのだ。
　（中略）

僕は妻に比べて子供と一緒に過ごす時間が非常に足りない父親という立場をよく理解している。勿論、父親と母親の立場が反対の場合もある。大変な一日の仕事を終えて帰宅後、笑いながら喜んで育児まで辛抱できる親が多いとは思わない。忙しいことで帰宅が遅くなり、寝ている子供の顔しか見られない親もいくらでもいる。だが、ⓑこのような状況が家庭の生計のためにはやむを得ないことだと言ってばかりはいられない。赤ちゃんの立場では、大人の事情などは言い訳に過ぎないからだ。優先順位から赤ちゃんとの時間が後回しになっているのだ。僕は、赤ちゃんと一緒にする「時間の量」を選ぶ余力もなかったし、また選択もしなかった。もう僕が赤ちゃんのためにできることは、「時間の質」を高めるだけだ。ⓒ育児の時間の量ほど時間の質もとても重要だ。この時間の質だけは、僕の努力次第でいくらでも変えられるものだと思う。

61 その時間というが、ここではどのような時間か。

1　赤ちゃんと家族との絆を形成するための時間

2　赤ちゃんに本を読み聞かせたり、言語教育をしたりする時間

3　赤ちゃんの言語発達教育のために努力する時間

4　赤ちゃんに本を読んでやったり、話をしようとしたりする時間

62 筆者は、育児についてどのように述べているか。

1　親の努力で育児時間の量と質を選択することはできない。

2　家庭の生計のために育児を疎かにするのはよくない。

3　育児において、優先順位を確実に決めておく必要がある。

4　育児時間の量と質のバランスを適切に保つことが重要だ。

작년에 아기가 태어나서 이제 한 살 정도가 되었다. 아기를 잘 돌본다고 자부할 정도는 아니지만, 사랑스러운 아기를 위해서 언제나 노력하고 있는 것이 있다. ⓐ아기에게 책을 읽어 주거나 단어를 말해 줄 때에 최대한 정확한 발음으로 전달하려는 것과 아기와 되도록 많은 말을 하려고 하고 있는 것이다. 부모의 이런 행동은 아기의 언어와 인지 발달에 도움이 된다고 한다. 하지만, 아기의 발달 교육만을 위해서 이러한 노력을 하고 있는 것은 아니다. 아기와의 부족한 유대감 형성을 위해서도 그 시간을 충실하게 하고 있는 것이다.

(중략)

나는 아내에 비해서 아이와 함께 하는 시간이 턱없이 부족한 아빠라는 입장을 잘 이해하고 있다. 물론 아빠와 엄마의 입장이 반대인 경우도 있다. 힘든 하루 일을 마치고 집으로 돌아와, 웃으면서 기꺼이 육아까지 감당할 수 있는 부모가 많다고는 생각하지 않는다. 바쁜 일로 귀가가 늦어져, 잠들어 있는 아이 얼굴 밖에 볼 수 없는 부모도 얼마든지 있다. 하지만, ⓑ이러한 상황이 가정의 생계를 위해서는 어쩔 수 없는 것이라고 말하고 있을 수만은 없다. 아기의 입장에서는 어른들의 사정 따위는 핑계에 지나지 않기 때문이다. 우선 순위에서 아기와의 시간이 뒤로 밀리고 있는 것이다. 나는 아기와 함께 하는 '시간의 양'을 선택할 여력도 없었고, 또한 선택도 하지 않았다. 이제 내가 아기를 위해서 할 수 있는 것은 '시간의 질'을 높이는 것뿐이다. ⓒ육아의 시간의 양만큼이나 시간의 질도 매우 중요하다. 이 시간의 질만큼은 나의 노력 여하에 따라서 얼마든지 바꿀 수 있는 것이라고 생각한다.

61 그 시간이라고 하는데, 여기에서는 어떠한 시간인가?

1　아기와 가족과의 유대감을 형성하기 위한 시간

2　아기에게 책을 읽어 주거나 언어 교육을 하는 시간

3 아기의 언어 발달 교육을 위해서 노력하는 시간

4 아기에게 책을 읽어 주거나 대화를 하려고 하는 시간

62 필자는 육아에 대해서 어떻게 말하고 있는가?

1 부모의 노력으로 육아 시간의 양과 질을 선택할 수는 없다.

2 가정의 생계를 위해서 육아를 소홀히 하는 것은 좋지 않다.

3 육아에 있어서 우선 순위를 확실하게 정해 둘 필요가 있다.

4 육아 시간의 양과 질의 밸런스를 적절하게 유지하는 것이 중요하다.

[풀이]

61 ⓐ 아이에게 책을 읽어 주거나 단어를 말해 줄 때, 최대한 정확한 발음으로 하고 되도록 많은 말을 하려고 한다고 말하고 있다. 따라서 정답은 선택지 4번이다. 아이에게 언어를 교육하는 시간만은 아니기 때문에, 선택지 2번과 3번은 정답이 될 수 없다. 아기와의 유대감뿐만 아니라, 발달 교육을 위한 것도 있기 때문에, 선택지 1번은 정답이 아니다.

62 ⓑ 육아를 할 시간이 없다는 것은 어른들의 핑계에 지나지 않고, 육아 시간의 질을 높이는 것은 자신의 노력에 따라서 얼마든지 가능하다고 말하고 있다. 따라서 정답은 선택지 2번이다.

[단어]

面倒を見る 돌보아 주다, 보살피다 | 自負 자부 | 努力 노력 | 読み聞かせる 읽어 주다, 들려 주다 | 単語 단어 | 正確 정확 | 発音 발음 | 伝える 전하다 | なるべく 가능한 | 認知 인지 | 発達 발달 | 役立つ 도움이 되다 | 教育 교육 | ~わけではない (반드시)~인 것은 아니다 | 絆 인연, 유대 | 形成 형성 | 充実 충실함 | ~に比べて ~에 비해서 | 非常に 매우, 상당히 | 立場 입장 | 反対 반대 | 喜ぶ 기뻐하다 | 育児 육아 | 辛抱 참고 견딤 | 状況 상황 | 生計 생계 | やむを得ない 어쩔 수 없다 | 事情 사정 | 言い訳 변명 | ~に過ぎない ~에 지나지 않는다 | 優先 우선 | 順位 순위 | 後回し 뒤로 미룸, 뒷전 | 量 양 | 選ぶ 고르다, 선택하다 | 選択 선택 | 余力 여력 | 質 질 | ~次第で ~에 따라서, ~나름으로 | ~について ~에 대해서 | 疎か 소홀함 | ~において ~에서, ~에 있어서 | 適切 적절 | 保つ 유지하다

(4)

個人の身体的な特徴から、それ以外の要素に肯定的な判断を引き出すことを後光効果(ハロー効果)といい、その反対の場合を悪魔効果(デビル効果)という。例えば、背が高くてハンサムな人を見ると、仕事もできそうで、家も裕福そうで、性格までよさそうと思われることを後光効果という。これにひきかえ、太っていて(注)不細工な人を見ると、怠け者で、部屋も汚く、仕事までできなさそうと思われたり職業さえなさそうに思われたりすることを悪魔効果という。

ⓐ後光効果と悪魔効果はすべて第一印象によって決められる。他の人といい縁を結ぶために最も重要なのは第一印象である。一度決定された第一印象を変えるには、たくさんの時間が必要とされるからである。大体の場合、第一印象によって後光効果または悪魔効果を得てしまうが、大切な縁を取り結びたいなら、後光効果を得ておいた方が良い。しかし、ⓑちょっとしたミスのせいで悪魔効果を得てしまった人もまだ心配することはない。悪魔効果から後光効果に変わる瞬間こそ、人間が表すことができる最も魅力的な瞬間だという研究結果もあるから。最悪の失敗がかえって最高の武器になることもありうるという話である。

(注) 不細工：容姿や見た目が醜い様子を指す。

63 筆者は、なぜ第一印象が重要だと述べているか。

1 第一印象から後光効果を得るためには、たくさんの時間がかかるから
2 良くない第一印象を変えるためには相当な努力が必要だから
3 他の人に、第一印象を通じて信頼を得ることができるから
4 第一印象により、後光効果や悪魔効果が決まってしまうから

64 後光効果と悪魔効果について、筆者が一番言いたいことは何か。

1 時間が経つにつれて、失敗が良いことに変わる可能性もある。
2 後光効果により、もっと魅力的に見せることができる。
3 ちょっとしたミスで悪魔効果を得ないように、警戒すべきである。
4 後光効果が悪魔効果に変わることもありうる。

개인의 신체적인 특징으로부터, 그 이외의 요소에 긍정적인 판단을 이끌어 내는 것을 후광 효과(헤일로 효과)라고 하고, 그 반대의 경우를 악마 효과(데빌 효과)라고 한다. 예를 들면, 키가 크고 잘생긴 사람을 보면 일도 잘할 것 같고 집안도 유복할 것 같고 성격까지 좋을 것 같다고 생각되는 것을 후광 효과라고 한다. 이것과는 반대로, 뚱뚱하고 (주)못생긴 사람을 보면 게으른 사람이고 방도 더럽고 일까지 못할 것 같다고 생각되거나 직업조차 없을 것 같다고 생각되는 것을 악마 효과라고 한다. ⓐ후광 효과와 악마 효과는 모두 첫인상에 의해서 결정된다. 다른 사람과 좋은 인연을 맺기 위해 가장 중요한 것은 첫인상이다. 한번 결정된 첫인상을 바꾸려면 많은 시간이 필요하기 때문이다. 대부분의 경우, 첫인상에 의해서 후광 효과 또는 악마 효과를 얻게 되는데, 소중한 인연을 맺고 싶다면 후광 효과를 얻어 두는 것이 좋다. 하지만 ⓑ사소한 실수 탓에 악마 효과를 얻게 된 사람이라도 아직 걱정할 필요는 없다. 악마 효과에서 후광 효과로 변하는 순간이야말로, 인간이 나타낼 수 있는 가장 매력적인 순간이라는 연구 결과도 있으니까. 최악의 실수가 오히려 최고의 무기가 될 수도 있다는 이야기이다.

(주) 못생김 : 용모나 외모가 보기 흉한 모습을 가리킴.

---

63 필자는 왜 첫인상이 중요하다고 말하고 있는가?

1 첫인상에서 후광 효과를 얻기 위해서는 많은 시간이 걸리기 때문에
2 좋지 않은 첫인상을 바꾸기 위해서는 상당한 노력이 필요하기 때문에
3 다른 사람에게 첫인상을 통해서 신뢰를 얻을 수 있기 때문에
4 첫인상에 의해 후광 효과나 악마 효과가 정해져 버리기 때문에

64 후광 효과와 악마 효과에 대해서 필자가 가장 말하고 싶은 것은 무엇인가?

1 시간이 지남에 따라서 실수가 좋은 일로 바뀔 가능성도 있다.
2 후광 효과에 의해 더욱더 매력적으로 보일 수 있다.
3 사소한 실수로 악마 효과를 얻지 않도록 경계해야 한다.
4 후광 효과가 악마 효과로 바뀔 수도 있을 수 있다.

[풀이]

63 ⓐ 후광 효과와 악마 효과는 모두 첫인상으로 결정된다고 한다. 따라서 정답은 4번이다. 선택지 1, 3번에 관한 언급은 없기 때문에 정답이 될 수 없다. 첫인상을 바꾸기 위해서는 노력이 아닌 시간이 필요하다고 말하고 있기 때문에. 선택지 2번도 정답이 아니다.

64 ⓑ 악마 효과가 후광 효과로 바뀔 수도 있고, 최악의 실수가 최고의 무기가 될 수도 있다는 내용으로부터, 정답은 선택지 1번이라는 것을 알 수 있다.

[단어]

個人 개인 | 特徴 특징 | 要素 요소 | 肯定的 긍정적 | 判断 판단 | 効果 효과 | 例えば 예를 들면 | 裕福 유복 | ～にひきかえ ～와는 달리, ～와는 대조적으로 | 怠け者 게으른 사람 | 職業 직업 | 第一印象 첫인상 | 縁を結ぶ 인연을 맺다 | ～には ～하려면, ～하기 위해서는 | ～によって ～에 의해서, ～에 따라서 | ～せいで ～때문에, ～탓으로 | 変わる 바뀌다 | 瞬間 순간 | 表す 나타내다, 표현하다 | 魅力 매력 | かえって 오히려, 도리어 | 武器 무기 | ～うる ～할 수 있다 | 努力 노력 | ～を通じて ～를 통해서 | 信頼 신뢰 | 警戒 경계 | ～べきだ ～해야 한다 | ～につれて ～에 따라서

問題 12

次のAとBの文章を読んで、後の問いに対する答えとして最もよいものを、1・2・3・4から一つ選びなさい。

A

　会社に入社したばかりの新入社員は、ⓐ自分の役割についてちゃんと分かっていない場合があります。また、その分野についてある程度の専門的な知識は持っているものの、経験が不足して円滑に仕事ができていない場合も多いです。新入りだから仕方がないという考え方を持ってはいけません。会社というところは、社交的な集まりでもなく、失敗を待ち続けるところでもありません。しかし、ⓑ新入社員にすべてを任せる会社はなく、周りには本人の成長に役立つ資源がいくらでもあります。すでにその分野に適応して、実績を上げている上司や先輩たちが多いということです。上司や先輩の助言をすべて小言と思ってはいけません。

B

　新入社員という立場を利用して、自分より存在価値のない人だと思ってはいけません。実際にⓒ会社を10年以上通っている社員より入社したばかりの社員のほうが会社の利益に役立つ場合がいくらでもあるからです。自分より年下だったり、職位が低い人だからといって、アドバイスが必要だとは限りません。また、先輩や上司という地位から得られる権力で後輩や部下に自分の仕事の価値観を強要してはいけません。ⓓ新入社員を自分の部下や後輩として考えるよりは、一人の構成員や同僚として会社にうまく適応できるように手助けすることが望ましいです。会社の利益のために動く部署に必要なのは、指示や助言ではなく協力と協同です。

65 職場の上司や先輩について、AとBの認識で共通していることは何か。

1　新入社員の足りない部分について助言ができなければならない。

2　新入社員に様々な面において役に立ち得る存在だ。

3　新入社員が会社の価値観に適応できるようサポートしなければならない。

4　新入社員を自分より劣っていると思ってはならない。

66 新入社員について、AとBはどのように述べているか。

1　AもBも、積極的に会社に適応しなければならないと述べている。

2　AもBも、上司や先輩に手伝ってもらうべきだと述べている。

3　Aは自分の不足を認識すべきだと述べ、Bは周りの助けが必要ではないこともあると述べている。

4　Aは上司や先輩たちの助言に耳を傾けなければならないと述べ、Bは部署の一員として早く適応すべきだと述べている。

다음 A와 B의 글을 읽고, 뒤의 물음에 대한 답으로 가장 알맞은 것을 1·2·3·4에서 하나 고르시오.

A

회사에 입사한 지 얼마 안 되는 신입사원은 ⓐ자신의 역할에 대해서 제대로 알지 못하는 경우가 있습니다. 또한 그 분야에 대해서 어느 정도의 전문적인 지식은 가지고 있지만, 경험이 부족해서 원활하게 일처리를 못하고 있는 경우도 많습니다. 신입이라서 어쩔 수가 없다는 사고방식을 가져서는 안 됩니다. 회사라는 곳은 사교적인 모임도 아니고 실패를 계속 기다려주는 곳도 아닙니다. 하지만 ⓑ신입사원에게 모든 것을 맡기는 회사는 없고, 주위에는 본인의 성장에 도움이 될 수 있는 자원이 얼마든지 있습니다. 이미 그 분야에 적응해서 실적을 올리고 있는 상사나 선배들이 많다는 것입니다. 상사나 선배의 조언을 전부 잔소리로만 생각해서는 안 됩니다.

B

신입사원이라는 입장을 이용해서 자신보다 존재가치가 없는 사람이라고 생각해서는 안 됩니다. 실제로 ⓒ회사를 10년 이상 다니고 있는 사원보다 이제 막 입사한 사원이 회사의 이익에 도움이 되는 경우가 얼마든지 있기 때문입니다. 자신보다 어리거나 직위가 낮은 사람이라고 해서, 반드시 조언이 필요한 것은 아닙니다. 또한, 선배나 상사라는 지위에서 얻을 수 있는 권력으로 후배나 부하에게 자신의 일에 대한 가치관을 강요해서는 안 됩니다. ⓓ신입사원을 자신의 부하나 후배로 생각하기보다는 한 명의 구성원이나 동료로서 회사에 잘 적응할 수 있게 도와주는 것이 바람직합니다. 회사의 이익을 위해서 움직이는 부서에 필요한 것은 지시나 조언이 아니라 협력과 협동입니다.

65 직장 상사나 선배에 대해서 A와 B의 인식에서 공통되는 것은 무엇인가?

1   신입사원의 부족한 부분에 대해서 조언을 할 수 있어야 한다.

2   신입사원에게 다양한 방면에서 도움이 될 수 있는 존재이다.

3   신입사원이 회사의 가치관에 적응할 수 있도록 도와주어야 한다.

4   신입사원을 자신보다 열등하다고 생각해서는 안 된다.

66 신입사원에 대해서 A와 B는 어떻게 말하고 있는가?

1   A도 B도 적극적으로 회사에 적응해야 한다고 말하고 있다.

2   A도 B도 상사나 선배에게 도움을 받아야 한다고 말하고 있다.

3   A는 자신의 부족함을 인식해야 한다고 말하고, B는 주변의 도움이 필요하지 않을 수도 있다고 말하고 있다.

4   A는 상사나 선배들의 조언에 귀를 기울여야 한다고 말하고, B는 부서의 일원으로서 빠르게 적응해야 한다고 말하고 있다.

[풀이]

65 ⓑ A는 상사나 선배가 신인사원에게 도움을 줄 수 있는 자원이라고 말하고 있다. ⓓ B는 신입사원을 자신의 부하나 후배로 생각하기 보다. 회사에 잘 적응할 수 있도록 도와주는 것이 바람직하다고 말하고 있다. 따라서 정답은 선택지 2번이다.

66 ⓐ A는 신입사원은 경험이 부족해서 제대로 역할을 못하는 경우가 많지만, 어쩔 수 없다는 사고방식을 가져서는 안 된다고 말하고 있다. ⓒ B는 신입사원이 상사나 선배보다 회사에 도움이 되는 경우가 얼마든지 있고, 반드시 조언이 필요한 것은 아니라고 말하고 있다. 따라서 정답은 선택지 3번이다.

[단어]

役割 역할 | ～について ～에 대해서 | 専門 전문 | ～ものの ～하기는 했지만 | 経験 경험 | 円滑 원활 | 社交 사교 | 任せる 맡기다 | 周り 주변, 주위 | 成長 성장 | 役立つ 도움이 되다 | 資源 자원 | すでに 이미, 벌써 | 適応 적응 | 実績 실적 | 助言 조언 | 小言 잔소리 | 存在 존재 | 通う 다니다 | 利益 이익 | ～とは限らない (반드시)～인 것은 아니다 | 地位 지위 | 権力 권력 | 価値観 가치관 | 強要 강요 | ～として ～으로서 | 構成員 구성원 | 同僚 동료 | 手助け 도움, 조력 | 望ましい 바람직하다 | 指示 지시 |

認識 인식 | 足りない 부족하다 | ～において ～에서, ～에 있어서 | ～得る ～할 수 있다 | 劣る 뒤떨어지다, 열등하다 | 述べる 말하다, 기술하다 | 傾ける 기울이다 | ～べきだ ～해야 한다

問題 13

次の文章を読んで、後の問いに対する答えとして最もよいものを、1・2・3・4から一つ選びなさい。

　私は同じ銀行で10年間仕事をしてきた。ⓐ夏は涼しくて冬は暖かい銀行で働くことについて友達からうらやましがられている。しかし、銀行員としての仕事は順調なことばかりではない。乗務員、介護職、カウンセラー、コールセンターのヘルプデスクの係りなどと同様に、銀行員の仕事はⓑ精神的なストレスが多い、いわゆる感情労働者なのである。業務の40％以上が感情コントロールしているのだ。お客さんと直接対面する場合が多いため、自分の感情を少しでも表に出さないよう、常に注意しなければならない。

　しばらく前からストレスによるうつ病だと診断されて病院に通っている。すべての人が自分の感情を素直に表現することはできないと思うが、銀行の上司から求められる感情の抑制と、いつも笑顔を保たなければならない私の人生がとても惨めに感じられてしまった。心から笑ったのがいつかさえ思い出せない。ⓒ銀行を訪れるお客さんたちに親切な物の言い方と態度を見せるのは当然のことだが、自分の動作、ふるまいの全てまで気にしなければならないこと、何があっても笑顔を維持しなければならないことは容易ではない。このようなことに神経をすり減らしながら、小さなミスも許されないお金を扱う業務もこなさなければならないのだ。

（中略）

　私の家族は家で私と一緒に過す時、あまり話をかけてこない。感情労働の仕事で疲れ切った私に気を使っているのだ。家族の前で笑顔も見せられない自分が嫌になる。お金をもらって仕事をしているかぎり、仕方がないことだと思いながらも、本当の私の姿とは違う姿で生きていかなければならないのだから。

（中略）

　ⓓ我々は、サービス業に従事している人の親切な態度に対する期待が大きすぎるのではないだろうか。笑顔が親切さを代弁するわけではない。場合によっては笑わずに話をしなければならない時もある。銀行は(注)メイド喫茶ではない。どんな場合でも優しくていねいに話し、低姿勢で接する必要はないと思う。私は銀行員や顧客センターの相談係りの自殺に関するニュースを聞く度に人ごととは思えない。ⓔ感情労働に携わる私たちに必要なのは法律的な保護ではなく、顧客や消費者のちょっとした配慮なのだ。

(注)メイド喫茶：メイド服を着た女性メイドによって給仕等が行われる飲食店のこと

[67] 筆者は、銀行員の仕事についてどう述べているのか。
1　他の職種より肉体的、精神的に大変である。
2　職場環境は悪くはないが、精神的に大変なことが多い。
3　業務の全てが感情の調節に関することである。
4　相手の感情を傷つけないように、いつも注意しなければならない。

[68] 筆者が述べている当然のことが指しているのは何か。
1　顧客に丁寧な話し方をしながら、無礼に行動しないこと
2　銀行にやってくる客たちに、どんな場合でも笑顔で応対すること
3　会話をする時、言い方とともに身振りにも注意を払うこと
4　速くて正確な計算とともに親切な態度を維持すること

69 この文章で、筆者が一番言いたいことは何か。

1 感情労働者を保護するための法律と勤務環境の改善が必要である。

2 サービス業に従事する人々に過度な親切を要求しないでほしい。

3 客や消費者も相手に親切な態度を取ることが重要である。

4 感情労働者に笑顔を強いることに対する法的規制が必要である。

다음 글을 읽고, 뒤의 물음에 대한 답으로 가장 알맞은 것을 1·2·3·4에서 하나 고르시오.

나는 같은 은행에서 10년 동안 일을 해 왔다. ⓐ여름에는 시원하고 겨울에는 따뜻한 은행에서 일하고 있는 것에 대해서 친구들로부터 부러움을 받고 있다. 하지만 은행원으로서의 일은 순탄하지만은 않다. 승무원, 간호 직업, 카운슬러, 콜 센터의 헬프 데스크 담당 등과 마찬가지로, 은행원의 일은 ⓑ정신적인 스트레스가 많은, 이른바 감정 노동자인 것이다. 업무의 40% 이상이 감정을 조절하고 있는 것이다. 손님과 직접 대면하는 경우가 많기 때문에 자신의 감정을 조금이라도 표면에 드러내지 않도록 항상 주의해야 한다.

얼마 전부터 스트레스로 인한 우울증이라고 진단을 받아서 병원에 다니고 있다. 모든 사람들이 자신의 감정을 솔직하게 표현할 수는 없겠지만, 은행의 상사로부터 요구되는 감정의 억제와 항상 웃는 얼굴을 유지해야만 하는 나의 삶이 너무나 비참하게 느껴졌다. 진심으로 웃었던 적이 언제인지조차 기억이 나지 않는다. ⓒ은행을 찾아오는 손님들에게 친절한 말투와 태도를 보이는 것은 당연한 것이지만, 자신의 동작, 행동의 모든 것까지 신경 써야 하는 것, 무슨 일이 있어도 웃는 얼굴을 유지해야 하는 것은 쉽지 않다. 이런 것들에 신경을 소모시키면서 작은 실수도 용납되지 않는 돈을 다루는 업무도 소화해야 하는 것이다.

(중략)

나의 가족들은 집에서 나와 함께 보낼 때, 그다지 말을 걸지 않는다. 감정 노동 일로 지쳐 버린 나에게 신경을 쓰고 있는 것이다. 가족 앞에서 웃는 얼굴도 보여줄 수 없는 자신이 싫어진다. 돈을 받고 일을 하고 있는 한 어쩔 수 없는 것이라고 생각하면서도, 진짜 나의 모습과는 다른 모습으로 살아가지 않으면 안 되는 것이니까.

(중략)

ⓓ우리들은 서비스업에 종사하는 사람들의 친절한 태도에 대한 기대가 너무 큰 것이 아닐까? 웃는 얼굴이 친절함을 대변하는 것은 아니다. 경우에 따라서는 웃지 않고 이야기를 해야 할 때도 있다. 은행은 (주)메이드 카페가 아니다. 어떤 경우에도 상냥하게 정중하게 이야기하고, 저자세로 대할 필요는 없다고 생각한다. 나는 은행원이나 고객 센터 상담원의 자살에 관한 뉴스를 들을 때마다 남의 일로 생각할 수 없다. ⓔ감동 노동에 종사하는 우리에게 필요한 것은 법률적인 보호가 아니라 고객이나 소비자의 사소한 배려인 것이다.

(주) 메이드 카페 : 메이드 옷을 입은 여성 메이드에 의해서 음식을 나르거나 식사 시중을 드는 것 등이 이루어지는 음식점을 말함

---

67 필자는 은행원의 일에 대해서 어떻게 말하고 있는가?

1 다른 직종보다 육체적, 정신적으로 힘들다.

2 직장 환경은 나쁘지 않지만, 정신적으로 힘든 일이 많다.

3 업무의 모든 것이 감정 조절에 관한 것이다.

4 상대방의 감정을 상하게 하지 않도록 항상 주의해야 한다.

68 필자가 말하고 있는 당연한 것이 가리키는 것은 무엇인가?

1 고객에게 정중한 말투를 사용하면서 무례하게 행동하지 않는 것

2 은행에 찾아오는 손님에게 어떤 경우라도 웃는 얼굴로 응대하는 것

3 대화를 할 때 말투와 함께 몸짓에도 주의를 기울이는 것

4 빠르고 정확한 계산과 함께 친절한 태도를 유지하는 것

69 이 글에서 필자가 가장 말하고 싶은 것은 무엇인가?

1 감정 노동자를 보호하기 위한 법률과 근무 환경 개선이 필요하다.

2 서비스업에 종사하는 사람들에게 과도한 친절을 요구하지 않았으면 좋겠다.

3 고객이나 소비자도 상대에게 친절한 태도를 취하는 것이 중요하다.

4 감정 노동자에게 웃는 얼굴을 강요하는 것에 대한 법적인 규제가 필요하다.

[풀이]

67 ⓐ 직장 내의 환경이 나빠지는 않지만 ⓑ 정신적인 스트레스가 많다고 한다. 이것으로부터 선택지 2번이 정답이라는 사실을 알 수 있다.

68 ⓒ 손님에게 친절한 말투와 태도를 보인다는 것이 당연하다고 하는 것에서, 선택지 1번이 정답이라는 사실을 확인할 수 있다. 선택지 2, 3, 4번은 당연한 것보다는 힘든 일이라고 필자는 생각하고 있기 때문에 정답이 될 수 없다.

69 ⓓ 필자는 서비스업에 종사하는 사람들에게 친절한 태도에 대한 요구가 지나치다고 주장하고 있다. 따라서 정답은 선택지 2번이다. ⓔ 선택지 1, 4번은 법적인 규제가 필요하다는 것이지만, 필자는 소비자의 사소한 배려를 더 원하고 있다는 것을 알 수 있기 때문에, 정답이 될 수 없다. 선택지 3번에 대한 언급은 없었기 때문에 정답이 아니다.

[단어]

～について ～에 대해서 | ～として ～로서 | 順調 순조 | 介護 간호, 돌봄 | 係り 담당, 관계 | 精神的 정신적 | いわゆる 소위, 이른바 | 感情 감정 | 労働者 노동자 | 業務 업무 | 対面 대면 | うつ病 우울증 | 素直に 솔직하게 | 表現 표현 | 求める 요구하다, 바라다 | 抑制 억제 | 笑顔 웃는 얼굴, 미소 | 惨め 비참함 | 思い出す 생각해 내다, 떠올리다 | 訪れる 방문하다, 찾아오다 | 態度 태도 | 動作 동작 | ふるまい 행동 | 気にする 신경 쓰다 | 維持 유지 | 扱う 다루다, 취급하다 | 従事 종사 | ～に対する ～에 대한 | 代弁 대변 | ～によって ～에 의해서, ～에 따라서 | ～度に ～할 때마다 | 法律 법률 | 保護 보호 | 消費者 소비자 | 職種 직종 | 肉体 육체 | 調節 조절 | 丁寧 정중함, 공손함 | 注意を払う 주의를 기울이다 | 正確 정확 | 計算 계산 | ～とともに ～와 함께 | 改善 개선 | 要求 요구 | 強いる 강요하다

問題 14

右のページは、あるアイスリンクの利用案内である。下の問いに対する答えとして、最もよいものを、1・2・3・4から一つ選びなさい。

70 マルアンさんは、今度の土曜日に妻、中学生、小学生の子供と一緒にアイスリンクを利用したいと思っている。子供たちは二人ともスケート靴を持っていて、滑走回数券を利用する予定だ。13時から16時まで家族みんなで滑走を利用する場合、料金はいくらになるか。

1 16,000円

2 13,200円

3 12,300円

4 11,700円

71 桜高校は、アイスリンクを貸切利用しようとしている。利用案内として合っているものはどれか。

1 貸切利用のためには、一週間前までに予約をしなければならない。

2 アイスリンクに入場後は、必ず手袋を着用しなければならない。

3 予約は一週間前までにするべきで、指示に従わなければ退場させられることもありうる。

4 撮影は事前に許可を受けるべきで、予約取り消しの場合にも料金が発生することがある。

アイスリンクのご利用案内

1. 営業時間

平日 07：00～17：00 　　土日祝日 09：00～16：00 　　夜間 18：00～06：00

2. 利用可能種目

フィギュアスケート、カーリング、アイスホッケー、ショートトラック

3. 利用料金

・滑走料金と滑走回数券は自動販売機でも購入可能です。
・団体は一週間、貸切利用は一ヶ月前までに館内の窓口にて予約及びお支払いをお願いいたします。

(1) 一般開放利用

対象	ⓐ滑走料金	ⓑ滑走回数券（11回）	団体料金	観覧料金	ⓒ貸靴料金
大人	800円	8,000円	600円	150円	300円
中高生	550円	5,500円	350円		
小学生以下	400円	4,000円	200円		

※ 未就学児の滑走は無料です。
※ 団体は十名以上で、学校、または桜市に登録されているサークルとします。
※ 団体予約のキャンセルは、ご利用日の三日前からキャンセル料金が発生します。

(2) 貸切利用

区分	時間	7時～14時	14時～17時	18時以降(夜間)
学校及びサークル	平日	12,000円	13,000円	10,000円
	土日・祝日	15,000円	16,000円	12,000円
その他	平日	35,000円	40,000円	25,000円
	土日・祝日	40,000円	50,000円	35,000円

※ ⓓ1ヶ月前までに予約が必要です。予約キャンセルの場合、ご利用日の五日前からキャンセル料金が発生します。
※ キャンセル料金の詳細については、電話、またはメールでお問い合わせください。

4. お客様へのお願い

・お子様、または初心者の方は、安全のためヘルメットをご着用ください。
・氷上では必ず手袋を着用してください。
・ⓔビデオカメラ、携帯電話等での撮影前に事務室で事前に許可を得てください。
・安全のため係員の指示に従ってください。指示に従っていただけない場合、退場していただくこともあります。

5. お問い合わせ

・電話でのお問い合わせ　　123-456-7890
・メールでのお問い合わせ　icelink@sakurasi.jp

오른쪽 페이지는 어떤 아이스링크 이용 안내이다. 아래 질문에 대한 대답으로 가장 알맞은 것을 1 · 2 · 3 · 4에서 하나 고르시오.

70 마르앙 씨는 이번 토요일에 아내와 중학생, 초등학생 자녀와 함께 아이스링크를 이용하고 싶다고 생각하고 있다. 아이들은 둘 다 스케이트 신발을 가지고 있고, 활주 회수권을 이용할 예정이다. 13시부터 16시까지 가족 모두 활주를 이용할 경우, 요금은 얼마가 되는가?

1 16,000엔

2 13,200엔

3 12,300엔

4 11,700엔

71 사쿠라 고등학교는 아이스링크를 대절 이용하려고 하고 있다. 이용 안내로 맞는 것은 어느 것인가?

1 대절 이용을 위해서는 1주일 전까지 예약을 해야 한다.

2 아이스링크에 입장 후에는 반드시 장갑을 착용해야 한다.

3 예약은 1주일 전까지 해야 하고, 지시에 따르지 않으면 퇴장당할 수도 있다.

4 촬영은 미리 허가를 받아야 하고, 예약 취소의 경우에도 요금이 발생하는 경우가 있다.

아이스링크 이용안내

1. 영업 시간
평일 07:00~17:00   토일, 국경일 09:00~16:00   야간 18:00~06:00

2. 이용 가능 종목
피겨스케이트, 컬링, 아이스하키, 쇼트트랙

3. 이용 요금
- 활주 요금과 활주 회수권은 자동판매기에서도 구매 가능합니다.
- 단체는 1주일, 대절 이용은 1개월 전까지 관내 창구에서 예약 및 지불을 부탁드립니다.

(1) 일반 개방 이용

대상	ⓐ활주 요금	ⓑ활주 회수권 (11회)	단체 요금	관람 요금	ⓒ신발대여 요금
어른	800엔	8,000엔	600엔	150엔	300엔
중고생	550엔	5,500엔	350엔		
초등학생 이하	400엔	4,000엔	200엔		

※ 미취학 아동의 활주는 무료입니다.
※ 단체는 10명이상으로, 학교 또는 사쿠라시에 등록되어 있는 동호회로 합니다.
※ 단체 예약 취소는 이용일 3일 전부터 취소 요금이 발생합니다.

(2) 대절 이용

구분	시간	7시~14시	14시~17시	18시 이후 (야간)
학교 및 동호회	평일	12,000엔	13,000엔	10,000엔
	토일 · 국경일	15,000엔	16,000엔	12,000엔
그 외	평일	35,000엔	40,000엔	25,000엔
	토일 · 국경일	40,000엔	50,000엔	35,000엔

※ ⓓ1개월 이전의 예약이 필요합니다. 예약 취소의 경우, 이용일 5일 전부터 취소 요금이 발생합니다.

※ 자세한 취소 요금에 대해서는 전화 또는 메일로 문의 부탁드립니다.

4. 고객님께 드리는 부탁

- 어린이 또는 초보자 분들은 안전을 위해서 헬멧을 착용해 주세요.
- 빙상에서는 반드시 장갑을 착용해 주세요.
- ⓔ비디오 카메라, 휴대전화 등의 촬영 전에 사무실에서 미리 허가를 받아 주세요.
- 안전을 위해서 담당자의 지시를 따라 주세요. 지시에 따르지 않으실 경우, 퇴장하실 수도 있습니다.

5. 문의

- 전화 문의   123-456-7890
- 메일 문의   icelink@sakurasi.jp

[풀이]

70 ⓐ 성인 2명 활주 요금 (1,600엔) + ⓑ 중학생 활주 회수권 (5,500엔) + 초등학생 활주 회수권 (4,000엔) + ⓒ 성인 2명 신발 대여 요금(600엔) = 11,700엔이므로, 정답은 선택지 4번이다.

71 ⓓ 이용일 5일 전부터는 취소 요금이 발생한다고 하고, 비디오 카메라나 휴대전화로 촬영 전에는 사무실에서 미리 허가를 받아야 한다고 말하고 있다. 따라서 정답은 선택지 4번이다. 학교의 대절 이용의 경우, 예약은 1개월 전에 해야 한다. 또, 아이스링크에 입장하면 장갑을 착용하는 것이 아니고, 빙상에서는 반드시 장갑을 착용하라고 말하고 있다. 따라서 선택지 1번, 2번, 3번은 정답이 아니다.

[단어]

滑走 활주 | 回数券 회수권 | 貸切 대절, 전세 | 入場 입장 | 手袋 장갑 | 着用 착용 | 指示 지시 | 従う 따르다 | 退場 퇴장 | 撮影 촬영 | 許可 허가 | 取り消し 취소 | 発生 발생 | 営業 영업 | 平日 평일 | 祝日 경축일, 국경일 | 種目 종목 | 自動販売機 자동판매기 | 購入 구입 | 団体 단체 | 窓口 창구 | ～にて ～에서, ～로 | 及び 및, 또 | 支払う 지불하다 | 一般 일반 | 開放 개방 | 対象 대상 | 観覧 관람 | 未就学児 미취학 아동 | 登録 등록 | 区分 구분 | 以降 이후 | 詳細 상세 | ～について ～에 대해서 | 問い合わせる 문의하다, 조회하다 | 初心者 초심자, 초보자 | 氷上 빙상 | 等 등 | 得る 얻다 | 係員 계원, 담당자

問題 1

問題１では、まず質問を聞いてください。それから話を聞いて、問題用紙の１から４の中から、最もよいものを一つ選んでください。

문제 1에서는 우선 질문을 들어 주세요. 그리고 이야기를 듣고 문제 용지의 1에서 4 중에서 가장 알맞은 것을 하나 고르세요.

例

大学で男の人と女の人が話しています。男の人は、このあとすぐ何をしますか。	대학교에서 남자와 여자가 이야기하고 있습니다. 남자는 이후에 바로 무엇을 합니까?
M 今少しいい？ 今回のクラス発表会の準備をそろそろ始めないと。	M 지금 잠깐 시간 괜찮아? 이번 클래스 발표회 준비를 슬슬 시작해야 하는데.
F そうね。後１週間しかないからね。	F 그러네. 앞으로 1주일밖에 없으니까.
M とりあえず、発表は田中君だね。	M 우선, 발표는 다나카 군이네.
F うん。それはみんなで決めたから。田中君に電話してね。	F 응. 그건 모두가 정한 거니까. 다나카 군에게 전화해 줘.
M うん。今日連絡する。	M 응. 오늘 연락할게.
F 後は椅子とか飲み物の準備だよね。	F 나머지는 의자나 음료수 준비구나.
M ⓐ椅子はこの前、学校の事務課に頼んでおいたから大丈夫。	M ⓐ의자는 지난번에 학교 사무과에 부탁해 두었으니까 괜찮아.
F あとは、ⓑ買い物だけね。これは急がなくてもいいわね。あ、人数は？ 参加者のみんなにメール送ったでしょ？	F 그리고, ⓑ쇼핑하는 것뿐이네. 이건 서두르지 않아도 돼. 아, 인원수는? 참가자 모두에게 메일 보냈지?
M あっ！ ごめん。忘れてた！	M 앗! 미안. 잊고 있었어!
F え！ ⓒこれは急がないと。田中君にはあたしから連絡するわ。	F 뭐! ⓒ이건 서두르지 않으면 안 돼. 다나카 군에게는 내가 연락할게.
M うん、分かった。	M 응, 알겠어.
男の人は、このあとすぐ何をしますか。	**남자는 이후에 바로 무엇을 합니까?**
1 飲み物を買いに行く	1 음료수를 사러 간다
2 椅子のチェックをする	2 의자 체크를 한다
3 参加者にメールを送る	3 참가자에게 메일을 보낸다
4 田中君に連絡する	4 다나카 군에게 연락한다

[풀이]

ⓐ 의자 준비는 괜찮다고 하고, ⓑ 물건을 사는 것도 서두르지 않아도 괜찮다고 말하고 있다. 따라서 선택지 1, 2번은 정답이 아니다. ⓒ 참가자들에게 메일을 보내는 것을 잊어버려서, 남자가 해야 할 것은 선택지 3번이다. ⓓ 다나카 군에게 연락하는 것은 여자가 하겠다고 했기 때문에 선택지 4번도 정답이 아니다.

[단어]

発表会 발표회 | そろそろ 슬슬 | 事務 사무 | ~ておく ~해 두다 | ~なくてもいい ~하지 않아도 좋다 | 参加者 참가자

1番

会社で、女の人と部長が話しています。女の人はこの後、何をしますか。	회사에서 여자와 남자가 이야기하고 있습니다. 여자는 이후에 무엇을 합니까?
F 部長、来月発売予定の新製品の説明書を作ってみましたが、一度見ていただけますか。	F 부장님, 다음달에 발매 예정인 신제품의 설명서를 만들어 봤는데요, 한번 봐 주실 수 있을까요?
M えーと、どれどれ？ 図の説明がはっきりしているし、分かりやすくていいと思うよ。でも、ⓐ図の下に一行くらい文字の説明も必要なんじゃないかな。念のためにね。	M 음, 어디 보자. 그림 설명이 명확하고, 알기 쉬워서 좋은 것 같군. 근데, ⓐ그림 밑에 한 줄 정도 글자로 된 설명도 필요하지 않을까? 만일을 위해서 말이지.
F ⓑ分かりました。前の商品の説明書とは違って今回は少し枚数を減らしてみましたが、大丈夫でしょうか。	F ⓑ알겠습니다. 이전 상품의 설명서와는 다르게 이번에는 조금 장수를 줄여 보았는데, 괜찮을까요?
M うーん、実は僕も説明書の内容が多すぎると、読みたくなくなるんだよね。特に説明書の字は小さすぎてよく見えないし、少し読むだけでもストレスになりやすいからね。	M 음, 사실은 나도 설명서의 내용이 너무 많으면, 읽기 싫어지거든. 특히 설명서의 글씨는 너무 작아서 잘 안 보이기도 하고, 잠깐 읽는 것만으로도 스트레스가 되기 쉬우니까.
F では、字をもう少し大きくしましょうか。	F 그럼, 글씨를 조금 더 크게 할까요?
M いや、そうなるとまた枚数が増えてしまうからなあ。このくらいなら、商品をご購入してくださる方々にもよく読んでいただけると思うよ。	M 아니야. 그렇게 되면 또 장수가 늘어나 버리니까 말이야. 이 정도라면 제품을 구매해 주시는 분들도 잘 읽어 보실 수 있을 거야.
F 分かりました。以前の製品との違いを示すこの表には、変更する内容があるのでしょうか。	F 알겠습니다. 이전 제품과의 차이를 나타내는 이 표에는 변경할 내용이 있을까요?
M 二つの製品の違いについて分かりやすくなっていると思うから、問題ないんじゃないかな。よくできているよ。	M 두 제품에 차이에 대해서 알기 쉽게 되어 있으니, 문제없지 않을까? 잘 되어 있어.
F ありがとうございます。では、これで進めていきたいと思います。	F 감사합니다. 그럼, 이걸로 진행하도록 하겠습니다.
M うん、よろしく頼むね。	M 응, 잘 부탁해.
女の人はこの後、何をしますか。	여자는 이후에 무엇을 해야 합니까?

1 図の部分を修正する	1 그림 부분을 수정한다
2 説明書の枚数を減らす	2 설명서의 장수를 줄인다
3 字を大きくする	3 글씨를 크게 한다
4 表の部分を修正する	4 표 부분을 수정한다

[풀이]

ⓐ 만약을 위해서 그림 밑에 한 줄 정도 설명이 필요하다고 말하고 있고, ⓑ 여자도 알겠다고 말하고 있다. 따라서 정답은 선택지 1번이다.

[단어]

発売 발매 | 新製品 신제품 | 説明書 설명서 | 図 그림 | 行 행, 줄 | 念のため 만일을 위해서 | 枚数 장수 | 減らす 줄이다 | ~すぎる 지나치게 ~하다 | ~やすい ~하기 쉽다, 편하다 | 増える 늘다, 늘어나다 | 購入 구입 | 示す 보이다 | 変更 변경 | 進める 나아가다, 진행하다 | 修正 수정

2番

会社で男性社員と課長が話しています。男性社員は、このあとすぐ何をしなければなりませんか。	회사에서 남자 사원과 과장이 이야기하고 있습니다. 남자 사원은 이후에 바로 무엇을 해야 합니까?
M 課長、山田商事とのミーティングのセッティング、終わりました。これが資料です。	M 과장님, 야마다 상사와의 미팅 세팅, 끝났습니다. 이게 자료입니다.
F ああ、ご苦労さま。あれ? 場所は2階じゃなかった? この資料には3階って書いてあるけど。	F 아, 수고했어요. 응? 장소는 2층 아니었나? 이 자료에는 3층으로 적혀 있는데.
M ああ、すいません。ⓐすぐ訂正してもう一度コピーします。	M 아, 죄송합니다. ⓐ바로 정정해서 다시 한 번 복사하겠습니다.
F あと1時間しかないから、急いでね。それから、簡単な飲み物は準備しておいてくれた?	F 앞으로 1시간밖에 남지 않았으니 서둘러 줘. 그리고 간단한 음료수는 준비해 두었어?
M はい、2階の会議室に1人1本ずつ、ジュースを置いておきました。	M 네, 2층 회의실에 한 사람 한 병씩, 주스를 놓아 두었습니다.
F そう? ジュースが苦手な人がいるかも知れないから、ミネラルウォーターも1本ずつ置いといたほうがいいわね。	F 그래? 주스가 거북한 사람이 있을지도 모르니까 생수도 한 병씩 자리에 놓아 두는 것이 좋겠네.
M はい、分かりました。今すぐ買ってきます。	M 네, 알겠습니다. 지금 바로 사 오겠습니다.
F ああ、ⓑそれは今こっちに向かってる木村君に頼むから、まずこの資料を直したあと、一緒に2階へ行きましょう。	F 아, ⓑ그건 지금 여기로 오고 있는 기무라 군에게 부탁할 테니, 먼저 이 자료부터 고친 후 같이 2층으로 가요.
M はい、承知しました。どうもすいません。	M 네, 알겠습니다. 정말 죄송합니다.
男性社員は、このあとすぐ何をしなければなりませんか。	남자 사원은 이후에 바로 무엇을 해야 합니까?

1 資料を修正する
2 水を買いに行く
3 同僚に連絡する
4 会議室に行く

1 자료를 수정한다
2 물을 사러 간다
3 동료에게 연락한다
4 회의실에 간다

[풀이]

ⓐ 자료를 수정해서 복사를 해야 한다고 말하고 있다. 따라서 정답은 선택지 1번이다. ⓑ 물은 다른 사원에게 부탁한다고 부장이 말하고 있고, 남자는 자료를 고친 후에 부장과 함께 회의실로 가는 것이다. 따라서 선택지 2, 3, 4번은 정답이 될 수 없다.

[단어]

商事 상사 | 資料 자료 | ご苦労さま 수고하셨습니다 | ~てある ~되어 있다 | 訂正 정정 | 直す 고치다 | 承知 알아들음, 승낙 | 修正 수정 | 同僚 동료

3番

大学で女の学生と受付の係りの人が話しています。女の学生は、このあとすぐ何をしなければなりませんか。	대학에서 여학생과 접수처 직원이 이야기하고 있습니다. 여학생은 이후에 바로 무엇을 해야 합니까?
F すいません。「夏休み英会話コース」を受講したいんですけど、どうやって申し込めばいいんですか。	F 실례합니다. '여름 방학 영어 회화 코스'를 수강하고 싶은데, 어떻게 신청하면 될까요?
M 「夏休み英会話コース」の受講希望ですね。4週間コースと8週間コースがありますけど、どっちのコースをご希望ですか。	M '여름 방학 영어 회화 코스' 수강 희망이시군요. 4주 코스와 8주 코스가 있는데, 어느 쪽을 희망하시나요?
F え、コースが2つあるんですか。じゃあ、受講料はどうなるんですか。	F 앗, 코스가 두 개 있나요? 그럼, 수강료는 어떻게 되나요?
M 4週間のは1万円、8週間のは1万8千円です。	M 4주는 1만 엔, 8주는 1만 8천 엔입니다.
F そうですか。じゃあ、4週間のコースにします。申し込みはここでできるんですか。	F 그렇군요. 그럼, 4주 코스로 할게요. 신청은 여기에서 할 수 있나요?
M はい、できます。ⓐまず、この用紙に必要事項を記入してください。学生証は持ってますか。	M 네, 가능합니다. ⓐ우선, 이 용지에 필요 사항을 기입해 주세요. 학생증은 갖고 있나요?
F ああ、ⓑ学生証はロッカーに置いてきちゃったんで、今持ってきます。	F 아, ⓑ학생증은 사물함에 두고 와 버려서, 지금 가지고 오겠습니다.
M ええ、お願いします。ああ、ⓒ記入した書類を先にもらえれば、早く終わりますよ。あと、ⓓ受講料は、講座開始の2週間前までに所定の口座に振り込んでください。	M 네, 부탁 드립니다. 아, ⓒ기입한 서류를 먼저 받을 수 있다면 빨리 끝날 수 있습니다. 그리고 ⓓ수강료는 강좌 개시 2주 전까지 소정의 계좌로 입금해 주세요.
F はい、分かりました。ということは、銀行にも行かなくちゃならないんですね。	F 네, 알겠습니다. 그렇다는 것은 은행에도 가지 않으면 안 되겠네요.

女の学生は、このあとすぐ何をしなければなりませんか。

1 アルバイトをしに行く
2 申し込み用紙に記入する
3 学生証を取りに行く
4 振り込みしに銀行へ行く

여학생은 이후에 바로 무엇을 해야 합니까?

1 아르바이트를 하러 간다
2 신청 용지에 기입한다
3 학생증을 가지러 간다
4 입금하러 은행에 간다

[풀이]

ⓐ 여자는 신청 용지에 필요한 내용을 기입해야 하고, ⓑ 학생증을 가지러 가야 한다. ⓒ 학생증을 가지러 가기 전에 서류를 먼저 제출하면 빨리 끝날 수 있다고 하고 있다. 따라서 선택지 3번은 정답이 될 수 없고, 선택지 2번이 정답이다. ⓓ 은행에 가는 것은 지금 당장 해야 할 일이 아니기 때문에 선택지 4번은 정답이 아니고, 선택지 1번에 대한 언급은 없었다.

[단어]

受付 접수(처) | 係り 담당. 계원 | 受講 수강 | 申し込む 신청하다 | 希望 희망 | 用紙 용지 | 必要 필요 | 事項 사항 | 記入 기입 | ~ちゃう ~해 버리다 | 書類 서류 | 開始 개시 | 所定 소정 | 口座 계좌 | 振り込む 납입하다. 입금하다

4番

大学で先生が授業で話しています。この授業の学生はこれから何をしますか。

F 先週の授業では、期末試験に代わってレポートを提出しなければならないとお知らせしました。「変化の激しい現代社会における大学の役割」がそのテーマで、提出締切まであと3週間です。グループで発表し、メンバーの皆の意見が入っていなければなりません。なお、他者の思想や意見は参考にのみ活用してください。ⓐ参考文献とグループメンバーに関しては、今配る紙に書いてあります。学校の図書館を利用すれば、十分な資料を見つけることができるでしょう。

대학에서 선생님이 수업에서 이야기하고 있습니다. 이 수업의 학생은 지금부터 무엇을 합니까?

F 지난주 수업에서는 기말시험을 대신해 리포트를 제출해야 한다고 공지를 했습니다. '변화가 심한 현대사회에서의 대학의 역할'이 그 테마이고, 제출 마감일까지 앞으로 3주입니다. 그룹으로 발표하고, 멤버 모두의 의견이 들어가 있어야 합니다. 또한, 다른 사람의 사상이나 의견은 참고로만 활용해 주세요. ⓐ 참고 문헌과 그룹 멤버에 관해서는 지금 나눠 줄 종이에 써 있습니다. 학교 도서관을 이용하면 충분한 자료를 찾을 수 있을 겁니다.

この授業の学生はこれから何をしますか。

1 期末試験とレポートを準備する
2 レポートのテーマを決める
3 参考文献とグループを確認する
4 図書館で参考文献を探す

이 수업의 학생은 지금부터 무엇을 합니까?

1 기말시험과 리포트를 준비한다
2 리포트의 테마를 정한다
3 참고 문헌과 그룹을 확인한다
4 도서관에서 참고 문헌을 찾는다

[풀이]

ⓐ 참고 문헌과 그룹은 지금부터 나눠 줄 종이에 써 있다고 말하고 있다. 따라서 정답은 선택지 3번이다.

[단어]

授業 수업 | ～に代わって ～를 대신해서 | 提出 제출 | 変化 변화 | 激しい 거세다. 격렬하다 | 現代 현대 | 社会 사회 | ～における ～에서의, ～에 있어서의 | 役割 역할 | 締切 마감 | 発表 발표 | 他者 다른 사람 | 思想 사상 | 参考 참고 | 活用 활용 | 文献 문헌 | ～に関して ～에 관해서 | 配る 나누어 주다 | 資料 자료 | 見つける 찾아내다, 발견하다 | 探す 찾다

5番

駅の窓口で男の人が電車の切符を買おうとしています。男の人は、どの切符を買いますか。	역 창구에서 남자가 전철 표를 사려고 하고 있습니다. 남자는 어느 표를 삽니까?
M あのう、ⓐ名古屋駅に1時までに行きたいんですが。どの切符を買えばいいんですか。	M 저기, ⓐ나고야 역에 1시까지 가고 싶은데요. 어느 표를 사면 될까요?
F 名古屋駅ですね。まず、お急ぎでしたら、特急や急行をご利用になるといいと思います。ⓑ名古屋駅まで特急は30分、急行は40分くらいかかります。急行は途中で乗り換えなければならないのでご注意ください。	F 나고야 역이군요. 먼저 서두르신다면, 특급이나 급행을 이용하시는 것이 좋을 것 같습니다. ⓑ나고야 역까지 특급은 30분, 급행은 40분 정도 걸립니다. 급행은 중간에 갈아타야 하니 주의하세요.
M 今12時10分前だから、時間は両方とも大丈夫ですね。ⓒ乗り換えの場合は、間違えたことが何度かあるので、やめときます。	M 지금 12시 10분 전이니까 시간은 둘 다 괜찮네요. ⓒ환승의 경우에는 실수한 적이 몇 번인가 있어서 그만둘게요.
F あ、ⓓ準急も1時間で名古屋駅に着きますよ。今すぐホームにお向かいになれば、ご乗車できます。普通列車は1時間20分ほどかかりますので、今回はご利用いただけません。	F 아, ⓓ준급도 1시간이면 나고야 역에 도착합니다. 지금 바로 승강장으로 가시면 승차하실 수 있습니다. 보통 열차는 1시간 20분 정도 걸리기 때문에 이번에는 이용하실 수 없습니다.
M あ、いろいろあるんですね。ⓔでも少し余裕を持って到着したいから、やっぱり早いのを利用します。	M 아, 여러가지 있군요. ⓔ그래도 조금 여유 있게 도착하고 싶으니까, 역시 빠른 것을 이용할게요.
F 分かりました。ⓕ指定席と自由席のどちらになさいますか。	F 알겠습니다. ⓕ지정석과 자유석 중 어느 것으로 하시겠습니까?
M えーと。ⓖ思ったより人が多そうだし、もっと快適に行きたいから…。じゃあ、これにします。	M 음. ⓖ생각보다 사람이 많은 것 같고, 좀더 쾌적하게 가고 싶으니까…. 그럼, 이걸로 할게요.
男の人は、どの切符を買いますか。	남자는 어느 표를 삽니까?
1 特急 指定席	1 특급 지정석
2 特急 自由席	2 특급 자유석
3 急行 指定席	3 급행 지정석
4 準急 自由席	4 준급 자유석

[풀이]

ⓐ 나고야 역에 1시까지 가야 하는데 ⓑ 특급은 30분, 급행은 40분 걸리지만, ⓒ 환승을 해야 하는 급행은 포기한다고 한다. ⓓ 준급도 지금 바로 승강장으로 가면 1시까지 갈 수 있지만, ⓔ 조금 여유 있게 도착하고 싶다고 말하고 있다. ⓕ 지정석과 자유석 중에서 ⓖ 쾌적하게 가고 싶다고 말하고 있기 때문에 정답은 선택지 1번이다.

[단어]

窓口 창구 | 切符 표, 티켓 | 特急 특급 | 急行 급행 | 乗り換える 갈아타다, 환승하다 | 注意 주의 | 間違える 잘못하다, 실수하다 | 準急 준급행 | 着く 도착하다 | 向かう 향하다 | 乗車 승차 | 普通 보통 | 余裕 여유 | 指定席 지정석 | 自由席 자유석 | 快適 쾌적

問題 2

問題 2 では、まず質問を聞いてください。そのあと、問題用紙のせんたくしを読んでください。読む時間があります。それから話を聞いて、問題用紙の 1 から 4 の中から、最もよいものを一つ選んでください。

문제 2에서는 우선 질문을 들어 주세요. 그 다음 문제 용지의 선택지를 읽어 주세요. 읽을 시간이 있습니다. 그리고 나서 이야기를 듣고 문제 용지의 1에서 4 중에서 가장 알맞은 것을 하나 고르세요.

例

男の学生と女の学生が話しています。女の学生は、どうして公園の前の店がいいと言っていますか。	남학생과 여학생이 이야기하고 있습니다. 여학생은 왜 공원 앞의 가게가 좋다고 말하고 있습니까?
F おはよう。	F 안녕.
M おお、アイリさん。おはよう。	M 오오, 아이리 씨. 안녕.
F ね、知ってる? 公園の前に新しいカフェができたのよ。	F 저기, 알고 있어? 공원 앞에 새로운 카페가 생겼어.
M カフェ? 僕はあんまりコーヒー好きじゃないから。	M 카페? 나는 별로 커피 좋아하지 않아서.
F そのカフェは食事もできるよ。昨日食べたオムライスは最高だったわ。	F 그 카페는 식사도 할 수 있어. 어제 먹은 오므라이스는 최고였지.
M へえ。いろいろメニューがあるんだね。コーヒーの味はどう?	M 와. 여러 가지 메뉴가 있네. 커피 맛은 어때?
F ⓐコーヒーの味? それは他とあまり変わらないんじゃない? でも、ⓑオムライスが美味しいカフェは珍しいわよ。	F ⓐ커피 맛? 그건 다른 곳과 별로 차이가 없지 않을까? 하지만, ⓑ오므라이스가 맛있는 카페는 드물지.
M そっか。公園の前だから静かで雰囲気はいいんだろうな。僕も行ってみようかな。雰囲気のいい店が好きだから。	M 그런가? 공원 앞이라 조용하고 분위기는 좋겠네. 나도 가 볼까? 분위기 좋은 가게를 좋아해서.
F 雰囲気ね。そこは、有名な所で、いつも人がいっぱいだから、ⓒ雰囲気がいいとはいえないわね。	F 분위기 말이지. 거기는 유명한 곳이라 항상 사람이 엄청 많아서 ⓒ분위기가 좋다고는 할 수 없어.
M えっ! そうなんだ…。	M 앗! 그렇구나….

F ⓐ駅の裏に人が少なくて雰囲気もいい店があるわ
　よ。オムライスはないけどね。

M もういいよ、オムライスは！

**女の学生は、どうして公園の前の店がいいと言って
いますか。**

1　コーヒーがおいしいから

2　食べ物がおいしいから

3　静かな店だから

4　雰囲気がいいから

F ⓐ역 뒤에 사람이 적고 분위기도 좋은 가게가 있어. 오므
　라이스는 없지만.

M 이제 됐어, 오므라이스는!

여학생은 왜 공원 앞의 가게가 좋다고 말하고 있습니까?

1　커피가 맛있기 때문에

2　음식이 맛있기 때문에

3　조용한 가게이기 때문에

4　분위기가 좋기 때문에

[풀이]

ⓐ 커피는 다른 곳과 별로 차이가 없다는 내용에서 선택지 1번이 정답이 아니라는 사실을 알 수 있다. ⓑ 음식이 맛있는 가게에 대
해서는 긍정적으로 생각하고 있다. ⓒ 분위기가 좋은 곳도 아니고 ⓓ 사람이 적은 가게는 다른 곳에 있다고 말하고 있기 때문에, 선
택지 3, 4번도 정답은 아니다. 따라서 정답은 선택지 2번이다.

[단어]

食事 식사 | 最高 최고 | 珍しい 드물다, 희귀하다 | 雰囲気 분위기 | 裏 뒤(쪽)

1番

**会社で女の人と男の人が話しています。女の人は何
が一番よかったと言っていますか。**

M 中島さん、先週の新製品説明会、本当良かった
　よ。お疲れ様。

F あ、ありがとうございます。皆のおかげです。会
　社の方々にいろいろ助けてもらいましたから。

M それでも今回の説明会のために中島さんが資料の
　準備から始めて半年以上苦労したことを知らない
　人はいないよ。社長もすっごく喜んでいたし。

F あ、そうでしたか。それはよかったです、本当に。

M しかも成功裏に終わったからもっと嬉しいだろう
　ね。今週は、取引先の会社とお客さんから新製品
　に関する問い合わせですごく忙しかったよ。中島
　さんの素晴らしい発表のおかげでね。久しぶりに
　会社全体が浮かれている感じなんだから。

F いえ、とんでもないです。ⓐすでに終わったとい
　う安心感が何よりもいいですね。

**회사에서 여자와 남자가 이야기하고 있습니다. 여자는 뭐가 가
장 좋았다고 말하고 있습니까?**

M 나카시마 씨, 지난주 신제품 설명회 정말 좋았어. 수고
　많았어.

F 아, 감사합니다. 모두의 덕분이에요. 회사 분들에게 여러
　가지 도움을 받았거든요.

M 그래도 이번 설명회를 위해 나카시마 씨가 자료 준비부
　터 시작해서 반 년 넘게 고생했다는 것을 모르는 사람은
　없지. 사장님도 너무 좋아하셨고.

F 아, 그랬군요. 그거 다행이네요, 정말.

M 게다가 성공리에 끝나서 더 기쁘겠네. 이번 주는 거래처
　회사와 손님들에게서 신제품에 대한 문의로 엄청 바빴
　어. 나카시마 씨의 멋진 발표 덕분에. 오랜만에 회사 전
　체가 들뜬 느낌이라니까.

F 아니요, 당치도 않습니다. ⓐ이제 끝났다는 안심감이 무
　엇보다 좋네요.

M ハハハ。そうかもしれないね。次の発表もよろしくね。	M 하하하. 그럴 수도 있겠네. 다음 발표도 잘 부탁해.

女の人は何が一番よかったと言っていますか。	여자는 뭐가 가장 좋다고 말하고 있습니까?

1 多くの人に助けてもらったこと	1 많은 사람들에게 도움을 받은 것
2 発表がうまく終わって社長が喜んだこと	2 발표를 잘 끝나서 사장님이 기뻐했던 것
3 取引先の会社の反応が良かったこと	3 거래처 회사의 반응이 좋았던 것
4 発表が終わってほっとしていること	4 발표가 끝나서 안심하고 있는 것

[풀이]

ⓐ 이제 끝났다는 안심감이 무엇보다 좋다고 말하고 있기 때문에, 정답은 선택지 4번이다.

[단어]

新製品 신제품 | 説明会 설명회 | おかげ 덕분, 덕택 | 助ける 돕다, 구조하다 | 資料 자료 | 苦労 노고, 고생 | 喜ぶ 기뻐하다 | 成功裏 성공리 | 嬉しい 기쁘다 | 取引先 거래처 | ～に関する ～에 관한 | 問い合わせ 문의, 조회 | 素晴らしい 훌륭하다, 멋지다 | 浮かれる 들뜨다, 신이 나다 | とんでもない 당치도 않다, 터무니 없다 | 何より 무엇보다 | 反応 반응 | ほっとする 안심하다

2番

女の人と男の人が昨日見た映画について話しています。女の人が、この映画が良かったと言った一番の理由は何ですか。女の人です。	여자와 남자가 어제 본 영화에 대해서 이야기하고 있습니다. 여자가 이 영화가 좋았다고 말한 가장 큰 이유는 무엇입니까? 여자입니다.
F 昨日見た映画本当に良かったよね。今でも余韻が抜けないね。	F 어제 본 영화 정말 좋았지? 지금도 여운이 가시지 않네.
M うん。本当に面白かった。斬新なストーリーもよかったし。	M 응. 정말 재밌었지. 참신한 스토리도 좋았고.
F どうやったらあんなセリフが書けるのかな。何かいろんなことを考えさせられた映画だったと思う。期待せずに見た映画だったのに、こんなにいいとは思わなかったね。	F 어떻게 하면 그런 대사를 쓸 수 있을까? 뭔가 여러가지를 생각하게 만든 영화였던 것 같아. 기대 없이 본 영화였는데 이렇게 좋을 줄은 몰랐네.
M そうだね。話題の映画ではなかったけどね。	M 그러게. 화제의 영화는 아니었는데 말이지.
F うん、やっぱり個人差があるから、好みというのは。ⓐ主人公の重要なセリフのたびに流れる音楽が最高の醍醐味だったわ。あ、俳優の演技力も映画への没入感に一役買っていたよね。有名な俳優じゃなかったけど。	F 응, 역시 개인차가 있으니까, 취향이라는 건. ⓐ주인공의 중요한 대사 때마다 흘러나오는 음악이 최고의 묘미였어. 아, 배우들의 연기력도 영화의 몰입감에 한 몫 했지. 유명한 배우들은 아니었지만.

M 僕はその俳優が誰なのか、今日検索してみようと思う。クライマックスのシーンで出てきた、主人公の相手役のセリフが最高だったと思う。昨日から今までそのシーンが忘れられないよ。	M 나는 그 배우가 누구인지 오늘 검색해 보려고. 클라이맥스 장면에서 나온 주인공의 상대역의 대사가 최고였던 것 같아. 어제부터 지금까지 그 장면이 잊혀 지지 않아.
女の人が、この映画が良かったと言った一番の理由は何ですか。	여자가 이 영화가 좋았다고 말한 가장 큰 이유는 무엇입니까?

1 ユニークなストーリー	1 유니크한 스토리
2 映画音楽	2 영화 음악
3 俳優の演技力	3 배우의 연기력
4 映画のセリフ	4 영화 대사

[풀이]

ⓐ 여자는 주인공의 중요한 대사 때마다 흘러나오는 음악의 최고였다고 말하고 있다. 따라서 정답은 선택지 2번이다.

[단어]

～について ～에 대해서 | 余韻 여운 | 抜ける 빠지다, 없어지다 | 斬新 참신 | セリフ 대사 | 期待 기대 | ～ずに ～하지 않고 | ～のに ～인데, ~텐데 | 話題 화제 | 個人 개인 | 差 차, 차이 | 好み 기호, 취향 | 主人公 주인공 | 流れる 흐르다 | 醍醐味 묘미, 참맛 | 俳優 배우 | 演技力 연기력 | 没入 몰입 | 一役買う 한 몫 하다, 한 가지 역할을 하다 | 検索 검색 | 相手 상대(방)

3番

大学で男子学生と女子学生が話しています。男子学生は、どうして先生になりたいと言っていますか。	대학에서 남학생과 여학생이 이야기하고 있습니다. 남학생은 왜 선생님이 되고 싶다고 말하고 있습니까?
F おはよう。	F 안녕.
M ああ、おはよう。	M 아, 안녕.
F 何の勉強してるの？ 試験終わったのに。	F 무슨 공부하고 있는 거야? 시험 끝났는데.
M 実は、資格を取る勉強をしてるんだ。先生になりたいと思って。	M 실은, 자격증 따는 공부를 하고 있어. 선생님이 되고 싶어서.
F 本当？ いよいよ進路を決めたんだね。物理の先生になろうなんて、すごいじゃない。	F 정말? 드디어 진로를 정했구나. 물리 선생님이 되려고 하다니, 대단한데.
M この前友達と一緒に勉強していたときに、分からないところを教えてあげたんだけど、そのとき、ⓐ教えるのって楽しいなって感じたんだ。おかげで友達も成績が上がったって言ってた。ああ、物理じゃなくて数学の先生になりたいんだ。	M 지난번에 친구와 함께 공부하고 있었을 때, 모르는 부분을 알려줬는데, 그때 ⓐ가르치는 것이 재미있다고 느꼈어. 덕분에 친구도 성적이 올랐다고 하더라고. 아, 물리가 아니라 수학 선생님이 되고 싶어.
F 数学？ 専攻と違うことを教えようと思ってるの？	F 수학? 전공과 다른 것을 가르치려고 하는 거야?

M うん、ⓑ実は物理より数学のほうが好きなんだ。それに、ⓒ何よりも僕にとって学校は楽しいところだし、先生になれば、卒業してもずっと学校にいられるからね。

F なるほどね。ⓓ昔から勉強好きだったから、合ってるかもね。頑張って。

M 응, ⓑ사실은 물리보다 수학을 더 좋아해. 게다가, ⓒ무엇보다도 나에게 있어서 학교는 즐거운 곳이고 선생님이 되면 졸업해도 계속 학교에 있을 수 있으니까.

F 그렇구나. ⓓ옛날부터 공부 좋아했으니까, 어울릴지도. 힘내.

男子学生は、どうして先生になりたいと言っていますか。

남학생은 왜 선생님이 되고 싶다고 말하고 있습니까?

1　友達の成績を上げたいから
2　物理より数学が好きだから
3　学校という場所が好きだから
4　勉強が面白くて好きだから

1　친구의 성적을 올리고 싶기 때문에
2　물리보다 수학을 좋아하기 때문에
3　학교라는 장소를 좋아하기 때문에
4　공부가 재미있고 좋기 때문에

[풀이]

ⓐ 가르치는 것이 재미있었고 자신이 가르쳐 준 덕분에 친구의 성적이 오른 것이다. 따라서 선택지 1번은 정답이 될 수 없다. ⓑ 선생님이 되고 싶은 이유가 아니라 수학을 선택한 이유를 말하고 있는 것이기 때문에, 선택지 2번도 정답이 아니다. ⓒ 학교에 계속 있고 싶어하는 것이 선생님이 되고 싶은 이유라는 것을 알 수 있다. 따라서 정답은 선택지 3번이다. ⓓ 선택지 4번은 여자가 남자에게 응원으로 한 표현일 뿐이므로 정답이 아니다.

[단어]

資格 자격 | 進路 진로 | 物理 물리 | おかげで 덕분에 | 成績 성적 | 数学 수학 | 専攻 전공 | 何より 무엇보다 | ～にとって ～에게 있어서

4番

男の人と女の人が話しています。男の人は、この店の何が一番良かったと言っていますか。

남자와 여자가 이야기하고 있습니다. 남자는 이 가게의 무엇이 가장 좋았다고 말하고 있습니까?

F 昨日木村君が話してた店に行ってきたんだけど、すっごくよかったよ。

M でしょ？　だから、ⓐおいしいって言ったじゃない。少し高いけど。

F うん、あのくらいのお店なら、ちょっとぐらい高くてももったいないと思わないわね。店の感じもとってもいいし。

M うん。ⓑそれに、量も多かったでしょ。男が食べても十分足りるぐらいだから。

F 어제 기무라 군이 말했던 가게에 다녀왔는데, 정말 좋았어.

M 그렇지? 그래서 ⓐ맛있다고 했잖아. 조금 비싸지만.

F 응, 그 정도 가게라면 조금 비싸도 아깝지 않아. 가게 느낌도 너무 좋고.

M 응, ⓑ게다가 양도 많았지? 남자가 먹어도 충분할 정도니까.

F うん、そうね。あたしは、ⓒ今日のおすすめメニューが二つあるのも気に入ったわ。友達と別のを注文して、分けて食べれば二つのメニューを楽しめるしね。

M うん、ⓓランチタイムに行くと半額になるし。それに、ⓔ何と言っても店員さんたちが親切なことが最高だよね。男って、メニューのことはよく分からないから、分かりやすく説明してくれて、個人の好みに合ったメニューも選んでくれるしね。

F そうなんだ。いいお店を紹介してくれてありがとう。今度一緒に行こうね。

男の人は、この店の何が一番良かったと言っていますか。

1 割引をたくさんしてもらえること
2 味もよくて店員の態度もいいこと
3 値段は高くてもメニューが多いこと
4 値段も高くなく、量もちょうどいいこと

F 응, 그러네. 나는 ⓒ오늘의 추천 메뉴가 두 개 있는 것도 마음에 들었어. 친구랑 다른 것을 주문해서 나눠 먹으면 두 개의 메뉴를 즐길 수 있고.

M 응, ⓓ런치 타임에 가면 반값이 되고, 게다가 ⓔ뭐니 뭐니 해도 점원들이 친절한 것이 최고지. 남자는 메뉴에 관한 것은 잘 모르니까 알기 쉽게 설명해 주고 개인의 취향에 맞는 메뉴도 골라 주고.

F 그렇구나. 좋은 가게를 소개해 줘서 고마워. 다음에 같이 가자.

남자는 이 가게의 무엇이 가장 좋았다고 말하고 있습니까?

1 할인을 많이 받을 수 있는 것
2 맛도 좋고 점원의 태도도 좋은 것
3 가격은 비싸도 메뉴가 많은 것
4 가격도 비싸지 않고 양도 알맞게 좋은 것

[풀이]

ⓐ 남자는 가격은 비싸지만 맛이 좋고 ⓑ 양도 많아 좋다고 말하고 있다. 따라서 선택지 4번은 정답이 될 수 없다. ⓒ 추천 메뉴가 두 개라는 것이 마음에 든다고 말한 사람은 여자이고, 메뉴가 많다는 언급은 없기 때문에, 선택지 3번은 정답이 아니다. ⓓ 런치 타임에는 할인을 많이 해 주는 것. ⓔ 점원들이 친절하다는 것이 가게의 장점이라고 말하고 있다. 그중에서, ⓓ「何と言っても(무엇보다도)」라는 표현을 사용하면서 강조하고 있는 선택지 2번이 정답이다.

[단어]

もったいない 아깝다 | 量 양 | 足りる 족하다, 충분하다 | 気に入る 마음에 들다 | 注文 주문 | 半額 반액, 반값 | 個人 개인 | 好み 취미, 기호 | 紹介 소개 | 割引 할인 | 味 맛 | 態度 태도 | 値段 가격

5番

大学で男の学生と女の学生が話をしています。男の学生は、アルバイトについてどう思っていますか。

M 明日の経営の授業に出れないんだ。先生に話しておいたけど。

F え、何で？何か大事な用でもあるの？

M いや、アルバイトなんだけど、店長が突然入院しちゃったんだ。

F ああ、そうなんだ。ところで、どうしてそこまでアルバイトを頑張るの？理由は何？

M ああ。ⓐ将来自分でビジネスをするつもりなんだよ。その前に同じ分野の仕事を経験するのはいい勉強になると思ってね。ⓑお客さんと話すのは楽しいけど、商売って本当に難しいし、甘くないなと思っている。

F うん、なるほどね。会社を始めるつもりなんだね。ということは、就職活動はしないの？

M いや、ⓒ卒業して職場勤めも経験してみてから、会社を始めるつもりなんだ。

대학교에서 남학생과 여학생이 이야기하고 있습니다. 남학생은 아르바이트에 대해서 어떻게 생각하고 있습니까?

M 내일 경영 수업에 못 가. 선생님께 말해 두었어.

F 응? 왜? 뭔가 중요한 볼일이라도 있는 거야?

M 아니, 아르바이트 말인데, 점장님이 갑자기 입원을 했어.

F 아, 그렇구나. 근데, 왜 그렇게까지 아르바이트를 열심히 하는 거야? 이유는 뭐야?

M 아. ⓐ나중에 스스로 사업을 할 생각이야. 그 전에 같은 분야의 일을 경험하는 것은 좋은 공부가 될 것 같아서. ⓑ손님들과 이야기를 하는 건 즐겁지만, 장사는 정말 어렵고 쉽지 않은 거라고 생각하고 있어.

F 음, 그렇구나. 회사를 시작할 생각이구나. 그렇다는 건, 취직 활동은 안 하는 거야?

M 아니, ⓒ졸업하고 직장 근무도 경험해 보고 나서, 회사를 시작할 생각이야.

男の学生は、アルバイトについてどう思っていますか。

1 学校の授業よりも大変だと思っている
2 将来のビジネスの勉強だと思っている
3 楽しい時もあるが、やめたいと思っている
4 就職のための良い経験だと思っている

남학생은 아르바이트에 대해서 어떻게 생각하고 있습니까?

1 학교 수업보다도 힘들다고 생각하고 있다
2 장래의 비즈니스 공부라고 생각하고 있다
3 즐거울 때도 있지만 그만두고 싶다고 생각하고 있다
4 취직을 위한 좋은 경험이라고 생각하고 있다

[풀이]

ⓐ 나중의 사업을 위한 공부를 위해서 아르바이트를 하고 있는 것을 알 수 있다. 따라서 정답은 선택지 2번이다. ⓑ 일이 즐거울 때도 있지만 쉽지는 않다고 말하고 있다. 아르바이트를 그만두고 싶다는 생각은 없기 때문에, 선택지 3번은 정답이 아니다. ⓒ 지금 하고 있는 아르바이트가 취직을 위한 것은 아니기 때문에, 선택지 4번은 정답이 아니다. 선택지 1번에 대한 언급은 없었다.

[단어]

～について ～에 대해서｜経営 경영｜授業 수업｜用 용무, 볼일｜突然 돌연, 갑자기｜頑張る 참고 견디다. 열심히 하다｜将来 장래, 미래｜分野 분야｜経験 경험｜商売 장사｜甘い 쉽다. 달다｜就職 취직｜活動 활동｜卒業 졸업｜職場 직장｜～勤め ～에서 근무함

6番

テレビで医者が話しています。冬場の室内温度において、注意すべき点は何だと言っていますか。

F 快適だと感じる冬場の室内温度は人によって違いますが、通常は18度から22度と言われています。でも、家に乳幼児がいる場合は事情が少し変わります。⑧体の成長が十分でない乳幼児が快適に感じる温度は20度から25度で、大人より少し高めです。ほぼ同じような温度に考えられますが、注意した方がいいです。温度調節と合わせて重要なのは湿度管理です。湿度が低すぎたり、高すぎたりする場合は、子供だけでなく大人も病気の原因になることがあります。

冬場の室内温度において、注意すべき点は何だと言っていますか。

1 快適な生活のためには、22度から25度の温度を維持すること
2 子供の成長のためには、大人より低い温度を維持するのが必要なこと
3 適切な室内温度は、条件によって異なる場合があること
4 湿度が高すぎる場合、病気になる可能性が高いこと

TV에서 의사가 이야기하고 있습니다. 겨울철 실내 온도에서 주의해야 할 점이 무엇이라고 말하고 있습니까?

F 쾌적하다고 느끼는 겨울철 실내 온도는 사람에 따라 다르겠지만, 통상은 18도~22도로 알려져 있습니다. 하지만 집에 영유아가 있을 경우에는 사정이 조금 달라집니다. ⑧몸의 성장이 충분하지 않은 영유아가 쾌적하게 느끼는 온도는 20도~25도로 어른보다 조금 높습니다. 거의 비슷한 온도로 생각할 수 있지만, 주의하는 편이 좋습니다. 온도 조절과 함께 중요한 것은 습도 관리입니다. 습도가 너무 낮거나 높거나 하는 경우에는 아이뿐만 아니라 어른들도 질병의 원인이 되는 경우가 있습니다.

겨울철 실내 온도에서 주의해야 할 점이 무엇이라고 말하고 있습니까?

1 쾌적한 생활을 위해서는 22도부터 25도의 온도를 유지할 것
2 아이의 성장을 위해서는 어른보다 낮은 온도를 유지하는 것이 필요한 것
3 적절한 실내 온도는 조건에 따라서 달라질 수 있다는 것
4 습도가 너무 높을 경우 병에 걸릴 가능성이 높은 것

[풀이]
⑧ 영유아가 쾌적하게 느끼는 실내 온도는 어른과 다르기 때문에 주의하는 편이 좋다고 말하고 있다. 나이라는 조건에 따라서 실내 온도가 달라질 수 있기 때문에 정답은 선택지 3번이다.

[단어]
冬場 겨울철 | 室内 실내 | ～において ～에서, ～에 있어서 | 快適 쾌적 | ～によって ～에 의해서, ~에 따라서 | 通常 통상 | 乳幼児 영유아 | 調節 조절 | 湿度 습도 | ～すぎる 지나치게 ～하다 | 原因 원인 | 維持 유지 | 適切 적절 | 条件 조건 | 異なる 다르다

問題 3 では、問題用紙に何もいんさつされていません。この問題は、全体としてどんな内容かを聞く問題です。話の前に質問はありません。まず話を聞いてください。それから質問とせんたくしを聞いて、1 から 4 の中から、最もよいものを一つ選んでください。

문제 3에서는 문제용지에 아무것도 인쇄되어 있지 않습니다. 이 문제는 전체적으로 어떤 내용인지를 묻는 문제입니다. 이야기하기 전에 질문은 없습니다. 우선 이야기를 들어 주세요. 그러고 나서 질문과 선택지를 듣고 1에서 4 중에서 가장 알맞은 것을 하나 고르세요.

例

男の人が話しています。	남자가 이야기하고 있습니다.
M 「花見ヶ丘」は天ぷら料理のお店で、花見駅から徒歩 7 分の所にあります。全国に支店が 25 店あり、味とサービスでは定評があります。ⓐ今回は、ホールで働く 18 歳以上の男性を募集しております。1 か月間の研修期間がありますから、経験がない方も安心してご応募いただけます。ⓑたくさんの方のご応募をお待ちしております。	M '하나미가오카'는 튀김 요리 가게로, 하나미 역에서 도보 7분인 곳에 있습니다. 전국에 지점이 25개 점이 있고, 맛과 서비스로는 정평이 나 있습니다. ⓐ이번에는 홀에서 일할 18세 이상의 남성을 모집하고 있습니다. 1개월간의 연수 기간이 있으니, 경험이 없는 분도 안심하고 응모하실 수 있습니다. ⓑ많은 분들의 응모를 기다리고 있겠습니다.
男の人は何について話していますか。	남자는 무엇에 대해서 이야기하고 있습니까?

1 お店の駅からの道順	1 역에서 가게로 오는 길 안내
2 お店の経営方針	2 가게의 경영 방침
3 お店の研修内容	3 가게의 연수 내용
4 新しいスタッフの募集	4 새로운 스태프 모집

[풀이]

ⓐ ⓑ 남자는 18세 이상의 남성 스태프를 모집하고 있다는 것을 알 수 있다. 따라서 정답은 선택지 4번이다. 청해 문제 3 개요 이해에서는 전체적인 내용을 파악하는 것이 중요하다.

[단어]

徒歩 도보 | 支店 지점 | 定評 정평 | 募集 모집 | 研修 연수 | 期間 기간 | 経験 경험 | 応募 응모 | 道順 (길)순서 | 経営 경영 | 方針 방침

会社で社長が話しています。
かいしゃ　しゃちょう　はな

회사에서 사장이 이야기하고 있습니다.

M 最後に、最近営業部をはじめ、一部の部署が残業
さいご　　さいきんえいぎょうぶ　　　　　いちぶ　ぶしょ　ざんぎょう
をしているようですが、@あまり遅い時間までは
　　　　　　　　　　　　　　　おそ　じかん
しないようにお願いします。急を要する仕事が残
　　　　　　　　　ねが　　　　　きゅう　よう　　しごと　のこ
ってしまった場合は仕方ないと思いますが、自分
　　　　　　ばあい　しかた　　　おも　　　　　じぶん
のすべきことを全部終わらせたにもかかわらず、
　　　　　　　　ぜんぶお
チームの人たちが残っているからといって自分も
　　　　　ひと　　　のこ
帰らないというのは、よくないことです。次の日
かえ　　　　　　　　　　　　　　　　　　つぎ　ひ
の業務にも支障があるのはもちろん、健全な社
　　ぎょうむ　　ししょう　　　　　　　　　けんぜん　しゃ
内の雰囲気の改善という、わが社の方針にも合い
ない　ふんいき　かいぜん　　　　　しゃ　ほうしん　　あ
ません。各部署のリーダーは率先して定時に業務
　　　　かくぶしょ　　　　　　そっせん　　ていじ　ぎょうむ
を終え、みんなで一緒に退社するようにしましょ
　お　　　　　　　いっしょ　たいしゃ
う。⑥これから夜12時以降の残業と、週2回以
　　　　　　　よる　じいこう　ざんぎょう　　しゅう　かいい
上の残業もしばらく禁止します。長い目で見れば、
じょう　ざんぎょう　　　　　きんし　　　　　なが　め　み
今後わが社がさらに成長するきっかけになると思
こんご　　しゃ　　　　　せいちょう　　　　　　　　　　おも
います。

M 끝으로, 요즘 영업부를 비롯해 일부 부서가 야근을 하고
있는 것 같은데, @너무 늦은 시간까지는 하지 않도록 부
탁 드립니다. 시급한 일이 남아 있는 경우는 어쩔 수 없
다고 생각하지만, 자신이 할 일을 전부 끝냈음에도 불구
하고 팀원들이 남아 있다고 해서 자기도 퇴근을 하지 않
는 것은 좋지 않은 일입니다. 다음 날 업무에도 지장이
있는 것은 물론이고, 건전한 사내 분위기 개선이라는 회
사의 방침에도 맞지 않습니다. 각 부서의 리더는 솔선해
서 정시에 업무를 끝내고 모두 함께 퇴근하도록 합시다.
⑥앞으로 밤 12시 이후의 야근과 주 2회 이상의 야근도
한동안 금지합니다. 긴 안목으로 보면, 앞으로 우리 회사
가 더욱 성장하는 계기가 될 것이라고 생각합니다.

社長は、何について話していますか。
しゃちょう　なに

사장은 무엇에 대해서 이야기하고 있습니까?

1 残業の禁止
　ざんぎょう　きんし
2 チームの団結
　　　　　だんけつ
3 残業の時間
　ざんぎょう　じかん
4 残業の制限
　ざんぎょう　せいげん

1 야근의 금지
2 팀의 단결
3 야근 시간
4 야근의 제한

[풀이]

@ 너무 늦은 시간까지 야근하지 말라고 언급하고 있다. 야근을 전부 금지하는 것은 아니기 때문에, 선택지 1번은 정답이 될 수 없
다. ⑥ 특정 경우에 한해서 야근을 금지하는 발언을 하고 있다. 이것이 야근 시간을 설명하는 것은 아니기 때문에, 선택지 3번도 정
답이 아니다. 야근의 시간과 횟수를 제한하는 내용이라는 것을 알 수 있기 때문에, 정답은 선택지 4번이다. 선택지 2번에 대한 언급
은 없었다.

[단어]

営業 영업 | ～をはじめ ～를 비롯해서 | 部署 부서 | 残業 잔업, 야근 | 急を要する 긴급을 요하다, 시급하다 | 仕方ない 어쩔
えいぎょう　　　　　　　　　　　　　　　　　　　　ぶしょ　　　　ざんぎょう　　　　　　きゅう　よう　　　　　　　　　　　　しかた
수 없다 | ～にもかかわらず ～에도 불구하고 | 業務 업무 | 支障 지장 | 健全 건전 | 改善 개선 | わが社 우리 회사 | 方針 방침 |
　　　　　　　　　　　　　　　　　　　　　　　ぎょうむ　　　ししょう　　　けんぜん　　　かいぜん　　　　　しゃ　　　　　　　ほうしん
率先 솔선 | 退社 퇴근 | しばらく 당분간 | 禁止 금지 | 長い目で見る 긴 안목으로 보다 | 成長 성장 | きっかけ 계기 | 団結
そっせん　　　たいしゃ　　　　　　　　　　　　　きんし　　　　なが　め　み　　　　　　　　　　　せいちょう　　　　　　　　　　　　だんけつ
단결 | 制限 제한
　　　せいげん

2番

ラジオで男の人が話しています。

M 地域社会で高齢者への関心が高まっています。私は、このような傾向はとても良いことだと思います。老いることは恥ずかしいことではなく、この世の理です。花が咲けば、やがて散る時が来るし、日が昇れば、やがて沈んでしまいます。しかし、ⓐ一方的に高齢者を支援する活動には注意も必要です。高齢者を孤独の対象と考え、お世話をしてあげるというように接近してはいけません。高齢者向けの相談や支援プログラム、趣味の機会の提供などの取り組みもいいですが、高齢者から学ぶことも大切です。何世代にもわたって培われた知識と知恵を大切にすべきだということです。

라디오에서 남자가 이야기하고 있습니다.

M 지역 사회에서 노인에 대한 관심이 높아지고 있습니다. 저는 이러한 경향은 굉장히 좋은 것이라고 생각합니다. 늙는 것은 부끄러운 일이 아니라, 이 세상의 이치입니다. 꽃이 피면 머지않아 질 때가 오고, 해가 뜨면 머지않아 져 버립니다. 하지만 ⓐ일방적으로 노인을 지원하는 활동에는 주의도 필요합니다. 노인을 고독의 대상으로 생각하고 돌봐준다는 식으로 접근해서는 안 됩니다. 노인을 위한 상담이나 지원 프로그램, 취미의 기회 제공 등의 대처도 좋지만, 노인에게서 배우는 것도 중요합니다. 몇 세대에 걸쳐서 길러진 지식과 지혜를 소중하게 해야 한다는 것입니다.

男の人は、何について話していますか。

남자는 무엇에 대해서 이야기하고 있습니까?

1 高齢者に対する姿勢
2 高齢者への関心と配慮
3 地域社会の役割とプログラム
4 知識と知恵の役割

1 노인에 대한 자세
2 노인에 대한 관심과 배려
3 지역사회의 역할과 프로그램
4 지식과 지혜의 역할

[풀이]

ⓐ 노인을 고독의 대상이 아니라 노인에게서 지식이나 지혜를 배우는 것이 중요하다고 말하고 있다. 따라서 정답은 선택지 1번이다. 노인을 위한 상담이나 프로그램의 지원과 기회 제공도 좋지만, 노인에게 배우는 것이 중요하다고 말하고 있기 때문에 선택지 2번은 정답이 아니다.

[단어]

地域社会 지역 사회 | 高齢者 고령자, 노인 | 高まる 높아지다 | 傾向 경향 | 老いる 늙다 | 恥ずかしい 부끄럽다 | 理 도리, 이치 | 咲く 피다 | やがて 머지않아, 이윽고 | 散る 지다, 떨어지다 | 昇る 떠오르다 | 沈む 가라앉다 | 支援 지원 | 孤独 고독 | 対象 대상 | 世話 신세, 돌봄 | 接近 접근 | 提供 제공 | 取り組み 시도, 대처 | 培う 배양하다 | 知識 지식 | 知恵 지혜 | ~に対する ~에 대한 | 姿勢 자세 | 配慮 배려 | 役割 역할

3番

ラジオでアナウンサーが話しています。

F 今年も桜小学校で美術コンクールを開催します。ⓐ今年で３０周年を迎えたコンクールは、参加者の順位をつけないことと必ず保護者と一緒に二人一組で参加しなければならないという変わったルールがあります。ⓑ絵のテーマは自由で、一つの絵を一緒に描くことを原則としています。ⓒ桜小学校の初代校長であるハル先生は、家族の絆と温もりを大事にしようという思いからコンクールを企画したそうです。ⓓコンクールへの参加をご希望の方は、今月二十日までに桜小学校の事務室で参加申込書を作成してください。ⓔ参加人数に限りはありませんが、雨天などの影響により大会が延期されることもあるそうです。

アナウンサーは、このコンクールの何について話していますか。

1 コンクールの参加資格
2 コンクールの概要
3 コンクールの始まりと歴史
4 コンクールの目的と注意事項

라디오에서 아나운서가 이야기하고 있습니다.

F 올해도 사쿠라 초등학교에서 미술 콩쿠르를 개최합니다. ⓐ올해로 30주년을 맞이한 콩쿠르는 참가자들의 순위를 매기지 않는 것과 반드시 보호자와 함께 2인 1조로 참가를 해야 한다는 특이한 룰이 있습니다. ⓑ그림의 테마는 자유이고, 하나의 그림을 함께 그리는 것을 원칙으로 하고 있습니다. ⓒ사쿠라 초등학교의 초대 교장인 하루 선생님은 가족의 유대와 온기를 소중하게 하자는 생각에서 콩쿠르를 기획했다고 합니다. ⓓ콩쿠르 참가를 희망하는 분들은 이번 달 20일까지 사쿠라 초등학교 사무실에서 참가 신청서를 작성하여 주시기 바랍니다. ⓔ참가 인원에 제한은 없지만, 우천 등의 영향으로 대회가 연기되는 경우도 있다고 합니다.

아나운서는 이 콩쿠르의 무엇에 대해서 이야기하고 있습니까?

1 콩쿠르의 참가 자격
2 콩쿠르의 개요
3 콩쿠르의 시작과 역사
4 콩쿠르의 목적과 주의사항

[풀이]

아나운서는 ⓐ 미술 콩쿠르의 역사와 참가 자격, ⓑ 콩쿠르의 테마와 원칙, ⓒ 콩쿠르의 시작과 기획 이유, ⓓ 콩쿠르의 참가 방법과 ⓔ 주의 사항에 대해서 말하고 있다. 전체적인 콩쿠르에 관한 설명, 즉 콩쿠르의 개요에 대해서 말하고 있기 때문에 정답은 선택지 2번이다.

[단어]

美術 미술 | 開催 개최 | 迎える 맞이하다, 마중하다 | 参加者 참가자 | 順位 순위 | 保護者 보호자 | 原則 원칙 | 初代 초대 | 絆 인연, 유대 | 温もり 온기 | 企画 기획 | 希望 희망 | 事務室 사무실 | 申込書 신청서 | 限り 한계, 끝 | 雨天 우천 | 影響 영향 | ～により ～에 의해, ～에 따라 | 延期 연기 | ～について ～에 대해서 | 資格 자격 | 概要 개요 | 歴史 역사 | 注意事項 주의사항

4番

地元のテレビでアナウンサーと男性が話しています。

F 川口さん、ⓐ今回のアマチュア料理大会の優勝、おめでとうございます。

M ありがとうございます。私が作った料理をよく思ってくださった市民の皆様に感謝申し上げます。

F 今回の大会では、評論家が点数をつけるのではなく、市民の投票で行われたという点が興味深かったです。このような大会で優勝したのは、特別なことに間違いないでしょうね。しかも、なんと優勝した料理が特別な料理とは全く縁のないトンカツでした。

M ええ。私はトンカツが大好きなんです。特に、今は亡くなった母が作ってくれたトンカツが私の大好物でした。それで、私だけのトンカツを作ってみようという努力を重ねたんじゃないかと思います。

F そうだったんですね。私もトンカツが大好きですが、トンカツがこれほどまでに高級料理に変わるとは全く予想できませんでした。

M あれこれ考えた末、普段のトンカツのイメージとは少し違う感じで表現したかったんです。でも、ⓑやっぱりトンカツは庶民を代表する料理だと思って、簡単に手に入る安い食材を選びました。その点を多くの市民の皆様が評価してくださったようです。

지역 TV에서 아나운서와 남성이 이야기하고 있습니다.

F 가와구치 씨, ⓐ이번에 아마추어 요리대회 우승, 축하드립니다.

M 감사합니다. 제가 만든 요리를 좋게 생각해 주신 시민 여러분들께 감사드립니다.

F 이번 대회에서는 평론가가 점수를 매기는 것이 아니라, 시민들의 투표로 진행되었다는 점이 흥미로웠습니다. 이런 대회에서 우승했던 것은 특별한 일임에 틀림없겠죠. 게다가 무려 우승한 요리가 특별한 요리와는 전혀 인연이 없는 돈가스였습니다.

M 네. 저는 돈가스를 정말 좋아합니다. 특히 지금은 돌아가신 어머니가 만들어 준 돈가스를 제가 정말 좋아했습니다. 그래서 나만의 돈가스를 만들어 보려는 노력을 거듭하지 않았나 싶습니다.

F 그랬군요. 저도 돈가스를 참 좋아하는데요, 돈가스가 이 정도까지 고급 요리로 바뀔 줄은 전혀 예상을 못했어요.

M 이것저것 생각한 끝에 평소의 돈가스의 이미지보다는 조금 다른 느낌으로 표현하고 싶었습니다. 하지만 ⓑ역시 돈가스는 서민을 대표하는 음식이라고 생각해서, 쉽게 구할 수 있고 저렴한 식재료를 골랐습니다. 그 점을 많은 시민 여러분들이 좋게 평가해 주신 것 같습니다.

男の人は何について話していますか。

1 料理大会に参加する覚悟
2 料理大会のテーマとメニュー
3 料理大会での優勝への感想
4 料理大会のテーマに関する説明

남자는 무엇에 대해서 이야기하고 있습니까?

1 요리 대회에 참가하는 각오
2 요리 대회의 테마와 메뉴
3 요리 대회의 우승에 대한 소감
4 요리 대회의 테마에 관한 설명

[풀이]
ⓐ 아나운서가 요리대회 우승을 축하한다고 하고, ⓑ 남자는 우승에 대한 소감을 말하고 있다. 따라서 정답은 선택지 3번이다.

[단어]

地元 지역 | 優勝 우승 | 感謝 감사 | 申し上げる 드리다, 고하다 | 評論家 평론가 | 点数をつける 점수를 매기다 | 投票 투표 |
行う 행하다 | 興味深い 매우 흥미롭다 | 特別 특별 | ~ことに ~(일)임에 | 全く 전혀 | 縁 연, 인연 | 大好物 매우 좋아하는 것 |
それで 그래서 | 努力 노력 | 重ねる 거듭하다 | 変わる 바뀌다, 변하다 | 予想 예상 | ~末 ~끝에 | 普段 평소 | 表現 표현 | 庶
民 서민 | 代表 대표 | 手に入る 손에 들어오다 | 選ぶ 고르다 | 評価 평가 | ~について ~에 대해 | 参加 참가 | 覚悟 각오 | 感
想 감상 | ~に関する ~관한

5番

留守番電話のメッセージを聞いています。	부재중 전화 메시지를 듣고 있습니다.
(ピ-)	(삐-)
F 神戸大学図書館の相澤と申します。いつもご利用いただき、誠にありがとうございます。ⓐお借りになった本の返却日が一日過ぎております。延長をご希望の場合、図書館のサービスコーナーへお越し下さい。お電話での延長の申し込みには応じかねます。ⓑ図書館の開館時間は、午前9時から午後6時までになっております。2日以内に延長の申し込みまたはご返却をされない場合、1ヶ月間、ⓒ図書の貸出のご利用が制限されますので、よろしくお願いします。	F 고베 대학 도서관의 아이자와입니다. 언제나 이용해 주셔서 대단히 감사합니다. ⓐ빌리신 책의 반납일이 하루 지났습니다. 연장을 원하시는 경우, 도서관 서비스 코너에 오시기 바랍니다. 전화로 하는 연장 신청에는 응하기 어렵습니다. ⓑ도서관 개관 시간은 오전 9시부터 오후 6시까지입니다. 2일 이내에 연장 신청 또는 반납을 하지 않으실 경우, 1개월간 ⓒ도서 대출 이용이 제한되오니 잘 부탁 드립니다.
何についてのメッセージですか。	무엇에 대한 메시지입니까?
1 図書館の利用時間の案内	1 도서관 이용 시간 안내
2 図書館の貸出の申込方法	2 도서관 대출 신청 방법
3 本の返却に対するお知らせ	3 책 반납에 대한 공지
4 図書サービスの利用方法	4 도서 서비스 이용 방법

[풀이]

ⓐ 여자가 메시지를 남긴 이유는 책 반납일이 지난 것을 알리기 위해서이다. 따라서 정답은 선택지 3번이다. ⓑ 도서관 개관 시간을 알려주는 것은 ⓐ 책 반납을 처리하기 위한 것이고, ⓒ 도서 대출 신청 방법을 알리는 것이 아니라, 반납 지연으로 인한 이용 제한을 공지하고 있다. 따라서 선택지 1, 2번은 정답이 될 수 없고, 선택지 4번에 대한 언급은 없었다.

[단어]

留守 부재중, 집에 없음 | 誠に 정말로, 참으로 | 借りる 빌리다 | 返却 반납 | 延長 연장 | 希望 희망 | 申し込み 신청 | 応じる
응하다, 답하다 | ~かねる ~하기 어렵다 | 開館 개관 | 貸出 대출, 대여 | 制限 제한 | ~に対する ~에 대한

問題 4

問題4では、問題用紙に何もいんさつされていません。まず文を聞いてください。それから、それに対する返事を聞いて、1から3の中から、最もよいものを一つ選んでください。

문제 4에서는 문제 용지에 아무것도 인쇄되어 있지 않습니다. 우선 문장을 들어 주세요. 그러고 나서 그에 대한 대답을 듣고, 1에서 3 중에서 가장 알맞은 것을 하나 고르세요.

例

M 息子のプレゼントを何にしたらいいかな?	M 아들 선물을 무엇으로 하면 좋을까?
F 1 ありがとう! プレゼントくれるの?	M 1 고마워! 선물 주는 거야?
2 おもちゃなんかいいじゃない?	2 장난감 같은 것이 좋지 않을까?
3 すごいね。息子に勉強を教えているの?	3 굉장하네. 아들에게 공부를 가르치고 있어?

[풀이]

아들의 선물로 무엇이 좋을지 물어보는 말에 대해서 구체적인 무언가를 언급하는 선택지 2번이 정답이다.

[단어]

息子 아들 | おもちゃ 장난감 | 教える 가르치다

1番

M いらっしゃいませ。ご予約はなさっていらっしゃいますか。	M 어서 오세요. 예약은 하셨나요?
F 1 はい、明日の予約でお願いします。	F 1 네, 내일 예약으로 부탁 드립니다.
2 いいえ、まだなんです。今からでいいですか。	2 아니요, 아직입니다. 지금부터 해도 될까요?
3 予約してくださって、ありがとうございます。	3 예약해 주셔서 감사합니다.

[풀이]

예약 여부를 확인하는 남자의 질문에 대한 대답으로 가장 적절한 것은 선택지 2번이다.

[단어]

予約 예약 | なさる 하시다(「する」의 존경어)

2番

F 冷蔵庫の中に材料がないから、作りようがないね。	F 냉장고 안에 재료가 없어서, 만들 방법이 없네.
M 1 もうないの? じゃあ、僕が買いに行ってくるよ。	M 1 벌써? 그럼, 내가 사러 갔다 올게.
2 上手く作れなくても味さえ良ければいいよ。	2 잘 못 만들어도 맛만 좋으면 되지.
3 料理はやっぱり材料が大事だね。	3 음식은 역시 재료가 중요하지.

[풀이]

냉장고 안에 재료가 없어서 만들 수가 없다는 여자의 말에 자신이 사 오겠다고 말하는 선택지 1번이 정답이다.

[단어]

冷蔵庫 냉장고 | 材料 재료 | 〜ようがない 〜할 방법이 없다 | 上手い 맛있다. 능숙하다 | 味 맛 | 〜さえ〜ば 〜만 〜하면

3番

M 悪いけど、明日の約束、来週にしてもらえないかな。	M 미안한데, 내일 약속, 다음주로 해 줄 수 없을까?
F 1 うん、いいよ。そうしよう。	F 1 응, 괜찮아. 그렇게 하자.
2 いや、私こそ、ごめんね。	2 아니야, 나야말로 미안해.
3 そう？よかったね。	3 그래? 잘됐네.

[풀이]

약속을 미루어 달라고 부탁하는 남자의 질문에 적절한 대답을 한 것은 선택지 1번이다.

[단어]

悪い 나쁘다, 미안하다 | 〜こそ 〜야 말로

4番

M 今度の夏休みの旅行先でついお土産をたくさん買って来ちゃった。	M 이번 여름 휴가 여행지에서, 무심코 기념품을 많이 사와 버렸어.
F 1 今度の夏休みはどこか特別なところに行くの？	F 1 이번 여름 휴가는 어딘가 특별한 곳에 가는 거야?
2 そんなことよくあるよね。	2 그런 일이 자주 있지.
3 お土産買って来るのも忘れないでね。	3 기념품 사 오는 것도 잊지 마.

[풀이]

이번 휴가에서 기념품을 무심코 많이 사 버렸다는 남자의 말에 그런 일이 자주 있다고 말하는 선택지 2번이 정답이다.

[단어]

〜先 〜곳, 장소 | お土産 선물, 기념품 | 〜ちゃう 〜해 버리다 | 特別 특별 | 忘れる 잊다, 잊어버리다

5番

M ちょっと時間あるかな。この資料を田中君に渡してほしいんだけど。	M 잠깐 시간 있어? 이 자료를 다나카 군에게 건네줬으면 좋겠는데.
F 1 ああ、渡せませんでした。	F 1 아, 건네줄 수 없었습니다.
2 はい、すぐに渡して来ます。	2 네, 바로 건네주고 오겠습니다.
3 はい、渡しましょうよ。	3 네, 건네줍시다.

[풀이]

다른 사람에게 자료를 전해 달라고 부탁하는 남자의 말에 바로 건네주고 오겠다는 내용의 선택지 2번이 정답이다.

[단어]

資料 자료 | 渡す 건네주다 | ～てほしい ～해 주기 바라다

6番

F 今度、大事な取引先の担当者になっちゃって、心配でたまらない。	F 이번에 중요한 거래처의 담당자가 되어 버려서, 너무 걱정이야.
M 1 取引先は慎重に選ばなきゃね。	M 1 거래처는 신중하게 고르지 않으면 안 돼.
2 心配しないで。担当者と連絡はしてみた？	2 걱정하지 마. 담당자와 연락은 해 봤어?
3 大丈夫だよ。きっとうまくやれるから。	3 괜찮아. 분명 잘할 수 있을 거니까.

[풀이]

중요한 거래처의 담당자가 되어서 걱정이라는 여자의 말에 잘할 수 있을 거니까 괜찮다고 하는 선택지 3번이 정답이다.

[단어]

取引先 거래처 | 担当者 담당자 | ～てたまらない ～해서 견딜 수가 없다 | 慎重 신중 | 選ぶ 고르다. 선택하다 | きっと 꼭. 분명

7番

M もしよろしければ、この商品について説明させていただいても、よろしいでしょうか。	M 혹시 괜찮으시다면, 이 상품에 대해서 설명해 드려도 괜찮을까요?
F 1 いいえ、説明が上手くできなくて。	F 1 아니요, 설명을 잘 못해서.
2 すいません。この商品はよろしいです。	2 죄송합니다. 이 상품은 좋습니다.
3 ええ、お願いします。	3 네, 부탁드립니다.

[풀이]

상품 설명을 해도 괜찮은지 물어보는 남자의 말에 설명을 부탁한다는 선택지 3번이 가장 적절한 대답이다.

[단어]

商品 상품 | 説明 설명

8番

M 佐藤くんの企画書の件なんだけど。今回は見送ることになったよ。	M 사토 군의 기획서 건 말인데. 이번에는 보류하게 되었어.

F 1 そうですか。あのう、企画書に何か問題でもあったでしょうか。 2 あ、本当ですか。ありがとうございます。 3 あ、企画書は今朝メールでお送りしました。	F 1 그렇군요, 저기, 기획서에 뭔가 문제라도 있었나요? 2 아, 정말인가요? 감사합니다. 3 아, 기획서는 오늘 아침에 메일로 보내 드렸습니다.

[풀이]

기획서가 이번에 보류되었다는 남자의 말에 뭔가 문제라도 있었는지 물어보는 선택지 1번이 정답이다.

[단어]

企画書 기획서 | 件 건, 사항 | 見送る 보류하다 | 送る 보내다

9番

M 申し訳ありません、遅くなってしまって。	M 죄송합니다, 늦어 버려서.
F 1 いいえ、こちらこそ、ありがとうございます。 2 お待たせしました。こちらへどうぞ。 3 いいえ、私も着いたばかりなんです。	F 1 아니요, 저야말로 감사합니다. 2 오래 기다리셨습니다. 이쪽으로 오세요. 3 아니요, 저도 도착한 지 얼마 안 됐습니다.

[풀이]

늦어서 죄송하다는 남자의 말에 일상적으로 많이 쓰이는 대답인 선택지 3번이 정답이다.

[단어]

申し訳ない 미안하다 | ～てしまう ～해 버리다 | こちらこそ 저야말로 | 待たせる 기다리게 하다 | 着く 도착하다 | ～たばかりだ ～한 지 얼마 안 되었다

10番

F 石原さん、社長がお呼びです。	F 이시하라 씨, 사장님이 부르십니다.
M 1 そうですか。では、こちらから社長にご連絡いたします。 2 あ、そうですか。すぐ行きます。 3 すみません。すぐに社長を呼んできます。	M 1 그렇군요. 그럼, 제가 사장님께 연락 드리겠습니다. 2 아, 그래요? 바로 가겠습니다. 3 죄송합니다. 바로 사장을 불러 오겠습니다.

[풀이]

사장님이 부르신다는 여자의 말에 바로 가겠다고 대답하는 선택지 2번이 정답이다.

[단어]

お呼び 부름, 초대의 높임말

11番

M ご無理をお願いして申し訳ないんですが、そこを何とかお願いできませんか。	M 무리한 부탁을 드려서 죄송하지만, 그것을 어떻게든 부탁드릴 수 없을까요?
F 1 やっぱり無理だったんですね。ごめんなさい。 2 何とかしていただけないでしょうか。 3 申し訳ありませんけど、やっぱり無理です。	F 1 역시 무리였군요. 죄송합니다. 2 어떻게든 해 주실 수 없으신가요? 3 죄송하지만, 역시 무리입니다.

[풀이]

무리한 부탁을 하는 남자에게 거절의 표현을 하고 있는 선택지 3번이 정답이다. 무리한 부탁을 할 때 자주 쓰이는 「そこを何とか (그것을 어떻게든)」라는 표현도 알아 두도록 하자.

[단어]

申し訳ない 미안하다 | 何とか 어떻게든

問題 5

問題 5 では、長めの話を聞きます。この問題には練習はありません。メモをとってもかまいません。

문제 5에서는 긴 이야기를 듣습니다. 이 문제에는 연습은 없습니다. 메모를 해도 상관없습니다.

1番

問題用紙に何もいんさつされていません。まず話を聞いてください。それから、質問とせんたくしを聞いて、1から4の中から、最もよいものを一つ選んでください。

1번
문제 용지에 아무것도 인쇄되어 있지 않습니다. 우선 이야기를 들어 주세요. 그리고 나서 질문과 선택지를 듣고, 1에서 4 중에서 가장 알맞은 것을 하나 고르세요.

1番

美術大学で三人の学生が話しています。	미술 대학교에서 세 명의 학생이 이야기하고 있습니다.
M1 来週だね。大学祭。準備はできたよね。	M1 다음주네. 대학 축제. 준비는 다 된 거지?
M2 はい。ⓐ今回は子供たちが参加するお絵描きイベントもあるので、もっと楽しみですね。	M2 네. ⓐ이번에는 아이들이 참가하는 그림 그리기 이벤트도 있어서, 더욱 기대가 되네요.
F そうですね。ⓑ去年の大学祭での展示会も地域住民の大きな反響を呼んだんですが、参加したいと思えるイベントがなくて少し残念でした。	F 맞아요. ⓑ작년 대학 축제의 전시회도 지역 주민들의 큰 호응을 얻었지만, 참가하고 싶다고 생각할 수 있는 이벤트가 없어서 조금 아쉬웠어요.
M1 そうだったね。あと、この前は飲み物と一緒に食べ物も販売したから、思ったより忙しかったね。ゴミの分別もちゃんとできてなかったし。	M1 그랬었지. 그리고 지난번에는 음료와 함께 먹을 것도 판매해서 생각보다 바빴었지. 쓰레기 분리수거도 제대로 되지 않았고.

M2 資源ゴミとその他のゴミだけでゴミ箱を作ったのが間違いでした。今回は燃やすゴミ、燃やさないゴミ、資源ゴミを分けて捨てられるものを用意しました。

F 資源ゴミも瓶、缶、ペットボトルの三種類で用意しましたから、去年のようにゴミだけ片付けて終わるようなことはなさそうですね。

M1 そうだね。ⓒ今回はもう少し地域住民とのコミュニケーションに焦点を合わせてみよう。

F 先輩、飲み物だけを販売するのは初めてですが、大丈夫ですか。

M2 食べ物を販売しているところが多いから大丈夫だと思います。飲み物を用意するのは時間もあまりかからないし、残った時間に展示会の作品を説明できる余裕も生まれるし。

M1 僕もそう思う。ⓓ今回は展示会や住民参加イベントのほうに力を入れた方がいいと思う。あ、大学祭の説明が書かれたチラシの準備も終わった？

F はい。業者から連絡が来ました。今週の金曜日までに宅配便で送ってくれるそうです。

M1 そう？お疲れ様。あ、二人はこれ受け取っておいて。グループ別に名簿とやるべきことについて書いておいたよ。うちの学科の大学祭の参加者数の分だけ作ってきたから、後でみんなに伝えてちょうだいね。じゃ、今回もよろしくね。

M2 재활용 쓰레기와 그 외의 쓰레기로만 쓰레기통을 만들었던 것이 잘못이었죠. 이번에는 태우는 쓰레기, 태우지 않는 쓰레기, 재활용 쓰레기를 나누어서 버릴 수 있는 것을 준비했어요.

F 재활용 쓰레기도 병, 캔, 페트병의 세 종류로 준비를 했으니까, 작년처럼 쓰레기만 치우다가 끝나는 일은 없을 것 같네요.

M1 맞아. ⓒ이번에는 조금 더 지역 주민들과의 커뮤니케이션에 초점을 맞춰 보자.

F 선배님, 음료만 판매하는 것은 처음인데, 괜찮을까요?

M2 음식을 판매하는 곳이 많으니까 괜찮을 것 같아요. 음료를 준비하는 것은 시간도 많이 안 걸리고, 남는 시간에 전시회 작품 설명할 수 있는 여유도 생기고.

M1 나도 그렇게 생각해. ⓓ이번에는 전시회나 주민 참가 이벤트 쪽에 힘을 쏟는 것이 좋을 것 같아. 아, 대학 축제 설명이 적힌 전단지 준비도 끝났어?

F 네. 업체에서 연락이 왔어요. 이번 주 금요일까지 택배로 보내 준다고 해요.

M1 그래? 수고했네. 아, 두 사람은 이거 받아 둬. 그룹별로 명단과 해야 할 일에 대해서 써 두었어. 우리 학과 대학 축제 참가자 인원 수만큼 만들어 왔으니까 나중에 모두에게 전해 줘. 그럼, 이번에도 잘 부탁해.

この学生たちは、大学祭で何をすることにしましたか。

1 住民と飲み物を作るイベントをする
2 子供たちにゴミの分別について教育する
3 子供たちと絵の展示会を開く
4 地域住民参加イベントを開催する

이 학생들은 대학 축제에서 무엇을 하기로 했습니까?

1 주민과 음료수를 만드는 이벤트를 한다
2 아이들에게 쓰레기 분리수거에 대해서 교육한다
3 아이들과 그림 전시회를 연다
4 지역 주민 참가 이벤트를 개최한다

[풀이]

ⓑ 작년의 대학 축제에는 참가하고 싶은 이벤트가 없어서 아쉬웠는데, ⓐ 이번에는 아이들이 참가하는 그림 그리기 이벤트가 있어서 기대하고 있다고 말하고 있다. 또 이번 대학 축제는 ⓒ 주민들과의 커뮤니케이션과 ⓓ 주민 참가 이벤트에 힘을 주자고 말하고 있기 때문에, 정답은 선택지 4번이다.

[단어]

美術 미술 | 大学祭 대학교 축제 | 参加 참가 | 絵描き 그림 그리기 | 展示会 전시회 | 地域 지역 | 住民 주민 | 反響 반향, 반응 | 残念 유감스러움, 아쉬움 | 販売 판매 | 分別 분별 | 間違い 틀림, 잘못 | 燃やす 태우다 | 分ける 나누다 | 捨てる 버리다 | 用意

용의, 준비 | 瓶 병 | 缶 캔 | 種類 종류 | 片付ける 치우다, 정리하다 | 焦点 초점 | 合わせる 맞추다 | 余裕 여유 | 生まれる 태어나다, 생기다 | 力を入れる 힘을 주다, 힘을 쏟다 | 業者 업자 | 宅配便 택배편 | 送る 보내다 | 受け取る 받다, 받아들이다 | 名簿 명부, 명단 | 〜べき 〜해야 할 | 〜について 〜에 대해서 | 学科 학과 | 伝える 전하다 | 教育 교육 | 開く 열다 | 開催 개최

2番

まず話を聞いてください。それから、二つの質問を聞いて、それぞれ問題用紙の1から4の中から、最もよいものを一つ選んでください。

2번

우선 이야기를 들어 주세요. 그러고 나서 두 개의 질문을 듣고, 각각 문제용지의 1에서 4 중에서 가장 알맞은 것을 하나 고르세요.

2番

テレビを見て、男の人と女の人が話しています。

TV를 보고, 남자와 여자가 이야기하고 있습니다.

F1 さくら市では子供向けの学習支援コンテンツを運営しておりますが、その中でも最も人気のある四つのコンテンツをご紹介します。まずは @ 0歳から楽しめる「音楽教室」です。赤ちゃんから小学生まで段階別に分かれて運営されており、歌を聴いたり、楽器を習ったりといった様々なプログラムがあります。次に、お母さんと一緒に参加する「料理教室」です。ランチ弁当作り、野菜を使ったかわいい料理など、様々なテーマで行われるこのコンテンツは、10組のみを対象としていますので、参加をご希望の方はお急ぎください。そして、子供がお母さんに本を読み聞かせる「読書教室」も人気があります。今月は偉人伝をテーマにするそうです。最後の ⓑ「野球教室」も先着順で運営されており、今回の野球教室は小学一、二年生だけが対象となります。参加者全員と一緒にランチ弁当を食べる時間もあるそうですが、このコンテンツに参加するためには、一人以上の保護者が同伴しなければならないそうです。

F1 사쿠라시에서는 아이를 위한 학습지원 콘텐츠를 운영하고 있는데요, 그중에서도 가장 인기 있는 네 가지 콘텐츠를 소개해 드리겠습니다. 우선은 @0세부터 즐길 수 있는 '음악 교실'입니다. 아기부터 초등학생까지 단계별로 나누어져서 운영되고 있고, 노래를 듣거나, 악기를 배우거나 하는 여러가지 프로그램이 있습니다. 다음으로 엄마와 함께 참가하는 '요리 교실'입니다. 점심 도시락 만들기, 채소를 사용한 귀여운 요리 등, 다양한 테마로 진행되는 이 콘텐츠는 10팀만을 대상으로 하고 있기 때문에, 참가를 원하는 분은 서둘러 주세요. 그리고 아이가 엄마에게 책을 읽어 주는 '독서 교실'도 인기가 있습니다. 이번 달은 위인전을 테마로 한다고 합니다. 마지막 ⓑ'야구 교실'도 선착순으로 운영되고 있고, 이번 야구교실은 초등학교 1, 2학년만이 대상입니다. 참가자 모두와 함께 점심 도시락을 먹는 시간도 있다고 하는데요, 이 콘텐츠에 참가를 위해서는 한 명 이상의 보호자가 동반해야 한다고 합니다.

F2 ⓒ今回は楽器を習わせてみるのはどうかな？本も好きみたいだけど、まだ私たちに本を読み聞かせることはできないから。

F2 ⓒ이번에는 악기를 배우게 해 보는 건 어떨까? 책도 좋아하는 것 같지만, 아직 우리에게 책을 읽어 줄 수는 없으니까.

M うーん、ⓓ僕は早く一緒に野球したいんだけどなぁ。ヒデが参加するにはまだ早いね。

M 음, ⓓ나는 빨리 같이 야구를 하고 싶은데 말이지. 히데가 참가하기에는 아직 이르네.

F2 そうよ。後でぜひ参加してみましょうね。おもちゃもよく投げるから投手がいいかな。（笑）

M うん。きっといいピッチャーになれるよ。楽しみだな。

F2 一緒に料理を作るのも面白そうだね。野菜を使った料理にも興味があるし。最近野菜をあまり食べれなくて。

M でも、親と一緒に参加しなければならないみたいだね。僕たちはたまに土日に仕事するから、あなたの妹にお願いする時もあるじゃない。

F2 そうだね。じゃあ、今回はこれにしよう。

F2 맞아. 나중에는 꼭 참가해 보자. 장난감도 자주 던지니까 투수가 좋을까? (웃음)

M 응. 분명 좋은 투수가 될 거야. 기대되네.

F2 같이 요리를 만드는 것도 재밌을 것 같네. 채소를 이용한 요리에도 흥미가 있고, 요즘 채소를 별로 못 먹어서.

M 근데, 부모와 함께 참가해야 하는 것 같네. 우리는 가끔 주말에 일을 하니까, 당신 여동생에게 부탁할 때도 있잖아.

F2 그러네. 그럼, 이번에는 이걸로 하자.

質問1） 男の人は、どのコンテンツに参加したいと言っていますか。

1 音楽教室

2 料理教室

3 読書教室

4 野球教室

질문1) 남자는 어느 콘텐츠에 참가하고 싶다고 말하고 있습니까?

1 음악 교실

2 요리 교실

3 독서 교실

4 야구 교실

質問2） 二人は、どのコンテンツに参加することにしましたか。

1 音楽教室

2 料理教室

3 読書教室

4 野球教室

질문2) 두 사람은 어느 콘텐츠에 참가하기로 했습니까?

1 음악 교실

2 요리 교실

3 독서 교실

4 야구 교실

[풀이]

질문1) ⓐ 남자는 아이와 빨리 ⓑ 야구를 하고 싶다고 말하고 있기 때문에, 정답은 선택지 4번이다.

질문2) ⓒ 아이가 아직 부모에게 책을 읽어 줄 수는 없다고 말하고 있기 때문에, 선택지 3번은 정답이 아니다. 이번에는 악기를 배우게 해 보자고 말하고 있다. 따라서 정답은 선택지 1번이다. 요리 교실은 엄마와 함께 참가를 해야 하는데, 주말에도 가끔 일을 한다고 말하고 있다. 따라서 선택지 2번은 정답이 될 수 없다.

[단어]

~向け ~용, ~대상 | 学習 학습 | 支援 지원 | 運営 운영 | 最も 가장 | 紹介 소개 | 段階 단계 | 楽器 악기 | 参加 참가 | 行う 행하다, 실시하다 | 組 조 | 対象 대상 | 希望 희망 | 急ぐ 서두르다 | 読み聞かせる 들려 주다, 읽어 주다 | 偉人伝 위인전 | 先着順 선착순 | 対象 대상 | 保護者 보호자 | 同伴 동반 | 投げる 던지다 | 投手 투수

Memo

일본어능력시험

일단 합격 JLPT

N2 완벽 대비

기본서 + 모의고사 + 단어장

동양북스 채널에서 더 많은 도서
더 많은 이야기를 만나보세요!

유튜브

인스타그램

블로그

포스트

페이스북

카카오뷰

외국어 출판 45년의 신뢰
외국어 전문 출판 그룹
동양북스가 만드는 책은 다릅니다.

45년의 쉼 없는 노력과 도전으로 책 만들기에 최선을 다해온
동양북스는 오늘도 미래의 가치에 투자하고 있습니다.
대한민국의 내일을 생각하는 도전 정신과 믿음으로 최선을 다하겠습니다.

🔖 동양북스